Soziologie und Gesellschaftsentwicklung
Aufsätze 1966–1996

Bernhard Schäfers

Soziologie und Gesellschaftsentwicklung
Aufsätze 1966–1996

Springer Fachmedien Wiesbaden GmbH 1996

Der Autor: Prof. Dr. Bernhard Schäfers, Leiter des Instituts für Soziologie
an der Universität Karlsruhe (TH)
Wissenschaftliche Redaktion: Sabina Misoch, Universität Karlsruhe

Die Deutsche Bibliothek – CIP-Einheitsaufnahme

Schäfers, Bernhard:
Soziologie und Gesellschaftsentwicklung : Aufsätze 1966 - 1996 / Bernhard Schäfers. –
Opladen : Leske und Budrich, 1996

ISBN 978-3-663-11441-3   ISBN 978-3-663-11440-6 (eBook)
DOI 10.1007/978-3-663-11440-6

© 1996 Springer Fachmedien Wiesbaden
Ursprünglich erschienen bei Leske + Budrich, Opladen 1996.
Softcover reprint of the hardcover 1st edition 1996

Das Werk einschließlich aller seiner Teile ist urheberrechtlich geschützt. Jede Verwertung außerhalb der engen Grenzen des Urheberrechtsgesetzes ist ohne Zustimmung des Verlages unzulässig und strafbar. Das gilt insbesondere für Vervielfältigungen, Übersetzungen, Mikroverfilmungen und die Einspeicherung und Verarbeitung in elektronischen Systemen.

Inhalt

Vorwort 9

Zur Einführung

30 Jahre Soziologie und Sozialgeschichte der
Bundesrepublik Deutschland 11

I. Wissenschaftstheorie und Funktionsbestimmung der Soziologie

Kant und die Entwicklung einer aufgeklärten
Erkenntnistheorie und Sozialwissenschaft (1978) 23

Augustin Antoine Cournot und die Einheit sich spezialisierender
Wissenschaften. Zum Gedenken an sein 100. Todesjahr (1977) 45

Fortschritt der Gesellschaft und Fortschritt der Soziologie (1969) 59

Die gesellschaftliche Funktionsbestimmung der Soziologie
nach Johann Plenge (1986) 79

II. Zur Theorie der Gesellschaft und der Gesellschaftsplanung

Voraussetzungen und Prinzipien der Gesellschaftsplanung bei
Saint-Simon und Karl Mannheim (1969) 99

Ansatzpunkte einer gesamtgesellschaftlichen Planungsdiskussion
in den Sozialwissenschaften (1969) 121

Helmut Schelskys Theorie der Institution - Ein vergessenes
Paradigma der soziologischen Theoriebildung? (1985) 145

III. Gesellschaftsentwicklung und Sozialstruktur der Bundesrepublik Deutschland

Die westdeutsche Gesellschaft: Strukturen und Formen (1993)   169

Der Vereinigungsprozeß in sozialwissenschaftlichen
Deutungsversuchen (1991).   181

Ambivalenzen des Einigungsprozesses: Integration
und Differenzierung (1996)   193

Soziale Differenzierung oder soziale Ungleichheit?
Probleme einer sozialwissenschaftlichen Erfassung von
Unterschieden zwischen Menschen (1990)   227

Zum öffentlichen Stellenwert von Armut im sozialen Wandel der
Bundesrepublik Deutschland (1992)   243

IV. Stadtentwicklung und Stadtplanung

Phasen der Stadtbildung und Verstädterung.
Ein sozialgeschichtlicher und sozialstatistischer Überblick
unter besonderer Berücksichtigung Mitteleuropas (1977)   271

Zur Genesis und zum Stellenwert von Partizipationsforderungen
im Infrastrukturbereich (1974)   303

Leitbilder der Stadtentwicklung in der Bundesrepublik
Deutschland (zs. mit Gabriele Köhler, 1986)   315

Stadt und Kultur (1988)   337

V. Jugend. Entwicklung einer Sozialgruppe

Gruppenbildung als Reflex auf gesamtgesellschaftliche
Entwicklungen am Beispiel der deutschen Jugendbewegung (1983)   361

Helmut Schelskys Jugendsoziologie: „Prinzip Erfahrung"
contra Jugendbewegtheit. (1986)   387

VI. Editorische Arbeiten

Christentum und Sozialismus. Ein Briefwechsel zwischen Max Scheler und Johann Plenge. (Hrsg. und eingel. von B. Schäfers, 1966)   403

Ein Rundschreiben Max Webers zur Sozialpolitik. (Hrsg. und eingel. von B. Schäfers, 1967)   419

Quellennachweise   433

Biographische Notiz   437

Vorwort

Die hier vorgelegte Sammlung von Arbeiten aus nunmehr dreißig Jahren bedarf angesichts der Fülle dessen, was an soziologischen Publikationen erscheint, einer Rechtfertigung. Sie liegt vor allem darin, an wichtigen Arbeitsfeldern der Soziologie zu demonstrieren, wie eng diese Wissenschaft mit der Gesellschaftsentwicklung verknüpft ist und wie groß ihre Hoffnungen in den 60er und 70er Jahren waren, auf diese Entwicklung im Sinne einer „angewandten Aufklärung" Einfluß zu nehmen.

Der Titel *Soziologie und Gesellschaftsentwicklung* ist anspruchsvoll, aber er spiegelt den Impetus wider, mit dem ich 1960 in Münster/Westfalen mein Soziologie-Studium begann; und er signalisiert, was weiterhin das erkenntnisleitende Ziel dieser Wissenschaft aus dem Geist bürgerlicher Revolutionen und der Aufklärung sein sollte: der Entwicklung der Gesellschaft in ihren immer komplexeren Strukturen kritisch auf der Spur zu bleiben.

Die Einführung in die insgesamt 20 Arbeiten soll Etappen der Soziologieentwicklung in der Bundesrepublik nachzeichnen. In dieser Hinsicht versteht sich diese Sammlung auch als eine mögliche Form, Zusammenhänge zwischen Soziologie- und Gesellschaftsgeschichte in wichtigen Bereichen zu dokumentieren.

Der Entstehungsprozeß dieser Aufsatzsammlung war schwieriger als geahnt. Für sehr engagierte Unterstützung im Institut für Soziologie der Universität Karlsruhe (TH) danke ich an erster Stelle Frau Sabina Misoch; ihr oblag die Gesamtredaktion des Bandes. Weiterhin danke ich Frau Simone Farys, M. A., Frau Nicole Hägele, M. A. und Herrn Morio Taneda.

Bernhard Schäfers   Karlsruhe, im Februar 1996

Zur Einführung:
30 Jahre Soziologie und Sozialgeschichte in der Bundesrepublik Deutschland

I. Kontexte

Der Kontext, in dem soziologische Arbeiten stehen, ist ein mehrfacher:

- ein epochaler, der durch Soziologie und Sozialgeschichte, durch Sozialphilosophie und andere Wissenschaften vom Menschen und seiner Geschichte aufzuklären ist;
- ein soziologiegeschichtlicher und wissenschaftstheoretischer, der durch den Wechsel der Begriffe, Theorien und Paradigmen neue Sichtweisen eröffnet;
- ein biographischer. Es gibt Gründe, die uns eine bestimmte Wissenschaft wählen lassen und individuell wahrgenommene Probleme und Themen, die es mit dieser Wissenschaft zu bearbeiten gilt.

Die nachfolgenden Bemerkungen verzichten darauf, den Stand der Diskussion um „Soziologie und Sozialgeschichte" aufzuarbeiten. Sie sind jedoch ein Beitrag, aus soziologischer Sicht Problemfelder, Struktureigenschaften und Phänomene des sozialen und kulturellen Wandels der bundesrepublikanischen Gesellschaft der letzten 30 Jahre verdeutlichen zu helfen.

Zum Kontext wissenschaftlichen Arbeitens gehören auch Freunde und befreundete Kollegen, die Kontinuität und Wandel verbürgen, über Zeiten und Räume hinweg. Aus frühen Studententagen seit 1960 sind zu nennen Helge Peters (nun Carl-von-Ossietzky-Universität Oldenburg) und Wolfgang Lipp (Universität Würzburg); seit der Assistentenzeit (1965ff) Hermann Korte (Universität Hamburg), Bernd Hamm (Universität Trier), Jürgen Friedrichs (Universität Köln) und Ulfert Herlyn (Universität Hannover); von der Erziehungswissenschaftlichen Hochschule Rheinland-Pfalz (jetzt Universität Koblenz-Landau), Abteilung Landau – wo ich meine erste Professur für Soziologie hatte (1971–1977) –, nenne ich Hermann L. Gukenbiehl[1]. Weitere Personen dieses Kontextes werden zu nennen sein.

II. Studienjahre. Soziologie in Münster/Westfalen

Im Sommer-Semester 1960 begann ich in meiner Heimatstadt Münster/Westfalen mit dem Studium der Volkswirtschaftslehre in der damals noch existierenden Rechts- und Staatswissenschaftlichen Fakultät. In diesem Semester war Helmut Schelsky (1912–1984) von Hamburg auf den ersten Lehrstuhl für Soziologie in dieser Fakultät und Universität übergewechselt. Er wurde zugleich Direktor der „Sozialforschungsstelle Dortmund an der Universität Münster", der damals größten soziologischen Forschungsstätte in der Bundesrepublik.[2]

Bekannt war Schelsky durch seine in den späten 50er Jahren in einer breiten Öffentlichkeit rezipierten Schriften: *Soziologie der Sexualität* (rde Bd. 2, 1955 – ein Bestseller dieser Reihe), *Die skeptische Generation* (1957), die für die noch junge Bundesrepublik ebenso wie seine Analyse der „nivellierten Mittelstandsgesellschaft" (1954) begrifflich und inhaltlich willkommene Stichworte lieferte.

Als in meinem dritten Semester der Diplomstudiengang Soziologie eingerichtet wurde, wechselte ich das Hauptfach und trug mich als einer der ersten Studierenden in Münster dafür ein.

Es ist kurz in Erinnerung zu rufen, daß Münster – zumal seit dem zweiten und dritten Lehrstuhl in der genannten Fakultät (1962 und 1964 mit Dieter Claessens bzw. Heinz Hartmann besetzt) – eines der Zentren soziologischer Forschung (Münster/Dortmund) und Lehre wurde, neben Frankfurt mit dem renommierten „Institut für Sozialforschung" (Max Horkheimer; Theodor W. Adorno), Köln (René König)[3] und einigen anderen Orten (Hamburg, Berlin, Kiel, Göttingen, München). 1960 gab es insgesamt 25 Ordinariate für Soziologie und nur an zwei Orten den Diplom-

---

[1] Unsere nun über ein Vierteljahrhundert währende Kooperation begann mit dem gemeinsam konzipierten Band: Soziologie für Pädagogen (1973).

[2] Vgl. Otto Neuloh u. a., Sozialforschung aus gesellschaftlicher Verantwortung. Entstehungs- und Leistungsgeschichte der Sozialforschungsstelle Dortmund, Opladen 1983.

[3] Vgl. Günther Lüschen, Hrsg., Deutsche Soziologie seit 1945, SH 21 der KZfSS; Heinz Sahner, Theorie und Forschung. Zur paradigmatischen Struktur der westdeutschen Soziologie und zu ihrem Einfluß auf die Forschung, Opladen 1982 (darin das Kapitel: Die drei Soziologien, S. 23ff); Bernhard Schäfers, Soziologie in Deutschland. Entwicklung, Institutionalisierung und Berufsfelder. Theoretische Kontroversen, Opladen 1995.

studiengang: seit 1955 in Frankfurt und 1956 in Berlin[4]. Münster erlangte schon dadurch einen besonderen Stellenwert, daß dort auf Betreiben von Schelsky – im Hinblick auf den nach seiner Meinung anstehenden Ausbau der Universitäten und Hochschulen – bis 1970 mehr Habilitationen in Soziologie erfolgten als an allen anderen Universitäten der Bundesrepublik zusammen (vgl. die Zusammenstellung bei Lepsius).

Es gab einen weiteren Antrieb, zur Soziologie als Hauptfach zu wechseln. Seit Herbst 1960 erledigte ich bei Professor Dr. Johann Plenge (1874–1963) Schreibarbeiten. Plenge war der erste, der in Münster Soziologie lehrte und eines der ersten soziologischen Forschungsinstitute in Deutschland gründete (1923/25 das großzügig ausgestattete „Forschungsinstitut für Organisationslehre und allgemeine und vergleichende Soziologie bei der Universität Münster"). Es war eine sehr harte „Lehrzeit"; nur die Faszination dieses großen Gelehrten von außergewöhnlicher Beredsamkeit (auch noch im hohen Alter), seine Berichte über Ferdinand Tönnies (1855–1936), der oft in seinem Haus weilte, Max Scheler (1874–1928), Max Weber (1864–1920) und viele andere ließen mich aushalten.[5]

Durch die Gespräche mit Professor Plenge wurde mir deutlich, was die Soziologie einst sein wollte und was er selbst in seiner rastlosen Tätigkeit, u. a. in Verbindung mit der sozialdemokratischen Wissenschafts- und Kulturpolitik seit dem Ersten Weltkrieg, anstrebte: Für das „organisatorische Zeitalter" (Plenge) solle die Soziologie das adäquate „Wirklichkeitsbild" liefern. Das beeindruckte ungemein. Plenge verdanke ich auch eine frühe Begeisterung für das Werk von Claude-Henri de Saint-Simon (1760–1825), der zu den wichtigsten Vordenkern des industriellen und organisatorischen Zeitalters zählt.

Von der Offenheit und Breite des Studiums in Münster, das ich 1962 für vier intensive Studienmonate in Wien unterbrochen hatte, kann man sich bei der

---

4   M. Rainer Lepsius, Die Entwicklung der Soziologie nach dem Zweiten Weltkrieg 1945–1967, in: G. Lüschen, Hrsg., a. a. O., S. 25–70.

5   Auf der Basis des von mir gesichteten und schließlich mit Hilfe von Schelsky in die neu gegründete Universitätsbibliothek Bielefeld verbrachten Nachlasses von Johann Plenge gab ich 1967 ein Erinnerungsbuch heraus: „Soziologie und Sozialismus. Organisation und Propaganda. Abhandlungen zum Lebenswerk von Johann Plenge". Leopold von Wiese (1876–1969) schrieb auf meine Bitte hin ein „Geleitwort. Zur Erinnerung an Johann Plenge" (es dürfte eine seiner letzten Arbeiten sein; Leopold von Wiese hatte sein „System der Allgemeinen Soziologie" (2. Aufl. 1933) Johann Plenge gewidmet). Auf der Basis des Plenge-Nachlasses entstanden auch die hier abgedruckten „editorischen Arbeiten" zu Max Scheler und Max Weber (von Weber fanden sich u. a. 20 handgeschriebene Briefe im Plenge-Nachlaß). Der sehr umfangreiche Briefwechsel mit F. Tönnies ist noch nicht ausgewertet.

allgemeinen Zunahme spezialisierter Fakultäten („Fachbereiche") und Studiengänge nur schwer eine Vorstellung machen: Es war interdisziplinär im besten Sinne des Wortes. Schelskys theoretischer Ansatz und soziologische „Suche nach Wirklichkeit"[6] war ohne fundierende und ergänzende Nachbardisziplinen nicht denkbar. So war es auch für Diplom-Studierende der Soziologie selbstverständlich, sich in Philosophie, vor allem den deutschen Idealismus von Kant und Hegel, einzuarbeiten. Die Seminare bei Joachim Ritter, z. B. über Hegels Rechtsphilosophie als Theorie der bürgerlichen Gesellschaft, wurden für viele meiner späteren Arbeiten zur Sozialstruktur der Bundesrepublik wichtig.

Schelsky, der sich schon in den 30er Jahren intensiv mit dem amerikanischen Pragmatismus auseinandergesetzt hatte, verlangte auch ein gründliches Studium der Struktur-Funktionalisten, vor allem von Talcott Parsons (1902–1979) und Robert K. Merton (geb. 1910). So überraschte nicht, daß er 1964 den damals noch nicht promovierten Niklas Luhmann (geb. 1929) von der Verwaltungshochschule in Speyer als Abteilungsleiter in die Dortmunder Sozialforschungsstelle holte. Luhmanns Buch *Funktion und Folgen formaler Organisation* (1964) wurde für das Studium wichtig. Zumal für meine Habilitationsschrift[7], an der ich von 1967–1970 arbeitete, waren dieses Buch und seine frühen Aufsätze ein begrifflicher und theoretischer Orientierungsrahmen.

Schelsky wollte bewußt keine Schule gründen. Ihm waren Originalität und Selbständigkeit seiner Schüler viel wichtiger. So war selbstverständlich, daß man sich auch gründlich in die Soziologie und Sozialphilosophie der Frankfurter Schule, insbesondere von Theodor W. Adorno (1903–1969) und Herbert Marcuse (1898–1979) einarbeitete und Marx-Seminare belegte.

Das Studienangebot in Münster war auch dadurch sehr breit, daß aus Dortmund die Wissenschaftlichen Assistenten und Habilitanden herüberkamen, wie Friedrich Jonas (1926–1968) oder Rudolf Tartler (1921–1964). Von Jonas stammt m. E. die immer noch beste deutschsprachige Geschichte der Soziologie.[8] Weiterhin sind zu nennen Franz-Xaver Kaufmann (Universität Bielefeld), dem ich bei der Abfassung meiner Promotion[9] (1965–1967) für Rat zu danken hatte, wie Horst Baier (Universität Konstanz), der als damaliger Redakteur der „Sozialen Welt" meine ersten Veröffentlichungen förderte (neben den hier abgedruckten "editorischen Arbeiten" meinen Bericht über den Weltkongreß für Soziologie 1966 in Evian), und zu dem der freundschaftliche und kollegiale Kontakt nie abriß.

---

6   So der Titel seiner Aufsatzsammlung aus dem Jahre 1965.
7   Bernhard Schäfers, Planung und Öffentlichkeit. Drei soziologische Fallstudien: Kommunale Neugliederung, Flurbereinigung, Bauleitung, Düsseldorf 1970.
8   Friedrich Jonas, Geschichte der Soziologie, 4 Bände, Reinbek bei Hamburg 1968/69 (rde).
9   Bernhard Schäfers, Bodenbesitz und Bodennutzung in der Großstadt. Eine empirisch-soziologische Untersuchung am Beispiel Münster, Düsseldorf 1968.

III. Assistentenjahre. Konkretisierungen

1964 schrieb ich meine Diplomarbeit über das Thema *Elendsviertel und Verstädterung in Lateinamerika*, die von Schelsky betreut wurde. Das bedarf der kurzen Erläuterung, weil das Thema Stadt nach wie vor zu meinen Lehr- und Forschungsgebieten gehört (an der Universität Karlsruhe bin ich seit zehn Jahren Zweitmitglied der Fakultät für Architektur).

Daß Studierende der Soziologie Anfang der 60er Jahre sich für die Probleme der Entwicklungsländer interessierten, war geradezu selbstverständlich. So wollte ich auch nach meinem Diplom in Soziologie (Mai 1965) für die Promotion nach Santiago de Chile gehen.[10] Das vom DAAD bereits bewilligte Stipendium trat ich nicht an, weil Professor Schelsky mir eine Assistentenstelle im 1964 gegründeten „Zentralinstitut für Raumplanung an der Universität Münster" anbot. Schelsky war Direktor der Soziologischen Abteilung (initiiert war das Institut vom damaligen Staatssekretär im Städtebauministerium, Prof. Dr. Werner Ernst, der auf die Entwicklung des Bau-, Boden- und Städtebaurechts in der Bundesrepublik der 50er und 60er Jahre großen Einfluß hatte).

Das „Zentralinstitut" entsprach meinen Vorstellungen von interdisziplinärer Zusammenarbeit und praxisorientierter soziologischer Forschung. Ich war dort vom Mai 1965 bis Mitte des Jahres 1970 Wissenschaftlicher Assistent und nach meiner Habilitation für etwa ein Jahr Abteilungsleiter. In diese Zeit fällt die ungewöhnlich intensive Diskussion um Gesellschaftsplanung, aus der die hier abgedruckten Beiträge stammen: *Voraussetzungen und Prinzipien der Gesellschaftsplanung bei Saint-Simon und Karl Mannheim*; *Ansatzpunkte einer gesamtgesellschaftlichen Planungsdiskussion in den Sozialwissenschaften*.

Trotz einer sehr planungsbezogenen Ausrichtung der soziologischen Forschung im „Zentralinstitut" wurde die allgemeine Soziologie keineswegs vernachlässigt. War bereits die Diskussion um Ansatzpunkte der Planung in Theorie und Praxis ohne Bezug auf eine bestimmte Gesellschaft nicht zu führen, so verstärkten sich diese Fragestellungen durch die Auseinandersetzung mit den Studentenprotesten.

Kurz nach dem Tod von Benno Ohnesorg (während der Anti-Schah-Demonstrationen in Berlin, 4. Juni 1967) wurde auch in Münster ein „Wissenschaftspolitischer Klub" gegründet, war das Auditorium Maximum monatelang von Studierenden „besetzt" usw. Nie wurde Karl R. Popper (1902–1994) interessierter studiert als in dieser Zeit

---

[10] Anknüpfungspunkt war die 1964 von Schelsky gegründete und mit Hanns-Albert Steger besetzte Abteilung „Lateinamerikaforschung" in der Sozialforschungsstelle Dortmund.

und war die wissenschaftstheoretische Diskussion um „dialektische Soziologie" der Frankfurter Schule und den „positivistisch halbierten Rationalismus" (Habermas) intensiver als damals. Von Studierenden und Assistenten-Freunden wurde ich gebeten, zu Beginn des Sommer-Semesters 1968 zu diesen drängenden Fragen des „Positivismusstreits" ein Kolloquium zu organisieren. Die Beiträge waren von so großer Aktualität, daß sich der Suhrkamp-Verlag entschloß, daraus ein Bändchen in der „edition suhrkamp" zu machen. Als es Anfang 1969 unter dem Titel *Thesen zur Kritik der Soziologie*[11] erschien, waren die ersten 10 Tsd. Exemplare in wenigen Wochen vergriffen; eine zweite Auflage folgte. Eine spanische Übersetzung erschien 1971 in Caracas/Venezuela – was nur deshalb erwähnt wird, um an den damals internationalen Dialog zur Gesellschaftskritik und Gesellschaftsreform zu erinnern.

Aus den Thesen zur Kritik der Soziologie wird hier mein Beitrag *Fortschritt der Gesellschaft und Fortschritt der Soziologie* abgedruckt.

IV. Themenbereiche und Auswahl der Beiträge

Die nachfolgenden Aufsätze wurden zum Teil im Kontext ihrer Entstehung bereits erläutert. Zu weiteren Beiträgen sind Ergänzungen nötig, um ihren soziologie- und sozialgeschichtlichen Stellenwert zu verdeutlichen.

1. Wissenschaftstheorie und Funktionsbestimmung der Soziologie

Der erste Beitrag in dieser Rubrik, *Kant und die Entwicklung einer aufgeklärten Erkenntnistheorie und Sozialwissenschaft*, wurde für einen Band verfaßt, der vom damaligen Bundeskanzler Helmut Schmidt initiiert wurde, um der Sozialdemokratie ein Fundament zu geben, das gesellschaftswissenschaftlich, sozialethisch und planungspragmatisch gleichermaßen akzeptabel ist. Dies schien der Kritische Rationalismus zu sein, für den vor allem der Name von Karl R. Popper einstand. Solche Bemühungen waren in der Sozialdemokratie nicht neu. Es war nicht zuletzt Gerhard Weisser (1898–1990), der mir in langen Gesprächen in Göttingen (wo ich von 1977–1983 einen Lehrstuhl für Soziologie hatte) darlegte, daß die Sozialdemokratie solch ein Fundament benötige und daß er dieses bei seinem Lehrer Leonard Nelson (1882–1927) in den 20er Jahren gefunden habe (er, Weisser, habe dann versucht, dies in das Godesberger Programm von 1959 einzubringen.[12]

---

[11] Thesen zur Kritik der Soziologie, hrsg. von Bernhard Schäfers, Frankfurt a. M. 1969 (es 324).

[12] Von Gerhard Weisser sei nur hervorgehoben, daß er als SPD-Politiker 1946 Generalsekretär des in Hamburg amtierenden sog. „Zonenbeirats" war, später

Die Arbeit über *Augustin Antoine Cournot und die Einheit sich spezialisierender Wissenschaften* (1801–1877) und die Beschäftigung mit seinem vielseitigen Werk entstand aus dem Interesse, einem Hinweis von Arnold Gehlen (in dessen Aufsatz *Die Geburt der Freiheit aus der Entfremdung*) nachzugehen, daß Cournot den Begriff der „post-histoire" in die wissenschaftliche Diskussion eingebracht habe. Dieser Begriff ist nunmehr, in Zeiten der Postmoderne, sehr verbreitet, aber seiner Entstehung zu Beginn des Zeitalters „kultureller Kristallisation" (Gehlen) nachzugehen, mag immer noch interessant sein.

2. Zur Theorie der Gesellschaft und der Gesellschaftsplanung

Man könnte die 60er Jahre auch als „Jahrzehnt der Planungstheorie und -praxis" beschreiben. Seit 1963 erschienen die von Robert Jungk und Hans J. Mundt herausgegebenen Bände *Modelle für eine neue Welt*, seit 1965 die von Joseph H. Kaiser edierten Bände *Planung*. Im Begriff der Planung bzw. der „planification" wurde auf der einen Seite so etwas gesehen wie der Schlüssel zum Dritten Weg zwischen Kapitalismus und Sozialismus, auf der anderen Seite wurde Planung als „Praxis der Wissenschaft"[13] angesehen, als die den Sozialwissenschaften angemessene Form, auf der Basis fundierter Analysen und begründender Prognosen für den „gesellschaftlichen Umbau" die Grundlagen zu liefern.

Bei Antritt der ersten sozial-liberalen Koalition (1969) wurde Horst Ehmke, zuvor Professor des Öffentlichen Rechts, „Super-Planungsminister", um die Impulse aus der damaligen Gesellschaftskritik und der wissenschaftlichen Analyse aufzunehmen und umzusetzen. Es zeigte sich sehr bald, daß der Ressortegoismus größer war als die Überzeugungskraft einer integralen gesellschaftlichen Planung (was aus dem Rückblick verständlich und nicht nur bedauernswert erscheint).

Schelsky hatte in seinen planungstheoretischen Beiträgen (seit 1966) immer wieder auf die Bedeutung des Rechts als dem in rechtsstaatlich verfaßten Gesellschaften „zentralen Planungsinstrument" hingewiesen. Einen Widerhall finden diese Arbeiten von Schelsky in meinen Analysen des gesellschaftlichen Wandels der DDR zu den neuen Bundesländern.

Ordinarius in Köln und von dort aus großen Einfluß auf eine wertorientierte Sozialpolitik hatte. Er gründete u. a. das noch existierende „Forschungsinstitut für Gesellschaftspolitik und beratende Sozialwissenschaft e. V.".

13 Bernhard Schäfers, Die wissenschaftliche Prognose als Voraussetzung der praktischen Planung, in: ders., Hrsg., Gesellschaftliche Planung. Materialien zur Planungsdiskussion in der BRD, Stuttgart 1973, S. 39.

3. Gesellschaftsentwicklung und Sozialstruktur der Bundesrepublik Deutschland

Die Analyse der Entwicklung der Sozialstruktur der Bundesrepublik ist ein Zentrum meiner soziologischen Arbeiten. Zu Beginn meiner Assistentenzeit in einem auf Stadt- und Regionalentwicklung spezialisierten Institut studierte ich die Arbeiten von Dieter Claessens, Arno Klönne und Armin Tschoepe zur *Sozialkunde der Bundesrepublik* (zuerst 1965), von Karl Martin Bolte zur *Deutschen Gesellschaft im Wandel* (1966f.) und Ralf Dahrendorfs *Gesellschaft und Demokratie in Deutschland* (1968). Vor allem in diesen Bänden und der *Sozialstruktur der Bundesrepublik* von Friedrich Fürstenberg (zuerst 1967) sehe ich den Schlüssel zu meinen Arbeiten zur Sozialstruktur und Gesellschaftsgeschichte der Bundesrepublik.[14]

4. Stadtentwicklung und Stadtplanung

Der erste Beitrag über *Phasen der Stadtbildung und Verstädterung* führt bereits ins Zentrum meiner nun über 30jährigen Beschäftigung mit diesem Thema. In der 1964 geschriebenen Diplomarbeit über *Elendsviertel und Verstädterung in Lateinamerika* konnte ich zeigen, wie in den Städten gesamtgesellschaftliche Prozesse und Probleme auf kleinstem Raum anschaulich werden und die Formen der Stadtentwicklung wie epochale „Jahresringe" der allgemeinen Sozial- und Kulturentwicklung „gelesen" werden können. Würde der Beitrag von 1976/77 für den weltweiten Verstädterungsprozeß fortgeschrieben, so würde sich ein ungebrochener Trend zeigen.

Der Beitrag über *Partizipationsforderungen im Infrastrukturbereich* gehört in den Zusammenhang der Planungs- und Partizipationsdiskussion, die Mitte der 60er Jahre begann. 1965 erschien die Schrift von Alexander Mitscherlich über *Die Unwirtlichkeit unserer Städte*. Die Diskussion führte dazu, nach dem Willen der Beplanten zu fragen und den institutionalisierten politischen und demokratischen Prozeß durch mehr Mitbestimmung (im Arbeitsbereich) und Partizipation (im Wohn- und Lebensbereich) zu erweitern. Diese Forderungen haben an Aktualität nichts eingebüßt; sie werden in letzter Zeit ergänzt durch die Diskussion um Plebiszite, Herabsetzung des Wahlalters usw.

Der Beitrag über *Leitbilder der Stadtentwicklung* ist der einzige mit Co-

---

14 Vgl. Bernhard Schäfers, Gesellschaftlicher Wandel in Deutschland. Ein Studienbuch zur Sozialstruktur und Sozialgeschichte – mit einem Beitrag von Stefan Hradil, 6., völlig neu bearb. Aufl. Stuttgart 1995 (zuerst 1976).

Autorin (Gabriele Köhler). Er ging hervor aus einem Forschungsprojekt der VW-Stiftung, über das ein kleiner Band[15] ausführlich berichtet. Auch hier wäre eine Aktualisierung von größtem Interesse. Damals wurden von uns in ganz Deutschland über 60 Stadtplaner und Architekten befragt. Ein „revisited" der damals auf Band festgehaltenen Aussagen nach der Delphi-Methode wäre sicher sehr aufschlußreich für die jetzige Phase der Stadtentwicklung.

5. Jugend. Entwicklung einer Sozialgruppe

Die Jugend, ihre dominanten Bestrebungen und ihr Experimentieren mit neuen Lebens- und Erlebensformen, ist seit Beginn dieses Jahrhunderts ein Element der Sozial- und Kulturgeschichte. In diesem Verständnis hat Schelsky in der *Skeptischen Generation* als „zeitgeschichtliche Phasen einer Verhaltensgestalt der deutschen Jugend" von ca. 1900 bis ca. 1960 die Generation der Jugendbewegung, die Generation der politischen Jugend der 20er und 30er Jahre und die skeptische Generation unterschieden. In späteren Nachträgen hat er diese Typologie ergänzt um die Protestjugend der 60er und beginnenden 70er Jahre. Diese Protestbewegung schien ihm, dem Jugendbewegten der späten 20er und frühen 30er Jahre, ein Rückfall in all die Irrtümer, die seine eigene Generation durchgemacht hatte. Daß die politischen Vorzeichen gewechselt hatten, war für ihn von sekundärer Bedeutung. Seinen Unmut verdeutlichte er an der Existenzphilosophie Ernst Blochs (1886–1977), der während der Studentenproteste 1967ff., nun von Tübingen aus, alte Hoffnungen neu aufkeimen sah.[16]

Für mich war diese Kritik Anlaß, in der Erinnerungsschrift für Helmut Schelsky Grundzüge seiner Jugendsoziologie herauszuarbeiten.

Der Aufsatz *Gruppenbildung als Reflex auf gesamtgesellschaftliche Entwicklungen am Beispiel der deutschen Jugendbewegung* geht vom sozialen Phänomen der Gruppe aus. Diese ist soziologisch und pädagogisch deshalb von so großem Interesse, weil sie zwischen Individuum und Gesellschaft „vermittelt" und sehr wandlungsfähig ist. Dieser Beitrag wurde vor allem im Archiv der deutschen Jugendbewegung auf Burg Ludwigstein erarbeitet (vertraut wurde ich mit dem Thema Gruppe in einer Vorlesung

---

15 Bernhard Schäfers, Gabriele Köhler, Leitbilder der Stadtentwicklung. Wandel und jetzige Bedeutung im Expertenurteil, Pfaffenweiler 1989.
16 Helmut Schelsky, Die Hoffnung Blochs. Kritik der marxistischen Existenzphilosophie eines Jugendbewegten, Stuttgart 1979.

von Dieter Claessens im Wintersemester 1963/64; aus der weiteren Beschäftigung entstand sehr viel später eine größere Veröffentlichung.[17]

6. Editorische Arbeiten

Aus dem von mir betreuten Nachlaß von Johann Plenge werden zu Max Scheler (1874–1928) und Max Weber (1864–1920), mit denen Plenge in persönlichem und brieflichem Verkehr stand, Erstveröffentlichungen abgedruckt, die jede auf ihre Weise Zusammenhänge von Sozialwissenschaft und Gesellschaftsentwicklung thematisieren.

Beide Gelehrte, Plenge und Schelsky (die sich in Münster kurz vor Plenges Tod noch persönlich kennenlernten), stehen auf je spezifische Art für das Verhältnis von Soziologie und Gesellschaftsentwicklung in diesem Jahrhundert. Für Plenge hatte die Soziologie wegen ihrer Einsicht in die Komplexität eines „organisatorischen Zeitalters" die Verpflichtung, dieses Wissen zur allgemeinen Daseinsorientierung zu machen und die Gesellschaft entsprechend umgestalten zu helfen.[18] Schelsky hingegen, nach den Erfahrungen mit den totalitären Systemen, ging auf die „Suche nach Wirklichkeit", in der festen Überzeugung, daß „die Melodien der Geistes- und Ideengeschichte durchgespielt" seien[19] und die Soziologie in kritischer Bestandsaufnahme dessen, was ist, allenfalls durch „Theorien mittlerer Reichweite" (Merton) beim zeitgemäßen Umbau der gesellschaftlichen Institutionen hilfreich sein kann.

Vielleicht sind erst jetzt, nach den großen ideologischen (und sonstigen) Schlachten dieses Jahrhunderts, an denen die Soziologie sich direkt und indirekt beteiligt hat, ihre Erkenntnispotentiale freigesetzt für eine unverkrampfte Analyse der sozialen Prozesse, ihrer Strukturen und ihrer Wirkungen auf Individuum und Gesellschaft. Es gibt überhaupt keinen Grund zur Resignation: Der Prozeß geht weiter und es gibt unendlich viel zu tun.

---

[17] Bernhard Schäfers, Hrsg., Einführung in die Gruppensoziologie. Geschichte - Theorien - Analysen, 2. erw. und aktual. Aufl. 1994 (1980); UTB 996.

[18] Vgl. das Kap. über die Promotion von Kurt Schumacher bei Johann Plenge, in dem Plenges politische Ideen richtig herausgearbeitet und seine Verbindungen zur Sozialdemokratie nach dem Ersten Weltkrieg skizziert werden: Peter Merseburger, Der schwierige Deutsche Kurt Schumacher. Eine Biographie, Stuttgart 1995, S. 51–76.

[19] Helmut Schelsky, Auf der Suche nach Wirklichkeit. Gesammelte Aufsätze, Düsseldorf/Köln 1965, S. 8.

I. Wissenschaftstheorie und Funktionsbestimmung der Soziologie

Kant und die Entwicklung einer aufgeklärten Erkenntnistheorie und Sozialwissenschaft

„Unser Zeitalter ist das eigentliche Zeitalter der Kritik, der sich alles unterwerfen muß. Religion ... und Gesetzgebung ... wollen sich gemeiniglich derselben entziehen. Aber alsdann erregen sie gerechten Verdacht wider sich, und können auf unterstellte Achtung nicht Anspruch machen, die die Vernunft nur demjenigen bewilligt, was ihre freie und öffentliche Prüfung hat aushalten können."

Kant, *Kritik der reinen Vernunft*, Vorrede (1781)

I. Einführung

In den folgenden Ausführungen ist angesichts des ungewöhnlich weiten Feldes der möglichen Beschäftigungen mit Immanuel Kant (1724–1804), auch aus der Perspektive des Sozialwissenschaftlers, eine Beschränkung auf die folgenden Bereiche unabdingbar:

– auf die Bedeutung Kants für die Entwicklung der erkenntnistheoretischen Position des Kritischen Rationalismus;
– auf die Bedeutung Kants für die Entwicklung einer aufgeklärten Anthropologie und Gesellschaftslehre;
– auf die Bedeutung Kants für die Entwicklung der Sozialwissenschaften.

Die Rückbesinnung auf Kant ist deshalb von grundlegender Bedeutung für die weitere Entwicklung der Sozialwissenschaften, weil nur so die einmal erarbeiteten Grundlagen kritischen Denkens nicht in Vergessenheit geraten und sichergestellt werden, daß sozialwissenschaftliche Theoriebildung und Empirie nicht in szientistische, „positivistische", nur vordergründig „objektive" Konstruktionen abgleiten. Eine Rückbesinnung auf Kant ist um so notwendiger, aber auch schwieriger, je mehr das alte Vorurteil wieder Verbreitung findet, Hegel sei der „Vollender" des bei Kant grundgelegten Idealismus und Marx habe darum zu Recht nur an Hegel angeknüpft.

Die Forderung „Zurück zu Kant", mit der Otto Liebmann[1] et al. vor mehr als einhundert Jahren eine einzigartige Renaissance des Kantschen Werkes einleiteten, ist aber nicht nur aus Gründen erkenntnistheoretischer Auseinandersetzungen geboten, sondern um an Grundpositionen aufgeklärter, kritischer wissenschaftlicher Arbeit zu erinnern und durch den Aufweis der Grundlagen des Erkennens und des In-Gesellschaft-Seins zugleich deren Grenzen anzuerkennen.

Einsichten und Positionen Kants wieder in Erinnerung zu rufen ist unabhängig von dem nüchternen Befund de Vleeschauwers[2], daß Kant in allen grundlegenden philosophischen Strömungen der Gegenwart ohne direkte Einwirkung oder Nachfolge sei. Nicht in der „Lösung" philosophischer, erkenntnistheoretischer oder gesellschaftspolitischer Probleme ist die Bedeutung Kants gegenwärtig vorrangig zu sehen, sondern in seiner kritischen wie distanzierten, seiner anti-dogmatischen wie am „Fortschreiten zum Besseren" (Kant) orientierten Einstellung. Kant ist – um an seine eigene Formulierung über die Wirkung der Französischen Revolution im „Streit der Fakultäten"[3] anzuknüpfen – „ein Phänomen", das „sich in der Menschengeschichte nicht mehr vergißt", nicht mehr vergessen werden sollte. Dies um so weniger, je mehr die Wissenschaften und der Szientismus beanspruchen allein rationale Erkenntnis und Aufklärung zu garantieren.

---

[1] Otto Liebmann, Kant und die Epigonen. Eine kritische Abhandlung, zuerst 1865; neu hrsg. von Bruno Bauch, Berlin 1912.

[2] H. J. de Vleeschauwer schreibt in seinem Artikel „Kantianism" für die 15. Edition der Encyclopaedia Britannica (Macropaedia Vol. 10, 1976, S. 395ff.): daß – verglichen mit der großen Zeit des Kantianismus zwischen 1860 und 1918 – von einem deutlichen Niedergang zu sprechen sei, wenngleich das letzte Drittel des 20. Jahrhunderts eine neue Aktualisierung bringe. Gegenwärtig könne man aber nicht von einem „purely Kantian philosopher" sprechen. Innerhalb der großen zeitgenössischen Richtungen des Denkens – der Phänomenologie, der traditionalistischen Methaphysik, dem Existenzialismus, dem positivistischen Empirizismus des Wiener Kreises und der Analytischen Philosophie sei die vorherrschende Einstellung gegenüber Kant eher negativ.

[3] I. Kant, Der Streit der Fakultäten, zuerst 1798. Im folgenden wird zitiert nach der Ausgabe: Immanuel Kant. Werke in zehn Bänden. Herausgegeben von Wilhelm Weischedel, Wissenschaftliche Buchgesellschaft Darmstadt, 1968; dort Paginierung der ersten (A) und zweiten (B) Original-Ausgaben.

II. Kant und der Kritische Rationalismus

Habermas hat in seiner Arbeit über den Zusammenhang von *Erkenntnis und Interesse* herausgearbeitet, welchen zentralen Stellenwert Kant für die Philosophie der Wissenschaft und die Geschichte der Wissenschaft hat: „nach Kant (ist) Wissenschaftsphilosophie nicht mehr ernstlich begriffen worden"[4]. Erkenntnistheoretisch lasse sich Wissenschaft als *eine* Kategorie möglicher Erkenntnis nur solange begreifen, wie sie nicht entweder „mit dem absoluten Wissen einer großen Philosophie" – wie bei Hegel – oder „blindlings mit dem szientistischen Selbstverständnis des faktischen Forschungsbetriebs gleichgesetzt" werde.

Anzuknüpfen an Kant hieße in der Interpretation von Habermas, den „Grundsatz des Positivismus" preiszugeben, daß „der Sinn von Erkenntnis durch das, was die Wissenschaften leisten, definiert ist und darum zureichend auf dem Weg der methodologischen Analyse wissenschaftlicher Verfahrensweisen expliziert werden kann"[5]. Der Positivismus verliere aus dem Blick, was für Kant noch ein Ausgangspunkt seiner Untersuchungen war: die Frage nach der „Konstitution möglicher Gegenstände kausal-analytischer Erkenntnis"[6].

Habermas' Ausführungen sind breit rezipiert worden; doch vermißt man in den Auseinandersetzungen, was es heißt oder heißen könnte, auf Kant zurückzugehen und von ihm her neuen Zugang zu sozialwissenschaftlicher Theorie und Empirie zu finden. Von den gegenwärtig für die Sozialwissenschaften dominanten erkenntnis- und wissenschaftstheoretischen Positionen finden sich allein im Kritischen Rationalismus explizite Hinweise auf Kant, denen im folgenden nachzugehen ist. Dabei soll die Frage unberücksichtigt bleiben, ob nicht gerade der Kritische Rationalismus unter das „Positivismus"-Verdikt fällt und damit Kants Erkenntnistheorie szientistisch verkürzt.[7] Wie immer diese Frage entschieden werden mag: die Übereinstim-

---

4 Jürgen Habermas, Erkenntnis und Interesse, Frankf. a. M. 1968, S. 12.
5 Ebd., S. 89.
6 Ebd., S. 88. Ähnlich heißt es in Adornos bekannter Einleitung zu dem von ihm et al. hrsg. Band „Der Positivismusstreit in der deutschen Soziologie", Neuwied und Berlin 1969, S. 25: „In Kantischen Zeiten hieß die erkenntnistheoretische Konstitutionsfrage die nach der Möglichkeit von Wissenschaft."
7 Ansätze zum Szientismus, zur Identifikation von wissenschaftlicher Leistungsfähigkeit und der Interpretation des Sinns und der Möglichkeit von Erkenntnis findet Habermas auch bei Kant: „Kants Erkenntniskritik läßt sich einen empirischen Begriff von Wissenschaft in Gestalt der zeitgenössischen Physik vorgeben und gewinnt daraus die Kriterien möglicher Wissenschaft überhaupt" (a. a. O., S. 35).

mung zwischen Grundpositionen der Kantschen Philosophie, sowohl der theoretischen wie der praktischen, und denen des Kritischen Rationalismus ist offenkundig und von Karl R. Popper wie Hans Albert – um nur diese in der Bundesrepublik bekanntesten Vertreter des Kritischen Rationalismus zu nennen – mehrfach hervorgehoben worden.

Popper hat der deutschen Ausgabe seines Werkes *Die offene Gesellschaft und ihre Feinde*[8] das Motto vorangestellt: „Dem Andenken des Philosophen der Freiheit und Menschlichkeit Immanuel Kant sei die deutsche Ausgabe gewidmet." Vorangestellt ist weiterhin Poppers Gedächtnisrede zu Kants hundertfünfzigstem Todestag (1954), in der die Äquivokationen zwischen den erkenntnistheoretischen und gesellschaftspraktischen Positionen der Kantischen Philosophie und dem Kritischen Rationalismus eindringlich hervorgehoben werden. Aber auch in Poppers erkenntnistheoretischen und wissenschaftstheoretischen Schriften, wie *Logik der Forschung*, *Objektive Erkenntnis* oder *Conjectures and Refutations* wird an zentralen Stellen immer wieder auf Kant verwiesen.

Popper sieht die Verbindung als so eng und zwingend, daß dann, wenn seine Interpretation der Intentionen Kants richtig sei, „the critical rationalism (and also the critical empiricism) which I advocate merely puts finishing touch to Kant's own critical philosophy"[9].

Konzentrieren wir uns zunächst auf Rezeption und Darstellung der Kantschen Erkenntnistheorie. Hierbei muß darauf verzichtet werden, Kant selbst ausführlicher zu Wort kommen zu lassen und den durch ihn erreichten Erkenntnisfortschritt in Zitat und Diskussion im einzelnen zu belegen.

Ein Angelpunkt der Kantschen Erkenntnistheorie kann in dem Bemühen gesehen werden, die Existenz synthetischer Urteile a priori zu demonstrieren. Die Faszination der Newtonschen Physik und ihre bereits zu Kants Lebzeiten vielfach bestätigte Prognosefähigkeit waren für ihn Ausgangspunkt seiner über den Humeschen Empirismus und dessen Induktionismus hinausgehenden „veränderten Methode der Denkungsart"[10]. Kant mußte Newtons Physik zwangsläufig als Musterfall des Kausalitätsprinzips ansehen und dieses wiederum als „das wichtigste der a priori

---

[8] Karl R. Popper, Die offene Gesellschaft und ihre Feinde, 2 Bde., dt. Bern 1957/58. (jetzt als UTB-Bde.)

[9] Karl R. Popper, Conjectures and Refutations. The Growth of Scientific Knowledge, New York 1968 (1962).

[10] I. Kant, Kritik der reinen Vernunft. Vorrede zur zweiten Auflage (1787), Bd. 3, S. 26.

gültigen synthetischen Prinzipien"[11].

In dieser Annahme Kants sieht Popper das Großartige der Kantschen Erkenntnistheorie und zugleich jenen Punkt, wo über Kant hinausgegangen werden muß. Großartig ist die Einsicht deshalb, weil Kant als erster „klarer als je einer zuvor oder nach ihm gesehen hatte, wie absurd die Annahme war, Newtons Theorie könne von Beobachtungen abgeleitet werden"[12]. Ist dies aber nicht möglich, dann verhält sich unser Verstand gegenüber der aufzuklärenden Objektwelt in einer ganz anderen Weise: er geht suchend, entwerfend, tastend vor; er schreibt der Natur „ihre" Gesetze vor.

Es geht also primär nicht darum, Naturgesetze zu entdecken, sondern eine dem menschlichen Verstehen und Begreifen (den Kategorien des Verstandes) adäquate Ordnung in das Chaos der Erscheinungen zu bringen. Kant habe bei seiner Grundfrage, „Wie ist reine Naturwissenschaft möglich?" unzweifelhaft die als richtig und wahr akzeptierte Newtonsche Theorie im Blick gehabt. Die Position der unabhängigen, von der Suchleistung des eigenen Verstandes ausgehende Erkenntnis habe Kant aber noch nicht weit genug geführt, weil er vom vermeintlichen Determinismus der Newtonschen Physik gefangen gewesen sei. Kant habe nicht gesehen und nicht sehen können, daß „Newton's theory is no more than a marvellous conjecture, an astonishing good approximation"[13]. Kants Grundfrage hätte daher nicht lauten sollen: „Wie ist reine Naturwissenschaft möglich?", sondern: „How are successful conjectures possible?"[14]. Auf diese Umformulierung der Kantschen Frage gibt Popper, an Kant selbst gerichtet, folgende Antwort, die besser als jede andere Stelle in seinem Werk Übereinstimmung mit Kant und Hinausgehen über dessen erkenntnis- und wissenschaftstheoretische Position verdeutlicht. Im Sinne der „Kopernikanischen Revolution" sei Kant zu antworten: „Because, as you said, we are not passive receptors of sense data, but active organisms ... because we can invent stories, myths, theories ... Because knowledge is an adventure of ideas. These ideas, it is true, are produced by us, and not by the world around us ...; here you are right. But we are more active and free than even you believed; for similar observations or similar environmental situations do not, as your theory implied, produce similar explanations in different men ..."[15].

---

11 Karl R. Popper, Objektive Erkenntnis. Ein evolutionärer Entwurf, Hamburg 1973 (orig. engl. 1972).
12 Karl R. Popper, Conjectures..., a. a. O., S. 185.
13 Ebd., S. 94.
14 Ebd., S. 95.
15 Ebd.

Danach sind wir gegenüber der Erkenntniswelt noch freier, noch aktiver, als in Kants Philosophie vorausgesetzt. Aber was Kant mit seiner „Kopernikanischen Wende"[16] erreichte, ist nicht nur am Wahrheitsgehalt seiner erkenntnistheoretischen Positionen zu messen, die im einzelnen widerlegt sein mögen, sondern am „intellektuellen Klima" der Wissenschaftlichkeit und Redlichkeit, das er begründen half. Dieses meint Popper, wenn er in seiner „hommage à Kant" sagt: „Es gibt so etwas wie ein Kantisches intellektuelles Klima, ohne das die Theorien von Einstein oder Bohr undenkbar sind ... Der Forscher muß die Natur ins Kreuzverhör nehmen, um sie im Lichte seiner Zweifel, Vermutungen, Ideen und Inspirationen zu sehen. Das ... ist eine tiefe philosophische Einsicht."[17] Kant ist für Popper der Philosoph der Aufklärung, „er war ihr letzter großer Vorkämpfer"[18].

Kant ist nicht entsprechend der gängigen philosophisch-geschichtlichen Ahnenreihe bloßer Vorläufer des deutschen Idealismus, der seine angebliche Vollendung dann über Fichte bei Hegel findet. Für Popper hat der Philosoph der Aufklärung, der für sich und alle Menschen den „Kampf um geistige Selbstbefreiung" zum „Leitstern seines ganzen Lebens" gemacht habe[19], mit dem vermeintlichen Begründer des deutschen Idealismus nichts gemeinsam, wenngleich Kant diesem Mißverständnis durch den „unschönen und zweifach irreführenden Namen ‚Transzendentaler Idealismus' " leider selbst Vorschub geleistet habe[19a].

So wurde auch von Bruno Bianco auf dem 4. Internationalen Kant-Kongreß (Mainz 1974) hervorgehoben, daß „eines der ansehnlichsten Ergebnisse der neuesten Geschichtsforschung gerade die Problematisierung einer derartigen ‚teleologischen' Deutung" sei, „die den Fehler begeht, den ursprünglich spekulativen Reichtum dieser klassischen Epoche in der deutschen

---

[16] Zur Erläuterung der „Kopernikanischen Wende" vgl. die unvergleichlich eindringliche Darstellung, die Kant in der erwähnten Vorrede zur zweiten Auflage der „Kritik der reinen Vernunft" selbst gibt.
[17] Karl R. Popper, Die offene Gesellschaft ..., a. a. O., Bd. 1, S. 16.
[18] Ebd., S. 10.
[19] Ebd., S. 11.
[19a] Kant sieht selbst die Gefahr, die mit dem Begriff „Idealismus" gegeben ist. In den „Prolegomena zu einer jeden künftigen Metaphysik, die als Wissenschaft wird auftreten können" (zuerst 1783) und die er nur zwei Jahre auf seine „Kritik der reinen Vernunft" folgen läßt, schreibt er: „Der eigentliche Idealismus hat jederzeit eine schwärmerische Absicht ..., der meinige aber ist lediglich dazu, um die Möglichkeit unserer Erkenntnis a priori von Gegenständen der Erfahrung zu begreifen" (Bd. 5, S. 254).

Kultur der Abstraktion eines vorausgesetzten Schemas unterzuordnen"[20].

Das durch Kant geschaffene „intellektuelle Klima" eigenständigen und aktiven Herangehens an die Erkenntniswirklichkeit war auch prägend für die „Kopernikanische Wendung der Ethik"[21]. Seit Kant wissen wir, daß wir es sind, „die, wenigstens zum Teil, die Ordnung erzeugen, welche wir in der Welt finden"; daß wir es sind, „die unser Wissen von der Welt erschaffen" und daß „Forschung eine schöpferische Kunst ist". Einen ähnlichen Standpunkt vertritt Kant in der Begründung der Moral und in der Grundlegung der Prinzipien des Zusammenlebens: der Gesellschaftsordnung und schließlich der Staatsordnung. Wie Giambattista Vico (1668–1744) erkannte er, „daß diese historische Welt ganz gewiß von den Menschen gemacht worden ist: und darum können ... in den Modifikationen unseres eigenen menschlichen Geistes ihre Prinzipien aufgefunden werden"[22]. Oder in den Worten Poppers: „Kant macht den Menschen zum Gesetzgeber der Moral in genau derselben Weise, in der er ihn zum Gesetzgeber der Natur macht, und gibt ihm durch diese Wendung die gleiche zentrale Position in der

---

[20] Bruno Bianco, Bemerkungen über den anthropologischen Kritizismus von J. F. Fries, in: Akten des 4. Internationalen Kant-Kongresses, Teil II. 2: Sektionen, Berlin/New York 1974, S. 709ff.
Neuerliches Musterbeispiel einer derartig schematisierenden Kant-Interpretation ist die von Manfred Buhr und Gerd Irrlitz verfaßte Schrift „Der Anspruch der Vernunft. Die klassische deutsche Philosophie als theoretische Quelle des Marxismus", Köln 1976 (Berlin-Ost 1968). In dieser ansonsten vorzüglichen Darstellung wird Kant zu sehr und zu einseitig als Wegbereiter der absoluten Gipfelpunkte Hegel und Marx interpretiert. Doch der eingenommene Standpunkt der Parteilichkeit und die in den Totalitäts-Mythos führende Leugnung der Subjekt-Objekt-Differenz ist so konträr Kantscher „Denkungsart", daß sich die Interpretations-Linien von Kant über Fichte, Schelling und Marx nicht einfach verlängern lassen.
Karl Jaspers macht in seiner Kant-Arbeit bereits Hegel für diese unglückliche Schematisierung verantwortlich: „Hegel konstruierte eine sachliche Entwicklung von Kant zu Fichte über Schelling zu sich selber, unter deren bezwingender Suggestion die Philosophiegeschichtsschreibung bis heute steht" (Drei Gründer des Philosophierens: Plato, Augustin, Kant, München 1957, S. 395).

[21] Karl R. Popper, Die offene Gesellschaft ..., Bd. I, S. 17.

[22] Giambattista Vico, Die neue Wissenschaft über die gemeinschaftliche Natur der Völker, Reinbek bei Hamburg 1966, S. 51f. Erinnert sei auch an Marx' Hinweis auf Vico im ersten Band des „Kapitals", daß eine „kritische Geschichte der Technologie" doch leichter zu schreiben sein müßte als eine „Geschichte der natürlichen Technologie", da, „wie Vico sagt, die Menschengeschichte sich dadurch von der Naturgeschichte unterscheidet, daß wir die eine gemacht und die andere nicht gemacht haben" (MEW, Bd. 23, S. 393, Anm. 89).

moralischen wie früher in der physischen Welt"[23].

Es dürfte deutlich geworden sein, wie und warum der Kritische Rationalismus sich zu Recht auf Kant beruft und den „entwerfenden" Grundzug seiner „Denkungsart" als unverzichtbaren Bestandteil der Geschichte rationaler, unvoreingenommener und korrekturfähiger Erkenntnis ansieht. Daher ist es relativ gleichgültig, daß Popper und andere Erkenntnistheoretiker Kant in vielen seiner Grundannahmen nicht zu folgen vermögen. Ganz selektiv seien im Anschluß an Popper herausgegriffen:

– Kants „geistvoller Versuch, synthetische Urteile a priori zu begründen", der nicht geglückt sei;[24]
– Kants Unterscheidung von Intuition und diskursivem Denken, die ebenfalls nicht akzeptiert wird;[25]
– Kants „Gedanke einer uns allen gemeinsamen Norm-Anschauung", weil – wie leicht gezeigt werden kann – unser Anschauungsvermögen sich in dem Maße verändert, wie wir uns im diskursiven Denken geübt haben;[26]
– Kants Anschauung der Zeit,[27] die als Kategorie zum Beispiel durch B. L. Whorfs Bericht über die Hopi-Indianer und „ihre völlig andere Zeitanschauung" überzeugend widerlegt werden kann.

Wenn hier vor allem auf Poppers Kant-Rezeption eingegangen wurde, so deshalb, weil der Kritische Rationalismus durch ihn wesentlich geprägt wurde und sich Popper explizit auf Kant bezieht. Hans Albert hingegen setzt voraus, daß der Rückbezug des Kritischen Rationalismus auf Kant selbstevident sei und nicht dauernd explizit gemacht werden müsse. So entgegnet Hans Albert den Kritikern seines *Traktats über Kritische Vernunft*, die eine Auseinandersetzung mit der Kantschen Vernunftkritik vermissen, „daß der Kritische Rationalismus nicht nur in keinem relevanten Sinne als eine Form des Positivismus charakterisiert werden kann..., sondern daß er aus einer Auseinandersetzung vor allem mit Kant und bestimmten Formen des Kantianismus hervorgegangen ist..."[28].

Explizit wiederum wird der Bezug des Kritischen Rationalismus auf Kant im Einleitungsaufsatz der Herausgeber des ersten Bandes *Kritischer*

---

[23] Karl R. Popper, Die offene Gesellschaft ...., a. a. O., S. 17.
[24] Karl R. Popper, Logik der Forschung, Tübingen, 5. Aufl., 1973 (1934/35).
[25] Karl R. Popper, Objektive Erkenntnis . . ., a. a. O., S. 153.
[26] Ebd.
[27] Ebd.
[28] Hans Albert, Traktat über Kritische Vernunft, Tübingen, 2. Aufl., 1969 (1968), Vorwort zur 2. Aufl., S. X.

Rationalismus und Sozialdemokratie[29]. Kant wird dort (S. 2) als „geistiger Ahne des kritischen Rationalismus" bezeichnet.

III. Grundzüge der Kantschen Anthropologie, Gesellschaftslehre und Geschichtsauffassung

Die wichtigsten Aussagen Kants zur Anthropologie, zu Gesellschaft, Staat und Geschichte finden sich in den folgenden Werken:
- *Idee zu einer allgemeinen Geschichte in weltbürgerlicher Absicht*, zuerst 1784 (Bd. 9, S. 31–50);
- *Kritik der praktischen Vernunft*, zuerst 1788 (Bd. 6, S. 103–302);
- *Über den Gemeinspruch: Das mag in der Theorie richtig sein, taugt aber nicht für die Praxis*, zuerst 1793 (Bd. 9, S. 125–172);
- *Zum ewigen Frieden*, zuerst 1795 (Bd. 9, S. 191–252);
- *Die Metaphysik der Sitten*, zuerst 1797 (Bd. 7, S. 303–634);
- *Anthropologie in pragmatischer Absicht*, zuerst 1798 (Bd. 10, S. 395–690);
- *Der Streit der Fakultäten*, zuerst 1798 (Bd. 9, S. 261–393).

Der Beitrag Kants zu einer aufgeklärten Sozialwissenschaft liegt nicht darin, daß er zur Soziologie oder Sozialpsychologie, zur Anthropologie oder Politologie abschließende Erkenntnisse gewonnen hätte. Er hat diesen Wissenschaften, die ja Ende des 18. Jahrhunderts noch vor ihrer Ausdifferenzierung standen, vielmehr eine Richtung gewiesen, in die die von ihm mitgeschaffenen Grundeinsichten der Aufklärung als „erkenntnisleitendes Interesse" eingehen konnten. „Zurück zu Kant" heißt daher für die Sozialwissenschaften nicht: zurück zu seinem Erkenntnisstand, sondern vor allem: zurück zu seinem anthropologischen Realismus, seinem Anti-Dogmatismus, seinem an der Würde und Freiheit des Menschen orientierten Denken über Grundlagen und Möglichkeiten des In-Gesellschaft-Seins.

In seiner *Anthropologie in pragmatischer Absicht* wie in allen seinen oben genannten Schriften geht Kant davon aus, daß der Mensch ein mit Vernunft begabtes Wesen ist[30], das aus Unmündigkeit – die viele Ursachen haben kann – sich dieses „Organs" nicht zureichend bedient. Der Mensch ist

---

[29] Georg Lührs, Thilo Sarrazin, Frithjof Spreer, Manfred Tietzel, Kritischer Rationalismus und Sozialdemokratie, in: dies., Hrsg., Kritischer Rationalismus und Sozialdemokratie, Berlin/Bonn-Bad Godesberg 1975, S. 1–54.

[30] In seiner „Anthropologie" schreibt Kant: der Mensch ist ein „mit Vernunftfähigkeit begabtes Tier (animal rationabile), (das) aus sich selbst ein vernünftiges Tier (animal rationale) machen kann" (Bd. 10, S. 673).

weiter dadurch ausgezeichnet, daß er „in seiner Vorstellung das Ich haben kann" (*Anthropologie*, S. 407). Doch gegen den „Egoism", d. h. „sein geliebtes Selbst, wo er nur darf, zum Vorschein" zu bringen (S. 408), setzt Kant den „Pluralism", d. h. „die Denkungsart: sich nicht als die ganze Welt in einem Selbst befassend, sondern als einen bloßen Weltbürger zu betrachten und zu verhalten" (S. 411).

Seine anthropologischen Einsichten im Hinblick auf die Möglichkeit von Gesellschaft und sein Geschichtsbild im Hinblick auf die Entwicklung der menschlichen Spezies lassen sich wie folgt zusammenfassen:

Die Menschen sind Bedürfniswesen und Vernunftwesen; sie sind zur Selbstverwirklichung und Freiheit begabt, haben diese aber nicht per se, sondern müssen sie – als Einzelwesen wie als Gattung – „gänzlich aus sich selbst herausbringen" (*Idee zu einer allgemeinen Geschichte*; Bd. 9, S. 36)[31]. Der Mensch ist – in der Interpretation der Handlungs- und Gesellschaftslehre Kants durch Friedrich Jonas[32] – „freies Dasein im Erkennen und Handeln, in der Geschichte und den Institutionen seiner Gesellschaft".

Um zur „Vollständigkeit der Entwicklung ihrer Anlagen zu gelangen" (*Idee zu einer allgemeinen Geschichte*; Bd. 9, S. 37) bedürfen die Menschen der Vergesellschaftung. Diese ist – wie der Mensch selbst – antagonistisch. Sie ist es, weil „die ungesellige Geselligkeit der Menschen, d. h. der Hang derselben, in Gesellschaft zu treten, doch mit einem durchgängigen Widerstande, welche diese Gesellschaft beständig zu trennen droht, verbunden ist" (ebd.). Der Neigung und Notwendigkeit, in „Geselligkeit" seine Fähigkeiten zu entwickeln, widerstrebt ein „großer Hang, sich zu vereinzeln (isolieren); weil er in sich zugleich die ungesellige Eigenschaft antrifft, alles bloß nach seinem Sinne richten zu wollen" (S. 38).

Die Gesellschaft nun, „die die größte Freiheit, mithin einen durchgängigen Antagonismus ihrer Glieder, und doch die genaueste Bestimmung und Sicherung der Grenzen dieser Freiheit hat, damit sie mit der Freiheit anderer bestehen könne", ist die „allgemein das Recht verwaltende bürgerliche Gesellschaft" (S. 39).

Kant geht davon aus, daß dieser Widerspruch, dieser „Antagonismus" niemals gänzlich aufgehoben werden kann. Antagonistisch und damit letztlich nicht auflösbar ist ihm auch das Phänomen der Ungleichheit unter den Menschen: „eine Ungleichheit, über die Rousseau mit viel Wahrheit klagt, die aber von der Kultur nicht abzusondern ist, so lange sie gleichsam

---

[31] An anderer Stelle (Anthropologie) spricht Kant davon, daß der Mensch „einen Charakter hat, den er sich selbst schafft" (Bd. 10, S. 673).
[32] Friedrich Jonas, Geschichte der Soziologie (4 Bde.), Bd. I, Aufklärung, Liberalismus, Idealismus, Reinbek bei Hamburg 1968, S. 122f.

planlos fortgeht" (*Mutmaßlicher Anfang der Menschengeschichte*; Bd. 9, S. 95). Die Ungleichheit begann mit der Ausbreitung und Entfaltung der menschlichen Kultur; seither ist sie eine „reiche Quelle so vieles Bösen, aber auch alles Guten ..."(S. 97).

Kants Position ist, wie Friedrich Jonas wohl richtig verortet, zwischen dem anthropologischen Pessimismus eines Hobbes und dem Optimismus eines Rousseau anzusiedeln, ohne jemals schwärmerisch zu sein[33]. Denn, so sagt Kant bei der Erörterung des Punktes wie der Mißbrauch der Freiheit verhindert werden könne, „aus so krummem Holze, als woraus der Mensch gemacht ist, kann nichts ganz Gerades gezimmert werden. Nur die Annäherung zu dieser Idee ist uns von der Natur auferlegt" (*Idee zu einer allgemeinen Geschichte*; Bd. 9, S. 41). Als Fußnote fügt Kant die höchst interessante Anmerkung hinzu: „die Rolle des Menschen ist also sehr künstlich".

Ohne in Pathos oder Schwärmerei, Schwarzmalerei oder Resignation zu verfallen – wozu seine Zeit mannigfachen Grund bot –, sieht Kant in dem intensiv verfolgten Ereignis der Französischen Revolution (wie vorher schon der amerikanischen) „Aspekte und Vorzeichen" eines Trends zum Besseren. Im „Streit der Fakultäten" (Bd. 9, S. 361) sagt Kant, daß mit der Französischen Revolution ein „Phänomen in der Menschengeschichte" sich eingestellt habe, das sich „nicht mehr vergißt".

Kant meint damit das Fortschrittliche der Französischen Revolution, das er – trotz aller Greuel – bereit und fähig ist wahrzunehmen. Als Quietist oder Apologet des Bestehenden wird man Kant daher wohl kaum bezeichnen können.

Kant weigert sich auch, die „größte Glückseligkeit" oder den „höchsten Grad..., bei welchem die Menschheit stehen bleiben müsse", angeben zu wollen; er weigert sich, „weil es Freiheit ist, welche jede angegebene Grenze übersteigen kann". Diese Sätze finden sich bereits in der *Kritik der reinen Vernunft* (hier: Bd. 4, S. 324).

Die Grundzüge der Kantschen Staats- und Gesellschaftslehre sind – unter wechselnden Gesichtspunkten – vielfach erörtert und zusammengefaßt worden, so daß hier auf eine nähere Darstellung verzichtet werden kann. Nach Lucien Goldmanns Arbeit[34] von 1945, die etwas konstruiert in

---

[33] „Will man nicht in Mutmaßungen schwärmen", sagt Kant in: Mutmaßlicher Anfang der Menschengeschichte, „so muß der Anfang von dem gemacht werden, was keiner Ableitung aus vorhergehenden Naturursachen durch menschliche Vernunft fähig ist, also: mit der Existenz des Menschen" (Bd. 9, S. 86).

[34] Lucien Goldmann, Mensch, Gemeinschaft und Welt in der Philosophie Immanuel Kants, Europa Verlag, Zürich 1945 (Diss. Zürich 1945). Goldmann bezeichnet Kant als den „tiefsten, weitsehendsten Denker (der) bürgerlich-

ihren Verbindungslinien wirkt – nicht zuletzt deshalb, weil Kant durch die Brille des jungen Lukács wahrgenommen wird[35] –, liegt nunmehr die umfassende Arbeit von Richard Saage[36] vor. In soziologischer Perspektive gibt es die hervorragende Zusammenfassung und Interpretation der Kantschen Handlungstheorie und Gesellschaftslehre von Friedrich Jonas[37] (a. a. O.). Staat und Gesellschaft gehen vom „reinen Begriff der Rechtspflicht" aus. „Ein Staat (civitas) ist die Vereinigung einer Menge von Menschen unter Rechtsgesetzen" (*Metaphysik der Sitten*; Bd. 7, S. 431). Nicht irgendein Recht ist gemeint, sondern jenes, das konstitutiv ist für „eine Verfassung von der größten menschlichen Freiheit nach Gesetzen, welche machen, daß jedes Freiheit mit der andern ihrer zusammen bestehen kann" (*Kritik der reinen Vernunft*; Bd. 4, S. 323f.). Wie die Rolle des Menschen etwas Künstliches hat, so auch der „rechtliche Zustand", der ein „status artificialis" ist (*Metaphysik der Sitten*). Dies Kunstwerk, die Rechtsgesellschaft als das System der „äußeren Freiheit", ist die Bedingung zur Möglichkeit der Entfaltung sittlich-autonomer Persönlichkeiten.

Daß Kant in seiner Gesellschaftslehre von der grundlegenden Funktion des Eigentums und des Marktes ausgeht und ihm die bürgerliche Gesellschaft, sofern sie Rechtsgesellschaft ist, als Ideal erscheint, sollte nicht gegen seinen prinzipiell kritischen Ansatz geltend gemacht werden. Die Apologie des Eigentums in der Aufklärungsphilosophie und der Philosophie der sich entfaltenden bürgerlichen Gesellschaft ist zu Kants Zeit der einzig richtige und einzig gangbare Weg, die Autonomie des Bürgers gegen das ancien régime zu behaupten und auf ein sicheres Fundament zu stellen.

---

klassischen, individualistischen Kultur, der ihre Schranken schon klar eingesehen hat, ohne sie ... überschreiten zu können" (S. 15). Goldmanns Interpretation ist zu eng am bereits kritisierten Schematismus orientiert, Kant als Wegbereiter einer „humanistischen Ganzheitsphilosophie" (S. 16) einzuordnen.

[35] Vgl. den fundamentalen „Verdinglichungs"-Aufsatz von Georg Lukács, in: Geschichte und Klassenbewußtsein. Studien über marxistische Dialektik, Neuwied und Berlin 1970 (zuerst 1923), S. 170–355. Diese Arbeit dürfte immer noch eine der wichtigsten Auseinandersetzungen mit Kant und dem Neukantianismus vom marxistischen Standpunkt aus sein (zur Kant-Rezeption bei Marx u. Engels vgl. weiter unten).

[36] Richard Saage, Eigentum, Staat und Gesellschaft bei Immanuel Kant, Kohlhammer Verlag 1973. Saage zeigt, wie von Kants Konzeption des Eigentum-Begriffes her seine Konzeption und Theorie der bürgerlichen Gesellschaft zugleich entfaltet und eingegrenzt wird, letztlich ökonomisch „blind" ist.

[37] Vgl. auch Gábor Kiss, Einführung in die soziologischen Theorien, Bd. 1, Opladen, 2. Aufl., 1974, S. 34–59.

„Wie sehr er (Kant; B. S.) das Privateigentum als eine Kategorie begreift, die auf eine reformerische Überwindung der politischen und sozialen Verhältnisse in Deutschland berechnet ist, macht er eindrucksvoll dadurch deutlich, daß er dem Recht auf private Disposition über Eigentum die Dignität eines Postulats der praktischen Vernunft verleiht."[38]

Kant, der die (bürgerliche) Gesellschaft als Rechtsgesellschaft begründen und absichern wollte, ging nicht davon aus, daß Recht und Freiheit von selbst in Geltung bleiben. Das Gesetz muß, damit es „auch von Wirkung und nicht leere Anpreisung sei" (*Anthropologie*; Bd. 10, S. 686), durch „Gewalt" (seit Max Weber würden wir sagen: „Herrschaft"; „Sanktionsgewalt") gestützt werden.

Der Rechtsstaat hätte – so interpretiert Richard Saage Kants Auffassung „würde er ausschließlich als Postulat der praktischen Vernunft aufgefaßt werden, weder eine Entstehungs- noch eine Überlebenschance"[39]. Der Staat ist nach Kant auf das Prinzip der Legalität zu beschränken; er ist nicht auf Moralität zu gründen, weil er „nicht primär das Medium der Entfaltung eines tugendhaften Lebens"[40] ist. Er ist letztlich das „Kunstprodukt verständiger Egoisten ..., die auf der Basis einer staatlichen Zwangsgewalt koexistieren wollen"[41].

Damit ist der Unterschied zur Hegelschen Staats-Metaphysik (vgl. an erster Stelle seine Grundlinien der *Philosophie des Rechts*, 1821) deutlich.

Entsprechend dieser kritischen und pragmatischen Einstellung zur Gesellschafts- und Staatsordnung ist Kant auch weit davon entfernt, seine „Ideen" über den Verlauf der menschlichen Geschichte mit der Determination des Geschichtsverlaufs überhaupt zu verwechseln (dies blieb Hegel, Marx et al. vorbehalten).

Man könne zwar, wenn auch mühevoll, „einen regelmäßigen Gang der Verbesserung der Staatsverfassung in unserem Weltteile entdecken" (*Idee zu einer allgemeinen Geschichte*; Bd. 9, S. 48); aber diese Ansicht ist eher ein pragmatischer „Bewegungsgrund, einen besonderen Gesichtspunkt der Weltbetrachtung zu wählen" (ebd., S. 49) als die „Idee einer Weltgeschichte, die gewissermaßen einen Leitfaden a priori hat".

In seiner Altersschrift *Der Streit der Fakultäten* wirft Kant die Frage auf: „ob das menschliche Geschlecht (im großen) zum Besseren beständig fortschreite" (Bd. 9, S. 351). Damit sei die Frage nach dem künftigen Verlauf der Geschichte gestellt. „Eine Geschichte a priori" sei aber nur

---

[38] Richard Saage, Eigentum, Staat..., a. a. O., S. 153.
[39] Ebd., S. 98.
[40] Ebd., S. 99.
[41] Ebd.

möglich, „wenn der Wahrsager die Begebenheiten selber macht und veranstaltet, die er zum voraus verkündigt". Dies ist eine hellsichtige Antwort, die einerseits an Marx erinnert, daß die Menschen ihre Geschichte zwar machen, aber (noch) nicht mit Bewußtsein, d. h. planvoll; andererseits ist Kants Interpretation obigen Satzes, daß die jüdischen Propheten den Sturz des Staates mit ihrer Weissagung erst tatkräftig herbeigeführt hätten, eine Vorwegnahme von Mertons Analyse der self-fulfilling prophecy[42].

Was immer Kant im einzelnen anführen mag, um Belege für die drei Möglichkeiten zu sammeln: daß das menschliche Geschlecht entweder „im kontinuierlichen Rückgange zum Ärgeren, oder im beständigen Fortgange zum Besseren, oder im ewigen Stillstande" sich befinde (*Der Streit der Fakultäten*; Bd. 9, S. 353) – entscheidend bleibt sein undogmatischer Standpunkt der Betrachtung. Kant räumt jedoch ein, daß seine Interpretation des „Laufs menschlicher Dinge" durchaus auf eine „unrecht genommene Wahl des Standpunkts" zurückzuführen sein könne (Bd. 9, S. 355).

IV. Kant und die Entwicklung einer aufgeklärten Sozialwissenschaft

Die Entwicklung der Sozialwissenschaften ist durch das Werk Kants nicht in dem Maße geprägt und beeinflußt worden, wie dies unter Gesichtspunkten einer kritischen und pragmatischen „Denkungsart" auch und gerade in den Sozialwissenschaften wünschenswert gewesen wäre. Dafür seien hypothetisch folgende Gründe genannt:

- Kants vorgängige Orientierung am Beispiel der Naturwissenschaften und seine strenge Auffassung von Wissenschaft überhaupt[43];
- die – zumal in Deutschland – vorrangige Auseinandersetzung der sich

---

[42] Robert K. Merton, The self-fulfilling prophecy, in: ders., Social Theory and Social Structure, New York/London, 10. Aufl., 1968, S. 475–490.

[43] Hier ist an wichtiger Stelle Kants Vorrede zu seiner Schrift „Metaphysische Anfangsgründe der Naturwissenschaft" (1786) zu nennen (vgl. auch Anm. 46).
Das grundlegende Werk der Marburger Schule des Neu-Kantianismus, Hermann Cohens „Kants Theorie der Erfahrung" (zuerst 1871) unternimmt es, Kants Erkenntniskritik als Grundlegung einer Wissenschaftsphilosophie zu interpretieren. Wie immer dies von den „Metaphysikern" interpretiert werden mag und ob die spöttische Anmerkung von Odo Marquard (Skeptische Methode im Blick auf Kant, Freiburg/München 1958, S. 35) zutrifft: Cohen zeige letztlich, daß Kant „ein unzuverlässiger Neukantianer" gewesen sei – Kants Versuch, die Grundlagen und Grenzen des „sicheren Gangs der Wissenschaft" (Vorrede zur Kritik der reinen Vernunft) zu bestimmen, sind ein Eckpfeiler der Erkenntnistheorie und der Wissenschaftsgeschichte.

erst Ende des 19. Jahrhunderts konstituierenden Sozialwissenschaften mit dem Werk Hegels, bei dem „von Anfang an staatsrechtliche, politische und gesellschaftliche Probleme im Vordergrund" standen[44];
- die permanente, nunmehr seit rund einhundert Jahren vorherrschende „Last der Argumentation" im Hinblick auf das Werk von Marx und Engels, d. h. mit gesellschaftswissenschaftlichen Theorien, für die Kant – sieht man vom sogenannten „Austro-Marxismus" und einigen anderen Richtungen ab – kein Gegenstand der Auseinandersetzung (mehr) war oder dies nur als „Vorläufer" Hegels.

Die mögliche Beschäftigung der Sozialwissenschaften mit Kants Positionen:

- seiner Erkenntnis- und Wissenschaftstheorie;
- seinen inhaltlichen Aussagen über Mensch, Gesellschaft, Staat und Geschichte;
- den gesellschaftspolitischen Implikationen der „praktischen Vernunft"

war weitgehend auf die „Epoche" des Neu-Kantianismus begrenzt, war selektiv und wurde „kantianisierend" (Horst Baier; vgl. weiter unten) überzogen.

Nur in Parenthese sei angemerkt, daß systematische Auseinandersetzungen im Bereich der Naturwissenschaften mit Kants Erkenntnis- und Wissenschaftstheorie auch nicht gerade zahlreich sind, obgleich von Hermann von Helmholtz (1821–1894) bis Werner Heisenberg (1901–1976) bedeutende Naturwissenschaftler sich immer wieder mit Kant auseinandergesetzt haben.[45] Aber noch Peter Plaass hat in seiner profunden Studie über *Kants Theorie der Naturwissenschaft*[46] Grund zu der Bemerkung, daß „zwar ... von Kant und der Naturwissenschaft allenthalben die Rede" ist, dabei aber nur „ganz dunkle, fast immer schlechtweg falsche Vorstellungen zugrunde gelegt werden"[47].

---

44 Friedrich Jonas, Geschichte der Soziologie, a. a. O., Bd. I, S. 141.
45 Helmholtz' Schrift „Über das Sehen des Menschen" (zuerst 1855) geht der Begründung des Neu-Kantianismus im engeren Sinne (vgl. Anm. 1 und 51) zeitlich voran.
Vgl. auch Werner Heisenberg, Quantenmechanik und Kantsche Philosophie, in: Der Teil und das Ganze, München 1973, S. 141–149.
Carl Friedrich von Weizsäcker, Kants Theorie der Naturwissenschaft nach P. Plaass, in: Die Einheit der Natur, München 1971, S. 405–427.
46 Peter Plaass, Kants Theorie der Naturwissenschaft. Eine Untersuchung zur Vorrede von Kants „Metaphysischen Anfangsgründen der Naturwissenschaft", Göttingen 1965.
47 Ebd., S. 14.

Sind es also einerseits philosophiegeschichtliche Gründe, die im Bereich der Sozialwissenschaften Kant durch die „Vollender" Fichte und Hegel verdrängt haben, so andererseits wissenschaftsgeschichtliche Gründe der Verselbständigung empirisch-analytischer, forschungspragmatischer Einzelwissenschaften. In der bereits kritisierten Schematisierung des Idealismus von Kant zur „Vollendung bei Hegel" (so eine Kapitelüberschrift auch bei Friedrich Jonas, a. a. O.) und der fehlenden, durch Hegel eben als „erledigt" betrachteten Auseinandersetzung mit dem Werk Kants bei Marx und Engels liegt ein wichtiger Grund für ein Zurückdrängen der von Kant erarbeiteten kritischen und pragmatischen Erkenntnis- und Wissenschaftstheorie.

Während die permanente Auseinandersetzung mit Hegel für die Herausbildung des „wissenschaftlichen Sozialismus" und der historisch-materialistischen Philosophie konstitutiv ist, sind die Verweise auf Kant im Werk von Marx und Engels ausgesprochen dürftig. Zwar sagt Engels im Vorwort zur ersten Auflage seines rückblickenden Werkes über *Die Entwicklung des Sozialismus von der Utopie zur Wissenschaft* (1882; MEW, Bd. 19, S. 188): „wir deutschen Sozialisten sind stolz darauf, daß wir abstammen nicht nur von Saint-Simon, Fourier und Owen, sondern auch von Kant, Fichte und Hegel" – aber trotz dieser Kant einschließenden hommage war das Werk der Gründer des wissenschaftlichen Sozialismus für die Kant-Rezeption der sich konstituierenden Sozialwissenschaften nicht eben förderlich. Die Auseinandersetzung mit Kant ist bei Marx und Engels auf folgende Punkte beschränkt:

– auf die Kritik Kants als Theoretiker und Apologet der bürgerlichen Gesellschaft. So heißt es bezeichnend in der *Deutschen Ideologie* (verfaßt 1845/46): „Der Zustand Deutschlands am Ende des vorigen Jahrhunderts spiegelt sich vollständig ab in Kants ‚Critik der practischen Vernunft' " (MEW, Bd. 3, S. 176);
– auf Engels anerkennende Äußerungen zu Kants Beitrag der Herausbildung einer materialistischen Auffassung der Weltentstehung[48]. So schreibt er im *Anti-Dühring* (1877): „Die Kantische Theorie von der Entstehung aller jetzigen Weltkörper aus rotierenden Nebelmassen war der größte Fortschritt, den die Astronomie seit Kopernikus gemacht hatte" (MEW, Bd. 20, S. 52).

---

[48] Gemeint ist Kants Nebulartheorie, die heute bekannt ist als „Kant-Laplacesche Theorie" und von Kant in der 1755 in Königsberg und Leipzig erschienenen Schrift entwickelt wurde: Allgemeine Naturgeschichte und Theorie des Himmels, oder Versuch von der Verfassung und dem mechanischen Ursprunge des ganzen Weltgebäudes, nach Newtonschen Grundsätzen abgehandelt (in der von Weischedel besorgten, hier zitierten Ausgabe in Bd. 1, S. 219–400).

Marx und Engels störte das „Kantsche unfaßbare Ding an sich" (MEW Bd. 21, S. 276) und die sich angeblich beim „guten Willen" bescheidende Auffassung Kants von der praktischen Vernunft in Hinsicht auf die deutschen Zustände. „Dieser gute Wille Kants entspricht vollständig der Ohnmacht, Gedrücktheit und Misère der deutschen Bürger ..." (MEW, Bd. 3, S. 177).

Was für Kant noch selbstverständlicher Ausgang seiner Untersuchungen war: das Prinzip der „Anerkennung der Realität der Außenwelt" (Jonas, a. a. O., S. 141) und der durchgehaltene Gegensatz von Sein und Sollen, wird bei Fichte und Hegel in der Identität von Subjekt und Objekt, von Vernunft und Wirklichkeit „aufgehoben" und bei Marx zum Beweis für Antagonismus, Widerspruch und Entfremdung, die – da Ergebnis des im Kapitalismus kulminierenden historischen Prozesses – durch revolutionäre Umgestaltung aufhebbar sind.

Trotz der „Sperren" gegenüber einer Wirkung Kants im Bereich der Sozialwissenschaften, die mehr auf seine Grundlagen des kritischen Denkens als auf einzelne Inhalte abstellt, die nicht vom konstruierten Prinzip der „Versöhnung" von Mensch und Gesellschaft, von Vernunft und Wirklichkeit ausgeht oder das Phänomen der Entfremdung ausschließlich gesellschaftsimmanent „lösen" will, hat es immer wieder Versuche gegeben, seine Philosophie zur Begründung einzelner Sozialwissenschaften heranzuziehen (in der Ökonomie, Soziologie und Pädagogik wie in der Jurisprudenz und Rechtsphilosophie[49]). In den methodologischen Untersuchungen der verschiedenen Richtungen des Neu-Kantianismus[50] und insbesondere Diltheys (1833–1911) zur Konstitution der Geistes- und Kulturwissenschaft(en), der Gesellschafts- und Wertwissenschaft(en) spielt der explizite oder implizite Bezug auf Kant eine zentrale Rolle. Gleichwohl lief das meiste davon auf neue dogmatische Positionen hinaus, die das „Zeitalter der Kritik, der sich alles unterwerfen muß" (Vorrede zur ersten Auflage der *Kritik der reinen Vernunft*) eher beenden als im Namen einzelwissenschaftlicher Forschung weiterführen helfen.

Ohne hier eine Kritik der Kant-Rezeption im Neukantianismus und

---

[49] In diesen Zusammenhang gehören etwa Rudolf Stammlers (1856–1928) Versuch der Begründung einer Rechtswissenschaft und Rechtsphilosophie (vgl. Max Webers heftige Kritik: R. Stammlers „Überwindung" der materialistischen Geschichtsauffassung, zuerst 1907) oder Paul Natorps (1854–1924) Begründung der Pädagogik und Sozialpädagogik.

[50] Die wichtigsten, nach dem Ort des Wirkens der Hauptvertreter und zugleich nach systematischen Aspekten unterschiedenen Richtungen sind: Die Marburger Schule (Cassirer; Cohen; Natorp; Vorländer) und die Südwestdeutsche Schule in Freiburg und Heidelberg (Bauch; Lask; Rickert; Windelband).

dessen Bedeutung für die Konstitution der Sozialwissenschaften leisten zu wollen und leisten zu können[51] seien für weitere Untersuchungen zu diesem Themenkomplex einige Fragen formuliert:

- ob die Wirkung der neukantianischen Philosophie nicht verhängnisvoll in der Hinsicht war, daß sie „generalisierende" Naturwissenschaft und „individualisierende" Gesellschafts- und Kulturwissenschaft zu stark polarisierte und konfrontierte;
- ob die Zurückdrängung des bei Marx et al. fundierten historisch-materialistischen[52] und polit-ökonomischen Ansatzes der Sozialwissenschaften nicht die geisteswissenschaftlich-spekulativen, lebensphilosophischen und schließlich zur bloßen Weltanschauung degenerierten sozialwissenschaftlichen Ansätze nach dem Ersten Weltkrieg nicht geradezu heraufbeschwören mußte;
- ob die Reduktion des Kantschen Philosophierens auf wissenschaftstheoretische Erörterungen nicht den Zusammenhang von reiner und praktischer Vernunft und Vernunftkritik preisgab.

Sehr verkürzend und der Differenzierung der neukantianischen Positionen sicher nicht gerecht werdend, sei hier festgehalten, daß weder die begriffslogische Richtung der Marburger Schule noch die wertphilosophische Südwestdeutsche Schule des Neukantianismus – um nur die beiden wichtigsten Richtungen zu nennen – eine günstige Ausgangssituation für die sich konstituierenden Sozialwissenschaften darstellten. So ist Horst Baier[53] recht zu geben, wenn er mit Blick auf die Leistung Max Webers hervorhebt:

„Hier wäre der Ort, an dem der Philosophiehistoriker zeigen müßte, warum Windelband und zumal der konsequentere Rickert anstatt eine ‚Theorie der Wirklichkeit' zu leisten, sich in einem transzendentalen Reflexionszirkel verlieren mußten, in ‚einer elenden Tautologie', wie Kant solches Unterfangen genannt hat. Und hier wäre gleichermaßen der Ort, wo der Soziologiehistoriker demonstrieren müßte, warum sich die neukantianisierenden Soziologen – voran Simmel[54] – sich beim empirischen Zugriff an der immanenten Wirklich-

---

[51] Partiell wird diese Kritik geleistet von Horst Baier, Von der Erkenntnistheorie zur Wirklichkeitswissenschaft. Eine Studie über die Begründung der Soziologie bei Max Weber, Soziologische Habilitationsschrift, Münster/Westf. 1969.

[52] Zu denken ist hier vor allem an die den Neukantianismus mitbegründende Schrift von Friedrich Albert Lange, Geschichte des Materialismus und Kritik seiner Bedeutung in der Gegenwart, 2 Bde., zuerst 1866, 10. Aufl., 1921; Neuauflage Frankfurt 1974.

[53] Horst Baier, a. a. O., S. 95.

[54] In der Soziologie unternahm Georg Simmel (1858–1918) den bis heute umfassendsten Versuch, an Kant anknüpfend die Bedingungen zur Möglichkeit

keitssperre ihres Formalismus verfangen müssen, und warum Webers große Leistung gerade darin liegt, jenen transzendentalen Zirkel, zwar nicht nach den Buchstaben Kants, aber mit dessen Begriff einer niemals analytisch, sondern einzig synthetisch-aposteriorisch (also empirisch) erschließbaren Wirklichkeit, durchbrochen zu haben."

V. Schlußbemerkung

Wollen die Sozialwissenschaften die gewonnene „Freiheit" als empirisch-analytische Einzelwissenschaften nicht verlieren, also nicht hinter den von Max Weber gegenüber dem Neu-Kantianismus gewonnenen Zugriff auf die empirische Erfahrungswelt zurückfallen, so sind zumindest zwei Gesichtspunkte zu nennen, das Erbe Kants zu bewahren und nicht in die Beliebigkeit, Schwärmerei und den Dogmatismus des „vorkritischen" (vor-kantschen) Zeitalters zurückversetzt zu werden:

- das Festhalten an der Kantschen „Denkungsart" (vgl. Kap. II);
- die Konfrontation der empirischen Einzeltatsachen, sofern diese durch Wissenschaft „bearbeitet" sind, mit einer „transzendentalen Theorie der Gesellschaft" (H. Schelsky)[55].

Der Rückbezug auf Kant soll also nicht „kantianisierend" die Sozialwissenschaften als „a-priori"-Wissenschaften begründen, sondern eine „Denkungsart" zur Geltung bringen, die die „bloß empirische Gewißheit" (Kant, Vorrede zu: Metaphysische Anfangsgründe der Naturwissenschaft) übersteigt

---

von Gesellschaft zu erforschen und in ein soziologisches Kategoriensystem einzuordnen. Vgl. vor allem seinen „Exkurs über das Problem: wie ist Gesellschaft möglich", in: Soziologie. Untersuchungen über die Formen der Vergesellschaftung, Berlin, 4. Aufl., 1958 (1908), S. 1–31. Vgl. aber auch Lucien Goldmann, a. a. O., insbes. S. 157.

[55] Helmut Schelsky, Ortsbestimmung der deutschen Soziologie, Düsseldorf/Köln 1959, S. 93ff. Die Leistungen der an Kant anknüpfenden „transzendentalen Theorie der Gesellschaft" sind nach Schelsky u. a. in folgendem zu sehen:
- das Verhältnis zur empirischen Analyse (als Einzelforschung) zu reflektieren;
- Sinn und Grenzen des Sozialen zu bestimmen (S. 96);
- „das gesamte Welt- und Seinsverständnis der soziologischen Denkprinzipien und Kategorien offenbar, einsichtig und damit kritisch distanzierbar" zu machen (S. 96);
- den Verlust einer Erkenntnistheorie der Wissenschaften in der Philosophie auszugleichen (vgl. hier auch Anm. 4f.);
- materielle Bezugspunkte „der Bestimmung der Freiheit des Menschen gegenüber der Gesellschaft" (S. 99) zu berücksichtigen.

und von Hypostasierungen des Menschen (Rousseau), der Gesellschaft (Marx), des Staates (Hegel), der Geschichte, der Institutionen (A. Gehlen) gleich weit entfernt ist.

Wenn Buhr und Irrlitz in ihrer bereits zitierten Darstellung (vgl. Anm. 20) der „klassischen deutschen Philosophie als theoretischer Quelle des Marxismus" herausstellen, daß die von Kant „vertretenen und im Sinne der aufstrebenden Bourgeoisie theoretisch gerechtfertigten und begründeten Ideen der Freiheit, der Gleichheit und der Gerechtigkeit, der menschlichen Würde, des ewigen Friedens usw. ... im Rahmen seiner Philosophie vom Menschengeschlecht zwar ständig anzustrebende Ideen, aber nie ganz zu verwirklichende Zustände (sind)", dann ist gegen diese Kritik festzuhalten, wie recht Kant hatte. Welche empirische Erfahrung zeigt nachdrücklicher als die Praxis gegenwärtiger Gesellschaften, die sich auf marxistische und historisch-materialistische Theorien „gründen", daß Versuche, diese „Postulate" bruchlos in die Wirklichkeit umzusetzen und damit die Differenz von Theorie und Praxis, von Anspruch und Wirklichkeit „materialistisch" einzuholen, sich letztlich gegen diese Postulate selbst wenden müssen.

Kants „Kunstwerk" (Jonas) bestand und besteht darin, „ein Gleichgewicht zwischen an sich widersprüchlichen Faktoren zu finden"[56], nicht darin, diese Widersprüche philosophisch, theoretisch oder materialistisch-praktisch „negieren" zu wollen.

Kant überantwortet das Denken nicht einer Subjekt-Objekt-Identität, verpflichtet es an keine „Totalität", keine Utopie, an keine Partei und Parteilichkeit oder eine sonstwie „objektive" Instanz, sondern vertraut dem Individuum. „Selbstdenken", so sagt er in seiner kleinen Abhandlung zur Frage: „Was heißt: sich im Denken orientieren?" – „Selbstdenken heißt, den obersten Probierstein der Wahrheit in sich selbst (d. h. in seiner eigenen Vernunft) suchen; und die Maxime, jederzeit selbst zu denken, ist die Aufklärung." Das ist kein Plädoyer dafür, wie mehrfach hervorgehoben wurde, bei Kant bzw. der Aufklärung stehenzubleiben. Aber es ist, auch für die Sozialwissenschaften, schon viel gewonnen, wenn sie hinter die hier herausgestellten Grundlagen kritischen Denkens nicht zurückfallen. Kant hat, wie es Otto-Heinrich von der Gablentz formuliert, „eine Philosophie der Möglichkeiten begründet, die darauf verzichtet, ein abschließendes System der Wirklichkeiten zu geben"[57]. Und gerade dies sollte gegenwärtigem Denken und Handeln angemessener sein als die verbissene Wut, „Systeme", gleich

---

[56] Friedrich Jonas, Geschichte der Soziologie, a. a. O., Bd. I, S. 132.
[57] Otto-Heinrich von der Gablentz, Kants politische Philosophie und die Weltpolitik unserer Tage, Berlin 1956, S. 8.

welcher Art und nach welchem Prinzip, stimmig und perfekt zu machen.[58]

---

[58] An dieser Stelle müßte eine Auseinandersetzung mit den Implikationen der Kantschen praktischen Vernunft folgen, die seit dem Neukantianismus zur Fundierung eines auf Kant sich berufenden Sozialismus bzw. „demokratischen Sozialismus" immer wieder dem auf Hegel und Marx zurückgehenden Begründungszusammenhang sozialistischer Theorie und Praxis entgegengesetzt wurde.
Vgl. Friedrich Überweg, Grundriß der Geschichte der Philosophie, Bd. IV: Die deutsche Philosophie des XIX. Jahrhunderts und der Gegenwart, Berlin, 12. Aufl., 1923, S. 446; wichtige Texte und eine umfassende Bibliographie zu einem an Kant orientierten Sozialismus finden sich in: Marxismus und Ethik. Texte zum neukantianischen Sozialismus, hrsg. von Hans Jörg Sandkühler und Rafael de la Vega, Frankfurt 1974 (stw. Bd. 75).
Vgl. auch die mit Jürgen von Kempskis Arbeit über „Peirce und der Pragmatismus" (1952) einsetzende Rezeption dieses bedeutenden Amerikaners (Charles S. Peirce, 1839-1914), dessen „Transformation der Kantischen Transzendentalphilosophie" in der Interpretation Gerd Wartenbergs (Suhrkamp Verlag 1971; Diss. Kiel 1969) zu einem „logischen Sozialismus" führe.
Zur Bedeutung Kants für die Sozialdemokratie (seit Eduard Bernstein) und den „demokratischen Sozialismus" vgl. verschiedene Beiträge in den beiden Bänden „Kritischer Rationalismus und Sozialdemokratie" I und II.

Augustin Antoine Cournot und die Einheit sich spezialisierender Wissenschaften

Zum Gedenken an sein 100. Todesjahr (1977)

I.

Es ist eine bewiesene Tugend sozialwissenschaftlicher wie philosophischer Argumentation, bestimmte Einsichten an ihrem Ursprungsort aufzusuchen: historisch und biographisch. Nicht um die Angst vor den eigenen Gedanken in Fußnoten und Anmerkungen zu verstecken, geht es dabei, sondern um ein methodisches und ein inhaltliches Prinzip: für den Bereich der „verstehenden" Sozial- und Kulturwissenschaften (im Sinne Max Webers) gilt, daß die Analyse der Genesis grundlegender Erkenntnisse über historisch-gesellschaftliche Tatbestände und Entwicklungen deren gestaltende und fortwirkende Kräfte häufig viel klarer zeigt, als dies in den Spätphasen „entwickelter" („spätkapitalistischer", „komplexer", „post-industrieller" etc.) Gesellschaften möglich ist.

Hatte Roman Schnur[1] 1961 in einem instruktiven Beitrag an das Erscheinen bzw. dem Inhalt von Cournots wohl wichtigstem sozialphilosophischem Werk erinnern wollen, an den *Traité de l'enchaînement des idées fondamentales dans les sciences et dans l'histoire*, so soll in den folgenden Zeilen auf einige seiner wissenschaftlichen und meta-wissenschaftlichen Positionen hingewiesen werden – wie bei Schnur unter vorrangiger Berücksichtigung der geschichts- und sozialphilosophischen Schriften.[2]

---

[1] Roman Schnur, Ein Prophet der verwalteten Welt. A. A. Cournots Prognose des posthistorischen Zeitalters, in: Wort und Wahrheit, 6. Jg., 1961, S. 743–754. Schnur hat diesen Aufsatz, erweitert um einen Vorspann und kleinere bibliographische Nachträge, nochmals abdrucken lassen in: Dimensionen des Rechts. Gedächtnisschrift für René Marcic, Berlin 1974, Bd. 2, S. 1127–1144.

[2] Säkulare Ereignisse bleiben damit weiterhin im deutschen Sprachraum der Anlaß für die wenigen Hinweise auf Leben und Werk Cournots: 1938 erinnerte Elisabeth Liefmann-Keil „im Gedenken an das Erscheinen der ‚Untersuchungen über die mathematischen Grundlagen der Theorie des Reichtums'

Cournot wird assoziativ fast ausschließlich mit dem Beginn und den ersten Errungenschaften der Ökonometrie verbunden[3]. Der „Cournotsche Punkt" als terminus technicus der Wirtschaftswissenschaften bezeichnet jenen von Cournot bestimmten Punkt in einem Diagramm, bei dem der Grenzumsatz gleich den Grenzkosten ist und damit Gewinn und Beschäftigungsgrad maximale Werte erreichen.

Zur Einführung in sein Leben und Werk, in dem die Ökonomie nur einen Teil ausmacht, sei eine kurze biographisch-bibliographische Notiz angeführt[4], die sich für den biographischen Teil vor allem auf seine bereits Oktober 1859 abgeschlossenen, aber erst 1913 von Bottinelli edierten *Souvenirs* (1760–1860) stützen kann.

Geboren wurde Cornot am 2.8.1801 in Gray, Haute-Saône, einem Département der alten historischen Provinz Franche-Comté. Sein Vater war Advokat und stammte aus einer seit Jahrhunderten in dieser Provinz ansässigen Bauernfamilie.[5] In allen biographischen Anmerkungen wird sein großer, „frühreifer" Lesehunger hervorgehoben. Nach dem Besuch des Collège in Gray und mathematischen Studien in Besançon kam er 1821 auf die École Normale Supérieure nach Paris. Die reaktionären Kräfte dieser Jahre, die die Institutionen und Errungenschaften der Französischen Revolution von 1789ff. beseitigen wollte, schloß auch die 1794 gegründete École. Cournot blieb in Paris, setzte seine Studien fort, wurde mit vielen berühmten Zeitgenossen bekannt, so mit Pierre Joseph Proudhon (1804–1865). 1823 erhält er die für sein weiteres Leben so wichtige Stelle als Sekretär und Hauslehrer bei dem bekannten Marschall Gouvion Saint-Cyr. Cournot sollte später die Memoiren des Marschalls herausgeben und (1831) eine Biographie über ihn verfassen. 1829 erwirbt er den Doktortitel. Bereits in den 20er Jahren veröffentlicht er eine Reihe von mathematischen Einzeluntersuchungen, die die Aufmerksamkeit des großen Mathematikers Siméon-Denis Poisson (1781–1840) finden. Cournot

---

vor 100 Jahren" an „die wissenschaftliche Methode und das Gesamtwerk Cournots", in: Archiv für mathematische Wirtschafts- und Sozialforschung, 4. Jg. 1938, S. 238–251.

3   Vgl. hierzu die grundlegende Auseinandersetzung von Helmut Reichardt, Augustin A. Cournot. Sein Beitrag zur exakten Wirtschaftswissenschaft, Tübingen 1954.

4   Vgl. Helmut Reichardt, Art. „Cournot, Augustin Antoine", Handwörterbuch der Sozialwissenschaften, Bd. 2, 1959, S. 536–538; Henri Guitton, Art. „Cournot, Antoine Augustin", International Encyclopaedia of the Social Sciences, vol. 3, 1968, p. 427–430; G. Vapercau, Dictionnaire universel des contemporains, Paris ³1865, S. 436f. (letzteren Hinweis verdanke ich Gerhard Seither, Landau /Pfalz); La Grande Encyclopédie, tome 13, S. 120 (Art. „Cournot, Antoine-Auguste"). Auffallend ist die jeweils unterschiedliche Schreibweise der Vornamen.

5   „Je descends d'une famille de cultivateurs, fixée de temps immémorial dans un village de l'ancien bailliage de Dôle en Franche-Comté", heißt es in den Souvenirs (S. 5).

kann sich seitdem der Freundschaft und Förderung durch Poisson erfreuen. 1831 beginnt seine Laufbahn in der französischen Schulverwaltung; 1834 erhält er durch Vermittlung von Poisson eine Professur für mathematische Analysis in Lyon, die er aber nur etwa ein Jahr innehat. 1835 macht er dann eine steile Karriere in der Schul- und Universitätsverwaltung, zunächst in Grenoble, dann ab 1836/38 als Nachfolger von André M. Ampère (1775–1836) als Inspecteur général des études in Paris. 1854 bis 1862 (dem Jahr seiner Pensionierung) war er dann erneut in der Schulkreisverwaltung tätig (in Dijon). Von 1862 bis zu seinem Tode am 31. 5. 1877 lebte er wieder in Paris. Von seinen äußeren Lebensumständen sei ein frühes Augenleiden erwähnt, von dem die Biographen übereinstimmend sagen, daß es Hinderungsgrund einer noch größeren wiessenschaftlichen und öffentlichen Wirkung war. In einem Brief vom 3. 9. 1873 an den großen Ökonomen Léon Walras macht Cournot deutlich, wie sehr ihm das Augenleiden zu schaffen machte und er deswegen (seit 1847) seine mathematischen und ökonometrischen Arbeiten einstellte: „Car je dois vous dire que depuis 30 ans je suis obligé de recourir à un lecteur pur ma pâture quotidienne; bien entendu que je ne trouve pas de garçon capable de me lire des mathématiques, ou que je ne peux pas lire des mathématiques avex des oreilles, encore moins en dicter comme feu Léonhard Euler[6], et c'est ce qui m'a obligé depuis 30 ans à renoncer aux mathématiques"[7].

Sein wissenschaftliches Werk, das mit einigem Mut zur Systematisierung in die Rubriken Mathematik, mathematische Statistik, Wahrscheinlichkeitstheorie, Ökonomie/Ökonometrie, Erkenntnistheorie und Philosophie wie Geschichts- und Sozialphilosophie eingeteilt werden kann, läßt sich durch folgende Etappen und Werke skizzieren:

1838 erscheinen seine *Recherches sur les principes mathématiques de la théorie des richesses*, die erst 1924 in einer von W. S. Waffenschmidt besorgten Übersetzung unter dem Titel *Untersuchung über die mathematischen Grundlagen der Theorie des Reichtums* auf deutsch erscheinen (Sammlung sozialwissenschaftlicher Meister, XXIV, Jena 1924). Ebenfalls 1838 erscheint ein umfangreicher Aufsatz, *Mémoire sur les applications du calcul des chances à la statistique judiciaire*, von dem Henri Guitton in der International Enxyclopaedia of the Social Sciences (Vol. 3, 1968, S. 430) sagt, daß dieses ein sehr frühes Beispiel für die Entwicklung des später so genannten Konzeptes der Analyse „latenter Strukturen" sei.

1841 erscheint (wie alle anderen Werke: in Paris) der zweibändige *Traité élémentaire de la théorie des fonctions et du calcul infinitésimal*, bereits 1845/46 in Darmstadt erschienen unter dem Titel *Elementarbuch der Theorie der Funktionen oder der Infinitesimalanalysis*. Sein für die Entwicklung der Wahrscheinlichkeitstheorie bzw. der statistischen Theorie der Wahrscheinlichkeit fundamental wichtiges Werk *Exposition de la théorie des chances et des probabilités* (1843) erscheint ebenfalls nur wenige Jahre später (1849) in Braunschweig unter dem Titel

---

[6] 1842 hatte Cournot die philosophischen Briefe Leonhard Eulers (1707–1783) „an eine deutsche Prinzessin" ins Französische übersetzt und herausgegeben.

[7] Zitiert bei Elisabeth Liefmann-Keil, Leibniz und Cournot, in: Zeitschrift für Nationalökonomie, Bd. 9, 1939, S. 505–540 (533).

Die Grundlehren der Wahrscheinlichkeitsrechnung, leicht faßlich dargestellt für Philosophen, Staatsmänner, Juristen, Kameralisten und Gebildete überhaupt. 1851 erscheint sein erstes explizit philosophisches und erkenntnistheoretisches Werk *Essai sur les fondaments des nos connaissances et sur les caractères de la critique philosophique.* Für diese und alle späteren Werke gibt es keine deutschen Übersetzungen mehr, so daß hierzulande schon deshalb die Wirkung seiner philosophischen und geschichts- und sozialphilosophischen Schriften gering bleibt (der *Essai*... liegt seit 1956 in einer amerikanischen Übersetzung vor: *An Essay on the Foundations of Our Knowledge*, New York[8]). 1861 der *Traité de l'enchaînement des idées fondamentals dans les sciences et dans l'histoire;* 1872 die *Considérations sur la marche des idées et des événements dans les temps modernes,* ebenfalls, wie fast alle Werke, in zwei Bänden. 1875 erscheint *Matérialisme, vitalisme, rationalisme: Études des données de la science en philosophie.* Kein anderes Werk faßt grundlegende Erkenntnisse und Ausgangspositionen Cournots so schlagwortartig im Titel verdichtet zusammen wie dieses – wie sich zeigen sollte, nicht immer zum besseren Verständnis seines Gesamtwerkes.

1968ff. erscheinen auf Initiative von Oscar Nuccio Nachdrucke der geschichts- und sozialphilosophischen Schriften in Rom.

Von der grundlegenden Sekundärliteratur über Cournot sei das Sonderheft erwähnt, das ihm die Revue de Métaphysique et de Morale in ihrem 13. Jahrgang (Paris 1905) widmete[9]. Auf andere wichtige Quellen wird an entsprechender Stelle verwiesen.

II.

Obwohl Friedrich Jonas[10] Cournot attestiert, zusammen mit Alexis de Tocqueville (1805–1859), Friedrich Nietzsche (1844–1900) und anderen „einen nachwirkenden Einfluß auf die Interpretation der modernen Gesellschaften gehabt" zu haben, läßt sich dies kaum durch eine Tradierung seiner grundlegenden Aussagen in der sozial- und geschichtswissenschaftlichen Literatur nachweisen. Max Weber beispielsweise, der

---

[8] Der Übersetzter Merritt H. Moore sagt in seiner Einführung: „This translation makes one of A. A. Cournot's philosophical works available in English for the first time ... his philosophical writings are known by only relatively few persons, yet these few have a high regard for their merit".

[9] Auf den Seiten 293–543, die Cournot gewidmet sind, finden sich unter anderem folgende Abhandlungen: Henri Poincaré, Cournot et les principes du calcul infinitésimal, S. 293–306; Gabriel Tarde, L'accident et le rationnel en histoire d'après Cournot, S. 349–376; François Mentré, Les racines historiques du probalisme rationnel des Cournot, S. 485–508 (dort heißt es S. 506 sehr bezeichnend über eine Grundposition von Cournot: „Pour lui, le hasard a une réalité objective independant de nos conaissance").

[10] Friedrich Jonas, Geschichte der Soziologie, Bd. II: Sozialismus, Positivismus, Historismus, Reinbek 1968, S. 148.

mit Cournot Grundeinsichten und -einstellungen teilt, läßt nicht erkennen, daß ihm die geschichts- und sozialphilosophischen Schriften Cournots vertraut waren.

Wenn ein Bewunderer Cournots, der bedeutende französische Ethnologe und Philosoph Claude Lévy-Bruhl (1857–1939) übermäßige Bescheidenheit für mangelnde Wirkung verantwortlich machen will[11], dann wird dabei die sehr früh erkannte, durch Poisson und die Ökonomen William Stanley Jevons (1835–1882), Léon Walras (1834–1910) oder Vilfredo Pareto (1848–1923) herausgestellte Bedeutung seiner mathematischen, wahrscheinlichkeitstheoretischen und ökonometrischen Arbeiten einfach unterschlagen.

Für eine mangelnde Rezeption seines geschichts- und sozialphilosophischen Werks mag ausschlaggebend sein, daß sich Cournot keiner der zeitgenössischen „Schulen" sozialwissenschaftlicher Deutung der sich entwickelnden Industriegesellschaften zurechnete: weder dem Positivismus des ungeliebten Auguste Comte (1798–1857)[12] noch dem „wissenschaftlichen Sozialismus" von Marx (1818–1883), Engels (1820–1895) et al. noch dem Fortschrittsoptimismus und Sozialdarwinismus des gefeierten Herbert Spencer (1820–1903). Hinzu kommt, daß sich sein Werk nicht in einer mitreißenden – wie vielfach bei Saint-Simon oder Nietzsche – oder zu zitierbaren Sentenzen verdichteten Sprache mitteilt.

Von einem sehr viel höheren Bekanntheitsgrad der geschichts- und sozialphilosophischen Schriften Cournots kann auch in Frankreich nicht ausgegangen werden. Dafür seien zwei Belege angeführt: in einer der bekanntesten Darstellungen der Geschichte der sozialen Ideen in Frankreich von Maxime Leroy[13] wird Cournot nicht nur in die Nähe der saint-simonistischen Technokraten gerückt[14], sondern in einem kleineren Kapitel unter dem Vornamen „Frédéric" als „Prophète social" vorgestellt[15]. Leroy nennt ihn zwar „einen der interessantesten Geister des 19. Jahrhunderts" (S. 123), kann aber nicht recht einsichtig machen, wieso dies Cournot sein soll.

Einen neueren Beleg liefert (unfreiwillig) Alain Touraine. In seinem Werk über *La société post-industrielle*[16] gibt es ein Kapitel über „La pré-histoire d'une société

---

11 Vorwort zur Neuausgabe des Traité de l'enchaînement... von 1911 (zitiert bei Roman Schnur, a. a .O., S. 754).
12 Vgl. Raymond Ruyer, L'Humanité de l'avenir d'après Cournot, Paris 1930, S. 118f.
13 Maxime Leroy, Histoire des idées sociales en France, Paris ⁵1994.
14 Ebd., S. 123. Zu den Gemeinsamkeiten und Unterschieden vgl. auch R. Ruyer, a. a. O., S. 31ff.
15 Ebd., S. 122–125: „Frédéric Cournot prophète social".
16 Alain Rouraine, La société post-industrielle. Naissance d'une société, Paris 1969.

nouvelle", in dem, wie an andereren Stellen, die Aufnahme Cournotscher Einsichten nahegelegen hätte, aber unterbleibt.[17]

III.

Elisabeth Liefmann-Keil[18] sieht als bestimmenden Grundzug des Cournotschen Werkes, fundamentale methodologische Einsichten und Prinzipien „interdisziplinär" anzuwenden. Bereits in seinen frühesten mathematischen Werken (in den 20er Jahren des vorigen Jahrhunderts) sei es ihm nicht um die Mathematik an sich gegangen, sondern um die Herausarbeitung methodologischer und schließlich philosophischer Grundlagen und Anschauungen[19]. Diese grundlegenden Anschauungen Cournots lassen sich in seinen Aussagen über den Zusammenhang von Zufall und Gesetz, von der Masse der Ereignisse und der Wahrscheinlichkeit ihres Auftretens, zusammenfassen. Konträr zum „gesetzes-" und wissenschaftsgläubigen 19. Jahrhundert geht es ihm nicht um den Aufweis absoluter Gesetze, sondern um die Berechenbarkeit und Prognostizierbarkeit von Ereignissen in einem wahrscheinlichkeitsstatistischen Sinn.

Daher müßte eine umfassende Darstellung seines Werkes seine Leistungen aus der Sicht der einzelnen Fachwissenschaften befreien und die Verbindungslinien nachzeichnen, die sein erkenntnistheoretisches Werk mit seiner Ökonometrie, seine mathematischen Leistungen mit seiner philosophischen Grundanschauung verbindet. Denn, so sagt Elisabeth Liefmann-Keil in richtiger Zusammenfassung: „hinter seinem Werk verbirgt sich nichts anderes als der Versuch, die von Cournot so bewunderte Verbundenheit aller Wissenschaften, die vor allem in den Jahrhunderten eines Leibniz und Descartes bestanden hatte, wiederherzustellen oder zum mindesten den Fortschritten angepaßt zu propagieren"[20].

Im folgenden sei, z. T. im Anschluß an die Darstellung von Roman Schnur, auf einige der wichtigsten Cournotschen geschichts- und sozial-

---

[17] In der Bestsellerschrift von Daniel Bell, Die nachindustrielle Gesellschaft, Frankfurt/New York 1975 (orig. amerik. 1973), heißt es auf S. 250: „Cournot... deutete das Aufkommen der technologischen Zivilisation im Sinne einer allgemeinen Tendenz der Geschichte vom Vitalen zum Rationalen".

[18] Elisabeth Liefmann-Keil, Die wissenschaftliche Methode und das Gesamtwerk Cournots, a. a. O., S. 240.

[19] Vgl. hierzu an erster Stelle die Abhandlung von Elisabeth Liefmann-Keil, Leibniz und Cournot, a. a .O., S. 505–540.

[20] Elisabeth Liefmann-Keil, Die wissenschaftliche Methode..., a. a. O., S. 215.

philosophischen Aussagen und auf seine wissenschaftlichen und weltanschaulichen Grundpositionen eingegangen.

Aufgabe der Geschichtsphilosophie (philosophie de l'histoire) ist es, aus der Gesamtzahl der historischen Ereignisse jene herauszufiltern, die generell und dominant sind, die gleichsam das „Gebälk" (la charpente) bzw. das „Knochengerüst" (l'ossature) ausmachen[21]. Im Zufälligen muß das Wahrscheinliche und im Wahrscheinlichen das Verursachende aufgedeckt werden. „L'ideé du hasard ... est le principe de toute espèce de critique ... elle est la clef de la *statistique*, et donne un sens incontestable à ce que l'on a appelé la *philosophie de l'histoire*, à ce que nous aimerions mieux appeler *l'étiologie historique*, en entendant par là l'analyse et la discussion des causes ou des enchaînement des causes qui ont concouru à amener les événements dont l'histoire offre le tableau".[22]

Auch Cournot denkt in Kategorien eines Dreistadiengesetzes, das seit Condorcet (1743–1794), Comte, Saint-Simon (1760–1825) und anderen immer wieder bemüht wurde, um unter jeweils geringfügig variierten, als dominant hervorgehobenen Trends die Besonderheit des wissenschaftlich-technischen, industriell-revolutionären Zeitalters als die entscheidende Phase der Menschheitsgeschichte herauszustellen.[23] Alle Zeit davor gerinnt zur Vorgeschichte, alle Zeit danach – so bei Cournot – zur „posthistoire". Nach Cournot teilt sich die Menschheitsgeschichte in die „phase historique", die charakterisiert ist durch den Einfluß großer Männer und ein relativ ungewisses Spiel der machtpolitischen Kräfte, die in eine „phase de nivellement économique" übergeht, die mit dem Beginn der industriellen und der wissenschaftlichen Revolution einsetzt und charakterisiert ist durch staatliche Administration und Verteilung. In dieser Phase verlieren die „großen Männer" (wie der für Cournot immer noch spürbare Schatten des großen Napoleon) an Bedeutung; das Spiel der politischen Kräfte wird rationaler, kalkulierbarer.

Wie Saint-Simon über die vielen französischen Verfassungen seit 1789 gespottet hatte (zwischen 1789 und 1815 zählte er zehn[24]) und die

---

[21] Traité de l'enchaînement..., § 546.

[22] Considérations..., ed. F. Mentré, Paris 1934, tome I, S. 2.

[23] Jean Fourastié kommt in seiner berühmten Arbeit: Die große Hoffnung des zwanzigsten Jahrhunderts, Köln ²1969 (orig. frz. 1949, Édition définitive 1963) auf der Grundlage der Entwicklung von Arbeitsproduktivität und Beschäftigungsstrukturen zu folgender Einteilung der Menschheitsgeschichte: bis zum Beginn der Industriellen Revolution=„primäre Zivilisation"; 1800–2000=„Übergangsphase"; nach dem zweiten Jahrtausend=„tertiäre Zivilisation" als neue Phase der Stabilisierung.

[24] „Wir legen den Regierungsformen zuviel Wichtigkeit bei", sagt Saint-Simon, Œuvres des Saint-Simon et d'Enfantin, Paris 1865–1878, vol. 19, S. 81.

wirklichen Kräfte der Veränderung in den Auswirkungen von Wissenschaft und Industrie sah, so ist Cournot als Zeitgenosse der politischen, industriellen und wissenschaftlichen Revolutionen davon überzeugt, daß die Politik nur eine „maîtresse roue de l'histoire" ist und ihre „Bewegungen" im Vergleich zu den sozialen und ökonomischen Änderungsprozessen nur rudimentär sind. Nicht unähnlich dem Hegelschen „Prinzip" von der „List der Vernunft" setzt sich alles Entscheidende nach „Gesetzen" durch, von dem die Tagespolitik wenig ahnt. Hier dürfte auch einer der Gründe für Cournots sehr begrenztes Interesse und Verständnis der zeitgenössischen Theorien liegen, von dem noch zu sprechen sein wird.

Nachdem die Kräfte und Möglichkeiten des wissenschaftlich-technischen Zeitalters durchgespielt und entwickelt sind, wird ein „état final" sich einstellen, in welchem der Mensch zum „maître et possesseur de la nature" (Descartes) geworden ist. Das Stadium des „rationalisme", auch in der Gestaltung der Sozialverhältnisse, ist erreicht.

Die Charakterisierung dieser Phase des *état final* bzw. der *posthistoire* hat im deutschen Sprachraum, so bei Gehlen[25], Jonas und Schnur, von Cournots geschichts- und sozialphilosophischen Aussagen die größte Aufmerksamkeit gefunden. Für Cournot beginnt die Moderne, als Wissenschaft und Technik, Bürokratie und Verwaltung es ermöglichen bzw. erzwingen, die einstige Vielfalt der Zivilisation zu eliminieren: „L'ère vraiment moderne date pour nous de l'époque ou la civilisation générale... tend à oblitérer les traits distinctifs de chaque système national ou particulier"[26].

Was ist nun der *état final*, der *posthistoire*? Es ist ein Stadium der Menschheitsgeschichte, in dem die Zivilisation „über alle Elemente der menschlichen Natur und hinsichtlich der Organisation der Gesellschaften einen prädominanten Einfluß" bekommt.[27] Mit der posthistoire ist eine Entwicklungsstufe erreicht, in der die Leidenschaften durch rationale Einsicht, die Politik durch Sozialstatistik und Verwaltung, das Unberechenbare durch Kalkulation (auch im politischen Bereich) ersetzt sind. Die „soziale Physik", „proposée par quelques écrivains" (eine der wenig freundlichen Anspielungen auf Comte)[28], ist keine analytische Kategorie, sondern Beschreibung der künftigen Gesellschaft: „Au lieu de la ‚vie sociale' ", sagt Raymond Ruyer in der wohl bekanntesten Schrift über

---

[25] Vgl. Arnold Gehlen, Über kulturelle Kristallisation, in: ders., Studien zur Anthropologie und Soziologie, Neuwied und Berlin 1963, S. 311–328 (dort S. 323 Aufnahme des Begriffs „posthistoire").
[26] Traité de l'enchaînement..., § 533 (S. 331).
[27] Ebd., § 541 (S. 342).
[28] Ebd., § 470.

Cournots Geschichts- und Sozialphilosophie[29], „il y aura dans l'avenir une ‚physique sociale' ".

Der *posthistoire* ist in der an Cournot anknüpfenden Interpretation von Arnold Gehlen das Zeitalter der „kulturellen Kristallisation" (a. a. O.), in dem grundsätzlich nichts Neues mehr gedacht werden kann, in dem, wie es Walter Benjamin einmal ausdrückte, der Hase des Intellekts rennt und rennt und sein Ziel immer schon besetzt findet. Langeweile, so interpretiert Roman Schnur, „wird die Grundstimmung der Seele in der Posthistoire sein, und die künstlichen, die gemachten Reize werden auch bald ihr Ende finden"[30].

Mag dies – wie bei Gehlen oder bei Jonas – eine Überzeichnung Cournotscher Gedanken sein, aus denen zu sehr das gelangweilte, auch resignative „déjà vu" der Nachfahren Hegels herausschaut, so bleibt richtig, daß Cournot der posthistoire nicht gerade mit Optimismus entgegensieht. Hier ist ein gemeinsamer Standpunkt mit Max Weber, der seine eigene intellektuelle Unerschrockenheit und Redlichkeit an seinen Einsichten in das „neue Gehäuse der Hörigkeit" (der industriell-bürokratischen Gesellschaft) erprobte.

Bei der Beschreibung des *état final* wie bei anderen grundlegenden wissenschaftlichen, methodologischen und geschichtsphilosophischen Aussagen vermeidet Cournot die bei seinen Vorgängern (z. B. Saint-Simon[31]), Zeitgenossen und Nachfahren vielfach üblichen Verabsolutierungen und Dogmatisierungen. Einschränkend sagt Cournot über das prognostizierte „Endstadium" der Menschheitsgeschichte: „Sans doute l'état final ne sera jamais rigoureusement atteint"[32]. Der *état final* ist nicht das gepriesene Endstadium, in dem die „rationale Verwaltung von Sachen" (Saint-Simon; Engels; Lenin) das Irrationale der Politik restlos verdrängt haben wird. Bestimmender Grundzug der künftigen Epoche der *posthistoire* ist der dominant werdende „rationalisme" (von Jonas wohl unzulässig mit „Vernunft" übersetzt[33]). Der „rationalisme" ist, so interpretiert Jonas, „kein Mittel oder Instrument des Menschen, wie es noch die Aufklärung gesehen

---

[29] Raymond Ruyer, a. a. O., S. 79.
[30] Roman Schnur, a. a. O., S. 753.
[31] So meint Saint-Simon bereits am Beginn des industriellen Zeitalters feststellen zu können: „Nous voyons que nous sommes arrivés à la dernière période de la transition" (La physiologie sociale, ed. Gurvitch, Paris 1963, S. 82).
[32] Traité de l'enchaînement..., § 543.
[33] Friedrich Jonas, a. a. O., S. 155f.

hatte", sondern sie ist die „faculté supérieure" (Cournot), „die von der Welt und (schließlich) vom Menschen Besitz ergreift"[34].

Damit ist deutlich, daß Cournot auch nicht in die Reihe der späten Aufklärer und Apologeten der menschlichen Rationalität eingereiht werden kann. Cournot, so sagt Raymond Ruyer (a. a. O., S. 32) zu Recht, „verfällt nicht in den Fehler zu glauben, daß sich die menschliche Natur ändern wird, um nur noch durch und durch vernunftgeleitet (raisonnable) zu sein". Sein Ausgangspunkt ist nicht, durch eine Zunahme von wissenschaftlicher Erkenntnis alle „störende" Emotionalität und Vitalität im Namen einer hypostasierten Vernunft benennen und „beherrschen" zu können. „Sans doute", sagt er in seinem Kapitel über Bacon und Descartes in den *Considérations,* „mais cette simplicité, cette facilité de première conception, conduit à l'absurdité de l'animal-machine et à bien d'autres". Obwohl Zeitgenosse des „positivistischen" Zeitalters, von dem auch Cournot in seinem Kapitel „de la philosophie au XIXe siècle" (*Considérations*) sagt, daß es vor allem ein französisches sei, vermeidet er alle Überzeichnungen und die wieder zur Metaphysik werdenden Aussagen Comtes, der ja Metaphysik für ein Signum vergangener, noch nicht positivwissenschaftlicher Zeiten erklärt hatte. Cournot warnt an dieser Stelle geradezu vor dem Universalerklärungsanspruch positiver Wissenschaften und erkennt der Philosophie – die im übrigen niemals strenge Wissenschaft werden kann – das Recht zu, über die nicht wissenschaftlich exakt erfaßbaren Phänomene Aussagen zu machen.[35]

Wiederum entgegen vielen berühmten Zeitgenossen, von denen nur die wissenschaftlichen Sozialisten und einige forschrittsgläubige Positivisten genannt seien, erkennt Cournot die Eigenständigkeit der Religion und „prophezeit" ihr Überdauern im *état final:* „La longévité des religions deviendrait donc une indestructibilité, à moins qu'on ne suppose, contrairement à toutes les indications que le passé peut fournir, que les religions cesseront de figurer parmi les institutions sociales".[36]

---

[34] Ebd. An dieser Stelle sei vor Überforderung der Begriffe matérialisme, vitalisme, rationalisme gewarnt. So lassen sich auch die von Durkheim eingeführten Begriffe der mechanischen und der organischen Solidarität nicht bruchlos auf das Cournotsche Werk transponieren, wie das Jonas (S. 156) mit der Feststellung unternimmt: „Die menschlichen Gesellschaften sind zunächst Organismen und dann Mechanismen".

[35] Vgl. Kap. XII des Essai sur les fondements de nos connaissances… (1851), das „über den Gegensatz von Wissenschaft und Philosophie und über die Philosophie der Wissenschaften" handelt.

[36] Considérations…, tome II, S. 172.

IV.

Cournot hat – einige Jahrzehnte vor Max Weber, doch ohne sich mit den wichtigen Analysen Alexis de Tocquevilles *Über die Demokratie in Amerika* oder anderen Arbeiten gebührend auseinanderzusetzen – profunde Aussagen über die Trends der zunehmenden Bürokratisierung und über das Zurückdrängen traditionaler Politik durch Verwaltung (auf der Basis immer umfassenderer Sozialstatistik) gemacht. Diese Trends werden umso wirksamer, je mehr der „rationalisme" in allen Daseinsbereichen sich durchsetzt. Verursachend sind die geradezu eigengesetzlich wirkenden ökonomischen Faktoren und damit verbundene Prozesse des sozialen Aufstiegs und des beginnenden „Massenkonsums" (in der Sprache Walt W. Rostows[37]). Hierdurch nivellieren sich die Verhaltensweisen: „non seulement le règne de l'industrie aide au nivellement démocratique par la prédominance qu'il donne à la richesse mobilière...: mais en outre, par la nature des jouissances qu'il procure et les habitudes qu'il fait naître, il diminue la distance d'homme à homme, il entretient ou développe les sentiments d'égalité"[38].

Auch hier ist typisch für Cournots Betrachtungsweise, daß er den Wirkungen einzelner technischer Erfindungen auf die Prozesse des Nivellierens nachgeht: „Il y avait autrefois des voyageurs à pied, à cheval, en diligence, en poste, avec ou sans courrier: il n'y a plus que des voyageurs en chemins de fer..."[39].

Diese gleichmachenden Prozesse sind, wie er wiederum im einzelnen darlegt, für das Streben nach Freiheit und Unabhängigkeit nicht günstig und lassen entsprechende Bestrebungen und Motivationen verkümmern. Hinter Cournots pessimistischen Analysen und Prognosen steht ein individualistischer, kämpferischer Freiheitsbegriff. In der Interpretation von Roman Schnur: „Die Freiheit hat etwas Aristokratisches, sie meint Distanz, Privileg, Sebständigkeit, also genau das, was die künftige Gesellschaft mit ihrer Neigung zur berechenbaren Gleichförmigkeit und Mittelmäßigkeit nicht mehr dulden wird"[40].

Von hierher und einigen anderen Punkten, die bereits genannt wurden, überrascht nicht Cournots relativ kühles Verhältnis zum zeitgenössischen und künftigen Sozialismus. Charakteristisch ist, daß er ihn als eine

---

[37] Bei Walt W. Rostow, Stadien des wirtschaftlichen Wachstums, Göttingen ²1967 (orig. engl. 1960) stellt sich am Ende der Phasen des industriellen Wachstumsprozesses das von ihm sog. „Zeitalter des Massenkonsums" ein.
[38] Considérations..., tome II, S. 207.
[39] Ebd., S. 208.
[40] Roman Schnur, a. a. O., S. 751.

„doctrine économique au dix-neuvième siècle" abhandelt.⁴¹ So heißt es in dem kleinen Kapitel „du socialisme" in den *Considérations* unter anderem: „Le socialisme qui fait de l'Etat le grand organisateur du travail et le grand distributeur des produits, n'est pas sans doute en mesure de s'imposer d'emblée à aucune nation civilisée". Zwei Elemente verhindern die Übernahme des Sozialismus in „zivilisierten Nationen" (als solche gelten ihm an erster Stelle Frankreich und England): das Fortwirken liberaler Elemente und die Übernahme sozialistischer Elemente in das Staatshandeln (Umverteilungen; Steuersystem; Staat als Unternehmer; Wirkungen der forschreitenden Bürokratisierung etc.). Hierin liegt ein weiterer Grund für seine restringierte Auseinandersetzung mit dem Sozialismus: als Wissenschaft im engeren Sinne mochte er ihn nicht auffassen, und als Aussage über die zukünftige Entwicklung der Gesellschaften erschien er ihm höchst einseitig. Wie bei Max Weber wird die Organisation der zukünftigen Gesellschaft nicht nach der – vor allem gegenwärtig – immer deutlicher als terrible simplification erscheinenden Frage entschieden, ob sie sozialistisch oder bürgerlich-kapitalistisch sei, sondern nach den übergreifenden Prozessen der Verwaltung und Bürokratisierung aller Daseinsbereiche. Dabei ist Cournot durchaus bereit, der Entwicklung der Produktivkräfte und der Strukturierung der Gesellschaften durch ökonomische Mechanismen den entscheidenden Platz einzuräumen.⁴²

V.

Wurde in den wenigen Hinweisen zu Cournot im deutschen Sprachraum bisher der „Prophet der verwalteten Welt" (Schnur) oder der der *posthistoire* (Gehlen, Jonas) herausgestellt⁴³, so sollte hier versucht werden, einige seiner grundlegenden Einsichten aufzuzeigen.

Wichtiger als seine „Prophetien", die dort, wo sie nicht mit wissenschaftsgeschichtlichen, technik- und sozialgeschichtlichen Analysen verbunden sind, auch bei anderen Autoren des 19. Jahrhunderts aufgesucht werden können (beginnend bei Saint-Simon und anderen „utopischen Sozialisten"), sind Cournots wissenschaftstheoretische und wissenschafts-

---

41 So z. B. in den Considérations..., tome II, S. 211ff. Vgl. hierzu auch die Interpretation von Schnur, a. a. O., S. 752f., der unter anderem davon ausgeht, daß Cournot „gegenüber den arbeitenden Klassen wenig Wärme des Gefühls zeigt" (S. 752).
42 Vgl. Raymond Ruyer, a. a. O., S. 92.
43 Ausgenommen die Arbeiten von Elisabeth Liefmann-Keil und Helmut Reichardt, die Aspekte des Gesamtwerks und dessen einheitliche Grundauffassungen herausstellten.

pragmatische Positionen, sein Bestreben, die Einheit der Wissenschaft neu zu formulieren (auf der Basis einer Theorie des Zufalls und der Wahrscheinlichkeit) und – trotz aller Prädominanz – ihre Begrenzung in der *posthistoire*, dem Zeitalter des „rationalisme" aufzuzeigen. Wissenschaft ist nur dort möglich, „wo mathematische Wahrscheinlichkeiten erzielbar sind"[44]; wo dies nicht der Fall ist, sind andere „Aussagesysteme" zuständig: Philosophie, Religion, Moral und Kunst. An dieser Stelle sollten künftige systematische Abhandlungen zu Cournot einsetzen: seinem Versuch, das für das 19. Jahrhundert, dem Zeitalter relativ weitentwickelter Einzelwissenschaften, zu leisten, was Leibniz (1646–1716) für das 17. und beginnende 18. Jahrhundert geglückt war: die Einheit der Wissenschaft in fundamentalen Grundlagen zu behaupten.

So wundert nicht, daß Leibniz der wohl am häufigsten zitierte Philosoph im Werk von Cournot ist. Elisabeth Liefmann-Keil hat beiden, „Leibniz und Cournot", unter dieser Perspektive eine konzise Vergleichsstudie gewidmet (a. a. O.). Hier wäre anzuknüpfen, ebenso an seiner „Wissenschaftssoziologie" und an seiner strengen Trennung von Politik und Wissenschaft, mit der er „korrekterweise nicht Sein und Sollen gleichsetzte"[45].

Es lohnt deshalb, Cournots zu gedenken, weil er in geradezu stoischer Grundhaltung auf die Prinzipien wissenschaftlicher Erkenntnis vertraut, ohne wissenschaftsgläubig zu sein; weil er sich auf den eigenen Kopf verläßt, ohne starrköpfig oder doktrinär zu werden; weil er gegenüber zeitgenössischen philosophischen und erkenntnistheoretischen Standpunkten und Moden distanziert bleibt und alles vermeidet, rationaler Erkenntnis anders als durch die Mittel rationaler Analyse und Argumentation zum Durchbruch zu verhelfen. Und wo der Gegenstand eine wissenschaftlich exakte Analyse und Prognose nicht zuläßt – wie im Bereich der Geschichte und den Aussagen über die Entwicklung der Gesellschaften –, sagt er lapidar: „Il en est de nos conjectures sur l'avenir comme des jugements que nous portons sur le passé: le temps les corrige sans cesse..."[46].

---

[44] Elisabeth Liefmann-Keil, Leibniz und Cournot, a. a. O., S. 523.
[45] Ebd., S. 538.
[46] A. A. Cournot, Souvenirs, a. a. O., S. 251.

Fortschritt der Gesellschaft und Fortschritt der Soziologie

„Der Fortschrittsbegriff ist uns einer der teuersten und wichtigsten. Daher ist der Fortschrittsbegriff jedesmal auf seinen gesellschaftlichen Auftrag, also auf sein Wozu zu beobachten und zu untersuchen; denn er kann mißbraucht und geradezu kolonial-ideologisch pervertiert werden."

Ernst Bloch[1]

I.

Mit dem Fortschrittsbegriff ist ein Impuls der Soziologie zur Sprache zu bringen, der ihr erkenntnisleitendes Interesse über den Aufweis des Bestehenden hinausführt und „ihrer Arbeit Sinn und Richtung zu weisen" vermag.[2] Der Impuls des soziologischen Denkens ist zur Sprache zu bringen, nicht das Denken selbst in seinen wissenschaftstheoretischen und methodologischen Voraussetzungen zu analysieren. Es soll versucht werden, sowohl in einer wissenschaftsgeschichtlichen Herleitung die einzelnen Etappen[3] aufzuzeigen, die den Verlust des am Fortschrittsbegriff orientierten soziologischen Denkens deutlich machen, sowie darzulegen, wo in unserer heutigen Gesellschaft die entscheidenden Hemmnisse zu finden sind, den Fortschritt der Soziologie mit der gesellschaftlichen Entwicklung in eine ähnliche Kongruenz zu bringen, wie Naturwissenschaft und Ökonomie dies für ihre

---

[1] Differenzierungen im Begriff Fortschritt, in: Tübinger Einleitung in die Philosophie I, Frankfurt 1963, S. 201.

[2] Max Weber, Die „Objektivität" sozialwissenschaftlicher und sozialpolitischer Erkenntnis, zuerst 1904.

[3] Zur philosophischen, historischen und soziologischen Interpretation und Entwicklung der Fortschrittskategorie vgl. Hans Peter Dreitzel (Hrsg.): Zivilisation und Fortschritt als Kategorien der soziologischen Theorie, Neuwied und Berlin 1967; vor allem die „problemgeschichtliche Einleitung" des Herausgebers, S. 21–92.

Praxis vermocht haben. Die Kritik an der Gesellschaft, die dabei geübt wird, ist immer zugleich als Kritik der Soziologie zu verstehen, und umgekehrt. Eine im sozialen und humanen Bereich stagnierende Gesellschaft läßt auch den soziologischen Erkenntnisfortschritt stagnieren.

Wie aber kann die Soziologie der Gefahr entgehen, in einer ideologisch und in ihrem Bewußtsein stagnierenden oder retardierenden Gesellschaft nichts anderes zu tun, als ihre eigene Geschichte zu erzählen, ihr kritisches Bewußtsein ausschließlich auf sich selbst anzuwenden und mangels konkreter Probleme und fortschreitender Fragestellungen sich an Methodenfragen zu verlieren? Diese Tatbestände, die das soziologische Denken und Arbeiten gegenwärtig weitgehend bestimmen, werden hier als Beleg dafür genommen, daß der einst für die Soziologie, für ihr Entstehen und für ihre Entwicklung konstitutive Impuls, die Bedingungen und Möglichkeiten des menschlichen und sozialen Fortschritts am Bestehenden selbst deutlich zu machen, weitgehend verlorengegangen ist. Das gilt für alle gegenwärtig vorherrschenden Richtungen der Soziologie in der Bundesrepublik, ausschließlich der Frankfurter Schule.[4]

Damit wird keineswegs zugegeben – sondern vielmehr energisch bestritten – daß sich die hier verhandelte Frage auf wissenschaftstheoretische oder methodologische Positionen reduzieren und sich von dorther der Rahmen des soziologischen Arbeitens bestimmen lasse. Nicht zuletzt soll hier auch ein Beitrag geleistet werden – jenseits verhärteter methodologischer Positionen und Richtungskämpfe, die zumeist damit enden, daß sich „Positivisten" und „Dialektiker" gegenseitig Name und Objekt der Soziologie streitig machen, jenseits auch einer sich immer mehr verengenden Problemsicht – weiterführende Fragen aufzuwerfen.

Die Absicht, das erkenntnisleitende Interesse[5] der Soziologie an der Fortschrittskategorie festzumachen, schließt nicht aus, auch andere Horizontbestimmungen und -umschreibungen ihres Denkens aufzunehmen: daß die Soziologie kritische Gesellschaftswissenschaft ist, Oppositionswissenschaft, Gegenwarts-, Umbruchs- und Krisenwissenschaft. Allen diesen

---

4   Über das implizite Erkenntnisinteresse in den einzelnen soziologischen Richtungen, sofern diese sich wissenschaftstheoretisch differenzieren lassen, vgl. Jürgen Habermas, Erkenntnis und Interesse, in: Technik und Wissenschaft als Ideologie, Frankfurt 1968, S. 146ff.; bei Habermas heißt es: „In den Ansatz der empirisch-analytischen Wissenschaften geht ein technisches, in den Ansatz der historisch-hermeneutischen Wissenschaften ein praktisches und in den Ansatz kritisch orientierter Wissenschaften (ein) emanzipatorische(s) Erkenntnisinteresse ein."

5   Zum Zusammenhang von Erkenntnis und Interesse im „erkenntnisleitenden Interesse" vgl. J. Habermas, a. a. O.

genannten Epitheta ist gemeinsam, daß sie keine wissenschaftstheoretische Position bezeichnen oder ein bestimmtes methodologisches Vorgehen implizieren, sondern darauf verweisen, daß die „gesellschaftliche" Problematik der Gesellschaftswissenschaften zu thematisieren und danach zu fragen ist, wie die Soziologie sowohl nach der Seite ihrer Erkenntnisse wie nach jener der Erkenntnisgewinnung einer Integration in das Bestehende entgehen kann.

Die Orientierung der Erkenntnisabsicht an der Fortschrittskategorie ist zunächst deshalb problematisch, weil der Fortschritt selbst auf die Bereiche eingegrenzt ist, in denen der „human factor" am wenigsten stört, also weitgehend sozial entproblematisiert ist. Der einst aufklärerische und emanzipative Inhalt des Fortschrittsbegriffs, der den „Ausgang des Menschen aus seiner selbst verschuldeten Unmündigkeit" betraf und der mit der Aufklärung sich konstituierenden Soziologie ihren Impetus gab, hat sich längst verflüchtigt. Mit dem schwindenden Optimismus der Aufklärung ging jedoch auch in der Soziologie der Glaube an die „Naturwüchsigkeit des Fortschritts"[6] langsam verloren. „Wir haben das Konzept einer Naturgeschichte der Menschheit im Fortschreiten zum je Besseren, das der Soziologie einst Pate gestanden, aufgegeben."[7]

Es geht hier, wo der Fortschrittsbegriff in der Soziologie zur Diskussion steht, nicht darum, dieses „Konzept" blindlings zu übernehmen. Zu fragen ist aber, ob dem soziologischen Erkenntnishorizont und der soziologischen Erkenntnisabsicht nichts von dem zurückzugewinnen ist, was ihren Beginn mitbestimmte. Dazu gehört nicht nur, das erkenntnisleitende Interesse an den Momenten der Fortschrittskategorie – Emanzipation und Aneignung – auszurichten, sondern dazu gehört auch etwas von jenem revolutionären und avantgardistischen Elan, den die frühen Soziologen mit den Künstlern ihrer Zeit teilten: Avantgardismus als Bezeichnung für diejenigen „Tendenzen in Kunst, Politik und Gesellschaft [...], die den je gegenwärtigen Verhältnissen mit revolutionärem Elan vorauseilen"[8].

---

[6] Jürgen Habermas: Kritische und konservative Aufgaben der Soziologie, in: ders., Theorie und Praxis, Neuwied 1963, S. 218.

[7] Ebd., S. 230.

[8] Hans Egon Holthusen: Kunst und Revolution, in: Avantgarde. Geschichte und Krise einer Idee. Elfte Folge des JbS. Gestalt und Gedanke, hrsg. von der Bayerischen Akad. der Schönen Künste, München 1966, S. 9 und S. 10: „Der Künstler also als Funktionär des gesellschaftlichen Fortschritts, die Kunst als Vorausabteilung der Menschheit auf ihrem Marsch in eine schönere Zukunft: das ist die These, die am Anfang der Geschichte der avantgardistischen Bewegung steht." Ausdrücklich sei darauf hingewiesen, daß der Begriff Modernität kein Ersatz für die Begriffe Fortschritt oder auch Avantgardismus

II.

Es sind nun die einzelnen Etappen näher zu bezeichnen, die die Fortschrittskategorie als wesentlichen Bezugspunkt des erkenntnisleitenden Interesses aus der Soziologie verdrängt haben. Dabei sind aus analytischen Gründen zwei Entwicklungsreihen zu unterscheiden, die faktisch jedoch interdependent sind: die Aufspaltung des einst theoretisch-praktisch integrativen Fortschrittsbegriffs auf einzelne Bereiche, die zu der gegenwärtig recht einseitigen Okkupierung des Fortschrittsbegriffs durch technologisch-wirtschaftliche Phänomene geführt hat; und zweitens die immanent wissenschaftsgeschichtliche Entwicklung, die zeigt, daß mit der Preisgabe der am Fortschritt orientierten Erkenntnisabsicht auch der Verlust der historischen Perspektive einhergeht und die Soziologie sich von den dominanten Fortschrittsbereichen, Technologie und Wirtschaft, ihren Problemhorizont auf das zurechtstutzen ließ, was für die gegenwärtige Gesellschaft einzig an der soziologischen Arbeit von Interesse ist: die Grundlagen für „piece-meal"-Technik (Popper) im sozialen Bereich zu liefern und sich ansonsten untertänig den übrigen Verfügungs- und Integrationswissenschaften einzureihen.

Bereits in der Aufklärung, als sich aus dem überkommenen Wissenskosmos immer mehr Disziplinen abspalten, kristallisieren sich hinsichtlich der Fortschrittsproblematik zwei unterschiedliche Auffassungen heraus, die ihre Ursache in der Entwicklungsgesetzlichkeit der Wissenschaften in ihrem Verhältnis zu ihrer praktischen und effizienten Anwendung haben. Pascal hat im Anfangsstadium dieses Differenzierungsprozesses die Gründe dafür bezeichnet: „In seiner Abhandlung über das Leere unterscheidet er (Pascal) zwei Gruppen von Wissenschaften. Der ersten Gruppe gehören all die Wissenschaften an, die es mit einfachen Tatsachen oder mit göttlichen und menschlichen Einrichtungen zu tun haben wie vor allem die Theologie und Jurisprudenz: sie müssen sich auf Autoritäten berufen und kennen keinen Fortschritt. Demgegenüber stehen die Wissenschaften, deren Gegenstände der beschränkten Tragweite des menschlichen Geistes entsprechen, wie vor allem Mathematik und Physik, und für sie gilt das Gebot unaufhörlichen Weiterforschens und Fortschreitens."[9]

---

sein kann. Unter Modernisierung wird vor allem die zweckrationale Ausrichtung und Ausweisung (Funktion) einzelner sozialer Bereiche, partieller Abläufe oder Gegenstände verstanden, nicht deren Kritik unter emanzipativen, auf individuellen Handlungs- und Freiheitsgewinn gerichteten Gesichtspunkten. Über die geringe Leistungsfähigkeit und Aussagekraft des Begriffs vgl. S. N. Eisenstadt: Modernization: Protest and Change, 1966.

[9] Die Philosophie und die Frage nach dem Fortschritt. Verhandlungen des 7. Deutschen Kongresses für Philosophie (Philosophie und Fortschritt, Münster

Diese frühe Einsicht Pascals bedeutet noch nicht die entscheidende inhaltliche Änderung des Fortschrittsbegriffs, der in der Aufklärung, bis zu Saint-Simon, wesentlich die unaufhaltsam und naturgesetzlich fortschreitende Vervollkommnung von Sitte und Moral meint. Das gilt auch für die gesellschaftswissenschaftlichen Schriften der schottischen Moralphilosophen J. Millar, A. Ferguson und A. Smith, wichtigen Vorläufern der Soziologie, die „die Naturwüchsigkeit des Fortschritts grundsätzlich nicht in Frage stell(t)en"[10]. Noch in dem großartigen *Esquisse d'un tableau historique des progrès de l'esprit humain* von Condorcet, mit dem die Epoche ausklingt, werden dem Fortschritt und der Vervollkommnung der menschlichen Fähigkeiten keine Grenzen gezogen; offen bleibt nur die Frage, wie sie ins Werk zu setzen seien: ob durch Aufklärung und Erziehung; durch Revolution und gesellschaftlichen Umbau; ob genetisch oder technologisch. Saint-Simon versucht als erster, diese Frage zu beantworten. Er gibt die Antwort nicht mehr im Sinne der Aufklärung, das heißt moralisch, sondern erstmals eminent gesellschaftskritisch: die durch die Französische Revolution heraufbeschworene Krise ist sozialer, nicht politischer Natur; sie kann nur sozial gelöst werden, und zwar so, daß die Gesellschaft als „industrielles System" begründet wird, weil die Industrie, basierend auf Wissenschaft und Technik, der fortschrittlichste und dynamischste, der zukunftsweisende Faktor ist. Saint-Simon sieht aber bereits ganz deutlich – und dies ausgesprochen zu haben macht seine eigentliche Größe aus –, daß der auf Technik, Industrie und Wissenschaft basierende Unterbau der Gesellschaft wegen seiner Dynamik der sozialen und kulturellen Entwicklung davonlaufen bzw. diese einseitig kanalisieren könnte. Um die einzelnen gesellschaftlichen Bereiche, die von ihm als „Systeme" bezeichnet werden, im Gleichschritt zu halten, empfiehlt er ein umfassendes Erziehungssystem, das mit zunehmendem Alter mehr und mehr in einem „nouveau christianisme" fundiert wird.[11] Saint-Simons am Mittelalter orientierte Sozialphilosophie basiert letztlich auf der Differenzierung von weltlicher und geistiger Macht und einem Programm zu ihrer Harmonisierung.

1962), hrsg. von Helmut Kuhn und Franz Wiedmann, München 1964, Vorwort (Helmut Kuhn), S. 11f.

10 Jürgen Habermas: Kritische und konservative Aufgaben der Soziologie, a. a. O., S. 218.

11 Vgl. hierzu ausführlicher Bernhard Schäfers: Prinzipien und Voraussetzungen der Gesellschaftsplanung bei Saint-Simon und Karl Mannheim. Eine vergleichende Betrachtung, in: Probleme der allgemeinen und der regionalen Planung, Beiträge zur Raumplanung, Bd. I, hrsg. vom Zentralinstitut für Raumplanung an der Universität Münster, Bielefeld 1969.

Die von Saint-Simon vollzogene inhaltliche Änderung des Fortschrittsbegriffs, seine Aufspaltung auf einzelne, unterschiedlich progressive „Systeme"[12], bezeichnet dessen Problematik bis auf den heutigen Tag. Ist diese Problematik Saint-Simon bewußt und besteht sein Lösungsvorschlag in einer Mischung aus wissenschaftlichen, religiösen, visionären, letztlich utopischen Konzepten, so versucht sein Schüler Auguste Comte das Bewegungsgesetz des gesellschaftlichen Fortschritts zurückzudrehen und an sich, das heißt an „seine" neue Wissenschaft, die Soziologie, zu reißen: sein Anspruch geht dahin, in der Soziologie nicht nur das Bewegungsgesetz der sich entwickelnden Gesellschaften entdeckt zu haben, sondern mit ihr auch Richtung und Ziel des Fortschritts selbst bestimmen zu können. Soziologie als „Ziel und Weg ineins. Taô", wie Nicolaus Sombart anschaulich sagt.[13]

Comtes Werk, das die Stellung der „Soziologie zwischen Wirklichkeit und Möglichkeit"[14] in ihrer ganzen Problematik widerspiegelt – zwischen der Wirklichkeit, die auf Ordnung hin angelegt ist, und der Möglichkeit, die den Fortschritt des Bestehenden zum Besseren meint –, gerät schließlich ganz auf die Seite der Ordnung. Die falsche Harmonisierung von Ordnung und Fortschritt unter dem Primat der Ordnung mußte dem Fortschrittsgedanken seine emanzipative Kraft nehmen und die kritische Funktion der Soziologie in Rechtfertigungsdenken umschlagen lassen.[15]

Der Fortschritt ließ sich nicht dadurch sein Bewegungsgesetz und seine Richtung vorschreiben, daß seine Momente im Comteschen Wissenschaftssystem ihre Ordnung und in der dieses System abschließenden Soziologie ihren Inhalt zu finden hätten. Die Dynamik des Fortschritts und seine vor allem seit der zweiten Hälfte des 19. Jahrhunderts sich durchsetzende Verengung auf den technisch-ökonomischen Bereich ließ sich nicht mehr verpflichten auf eine integrative, naturhaft gedachte Fortschrittsidee[16].

Wie für das gesellschaftswissenschaftliche Denken überhaupt nimmt

---

[12] „La difficulté consistait à trouver le moyen de mettre en accord le système scientifique, le système religieux, le système des beaux arts, et le système des lois avec le système des industriels", in: Cathéchisme politique des industriels, Œuvre de Saint-Simon, Paris 1841, S. 54.

[13] Nicolaus Sombart: H. de Saint-Simon und A. Comte, in: Einführung in die Soziologie, hrsg. von Alfred Weber, München 1955, S. 94.

[14] Helmut Klages: Soziologie zwischen Wirklichkeit und Möglichkeit, 1968.

[15] Hierzu ausführlich Otwin Massing: Fortschritt und Gegenrevolution. Die Gesellschaftslehre Comtes in ihrer sozialen Funktion, Stuttgart 1966.

[16] Zur Fortschrittsidee bei Comte und John St. Mill vgl. auch Karl R. Popper: Das Elend des Historizismus, dt. Tübingen 1965. „Comte und Mill (hielten) den Fortschritt für einen unbedingten, absoluten Trend, der auf die Gesetze der menschlichen Natur reduzierbar ist" (S. 119; vgl. dort auch andere Belege).

auch für die hier behandelten Probleme das Werk von Marx und Engels eine Schlüsselstellung ein: als Ausdruck der emanzipativ verstandenen Fortschrittsidee. Deren Momente, Emanzipation und Aneignung, werden hier auf ihren höchsten Begriff gebracht und voll entfaltet. Ihre Gedanken bezeichnen die entscheidende Wende in der Erkenntnis und Kritik gesellschaftlicher Tatbestände. Verstand die Aufklärung die Emanzipation der Menschen moralisch und geistig als „Ausgang aus selbst verschuldeter Unmündigkeit", und sah sie die Triebkraft des Fortschritts im Vervollkommnungswillen der menschlichen Vernunft begründet (Condorcet), so werden Emanzipation und Fortschritt im Werk von Marx und Engels realsoziologisch, als gesellschaftlicher Prozeß auf einer bestimmten Produktionsstufe, gefaßt.

Bedingung der Emanzipation ist die Aneignung der „Welt" in all ihren Grundlagen und Erscheinungsweisen, sofern diese menschlich relevant, d. h. sozial sind. Der Zusammenhang mit den weiteren grundlegenden Kategorien, Arbeit und Entfremdung, kann hier nur genannt, jedoch nicht erläutert werden.

Es kann nicht deutlich genug betont werden, daß Marx und Engels auch im heutigen Sinn „fortschrittsfreundlich" waren, daß sie die Expansion der ökonomischen Basis als Basis jedweder Expansion und Emanzipation anerkannten, aber deren omnipotente Eigengesetzlichkeit in selbstbestimmte menschliche Verhältnisse (zurück-)verwandeln wollten. Das Geltendmachen des menschlichen Kerns in den unmenschlichen Verhältnissen mußte um so schwieriger sein, je verdinglichter die Verhältnisse wurden und als solche das Denken selbst bestimmten. Der folgerichtige Ansatzpunkt war die Kritik der Hegelschen Rechtsphilosophie, in der Marx dem großen Philosophen die Vertauschung von Subjekt und Prädikat (der historischen, gesellschaftlichen Welt) vorwarf. Der zweite entscheidende Schritt der Kritik bestand darin, in der ökonomisch-materiellen Produktionsbasis die Ursachen der Vertauschung zu entdecken, die sich im Kulminationspunkt der Entwicklung, dem Kapitalismus, in den Begriffen Geld, Ware, Kapital für alle gesellschaftlich relevanten Erscheinungen zusammenfassen ließen.

Die von Marx erkannte Selbstbewegung des Kapitals als Bestimmungsfaktor des politischen, sozialen und menschlichen „Wesens" ist in der Schärfe der Analyse und Kritik zugleich Negation derjenigen Gesellschaftsordnungen, die in der freigesetzten Eigengesetzlichkeit der Produktionsbasis die conditio sine qua non des Fortschritts überhaupt sehen. Die bis heute genährte Hoffnung, daß erst einmal der materiell-ökonomische Fortschritt gesichert sein müsse und man dann schon sehen werde... – diese Hoffnung wird als gefährliche Illusion entlarvt. „Solange die Herrschaft über Natur erkauft ist durch die über Menschen, solange wird aller Fortschritt antagonistisch sein."[17]

Wenn der emanzipativ verstandenen Fortschrittskategorie im Werk von Marx und Engels die hier angedeutete, konstitutive Bedeutung zukommt, dann ist zumindest begriffs-lexikalisch interessant, daß sie keinen explikativen Stellenwert in den Analysen selbst hat: sie erscheint nur wenige Male in ihren Schriften und Briefen. Die Briefstellen sind schnell genannt: Engels gebraucht den Begriff zweimal in Briefen an Danielson[18], und zwar genau in der von Hegel vorgezeichneten Geschichtsauffassung: daß die List der Vernunft den kühnen Gang des Weltgeistes über die Trümmerhaufen der Geschichte nicht ganz vergeblich mache. Wichtiger ist eine Bemerkung von Marx in einem Brief an Ludwig Kugelmann, die an Aktualität nichts eingebüßt hat: „Der gesellschaftliche Fortschritt läßt sich exakt messen an der gesellschaftlichen Stellung des schönen Geschlechts (die Häßlichen eingeschlossen)."[19] In Parenthese sei hinzugefügt, daß der Fortschrittsbegriff auch im Werke Hegels keine Rolle spielt: „Mehr mag es sein denn bloßer Zufall, daß Hegel trotz der berühmten Definition der Geschichte keine ausgeführte Theorie des Fortschritts enthält."[20]

Es ist müßig, darüber zu spekulieren, warum der Fortschrittsbegriff bei Marx und Engels keine explikative Kategorie ist. *Ein* Grund liegt gewiß darin, daß er seit der Mitte des 19. Jahrhunderts vorrangig als liberaler Topos galt und entsprechend reduziert in der politischen und gesellschaftlichen Diskussion Verwendung fand.

Für den weiteren Gang der Argumentation ist wichtig festzuhalten, daß die Fortschrittsproblematik sich an der früh erkannten Dichotomisierung materieller und ideeller gesellschaftlicher Faktoren differenzierte, deren Ursprung bei Marx und Engels wie bei Saint-Simon in der sprunghaft sich entwickelnden ökonomisch-technologischen Struktur gesehen wurde. Die Dichotomie durch Erziehung, wie bei Saint-Simon, oder vermittels eines ganzheitlich gedachten Wissenschaftskosmos unter Anleitung der Soziologie, wie bei Comte, zu beseitigen, erscheint seit Marx illusorisch. Vernunftwirklichkeit und Fortschritt sind nur noch bei einer grundsätzlich

---

[17] Alfred Schmidt: Über Geschichte und Geschichtsschreibung in der materialistischen Dialektik, in: Folgen einer Theorie. Essays über „Das Kapital" von Karl Marx, Frankfurt 1967, S. 129.

[18] K. Marx und F. Engels: Werke, hrsg. vom Institut für Marxismus-Leninismus beim ZK der SED, Berlin 1961ff., Bd. 38 bzw. 39 (Briefe vom 18.6.1892 bzw. 17. 10. 1893).

[19] Ebd., Bd. 32, S. 583, Brief vom 12. 12. 1868.

[20] Theodor W. Adorno: Fortschritt, in: Die Philosophie und die Frage nach dem Fortschritt, a. a. O., S. 47.

veränderten gesellschaftlichen Basis denkbar – unter Beibehaltung des technologisch-ökonomischen Fortschritts.

III.

Je stärker und ungehemmter die Eigengesetzlichkeit der dynamischen, kapitalistischen Produktionsbasis sich entwickelte, desto schwieriger wurde es, sie in Übereinstimmung zu bringen mit einem Fortschrittstempo, das sein Maß am Problem der Emanzipation der Menschen selbst hatte. Das sich liberal gebende Denken der zweiten Hälfte des 19. Jahrhunderts fiel weit hinter die Problemstellung bei Saint-Simon und Marx, um programmatisch nur diese beiden zu nennen, zurück. Der Fortschrittsoptimismus jener Zeit, genährt durch immer neue, wichtige Erfindungen, konnte sich steigern zu einer Fortschrittseuphorie: daß auf einer möglichst progressiven ökonomisch-technischen Basis auch alle sozialen Probleme lösbar seien. Die Einfalt des Taylorismus steht dafür als Beispiel.

Georges Sorels Warnruf aus dem Jahre 1908 *(Les illusions du progrès),* der Fortschrittsoptimismus täusche sich darüber hinweg, daß das Problem der Herrschaft von Menschen über Menschen auf materieller Basis nicht zu bewältigen sei, hatte natürlich nur literarische Wirkung. Damals wie heute wird Kritik an der „fortschrittlichen" materiellen, ökonomischen Basis so mißverstanden, als ginge es darum, Maschinen zu zerstören, Kapazitäten nicht zu nutzen und „den" Fortschritt aufzuhalten.

Die technisch-ökonomische Absorption des Fortschrittsgedankens fand nicht nur ihre Stütze in der Struktur des Wirklichen, sondern auch in den Lehren der sich als progressiv und avantgardistisch verstehenden Sozialtheoretiker. Der Umschlag der Gedanken Saint-Simons in die technizistischen Lehren der Saint-Simonisten ist dafür symptomatisch.[21] Das „Dominantwerden der technischen Kategorien"[22] reicht damit praktisch und theoretisch in die Anfänge der Industrialisierung selbst zurück.

Die Differenzierung der „Techniken" von Gottl-Ottlilienfeld[23] in Realtechnik (Technik im traditionellen Sinn), Individualtechnik, Sozialtechnik und Intellektualtechnik, die er am Ende des ersten großen Abschnitts der industriellen Revolution vornahm, ist daher nicht Programm, sondern

---

[21] Friedrich Jonas: Sozialphilosophie der industriellen Arbeitswelt, Stuttgart 1960, S. 37.
[22] Hans Freyer: Das Dominantwerden technischer Kategorien in der Lebenswelt der industriellen Gesellschaft, Wiesbaden 1960.
[23] F. von Gottl-Ottlilienfeld: Grundriß der Sozialökonomik, II, 2, (Wirtschaft und Technik), 2. neubearb. Auflage, Tübingen 1923, S. 9.

Analyse der gesellschaftlichen Wirklichkeit. Daß wir noch voll in dieser Phase des „technischen" Sozial- und Gesellschaftsverständnisses stehen, hat Schelsky im Anschluß an Ellul eindringlich dargelegt.[24] Es wird noch zu zeigen sein, daß dieses manifest gewordene Technikverständnis durch das Selbstverständnis der gegenwärtigen Soziologie nicht in Frage gestellt, sondern gestützt wird.

Der Sachverhalt, der bei Gottl-Ottlilienfeld, Freyer, Schelsky u. a. unter einem universal werdenden Technikbegriff[25] oder dem Begriff der „wissenschaftlichen Zivilisation" analysiert wird, bedeutet praktisch, daß die Sozial-, Intellektual-, Organisations- und Humantechniken auf der „säumigen Seite des Fortschritts" (Elton Mayo) stehen. Die Problematik des Unterbau-Überbau-Schemas kehrt wieder als Problem differenzierter Techniken. Die Angleichung der sozialen und kulturellen Probleme an die Real- und Produktionstechniken ist nur als technisch angeleiteter Anpassungsvorgang denkbar; immer weitere Bereiche des gesellschaftlichen Lebens werden so umgestaltet, daß sie in die Dynamik des technisch-materiellen Fortschritts einbezogen werden können. Aber die „wissenschaftliche Zivilisation" vermag den Abstand zwischen Produktionsstruktur und den sozialen, kulturellen und politischen Entwicklungen nur auf eine neue Ebene zu transponieren, nicht ihn grundsätzlich zu beseitigen. Die soziologischen Theorien des sozialen Wandels zwischen William F. Ogburn und Talcott Parsons haben das längst akzeptiert. Die simplifizierende Rede Ogburns[26] vom „cultural lag" ist angesichts der genannten Problematik völlig hilflos; Parsons stellt die Harmonie wieder her, indem er „mit seiner Theorie das Programm eines Control of Social Change, also der planmäßigen Beein-

---

[24] Helmut Schelsky: Der Mensch in der wissenschaftlichen Zivilisation, in: Auf der Suche nach Wirklichkeit. Gesammelte Aufsätze, Düsseldorf/Köln 1965, S. 439ff. (zuerst 1961). Schelsky faßt auf S. 444 die Anwendungsgebiete der Technik nach Ellul wie folgt zusammen: 1. die Techniken der Produktion; 2. die Techniken der Organisation, „also die Methoden der Beherrschung und Erzeugung der sozialen Beziehungen"; 3. „die Techniken der Veränderung, Beherrschung und Erzeugung des seelischen und geistigen Innenlebens der Menschen" (von Schelsky Humantechniken genannt).

[25] Zur Fortschrittsproblematik unter technik-kritischen Gesichtspunkten vgl. die zusammenfassenden Betrachtungen von Jürgen Habermas: Praktische Folgen des wissenschaftlich-technischen Fortschritts, in: Gesellschaft, Recht und Politik, Neuwied und Berlin 1968, S. 121–147. Bei aller Kritik, die Habermas gegenüber Freyer, Gehlen, Schelsky, Ellul und anderen äußert, zieht er keine Folgerungen für die Orientierung der soziologischen Theorie.

[26] William Ogburn: Social Change, zuerst New York 1922.

flussung und Lenkung des gesellschaftlichen Wandels"[27] verbindet.
Der vorausgesetzte differenzierte Technikbegriff, der die Gestaltung der wirtschaftlichen, sozialen und kulturellen Lebensbereiche einschließt, überzieht die menschliche und gesellschaftliche Welt mit einem Netz, das kein Entschlüpfen mehr gestattet. Die seit Bacon propagierte und angestrebte Machbarkeit aller Dinge[28] reicht längst über den technologischen Bereich hinaus, empfängt ihr Bewegungsgesetz aber in einem weiter zunehmenden Maße von den technokratischen Grundstrukturen.[29]

Daß die Rationalisierung und Verwissenschaftlichung der Daseinsbedingungen nicht aus sich den Individuen Anhaltspunkte bieten fürs praktische Leben („Was sollen wir tun? Wie sollen wir leben?"[30]), hat Max Weber in großer Klarheit dargelegt. Er hat gezeigt, daß der abendländische Geschichtsverlauf seine Dynamik daher hat, daß immer weitere Bereiche und Tätigkeiten des ökonomischen, rechtlichen und kulturellen Lebens rationalisiert und versachlicht wurden, daß im kapitalistischen Wirtschafts- und Gesellschaftssystem die rationalistische Umweltgestaltung vollends freigesetzt wurde und sich als Zweck verselbständigte. Deutlich war ihm die Zwiespältigkeit des Rationalisierungsvorganges bewußt: die Grundlagen unseres materiellen und sozialen Lebens werden zunehmend versachlicht und gleichzeitig den einzelnen Gesellschaftsmitgliedern immer unverständlicher. „Der Fortschritt der gesellschaftlichen Differenzierung und Rationalisierung bedeutet also [...] ein im ganzen immer weiteres Distanzieren der durch die rationalen Techniken und Ordnungen praktisch Betroffenen von deren rationaler Basis, die ihnen, im ganzen, verborgener zu sein pflegt wie dem „Wilden" der Sinn der magischen Prozeduren seines Zauberers."[31] Die einst integrative Fortschrittsidee hat sich verflüchtigt, ob in differenzierte „Techniken" oder in der partiellen Rationalisierung weiterer Lebensbereiche

---

[27] Jürgen Habermas: Kritische und konservative Aufgaben der Soziologie, a. a. O., S. 225.

[28] Karl Löwith: Über das Verhängnis des Fortschritts, in: Die Philosophie und die Frage nach dem Fortschritt, a. a. O., S. 24: „Was heute eine kaum noch beachtete, weil alltägliche Realität des revolutionären Fortschritts ist, ist ursprünglich ein utopisches Programm gewesen. Das bekannteste ist die Nova Atlantis des [...] Francis Bacon, dessen Schrift über das Advancement of learning den wissenschaftlichen Fortschritt zum Zweck der proficiency für eine bessere Menschenwelt zum Ziel hat."

[29] Vgl. Fußnote 45.

[30] Max Weber, Tolstoi aufnehmend, in: Der Beruf zur Wissenschaft, Vortrag 1919.

[31] Max Weber: Über einige Kategorien der verstehenden Soziologie, in: ders., Gesammelte Aufsätze zur Wissenschaftslehre, 3. erw. und verb. Aufl., hrsg. von J. Winckelmann, Tübingen 1968, S. 473.

– bei komplementärer Irrationalisierung des „Ganzen". Sie ist von ihren philosophischen und gesellschaftlichen Implikationen, ihren Momenten der Emanzipation und Aneignung, abgespalten. Ihre Wirklichkeit liegt in allem, was den sichtbaren Erfolg und das sichtbare Fortschreiten verbürgt. Die Theorie entsprach der Parzellierung bzw. einseitigen Absorbierung des Fortschritts durch dynamische Entwicklungsbereiche, indem sie Sinn und Richtung ihres Arbeitens zunehmend durch andere und, wie sie meinte, der Wirklichkeit angemessenere Kriterien bestimmen ließ. Damit ist nicht die Preisgabe des naturhaft-aufklärerischen Fortschrittsdenkens gemeint, sondern die Reduzierung des erkenntnisleitenden Interesses auf wissenschaftsimmanenten Erkenntnisfortschritt und eine immer genauere Vermessung partieller Gesellschaftsphänomene. Der Prozeß scheint unumkehrbar; gegen diese „Trends", den Fortschritt an seinem Ursprung festmachen zu wollen, einzustehen für die Befreiung der Menschen von den Zwängen der Natur und der Gesellschaft, scheint illusorisch; das Beharren darauf handelt sich daher unweigerlich den Vorwurf der Utopie oder „Gesellschaftstheologie"[32] ein.

Zu fragen ist, ob dem gegenwärtigen soziologischen Denken nicht nur die Orientierung an einer integrativen Fortschrittskategorie fehlt, sondern kritischer: ob dieses Denken nicht seinen Voraussetzungen und Inhalten nach die Problematik entweder abschneidet oder auf das verkürzt, „was ohnehin geschieht". Das ist in kurzen Analysen am Funktionalismus, an Mannheims Soziologie als Planungswissenschaft und an Poppers „institutioneller Theorie des Fortschritts" zu verdeutlichen.

IV.

Funktionalismus und Systemtheorie sind unserem gegenwärtigen Gesellschaftssystem äußerst gemäße und genehme Richtungen des soziologischen Denkens. Die Menschen mit ihren Bedürfnissen, die Individuen als konkrete gesellschaftliche Wesen kommen erst gar nicht in den Blick – höchstens als Funktionen des Systems selbst. Die Aufspaltung des gesellschaftlich Relevanten in Funktionen, aufgeteilt auf einzelne Rollen oder Rollen-Sets, ist kein bestimmtes analytisches Verfahren, sondern Reflex einer sich funktional verstehenden Gesellschaft: Rollen- und Systemtheorie und Funktionalismus sind längst im Bewußtsein der Menschen selbst verankert. Der Funktionalismus und die Systemtheorie tragen daher vielleicht noch viel

---

[32] Erwin K. Scheuch: Produziert die Soziologie Revolutionäre? in: Der Volkswirt, 22. Jg. 1968, Nr. 18.

stärker als die täglichen „Umfragen in der Massengesellschaft" zur Reifizierung des ohnehin eindimensionalen Bewußtseins (Marcuse) bei. Die sich verselbständigenden Zwecke und Funktionen können von dieser Theorie nur systemimmanent, und das heißt unkritisch, thematisiert werden. Das erkenntnisleitende Interesse ist vorwiegend am Fortschritt der Theorie selbst orientiert: an der Verfeinerung, Komplettierung und logischen Stimmigkeit ihres Begriffsapparates und der Zuordnung von Kategorien. Eine der vielen *illusions du progrès*! Die Verankerung der funktionalistischen Theorie im Denken und Handeln der Individuen zeigt die Beziehung zwischen der funktionalistischen und der technokratischen Betrachtung gesellschaftlicher Phänomene. Ist „Technokratie" dadurch gekennzeichnet, daß alle gesellschaftlich relevanten Tatbestände, seien sie realtechnischer, sozialer oder kultureller Natur, unterschiedslos einer der genannten Techniken subsumiert werden, so kommt das funktionale und technizistische Denken der Praxis sehr entgegen. Eine auf den neuesten technischen Stand gebrachte Regulierung gesellschaftlicher Phänomene ist aber eo ipso keineswegs fortschrittlich im emanzipativen Sinne, im Gegenteil: „Der wachsende Trend zur technischen Regelung von Konflikten verfestigt die gegenwärtige „Grundordnung". Darin besteht die konservative Folge der Technokratie".[33]

Im Spätwerk Karl Mannheims, seit seinem 1935 in erster Fassung erschienenen Buch *Mensch und Gesellschaft im Zeitalter des Umbaus*[34], wird eine große Anstrengung unternommen, die sich verselbständigende „funktionelle Rationalität" qua Planung in „substantielle", individuell belangvolle Rationalität zurückzuverwandeln. Gesellschaftlicher Fortschritt kann nur so vonstatten gehen, daß die dritte Stufe in Mannheims historischem Dreischritt, die des planenden Denkens als höchster Stufe der Rationalität, sich in allen gesellschaftlichen Bereichen, in allen menschlichen Fähigkeiten und Tätigkeiten durchsetzt. Geschehe das nicht, so vergrößere sich die Kluft zwischen funktioneller und substantieller Rationalität zu gefährlichen Disproportionalitäten. „Wenn es uns nicht gelingt, in kurzer Zeit in [...] der Beherrschung unserer Gesellschaft diejenige Stufe der Rationalität und Moralität zu erreichen, die wir auf technischem Gebiet erreicht haben, wird unsere Gesellschaftsordnung zugrundegehen [...]. Es kann mit Sicherheit gesagt werden, daß wir in den letzten Jahrzehnten in bezug auf den Fortschritt der Moral und der Vernunft eher im Rückschritt als im

---

[33] Kritische Universität, Sommer '68, Berichte und Programm, hrsg. vom AStA der Freien Universität Berlin, 1968, S. 68.

[34] Karl Mannheim: Mensch und Gesellschaft im Zeitalter des Umbaus, zuerst dt. Leiden 1935, erw. engl. 1940, zit. nach der 2. dt. Aufl., 1967.

Fortschritt begriffen sind."[35] Dieser Rückschritt ist nur wettzumachen durch Gesellschaftsplanung, bei der kein Bereich, nicht des Denkens, nicht des Handelns, ausgespart sein darf. Soziologie hat sich der Distanz zur Praxis zu begeben; sie allein – als Führungs-, Organisations- und Orientierungswissenschaft („Soziologie ist die angemessene Lebensorientierung des Menschen in der industriellen Gesellschaft"[36]) – kann auf der historisch erreichten Stufe der Planung die gesellschaftlichen Disproportionalitäten ausgleichen und die partiellen „Fortschritte" harmonisieren. Wenn Mannheims Planungsdenken (vor allem in seinen wissenssoziologischen Voraussetzungen und Implikationen) auch problematischer ist, als in den kurzen Anmerkungen hier wiedergegeben werden kann, so läßt sich doch als Fazit festhalten, daß die Disharmonie zwischen Unterbau und Überbau durch soziologisch angeleitete Planung gelöst werden soll. Soziologen erkennen, „was an der Zeit ist", und erarbeiten zusammen mit Politikern Planungskonzepte. Auf der „Stufe des planenden Denkens" ist so endlich das möglich, was Saint-Simon, Comte und Marx vergeblich versucht haben: ein Gleichmaß und eine Harmonisierung des Fortschritts in allen gesellschaftlichen Bereichen zu bewerkstelligen.

Die mit Mannheim anhebende, gegenwärtig äußerst intensive Planungsdiskussion in den Sozialwissenschaften geht fehl in der Annahme, mit der Planungskategorie die Differenz von Theorie und Praxis, Gegenwart und Zukunft überspringen zu können.[37] Fortschritt läßt sich durch Planung nicht einfangen. Die Zukunft planend und soziologisch abgesichert gestalten zu wollen, ist daher nicht zu verwechseln mit der am Fortschrittsbegriff orientierten Erkenntnisabsicht der Soziologie. Das Verhältnis von Theorie und Praxis, seit den Anfängen der Soziologie der Angelpunkt der methodologischen, wissenschaftstheoretischen und gesellschaftspolitischen Auseinandersetzungen, läßt sich durch Planung nicht harmonisieren. Eine Soziologie, die glaubt, in der Planung einen unmittelbaren Zugang zur

---

35 Karl Mannheim: Mensch und Gesellschaft..., a. a. O., S. 59.
36 Karl Mannheim: Die Gegenwartsaufgaben der Soziologie. Ihre Lehrgestalt, Tübingen 1932, S. 41.
37 Vgl. auch die prägnante Kritik von Claus Koch an der zur Futurologie gesteigerten Planungsmentalität und Planungsaktivität: Kritik der Futurologie, in: Kursbuch 14, 1968, S. 1ff. „Der Fortschritt ist ihr (der Futurologie; d. V.) ein der Gesellschaft äußerlicher Prozeß, den es in der Vorausschau einzuholen gilt, damit seine Gefahren umgangen und damit die nötigen Anpassungen rechtzeitig eingeleitet werden können. Es ist der wissenschaftlich-technische Fortschritt selbst, in dem Geschichte verläuft. Vorgegeben, ist er als solcher rational; irrational verhalten sich nur die Gesellschaft und ihre Führungseliten, die sich nicht in ihn einzufügen wissen." (S. 7).

Praxis gefunden zu haben, ist genauso unkritisch wie eine, die sich um ihre praktischen Folgen nicht kümmert. Sollte die Soziologie weiterhin durch einzelne soziale und politische Planungsbereiche absorbiert werden, so wird ihre Integration ins System bald perfekt sein. Vollends perfekt wäre sie, wenn der Planungsbegriff – wofür es Anzeichen gibt – derart die Gemüter verwirren sollte, daß man das, was planbar ist, mit dem verwechselt, was fortschrittlich in einem emanzipativen Sinne ist. Sowenig gelenkter sozialer Wandel und veranstaltete Innovationen per se kritisch und fortschrittlich im hier verstandenen Sinne sein müssen, so wenig ist es soziale Planung. „Der Konservatismus überlebt ja, in einer dynamischen Gesellschaft wie der unsrigen, gerade als elastische Anpassung an den im Gefolge technischer Neuerungen institutionalisierten ‚Fortschritt‘ ".[38]

Der schärfste Angriff gegen Mannheim und seine Planungswissenschaft ist von Popper geführt worden[39]. Popper bestreitet Mannheim und allen anderen „Historizisten" (neben Mannheim sind vor allem Marx, Comte und Mill gemeint) jede Legitimation, über die geschichtliche Entwicklung etwas auszusagen und sich planend mit der Zukunft zu beschäftigen.

Poppers Widerlegung der Historizisten und seine aus wissenschaftstheoretischen Gründen restringierte Problemstellung auf piece-meal-Technik interessieren hier weniger als sein Konzept, institutionell den Fortschritt zu sichern.[40] Er nennt eine Reihe von „institutionellen Bedingungen" (freie Diskussion bzw. „freie Konkurrenz des Denkens", finanziell gesicherte Arbeit, unzensierte Publikation etc.), auf „denen die Verwirklichung des wissenschaftlichen und institutionellen Fortschritts beruht". Den Fortschritt der Wissenschaft sieht Popper vor allem darin garantiert, daß sie autonom ist, „denn der Fortschritt der Wissenschaft hängt von der freien Konkurrenz des Denkens ab, also von der Gedankenfreiheit, also letztlich von der politischen Freiheit".[41]

Poppers „institutionelle Theorie des Fortschritts" ist also ganz auf das liberale Argument der Arbeitsteilung und Autonomie gegründet. Sie sucht die Wissenschaft in ihrem eigenen Bereich autonom zu halten und knüpft den Erkenntnisfortschritt vage an politische Freiheit, statt ihn explizit auf den gesellschaftlichen Entwicklungsstand selbst zu beziehen. Seine Fortschrittstheorie will also Fortschritt da sichern, wo er zumeist gesichert oder – und das trifft gegenwärtig für soziologische Erkenntnisfortschritte weithin

---

[38] J. Habermas: Kritische und konservative Aufgaben der Soziologie, a. a. O., S. 228.
[39] Karl R. Popper: Das Elend des Historizismus, dt. Tübingen 1965.
[40] Ebd. S. 119: „Die institutionelle Theorie des Fortschritts."
[41] Ebd., S. 72.

zu – belanglos ist. Das Problem stellt sich nämlich heute eher umgekehrt: wissenschaftlicher Fortschritt ist im Bereich der Sozial- und Humanwissenschaften an die Rezeptivität der gesellschaftlichen Institutionen für deren Erkenntnisse geknüpft. Ein letzter Punkt dieser Ausführungen wird daher sein, die Gründe zu nennen, die den Fortschritt der Soziologie immer wieder auf das zurückwerfen, was gesellschaftlich der Fall ist.

V.

Damit ist die Frage nach der Transformierbarkeit soziologischer Erkenntnisse in praxi gestellt. Fortschritt in diesem Bereich ist nicht so anschaulich und nicht so leicht „machbar" wie dort, wo die Dynamik auf naturwissenschaftlicher Grundlage beruht. Zudem fehlt es an eindeutigen Kriterien des Fortschritts, wie sie die Technik und auch die Ökonomie kennen: effizienter, optimaler, preiswerter, materialsparender etc. Die Fortschrittskriterien, die z. B. in der Frankfurter Schule der Soziologie die Erkenntnisabsicht bestimmen, sperren sich gegen direkte Transformierung. Sie haben u. a. zur Voraussetzung, daß die Herrschaft der „instrumentellen Vernunft" (Max Horkheimer) gebrochen wird und die menschlichen Verhältnisse nicht mehr durch die Kategorie des Warentausches dominiert sind. Hier liegen aber die entscheidenden Hindernisse in der bestehenden Gesellschaftsstruktur selbst, in der wohl der technisch-ökonomische, nicht aber der soziale und kulturelle Fortschritt „institutionalisiert" ist. Gegen die praktische Umsetzung soziologischer Erkenntnisse wird darum als schwerwiegender Einwand, der auch das Bewußtsein breiter Bevölkerungskreise gegen die Soziologie einzunehmen vermag, vorgebracht, sie gefährdeten den Bestand des Systems, zumindest den einzelner Institutionen und die bestehende Produktions- und Wirtschaftsstruktur, die Basis des Wohlstands. Damit ist unterstellt, daß soziologische Erkenntnisse nur in dem Rahmen Verwendung finden können, der durch die progressiven ökonomischen und technologischen Strukturen vorgegeben ist.[42] Innerhalb

---

[42] Daß diese Dominanz eher zu- als abnimmt, hat John K. Galbraith in seinem letzten Buch: Die moderne Industriegesellschaft, dargelegt. Harald Schumacher faßt dessen wichtigste Thesen wie folgt zusammen: „Die von der Gesellschaft gewünschte fortschreitende Technologie erfordert große Unternehmenseinheiten. Damit ist jedoch eine sinkende Anpassungsfähigkeit sowohl im Produktionsbereich als auch in der Unternehmensorganisation verbunden, so daß Änderungen in den Umweltbedingungen grundsätzlich eine Bedrohung für die Existenz der Technostruktur darstellen. Um dieses Risiko zu beseitigen, sucht die Technostruktur eine autonome Machtposition in Wirtschaft und Gesellschaft zu erlangen" (Auf dem Weg in die geplante Wirtschaft?

dieses Rahmens mag sie dann aufweisen, welcher Sand noch aus dem Getriebe der sozialen Institutionen zu nehmen ist, damit alles noch effizienter, schneller und reibungsloser ablaufen kann, was dann als Kriterium des sozialen Fortschritts gilt. Sie hat nach dieser Vorstellung, der sich das soziologische Arbeiten weithin kritiklos gefügt hat, in einer dauernden Anstrengung hinter dem „großen Fortschritt" herzueilen und das "cultural lag" zu beseitigen.[43] In Frage zu stellen, ob bei den bestehenden gesellschaftlichen Strukturen diese Anstrengung nicht von vornherein ohnmächtig sei, gilt als destruktiv. Daß der Tatbestand, mit der sozialen und kulturellen Entwicklung hinter dem technisch-ökonomischen Fortschritt herzulaufen, ein in der Menschheitsgeschichte noch vor hundertfünfzig Jahren völlig unbekanntes Phänomen war und auch heute noch kein unumstößliches gesellschaftliches Gesetz ist, gerät kaum in den Blick.

Gegenwärtig ist die Problematik der Phasenverschiebung in der Entwicklung der einzelnen gesellschaftlichen Bereiche dadurch entschärft, daß die technisch-ökonomische Basis als Grundlage des materiellen Wohlstandes einer immer größeren Bevölkerungsschicht eine breite, öffentliche Legitimationsgrundlage hat.[44] Auf dieser Grundlage ist der Fortschrittsbegriff einseitiger als je zuvor auf Wachstumsraten, Produktionsziffern etc. eingegrenzt.[45] Die Dominanz dieses Denkens zeigt

---

Bemerkungen zu J. K. Galbraiths Buch „Die moderne Industriegesellschaft", in: Wirtschaftsdienst, Wirtschaftspolitische Monatsschrift, 48. Jg. 1968, Heft 7, S. 393).

[43] Unsere offizielle Wissenschafts- und Hochschulpolitik wird zunehmend an solchen Kriterien gemessen, die auch unseren Politikern zugänglich sind (Nachfragemodelle; Bedarfsmodelle etc.). Diese Ausrichtung der Wissenschaftspolitik bedarf daher keines ausdrücklichen Entschlusses, die „produktiven" Wissenschaften auf Kosten der „reflektiven" zu steigern. Daß die aufs Praktisch-Tüchtige restringierte Wissenschaftspolitik auf das Selbstverständnis der Wissenschaften selbst zurückwirken wird, über immer subtilere Anpassungs- und Konformismusmechanismen, ist dabei die eigentliche Gefahr. Vgl. hierzu die Antworten auf Stoltenberg. Zur Wissenschaftspolitik in der Bundesrepublik, hrsg. von Berndt Franke und Thomas Neumann, Frankfurt a. M. 1968.

[44] Vg. hierzu ausführlicher Habermas' wichtige Abhandlung über „Technik und Wissenschaft als Ideologie", Frankfurt 1968.

[45] Selbst ein „kapitalistischer" Ökonom wie John K. Galbraith sieht darin eine Gefahr. In einem Interview (Wirtschaftsdienst. Wirtschaftspolitische Monatsschrift, 48. Jg. 1968, Heft 7, S. 390) sagte er: „Wenn wir in unsere amerikanischen Städte angemessen investiert hätten, wenn wir das Universitätssystem ebenfalls angemessen ausgebaut hätten, wenn es ein Gleichgewicht zwischen der Produktion von Autos und der Produktion von Häusern und Bildungseinrichtungen gegeben hätte, so hätten wir vielleicht nicht alle, aber

sich auch in dem Versuch, die verschiedenen Gesellschaftssysteme ausschließlich nach solchen „Fortschritts"-kriterien zu beurteilen und gegeneinander auszuspielen. Daß der Westen hier nicht schlecht abschneidet, wird als moralische und politische Stärke mißverstanden. Jeder Versuch, neue Wege zu finden, Unterbau und Überbau und damit Produktionsbasis und Produzierende in ein neues Verhältnis zu setzen und den Möglichkeiten entsprechend einander zuzuordnen, d. h. zu vermitteln, wird als unwillkommene Störung des doch so reibungslos funktionierenden Produktionsprozesses abgetan[46]. Als Beispiel seien Äußerungen von Bundesfinanzminister Strauß über die Mitbestimmung zitiert: „Wir dürfen uns nicht darüber hinwegtäuschen, daß eine stetig wachsende Wirtschaft angesichts unserer Lage in der Welt das entscheidende Fundament für unsere außenpolitische Wirksamkeit ist. Deshalb dürfen dem Ausbau und Aufbau unseres Wirtschaftslebens keinerlei Hindernisse in den Weg gestellt werden."[47]

Hier liegen die Gründe dafür, daß auch in einer wissenschaftlichen Zivilisation von der Wissenschaft erarbeitete und reflektierte Lebens- und Bewußtseinschancen verpaßt werden, und zwar um so wahrscheinlicher, je mehr sich das dominante ökonomisch-technologische System in seiner politischen und gesellschaftlichen Verankerung durch soziologische Erkenntnisse gefährdet glaubt.

Bleibt zu fragen, ob der gegenwärtige gesellschaftliche Zustand und die Debatte über Stellung und Aufgabe der Soziologie in unserer Gesellschaft, über ihren Praxisbezug und die Bedingungen der Verwirklichung ihrer Erkenntnisse, den Rahmen der soziologischen Fragestellung wirksam verändern werden. Kommt es zu einem Wechsel der Blickrichtung – der zu vergleichen wäre mit der „kopernikanischen Wende" – in der Betrachtung gesellschaftlicher Tatsachen bei Karl Marx oder Max Weber?

Das dem wissenschaftlichen Erkenntnisprozeß immanente Fortschreitenwollen kann nicht länger oder ausschließlich nur an methodologischen, wissenschaftstheoretischen oder forschungstechnischen Gesichtspunkten gemessen werden. Zu einem Wechsel der Blickrichtung gehört auch die

---

doch einen großen Teil der Aufstände in unseren Städten und in der Pariser Sorbonne vermieden." Das Argument bleibt befangen im Denken der wissenschaftlichen Zivilisation, das davon ausgeht, soziale Probleme in technische und produktionspolitische umwandeln zu können.

[46] Vgl. hierzu die eindringlichen Analysen von Th. W. Adorno und Ursula Jaerisch: Anmerkungen zum sozialen Konflikt heute, in: Gesellschaft, Recht, Politik, Neuwied und Berlin 1968, S. 1ff.

[47] Franz Josef Strauß: Mehr Mitbestimmung – Segen oder Übel? in: Der Volkswirt, 22. Jg. 1968, Nr. 15, S. 25.

Frage nach dem „Knowledge for What?" der soziologischen Erkenntnisse.[48] Diese Frage kann aber nur beantwortet werden, wenn man den ursprünglichen Impuls der Soziologie zur Sprache bringt und das erkenntnisleitende Interesse auf den Stand der jeweiligen gesellschaftlichen Entwicklung verweist. Auch für soziologische Erkenntnisse gilt, was in Wissenschaften mit unmittelbarem Praxisbezug zumeist völlig unproblematisch ist: daß eine wesentliche Voraussetzung für den Fortschritt der Wissenschaft die Transformation vorhandener Erkenntnisse in die Praxis ist.

Die eindringlicher zu stellende Frage nach den Bedingungen der Vermittlung von soziologischer Theorie und sozialer Wirklichkeit muß in einem vernunftbestimmten Fortschrittsbegriff ihren Angelpunkt finden. Wenn aber, wie gegenwärtig, unsere Gesellschaft vorhandene sozialwissenschaftliche Intelligenz – ihrem eigenen Leistungsideal entgegen – nicht nutzt, sich dieser vielmehr versperrt[49], dann wird die Soziologie auf eine esoterische Dauerreflexion im Binnenraum der Wissenschaft selbst oder in die Diskussion subtiler methodologischer Probleme verwiesen.[50]

Eine am integrativen Fortschrittsbegriff orientierte Erkenntnishaltung ist um so zwingender geboten, je autonomer und „revolutionärer" das Fortschreiten in partiellen Lebens- und Gesellschaftsbereichen ist. Nur durch diese Ausrichtung des erkenntnisleitenden Interesses wäre künftig der Gefahr zu begegnen, sich aufs Partikulare sozialtechnologisch verpflichten zu lassen. Die Soziologie hat sich jeder Verlockung radikal zu widersetzen, zu einer Integrations-, Stabilisierungs- und Rechtfertigungswissenschaft unter anderen zu werden[51] und sich einer Gesellschaft anzupassen, „die

---

[48] Robert S. Lynd: Knowledge for What? The Place of Social Science in American Culture, zuerst Princeton 1939.

[49] Neben vielen anderen Mitteilungen darüber vgl. die Ausführungen von Helge Pross: Die Soziologie fabriziert keine Revolutionäre, in: Der Volkswirt, Nr. 27, 22. Jg. 1968, S. 24: „Ein hoher Kommunalbeamter [...] erzählte kürzlich, mehrere Firmen hätten Fragebögen entwickelt, die von den akademischen Nachwuchskräften Auskunft verlangen, ob sie je Soziologie studierten. Wenn ja, komme eine Anstellung nicht in Betracht."

[50] Daß sich die Soziologie in vergleichbarer Situation befunden hat, habe ich versucht in folgendem Beitrag zu zeigen: Soziologie und Wirklichkeitsbild. Plenges Beitrag zur deutschen Soziologie um 1930, in: B. Schäfers, Hrsg., Soziologie und Sozialismus, Organisation und Propaganda. Stuttgart 1967, S. 61–122.

[51] Über die Nationalökonomie als Integrations-, Stabilisierungs- und Rechtfertigungswissenschaft vgl. Werner Hofmann: Das Elend der Nationalökonomie, in: ders., Universität, Ideologie, Gesellschaft. Beiträge zur Wissenschaftssoziologie,

gleichsam mit sich fertig geworden ist und sich stets nur reproduziert"[52].

Um aus dem Zirkel der bloßen Reproduktion herauszukommen, muß als kategorischer Imperativ des soziologischen Denkens (erneut) geltend gemacht werden, daß es sich an der emanzipativ verstandenen Fortschrittskategorie zu orientieren hat. Das ist kein Problem der Werturteilsfreiheit oder eines wissenschaftlichen Dezisionismus, sondern die Perspektive wissenschaftlichen Arbeitens.

Frankfurt 1968, S. 117–140; S. 129: „Mit der Entgeschichtlichung der Sichtweise sagte sich die Ökonomie, ja die Gesellschaftslehre überhaupt, von der Fortschrittsidee los, die von der Aufklärung bis hin zur Marxschen Vision einer klassenlosen Zukunftsgesellschaft die Geister in Bann geschlagen hatte."

[52] Karl Mannheim: Ideologie und Utopie, zuerst Bonn 1929.

Die gesellschaftliche Funktionsbestimmung der Soziologie nach Johann Plenge

I. Leben und Werk für den „organisatorischen Sozialismus"

Johann Plenge ist heute nur einem kleinen Kreis von Soziologen bekannt. Wie schon Zeitgenossen und Freunde, z. B. Ferdinand Tönnies oder Leopold von Wiese, bemerkten, dürfte Plenges Einfluß auf bestimmte sozialwissenschaftliche Inhalte und politische Ideen (Plenge: „Denknotwendigkeiten") größer gewesen sein als sein Bekanntheitsgrad. Hieran ist Plenge nicht unschuldig: in selbstüberheblicher Art verweigerte er sich dem organisierten Wissenschaftsbetrieb oder der 1909 gegründeten Deutschen Gesellschaft für Soziologie. Mit der von ihm wenig geschätzten „Zunft" wollte er nichts zu tun haben.

Was er wollte: arbeiten und wirken für ein „organisatorisches Zeitalter" (Plenge) und für ein neues Deutschland. Hierzu hatte er, wie er meinte, die notwendigen Voraussetzungen geschaffen: durch den von ihm entwickelten *organisatorischen Sozialismus* und das veranschaulichende *soziologische ,Tafelwerk'*.

Bevor hierauf eingegangen wird, seien einige Stationen seines Lebens und seines Werkes bezeichnet.[1] Es werden die Punkte herausgestellt, die für seine Funktionsbestimmung der Soziologie bzw. der Staats- und Gesellschaftswissenschaften von besonderer Bedeutung sind.

---

[1] Vgl. hierzu ausführlicher: Internationales Soziologenlexikon, hrsg. von W. Bernsdorf/H. Knospe, Bd. 1, 2. Aufl. 1980, S. 333–335; Bernhard Schäfers, Johann Plenge: Stationen seines Lebens; Momente seines Werkes, in: ders. (Hrsg.), Soziologie und Sozialismus. Organisation und Propaganda. Abhandlungen zum Lebenswerk von Johann Plenge, Stuttgart 1967, S. 1–16; Hanns Linhardt, Cogito ergo sumus. Eine Auswahl aus den Schriften von Johann Plenge, Berlin 1964, S. 7–19; Hanns Linhardt, Plenges Organisations- und Propagandalehre, Berlin 1965 (mit Bibliographie der Schriften Plenges). Vgl. auch die Darstellung über Plenge bei Josef Pieper, Noch wußte es niemand. Autobiographische Aufzeichnungen 1904–1945, München 1976 (Kap. V: Wunderliche Assistentenjahre).

Johann Plenge wurde am 7.7.1874 in Bremen geboren; er starb am 11.9.1963 in Münster/Westf. Er studierte Volkswirtschaftslehre, Staatswissenschaften, Philosophie und Geschichte in Leipzig (Karl Bücher; Karl Lamprecht), Heidelberg und Bonn (Heinrich Dietzel). Promotion (1897) und Habilitation (1903) erfolgten in Leipzig bei Karl Bücher. Seine in Brüssel und Paris (vor allem im Hause der Péreires) erarbeitete Habilitationsschrift behandelte die *Gründung und Geschichte des Crédit Mobilier* (veröffentlicht Tübingen 1903). Bei diesen Studien stieß Plenge auf die große Bedeutung Saint-Simons (1760–1825) und der Saint-Simonisten für die Entwicklung des soziologischen Denkens und der sich formierenden bürgerlich-kapitalistischen Gesellschaft. 1903–1905 verbrachte er einen 18monatigen Forschungsaufenthalt in den USA.

Bei seiner Berufung auf ein Ordinariat, die sich nicht zuletzt wegen seines in der Fachwelt bekannten, unversöhnlichen Streits mit seinem einstigen Mentor und Freund Karl Bücher und seiner allseits bekannten Streitlust überhaupt und der Intransigenz seiner Person hinausgezögert haben dürfte, standen Hans Delbrück und Max Weber „Pate". 1913 wurde er auf das Ordinariat für Wirtschaftliche Staatswissenschaften an der Universität Münster berufen; 1935 erfolgte die vorzeitige Zwangs-Emeritierung.

Seit seinem Werk *Marx und Hegel* (Tübingen 1911) hatte Plenge sein Lebensziel klar vor Augen: für den „denknotwendigen" und geschichtlich fälligen Sozialismus mußte der organisatorische Rahmen geschaffen werden. Marx hatte nach Plenge den Organisationsgedanken in der Theorie des Sozialismus und für den Aufbau des Sozialismus sträflich vernachlässigt. Um der Komplexität der Gesellschaft auf der Entwicklungsstufe des Sozialismus zu entsprechen, müssen „soziale Funktionäre" (Marx und Hegel) ausgebildet werden. Zu Beginn des Ersten Weltkrieges entwarf Plenge in seiner Denkschrift die Grundlinien *Über den Ausbau einer Unterrichtsanstalt für die Ausbildung praktischer Volkswirte* (im Selbstverlag 1915).

Der Erste Weltkrieg mit seinen Organisations-Notwendigkeiten war ihm eine Bestätigung dafür, daß die Zeit für den organisatorischen Sozialismus gekommen sei. Plenge war bitter enttäuscht darüber, daß er trotz seines (Max Weber gewidmeten) Bankbuches *Von der Diskontpolitik zur Herrschaft über den Geldmarkt* (1913), das in Theorie und Praxis große Beachtung fand, nicht für organisatorische Aufbauarbeiten im Weltkrieg selbst herangezogen wurde. Er saß wie auf Abruf; er diktierte, oft an nur einem einzigen Tag, eine seiner vielen Kriegsschriften, von denen eine begriffsbildend wurde: *Die Ideen von 1914* (1789 und 1914. Die symbolischen Jahre in der Geschichte des politischen Geistes, Berlin 1916). Seine Kriegsschriften und seine Artikel in der von Parvus herausgegebenen *Glocke* hatten einen nicht unerheblichen Einfluß auf die schwankende Position der Sozialdemokratie.[2] Bald sollten sich die Geister scheiden.[3] Aber während des

---

2   In seiner bei Plenge 1920 eingereichten, erst 1973 veröffentlichten Dissertation

Ersten Weltkrieges war der Sozialismus ja noch „unerprobt", berührten sich die Extreme, wurde er mit immer neuen Theoremen und Ideologien „angereichert". Plenge nahm für sich in Anspruch, der erste „nationale Sozialist" gewesen zu sein (um sich, als alles so anders gekommen war, von den „Nationalsozialisten" abzusetzen).

Indem Plenge davon ausging, daß es sich bei seiner Lehre vom organisatorischen Sozialismus nicht um seine persönlichen Ansichten handelte oder bloß um eine wissenschaftliche Fachmeinung mehr, sondern um die adäquate Aussage sozialer Zustände und organisatorischer Notwendigkeiten auf der erreichten Stufe der gesellschaftlichen Entwicklung, war für ihn der Umschlag in Praxis und damit das unmittelbare Wirksamwerden seiner Gedanken selbstverständlich. Nur Intrige, Uneinsichtigkeit oder der „Pfaffenneid" der Kollegen konnten hier im Wege stehen. Entsprechend seine Ungeduld nicht nur bei jeder Schrift, die er „hinausschleuderte", sondern auch im Warten auf Resonanz. Das ging so bis in die letzten Lebensjahre (indem er z. B. ihm wichtig erscheinende Briefe, die häufig den Umfang kleiner Abhandlungen hatten, ohne Zustimmung der Adressaten einem größeren Kreis zugänglich machte und ungeduldig auf Zustimmung – und mehr – wartete). Hegels Anspruch, daß Philosophie „ihre Zeit in Gedanken erfaßt" (Rechtsphilosophie, Vorrede), glaubte er staatswissenschaftlich und soziologisch einlösen zu können und zu müssen. Plenge verstand sich mit einer heute sicher seltenen Leidenschaft als Hochschullehrer[4] und Volkslehrer. In seinem Anspruch auf gesellschaftliche Wirkung und Resonanz ist er Saint-Simon und Charles Fourier vergleichbar oder auch Marx und vielen anderen Revolutionstheoretikern. Bezeichnend ist der Titel einer seiner bekanntesten Kriegsschriften *Re-*

---

schrieb Kurt Schumacher: „Mit Johann Plenge gewann zum ersten Male seit Eugen Dühring ein Vertreter der offiziellen Gelehrsamkeit Einfluß auf die politische Theorie der deutschen Sozialdemokratie." Schumachers Dissertation, die den Staatsgedanken in der Sozialdemokratie zum Thema hat, nimmt mehrmals Bezug auf Plenges Arbeiten.

3   Für Schüddekopf ist Plenge „ein linker Mann von rechts"; vgl. Otto Ernst Schüddekopf, Linke Leute von rechts. Nationalbolschewismus in Deutschland von 1918 bis 1933, Stuttgart 1960. Georg Lukács reiht Plenge ein in die lange Reihe der Zerstörer der Vernunft; für F. A. Hayek ist der „Weg zur Knechtschaft" auch mit Plenges Arbeiten (vor allem denen aus dem Ersten Weltkrieg) gepflastert. Vgl. Friedrich A. Hayek, Der Weg zur Knechtschaft (orig. engl. The Road to Serfdom, 1944), dt. 1947; Georg Lukács, Die Zerstörung der Vernunft, zuerst 1954.

4   Vgl. die Belege bei Einhard Schrader, Theorie und Praxis. Plenges Programm eines organisatorischen Sozialismus, in: B. Schäfers (Hrsg.), Soziologie und Sozialismus ..., a. a. O., S. 17ff. Schrader zeigt, wie fortschrittlich Plenge dachte und wirkte im Hinblick auf die Studentenschaft usw.

volutionierung der Revolutionäre (Leipzig 1918). Aber es ging ihm nicht um gesellschaftliche Umgestaltung im Sinne der Änderung der Eigentumsordnung etc., sondern um Volksaufklärung, um ein breites Verstehen der gesellschaftlichen Wirklichkeit im Zeitalter des organisatorischen Sozialismus. Alle anderen Umgestaltungen nahmen hiervon ihren Ausgang.

Im Mai 1920 konnte Plenge in Gegenwart des damaligen Unterstaatssekretärs im preußischen Kultusministerium, C. H. Becker, das schon 1914 konzipierte „Staatswissenschaftliche Unterrichtsinstitut" einweihen. Es war im ehemaligen Jesuitenkolleg, einem prächtigen Barockbau, untergebracht, großzügig eingerichtet[5] und mitfinanziert durch den Bremer Mäzen und Jugendfreund Plenges, Ludwig Roselius. Der mit Roselius befreundete Heinrich Vogeler war aufgerufen, das große Giebelfeld des neuen Instituts auszuschmücken. Es ist bezeichnend für Plenge, mit welchen Worten er in einem Brief an Vogeler dessen Entwurf verwarf: die „expressionistische Kunst ... versagt vor dieser gotischen Aufgabe" (den Organisationsgedanken sinnfällig darzustellen; B. S.), und damit müssen „künftig wir Denker die Künstler" sein.[6]

In diesem Institut richtete Plenge für Gewerkschaftsfunktionäre aus ganz Deutschland gut besuchte Schulungskurse ein. Aber auch andere „soziale Funktionäre" wurden in diesem Institut geschult, z. B. aus dem kirchlichen, sozialen und berufspädagogischen Bereich. Basis seines Unterrichts war das für diesen Zweck von ihm geschaffene *Tafelwerk*. Seine Tafeln zur Veranschaulichung der komplexen sozialen, ökonomischen und historischen Strukturen und Prozesse waren orientiert am *tableau économique* von Quesnay (über das Plenge mehrfach veröffentlicht hatte).

Plenges *Tafelwerk* sollte „entsprechend dem Fortschritt der Zeit die Ideen photographieren, die zu schauen Platos Seligkeit war"[7]. Die Tafeln sind in ihrer keine komplizierten Latinismen und Gräzismen scheuenden Begrifflichkeit[8] heute kaum noch „lesbar". Sie müssen aber, wie Augen- und

---

5   Über das Institut informiert ausführlich Plenge in der Schrift: Das erste Staatswissenschaftliche Unterrichtsinstitut. Seine Einrichtungen und seine Aufgaben, Essen 1920.

6   Zu den Belegen und zum weiteren Zusammenhang vgl. Thomas Neumann, Zum Verhältnis von Kunst und Wissenschaft im Werk Johann Plenges, in: B. Schäfers (Hrsg.), Soziologie und Sozialismus..., a. a. O., S. 123–148.

7   Johann Plenge, Zur Ontologie der Beziehung (Allgemeine Relationstheorie), Münster 1930, S. 11.

8   In einem Begleitbrief zur Übersendung seiner Übersichtstafel „Der Mensch im Kosmos" an den preußischen Kultusminister C. H. Becker vom 26. 9. 1929 führte Plenge unter anderem aus: „es mag zunächst eine offene Frage bleiben, ob die von mir geschaffenen neuen Grundbegriffe für letzte Seinsfragen, wie Elektrohyl, Stathmohyl, Ekmorphie, Enmorphie usw. diese oder eine andere

Ohrenzeugen berichten und Plenge nicht müde wurde zu betonen, durch seine Erläuterung und seine unstrittig meisterhafte Rhetorik enorm gewirkt haben. Manche Begriffe und Konstruktionen erinnern an die damals sich vorbereitende soziologische Systemtheorie. Es würde aber sicher zu weit führen, hier eine „Vorläuferschaft" Plenges[9] sehen zu wollen (zum *Tafelwerk* vgl. auch w. u.).

Um seinen Ideen vom organisatorischen Sozialismus und dem daran zu orientierenden Neuaufbau Deutschlands mehr Resonanz zu verschaffen, veranstaltete das Staatswissenschaftliche Institut im Winter-Semester 1921/22 eine Vortragsreihe über „Organisation und Propaganda". Mit seiner auf Betreiben von Roselius bereits 1922 veröffentlichten Schrift über *Deutsche Propaganda* gehört Plenge selbst zu den ersten Anregern einer wissenschaftlich fundierten Propagandalehre.[10] „Propaganda ist Verbreitung geistiger Antriebe, die Handlungen auslösen sollen."[11]

Goebbels eilte nach Münster, um von Plenge selbst sich in die Grundzüge seiner Propagandalehre einweisen zu lassen. Dieses Gespräch mit Goebbels nahm Plenge immer wieder zum Anlaß für seine vor allem nach 1933 wiederholte Behauptung, er habe Goebbels eindringlich dargestellt, daß die „Bewegung" nur dann siegen könne, wenn sie sich dem Dritten Reich verpflichte und dies auf ihre Fahnen schriebe. Diese mehr anekdotische Bemerkung wird hier nur deshalb angeführt, weil sie Plenges wachsende Isolation vom Tagesgeschehen deutlich machte: weder theoretisch noch politisch setzte er sich mit der aufkommenden national-sozialistischen Bewegung oder dem italienischen Faschismus auseinander. Er kreiste mehr und mehr um seine eigenen Ideen, um sich selbst (bis zu welchen Skurrilitäten und Verstiegenheiten das reichte, kann man in der zitierten Schrift

---

Fassung erhalten sollen. Solche Einzelheiten sind für die eigentliche Leistung nebensächlich."

[9] Ein interessanter, früher Hinweis auf Plenges Beitrag zur Soziologie findet sich bei H. Becker, H. E. Barnes, Social Thought from Lore to Science, II. Bd.: Sociological Trends throughout the World, 2. Aufl., Washington 1952 (1938). „Johann Plenge has done a great deal in the way of systematizing the knowledge of interhuman relations already available, and has reduced much of his system to schematic and tabular form. The great drawback of Plenge's work, however, is that he is not content to limit sociology to the study of human relations as such. In his view, sociology occupies the place of philosophy and religion as well as science. For this reason he has not had much influence on contemporary German sociology, in spite of his profound insights and the ingenious formulas he has developed."

[10] Johann Plenge, Deutsche Propaganda. Die Lehre von der Propaganda als praktische Gesellschaftslehre. Mit einem Nachwort von Ludwig Roselius, Bremen 1922.

[11] Ebd., S. 11.

von Josef Pieper nachlesen).
Die Besetzung des Ruhrgebietes durch französische und belgische Truppen am 11. 1. 1923 war für Plenge ein willkommener Anlaß, seine Propagandalehre wirksam zu erproben. Ludger Kerssen hat seine Aktivitäten, die germanische Ideologie seiner Plakate und Flugzettel und auch die internationale Resonanz der Ruhrkampfpropaganda Plenges dargestellt.[12] Plenge wähnte sich auf einem Höhepunkt seiner Wirksamkeit. Doch nur wenige Wochen später, April 1923, kommt es während der ersten kurzen Ferien seit über 10 Jahren zur Zerstörung seiner Staatswissenschaftlichen Unterrichtsanstalt. Die Gründe für diesen in der deutschen Universitätsgeschichte sicherlich einmaligen Vorgang werden wohl nie ganz aufgehellt werden können. Plenge hatte sich in seiner Fakultät höchst unbeliebt gemacht durch seine große, bestens ausgestattete Unterrichtsanstalt, die die Fakultät zu erdrücken drohte. Wer nicht bedingungslos für ihn bzw. seine Ideen war, dürfte es schwer gehabt haben. Mißstimmung erregten auch seine wenig glückliche, aber weit verbreitete Schrift gegen einen der Führer der deutschen Jugendbewegung (Antiblüher, 1920) und seine Aktivitäten in der Ruhrkampfpropaganda.

Sein Lebenswerk schien zerstört; in Berlin (Preußisches Kultusministerium) fand Plenge nur widerwillig Gehör. 1923/25 wurde ihm ein neues Institut eingerichtet, das „Forschungsinstitut für Organisationslehre und allgemeine und vergleichende Soziologie bei der Universität Münster". Es dürfte von der Ausstattung her in den zwanziger Jahren wohl eines der größten soziologischen Forschungsinstitute in Deutschland gewesen sein. Ferdinand Tönnies schrieb in seinem Bericht über *Sozialwissenschaftliche Forschungsinstitute:*

„Das Münstersche Institut hat in erster Linie ein innenpolitisches Ziel im Auge: ein tatsächlich allgemein geschätztes, dessen Grundbedingungen mit wissenschaftlicher Objektivität erörtert werden sollen. Mit Recht hebt der Schöpfer dieses Instituts, Professor Plenge, hervor, daß die Lehre von der bewußten ‚Organisation' des geschichtlichen Menschen die notwendige Ergänzung zur Lehre von den lebendigen Organismen sei und daß jene in den Rahmen der allgemeinen Gesellschaftslehre – ich sage dafür der reinen Soziologie – gefaßt werden müsse. Anschließen will Plenge ‚die vergleichende Gesellschaftslehre' und, in Übereinstimmung mit dem preußischen Minister Herrn Professor Becker, ein ‚vergleichendes Kulturstudium'. Das erfordert ‚besondere Kulturforschungsinstitute mit allen Mitteln zur eindringlichen Erforschung ihres besonderen Arbeitsgebietes'. Diesem Urteil gebe ich meine Zustimmung; es zeigt, wie der Gedanke seit jener Max Weberschen Kundgebung und jener Rundfrage vorangekommen ist. Mit Beckers und Plenges Idee dürfte auch die meine am ehesten verknüpfbar sein, die aber auf nähere Ziele und leichter

---

[12] Vgl. Ludger Kerssen, Johann Plenges Ruhrkampfpropaganda, in: B. Schäfers (Hrsg.), Soziologie und Sozialismus..., a. a. O., S. 45–60.

erfüllbare, vielleicht auch moralisch wichtigere eingestellt ist."[13]
Das Forschungsinstitut war räumlich und personell sehr großzügig ausgestattet.[14] Es hatte z. B. einen eigenen Tafeldrucker. Neben der für Plenge als zentral angesehenen Arbeit am *Tafelwerk* hatte er als Sachabteilungen eine Sammlung für Film und Fotografie (die, so Plenge, für die Gesellschaftswissenschaften noch nicht systematisch genutzt würden) und eine Sammlung von Zeitungsausschnitten, denn „der Journalismus ist in mancher Hinsicht der ... Aufklärungstrupp der Soziologie", wenn „auch nicht immer der ganz zuverlässige"[15].

In der Bibliothek gab es auch eine Abteilung „Gesellschaftsliteratur", d. h. „Spiegelung der wirklichen Gesellschaft in der realistisch auf Erfassung der Wirklichkeit gerichteten schönen Literatur"[16]. Auch hierin sah Plenge ein „bedeutendes Erziehungsmittel zum inneren miterlebenden Verständnis unserer Umwelt"[17].

Über die Arbeit im Institut informiert anschaulich Josef Pieper[18], der dort von 1929–1933 Assistent war. Die erzielten Ergebnisse waren sehr bescheiden. Plenge stürzte sich mehr und mehr auf die Kunstwissenschaft und scheute auch hier keinen Streit.

1935 wurde das Institut geschlossen, ohne daß es einen nachhaltigen Einfluß auf die Entwicklung der Soziologie gehabt hätte.[19] Gelegenheiten, die sich vielfach boten, z. B. in Hauptreferaten auf Soziologentagen der Deutschen Gesellschaft für Soziologie seine Gedanken vorzutragen oder den von Vierkandt wiederholt erbetenen Grundsatzartikel über Organisation im *Handwörterbuch der Soziologie* (1931) zu übernehmen, lehnte er ab. Plenge verstand sich als Forscher, nicht als Wissenschaftler mit deren verachtetem „Betrieb" und „philologischem Gehabe".

Durch die Institutszerstörung von 1923 und die Zeitumstände nach 1933 geriet Plenge mehr und mehr in die Isolation, schließlich in die Einsamkeit (in den letzten Lebensjahren dadurch zu einem tragischen Schicksal gesteigert, daß er erblindete). Seine zum Teil erschütternden, zum Teil skurrilen,

---

13 Ferdinand Tönnies, Sozialwissenschaftliche Forschungsinstitute, in: Forschungsinstitute, ihre Geschichte, Organisation und Ziele, hrsg. von L. Brauer/Mendelssohn Bartholdy/A. Meyer, Hamburg 1925, S. 9.
14 Vgl. Johann Plenge, Das Forschungsinstitut für Organisationslehre und allgemeine und vergleichende Soziologie bei der Universität Münster, Münster 1928 (Raumplan S. 28).
15 Ebd., S. 23.
16 Ebd., S. 25.
17 Ebd.
18 Josef Pieper, Noch wußte es niemand, a. a. O.
19 Hier ist jedoch auch zu berücksichtigen, daß die große Anzahl soziologischer Dissertationen, die allein zwischen 1920 und 1923 bei ihm verfaßt wurden, durch den Papiermangel der Nachkriegs- und Inflationszeit nur in 4–6seitigen Auszügen gedruckt wurden. Unter günstigeren Voraussetzungen hätten sie mit Sicherheit stärker schulbildend gewirkt.

weil absolut weltfremden Versuche, nach 1933 als *der* Ideenlieferant für das Dritte Reich anerkannt zu werden, schlugen völlig fehl – zu seinem Glück, muß man heute hinzufügen. Er wollte oder konnte nicht begreifen, daß sein Drittes Reich, das er bei Joachim von Fiore (um 1130–1202) und bei dem von ihm hochgeschätzten Henrik Ibsen kennengelernt hatte, nichts mit dem Dritten Reich der neuen Machthaber zu tun hatte. Für Plenge war das Dritte Reich ein Reich des Geistes, in dem das „hochaufgestufte abendländische Wirklichkeitsbild" (Plenge) allen zu lehren sei. Was für Auguste Comte in seinem Dreistadiengesetz das „positivistische Zeitalter" war, war für Plenge das „organisatorische Zeitalter", dessen geistig-religiöses Fundament das Dritte Reich symbolisierte. Natürlich hatte dies, wie vieles in seinen Schriften, auch etwas Mystisches, Säkularisiert-Religiöses, Trinitarisches. So zitierte er immer wieder[20] den Seher Maximos aus „seinem" Ibsen, aus dem Stück *Kaiser und Galiläer* (1873), das Ibsen – auch im Hinblick auf die Rolle Deutschlands nach dem Krieg gegen Frankreich – selbst prophetisch gemeint hatte:

„...
Maximos: Es gibt drei Reiche.
Julian: Drei?
Maximos: Zuerst jenes Reich, das auf den Baum der Erkenntnis gegründet war; dann
    jenes, das auf den Baum des Kreuzes gegründet ward –
Julian: Und das dritte?
Maximos: Das dritte ist das Reich des großen Geheimnisses, das Reich, das auf den
    Baum der Erkenntnis und des Kreuzes zusammen gegründet werden soll..."

Das Zeichen für Plenges Verlagsprogramm aus dem Jahre 1919ff., die „Sonne über dem Kreuz", war aus Ibsens Drama abgeleitet und stand explizit für das Dritte Reich. Die „Sonne über dem Kreuz" zierte auch das Giebelfeld des ehemaligen Jesuitenkollegs, seines Instituts.

Plenge gab zu diesem von ihm gewählten Zeichen in den Veröffentlichungen des „staatswissenschaftlichen Verlagsprogramms" (bei G. D. Baedeker in Essen, 1919ff.) folgende Erläuterung: „Das neue einheitliche Zeichen über unseren staatswissenschaftlichen Arbeiten hat einen dreifachen Sinn. Es bedeutet eine neue Zukunft unseres Volkes über dem Kreuz seiner Gegenwart. Es bedeutet die Vereinigung der großen geistigen Gegensätze der neueren Geschichte: das dritte Reich. Es bedeutet auf dem Grunde des Christentums erwachsenen Sozialismus, d. h. So-

---

[20] Eine persönliche Anmerkung sei erlaubt: Ich lernte Plenge als junger Student in Münster, Herbst 1960, kennen, besorgte Korrespondenz usw. Nach seinem Tode sichtete ich seinen Nachlaß und konnte ihn mit dem Einverständnis der Alleinerbin der Universitätsbibliothek Bielefeld übergeben. Im Nachlaß befinden sich u. a. 23 Briefe von Max Weber, umfangreiche Briefwechsel mit Ferdinand Tönnies, Bernhard Harms, Leopold von Wiese, Konrad Haenisch, C. H. Becker, Erich Przywara und anderen.

zialismus in dem einzig möglichen Sinne der moralischen Gesinnung und der Organisation, die in der Freiheit und Selbständigkeit ihrer Glieder ihre Stärke sucht. Aber nicht Zeichen und Symbole können uns erneuern, sondern nur nüchterne Arbeit. Dazu gehört nüchterne Arbeit der Aufklärung über den Aufbau und das Werden von Staat, Wirtschaft, Gesellschaft."

In dieser Perspektive werden „organisatorischer Sozialismus" und „christlicher Sozialismus" komplementär in dem Sinne, daß der organisatorische Sozialismus nicht die Letztbegründung der moralischen und geistigen Existenz des Menschen sein kann. Vergleichbar Saint-Simon und dem späten Karl Mannheim[21] griff Plenge hier auf das „bewährte" Christentum zurück, um einen bis in die Ethik und Moral verpflichtenden „Stand im Wir" (Plenge) zu finden. So überrascht nicht, daß Plenge mit Max Scheler in einen kurzen Gedankenaustausch eintrat über die Bedeutung des damals populären „christlichen Sozialismus" als „Drittem Weg" zwischen Kapitalismus und Bolschewismus.[22]

Plenges Mißverständnis im Hinblick auf das „Dritte Reich" nach 1933 blieb Freunden, Schülern und Kollegen nicht verborgen, wie sein umfangreicher Briefnachlaß ausweist. Sie drangen in ihn, sich selbst und die Wirklichkeit besser zu verstehen, aber er blieb uneinsichtig. Die „Parallelen", Zeichen und Begriffe, waren in der Tat verwirrend: Propaganda, Organisation, Arbeitsgenossenschaft, Volksgenossenschaft, Nationalsozialismus, Drittes Reich usw. – Inhalte und Begriffe, für die Plenge seit seinem *Marx und Hegel* gestritten hatte, denen er seine unermüdliche Aufbauarbeit seit dem Ersten Weltkrieg gewidmet hatte, und die nun politisch und ideell Gestalt anzunehmen schienen.

Ebenso fehl schlugen seine Versuche nach dem Zweiten Weltkrieg, wieder Resonanz zu finden und um Verständnis dafür zu werben, daß man den „barbarischen Weg" des Nationalsozialismus sich hätte sparen können, wenn man seinen Weg des „organisatorischen Sozialismus" gegangen wäre.[23]

In seinen letzten Lebensjahren, in denen er immer noch auf Resonanz hoffte für seinen organisatorischen Sozialismus, waren ihm, soviel ich beurteilen kann, ein seit

---

[21] Vgl. über diese Entwicklung und Gemeinsamkeiten Bernhard Schäfers, Voraussetzung und Prinzipien der Gesellschaftsplanung bei Saint-Simon und Karl Mannheim, in: Zur Theorie der allgemeinen und der regionalen Planung, Bielefeld 1969, S. 25–40.

[22] Christentum und Sozialismus. Ein Briefwechsel zwischen Max Scheler und Johann Plenge, eingel. u. hrsg. von B. Schäfers, in: Soziale Welt 17 (1966), S. 66–78.

[23] Aufschlußreich hierzu ist seine Schrift: „Von der Weltanschauung zum Wirklichkeitsbild. Volkshochschulvortrag über ein Tafelwerk zur allgemeinen Volksbildung". Münster 1947 (78 Seiten). Bezeichnend ist auch, daß es herausgegeben wird „aus dem Forschungsinstitut für Organisationslehre und Soziologie bei der Universität Münster (Ersatzstelle)". Offiziell dürfte es dieses Institut nicht mehr gegeben haben.

1929 geführter Briefwechsel mit Pater Erich Przywara und seine Beschäftigung mit dem Maler Grünewald am wichtigsten.

II. Gesellschaftliche Funktionsbestimmung der Soziologie und Staatswissenschaft

Es dürfte deutlich geworden sein, daß die gesellschaftliche Funktionsbestimmung der Soziologie nicht isoliert aus Plenges soziologischen Beiträgen im engeren Sinne gewonnen werden kann; diese sind in jeder Hinsicht eine zu schmale Basis und würden, für sich genommen, sein Verständnis von Soziologie eher verstellen als erhellen.

Plenges Verständnis von Soziologie

Die gesellschaftliche Funktionsbestimmung der Soziologie hängt aufs engste zusammen mit Plenges Programm des organisatorischen Sozialismus und mit seiner gesellschaftlichen Funktionsbestimmung der Staatswissenschaften. Plenge war und blieb ein staatswissenschaftlich orientierter Volkswirt, der soziologische Fragestellungen, Begriffe usw. aufnahm, wenn es ihm für seine Ideenlehre eines organisatorischen Sozialismus nützlich erschien. Dies zeigen seine Beiträge zur Organisationssoziologie ebenso wie seine Aufsätze *Zum Ausbau der Beziehungslehre*.

So kann man Plenge nicht zu den Gründungsvätern (vielleicht der zweiten Generation) der Soziologie als sich verselbständigender Fachwissenschaft rechnen. Primär blieb das Ziel, für den organisatorischen Sozialismus die notwendigen wissenschaftlichen Grundlagen und die Anschauungsmittel zu schaffen. Die Bezeichnung dafür war Plenge völlig gleichgültig; er hätte vielleicht gesagt: wenn man diese „Denknotwendigkeiten" Soziologie nennt, soll es mir auch recht sein. Werden z. B. seine *Drei Vorlesungen über die allgemeine Organisationslehre* (1919) als rein fachwissenschaftliche Beiträge gelesen, muß man René Königs Urteil zustimmen: Plenges Definition von Organisation als „bewußte Lebenseinheit aus bewußten Teilen" sei brauchbar, „wenn er nur nicht selber Organisation ausschließlich als rationale Ordnung der ‚äußeren Lebenshülle der Menschheit' auffaßte, womit ein viel zu enger Organisationsbegriff gewonnen ist, der ein höchst unklares Gemisch aus Philosophie, Organisationslehre, Betriebswissenschaft und Soziologie darstellt."[24]

---

[24] René König, Art. „Organisation", in: Soziologie, Das Fischer Lexikon A–Z, zuerst 1958.

Neben seinem frühen Beitrag zu einer allgemeinen Organisationslehre[25] werden seine Aufsätze zur Beziehungslehre (die auf Betreiben Leopold von Wieses in der Kölner Vierteljahresschrift für Soziologie zwischen 1930 und 1932 erschienen) als sein systematischer Beitrag zur Soziologie als Fachwissenschaft gewertet.[26] Für Plenge hatte die Beziehungslehre jedoch einen völlig anderen Stellenwert als für Leopold von Wiese (der Plenge die zweite Auflage seines *Systems der Allgemeinen Soziologie* (1933) widmete). Die empirisch aufweisbaren sozialen Beziehungen, deren Differenzierungen und Formbildungen von Wiese nachspürt[27], sind für Plenge nur Grundlage und Ausgang seiner *Ontologie der Beziehung*[28], seiner Organisationslehre und seines vor allem auf Hegel fußenden Geschichtsverständnisses[29]. 1947 spricht er sogar vom nachträglichen Einbau der Beziehungslehre „als notwendiges Grundfundament unter die älteren Teile des Systems"[30], der leider viel Zeit gekostet habe.

An der Aufnahme der Beziehungslehre und der Auseinandersetzung mit Leopold von Wiese interessierte Plenge weniger „der eigentliche Gegenstand der Soziologie: die Wechselbeziehungen zwischen Menschen"[31], als die „Ontologie der Beziehung" und damit der Tatbestand, daß wir selbst „in den letzten Tiefen unserer Geistigkeit" es mit Beziehungen zu tun haben.[32] Plenge dachte hier bis in die Kosmologie hinein, „verortete" den Menschen im

---

[25] Johann Plenge, Drei Vorlesungen über die allgemeine Organisationslehre, Essen 1919.

[26] Plenge gibt in „Zur Ontologie der Beziehung", 1930, S. 10, folgende Einschätzung: „Zur Soziologie der Beziehung sind vorläufig meine ‚Acht Glossen zum Betrieb der Gesellschaftslehre' in der Gesamtveröffentlichung ‚Zwiegespräche mit Münster' in dem neuen Doppelheft IX, 1/2 (1930) der Kölner Vierteljahreshefte zu vergleichen. Die drei ineinandergreifenden Aufsätze ‚Wie kommt die Soziologie zur Übersicht ihrer Probleme' im Archiv für angewandte Soziologie, Jg. 2, Heft 3 (1929), ‚Als dritter Redner im Symposion', Zeitschrift für Völkerpsychologie und Soziologie, Jg. 5, Heft 4 (1929) und ‚Das Problemsystem der theoretischen Soziologie' in den Kölner Vierteljahresheften für Soziologie, Jg. 8, Heft 3 (1930), geben eine vorläufige Übersicht über mein soziologisches Gesamt-System...".

[27] Gemeinsamkeiten und Differenzen von Plenge und Wiese werden herausgearbeitet von Josef Pieper, Grundformen sozialer Spielregeln. Freiburg i. Br. 1933 (5. Aufl. 1966).

[28] Johann Plenge, Zur Ontologie der Beziehung, a. a. O.

[29] Johann Plenge, Hegel und die Weltgeschichte, Münster 1931.

[30] Von der Weltanschauung zum Wirklichkeitsbild, a. a. O., S. 57.

[31] Zur Ontologie der Beziehung, a. a. O., S. 13.

[32] Ebd., S. 24. Vgl. auch das Zitat von Becker und Barnes Fußnote 9.

Kosmos[33], in Raum und Zeit, in Endlichkeit und Unendlichkeit – und verlor auch hierüber die realistische Sichtweise der von Faschismus und Bolschewismus mitgeprägten Epoche aus dem Blick.

Eine rein empirisch orientierte Soziologie, die „nichts als Soziologie" ist (R. König), war für Plenge ein Nichts. Soziologie, wie er sie verstand, hatte dazu beizutragen, ein einheitliches, durch Arbeitsteilung und Fachspezialisierung verlorengegangenes Wirklichkeitsbild wiederherzustellen. Die Grundlagen dieses Wirklichkeitsbildes sind nur philosophisch, im Ausgang vom deutschen Idealismus, zu bestimmen. Plenge scheute nicht vor dem Anspruch zurück, (auch) ein Erneuerer der Philosophie zu sein.

Zur philosophischen Grundlegung der Soziologie

Die philosophische Basis von Plenges Soziologie und Organisationslehre ist in seiner eigenwilligen *Lehre vom Wir* zu sehen. Plenge war stolz auf seine Abwandlung des berühmten Descartes-Satzes „cogito, ergo sum" in: „cogito, ergo sumus": ich denke, also sind *wir*. Der (vermutlich) früheste Beleg in seinem Werk findet sich in *Marx und Hegel* (1911). Dort heißt es auf S. 24: „Denken ist nur im gattungsmäßigen Lebensprozeß möglich. *Cogito, ergo sumus.* Ich denke, also bin ich Glied eines gesellschaftlichen Ganzen, das in solchen allgemeinen Bestimmungen lebt, wie ich sie denkend fasse. Ich denke, also bin ich eingeordneter Teil in einer organisierten Gesellschaft."

In der Verknüpfung seiner „Wir-Lehre" mit der Lehre vom „mehrpersönlichen Geist" und der gesellschaftlichen Bestimmung des Menschen als eines „organisatorischen Wesens" werden Anthropologie, Gesellschaftslehre, Politik, Ethik und Philosophie im Ansatz ununterscheidbar. Hier liegen Faszination und Problematik seines Werkes dicht beisammen.

Dies „Zusammendenken" von Seins- und Daseinsbereichen geschah in Aufnahme und beabsichtigter Fortführung der Tradition des deutschen Idealismus. Hier bezog Plenge eindeutig Position: er machte, wie er es nannte, „das modische ‚Zurück zu Kant' "[34] nicht mit, aber er war der festen Überzeugung, mit seinem *Marx und Hegel*, seinem *Marx oder Kant?* sowie den *Realistischen Glossen*[35] Wesentliches für die längst fällige Versöhnung dieser drei großen Denker geleistet zu haben. Ein „Zurück zu Kant" ließ

---

[33] Bezeichnenderweise hielt er die Übersichtstafel „Der Mensch im Kosmos", die in mehreren Studien entstand, für den Abschluß seines Lebenswerkes.

[34] Marx oder Kant? in: Zeitschrift für die gesamte Staatswissenschaft 66 (1911), S. 215.

[35] Realistische Glossen zu einer Geschichte des Deutschen Idealismus, in: Archiv für Sozialwissenschaft und Sozialpolitik 32 (1911).

seine Bewunderung für Hegel nicht zu, in dem Kant ja „aufgehoben" sei, seine Kritik an Marx ging wiederum vor allem davon aus, daß Marx Hegel zu verkürzt und zu materialistisch rezipiert habe. Daher müsse eine neue „Synthese" gewagt werden. Mit der „Durchführung der Synthese" von Marx und Hegel (1911) habe er sein „Lebensprogramm"[36] gefunden. Die gestellte Aufgabe hielt er um 1930, als die Übersichtstafel *Der Mensch im Kosmos* fertiggestellt war, für eingelöst: „Das Gemeinbewußtsein des Denkens aus einer ganz realen Gesellschaftslehre und durch sie hindurch zur Philosophie und zur Besinnung auf die letzten Wirklichkeitszusammenhänge zurückzuführen, um dadurch Stand und Halt zu bekommen."[37]

Für ihre Zeit hätten Platon und Aristoteles diese Aufgabe geleistet, und es erfüllte Plenge bis ins hohe Alter mit Stolz, daß jemand ihn im Gespräch als „aristoteles redivivus" tituliert habe. Plenges Aufnahme und Weiterführung des deutschen Idealismus hat Vergleichspunkte zur Hegel-Rezeption bei Marx. Bei beiden ist der Sozialismus nicht Programm oder Ideologie oder Parteimeinung, sondern die fällige Synthese aus idealistischer Denktradition und der Vergesellschaftung der Menschen durch Fabriksystem, Verstädterung usw. Marx habe durchaus den richtigen Schritt vollzogen von der idealistischen zur gesellschaftlichen Vernunft, aber nicht aufzeigen können, wie aus der „Fähigkeit zum Selbstbewußtsein ... bewußte Selbstgestaltung"[38] werde.

Mit seinem *Tafelwerk* und seinen Kursen für „soziale Funktionäre" wollte Plenge die Voraussetzungen schaffen für eine „bewußte Einordnung des einzelnen in den gesellschaftlichen Lebenszusammenhang."[39] Der auf dieser Basis gegründete Sozialismus war für ihn vom Marxschen Dogmatismus weit entfernt; Marxens Vorstellung, eine radikale Änderung der Eigentumsverhältnisse sei die Basis für den Sozialismus, hielt er für naiv. Aufklärungsarbeit, bewußte Einordnung des einzelnen in den gesellschaftlichen Lebenszusammenhang und Organisation ist das Plengesche „Dreistadiengesetz", wie man diese Trias nennen könnte. Die revolutionäre Umgestaltung à la Marx ist überflüssig, weil im Begreifen und Einordnen in das Ganze, in die Volksgenossenschaft, der wahre Sozialismus begründet liegt (den Begriff „Volksgenossenschaft" reklamierte er als seine Wortschöpfung[40]). Entsprechend gering waren auch seine Sympathien für

---

[36] Zur Ontologie der Beziehung, a. a. O., S. 7.
[37] Ebd., S. 11.
[38] Realistische Glossen..., a. a. O., S. 34.
[39] Marx und Hegel, a. a. O., S. 178.
[40] Vgl. seine Schrift: Eine Kriegsvorlesung über die Volkswirtschaft. Das Zeitalter der Volksgenossenschaft, Berlin 1915.

Lenin und das russische Revolutionsgeschehen nach 1917.[41]

„Von der Weltanschauung zum Wirklichkeitsbild"
Plenges ‚Tafelwerk'

Für Plenge gibt es keine isolierte, quasi wissenschaftsimmanente Struktur und Entwicklung der Soziologie.[42] Soziologie hat beizutragen, dem in Weltanschauungen zerrissenen deutschen Volk zu einem einheitlichen Wirklichkeitsbild zu verhelfen. Plenge war insoweit Wissenschafter und Forscher, als er davon ausging, diese Aufgabe sei wissenschaftlich, objektiv und wahr zu lösen. Damit sind die Lehrgestalt[43] und Lehraufgabe der Soziologie klar umrissen.

Es versteht sich, daß Plenge den Weberschen Standpunkt der Werturteilsfreiheit wissenschaftlichen Arbeitens für untauglich hielt und ihn bekämpfte. In einem längeren Brief an Ernst Troeltsch vom 21. 2. 1918 schreibt Plenge unter anderem:
„Wer das Allgemeine im Gesellschaftsleben erkennen will, muß das Allgemeine auch wollen. Das ist ebensosehr eine Bedingung der gesunden, vollständigen und allseitigen Entwicklung des eigenen Geistes wie eine Voraussetzung für die Lösung der Erkenntnisfrage. Ohne geschichtlichen Wert keine geschichtliche Wissenschaft. Daher nichts grundsätzlich falscher wie wertfreie Wissenschaft, die subjektiv und objektiv gleich unmöglich ist. Zur Soziologie der Sozialismus!

Es ist eine notwendige Folgerung, aus der marxistischen Gesellschaftslehre ebenso in ihrer ursprünglichen Fassung wie in ihrer ausgebauten, nach der geistigen Seite ergänzten, vertieften Form, daß Wissenschaft aufhört, Privatliebhaberei von Gelehrten zu sein, und eine soziale Lebensfunktion wird, die nicht nur nach rückwärts hin die Vergangenheit aufzuklären hat, sondern vorausschauen und

---

41 Lenins Randglossen zu Plenges „Marx und Hegel" sind nicht gerade schmeichelhaft; vgl. seine bissigen Anmerkungen in Bd. 29 der fünften Ausgabe seiner Werke (Moskau 1963) und in Bd. 38 der dt. Ausgabe.

42 Es ist an anderer Stelle versucht worden, Plenges Soziologie in den Gesamtzusammenhang der Soziologie der 20er und beginnenden 30er Jahre zu stellen; das soll hier nicht wiederholt werden; vgl. Bernhard Schäfers, Soziologie und Wirklichkeitsbild. Plenges Beitrag zur deutschen Soziologie um 1930, in: ders. (Hrsg.), Soziologie und Sozialismus..., a. a. O., S. 61–122. Zum sozial- und soziologiegeschichtlichen Kontext von Plenges Soziologie vgl. auch Dirk Käsler, Soziologie zwischen Distanz und Praxis. Zur Wissenschaftssoziologie der frühen deutschen Soziologie 1909 bis 1934, in: Soziale Welt 35 (1984), H. 1/2, S. 5–47 (zu Plenge insbes. S. 24ff).

43 Mit diesem Begriff wird erinnert an eine zeittypische, dem Plengeschen Denken verwandte Schrift von Karl Mannheim, Die Gegenwartsaufgaben der Soziologie. Ihre Lehrgestalt, Tübingen 1932. S. 41 heißt es z. B.: „Der Mensch der industriellen Gesellschaft braucht eine soziologische Orientierung ...".

Richtung klärend am Aufbau der Zukunft helfen muß. Das Denken wird Praxis."
Politischer und wissenschaftlicher Bedeutungsgehalt der Soziologie sind untrennbar miteinander verknüpft, denn ein – durch die Soziologie mitzubegründendes – „intaktes" Wirklichkeitsbild ist die Voraussetzung intakter gesellschaftlich-politischer Zustände. Plenge stellt an die Soziologie die eindringliche Forderung, zur „erneuten Sicherung der gemeinsamen Realität gegenüber dem drohenden Zerfall in Obtinenz" beizutragen.[44] Plenge definiert: Realität zielt auf die Einheit des Wirklichkeitsbildes und des Wirklichkeitserlebnisses; Obtinenz ist das „ichbezogene Wirklichkeitsbild, das nur das dem Ich irgendwie Wichtige aus der Gesamtheit der Dinge als für das Ich praktisch vorhanden herausgreift."[45] Wie bereits mehrfach hervorgehoben, war das von Plenge seit dem Ersten Weltkrieg entwickelte *Tafelwerk* nach seiner Überzeugung geeignet, die Verbindung von Erkenntnis der sozialen Wirklichkeit als „organisatorischer Gesellschaft" mit entsprechender politischer Willensbildung zu verbinden. So schrieb er 1922 an Ferdinand Tönnies, daß das Tafelsystem eine Methode sei, „die einerseits das Wesen großer überindividueller Zusammenhänge anschaulich erleben läßt, andererseits aber gerade dadurch notwendig aus diesem sozialen Erkenntnisvorgang soziales Wollen und Grundbewußtsein wird". Plenge wollte aus seinen Tafeln nur das zusammentragen und systematisieren, was als sicherer Grundbestand in den verschiedenen Disziplinen über den Menschen und seine Gesellschaft erarbeitet worden war. Immer wieder forderte Plenge Kollegen aus verschiedenen Fachgebieten auf, mitzuarbeiten an einzelnen Tafeln oder neue entwerfen zu helfen.[46]

Es erscheint wenig sinnvoll, aus den von Plenge fertiggestellten Tafeln sein Wirklichkeitsbild rekonstruieren zu wollen. Der von ihm beabsichtigten gesellschaftlichen Funktionsbestimmung der Soziologie kommt man sicherlich näher, wenn neben den bereits gegebenen Erläuterungen zur Absicht seines *Tafelwerkes* Plenge selbst zu Wort kommt. In einem seiner (zahlreichen) Schreiben an den preußischen Kultusminister vom 26. 10. 1931 faßt Plenge die Aufgaben wie folgt zusammen:

---

[44] Johann Plenge, Obtinenz und Realität. Über Wirklichkeitssysteme, an Erich Rothacker (als Druckfahne seit 1932 vorliegend), erstmals veröffentlicht in: B. Schäfers (Hrsg.), Soziologie und Sozialismus..., a. a. O., S. 149–193.

[45] Ebd.

[46] Über „Methode und Verfahren des Tafelsystems" vgl. auch B. Schäfers, Soziologie und Wirklichkeitsbild, a. a. O., S. 95ff. In folgenden Werken Plenges finden sich Tafeln und/oder Erläuterungen zu Tafeln: Das Forschungs-Institut für Organisationslehre... (1928); Zur Ontologie der Beziehung (1930); Hegel und die Weltgeschichte (1931); Zum Ausbau der Beziehungslehre, in: Kölner Vierteljahreshefte für Soziologie 10 (1931), S. 320ff.; Von der Weltanschauung zum Wirklichkeitsbild (1947).

„Die Tafel ‚Ideenanalyse', die ich Ihnen heute als fertig überreiche, entstand 1918/19 für die Kriegsteilnehmergeneration als eins der ersten und wichtigsten der neuen Arbeitsmittel des organisatorischen Denkens. Sie sollte aus den Bedürfnissen des Unterrichts die scheinbar so verschiedenen Ideensysteme von Karl Marx und Friedrich List, die heute in die radikalsten Parteigegensätze auseinandergespannt sind, in allen Strukturelementen grundsätzlich vergleichbar machen und ist das Schema geworden, durch das sich jedes denkbare soziale und politische Ideensystem in seinem Aufbau vergleichend bestimmen läßt.

Dadurch wird die Tafel zum methodischen Bindeglied zwischen Geistes- und Gesellschaftswissenschaft, weil schlechterdings jedes Gesellschaftsglied, der einfache Arbeiter und der bahnbrechende Führer, in seinen Ideen verstanden sein will, um sein Handeln zu begreifen. Die zu aristokratische Aufmachung des geisteswissenschaftlichen Humanismus wird darauf zurückgeführt, daß die dafür entwickelten Verfahren mit nüchterner und sachlicher Fragestellung für jedermann gelten. Andererseits wird die Gesellschaftswissenschaft in dieser Betrachtung als Verwirklichung eines von Ideen getragenen Gemeinschaftslebens schlechterdings Geisteswissenschaft.

Das Wesentliche ist aber, daß die Tafel als brauchbares Arbeitsmittel der vergleichenden Ideenanalyse der einzig denkbare Schlüssel zur objektiven Gesellschaftsbetrachtung ist, soweit Objektivität in menschlichen Dingen überhaupt erreichbar ist. Mit der Übersicht über die Grundmöglichkeiten der Ideenbildung in der bürgerlichen Gesellschaft auf einer ergänzenden Tafel wird die mögliche Erziehung zur überparteilichen Objektivität grundsätzlich gesichert. Und so wird denn diese einfach erscheinende Tafel das Fundament und sozusagen die innere Hochwarte, von der man die großen Tafeln *Der Mensch im Kosmos* und *Bürgerliche Gesellschaft* als objektives Grundgefüge des im übrigen nach möglichen Parteistellungen schwankenden Wirklichkeitsbildes würdigen kann.

Die Tafel gehört also zu den großen politischen Erziehungsmitteln, die ich in Ihre Hand lege und über die nicht erst in dieser Stunde der Not ein Bericht erforderlich sein sollte...".

III. Schlußbemerkung

An Plenge lassen sich Aufgaben und Probleme einer gesellschaftlichen Funktionsbestimmung der Soziologie gut verdeutlichen. Leidenschaftlich seinem Lebensziel hingegeben, durch Staatswissenschaft und Soziologie eine staatliche und gesellschaftliche Erneuerung mitzubewirken, teilte Plenge die Wissenschaftsgläubigkeit des 19. Jahrhunderts. Wie Saint-Simon, Comte, auch noch Karl Mannheim, war er überzeugt, daß die Soziologie beitragen könne und müsse, das verlorengegangene Wirklichkeitsbild neu begründen zu helfen, das Wirklichkeitsbild des „organisatorischen Sozialismus".

Nach Plenge muß die genannte Aufgabe geleistet werden, weil anders die Integration der Gesellschaft nicht zu bewahren ist.[47] Die Realität des organisatorischen Sozialismus und das Wirklichkeitsbild müssen in Übereinstimmung gebracht werden. Plenge fühlte sich bestätigt, als nach dem Ersten Weltkrieg der Organisationsgedanke einen Teil der politischen Auseinandersetzungen bestimmte, war aber zu sehr auf „sein" Wirklichkeitsbild fixiert, um die Zeitgeschichte und -politik noch analytisch durchdringen zu können. „Organisation hat ein Janusgesicht, weil es herrschaftliche und genossenschaftliche Organisationen gibt. Man will rechts und links durch die Organisation Verschiedenes verwirklichen."[48]

Plenge übersah eigentlich seit seinem *Marx und Hegel*, daß ein einheitliches Wirklichkeitsbild nicht nur eine Frage des stimmigen *Tafelwerkes*, der richtigen „Ideen"-Propaganda und der Überzeugung ist, Glied einer „organisierten Volksgenossenschaft" zu sein, sondern eine Frage von Macht und Herrschaft, von Klassengrenzen und schließlich von „Realpolitik".

Gleichwohl wäre es voreilig, Plenge in die Reihe der „Zerstörer der Vernunft" (Lukács) einzureihen oder aus seinem Denken nur präfaschistische Züge herauszulesen. Plenge war und blieb Wissenschaftler; er hat und hätte die Unabhängigkeit der Wissenschaft und seines Forschens gegenüber allen Machthabern verteidigt. Er betonte auch, daß Wissenschaft nicht alles ist, daß sie hinlenken muß auf letzte philosophische Fragen und religiöse Fundierungen. Hier liegt sein Individualismus, den er trotz der *Ideen von 1914* nicht aufgab, und hier liegt sein Mißverständnis, dies alles und für alle verbindlich mit (s)einem Wirklichkeitsbild erfassen zu können.

---

[47] Auch die Kultusbürokratie, namentlich in Preußen, setzte große Hoffnungen auf die Soziologie für die Lehrerausbildung. Nur so ist die relativ frühe Aufnahme der Soziologie in das Lehrerstudium in den von C. H. Becker mitgeschaffenen Pädagogischen Akademien zu erklären.

[48] Johann Plenge, Das Forschungsinstitut..., a. a. O., S. 7. Zu erinnern ist an die Kapitel „Weltanschauung und Organisation" und „Propaganda und Organisation" in Hitlers „Mein Kampf".

II. Zur Theorie der Gesellschaft und der Gesellschaftsplanung

Voraussetzungen und Prinzipien der Gesellschaftsplanung bei Saint-Simon und Karl Mannheim

I.

Planungsvorstellungen, die die Gesamtgesellschaft betreffen, haben ihren wichtigsten Ursprung in einer neuen Auffassung von Gesellschaft und Geschichte. Von *Gesellschaft* insofern, als sie zunächst als die Gesamtheit aller miteinander handelnden Menschen und als Zusammenwirken der Institutionen eines bestimmten Territoriums in den Blick kommen muß. Gesellschaft in diesem soziologischen Verständnis wird erstmalig im England der nachrevolutionären Epoche in der Auseinandersetzung von Millar, Ferguson und Smith mit Hobbes, Hume und Locke als „bürgerliche Gesellschaft" begriffen[1]. Auf die weitere Entfaltung dieses neuen, soziologischen Gesellschaftsbegriffs in der revolutionären, vor allem der nachrevolutionären, restaurativen Zeit in Frankreich an der Wende vom 18. zum 19. Jahrhundert wird noch näher eingegangen.

Eine grundsätzlich neue Auffassung von *Geschichte* war bereits zu Beginn des 18. Jahrhunderts in Italien entstanden, das im übrigen an der Entwicklung des modernen Staats- und Gesellschaftsdenkens dieser Zeit

---

[1] Mit dieser Auseinandersetzung beginnt die Ablösung der Soziologie und Ökonomie „vom Corpus der praktischen Philosophie"; vgl. hierzu J. Habermas, Theorie und Praxis. Sozialphilosophische Studien, Politica Bd. II, Neuwied und Berlin 1963, vor allem die beiden Aufsätze über „Die klassische Lehre von der Politik in ihrem Verhältnis zur Sozialphilosophie" und „Kritische und konservative Aufgaben der Soziologie". Hierzu jetzt grundlegend Friedrich Jonas, Geschichte der Soziologie, Bd. I–IV, rde 1968; vor allem Bd. I (Aufklärung, Liberalismus, Idealismus). Diese Geschichte der Soziologie, die in Bd. IV eine ausgezeichnete Darstellung Karl Mannheims enthält, konnte ebensowenig berücksichtigt werden wie die grundlegende Arbeit von Arnhelm Neusüss, die die meisten Schriften über Mannheim zur Makulatur werden läßt: Utopisches Bewußtsein und freischwebende Intelligenz. Zur Wissenssoziologie Karl Mannheims, Meisenheim am Glan 1968 (vorliegende Arbeit wurde August 1967 abgeschlossen).

geringen Anteil hat. Das geschichtliche Denken, im umfassenden Sinn bewußter Welt- und Lebenserfahrung und seiner Sinndeutung verstanden, als religiös, metaphysisch oder profan gedeuteter Erlebnishorizont, erfährt eine grundlegende Wandlung, die als Abkehr von der bisherigen christlich-spekulativen Geschichtsdeutung aufgefaßt werden muß.[2] Der entscheidende Umbruch ist mit dem Namen Giambattista Vico bezeichnet: Geschichte wird von ihm als Produkt der Menschen begriffen, nicht der Götter oder Heroen, nicht als ein Werk der Vorsehung, das Plan und Ziel nur im unerforschlichen Ratschluß Gottes hat. Geschichte ist für Vico der Spiegel der menschlichen Fähigkeiten, genuiner Bereich aller menschlichen Dinge.

Daher ist nach Vico die Erkenntnisgewißheit beim Studium der von uns selbst geschaffenen Welt – sei es die der Religionen oder der Mythen, der Sprache oder der Kunst – dem cartesischen, mathematisch-kausalen Erkennen und „Verstehen" weit überlegen. Vicos kultur- und geschichtswissenschaftliche Logik[3], die er der „mathesis universalis" von Descartes entgegenhält, gipfelt in dem Satz, „daß diese historische Welt ganz gewiß von den Menschen gemacht worden ist: und darum können ... in den Modifikationen unseres eigenen menschlichen Geistes ihre Prinzipien aufgefunden werden"[4].

Wenn dem Verstand die Fähigkeit zugesprochen wird, diese geschichtliche Welt, die in allen ihren Erscheinungsweisen als unsere Welt gesehen wird[5], zu erkennen, zu deuten, zu „verstehen" (Max Weber), dann kann und muß der Erkenntniswille darauf zielen, alle historischen und kulturellen

---

[2] Vgl. über den Wandlungsprozeß der Geschichtsdeutungen Karl Löwith, Weltgeschichte und Heilsgeschehen. Die theologischen Voraussetzungen der Geschichtsphilosophie, 4. Aufl. Stuttgart 1961 (1953).

[3] Die Bedeutung Vicos für die Entwicklung der Logik der Kulturwissenschaften wird sehr prägnant dargestellt von Ernst Cassirer, Zur Logik der Sozialwissenschaften, 2. Aufl. Darmstadt 1961, S. 1ff. (Der Gegenstand der Kulturwissenschaft).

[4] G. Vico, Die neue Wissenschaft über die gemeinschaftliche Natur der Völker, Rowohlts Klassiker Bd. 196/197, Hamburg 1966, S. 51f.

[5] Eine notwendige Modifizierung dieser Auffassung findet sich bei K. Löwith, Weltgeschichte und Heilsgeschehen, a. a. O., S. 119: Vico „begriff den Lauf der Geschichte ... als eine vom Menschen geschaffene Welt, die aber zugleich überspielt wird durch etwas, das der Notwendigkeit des Schicksals näher ist als der freien Wahl. Die Geschichte ist nicht nur freie Tat, Entscheidung oder Handlung, sondern auch und vor allem Ereignis und Geschehen". Löwith verweist damit ausdrücklich auf die „Dialektik von Freiheit und Notwendigkeit im Geschehen" in der Geschichtsauffassung Vicos. Eine Einschränkung der hier vertretenen Interpretation findet sich auch bei Friedrich Jonas, Geschichte der Soziologie, Bd. I, a. a. O., S. 31ff.

Tatbestände in das Denken und damit in die Bewußtheit und den Handlungsbereich einzubringen. Am Ende dieses Prozesses steht dann die Post-Histoire (Cournot; Gehlen): die mögliche geistige (und praktische) Verfügung über den ideellen Bereich der vom Menschen geschaffenen Welt.

Mit Vico ist zwar ein wichtiger Schritt auf dem Weg der Profanierung und Säkularisierung von Geschichte, Gesellschaft, Staat und deren wesentlichen Kultureinheiten getan, doch bezieht sich seine Erkenntnishaltung retrospektiv auf die gelebte, „abgetane" Geschichte. Die immer wichtiger werdende Frage: Und was leistet unser Verstand zur Erkenntnis der unmittelbaren und ferneren Zukunft? wird von Vico weder explizit gestellt noch beantwortet. Seine Lehre von den corsi und ricorsi als dem dauernden Auf und Ab der Geschichte ist insofern keine Antwort, als von ihm weder evolutionär bestimmte Entwicklungstrends noch finalistisch vorgegebene Ziele des Geschichtsprozesses unterstellt werden. Das optimistische Aufklärungsdenken, das ein Denken von der Vervollkommnungsfähigkeit des Menschen und seiner geschichtlichen Welt ist und dem die Vergottung der Geschichte parallel läuft[6], hebt erst nach Vico an.

Doch die Erkenntnisleistung, daß die Gesellschaft die Gesamtheit der miteinander handelnden Menschen und diese Welt eine von uns hervorgebrachte ist – wie auch der Glaube, daß der Mensch und seine gesellschaftlich-kulturellen Institutionen vervollkommnungsfähig seien – sind notwendige, aber noch nicht hinreichende Bedingungen, um Antrieb und Rechtfertigung zu haben, in das historisch-gesellschaftliche Geschehen einzugreifen. Zwei weitere Voraussetzungen müssen hinzu kommen: die positivistische Wissenschaftsentwicklung und – in der Sprache Saint-Simons und Karl Mannheims ausgedrückt – die Erfahrung der „fundamentalen Krise". Erst als in der Entwicklung der Wissenschaften der Bereich des naturwissenschaftlich-technischen Denkens erweitert war und die Gestaltung von Gesellschaft und Politik denselben Kriterien des Erkennens und Planens, derselben experimentell-technischen Geisteshaltung unterworfen wurde wie die materielle Welt, war der entscheidende Schritt auf dem Weg

---

6   J. L. Talmon, Politischer Messianismus, die romantische Phase, Bd. 2 seines dreibändigen Werkes: Die Geschichte der totalitären Demokratie, dt. Köln und Opladen 1963, S. 10, weist auf folgenden Zusammenhang hin: „Paradoxerweise führte der Zusammenbruch der konkreten geschichtlichen Kontinuität, verkörpert in organisierter Religion, nationaler Überlieferung, örtlichem Brauch und altverwurzelten sozialen Hierarchien dazu, daß die Geschichte zum Abgott gemacht wurde." Von der Vergottung bis zu der Auffassung, „die eigene Geschichte als Experiment zu erleben und aus den im Gesellschaftsprozeß auftauchenden Kräften das Wissen und den Willen zu schöpfen, die Geschichte selber zu gestalten" (K. Mannheim, Mensch und Gesellschaft im Zeitalter des Umbaus, Darmstadt 1958, S. 175), ist dann nur ein kleiner Schritt.

getan, die Gesellschaft insgesamt unter Planungsgesichtspunkten zu betrachten, ja, sie als ein Experimentierfeld für den Entwurf einer – nach welchen Kriterien auch immer konzipierten – „besten" Gesellschaft anzusehen. Hinter dieser Erweiterung der positivistischen Wissenschaftsentwicklung steht unausgesprochen die Annahme, daß die Erkenntnis der gesellschaftlichen Wirklichkeit und die Aufdeckung ihrer Wirkungszusammenhänge und Mechanismen auch den Schlüssel liefere, sie nach bestimmten, aus der Entwicklung und den Möglichkeiten der Wissenschaften und der menschlichen Geschichte abgeleiteten Prinzipien umzugestalten.

II.

War auf der Seite der Erkenntnis, der Willensbewegung und Mentalität das Feld für den „gesellschaftlichen Umbau" (Mannheim) bereitet, so bedurfte es zum Eingreifen eines Anstoßes von der praktisch-politischen Seite her, eben der „fundamentalen Krise", die in der Französischen Revolution von 1789 auf völlig neue Weise zum Ausdruck und Ausbruch kam. Und doch ist eine wichtige Einschränkung angebracht: Die Revolution ist auf den Umbau des staatlich-politischen Bereichs beschränkt, d. h. sie ist nur eine politische, keine gesellschaftlich-soziale Revolution. Aus diesem Grund macht Saint-Simon ihr ausdrücklich den Vorwurf, die fundamentale Krise nicht beendet zu haben. Sie sei eine Revolution der Juristen (légistes) und Metaphysiker gewesen; sie mußte scheitern, weil sie nicht auf die Prinzipien gegründet war, die nach seiner Überzeugung allein Gesellschaft und Staat reorganisieren können: auf die Industrie und die positiven Wissenschaften. Und mit der Saint-Simon eigenen Selbstgefälligkeit ließe sich dieser Tatbestand auch wie folgt ausdrücken: Die Revolution war schon im Ansatz verfehlt, weil sie nicht die Prinzipien durchzusetzen vermochte, die erst in seinem Werk als die eigentlichen Gestaltungskräfte aller gegenwärtigen und künftigen Gesellschaftsordnungen erkannt werden: Wissenschaft und Industrie. Erst sein Werk, daß die Positivität der Wissenschaft auf die Bereiche der Philosophie und Geschichte, der Gesellschaft und der Politik ausdehne, liefere den Schlüssel zur umfassenden Gesellschaftsreform und damit zur endgültigen Beendigung der Krise.

In der Hybris dieses Anspruchs steckt die Wahrheit, daß in der Tat im Leben und Werk des Grafen Claude-Henri de Saint-Simon (1760–1825), des Zeitgenossen und Erben der Französischen Revolution, alle Momente zusammenkommen, um aus den Prinzipien der Vervollkommnungsphilosophie der Aufklärung sowie der sich durchsetzenden „positiven" Wissenschaftsentwicklung und der fundamentalen Krise der Französischen

Revolution das Fazit zu ziehen. Thilo Ramm behauptet eine ähnliche Position für Saint-Simon, wenn er folgende vier Grundprinzipien seiner Geschichtsphilosophie und seines Gesellschaftsdenkens hervorhebt: erstens die Annahme der Gesetzmäßigkeit der geschichtlichen Entwicklung; zweitens die Fortschrittsidee; drittens die Lehre von der Einheit der menschlichen Gesellschaft; viertens die Lehre von der Identität von Theorie und Wirklichkeit.[7]

Das Werk Claude-Henri de Saint-Simons ist der Auftakt zu allen modernen gesellschaftsplanerischen Vorstellungen. Modern insofern, als bei ihm zum ersten Mal Wissenschaft und Industrie als Grundlagen und Gestaltungskräfte jeder gesellschaftlichen Planung verstanden werden; modern auch deshalb, weil Saint-Simon „zum ersten Male den Blick seiner Zeit von der Staatsverfassung als dem Sekundären auf die Gesellschaftsordnung als das Wesentliche und Prinzipielle"[8] wandte. Wie anders als sekundär sollten ihm die Staatsverfassungen erscheinen, da Saint-Simon voller Ironie für die kurze Zeit von 1789 bis 1815 allein zehn französische Verfassungen aufzählen kann![9] „Wir legen den Regierungsformen zuviel Wichtigkeit bei."[10] Uns wird dieser Punkt weiter unten bei seiner grundsätzlichen Einstellung zu Staat und Regierung noch beschäftigen.

III.

Ein Vergleich zwischen den Grundprinzipien der Gesellschaftsplanung bei Saint-Simon und Karl Mannheim ist deshalb so aufschlußreich wie reizvoll, weil Saint-Simon am Beginn der technisch-industriellen Ära den Auftakt des soziologisch-gesellschaftsplanerischen Denkens bildet und Mannheim aus eingetretenen und absehbaren Entwicklungen der technisch-liberalen und wissenschaftlich-industriellen Epoche das Fazit der totalen Gesellschaftsplanung zieht.[11]

---

[7] Thilo Ramm, Die großen Sozialisten als Rechts- und Sozialphilosophen, 1. Bd., Stuttgart 1955, S. 245ff.

[8] L. von Stein, Geschichte der sozialen Bewegung in Frankreich von 1789 bis auf unsere Tage, Bd. 2, Die industrielle Gesellschaft, Der Sozialismus und Kommunismus Frankreichs von 1830–1848, hrsg. von G. Salomon, München 1921, S. 157.

[9] Paul Barth, Die Philosophie der Geschichte als Soziologie, 1. Teil, Grundlegung und kritische Übersicht, 3. und 4. Aufl., Leipzig 1922, S. 163.

[10] Saint-Simon, Œuvres de Saint-Simon et d'Enfantin, Paris 1865–1878, vol. 19, S. 81; zit. bei P. Barth, a. a. O., S. 164.

[11] Während versucht wird, das Gesamtwerk Saint-Simons in seinen hier wichtigen

In dem Vergleich soll die Diskussion um Sozialismus und Liberalismus, Kollektivismus und Individualismus, Totalitarismus und Demokratie nicht aufgegriffen werden. Auch auf die Probleme der wissenschaftstheoretischen Basis und des logischen Fundaments der Konzeptionen von Saint-Simon und Mannheim, die Popper – vor allem gegen Comte und Mannheim gerichtet – als „Holismus" und „Historizismus" bezeichnet[12], kann nicht eingegangen werden. Unberücksichtigt bleiben auch die Saint-Simonisten[13], die Jünger Saint-Simons, die ihren Meister technokratisch beim Wort nahmen.

Daß unter dem Aspekt der Vermengung von Werturteil und Analyse, von Prognose und ethischem Appell die Kritik vor allem bei Mannheim leichthin Ungereimtheiten und Widersprüche oder auch die totalitären Implikationen aufzudecken vermag[14], sei im Anschluß an Poppers Invektiven gegen die „Holisten" ausdrücklich hervorgehoben.

Passagen in die Argumentation einzubeziehen, stützt sich die Untersuchung bei Karl Mannheim nur auf dessen „Mensch und Gesellschaft im Zeitalter des Umbaus", Leiden 1935 und der erweiterten engl. Fassung (Man and Society in an Age of Reconstruction, London 1940). Hier zit. nach der dt. Übersetzung der engl. Fassung, Mensch und Gesellschaft im Zeitalter des Umbaus, Darmstadt 1958. Es sei ausdrücklich darauf hingewiesen, daß der Vergleich nicht darin seine Berechtigung hat, daß Mannheim in der sich von Saint-Simon herleitenden positivistischen Denktradition der Soziologie steht; das tertium comparationis ist weniger in der geistesgeschichtlichen Verbindung der beiden Denker zu sehen, als vielmehr in der Ähnlichkeit der Voraussetzungen der „fundamentalen Krise", ihrer Deutung und der Vorschläge zu ihrer Beendigung. Mannheim beruft sich in seinem hier behandelten Werk (erstaunlicherweise) nur an zwei unbedeutenden Stellen auf Saint-Simon.

[12] Karl R. Popper, Das Elend des Historizismus, dt. Tübingen 1965.

[13] Das Hauptwerk aus dem Kreis der „ersten Generation" der Saint-Simonisten, „Exposition de la Doctrine de Saint-Simon", liegt nun auch auf deutsch vor: Die Lehre Saint-Simons, eingel. und hrsg. von G. Salomon-Delatour, Politica Bd. 7, Neuwied 1962. Vgl. auch die ausgezeichnete Darstellung Saint-Simons und der Saint-Simonisten bei Werner Hofmann, Ideengeschichte der sozialen Bewegung des 19. und 20. Jhs., Berlin 1962.

[14] So wird z. B. die Forderung nach der Schaffung eines neuen Menschen (Mensch und Gesellschaft..., a. a. O., S. 175f. und an weiteren Stellen) von Mannheim zu unreflektiert vorgetragen. Zudem ist das Epitheton „Neuer Mensch" aus der Art und Absicht der Argumentation bei Mannheim nicht zu rechtfertigen. Mannheim setzt sich damit unnötig dem Verdacht aus, eine der Grundkategorien des Utopismus oder auch des praktischen Totalitarismus in seine Vorstellungen vom Gesellschaftsumbau aufgenommen zu haben. Vgl. zu diesem gesamten Themenkreis das fundamentale, reiche Werk von J. L. Talmon, Die Geschichte der totalitären Demokratie, 3 Bde.; zu Saint-Simon und den Saint-Simonisten vor allem Bd. 2, Politischer Messianismus, a. a. O.

IV.

Saint-Simon und Mannheim haben vor allem eines gemeinsam: Leidenschaft, Engagement und Pathos, die im Unwillen über die bestehende Gesellschaftsordnung ihren Ursprung und im Willen zur gesellschaftlichen Umgestaltung ihr Ziel haben. Mit dieser Einstellung und diesem Willen zur Beendigung der sozialen und politischen Krise ihrer Gegenwart erfüllen beide, sowohl Saint-Simon wie Mannheim, eine der Vorbedingungen für das soziologische Arbeiten, die Freyer am Werk Saint-Simons als exemplarisch und notwendig erwiesen hat: daß nämlich gesellschaftliche Wirklichkeiten nur durch tätige Teilnahme und schicksalsmäßige Verbundenheit erkennbar seien.[15] Saint-Simon wird hier von Freyer zu Recht als exemplarisch genannt, weil bei ihm das Bewußtsein der Krise, die zum erstenmal explizit als gesellschaftliche Krise erkannt wird, zur Grundlegung des soziologischen Denkens geführt hat.[16] Mannheim, 120 Jahre später, will der Soziologie in der Schlußphase bestimmter soziologischer Denktraditionen, die auch mit seinem Werk herbeigeführt wurde[17], den Impuls zurückgeben, der bei Saint-

---

[15] H. Freyer, Einleitung in die Soziologie, Leipzig 1931, S. 10. Auf die Parallelen zu dieser Erkenntnishaltung bei so unterschiedlichen Denkern wie Fichte, Lukács, Paul Neurath und Mannheim, aus je sehr verschiedenen Gründen, verweist ausdrücklich Friedrich Jonas, Geschichte der Soziologie, Bd. IV, a. a. O., S. 71 ff.

[16] Selbstverständlich gibt es außer den von Saint-Simon erkannten Ursachen der gesellschaftlichen Krise andere Wurzeln des soziologischen Denkens, so in der schottischen Moralphilosophie (J. Millar, A. Ferguson, A. Smith) und im Ausgang von Hegels Rechtsphilosophie (L. von Stein, W. H. Riehl, K. Marx).

[17] Ströme der historischen und historistischen Soziologie kommen mit Mannheims Werk in der entscheidenden Phase der Neuorientierung des soziologischen Denkens um 1930 zum Abschluß. Vgl. hierzu B. Schäfers, Soziologie und Wirklichkeitsbild. Johann Plenges Beitrag zur deutschen Soziologie um 1930, in: Soziologie und Sozialismus, Organisation und Propaganda, Abhandlungen zum Lebenswerk von Johann Plenge, hrsg. von B. Schäfers, Stuttgart 1967, S. 61 ff.
   Wichtiger dürfte im hier behandelten Zusammenhang sein, daß mit Mannheim auch die Wissenssoziologie, wie sie sich im Ausgang von Marx und Scheler verstand, zu einem bis heute nicht überwundenen Abschluß kam, den auch die von K. H. Wolff sehr richtig unterschiedenen Schaffensperioden im Werk Mannheims bezeichnen: läßt sich die Schaffensperiode bis 1930 grob dadurch charakterisieren, daß es Mannheim darum ging, Geist und Kulturgebilde in ihrer gesellschaftlichen Bedingtheit aufzuzeigen, so macht sich ab 1930 ein immer stärkeres Bemühen geltend, sich der „Rettung der Gesellschaft" hinzugeben, „damit der Geist nicht umkomme" (K. H. Wolff, Karl Mannheim, Wissenssoziologie. Auswahl aus dem Werk, eingel. und hrsg. von K. H. Wolff, ST Bd. 28, Neuwied und Berlin 1964, S. 65).

Simon zu ihrer Konstituierung führte: gesellschaftliche Krisen-, Problem- und Orientierungswissenschaft zu sein.

An dieser Aufgabenstellung orientiert auch Mannheim sein soziologisches Denken und Schaffen. Bei nüchterner Analyse der soziologischen Wissenschaft seiner Zeit scheint ihm diese jedoch für die genannte Aufgabe schlecht gerüstet zu sein. Nicht erst in seinem hier behandelten Werk, *Mensch und Gesellschaft im Zeitalter des Umbaus,* macht Mannheim der Soziologie den Vorwurf, sich im Detail verloren zu haben und in „sich selbst überlassener Totalitätsfragestellung" in eine „atomisierende, alles in abstrakte, voneinander unabhängige Stücke zerschlagene Empirie" zu zerfallen.[18] Wie aber kann „die Soziologie die angemessene Lebensorientierung des Menschen der industriellen Gesellschaft"[19] sein, wenn sie hinter der Praxis herhinkt, d. h. sich noch im Stadium der partikularen Befangenheit befindet, während das praktische Handeln längst die Interdependenzen des sozialen Geschehens einbezieht?[20]

Die Folgen des Versagens der soziologischen Aufklärungsarbeit müssen angesichts der fundamentalen Krise doppelt schwer wiegen, denn diese kann nur beendet werden, wenn ihre Ursachen erkannt sind. In dieser Forderung stimmen Saint-Simon und Mannheim überein. Sie stimmen auch in dem weiteren Punkt überein, daß es der von ihnen vertretenen Wissenschaft, der physiologie sociale bzw. der Soziologie, möglich sei, diese Ursachen zu erkennen und daraus die Bedingungen zur Beendigung der Krise ableiten zu können. Das ist um so leichter möglich, als die Krise nicht nur eine Zeit des Chaos ist: in ihr kündet sich das Neue bereits an – man muß es aufspüren und gestalten. Dazu bedarf es aber eines geradezu ekstatischen Gegenwartsbewußtseins. Nur wer ganz in seiner Zeit und seiner Gesellschaft steht, erkennt die Wirkkräfte des Geschehens und die vorherrschenden Trends. Wer aber erkannt hat, wo die Mängel der gesellschaftlichen Organisation und die Gründe für den Ausbruch der Krise sind, weiß auch, was zu tun ist: „Ayant la conscience de notre état, nous avons celle de ce qu'il convient de faire."[21]

Erkenne und handle! So könnte die Theorie und Praxis verbindende Grundmaxime bei Saint-Simon und Mannheim lauten. Ein problemreiches Verhältnis von Gesellschaftswissenschaften und sozialer Praxis bahnt sich bereits mit deren Konstituierung an. Um 1930 ist dieses Verhältnis auf

---

[18] K. Mannheim, Die Gegenwartsaufgaben der Soziologie, ihre Lehrgestalt, Tübingen 1932, S. 27.
[19] K. Mannheim, Mensch und Gesellschaft..., a. a. O., S. 196.
[20] Ebd.
[21] Saint-Simon, La Physiologie Sociale, Choix de Textes, hrsg. von G. Gurvitch, Paris 1963. S. 82.

seinen kritischsten Punkt gekommen, nicht nur durch das Epochenphänomen der politisch-gesellschaftlichen Totalitarismen, sondern durch die immanente Entwicklung der Gesellschaftswissenschaften. So gestaltet sich die Aufgabe, durch die Erkenntnis der Krise diese überwinden zu helfen, bei Mannheim unvergleichlich problematischer als bei Saint-Simon. Er kann sich nicht mehr auf die Unschuld und Naivität dessen berufen, der eine neue Methode des Denkens und Handelns – die positive Wissenschaft der physiologie sociale – voller Optimismus praktisch anwenden will. Die von Saint-Simon uneingeschränkt begrüßten Grundlagen der künftigen Gesellschaftsgestaltung – positive Wissenschaft und Industriesystem – zu deren voller Entfaltung er mit seinem Werk beitragen will, haben in der Zeit Mannheims längst ihre gefahrvolle Eigengesetzlichkeit und mißbräuchliche Verwendungsmöglichkeit offenbart: die Dämonie der Technik ist enthüllt, der Fortschrittsrausch verflogen, zumindest stark gedämpft. Konnte Saint-Simon annehmen, daß mit der Grundlegung der Gesellschaft auf Wissenschaft und Industrie auch Rationalität und Vernunft sich in immer weiteren gesellschaftlichen Bereichen durchsetzen würden, ja, daß Wissenschaft und Industrie die Bedingungen für eine Humanisierung der Gesellschaft und einen dauernden Frieden seien, so wäre dieser Optimismus bei Mannheim blindes, durch die geschichtlichen Tatsachen widerlegtes Wunschdenken gewesen. Den Glauben an einen allgemeinen Fortschritt der Vernunft in der Geschichte hält Mannheim ausdrücklich für ein widerlegtes Vorurteil.[22] Mannheim argumentiert von den Erfahrungen her, die das entfaltete Industrie- und Wissenschaftssystem bereits gezeigt haben: Weil Wissenschaft und Technik ihre Wirk- und Entwicklungskräfte bis in die seelische Struktur des Menschen hinein fortsetzen, sind Mensch und Gesellschaft vor den unbewußten und unreflektierten Seiten dieses Geschehens zu bewahren. Wird die Aufgabe verfehlt, droht der Umschlag in den Totalitarismus.

Nach diesen kurzen Zwischenbemerkungen können wir eine neue Differenzierung des für Saint-Simon und Mannheim so bedeutungsvollen Krisenbewußtseins vornehmen:

Saint-Simon sieht den Zustand der fundamentalen Krise in der Französischen Revolution auf ihrem Gipfelpunkt angekommen. Sie ist jedoch keineswegs durch die Revolution und die nachrevolutionären Konsolidierungsversuche überwunden. Für Mannheim sind Krise und Negativität der Zeitlage offenkundig geworden durch die zeitgenössischen totalitären Diktaturen, Bolschewismus und Faschismus. Ist die Französische Revolution für Saint-Simon ein notwendiges Durchgangsstadium, so sind dies die totalitären Diktaturen bei Mannheim nicht; sie werden ausdrücklich als die „negative Seite des Geschehens" interpretiert. Er betrachtet sie nur darin als

---

[22] Vgl. K. Mannheim, Mensch und Gesellschaft..., a. a. O., S. 45.

konsequent, daß sie aus der bisherigen Entwicklung der wissenschaftlich-industriellen Gesellschaft das richtige Fazit ziehen, nämlich Planung als fundamental für jede künftige Gesellschaftsgestaltung zu erkennen und anzuwenden. Terminer la crise! ist eine häufig wiederholte Beschwörung Saint-Simons. Für Mannheim geht es nicht nur darum, die Krise zu beenden, sondern den Umschlag der Krise in eine totalitäre Staats- und Gesellschaftsverfassung zu vereiteln. Was hier, bei Saint-Simon, ein fortschrittsgläubiger Appell an die Vernunft ist, gerät dort, bei Mannheim, zu einem warnenden Vernunftschrei, zu einer *ultima ratio* der Politik. Statt der Verheißung des friedlichen, organisch-positiven Zeitalters steht bei Mannheim als Alternative zu seiner Forderung nach umfassender Gesellschaftsplanung der Leviathan des Totalitarismus. Ein messianisches Pathos ist beiden gemeinsam, nur daß Saint-Simon mehr von den Verheißungen des positiven Zeitalters spricht um zu überzeugen, und Mannheim in apokalyptischer Beschwörung die „negative Seite des Geschehens" sehr breit ausmalt.

V.

Die näheren Ursachen der Krise werden von Saint-Simon und Mannheim ähnlich identifiziert durch zahlreiche Disproportionalitäten im Entwicklungsstand der einzelnen gesellschaftlichen Bereiche. Für Saint-Simon besteht die Problematik der Gesellschaftsorganisation seiner Zeit darin, daß sich die Gesellschaft immer mehr auf wissenschaftlich-industrielle Erkenntnisse und Leistungen gründet oder darauf gegründet werden sollte, aber verfassungsgemäß sich noch auf der Stufe des Feudalismus befindet. „La société présent aujourd'hui ce phénomène extraordinaire: Une nation qui est essentiellement industrielle, et dont le gouvernement est essentiellement feódal[23]."

Bei Mannheim resultieren die Krisenherde seiner gesellschaftlichen Gegenwart aus der Tatsache, daß der Liberalismus als umfassendes Prinzip der Staats- und Menschenführung, des Einsatzes von Wissenschaft und Technik noch nicht überwunden ist. Nicht mehr die Differenz von Feudal- und Industriesystem schafft die Probleme, sondern die von Liberalismus und geplanter Demokratie.

Saint-Simons Beschreibung des unterschiedlichen Entwicklungsstandes der verschiedenen gesellschaftlichen Bereiche entspricht im Prinzip modernen soziologischen Erkenntnissen in den Analysen des sozialen und kulturellen Wandels. Er schreibt im *Catéchisme politique des Industriels*: „La

---

[23] Saint-Simon, Catéchisme politique des Industriels, Œuvres de Saint-Simon, Paris 1841, S. 37.

difficulté consistait à trouver le moyen de mettre en accord le système scientifique, le système religieux, le système des beaux arts, et le système des lois avec le système des industriels."[24] Als Mannheim seine Forderung nach einem Umbau von Mensch und Gesellschaft erhob, bedurfte es keiner Aufmunterung mehr für das industriell-technische System, Fortschritte zu machen und sich zu entwickeln. Mannheims Bestimmungen der Ursachen der Krise können dahingehend zusammengefaßt werden, daß er für die „Disproportionalitäten" innerhalb der Gesellschaft die einseitige Konzentration auf die maschinellen und ökonomischen „Techniken" verantwortlich macht.[25] „Wenn es uns nicht gelingt, in kurzer Zeit in unserer Selbstbeherrschung und in der Beherrschung unserer Gesellschaft diejenige Stufe der Rationalität und Moralität zu erreichen, die wir auf technischem Gebiet erreicht haben, wird unsere Gesellschaftsordnung zugrunde gehen."[26] Mannheims Buch ist in wichtigen Passagen eine Entfaltung dieser These. Er will verdeutlichen, daß durch zwei grundlegende Wesenszüge der modernen Gesellschaft die Disproportionalitäten der gesellschaftlichen Entwicklung zu unerträglichen Spannungen geführt haben, die im Chaos des Bürgerkriegs oder in Krieg und Diktatur enden müßten, wenn nicht die Vorsorge der geplanten Demokratie getroffen würde. Die beiden Wesenszüge sind die weitgehende Aktivierung der Massen, davon abgeleitet das Prinzip der „Fundamentaldemokratisierung" (Mannheim) und als zweites der Prozeß der zunehmenden Interdependenz der Handlungsgefüge.

---

[24] Ebd., S. 54

[25] Die Tatsache, daß sich in diesen Techniken Fortschritt, Rationalität und Erfolg am augenfälligsten dokumentieren, dürfte noch heute der wichtigste Grund zu ihrer bevorzugten staatlichen Förderung sein. Vgl. hierzu ausführlicher B. Schäfers, Fortschritt der Gesellschaft und Fortschritt der Soziologie, in: Thesen zur Kritik der Soziologie, ed. suhrkamp Bd. 324, Frankfurt 1969.

[26] K. Mannheim, Mensch und Gesellschaft..., a. a. O., S. 59. Mannheim greift in seiner Analyse der Disproportionalitäten zwischen den einzelnen gesellschaftlichen Bereichen weder auf Ogburn (Social Change, zuerst New York 1922; mit der zentralen These vom cultural lag) noch Gottl-Ottilienfeld zurück, der bereits im Grundriß der Sozialökonomik II, 2 (Wirtschaft und Technik, 2. neubearb. Aufl. Tübingen 1923, S. 9) zwischen Real-, Sozial-, Individual- und Intellektualtechnik unterschieden hatte. Im einzelnen beschreibt Mannheim die Disproportionalitäten als „allgemeine" und „soziale". (Mit ersteren ist vor allem gemeint, daß die menschlichen Fähigkeiten sich disproportional entwickeln: das technische und naturwissenschaftliche Wissen laufe den moralischen Kräften und den Möglichkeiten der Erkenntnis des Interdependenzzusammenhanges davon; mit letzteren ist gemeint, daß die zur Bewältigung der Aufgaben erforderlichen Kräfte technischer und moralischer Art nicht gleichmäßig auf alle Gesellschaftsschichten verteilt sind.)

VI.

Weder Saint-Simon noch Karl Mannheim verzichten auf eine geschichtsphilosophische Verortung der eigenen Zeit und ihrer wissenschafts-historischen Position. Füllt Saint-Simon das Turgotsche Dreistadiengesetz mit sozio-ökonomischem Inhalt, so unterteilt Karl Mannheim die Geschichte der Menschheit ganz ähnlich in drei Stadien: die des Findens, Erfindens und Planens.[27] Ist bei Saint-Simon der Dreischritt der Geschichte ein philosophie-historisches Dogma der fortschreitenden Vernunft und Entwicklung zur positiven Wissenschaft, so finden sich bei Mannheim zwar ähnliche Deutungen seines Dreierschemas[28], wenngleich er nie daran zweifeln läßt, daß es ein sehr pragmatisches, heuristisches Schema ist. Mannheim stellt seine Erörterungen zur Entwicklung des menschlichen Denkens, zu den verschiedenen Stufen der Moral und der Elitenbildung, zur Kontrolle der gesellschaftlichen Macht und der Umweltbewältigung ganz allgemein in das Dreieck von Finden, Erfinden und Planen. Dabei wird die Stufe des Planens[29] für alle menschlichen Fähigkeiten und gesellschaftlichen Bereiche per definitionem als die vollkommenste angesehen. Doch ebensosehr ist die Stufe des Planens auf dem erreichten Entwicklungsstand der technisch-sozialen Kräfte eine geschichtlich notwendige Stufe. Von der inhaltlichen Bestimmung der verschiedenen Planungsbereiche her ist die Zurechnung und Klassifizierung des tatsächlichen Entwicklungsstandes des Denkens, der Moral, der Erziehung usw. sehr einfach: Der Untersuchungsgegenstand hat entweder noch Charakteristika der ersten Stufe oder befindet sich voll auf der zweiten oder zeigt bereits Ansätze zum Übergang vom zweiten ins dritte Stadium. Mannheim verdeutlicht in seinem Werk, daß die Stufe des Umbaus von Mensch und Gesellschaft die Zeit des Übergangs vom Erfinden zum

---

[27] Ein Ansatz zu diesem historischen Dreischritt findet sich auch bei Hans Freyer, Herrschaft und Planung, Hamburg 1933, S. 10. Dort heißt es: „Das Entwerfen eines Plans ist ein Erfinden gleichsam auf höherer Stufe." Mannheim nimmt diesen Ansatz nicht auf.

[28] So wird von Mannheim die Stufe des planenden Denkens als die höchste Stufe der Rationalisierung bezeichnet oder als „höchste Stufe der Einsicht und des Verantwortungsbewußtseins", a. a. O., S. 82.

[29] Im hier behandelten Werk Mannheims lassen sich sehr verschiedene Planungsbegriffe feststellen, die man wie folgt systematisieren und bezeichnen könnte:
   1. der historische Planungsbegriff (Planung als drittes Stadium des Geschichtsprozesses);
   2. der praktische Planungsbegriff („Planung bedeutet ein bewußtes Eingreifen an den Fehlerquellen des Gesellschaftsapparates"; a. a. O., S. 136);
   3. der ideologische Planungsbegriff (Planung als anzustrebende Entwicklungsstufe des menschlichen Denkens und Handelns).

Planen ist. Mit Mannheims eigenen Worten: „Die Spannungen unserer Epoche entspringen vor allem aus dem unbewältigten Nebeneinanderwirken des Laisser-faire-Prinzips und der planlosen Regulierung."[30]

Wie nach Saint-Simon die Krisensituation seiner Zeit vor allem darin ihren Ursprung hatte, daß eine im Kern industriell-wissenschaftliche Gesellschaft nach Prinzipien des ancien régime strukturiert war, so ist auch bei Mannheim das Neben- und Durcheinanderwirken der vorangegangenen, aber noch nicht völlig überwundenen Stadien der gesellschaftlichen Entwicklung die Ursache der „Konfusionen": „Den Stufen des Findens, Erfindens und Planens entsprechen Formen der geistigen Orientierung, die zunächst nebeneinander stehen. Solange sie nicht aufeinander abgestimmt sind, richten sie in den Köpfen die gleiche Konfusion an, die in der Außenwelt dadurch entsteht, daß die einzelnen Handlungen bald auf Finden, bald auf Erfinden und bald auf Planen ausgerichtet sind."[31] Ähnliche Formulierungen, nur im Schema des älteren Dreistadiengesetzes ausgesprochen, finden sich mehrfach bei Saint-Simon und seinem Schüler Auguste Comte[32]. Das eigene Werk und die eigene Zeit werden sowohl bei Saint-Simon wie bei Karl Mannheim im Hinblick auf die dritte Stufe der gesellschaftlich-kulturellen Entwicklung formuliert. Jeder von ihnen sieht sich und sein Werk an einer bedeutenden Wendemarke von der zweiten zur dritten Stufe des historischen Dreischritts. Anders als Mannheim hält Saint-Simon die künftige dritte Stufe der industriell-wissenschaftlichen Gesellschaftsorganisation für die endgültige: „Nous voyons que nous sommes arrivés à la dernière période de la transition."[33] Bei Mannheim heißt es hingegen: „Es ist möglich, daß auf das Zeitalter der Planung bloße Verwaltung folgen wird."[34]

---

[30] K. Mannheim, Mensch und Gesellschaft..., a. a. O., S. V.
[31] Ebd., S. 193.
[32] So schreibt Karl Löwith sehr treffend über die positive Geschichtsauffassung bei A. Comte: „Die große politische und moralische Krise, in der sich jetzt die höchstzivilisierten Nationen befinden, hat ihren Grund in einer geistigen Anarchie. Der Mangel an Stabilität der grundlegenden Maximen und der sozialen Ordnung ist auf das verwirrende Nebeneinander der drei verschiedenen Philosophien zurückzuführen ... Jede von ihnen allein könnte eine Art sozialer Ordnung sichern, aber ihr gleichzeitiges Bestehen neutralisiert jede einzelne und verhindert jede Ordnung" (Weltgeschichte und Heilsgeschehen, a. a. O., S. 72f.).
[33] Saint-Simon, La physiologie sociale, Ed. Gurvitch, a. a. O., S. 82.
[34] K. Mannheim, Mensch und Gesellschaft..., a. a. O., S. 228.

VII.

Die Frage, wie die neue Gesellschaft in ihren einzelnen Institutionen, im Zusammenspiel und der Kontrolle dieser Institutionen beschaffen sein soll, tritt bei Saint-Simon wie bei Mannheim hinter der Beschreibung der Krise und der Betonung der „negativen Seite des Geschehens" zurück. Geht es sowohl hier wie dort um die Durchsetzung bestimmter Prinzipien einer neuen Gesellschaftsorganisation, so bleibt die Frage nach der obersten Durchsetzungsinstanz, also die eigentliche Herrschaftsfrage, und die nach dem Zusammenspiel von Planungsinstanz und Regierungssystem bei Saint-Simon und bei Mannheim ein ungelöstes Problem.[35]

Von den verschiedenen Durchsetzungsmöglichkeiten einer neuen Gesellschaftsorganisation, wie Revolution oder der Aufbau eines umfassenden Erziehungssystems als Teil oder Voraussetzung einer integralen, nichtrevolutionären Gesellschaftsplanung, wird uns letztere Möglichkeit für das Denken von Saint-Simon und Mannheim noch beschäftigen. Hier geht es zunächst um den Zusammenhang von geplanter Gesellschaft und Herrschaftsordnung.

Folgender Unterschied in ihrer Einstellung zum Macht- und Herrschaftsphänomen und damit zum Staat ist hervorzuheben: War Saint-Simon mit dem ganzen Optimismus und der Naivität der Aufklärung davon ausgegangen, daß die wissenschaftliche Erkenntnis der Dinge auch ihre sachgerechte Verfügung bewirke, so kann Mannheim angesichts der totalitär gewordenen bolschewistischen und faschistischen Staatswesen das Macht- und Herrschaftsphänomen nicht mit Hinweisen darauf erledigen, daß der Durchbruch der wissenschaftlich-industriellen Zeit gleichbedeutend sei mit dem Durchbruch der Vernunft und dem Anbruch der herrschaftslosen Zeit. Der Unterschied in ihrer Einstellung zu Staat und Herrschaft läßt sich darin zusammenfassen, daß Saint-Simon den Staat in der industriell-wissenschaftlichen Gesellschaft aufgehen lassen will oder ihn darin aufgehen sieht, während Mannheim große Passagen seines hier behandelten Werkes der Frage der Kompatibilität von „geplanter Gesellschaft" und „demokratischer Kontrolle"[36] widmet. Erhofft sich Saint-Simon von der

---

[35] J. L. Talmon, a. a. O., S. 46, sagt über die verschiedenen Entwürfe Saint-Simons zur Reorganisierung des Regierungssystems: „Es hat nicht viel Sinn, bei Einzelheiten von Saint-Simons Organisierungsplänen zu verweilen. Er war ein im wesentlichen intuitiver Denker, der zur Verallgemeinerung neigte und kein Interesse an Einzelheiten hatte. Die verschiedenen Entwürfe zur Organisation der administrativen Behörden machen manchmal den Eindruck eines Patiencespiels." Zu Mannheim siehe Fußnote 38.

[36] Vgl. hierzu vor allem das Kap. „Die Geschichte der parlamentarischen Demo-

industriell-wissenschaftlichen Gesellschaft als Sekundärwirkung die Aufhebung jeglicher Herrschaftsformen von Menschen über Menschen, so sagt Mannheim, daß „Mensch und Gesellschaft im Zeitalter des Umbaus" nicht ohne die Herrschaftsform der Demokratie als Kontrollinstanz der Gesellschaftsplanung auskommen können.[37] Mannheim sieht völlig richtig, daß gerade die Entfaltung von Wissenschaft und Technik die totalitären Staaten ermöglicht hat; sie allein können also kraft Eigengesetzlichkeit keine Kontrollinstanzen sein. Der Hobbes-Satz, „science is a small power", wird damit auf der nun erreichten Ebene des wissenschaftlich-technischen Denkens bestätigt.

VIII.

Trotz des großen Gewichts, das bei Mannheim der Frage eines vor Mißbrauch geschützten Verhältnisses von Herrschaft und Planung zukommt, geht es ihm primär, wie auch Saint-Simon, um die Durchsetzung neuer Prinzipien der Gesellschaftsformung und -planung, des gesellschaftlichen Denkens und Handelns, um Fragen der Persönlichkeitsformung und der Erziehung, des harmonischen Zusammenspiels der verschiedenen „Systeme" und „Techniken" und um das Problem des Gesellschaftssystems auf einer bestimmten Stufe der wissenschaftlich-industriellen Entwicklung ganz allgemein.

Einige Grundlagen der von Saint-Simon und Mannheim anvisierten Zukunftsgesellschaft sind bereits genannt worden; sie sollen hier ergänzt und systematisiert werden.

Die Vorstellungen von der künftigen Gesellschaftsgestaltung lassen sich bei Saint-Simon wie bei Mannheim 1. negativ-ausschließend, 2. positiv-beschreibend und 3. retrospektiv-idealisierend bestimmen. Damit ist folgendes gemeint:

1. Die eigene Epoche und ihre Prinzipien der Gestaltung von Individuum, Staat und Gesellschaft werden negativ bestimmt; d. h. für Saint-Simon, daß

---

kratie als Geschichte der gemeinschaftlichen Machtkontrolle", S. 382–426.

[37] Für Mannheim läßt sich die behauptete Aporie des Zusammenspiels von Planungsinstanz und Regierungssystem in einem einzigen seiner Sätze zusammenfassen: „Ich glaube, daß ein kluger Planer sich gerade ganz bewußt weigern wird, in manche Gebiete einzugreifen" (Mensch und Gesellschaft..., a. a. O., S. 312). Trotz der Kontrollmechanismen, die Mannheim der Planung und den Planenden durch das demokratische System schaffen will, bleibt bei ihm das Zusammenspiel eine ungelöste Frage und hat als letzte Sicherungsinstanz nichts als den guten Willen und die gute Absicht des Planers und (oder?) Souveräns.

das ancien régime in allen seinen Erscheinungsformen zu überwinden ist, und für Mannheim, daß die liberale Epoche als Stufe des erfindenden Denkens und Handelns, der partikularen Institutionen- und Persönlichkeitsformung durch ein neues Denken und Handeln abgelöst werden muß. Negativ-ausschließend sind alle Punkte, die die eigene Zeit als Krisen- und Übergangszeit definieren.

2. Die Schilderung der positiven, herbeizuführenden Zustände gerät bei Saint-Simon wie bei Mannheim zu kurz. Was für Saint-Simon in synonymer Verwendung der Begriffe das „friedliche" oder „positive", das „organische" oder „industrielle" Zeitalter ist, ist für Mannheim das Gesellschaftsstadium des planenden Denkens und Handelns sowie der geplanten Demokratie und Freiheit.

3. Die retrospektiv-idealisierende Gesellschaftsbetrachtung in ihren Werken ergibt einen interessanten Vergleichspunkt: Sowohl Saint-Simon wie auch Mannheim sind fasziniert von der mittelalterlichen Gesellschaftsordnung, die sie zur Illustration der neuen, harmonischen oder geplanten Gesellschaft mehrfach beispielhaft anführen.

Ist diese Faszination bei Saint-Simon kein Widerspruch, so ist sie bei Mannheim eine unnötige, nicht ganz zutreffende Transponierung eines „Planungsdenkens" auf der Stufe des Findens und Erfindens in die Epoche der „eigentlichen", d. h. der wissenschaftlich fundierten Gesellschaftsplanung.[38] Saint-Simon hingegen findet einen legitimen Vergleichspunkt. Er verfolgt die Kräfte und die Organisation der weltlichen und geistigen Macht durch die Jahrhunderte, findet sie im Mittelalter sinnfällig und berechtigterweise manifestiert in Papst und Kaiser und überträgt diesen Gedanken auf die künftige Gesellschaft: Die weltliche Macht soll bei den Industriellen sein, die geistige bei den Wissenschaftlern. „Beim gegenwärtigen Stand der Aufklärung nützen die wissenschaftlichen und industriellen Fähigkeiten für die Gesellschaft am meisten."[39]

---

[38] Mannheim ist vor allem fasziniert vom Ordnungskosmos der mittelalterlichen Stadt, weil er an diesem Gebilde sein Planungskonzept gut veranschaulichen kann: der Entwicklungsstand der Sozialtechniken hätte in der mittelalterlichen Zunftstadt zugereicht, ein Areal dieser Größe nach umfassenden, integrierenden Planungsgesichtspunkten zu lenken. Der Liberalismus erscheint vor diesem Hintergrund als Übergangsphase des Großflächig- und Großräumigwerdens der Gesellschaften und ihrer Institutionen, ohne jedoch Sozialtechniken auszubilden, die „geplante" mittelalterliche Stadt auf größere Räume zu übertragen. Erst die eigene Zeit zeige sich von der wissenschaftlich-praktischen Seite her in der Lage, größere Gebilde, z. B. ganze Staaten, in planende Verfügung zu nehmen; vgl. hierzu S. 189–191 a. a. O.

[39] Saint-Simon, Über die Gesellschaftsorganisation, Fragmente einer unveröffent-

Wie im gesamten Werk Saint-Simons ist auch hier ein pragmatisch-utilitaristischer Zug seines Denkens unverkennbar. In seinem Spätwerk wird die geistige Macht durch die ausgleichende, harmonisierende Kraft der Religion erweitert und ergänzt. Erst die Nutzbarmachung der religiösen Kräfte für die Gesellschaftsorganisation könne ein neues organisches Zeitalter[40] herbeiführen.

Die erstaunlichste Parallele im Denken von Saint-Simon und Mannheim ist damit berührt: Gegen Ende ihres Lebens und Wirkens, d. h. für Saint-Simon zwischen 1819 und 1825[41] und für Mannheim etwa zwischen 1940 und 1947, gelangen sie immer mehr zu der Überzeugung, daß die letztgültige Integration und Verpflichtung der Gesellschaftsmitglieder auf einen kohärenten Normenkodex nur durch das in dieser Hinsicht bereits bewährte Christentum erfolgen könne. Mit wieviel religiöser Überzeugung oder Pragmatismus das Christentum für diese Aufgabe beschworen wird, ist eine zweitrangige Frage.

IX.

Zum Abschluß dieser kurzen Ausführungen, die auf einige Voraussetzungen, Gemeinsamkeiten und Unterschiede im gesellschaftsplanerischen Denken von Saint-Simon und Karl Mannheim hinweisen sollten, ist auf die bereits gestellte Frage näher einzugehen: Wie und durch wen ist die neue, die industriell-wissenschaftliche bzw. die geplante Gesellschaft ins Werk zu setzen?

Unabhängig von dem jeweils angestrebten Regierungs- und Herrschaftssystem soll diese Frage im folgenden nur für die Rolle erörtert werden, die

---

lichten Schrift, abgedruckt in: T. Ramm (Hrsg.), Der Frühsozialismus, ausgewählte Quellentexte, Kröner, Bd. 223, Stuttgart o. J. (1956), S. 59.

[40] Nach J. L. Talmon ist ein organisches Zeitalter für Saint-Simon „eine Epoche der Integration und Kohäsion. Es wird charakterisiert durch irgendein grundlegendes Prinzip, das unbestritten entweder ausdrücklich oder implizit, über alle Lebensgebiete herrscht.", a. a. O., S. 31.

[41] Die Betonung einer neuen sachadäquaten Moral und Religion findet sich bei Saint-Simon zuerst explizit in den beiden Hauptwerken aus dem Jahre 1818/1819, „L'Industrie" und „L'Organisateur". Mannheims hier behandeltes Werk erschien engl. 1940. Die Problematik eines integrativen Werte- und Normenkodex' für eine umfassende Gesellschaftsplanung wird zwar gesehen, aber erst in seiner „Diagnose unserer Zeit" (zuerst engl. New York 1942, dt. Zürich 1951) und dem posthum veröffentlichten Werk „Freedom, Power and Democratic Planning", a. a. O. unter besonderer Berücksichtigung des Christentums behandelt.

Saint-Simon und Mannheim der Erziehung für diese Aufgabe zugedacht haben.

Die Erziehungsfrage muß dann auftauchen, wenn die Gesellschaft nicht als erratischer Block betrachtet wird, sondern in soziologischer Perspektive als das unter bestimmten Normen ablaufende Miteinanderhandeln der Gesellschaftsmitglieder. Wir hatten gesehen, daß Saint-Simon diese Perspektive als originäre, soziologisches Denken mitbegründende Erkenntnis einbrachte.

Talmon schließt für Saint-Simon aus, daß er die Änderung der Gesellschaftsorganisation durch Revolution, Gewalt oder Massenbewegung bewirken wollte.[42] Da Saint-Simon aber ebensowenig einen immanenten, zwangsläufigen Wandlungsprozeß der Gesellschaft voraussetzt, stellt sich die Frage, welche Rolle der Erziehung für diesen Prozeß zukommt. Zu berücksichtigen ist jedoch, daß eine eindeutige Beantwortung dieser Frage bei Saint-Simon, so wie es sich bereits bei der Darstellung seines Regierungssystems herauskristallisierte, nicht zu erwarten ist.

Auch bei Mannheim läßt sich die Frage, wie und durch wen der „Umbau" zu erfolgen habe, nicht eindeutig beantworten. Sind es die „organisierenden" Eliten, die Planer, die Soziologen oder die Herrschenden, denen bei dieser Aufgabe die entscheidende Funktion zukommt? Wie sich für jede dieser Gruppen zur Begründung des Planungsprimats reichlich Belegstellen anführen ließen, so könnte man als entscheidend ebensogut einen Erkenntnisakt bezeichnen: Wir haben die principia media[43] zu erforschen, um die Schlüsselstellungen ausfindig zu machen, von denen aus der Umbau zu erfolgen hat.

Für Saint-Simon wie für Mannheim läßt sich hinsichtlich des Erziehungsproblems eine ähnliche Ausgangslage behaupten: Die Einrichtungen der Gesellschaft hängen vom Stand des theoretischen Wissens und praktischen Könnens der Gesellschaftsmitglieder ab. Die Folgerungen für die Erziehungsarbeit, die daraus gezogen werden, sind jedoch sehr unterschiedlich; denn erst bei Mannheim ist die pädagogische Intention untrennbar mit der soziologischen Aufklärungsarbeit verknüpft, ja, die Soziologie wird von Mannheim – im Zeitalter der „Fundamentaldemokratisierung" – als wichtigste Aufklärungs- und Orientierungswissenschaft über-

---

[42] Vgl. J. L. Talmon, a. a. O., S. 42.
[43] Mit Erkenntnis der principia media meint Mannheim „die Erforschung jener Prinzipien..., die für eine bestimmte gesellschaftsgeschichtliche Epoche charakteristisch sind" (Mensch und Gesellschaft..., a. a. O., S. XII). Vgl. a. a. O. darüber die Kapitel „Das historisch Einmalige und das Allgemeine...", S. 210ff. und „Schwierigkeiten bei der Entdeckung der principia media", S. 222ff.

haupt angesehen.⁴⁴ Bereits in seiner Schrift über *Die Gegenwartsaufgaben der Soziologie* hatte Mannheim dargelegt, daß sich die Demokratie mit einer Massenaufklärung verbinden müsse. Zwar gibt es auch bei Saint-Simon Hinweise darauf, daß in Erziehung und Unterricht der Schlüssel zur industriell-wissenschaftlichen und organischen Gesellschaftsorganisation liege, aber seine Bemerkungen dazu entspringen mehr dem Wunsch, die Gesellschaft durch ein einheitliches Wertsystem zu harmonisieren, als die Erziehung bewußt zum Eckstein des Umbaus von Mensch und Gesellschaft zu machen, wie das bei Mannheim der Fall ist. So heißt es z. B. bei Saint-Simon: „Das stärkste Band, das die Mitglieder einer Gesellschaft einen kann, besteht in der Ähnlichkeit ihrer Prinzipien und ihres Wissensgutes (conaissances); und diese Ähnlichkeit kann nicht anders hergestellt werden als durch Einheitlichkeit des Unterrichts."⁴⁵ Eine andere Stelle, die Saint-Simons Erziehungsgedanken in die Nähe der Mannheimschen bringt, wird bei J. Dautry angeführt: Saint-Simon habe einen „nationalen Katechismus" vorgeschlagen „in der Absicht, wie es bei Saint-Simon heißt, der am wenigsten begüterten Klasse soweit wie möglich die Kenntnis der Prinzipien, die der Organisation der Gesellschaft als Grundlage dienen sollen, und der Prinzipien der Gesetze, die die materielle Welt regieren, zu gewährleisten".⁴⁶ Ein weiterer Punkt, der die Ähnlichkeit der Ausgangslage im erziehungswissenschaftlichen Denken von Saint-Simon und Karl Mannheim betrifft, bezieht sich auf das Abhängigkeits- und Bedingungsverhältnis von Wertsystem und Gesellschaftsorganisation. So heißt es bereits bei Saint-Simon: „Une société ne peut pas subsister sans idées morales communes ... Dans tous les temps et chez tous les peuples on trouve, entre les institutions sociales et les idées morales une correspondance constante."⁴⁷

Dieses Korrespondenzverhältnis wird von Mannheim als „Zusammenhang zwischen dem Zerfall der Gesellschaft und dem Zerfall der

---

44 Nach der Darstellung von K. H. Wolff, a. a. O., S. 62, tritt Mannheims pädagogische Intention mit seiner Arbeit über das Wesen und die Bedeutung des wirtschaftlichen Erfolgstrebens (1930) in den Vordergrund. In der bereits zitierten Schrift aus dem Jahre 1932: Die Gegenwartsaufgaben der Soziologie wird die soziologische Arbeit im Kern als Menschenformung begriffen (vgl. hierzu auch G. W. Remmling, Menschenforschung im Zeitalter der Zweiten Industriellen Revolution. Karl Mannheims Beitrag zur modernen Strukturpädagogik, in: Kölner Zeitschrift für Soziologie und Sozialpsychologie, 9. Jg. Heft 3, 1957, S. 371–396).

45 Mitgeteilt von J. L. Talmon, a. a. O., S. 46 ohne Quellenangabe.

46 Saint-Simon, Œuvres de Saint-Simon et d'Enfantin, Bd. XXII, S. 237, zit. bei Jean Dautry, Vorwort zu: Saint-Simon, Ausgewählte Texte. Mit einem Vorwort, Kommentaren und Anmerkungen von Jean Dautry, dt. Berlin 1957, S. 48.

47 Saint-Simon, La Physiologie sociale, a. a. O., S. 130 bzw. S. 82.

Persönlichkeit"[48] als eine der Kernthesen seines hier behandelten Werkes dargelegt.

Um sein Erziehungsziel zu verdeutlichen, unterscheidet Mannheim zwischen zwei Rationalitätsbegriffen, dem substantiellen und dem funktionellen. Substantielle Rationalität ist Einsicht und Urteil des einzelnen Handelnden über seine spezifische Handlungssituation. Mannheim sieht als gefahrvollen Trend, daß die substantielle Rationalität in dem Maße verlorengehe, wie die Unüberschaubarkeit und Anonymisierung der Handlungsbezüge zunehme, d. h. wie die funktionelle Rationalität immer weitere Bereiche des menschlichen Handelns erfasse.

Aus Mannheims Darlegungen läßt sich als Erscheinungsnorm ableiten, daß neue Formen einer substantiellen Rationalität ausgebildet werden müssen, die vor der sachlich-praktischen Rationalität und Interdependenz der Beziehungsgeflechte nicht kapitulieren, sondern sie durchdringen und sie dadurch rational und moralisch beherrschen.[49] Die Verwirklichung dieser neuen Erziehungsnorm ist von so grundlegender Bedeutung, daß daraus zu folgern wäre: Die neue Gesellschaft kann nur verwirklicht werden, wenn wir zu einer neuen Form der substantiellen Rationalität kommen.

Von dieser Position her muß man Mannheims Forderung nach einem neuen Denken, nach einer neuen Moral und nach einem neuen Menschen verstehen. Diese Forderungen verlieren etwas von ihrem „holistischen" Beigeschmack, wenn man sich der Mannheimschen Argumentation, ihrem Ernst und ihrem Pathos nicht dadurch verschließt, daß man ausschließlich, wie Popper, von diesen Begriffen her Mannheim beurteilt – auch nicht von den analytisch-soziologischen Einsichten, die zu ihrer Formulierung geführt haben. Das neue Denken ist ein Denken in Interdependenzen, das in der Nachfolge Nietzsches und der amerikanischen Pragmatisten mit der Forderung radikal Ernst macht, die abstrakte Trennung von Denken und Handeln aufzugeben und das Denken konsequent als ein Instrument der Lebensführung zu begreifen. Eingehend wird von Mannheim untersucht, was Pragmatismus, Behaviorismus und vor allem die von Mannheim in ihrem Erkenntniswert für das soziale Geschehen als sehr wichtig eingeschätzte Tiefenpsychologie für dieses neue, „interdependente Handeln und Denken" zu leisten vermögen.

Daß auch die Religion in diesem Leistungsgefüge der sich gegenseitig bedingenden Gesellschaftsplanung und Menschenformung ihren Stellenwert

---

[48] Kapitelüberschrift Mannheims, Mensch und Gesellschaft..., a. a. O., S. 141ff.

[49] Auf die große Bedeutung, die Mannheim den Eliten, ihrer Rekrutierung und Durchsetzungskraft für den gesamten hier behandelten Problemkreis beimißt, vor allem ihrer Funktion bei der Herausbildung neuer Formen des Denkens und Handelns, kann an dieser Stelle nicht näher eingegangen werden.

hat, wurde bereits erwähnt. Zur nochmaligen Betonung dieses interessanten Vergleichspunktes: daß die durch ein konsistentes *Erziehungssystem* im einzelnen Individuum bewirkte und befestigte Gesellschaftsreform zur Herstellung von Konsens – oder, mit Durkheim gesprochen: Solidarität – auf die fundierteste Art der Internalisierung gemeinsamer Werte, nämlich der religiösen, nicht verzichten kann, sei ein abschließendes Zitat über Saint-Simon, das auch für Mannheim stehen könnte, angeführt: „Daß die Forderung einer radikalen Gesellschaftsreform schließlich an dem Problem der Verbesserung des einzelnen anlangt, ist der eigentliche Grund dafür, daß die vorliegenden Systeme einer Religion oder einer sie ersetzenden Spekulation bedürfen: Die Religion bzw. ihr Ersatz wendet sich mehr als alles andere an die Persönlichkeit; sie ist das geeignetste Mittel, diese zu reformieren, sie ‚gesellschaftsfähig' zu machen".[50]

---

[50] W. Leenderz, Die industrielle Gesellschaft als Ziel und Grundlage der Sozialreform. Eine systematische Darstellung der Ideen Saint-Simons und seiner Schüler, Diss. Köln 1936, Emsdetten 1938, S. 61.

Ansatzpunkte einer gesamtgesellschaftlichen Planungsdiskussion in den Sozialwissenschaften

In seinem Vortrag *Über die Abstraktheit des Planungsbegriffes in den Sozialwissenschaften* auf dem Darmstädter Gespräch 1966 hat Schelsky darauf hingewiesen, daß der Begriff der Planung in so mannigfachen sozialen und technischen Bezügen gebraucht werde, daß er auf dem „besten bzw. schlechtesten Wege" sei, „unverbindlich zu werden" und im „allgemeinen Meinungsbrei (zu) ersticken"[1]. Schelsky konnte sich bei dieser Warnung auf eine breite Literatur stützen, in der der Begriff der Planung als „Schlüsselbegriff" hypostasiert wird[2].

Wie vor etwa vierzig Jahren scheint der Begriff der Planung wieder so etwas wie eine epochaltypische Kategorie zu werden; doch anders als damals hat der Planungsbegriff seine gesamtgesellschaftliche Dimension weitgehend eingebüßt. Gerade durch die „Ubiquität der Planung"[3] scheint der Begriff gesellschafts- und verfassungspolitisch „amorph "zu werden – ähnlich dem Begriff der Macht im Sinne Max Webers.

Der „Ubiquität der Planung" in der Praxis entspricht die Heterogenität ihrer theoretischen Verarbeitung. Die folgenden Ausführungen sollen dazu beitragen, aus dieser zum Teil rein pragmatischen und weitgehend „gesellschaftsblinden" Planungsdiskussion herauszuführen. Die Fragestellung lautet hier:

---

[1] Schelsky, H.: Über die Abstraktheit des Planungsbegriffes in den Sozialwissenschaften, Vortrag auf dem Darmstädter Gespräch 1966, abgedruckt in: Darmstädter Gespräch 1966, Der Mensch und seine Zukunft, Darmstadt 1967; wieder abgedruckt in: Zur Theorie der allgemeinen und der regionalen Planung, Beiträge zur Raumplanung Bd. 1, hrsg. vom Zentralinstitut für Raumplanung an der Universität Münster, Bertelsmann Universitätsverlag, Bielefeld 1969, S. 41ff.

[2] An deutscher Literatur sind hier folgende, mehrbändige Sammelwerke zu nennen: die von Robert Jungk und Hans J. Mundt herausgegebenen „Modelle für eine neue Welt", Desch-Verlag 1963ff., und die von Joseph H. Kaiser herausgegebenen Bände „Planung", Baden-Baden 1965ff. (bisher drei Bände).

[3] Petersen, W.: On some Meanings of „Planning", Journal of the American Institute of Planners, Vol. XXXII May 1966, S. 130, zit. bei Hans K. Schneider, Planung und Modell, in: Zur Theorie der allgemeinen und der regionalen Planung, a. a. O., S. 42.

1. Welche Ansatzpunkte einer sozialwissenschaftlichen Erörterung der Planung sind möglich, und welche gibt es unter dem Gesichtspunkt ihrer gesamtgesellschaftlichen Relevanz?
2. Gibt es in den einzelnen Sozialwissenschaften (hier vor allem Soziologie, Nationalökonomik, Rechtswissenschaft) vergleichbare Ansatzpunkte der theoretischen Verarbeitung des Phänomens Planung?
3. Welche historisch-politischen Vergleichspunkte in der Planungs- bzw. Organisationsdiskussion lassen sich aufzeigen?

Die Punkte zwei und drei werden nicht ausdrücklich, sondern nur implizit in den Erläuterungen zu Punkt eins abgehandelt.

I. Ansatzpunkte der Planungsdiskussion in den Sozialwissenschaften

Die sozialwissenschaftliche Erörterung der gesamtgesellschaftlichen Dimension des Phänomens Planung kann von folgenden Ansatzpunkten ausgehen:

1. von einer empirisch-soziologischen Erhebung über die zahlreichen Planungsvorgänge in verschiedenen Wirtschafts- und Gesellschaftsbereichen; Planung als ein empirisch aufweisbares Faktum, als soziologisch analysierbarer Handlungsvorgang: *Planung als empirischer Tatbestand*;
2. vom epochalen Selbstverständnis einzelner Gesellschaften auf bestimmter Gesellschaftsstufe; typisch für entsprechende Situationen ist, daß Begriffe wie Planung oder Organisation, aber auch „Planwirtschaft", „organisatorischer Kapitalismus" oder „organisierter Sozialismus" als Schlüsselbegriffe des Gesellschaftsverständnisses fungieren (Plenge, Freyer, Mannheim): *Planung als epochaltypische Kategorie; Planung als wirtschafts-, staats-, gesellschaftswissenschaftliche Kategorie*;
3. von Richtungen der Soziologie, die diese Wissenschaft geistesgeschichtlich als Antikrisenwissenschaft oder als oberste Planungs- und Integrationswissenschaft bestimmen (Saint-Simon, Comte, aber auch Mannheim): *Planung als Praxis eines soziologistischen Gesellschaftsverständnisses*;
4. von immanenten Entwicklungen der Soziologie, wie beispielsweise Karl Mannheim jenseits des totalen Ideologieverdachts und jenseits eines totalen Relativismus von seiner wissenssoziologischen Position her zur umfassenden Planung von „Mensch und Gesellschaft im Zeitalter des Umbaus" vordringt: *Planung als Resultante wissenssoziologischer Positionen*;
5. von wissenschaftstheoretischen Positionen, die die Prognose zum Bestandteil des Erkenntnisprozesses rechnen und von daher implizite auf wissenschaftlich angeleitete Planung angelegt sind (neopositivistisch: Planung als piece-meal-Technik; „holistisch": Planung als

Gesamtentwurf der zu gestaltenden Zukunft einer bestimmten Gesellschaft): *Planung als Resultante wissenschaftlicher Positionen*;
6. von einer abstrahierenden Interpretation der Planungsdiskussion in den Sozialwissenschaften, die zu klären versucht, ob die „soziale Reichweite" praktischer Planungsprozesse wissenschaftlich voll „eingeholt" ist, d. h. reflektiert wird: *Planung als Problemhorizont in den Sozialwissenschaften.*

Keineswegs wird behauptet, mit obiger Differenzierung, die die ambivalente Einordnung der Planung in den Zusammenhang von Theorie und Praxis deutlich werden läßt, alle möglichen Ansatzpunkte einer Planungsdiskussion in den Sozialwissenschaften berührt zu haben. So werden die sozialistische Planungstheorie wie die Probleme der Planung in den modernen Entscheidungstheorien[4] hier nicht behandelt. Ebenso unberücksichtigt bleibt die Planungsdiskussion in jenem wichtigen und interessanten Bereich, in dem es mehr und mehr Berührungspunkte zwischen „technischer" und „sozialer" Planung gibt und diese immer deutlicher in den Blick kommen: Stadtplanung, Raumplanung, Verkehrsplanung usw.[5]

Die Absicht dieser Ausführungen zielt vor allem auf eine Klärung des unter Punkt sechs genannten Ansatzes; doch auch bei der Abhandlung der anderen Punkte wird auf die Frage nach der gesamtgesellschaftlichen Reflexion der Planungsdiskussion in den Sozialwissenschaften eingegangen. Eine exakte Trennung der differenzierten Ansatzpunkte in der Darstellung

---

4   Bei Schneider, H. K.: Planung und Modell, in: Zur Theorie der allgemeinen und der regionalen Planung, a. a. O., wird ausschließlich „die Vorbereitung von Entscheidungen durch umfassende Informationen über mögliche Zieldimensionen und durch kritische Analysen der lageabhängigen Handlungsmöglichkeiten" als Planung begriffen. Rieger, H. Chr.: Begriff und Logik der Planung, Wiesbaden 1967; Vente, R. E.: Planung wozu? Begriff, Verwendung und Probleme volkswirtschaftlicher Planung, Baden-Baden 1969. Während Rieger die Bedeutung der Planung als Handlungsvorbereitung herausarbeitet, ist der Ansatzpunkt bei Vente, Planung als Entscheidungsvorbereitung, einschließlich der Zielbestimmung, zu analysieren (auf diesen Unterschied verweist Vente, a. a. O., S. 44).

5   Vgl. hierzu die Ausführungen von Albers, G.: Über das Wesen räumlicher Planung. Versuch einer Standortbestimmung, in: Stadtbauwelt 21, 60. Jg. März 1969, S. 10ff. Albers unterscheidet drei Stufen in der Entwicklung einer raumbedeutsamen Planung. Für die hier wichtige zweite und dritte Phase wird ausgeführt, daß (2.) „die Planung als Mittel der Anpassung der räumlichen Umwelt an einen gesellschaftlichen Prozeß angesehen wird, der selbst im wesentlichen ungeplant bleibt" (S. 12). Erst in der dritten Phase werde das Verhältnis zur Politik immer enger; doch seien weder Planer noch Politiker oder Verwaltungsbeamte darauf eingestellt: „von grundstürzenden Umwälzungen etwa in der staatlichen Ausbildung zum höheren Verwaltungsdienst, wie sie eigentlich aus der neuen Situation resultieren müßte, ist wenig zu spüren" (S. 14).

ist nicht immer möglich; auf eine Ausführung des ersten Punktes, der die Vielfalt der Planungswirklichkeit zu resümieren hätte, kann hier verzichtet werden.

II. Planung als epochaltypische Kategorie

Sehen wir von der „Metaphysik des Ingenieurtyps"[6] im 19. Jahrhundert ab, die in der Nachfolge Saint-Simons und der Saint-Simonisten sowieso eher eine französische als eine deutsche Angelegenheit war, dann beginnt für Deutschland die Hypostasierung des Organisationsbegriffes während des Ersten Weltkrieges[7]. Den Anstoß dazu gab die Organisation der Rohstoffversorgung. Schon bald, nach dem diese ins Leben gerufen war, machte sie eine genossenschaftliche oder auch sozialistische Dimension des kooperativen Handelns im Kapitalismus deutlich. Ihr Initiator und Motor, Walther Rathenau, reflektierte sie schon einige Zeit nach ihrer Installierung ganz in diesem Sinne. In seinem Vortrag über Deutschlands Rohstoffversorgung sagte er über die „wirtschaftliche Kriegsführung", daß sie „ohne geschichtliches Vorbild ist (und auf den) Verlauf und den Erfolg des Krieges von hohem Einfluß sein wird in fernere Zeiten. Es ist ein geschichtliches Geschehnis, das eng an die Methoden des Sozialismus und Kommunismus streift, und dennoch nicht in dem Sinne, wie radikale Theorien es vorausgesagt und gefordert haben."[8]

---

[6] Freyer, H.: Herrschaft und Planung, Hamburg 1933; dort heißt es S. 9, daß in der Nachfolge der Saint-Simonistischen Gedankenwelt „die Idee der Planung (oder, wie es im Zeitstil heißt, die Idee der Organisation) und zugleich die Idee der Technik mit allen Weihen der Religion umkleidet und das Heil der Menschheit verkündet werden"; inhaltlich und ihrem Wesen nach habe man Planung verstanden als „Aufwertung der alten Welt durch Einbau von Technik".

[7] Plenge, J. hatte in seinem „Marx und Hegel" (Tübingen 1911) „prognostiziert": „Die neue Welt, die entsteht, ist eine Welt der Organisation. Wir glauben zu sehen, wie aus den lockeren Verkehrszusammenhängen einer Marktgesellschaft die konstruktiven Linien einer auch im Bereich ihrer Wirtschaft in staatsähnlichen, dauernden Formen aufgebauten Gesellschaft herauswachsen..." (S. 178). Und zwei Jahre später, also noch vor Ausbruch des Ersten Weltkrieges, hieß es in seinem bedeutenden Bankbuch, Von der Diskontpolitik zur Herrschaft über den Geldmarkt, Berlin 1913, S. 55: „Wie kommt die Demokratie zum organisatorischen Sachverständnis, ohne daß das Sonderinteresse überwiegt?"

[8] Rathenau, W.: Deutschlands Rohstoffversorgung, Vortrag (20. 12. 1915) vor der Deutschen Gesellschaft 1914, 16.–20. Tsd. Berlin 1917, S. 5. Nicht zuletzt in der Wirklichkeit der Rohstoffversorgung und ihrer wirtschafts-, staats- und gesellschaftspolitischen Interpretation hat auch die Formel der „Ideen von 1914" (Plenge) ihren konkreten Ansatzpunkt (vgl. Fußnote 10). Das Epochaltypische

Gab also von wirtschaftspolitischer Seite her die Diskussion um Tatbestand und Konsequenzen der Rohstoffversorgung den wohl wichtigsten Ansatzpunkt für die Diskussion um die künftige Wirtschafts- und Gesellschaftsordnung, so von politischer Seite aus, zumindest im letzten Kriegsjahr, die Auseinandersetzung mit dem epochalen Ereignis der russischen Revolution.

Bemerkenswert ist, daß in allen gesellschafts- und wirtschaftspolitischen Auseinandersetzungen seit dem Ersten Weltkrieg die Begriffe Organisation und Planung, organisierte Volkswirtschaft und Planwirtschaft, organisatorischer Sozialismus und Plankapitalismus eine entscheidende Rolle spielen.

Plenge versuchte als einer der ersten und mit nachhaltiger Wirkung, aus dem mit dem Ersten Weltkrieg anbrechenden „Zeitalter der Organisation" theoretische Konsequenzen zu ziehen, wobei er Theorie unmittelbar praktisch verstand.[9] Nicht nur, daß Plenge mit Walther Rathenau aus der Organisation der Rohstoffversorgung für die Wirtschafts- und Gesellschaftsordnung nach dem Kriege vergleichbare, insgesamt aber noch weitergehende Konsequenzen zog[10] – übersteigerte den Organisationsgedanken zur allumfassenden Kategorie, von der er meinte, daß sich in ihr sogar „unsere abendländische Philosophie vollenden wird"[11].

Nun geht es hier nicht darum, der Hypostasierung des Organisationsgedankens nach dem Ersten Weltkrieg die gegenwärtige Hypostasierung des Planungsgedankens entgegenzuhalten, sondern detailliert auf einige Parallelen hinzuweisen. So wie Karl Mannheim die Geschichte interpretierte als eine Aufeinanderfolge der stets größer werdenden Möglichkeiten in der „planvollen Beherrschung" von Gesellschaft und Geschichte, und wir nach seiner Meinung nun die Stufe der umfassenden Planung erreicht haben, so

---

der Kategorie Organisation kommt auch im folgenden Werk und Titel gut zum Ausdruck: Nicklisch, H.: Der Weg aufwärts! Organisation, Stuttgart 1922.

[9] Schrader, E.: Theorie und Praxis. Johann Plenges Programm eines organisatorischen Sozialismus, in: Soziologie und Sozialismus; Organisation und Propaganda. Abhandlungen zum Lebenswerk von Johann Plenge, hrsg. von B. Schäfers, Stuttgart 1967, S. 17–45.

[10] Vgl. an wichtigster Stelle „Der Krieg und die Volkswirtschaft", Münster 1915 (in dieser Schrift wird unter anderem das Schlagwort der „Ideen von 1914" geprägt).

[11] Plenge, J.: Drei Vorlesungen über die allgemeine Organisationslehre, Essen 1919, S. 5. Der „totale" Anspruch und Charakter des Organisationsgedankens wird aus folgenden Zitaten deutlich: „Organisation ist auch Kunst" (S. 36); „die Ethik bekommt durch die Organisationslehre ihr eigentliches Fundament" (S. 40). „Daß schließlich auch der Pädagogik durch die Organisationslehre ihr eigentliches Ziel gestellt wird, ist ohne weiteres klar" (S. 40); und schließlich „muß sich (auch) das religiöse Interesse der Organisationslehre zuwenden" (S. 41).

ist bei Plenge das, „was man die äußere Lebenshülle der Menschheit nennen kann, eine Aufeinanderfolge von Organisationsformen"[12]. Stand bei Mannheim eindeutig das Turgot-Comtesche Dreistadiengesetz Pate, so bei Plenge das Marxsche Schema von der Aufeinanderfolge verschiedener Klassen. Die Folgerungen für die Gesellschaftsorganisation sind jedoch, zumindest dem Begriff und Anspruch nach, verschieden: hält Mannheim an einem geradezu euphorisierten Begriff von Demokratie fest, kommt Plenge „denknotwendig" zum „christlich-organisatorischen Sozialismus". Ähnlich, wie fünfzig Jahre später Karl Steinbuch[13] aus technisch-rationalen Erwägungen für den Sozialismus plädiert (vgl. Pt. V), zeigt Plenge dessen Notwendigkeit und Möglichkeit aus wissenschaftlich-technischen Gründen: „Sozialismus verhält sich zur Sozialwissenschaft wie die Technik zur Naturwissenschaft." Er fordert „praktische Selbstgestaltung der menschlichen Gesellschaft aufgrund der Wissenschaft und in den Grenzen der Wissenschaft"[14].

Ehe der Verdacht des willkürlichen Zitierens und Parallelisierens erhoben wird, sei eingestanden: natürlich sind weder Steinbuch noch Plenge, weder die Zeit nach dem Ersten Weltkrieg mit der nach dem Zweiten Weltkrieg, noch die Aussagen über Planung, Organisation, Sozialismus usw. voll kompatibel – was aber kompatibel ist, und das gilt es hier herauszustellen – sind Denkstrukturen, vergleichbare Einstellungen und Geisteshaltungen, die ihre Kraft aus ähnlichen Quellen nehmen: aus einer individuell sehr verschieden gesehenen und interpretierten „Krise"; aus dem Aufweis dessen, „was eigentlich geschehen müßte" (Steinbuch) und dem Hinweis darauf, daß man nur die Erkenntnisse und Folgerungen der neuen Organisationslehre (Plenge) oder Planungswissenschaft (Mannheim) als der zeitgemäßen Soziologie akzeptieren müsse, um Ordnung und Fortschritt miteinander zu versöhnen und auf einer neuen Stufe der historischen Entwicklung eine harmonisierte Gesellschaft herzustellen.

---

[12] Ebenda, S. 16. Bereits in der Schrift von 1915, Der Krieg und die Volkswirtschaft, schrieb Plenge: „Organisation! Das war das Schlagwort der Zeit. Wie oft haben wir es in den letzten Jahren gebraucht, um die Geheimnisse unseres wirtschaftlichen Fortschrittes zu erklären und um die Ziele unseres Fortschrittes zu steigern. Jetzt haben wir uns als ein Volk von Organisatoren bewährt" (S. 92); S. 95 ist aus diesem Gedanken bereits „die Verheißung einer neuen Zukunft" geworden. „Ohne daß wir es eigentlich gemerkt haben, ist unser politisches Lebensganze in Staat und Wirtschaft auf eine höhere Stufe gestiegen." S. 97 wird diese neue Staats- und Gesellschaftsform definiert: „Organisation ist Sozialismus" (von Plenge gesperrt gedruckt).

[13] Falsch programmiert. Über das Versagen unserer Gesellschaft in der Gegenwart und vor der Zukunft und was eigentlich geschehen müßte, Stuttgart 1968.

[14] Ebd., S. 19.

Weitere Parallelen können hier nicht verfolgt werden[15]; es ist nur noch darauf hinzuweisen, daß nicht nur in Deutschland, sondern auch im sozialistischen Rußland versucht wurde, und zwar von Aleksander Bogdanow, die „Allgemeine Organisationslehre" zum Angelpunkt aller Wissenschaft und Praxis zu machen: „So wird eine neue organisatorische Denkweise geboren, und nichts wird sie daran hindern, ins Leben zu treten, um bei der Lösung ihrer zahlreichen Aufgaben mitzuwirken."[16]

Ende der zwanziger Jahre tritt der Begriff der Organisation hinter dem der Planung mehr und mehr in den Hintergrund.[17] Anfang der dreißiger Jahre kann Freyer mit Recht feststellen, daß die Begriffe Herrschaft und Planung „aktuell in höchster Potenz (seien) ... Nahezu alles, was gewollt und betrieben wird, nennt sich einen Plan, selbst wenn es gar keiner ist."[18]

Schelsky hat auf die hier zitierte kleine Schrift von Freyer nachdrücklich hingewiesen und sie zusammen mit den Planungsschriften Karl Mannheims als exemplarisch für die historisch-politische Sicht der Planung herausgestellt.[19]

Hier können wir uns auf folgende Bemerkungen beschränken: Bei Freyer wird der Primat der Planung gegenüber der Herrschaft sehr nachdrücklich hervorgehoben: „Wer herrscht, macht den Plan ... Nicht die Planenden herrschen (das war der Irrweg der Utopie), sondern die Herrschenden planen ... Herrschaft setzt den Raum, sie schafft den Status, für den allererst geplant werden kann."[20]

---

15 Es wäre nicht nur verlockend, Plenge als den „deutschen Saint-Simon" zu stilisieren, da es bis in die persönliche Attitüde Parallelen gibt (vgl. hierzu meine Beiträge in dem bereits zitierten Sammelband, Stuttgart 1967), sondern auch Mannheim und Plenge einem intensiven Vergleich zu unterziehen, wobei eines der Ergebnisse völliges Unverständnis dafür sein würde, daß Mannheim Plenge in seinem ganzen Werk keinmal zitiert.

16 Bogdanow, A.: Allgemeine Organisationslehre, Tektologie, Bd. II, dt. Berlin 1928. Im Anhang zu diesem Band setzt sich Bogdanow mit der Rezension seines ersten Bandes durch Johann Plenge (Weltwirtschaftliches Archiv, Um die allgemeine Organisationslehre, XXV, 1927, I) auseinander. Plenge hatte hier Bogdanows Organisationslehre unter den – kaum ausformulierten – Kriterien seiner eigenen betrachtet und dabei Mißverständnis auf Mißverständnis gehäuft.

17 Auf die hypostasierte Bedeutung des Organisationsgedankens für die nationalsozialistische Bewegung und Staatsform kann hier nur am Rande verwiesen werden; vgl. auch das Kapitel „Propaganda und Organisation" in A. Hitler: Mein Kampf.

18 Freyer, H., a. a. O., S. 3.

19 Schelsky, H.: Über die Abstraktheit des Planungsbegriffs in den Sozialwissenschaften, a. a. O.; ders., Planung der Zukunft. Die rationale Utopie und die Ideologie der Rationalität, in: Soziale Welt, 17. Jg., 1966, Heft 2, S. 155–172.

20 Freyer, H., a. a. O., S. 3; S. 22; S. 34.

Bemerkenswert ist weiterhin, daß Freyer zwar vom technischen System und seinen inhärenten Sachzwängen ausgeht, aber erst der Plan der Technik ihren gesellschaftlichen und historischen Stellenwert gebe.[21]

Festzuhalten ist also: Freyer vermeidet die beiden Alternativen, die auch den vorliegenden Ausführungen als „Pole" dienen: daß einerseits von der Tatsache und vom Begriff der Planung her politisches Handeln zuerst seine Dimensionierung erfährt und andererseits Planung ohne allen Bezug zu gesamtgesellschaftlichen, historisch-politischen Tatbeständen gesehen wird.[22]

III. Planung als Praxis eines soziologischen Gesellschaftsverständnisses und als Resultante wissenssoziologischer Positionen

Unter diesem Ansatzpunkt der Planungsdiskussion in den Sozialwissenschaften ist zu analysieren, daß aus der immanenten Entwicklung der Soziologie und dem Stellenwert, den sie sich im Kosmos der Wissenschaften und ihrer Geschichte gibt, ebenso die „Schlußformel" Planung abgeleitet worden ist wie aus den wissenschaftstheoretischen Implikationen wertfreier positivistischer Forschung.

Um sogleich auf die aktuelle Planungsdiskussion eingehen zu können, sei auf Comtes Bedeutung für das hier untersuchte Problem verzichtet. Aktuell für die Planungsdiskussion in den Sozialwissenschaften ist immer noch das Werk von Karl Mannheim. Über einzelne Planungselemente bei Mannheim (Problem der freischwebenden Intelligenz, der Eliten, der Fundamentaldemokratisierung, der substantiellen und funktionellen Rationalität usw.) gibt es inzwischen eine breite Literatur[23] –, weniger beachtet geblieben ist der Zusammenhang zwischen Mannheims wissenssoziologischer Phase und der Verortung der Soziologie als Planungswissenschaft.

Mannheims Planungsdenken ist Resultante seiner Wissenssoziologie

---

[21] Ebenda, S. 7; S. 13.

[22] Vgl. auch Lübbe, H.: Herrschaft und Planung, Die veränderte Rolle der Zukunft in der Gegenwart, in: Festschrift für Max Müller, Freiburg/München 1966, S. 188ff. Auch Lübbe betont, daß Freyer den politischen, macht- und herrschaftsbezogenen Charakter der Planung expliziert habe; in diesem Sinn will auch Lübbe die politische Dimension der Planung hervorgehoben wissen: „Wer Planung durchsetzen will, muß daher ... ‚politisch' handeln und seinen Plan oder sich selbst an die Stellen befördern, an denen die Entscheidungen fallen" (S. 211).

[23] Vgl. statt anderer, da mit ausführlichem Literaturanhang, Remmling, G. W.: Wissenssoziologie und Gesellschaftsplanung: Das Werk Karl Mannheims, Dortmund 1968; Neusüss, A.: Utopisches Bewußtsein und freischwebende Intelligenz. Zur Wissenssoziologie Karl Mannheims, Meisenheim am Glan 1968.

und des Stellenwerts, den er geistes- und wissenschaftsgeschichtlich der Soziologie zuordnet. Schon in seinem wissenssoziologischen Hauptwerk *Ideologie und Utopie* (1929), hatte er, auf den Stellenwert der Sozialwissenschaften für die moderne Gesellschaftsorganisation eingehend, dargelegt, daß „die Bedeutung der Sozialwissenschaften ... proportional mit der Notwendigkeit regulierender Eingriffe in den Gesellschaftsprozeß" wachse[24]. Er behauptet, ähnlich wie Hans Freyer (1930/31), daß man, „um soziologisch arbeiten zu können, ... am Sozialprozeß partizipieren" müsse[25]. Wie Freyer will auch Mannheim „das Geschichtsleben ... zu einem wahren strategischen Plan", zu einer „intellektuell und willensmäßig beherrschenden Position" aufbereitet wissen[26]. Dabei sind die Soziologen, die freischwebendsten der freischwebenden Intelligenzen, behilflich: „Aus der Erforschung der gesellschaftlichen Geschichtsbedingtheit wird Soziologie, diese wieder wird immer mehr zur Zentralwissenschaft, deren Aspekt auch die auf entsprechender Stufe sich befindenden historischen Einzeldisziplinen durchdringt."[27] Diese Sätze stehen in seiner Wissenssoziologie, nicht etwa in Werken der nachfolgenden Phase seines explizit gesellschaftsplanerischen Denkens!

Je mehr Mannheim zum Gesellschaftsplaner wird, desto eindeutiger wird die Soziologie zur grundlegenden Planungswissenschaft. Schon in seiner Abhandlung *Über das Wesen und die Bedeutung des wirtschaftlichen Erfolgsstrebens* (1930) betont er die „pädagogische Intention" der Soziologie. 1932 bestimmt er *Die Gegenwartsaufgaben der Soziologie*[28] dahingehend, daß „Soziologie die angemessene Lebensorientierung des Menschen der industriellen Gesellschaft ist, wobei es offen bleibt, ob diese Gesellschaft auf kapitalistischer oder sozialistischer Grundlage durchorganisiert wird"[29]; in seinem Spätwerk *Diagnose unserer Zeit*[30], bestimmt er expliziter die „Rolle der Soziologie in einer streitbaren Demokratie" und ihren Inhalt als „die weltlichste aller Einstellungen zu den Problemen des menschlichen Lebens".

Wichtiger als diese Herleitung des planerischen Denkens aus der Entstehung und Entwicklung der Soziologie ist die damit verknüpfte, analytisch

---

[24] Mannheim, K.: Ideologie und Utopie, 4. Aufl. Frankfurt 1965, S. 3.
[25] Ebd., S. 42.
[26] Ebd., S. 213.
[27] Ebd.
[28] Mannheim, K.: Die Gegenwartsaufgaben der Soziologie. Ihre Lehrgestalt, Tübingen 1932.
[29] Ebd., S. 41.
[30] Diagnose unserer Zeit, dt. Zürich 1951 (orig. engl., Diagnosis of our Time: Wartime Essays of a Sociologist, London 1943).

jedoch differenzierbare Genesis der Planung aus der Mannheimschen Wissenssoziologie. Dieser Zusammenhang ist von Adorno[31], Popper[32], Werner Hofmann[33] und jüngst und grundlegend von Arnhelm Neusüss und Gunter W. Remmling[34] herausgearbeitet worden.

In *Ideologie und Utopie* wird die Aufgabe der Wissenssoziologie bestimmt als „Systematisierung des Zweifels, der sich in der Gesellschaft als dumpfe Unsicherheit und Ungewißheit äußert"[35]. Zweifel und Ungewißheit sind jedoch nur die Durchgangsstadien zu positivem Aufbau: „Die Ideologie- und Utopie-Enthüllung kann nur Gehalte zersetzen, mit denen wir nicht identisch sind, und es taucht die Frage auf, ob nicht unter bestimmten Umständen in der Destruktion selbst schon das Konstruktive liegt, ob der neue Wille und der neue Mensch nicht schon in der Richtung des Fraglichmachens gegenwärtig sind."[36] In einer noch größeren Nähe zum Vitalismus und Sozialdarwinismus, die ihre Abkunft von Nietzsche nicht verleugnen kann („was fällt, das soll man auch noch stoßen"), erläutert Mannheim die Ursachen jenes „Verfallsprozesses unechter Ideen, die eben deshalb unecht und zum Verfall verurteilt sind, weil sie schon ursprünglich zum Lebensraum unbezüglich gesetzt und erlebt wurden"[37]. Seit *Mensch und Gesellschaft im Zeitalter des Umbaus,* also seit 1935, bis zu Mannheims letzten Werken, werden der „neue Wille" und der „neue Mensch" immer eindeutiger, unter Zuhilfenahme einer sozialtechnologisch orientierten Pädagogik, Ethik und schließlich Religion inhaltlich genauer definiert. Das Neue und Konstruktive, durch das Scheidewasser des totalen Ideologieverdachts gegangen, trat von Werk zu Werk fordernder und als ultima ratio der Politik hervor; aus dem Relativismus der Wissenssoziologie war der „Relationismus" und „Perspektivismus" (Mannheim) der Planungs-

---

[31] Adorno, Th. W.: Das Bewußtsein der Wissenssoziologie (geschrieben 1937), in: Prismen. Kulturkritik und Gesellschaft, Frankfurt 1955, auch als dtv-Bd. Nr. 159, 1963.

[32] Popper, K. R.: Die offene Gesellschaft und ihre Feinde, dt. Bern 1958, vor allem Bd. II, 13. Kap.: „Die Wissenssoziologie".

[33] Hofmann, W.: Gesellschaftslehre als Ordnungsmacht, Berlin 1961, vor allem das Kapitel „Karl Mannheims Wissenssoziologie".

[34] Auf die Werke von Neusüss und Remmling wurde bereits in Fußnote 23 verwiesen.

[35] A. a. O., S. 45.

[36] Ebd., S. 99.

[37] Mannheim, K.: Über das Wesen und die Bedeutung des wirtschaftlichen Erfolgsstrebens. Ein Beitrag zur Wirtschaftssoziologie, zuerst 1930, Archiv für Sozialwissenschaft und Sozialpolitik (63); jetzt in: Karl Mannheim: Wissenssoziologie, Soziologische Texte Bd. 28, Berlin und Neuwied 1964, Zitat S. 628.

wissenschaft geworden.

Den Zusammenhang von totalem Ideologiebegriff und Planung betont auch Friedrich Jonas in seiner fundamentalen *Geschichte der Soziologie:* „Der totale Ideologiebegriff ... der das Bewußtsein funktionalisiert und damit abhängig macht von einer der Kritik nicht mehr zugänglichen Macht, hat das Ziel, das Wissen wieder der außerwissenschaftlichen Bevormundung ... unterzuordnen."[38] Erstaunlicherweise ist die „konstruktive Endabsicht"[39] der Mannheimschen Wissenssoziologie, wie auch Neusüss betont, den Zeitgenossen und Interpreten zumeist entgangen. Uns ist heute dieser Gehalt der Mannheimschen Wissenssoziologie vielleicht deshalb eher einsichtig, weil einerseits unser Blick für politisch-praktische Implikationen theoretischer Aussagen geschärft ist und uns andrerseits die Münchhausenmanier der Selbstbefreiung durch totale Destruktion theoretisch keine Legitimation zur Praxis mehr zu geben vermag. Daß Mannheim hier „zu Ende gedacht" hat, war nur konsequent und verdient in seinem Bemühen Anerkennung, durch „Planung für Freiheit" (Mannheim)[40] die zeitgenössischen „Alternativen" des Faschismus und Stalinismus vermeiden zu helfen[41].

IV. Planung als Resultante wissenschaftstheoretischer Positionen

Ein Zeitgenosse Mannheims kam, aber von ganz anderen Voraussetzungen her, zu einer vergleichbaren Interpretation der Stellung der Soziologie und der Notwendigkeit einer umfassenden Planung: Otto Neurath[42]. Jonas

---

[38] Jonas, F.: Geschichte der Soziologie, Bd. IV, rde Bd. 308/309, 1968, S. 75.

[39] Neusüss, A., a. a. O., S. 17.

[40] Wiese, L. von, hebt in seinem Nachruf auf Karl Mannheim, Kölner Zeitschrift für Soziologie, 1. Jg. 1948/49, S. 98f. hervor: „Mehr noch als an der Freiheit lag ihm ... an einer streng durchgeführten, auf Planung beruhenden Sozialisierung des ganzen öffentlichen und privaten Lebens ... Unheimlich war mir seine geheime Liebe zum Zwang."

[41] Auf einen anderen soziologischen Ansatz zur umfassenden Planung, der aus soziometrischer Verortung der Individuen und der Gesellschaft resultiert, kann hier nur hingewiesen werden: vgl. Moreno, J. L., Die Soziometrie und ihre Anwendbarkeit auf die praktische Politik, in: Soziologische Forschung in unserer Zeit, Festgabe für L. von Wiese, Köln und Opladen 1951. Dort wird die Errichtung eines „Ministeriums für zwischenmenschliche Beziehungen" vorgeschlagen, das sich bis in die Fabriken und Schulen, die Familien und Gemeinden fortsetzen sollte. Hinzuweisen ist auf die Bedeutung Morenos für Mannheim.

[42] Neurath, O.: Empirische Soziologie. Der wissenschaftliche Gehalt der Geschichte und Nationalökonomie, Wien 1931.

interpretiert Neuraths Abhandlung als „streng positivistischen Ansatz", der jedoch auf „die Vorstellung von der Solidarität des Schicksals"[43] nicht verzichten könne. Jonas übersieht, daß der Gedanke der Solidarität, der jedem gesamtgesellschaftlichen Planungsansatz zugrunde liegt, bei Neurath weniger aus einer durchgehaltenen positivistischen Position, sondern vielmehr aus einer beibehaltenen marxistischen kommt. Neurath verknüpft den „Ausbau der wissenschaftlichen Weltauffassung" mit der Forderung nach „einer materialistischen Soziologie"[44]; beides zusammen, unter dem Begriff der Solidarität und verbunden mit dem Schicksal der Massen und der Arbeiterbewegung, führe darin mehr oder weniger zwangsläufig zur „Umgestaltung unserer Gesellschafts- und Wirtschaftsordnung"[45].

Diese Kopplung von Marxismus und Positivismus ist so interessant wie problematisch: nicht die marxistische Philosophie oder Gesellschaftslehre, sondern die Soziologie ist expressis verbis zur umfassenden Gesellschafts- und Planungswissenschaft geworden: „Planmäßige Gesellschaftstechnik bedarf zu ihrer Rechtfertigung ständig soziologischer Theorien."[46] An positivistische Theorie mit ihrer Behauptung methodologischer Identitäten zwischen den sogenannten Natur- und Geisteswissenschaften wird man erinnert, wenn Neurath „praktische politische Tätigkeit großen Stils ... dem Experiment des Physikers"[47] vergleicht. Gesellschaftsplanung ist social engineering, und social engineering ist eine naturwissenschaftlich abgesicherte Angelegenheit, dadurch erforderlich und legitimiert, weil es ja um das Heil der Massen geht. Die naturwissenschaftliche und die sozialistische Legitimierung der Gesellschaftsplanung sollen dieser eine doppelt abgestützte Verbindlichkeit geben, je nachdem, ob man sich mehr durch die „reine Wissenschaft" oder mehr durch massenfreundliche Theorie dazu überzeugen läßt. Da hier, im Gegensatz zu der Interpretation von Jonas, vor allem eine marxistische Grundhaltung des Positivisten Neurath für dessen Aporien herangezogen wird, kann auch nicht der Positivismus dafür verantwortlich gemacht werden, daß der Voluntarismus an jenen Stellen ins System kommt, die positivistisch nicht mehr erhellt und fundiert werden können. Popper beispielsweise ist von Neurath so weit entfernt wie dieser von Max Weber oder von den Dialektikern.

Ist die „holistische Geschichtsprophetie", die Popper an Comte wie an Marx oder Mannheim rügt und auf deren wissenschaftlich ungesicherte Ba-

---

[43] Jonas, F., a. a. O., S. 71.
[44] Neurath, O., a. a. O., S. 144.
[45] Ebd.
[46] Ebd., S. 144/145.
[47] Ebd., S. 145.

sis und gefährliche Konsequenzen er warnend hinweist[48], mit ihrer Absicht, „das alte Problem der Vorhersage der Zukunft zu lösen"[49], implizit darauf angelegt, aus der ganzheitlichen Vorhersage der gesellschaftlich-historischen Entwicklung eine Planung abzuleiten, so beschränken sich die „technologischen Prognosen" (Popper) auf Bereiche, in denen wissenschaftlich fundiert aussagbar ist, „welche Maßnahmen wir ergreifen können, wenn wir bestimmte Resultate erzielen wollen"[50]. Popper bestreitet vom „logischen Gesichtspunkt (der) Durchführbarkeit" jede „utopische Idee der Planung und der Planwirtschaft"[51].

Die wissenschaftstheoretische Divergenz von „holistischer Geschichtsprophetie" und „technologischer Prognose", die von Popper herausgearbeitet wird, interessiert hier weniger als folgender Vergleichspunkt beider Positionen in ihrem Theorie-Praxis-Bezug: der Bereich des planenden Eingriffs ist jeweils soweit gefaßt, wie der betreffende Prognostiker, also entweder der Holist oder Historizist bzw. der Sozialtechniker, dies aufgrund der Reichweite seiner Erkenntnis glaubt verantworten zu können. Der Holist sieht sich, so jedenfalls ist seine Legitimation, von praktischen Anforderungen her genötigt, für ganzheitliche Planungen die wissenschaftlichen Voraussetzungen zu liefern: Mannheim beispielsweise geht davon aus, daß zwischen der Notwendigkeit ganzheitlicher Planung und den Möglichkeiten, dies wissenschaftlich fundiert zu tun, eine Entsprechung bestehe („Zeitalter der Planung" als praktisch-theoretisches Postulat). Der Sozialtechniker bestreitet zwar vom „logischen Gesichtspunkt" die Durchführbarkeit ganzheitlicher Planungen, will jedoch in dem Bereich, den er wissenschaftlich zu „beherrschen" glaubt, ebenfalls praktisch wirksam werden.

Der Vergleichspunkt betrifft also den Impuls des wissenschaftlichen Arbeitens, nicht seine methodisch und wissenschaftstheoretisch divergierenden Verfahrensweisen. Natürlich mußte bei einer eingehenden Darstellung des Theorie-Praxis-Verhältnisses beider Positionen berücksichtigt werden, daß möglicherweise der Impuls, ändern zu wollen und wissenschaftlich begründete Anleitungen zum praktischen Eingriff in das soziale Geschehen zu liefern, unter dem Postulat werturteilsfreier Forschung und den Bedingungen neopositivistischer Methodenstrenge an Intensität eingebüßt hat – doch die Voraussage der künftigen bzw. die Herbeiführung der

---

[48] Popper, K. R.: Die offene Gesellschaft und ihre Feinde, a. a. O.; Das Elend des Historizismus, dt. Tübingen 1965 (bezeichnenderweise ist letztes Werk gewidmet „dem Andenken ungezählter Männer, Frauen und Kinder.... Opfer von nationalistischen und kommunistischen Formen des Irrglaubens an unerbittliche Gesetze eines weltgeschichtlichen Ablaufs").
[49] Popper, K. R.: Das Elend des Historizismus, a. a. O., S. 34.
[50] Ebd., S. 35.
[51] Ebd., S. VII.

gewünschten Entwicklung spielt sich prinzipiell nach dem gleichen Modus ab: Analyse, Prognose und Plan. Daß die Holisten den Sozialtechnologen den Vorwurf der Horizontverengung und der Vernunftbeschneidung machen, und die „technologischen Prognostiker" ihre Kontrahenten der Unwissenschaftlichkeit, des Historizismus und der Geschichtsprophetie beschuldigen, berührt nicht die durchaus vergleichbare Absicht, auf der Basis wissenschaftlicher Voraussagen Pläne für praktisches Eingreifen zu ermöglichen.

Entsprechend diesen Positionen, die von ihren wissenschaftstheoretischen Voraussetzungen her zu verschiedenen Prognose-, Planungs- und Eingriffsmöglichkeiten und damit zu einem je unterschiedlichen „Sozialumfang der Planung" (Schelsky) führen, gibt es in der Wirklichkeit Planungsprozesse, die sich explizit auf neopositivistische Grundlagen und Möglichkeiten der Planung stützen[52]; Planungsprozesse, die sich auf andere wissenschaftliche Positionen als die des Neopositivismus berufen und ihren Sozialumfang weiter fassen – so der „Historizismus", zu dem Popper auch die marxistisch angeleitete Planwirtschaft rechnet –; und schließlich eine dritte Art von „Planungen", die auf das Mittel wissenschaftlich begründeter, „planvoller" Zielsetzung und Entscheidungsvorbereitung glaubt verzichten zu können.

V. Planung als Problemhorizont in den Sozialwissenschaften

Nach den mehr wissenschaftstheoretisch, historisch und geistesgeschichtlich orientierten Ansatzpunkten der Planungsdiskussion in den Sozialwissenschaften soll nun detaillierter die gegenwärtige Diskussion in verschiedenen Disziplinen im Hinblick auf unsere Fragestellung untersucht werden.

Zu klären ist, aus welchen Gründen und mit welchen Ansprüchen der Begriff der Planung vorgetragen und wie er in relevanten sozialwissenschaftlichen Erörterungen auf seine gesamtgesellschaftliche Dimension hin reflektiert wird. Diese „Dimensionierung" des Planungsbegriffs ist nicht zuletzt deshalb geboten, weil die vor wenigen Jahren noch übliche Achtung der Planung umgeschlagen ist und allenthalben anerkannt wird, daß Planung ein unerläßliches Instrument sowohl des Sozialstaates wie der Marktwirtschaft ist[53], was fast noch mehr beunruhigt als die einst zumindest

---

52 Vgl. über die Planung als „Methode der Entscheidungsvorbereitung", als Instrument zur Bewertung der „Konsequenzen alternativen Handlungsmöglichkeiten oder alternativen Umweltbedingungen" und zu anderen Implikationen neopositivistisch orientierter Planung Schneider, H. K.: Planung und Modell, in: Zur Theorie der allgemeinen und der regionalen Planung, a. a. O.

53 So heißt es in einem der bekanntesten Sammelwerke zur gegenwärtigen Pla-

politisch motivierte Distanz zur Planung. Die Feststellung Karl Mannheims, daß wir gar nicht mehr die Wahl haben zu planen oder nicht zu planen, sondern nur noch wählen können zwischen guter und schlechter Planung, scheint allgemein akzeptiert.

Für diesen Tatbestand sind einige Ursachen zu nennen. Die wichtigste muß wohl darin gesehen werden, daß das Planungsdenken und die Planungswirklichkeit nicht über explizit gemachte ideologische Kontroversen – hier Marktwirtschaft, dort Zentralverwaltungswirtschaft usw. – ins politisch-gesellschaftliche Selbstverständnis aufgenommen wurden, sondern über praktische Ziele: Erhaltung der Vollbeschäftigung; Ordnung des Raumes; Beseitigung der „Bildungskatastrophe" (Picht); Sanierung der Städte; Ausgleich „technologischer Lücken" (Servan-Schreiber) usw.

Besteht über die genannten Ziele weiterhin Einigkeit, auch darüber, daß man sich zu ihrer Verwirklichung der vorhandenen Entscheidungs-, Informations- und Planungsinstrumente bedienen muß und nur über die Präferenzordnung der Ziele zu streiten sei, so wurde bisher nur in Ansätzen untersucht, ob die auf allen Gebieten zunehmende Planungstätigkeit nicht Konsequenzen für die Gesamtorganisation von Staat, Gesellschaft und Wirtschaft hat. Pointiert gefragt: läßt sich das Instrument der Planung bruchlos einer Gesellschaftsordnung einfügen, deren erklärtes Ziel es (bisher) war, *nicht* staatlich zu planen? Handelt es sich nur um eine „sachgesetzlich" notwendig gewordene Ausweitung der Planungstätigkeit auf partielle Bereiche, die lediglich als Fortsetzung der bisher auch in unserer Gesellschaftsordnung als unproblematisch betrachteten Planung in *einzelnen* Wirtschaftsunternehmen angesehen werden? Bekommen nicht Staat, Wirtschaft und Gesellschaft durch die zunehmende Planungsvielfalt eine neue Dimension (die jedoch nicht unreflektiert in eine neue Qualität umschlagen sollte)?

Um jedoch gleich anzudeuten, wie diese Diskussion nicht geführt und die neue Qualität nicht gewonnen werden kann, sei eine aktuelle Streitschrift herangezogen: Karl Steinbuchs *Falsch programmiert*[54]. Nachdem Steinbuch das angeführt hat, „was eigentlich geschehen müßte", also „höchste Priorität für die Gesundheitspflege, für die Bildung, für die Gewaltlosigkeit nach innen und nach außen, für gleiche Bildungschancen

---

nungsdiskussion in den Sozialwissenschaften: „Das Selbstverständnis unserer Epoche hat sich Begriff und Institut Nationaler Planung assimiliert und begreift Planung nicht als Gegensatz oder als Ersatz von Marktwirtschaft, sondern als ein Institut innerhalb der Marktwirtschaft" (Kaiser, J. H.: Planung II. Begriff und Institut des Plans, Baden-Baden 1966, Vorwort des Hrsg., S. 7).

[54] Steinbuch, K., Falsch programmiert. Über das Versagen unserer Gesellschaft in der Gegenwart und vor der Zukunft und was eigentlich geschehen müßte, Stuttgart 1968.

für alle" usw.[55], zieht er die überraschende Folgerung, daß dies alles „Kennzeichen des Sozialismus"[56] seien. Steinbuch gehört zu jenen späten Nachfahren der Saint-Simonisten – natürlich ohne es zu wissen oder ausgesprochen zu haben –, die auf technokratischem Weg zum Sozialismus gekommen sind: „Es scheint mir ganz sicher zu sein, daß im Zeitalter der perfekten Technik und der dichten Massengesellschaft auf lange Sicht keine andere Gesellschaftsform realisierbar ist."[57] Um aber nicht falsch verstanden zu werden – und in Bonn ist Steinbuch nicht falsch verstanden worden, denn er konnte aus der Hand des „technokratischen" Ministers Stoltenberg[58] einen Preis entgegennehmen –, flüchtet auch er in die Utopie: „Sicher unterscheidet sich dieser utopische Sozialismus von dem, was gegenwärtig oftmals als ‚Sozialismus' ausgegeben wird."[59] Steinbuchs „utopischer Sozialismus" hat gleichsam die gesellschaftliche Wirklichkeit als „Hinterwelt" (Steinbuch in Anlehnung an Nietzsche, auf den er sich kurioserweise beruft) abgetan und bezieht nun seine Legitimation ausschließlich aus der „Priorität" und „Rationalität" von Zielen, die ohnehin von niemandem ernsthaft bestritten werden.[60] Zu bestreiten ist jedoch, daß es irgendein Ziel gibt, das zu seiner „planvollen" Verwirklichung den (Um-)Weg über Institution und Recht, Politik und ggf. Verfassung nicht zu nehmen hätte![61] Gegen diese Sicht der Planung, sowohl hinsichtlich der unterstellten „ideologiefreien" Anwendung als auch der immanenten Behauptung, die jeweils bessere Zukunft stets auf ihrer Seite zu haben, sind bereits sehr kritische Einwände erhoben worden[62].

---

55 Ebd., S. 156.
56 Ebd.
57 Ebd.
58 Vgl. hierüber Franke, B., Neumann, Th. (Hrsg.): Antworten auf Stoltenberg. Zur Wissenschaftspolitik in der Bundesrepublik, Frankfurt 1969.
59 Steinbuch, K., a. a. O., S. 156.
60 Dies war auch das Argument von Schelsky auf dem Darmstädter Gespräch, als er Steinbuch vorwarf, es sich mit der Kritik an seinem (Schelskys) Referat sehr leicht gemacht zu haben (Der Mensch und seine Zukunft; Darmstadt 1967).
61 „Die kritische Grenze ihrer Akzeptierbarkeit muß sie (die Planung, B. S.) dort finden, wo sie als Ersatz für Politik aufgefaßt wird; als Politiksurrogat zerstört sie die Möglichkeit von Politik ebenso wie die Wirklichkeit von Freiheit" (Willms, B., Zur Dialektik der Planung. Fichte als Theoretiker einer geplanten Gesellschaft, in: Säkularisation und Utopie, Kohlhammer-Verlag 1967, S. 167).
62 Von Schelsky, H., sind hier vor allem zu nennen: Über die Abstraktheit des Planungsbegriffs in den Sozialwissenschaften, a. a. O., Planung der Zukunft, a. a. O. Die Planung als Basis futurologischer Konzepte ist kurz und prägnant von Koch, C. kritisiert worden: Kritik der Futurologie, in: Kursbuch 14/1968, S. 1ff. Über den Begriff der Planung „als einer jüngsten Epoche in der Geschichte unseres sich wandelnden Verhältnisses zur Zukunft" vgl. auch

Die Immunisierung der Planung gegen Gesellschaft und Politik, die doch allein Bedingung und Möglichkeit ihrer Verwirklichung ausmachen; das Ausspielen der Planungs-Rationalität gegen die Institutionen, denen alle Unvernunft und Fehlentwicklung zugeschoben wird, ist von Schelsky sehr nachdrücklich als „Ideologie der Rationalität" entlarvt worden.

Die Planungsdiskussion in den Wirtschaftswissenschaften, so gut sie der Verfasser zu überschauen vermag, hat mehrere Schwerpunkte: Probleme der Planung in der Marktwirtschaft[63] (auch in Abgrenzung zu planwirtschaftlichen Wirtschafts- und Gesellschaftssystemen); „Begriff und Logik der Planung"[64]; Planung im Zusammenhang mit einzelnen wirtschaftlichen Institutionen (im Unternehmen beispielsweise) oder Prozessen (des Wachstums, der Verteilung usw.)[65].

In den beiden gegenwärtig repräsentativen staats- und sozialwissenschaftlichen Werken, im *Staatslexikon*[66] und im *Handwörterbuch der Sozialwissenschaften*[67], wird die Planungsdiskussion vor allem unter wirtschaftswissenschaftlichen Gesichtspunkten geführt. Im *Staatslexikon* handelt nur der Artikel „Organisation", der auch die soziologische Dimension berücksichtigt, von gegenwärtigen Planungsproblemen. Im *Handwörterbuch der Sozialwissenschaften* gibt es zwei relevante Artikel über die Planung („betriebliche Planung"; „Planwirtschaft") und ebenfalls zwei über Organisation („Organisation"; „betriebliche Organisation"). Hier interessiert vor allem der Artikel von K. Paul Hensel über die Planwirtschaft, weil in ihm die gesamtgesellschaftliche Dimension der (wirtschaftlichen) Planung bereits im Titel angedeutet ist. Doch nur im Schlußkapitel (VI), „Staatliche Planwirtschaft und Demokratie", klingt die hier

---

Lübbe, H., a. a. O., und jüngst seinen Beitrag in: Merkur Nr. 150, Februar 1969, Ernst und Unernst der Zukunftsforschung, S. 125ff.

63 Vgl. hierzu Schneider, E. (Hrsg.): Rationale Wirtschaftspolitik und Planung in der Wirtschaft von heute, Schriften des Vereins für Socialpolitik, NF Bd. 45, Berlin 1967; Planung ohne Planwirtschaft, hrsg. von Plitzko, A., Bd. 34 der Veröffentlichungen der List-Gesellschaft, Basel und Tübingen 1964; Riese, H.: Planung als Mittel einer rationalen Wirtschaftspolitik, in: Die neue Gesellschaft, 13. Jg. 1966, Heft 2; entsprechende Beiträge in den von Joseph H. Kaiser herausgegebenen Sammelwerken „Planung", Bd. I–III, a. a. O. Weitere Literaturangaben zu diesem Punkt siehe weiter unten.

64 Rieger, H. Chr.: Begriff und Logik der Planung, Wiesbaden 1967. Schneider, H. K.: Planung und Modell, a. a. O.; Vente, R. E.: Planung wozu? Begriff, Verwendung und Probleme volkswirtschaftlicher Planung, Baden-Baden 1969.

65 Vgl. unter anderem Dobb, M.: Ökonomisches Wachstum und Planung, Frankfurt 1968 (orig. engl. 1960).

66 Staatslexikon, hrsg. von der Görres-Gesellschaft, Bd. 6, Freiburg 1961.

67 Handwörterbuch der Sozialwissenschaften, 8. Bd., Stuttgart-Tübingen-Göttingen 1964.

interessierende Problematik vage an: „Es fragt sich deshalb, ob demokratische Regierung der Gesellschaft mit staatlicher Planwirtschaft vereinbar ist."[68] Die Antwort darauf ist normativ und apodiktisch, d. h. unwissenschaftlich; sie zeigt eher die Verschüttung des Problems seit den intensiven Auseinandersetzungen der Zwischenkriegszeit als deren aktuelle Bezüge: „Zentralisierung der wirtschaftlichen Planung führt notwendig hin zum totalen Staat und schließt eine demokratische Regierung der Gesellschaft aus."[69]

Doch gibt es zum Problembereich der Planung in der Marktwirtschaft auch weiterführende Ansätze. Gerade in den letzten Jahren ist dieses Thema häufiger zur Diskussion gestellt worden, so auf Tagungen des Vereins für Socialpolitik der Friedrich-Naumann-Stiftung und der List-Gesellschaft.[70] Versucht man auf der einen Seite zu zeigen, daß nicht alle volkswirtschaftlich, sozialpolitisch, bildungs-, verkehrs- und raumordnungspolitisch wichtigen Entscheidungen dem Marktmechanismus überlassen werden können[71], dieser vielmehr durch zentrale Aufgabenstellungen und Planungen ergänzt werden müsse, so wird auf der anderen Seite, trotz der zunehmenden gesamtgesellschaftlichen Bedeutung und Dimensionierung dieser Planungen, der Unterschied zur Zentralverwaltungswirtschaft sehr wohl betont. So heißt es bei Helmut Arndt[72], daß im Unterschied zu einer Zentral-

---

[68] Art. „Planwirtschaft", HDSW, 8. Bd., a. a. O., S. 336.

[69] Ebd., S. 337.

[70] Planung in der Marktwirtschaft (hrsg. von Erbe, W., u. a.), Schriftenreihe der Friedrich-Naumann-Stiftung zu Politik und Zeitgeschichte, Nr. 7, Stuttgart 1964. Zu den übrigen Literaturangaben vgl. Fußnote 63.
Vgl. auch den Beitrag von Jürgensen, H., Kantzenbach, E., Ansatzmöglichkeiten gesamtwirtschaftlicher Planung, in: Planung II, a. a. O., S, 49–62; hier werden nicht nur in gedrängter Kürze und mit den wichtigsten Literaturangaben die Etappen der seit 1962 intensivierten „ordnungspolitischen" Diskussion in der Bundesrepublik Deutschland aufgezeigt, sondern „die verschiedenen Ansatzmöglichkeiten für gesamtwirtschaftliche Planungen innerhalb der Wirtschaftspolitik systematisch darzustellen" versucht (S. 50) und zwischen „Einzel-, Struktur- und Niveausteuerung der Wirtschaft in einer freiheitlichen Gesellschaftsordnung" (Kantzenbach) unterschieden.

[71] Sehr prägnant wird dieser Punkt herausgearbeitet von Arndt, H., Die Planung als Problem der Marktwirtschaft, in: Rationale Wirtschaftspolitik und Planung in der Wirtschaft von heute, a. a. O., S. 14 ff. Dort heißt es S. 21: „Die Marktwirtschaft produziert nicht die volkswirtschaftlich zweckmäßige Grundstruktur. Verkehrs-, Bau-, Raum- und Bildungsplanung können nicht allein dem Marktmechanismus überlassen werden." Es ergäben sich „fünf Arten staatlicher zentraler Planung in der Marktwirtschaft" (von der „strukturökonomischen Planung" bis zur „sozialökonomischen Planung").

[72] Ebd., S. 22.

verwaltungswirtschaft in der Marktwirtschaft „staatlich zentrale Planungen" nur „subsidiär" und „indikativ" seien; im übrigen seien „staatliche Planung und zentrale Planung keineswegs identisch"[73]. Das Festhalten am Begriff der Marktwirtschaft, unabhängig davon, daß jede Institution und jeder Begriff historischen Wandlungen unterworfen ist, ist keineswegs zufällig; es verweist vielmehr auf Widersprüche in den etablierten Ordnungen und ihrem Selbstverständnis. Diese Widersprüche haben ihre Ursache nicht nur in der zunehmenden Verschmelzung von Staat und Gesellschaft (vgl. weiter unten), in zunehmender wirtschaftlicher und sozialpolitischer Aktivität des Staates, der Ausweitung des planenden Verwaltungshandelns, den Problemen der Parteien- und Verbandsverschmelzungen und den Notwendigkeiten „staatlich zentraler Planung in der Marktwirtschaft" (Arndt), sondern ebensosehr und künftig vielleicht mit noch weiterreichenden Konsequenzen in der technologisch bedingten Zentralisierung der Produktion. Auf diesen Punkt hat J. Kenneth Galbraith[74] in seinem letzten Werk, *Die moderne Industriegesellschaft,* nachdrücklich hingewiesen. Es ergibt sich das Paradox, daß die einzelnen großen Unternehmungen zwar die marktwirtschaftlich-kapitalistischen Voraussetzungen ihrer Produktion akzeptieren, aber nur, um in individueller Wendung gegen das System aus diesem um so besseren Nutzen zu ziehen: „Ein guter Teil dessen, was die Firmen als Planung betrachten, besteht einfach darin, den Einfluß des Marktes zu verringern oder ganz auszuschalten."[75] Hier wird keineswegs behauptet, daß die zunehmende Planungsaktivität in allen gesellschaftlichen Bereichen nur die letzte Ausflucht sei, bestehende Widersprüche unserer Gesellschaftsordnung zu verdecken bzw. das spätkapitalistische System vor einem noch vorzeitigeren Zusammenbruch zu bewahren.[76] Es ist aber darauf hinzuweisen, daß es Widersprüche gibt und die „Trends zur Planung", die wir aus wissenschaftsimmanenten wie aus praktischen Entwicklungen abgeleitet hatten, gesamtgesellschaftlich reflektiert werden müssen.

Wurde schon darauf hingewiesen, daß das praktische Korrelat der neopositivistischen Erkenntnistheorie Planung ist, wissenschaftlich angeleitete piece-meal-Technik, so sind an dieser Stelle weitere Ursachen zu nennen,

---

[73] Ebd., S. 24.

[74] Galbraith, J. K., Die moderne Industriegesellschaft, dt. München/Zürich 1968 (orig. amerik. 1967).

[75] Ebd., S. 39.

[76] Abendroth, W., Planung und klassenlose Gesellschaft. – Planung in Richtung auf eine klassenlose Gesellschaft? Einige marxistische Bemerkungen zum Problem der Planung, in: Modelle für eine neue Welt (Der Griff nach der Zukunft), 1964, S. 248: „Die Planung des organisierten Kapitalismus ist also notwendig ihrem Inhalt nach irrational, weil er ein rationales gesellschaftliches Leitbild nicht entwerfen kann."

die zur Planung drängen und deren scheinbar „ideologisch-neutralisierende" Funktion verstärken: einmal die erwähnten technologischen Strukturen, dann aber auch gewisse „Planungsinstrumente", die die Wissenschaft, zum Teil unter praktischen Anforderungen, entwickelt hat[77]. So heißt es bei Vente[78], in der gesamtgesellschaftlichen und gesamtwirtschaftlichen Planungsdiskussion sei für den Westen zu konstatieren, daß diese nicht von Prinzipien der Planwirtschaft, sondern von der Entwicklung und Anwendung partieller Planungsinstrumente ihren Ausgang nehmen. Für den Osten bedeute die Übernahme dieser Instrumente in letzter Konsequenz „die Einführung eines einigermaßen funktionierenden freien Preismechanismus der Gesamtwirtschaft, also eine Dezentralisierung von Konsum- und Produktionsentscheidungen"[79]. Andererseits sei aber zu betonen, daß gerade die Übernahme dieser Planungsinstrumente, „wie der Input-Output-Analyse und der linearen Programmierung, den Einfluß der an einer straffen Zentralisierung Interessierten dadurch stärken, daß solche Mittel die Möglichkeiten zentralisierter Entscheidungen erhöhen"[80]. Welches im Westen die Folgen der immer umfassenderen Anwendung „zentralisierender" Planungsinstrumente sind, wird nicht erörtert, ist aber auch, das sei hinzugefügt, nicht das Thema der Venteschen Arbeit.

Zum Abschluß des kurzen Referats planungstheoretischer Diskussionspunkte in der Nationalökonomie sei noch auf einen Ansatzpunkt des „Vergleich(s) der Gesamtsysteme von Wirtschafts- und Staatsordnung" hingewiesen, den Reinhard Schaeder vorgetragen hat[81]. Schaeder will das Problem der Zuordnung von Wirtschafts- und Gesellschaftsordnung formalisieren, um dann „kombinatorisch durchzuprüfen, welche Strukturen, d. h. Typen in jedem der Bereiche überhaupt denkmöglich, und welche zwischen ihnen kompatibel sind"[82]. Es ist aber gerade das fraglich, was Schaeder zur Voraussetzung seines Formalisierungsvorschlages macht, ob nämlich „mit jeder ... realen Wirtschaftsordnung ... bestimmte Ordnungen des politischen bzw. staatlichen Bereichs korreliert"[83] sind, vor allem: wie sie korreliert sind.

---

[77] Insbesondere Vente geht in seiner genannten Untersuchung vom gegebenen Planungs-Instrumentarium aus und knüpft daran die Frage: „Auf was denn nun die Planungstechniken angesetzt werden könnten" (a. a. O., S. 10).
[78] Vente, R. E., Planung wozu? a. a. O., S. 29.
[79] Ebd.
[80] Ebd.
[81] Schaeder, R., Vergleich der Gesamtsysteme von Wirtschafts- und Staatsordnung, in: Jahrbuch für Sozialwissenschaft, Bd. 19 (1968) Heft 3, S. 287ff.
[82] Ebd., S. 305.
[83] Ebd.

Über den Stand der Planungsdiskussion in der Rechtswissenschaft unter dem hier interessierenden Gesichtspunkt der gesamtgesellschaftlichen Reflexion des Gegenstandes können nur einige Hinweise gegeben werden.

Die neueste und gegenwärtig umfassendste *Allgemeine Staatslehre* von Herbert Krüger[84] widmet der Tatsache und der Bedeutung der Planung für das moderne Staats- und Verfassungsleben nur einige Randbemerkungen. Krüger übersieht dabei nicht nur viele Bezüge der zunehmenden planenden Verwaltung in Staat und Verfassung, sondern schiebt das Problem der Planung auch noch jenem Gesellschaftssystem zu, das bislang bei uns den Planungsbegriff überhaupt zu diskreditieren vermochte: „Was die Politik angeht, so sind Planung und Plan ohne weiteres gegeben, wenn es sich um einen Staat vom marxistisch-kommunistischen Typ handelt. Da nämlich diese Ideologie lehrt, daß die Geschichte in allen ihren Bereichen sich nach ehernen Gesetzen auf ein bestimmtes Ziel hin bewegt, ist Planung nicht nur möglich, sondern geradezu unerläßlich."[85] Diese Aussage entsprach schon 1964 – dem Zeitpunkt der ersten Auflage des Krügerschen Werkes – nicht mehr dem Verständnis von Planung in Wissenschaft und Praxis der Bundesrepublik, abgesehen davon, daß sie einfach falsch und politisch verzerrend ist.

Eindringlicher verweisen auf die mit der Planung gegebenen Strukturänderungen sowie die Tatsache ihrer bisherigen ungenügenden Berücksichtigung in der Verfassung Ernst Forsthoff und Arnold Köttgen. So heißt es bei Forsthoff, „daß dort, wo man mit der raumordnenden wie jeder umfassenden Planung ernst macht, die herkömmlichen Begriffe und Deduktionsmodi des Verfassungsrechts versagen"[86].

Damit ist schlagwortartig das hier gestellte Problem bezeichnet, ohne daß der Verfasser die Behauptung Fortshoffs juristisch untermauern könnte. Tatsache ist jedenfalls, „daß die rechtsstaatliche Verfassung, also das Grundgesetz, zu den spezifischen in diesem Jahrhundert entstandenen Problemen schweigt. Sie schweigt zur Daseinsvorsorge, sie läßt den Begriff des sozialen Staates im Dunkel ... Auch die Planung gehört zu den neuen Phänomenen, die in der rechtsstaatlichen Verfassung keinen Ort haben."[87] Um hier einen, unter mehreren Aspekten sicherlich fragwürdigen Vergleich anzuführen: Politische Parteien bestimmten wahrscheinlich mehr als heute das Staats- und Gesellschaftsgeschehen der Weimarer Republik, doch in der Verfassung existierten sie nicht.

---

[84] Krüger, H., Allgemeine Staatslehre, 2. Aufl., Kohlhammer-Verlag 1966 (1964).
[85] Ebd., S. 133.
[86] Forsthoff, E., Über Mittel und Methoden moderner Planung, in: Planung III, hrsg. von Joseph H. Kaiser, Baden-Baden 1968, S. 26.
[87] Ebd., S. 22.

Ob wir für die zunehmende Bedeutung der Planung in allen Wirtschafts-, Verwaltungs- und übrigen Gesellschaftsbereichen die Probleme der „Daseinsvorsorge" (Forsthoff), der Komplexität oder der Interdependenz (Mannheim) oder einfach die „Sachgesetzlichkeiten" (Schelsky) der wissenschaftlichen Zivilisation anführen, bleibt für die Aufgabe einer gesamtgesellschaftlichen und verfassungspolitischen Dimensionierung der Planung unerheblich. In seinem Lehrbuch des Verwaltungsrechts macht Forsthoff vor allem die Verschmelzung von Staat und Gesellschaft[88] dafür verantwortlich, daß „die moderne ... soziale Wirklichkeit ... dem Staat die Verpflichtung auf(erlegt), umfassend zu planen und zu lenken"[89].

Köttgen bezeichnet „Planung und Plan als notwendige Begleiterscheinungen der großen ‚Metamorphose des zwanzigsten Jahrhunderts' "[90]. Er untersucht vor allem die Auswirkungen der planenden Verwaltung, die er als „Novum" bezeichnet, als Beleg dafür, daß wir „an einer Wende der Verwaltungsgeschichte stehen"[91]. Ähnlich hatte auch schon Niklas Luhmann bemerkt: „Das Thema Planung ist ... ein Grund, die Frage nach dem Verhältnis von Politik und Verwaltung neu zu stellen."[92]

Diese wenigen Hinweise genügen, um deutlich werden zu lassen, daß es in der Rechtswissenschaft Ansätze gibt, die Planungsvielfalt da aufzugreifen, wo sie (latente) Strukturänderungen in Politik und Verwaltung im Verhältnis von Staat und Gesellschaft bewirkt oder bewirken könnte und dadurch eine verfassungspolitische Aktualisierung geboten wäre.

Abschließend sei noch darauf hingewiesen, daß selbstverständlich auch

---

[88] Hierzu Freyer, H., Das soziale Ganze und die Freiheit der Einzelnen unter den Bedingungen des industriellen Zeitalters, 1957, S. 23: „Denn das soziale System der modernen industriellen Gesellschaft ist zunächst einmal dadurch charakterisiert, daß die Trennung von Staat und Gesellschaft weggefallen ist ... Alle Entwicklungen der modernen Demokratie und alle Umbildungen der Industriewirtschaft ... konvergieren dahin, daß Staat und Gesellschaft zusammenwachsen, und zwar geschieht das von beiden Seiten her: indem der Staat mit seiner Tätigkeit alle Bereiche des gesellschaftlichen Lebens durchsetzt, – und indem die ... gesellschaftlichen Kräfte, zu Großverbänden organisiert, ihre Aktionen in den Staat hinein- und durch ihn hindurchleiten." Ähnliche Analysen sind bereits Ende der zwanziger Jahre – wenn auch mit problematischen Folgerungen – von Carl Schmitt vorgetragen worden: Der Hüter der Verfassung, 1931, und in anderen Schriften.

[89] Forsthoff, E., Lehrbuch des Verwaltungsrechts, 1. Band, Allg. Teil, 9., neubearb. Aufl., München und Berlin 1966 (1950), S. 3/4.

[90] Köttgen, A., Mandat, Methoden, Instrumente planender Verwaltung, in: Planung III, a. a. O., S. 11.

[91] Ebd., S. 12.

[92] Luhmann, N., Politische Planung, in: Jahrbuch für Sozialwissenschaft, Bd. 17 (1966), Heft 3, S. 272.

in der Rechtswissenschaft, ähnlich wie in anderen Sozialwissenschaften, die Begriffe Planung und Plan auch unter formalen Gesichtspunkten abgehandelt werden, am ausführlichsten bisher auf einer Erlanger Tagung mit dem Thema „Der Plan als verwaltungsrechtliches Institut"[93]. Thema war vor allem die Differenzierung zwischen Plan und Verwaltungsakt, Plan und Norm[94] und die rechtliche Durchgestaltung verschiedener Planungsformen und Planungsprozesse.

VI. Schlußbemerkung

Schelsky bringt dadurch Klarheit und Übersicht in die Diskussion um die Anwendung des Planungsbegriffes in den Sozialwissenschaften, indem er zwischen technischem, historisch-politischem, system-funktionalem, kybernetischem und institutionellem Planungsdenken und Planungsbegriff unterscheidet und die Aktualität und Anwendbarkeit sozialwissenschaftlicher Planung in unserer gegenwärtigen Gesellschaft vor allem auf das „Planungsinstrument" des Rechts bezieht.

Dieser Beitrag versuchte dadurch Übersicht zu schaffen und zur theoretischen Durchdringung und reflektiven Verarbeitung des Phänomens Planung beizutragen, indem nach den möglichen Ansatzpunkten der Planungsdiskussion in den Sozialwissenschaften unter dem Blickwinkel ihrer gesamtgesellschaftlichen Dimension gefragt wurde. In einiger Breite wurden dabei jene Ansätze geschildert, die den Organisations- bzw. Planungsbegriff zum Schlüsselbegriff des Zeit- und Gesellschaftsverständnisses hypostasiert hatten (Plenge, Mannheim) und daraus soziologische Folgerungen ableiteten. Als Fazit kann festgehalten werden, daß es zwischen dem Pragmatismus partieller, aber weitgehend „gesellschaftsblinder" Planung und dem Gespenst einer total verplanten Gesellschaft kaum Ansätze zu einer institutionell und verfassungspolitisch bewußten Planungsdiskussion gibt. Neben den bereits angeführten Gründen muß hier abschließend noch ein weiterer Grund genannt werden, der die Reduzierung der Planung aufs Partielle und auf ihre „technologische" Dimension zunächst verständlich macht. Planung wird verstanden als eine von konkreten gesellschaftlichen Bedingungen abhebbare Variable – ähnlich wie Rationalität, Technik, Wissenschaft. Ihrer Anwendung auf beliebige technische und soziale, jedoch

---

[93] Vgl. Veröffentlichungen der Deutschen Staatsrechtslehrer, Heft 18, Berlin 1960.

[94] So heißt es bei Forsthoff, Lehrbuch des Allgemeinen Verwaltungsrechts, a. a. O., S. 195f.: „Es erweist sich ..., daß der Plan sich der Formtypik des Rechtsstaats entzieht"; er lasse sich „den typischen Formen rechtsstaatlichen Handelns nicht bruchlos einordnen".

partielle Bereiche sind darum in jenen Gesellschaften scheinbar keine Grenzen gesetzt.[95]

Entgegen dieser „technokratischen" Auffassung von Planung ist darauf zu insistieren, daß sich jede sozial relevante Planung (und welche ist das nicht?) ihrer institutionellen und rechtlichen (Schelsky) Voraussetzungen und Konsequenzen bewußt sein muß. Zu dieser Bewußtwerdung kann und muß die Soziologie ihren Beitrag leisten, einmal deshalb, um ihren eigenen und immer wieder möglichen Hypostasierungen des Planungsbegriffs zu entgehen, zum anderen, weil sie gegenüber der Partikularität der Planung deren gesamtgesellschaftliche Implikationen und Widersprüche aufzudecken hat.

---

[95] Pirker, Th., zieht in seinem Beitrag zu den „Modelle(n) für eine neue Welt" (Der Griff nach der Zukunft) über die „Kulturelle Voraussetzung der Planungsmöglichkeiten" allerdings das Fazit, daß „die Konstellation unserer Kultur (keineswegs) zur Planung, zu einem weiteren, bewußten Vormarsch des Rationalismus" beitrüge – abgesehen von bestimmten wirtschaftlichen und wissenschaftlichen Bereichen (S. 445).

Helmut Schelskys Theorie der Institution – Ein vergessenes Paradigma der soziologischen Theoriebildung?

I. Die Theorie der Institution in der paradigmatischen Struktur der Soziologie

Auf den ersten Blick muß erstaunen, daß der Theorie der Institution – sofern der Begriff Theorie hier wie bei anderen Paradigmen der Soziologie angemessen erscheint – kein Rang eingeräumt wird, der der Reputation der wichtigsten Vertreter dieses Ansatzes adäquat wäre, gehören doch Arnold Gehlen (1904–1976) und Helmut Schelsky (1912–1984) zu den bekanntesten und am häufigsten zitierten Soziologen der bundesrepublikanischen und allgemeineren Soziologiegeschichte (und was Schelsky betrifft, wäre zu ergänzen: zu den im Hinblick auf die institutionelle Durchsetzung der Soziologie nach dem Zweiten Weltkrieg einflußreichsten Soziologen der Bundesrepublik Deutschland).

In Joachim Matthes' *Erläuterungen zur paradigmatischen Struktur der Soziologie* (1973, S. 197ff.) werden als theoretische Ansätze der Soziologie die folgenden genannt:

- Ethnomethodologie
- Funktionalismus, Strukturfunktionalismus
- Interpretatives Paradigma
- Historischer Materialismus, Marxistische Soziologie
- Konflikttheorie
- Kritisch-Dialektische Soziologie
- Kritischer Rationalismus
- Neo-Positivismus
- Phänomenologie
- Politische Ökonomie
- Symbolischer Interaktionismus
- Systemtheorie
- Verhaltenstheoretische Soziologie.

Unabhängig von der Frage, ob es sich bei dieser alphabetischen, Rangfolgen nach Gewichtigkeit vermeidenden Aufzählung in jedem Fall um einen eigenständigen Ansatz handelt oder ob nicht auch wissenschaftstheoretische Positionen genannt sind, bleibt festzuhalten: die Theorie der Institution taucht nicht auf. Das gilt auch für den Positivismusstreit und den sich anschließenden Theorienstreit, der die deutsche Soziologie ja seit Ende der 60er Jahre so intensiv beschäftigt hat.[1]

Noch ein weiterer Beleg sei angeführt um zu zeigen, daß Schelskys (bzw. Gehlens) Theorie der Institution[2] als eigenständige Theorie oder „Schule" nicht im Blick ist.

Heinz Sahner hat seine Untersuchung zur paradigmatischen Struktur der westdeutschen Soziologie an den Namen René König (Kölner Schule), Theodor W. Adorno, Max Horkheimer (Frankfurter Schule) und Helmut Schelsky orientiert. In ihnen sieht er, in breiter Übereinstimmung mit der Fachgeschichtsschreibung[3], die „wichtigsten Gründerväter der westdeutschen Soziologie" (1982, S. 47). Wenn explizit von der „Schelsky-Schule" die Rede ist, wird auf Schelskys Soziologie- und Theorieverständnis ganz allgemein eingegangen, vor allem im Anschluß an seine „Ortsbestimmung der deutschen Soziologie" (1959). Auf die Theorie der Institution wird kein Bezug genommen.

Sahner faßt „die Fundierung der Schelskyschen Soziologie mit folgenden Merkmalen" zusammen: „phänomenologisch, erklärend, kollektivistisch, ganzheitlich, induktiv, physikalische Entitäten, empirisch, technolo-

---

[1] Vgl. hierzu besonders Theodor W. Adorno u. a., Der Positivismusstreit in der deutschen Soziologie, Neuwied und Berlin 1969; die verschiedenen Bände, die zur Dokumentation der Habermas-Luhmann-Kontroverse erschienen sind; die von M. Rainer Lepsius hrsg. „Verhandlungen des 17. Deutschen Soziologentages: Zwischenbilanz der Soziologie", Stuttgart 1976, v. a. Kap. II.

[2] Hier wird die Theorie der Institution vor allem mit Bezug auf Schelskys Beitrag abgehandelt. Es kann jedoch kein Zweifel darüber bestehen, daß Gehlen, nicht Schelsky, den bedeutendsten Beitrag zur Theorie der Institution verfaßt hat (beginnend mit „Der Mensch", zuerst 1940); vgl. hierzu auch Schelskys Einschätzung, S. 9. In die Erörterungen zu Schelskys Begriff und Theorie der Institution gehen auch Aussagen ein, die sich in einer Vorlesungsmitschrift aus dem Winter-Semester 1964/65 (Theorie der Institution; Universität Münster) und in einem ausführlichen Protokoll finden, das Einhard Schrader (vgl. Anm. 5.) und ich von der ersten Sitzung eines interdisziplinären Seminars zur Theorie der Institution angefertigt hatten, das an der Universität Münster im Winter-Semester 1967/68 stattfand, und an dem u. a. teilnahmen: Arnold Gehlen, Friedrich Kaulbach, Hermann Lübbe, Niklas Luhmann, Odo Marquard, Ernst-Joachim Mestmäcker, Johann Baptist Metz, Karl Rahner, Joachim Ritter, Trutz Rendtorff, Helmut Schelsky.

[3] Vgl. an erster Stelle: M. Rainer Lepsius, 1979, S. 25–70.

gisch" (S. 47). Es sei den weiteren Ausführungen vorbehalten zu entscheiden, inwiefern die Kennzeichnung nicht nur für Schelskys Methodologie- und Theorieverständnis relevant ist, sondern sich ganz explizit auf seine Theorie der Institution beziehen läßt.

II. Zur Geschichte einer soziologischen Theorie der Institution

Eine Theoriegeschichte des Begriffs Institution kann nicht allein auf seine Geschichte in der Soziologie beschränkt werden, auch wenn er in der „wissenschaftlichen Umgangssprache von einer kaum präzisierbaren Allgemeinheit ist"[4].

Mit Friedrich Jonas (1966) wäre zunächst ein vor-aufklärerischer, vor-Hegelscher Institutionenbegriff von einem nach-Hegelschen zu unterscheiden. Darauf kann hier nicht eingegangen werden. Für das 20. Jahrhundert lassen sich folgende Theorien hervorheben, in denen der Begriff Institution eine außergewöhnliche Bedeutung erlangte (Bernard Willms, 1970, S. 45):

- die Soziologie und Philosophie von Maurice Hauriou (1856–1929);
- die anthropologische und funktionalistische Theorie der Kultur von Bronislaw Malinowski (1884–1942);
- die philosophische Anthropologie von Gehlen und die Soziologie von Schelsky.

Mit Hauriou, Gehlen und Malinowski sind auch die für Schelsky wichtigsten Theoretiker seines eigenen Beitrags zur Institutionentheorie genannt. Für die Geschichte der Soziologie nennt Schelsky als wichtigste Vorläufer:

- Herbert Spencer (1820–1903), der den Begriff seit 1877 (Principles of Sociology) verwandte und der Gesellschaften als kooperative Systeme von Institutionen bezeichnete, von „Organen", die einen „Organismus" bilden (Schelsky widmet der „Institutionenlehre Herbert Spencers und ihren Nachfolgern" eine eigene Abhandlung, 1970, S. 248–261);
- Emile Durkheim (1858–1917), der Institutionen definiert als „alle Glaubensvorstellungen und durch die Gesellschaft festgesetzten Verhaltensweisen". Soziologie könne daher „definiert werden als die Wissenschaft von den Institutionen, deren Entstehung und Wirkungsart" (Regeln der soziologischen Methode, zuerst 1895);

---

4   H. Dubiel, Art. „Institution", in: Historisches Wörterbuch der Philosophie, hrsg. von J. Ritter und K. Gründer, Bde. 4, Basel/Stuttgart 1976, Sp. 418–424. Dort auch ein ausführlicher Hinweis auf Maurice Hauriou und die von ihm begründete rechtsphilosophische Theorie der Institution wie auf die für Schelsky wichtig werdende Rezeption und Weiterentwicklung Haurious durch Carl Schmitt.

– William Graham Sumner (1840–1910), der seine Theorie der Institution (Folkways, 1907) auf folgenden Elementen aufbaut: basic needs – habits – customs and folkways – Sitten (als Grundlage der Institution). In der Interpretation von Schelsky: Institutionen sind bei Sumner „die normativ bewußt gemachten, auf Dauer gestellten Regelmäßigkeiten des sozialen Handelns" (1970, S. 13); Sumner habe „in seiner klassisch gewordenen Formel einen Begriff (oder Zweck) und eine Struktur (‚a concept plus a structure') als die Elemente einer Institution bezeichnet" (1949/50, S. 239);

– Talcott Parsons (1902–1979), bei dem der Begriff der „Institutionalisierung" (nicht der Institution) zu einem Eckpfeiler seiner strukturell-funktionalen Theorie und seiner Theorie der Handlung wird. Die Hauptfunktionen der Institutionalisierung sind: Ordnen und Stabilisieren.[5]

Mit den kurz angedeuteten Positionen und Definitionen zum Inhalt und Begriff der Institution wird das breite Spektrum deutlich, das diesen in der Alltags- wie in der Wissenschaftssprache so häufig, wenn auch nicht eindeutig, verwandten Begriff charakterisiert. Hier mag ein Grund liegen, daß sich die Theorie der Institution als selbständiges Paradigma nicht durchgesetzt hat[6].

---

[5] In: The Social System (zuerst 1951) schreibt Parsons: „General sociological theory... is centered on the phenomena of institutionalization of patterns of value-orientation in roles."
Zum Begriff von Institution und Institutionalisierung bei Parsons vgl. Einhard Schrader, 1966.

[6] Definitionen des Begriffs Institution in bekannten Lexika und Handwörterbüchern waren kaum geeignet, ihn verwendungsfähig oder gar populär zu machen. Hier sei z. B. an die Definition in dem von René König hrsg. Fischer-Lexikon (A–Z) „Soziologie" erinnert. Der Begriff Institution (R. König) wird mit dem Struktur- und dem Organisations-Begriff in eine enge, zudem schwer verständliche Beziehung gebracht (Familie wird als Organisation, Ehe als Institution bezeichnet). Weiterhin wird der Unterschied von Institution und Assoziation herausgearbeitet („alle einigermaßen bedeutenden Assoziationen entwickeln ihre Institutionen"). Die hier interessierende „Tradition" der Verwendung des Institutionenbegriffs, der sich an Hauriou – Malinowski – Gehlen und Schelsky orientiert, wird mit keinem Wort erwähnt.
Wenig brauchbar ist m. E. der Artikel von Shmuel N. Eisenstadt über „Social Institutions" in der International Encyclopedia of the Social Sciences (Vol. 14, zuerst 1968, S. 409ff.). Dieser Beitrag steht ganz in der Tradition der strukturell-funktionalen Theorie, vor allem im Banne von Parsons, vergißt aber dabei die große Bedeutung, die Malinowski für die Entwicklung dieses Paradigmas gehabt hat. Im Sinne von Parsons wird größeres Gewicht gelegt auf den Begriff bzw. Prozeß der Institutionalisierung als auf den der Institution. Institutionalisierung als Prozeß wird definiert als: „a process of continous crystallization of different types of norms, organizations, and frameworks which regulate the

Weitere Gründe werden vor allem in Kap. VI genannt.

Die Basis für Schelskys Theorie der Institution sind die Rechtstheorie von Hauriou, vor allem aber die Kulturanthropologie von Malinowski und die Handlungstheorie von Gehlen.

Maurice Hauriou, der 1859 in Ladiville (Charente) geboren wurde und 1929 in Toulouse, seiner lebenslangen Wirkungsstätte, starb, einer der bedeutendsten und einflußreichsten französischen Staats- und Verwaltungsrechtler, wurde außerhalb Frankreichs vor allem durch seine Theorie der Institution bekannt.

Schelsky, der mit sehr großer Wahrscheinlichkeit durch die eigenwillige Rezeption Carl Schmitts auf das Werk von Hauriou aufmerksam wurde, faszinierte vor allem die von Hauriou herausgestellte „idée directrice", die Leitidee. Diese unter anderem an Platon orientierte Ideenlehre Haurious bedeutet für die Durchsetzung von Institutionen etwas ganz Entscheidendes: Institutionen basieren auf Ideen, die zu ihrer Realisierung in einem bestimmten geschichtlichen und gesellschaftlichen Umfeld aber der Macht und des mit ihr verbundenen Durchsetzungswillens bedürfen. Institutionen sind in den gesellschaftlichen Prozeß und in den sozialen Wandel als bewußt gewollte Konkretisierungen einer „Werkidee" (idée de l'oeuvre) hineingestellt und nur solange erfolgreich, wie diese Werkidee wirksam, lebendig, anpassungsfähig ist.

Aus verschiedenen Arbeiten Haurious[7] können folgende Definitionsmerkmale einer Institution zusammengetragen werden:

- Institutionen beruhen auf einer „Werkidee" (idée de l'oeuvre), „die in einem sozialen Milieu Verwirklichung und Rechtsbestand findet";
- Verwirklichung und Rechtsbestand „hängen nicht vom subjektiven Willen bestimmter Einzelpersonen ab";
- „die Institution ist ein Tatbestand, der unendlich dauern kann", die aber mit ihrer „Kraft der Beständigkeit eine Macht verbindet, die sich entwickelt und den neuen Lebensbedingungen anpaßt";
- „jeder Institution ist in gewissem Umfang die Rolle zugewiesen, Recht zu erzeugen"[8];

---

processes of exchange of different commodities" (S. 414); und: „institutionalization creates organizational and behavioral patterns directed to the upholding of certain goals" (S. 416).

[7] Die hier wichtigsten Arbeiten von Hauriou sind leicht greifbar in: Maurice Hauriou, Die Theorie der Institution und zwei andere Aufsätze. Mit Einleitung und Bibliographie hrsg. von Roman Schnur, Berlin 1965.

Über die Bedeutung von Haurious Institutionen-Theorie vgl. auch in dem von Roman Schnur herausgegebenen Sammelband „Institution und Recht", Darmstadt 1968, die Aufsätze: Georges Gurvitch, Die Hauptideen Maurice Haurious, S. 23–72; Victor Lentovitsch, Die Theorie der Institution bei Maurice Hauriou, S. 176–264.

[8] Zitate und Nachweise bei Hauriou finden sich in dem erwähnten Aufsatz von Gurvitch.

– Institutionen sind quasi immer auf dem Weg, bestimmte Ideen zu verwirklichen.

Aus diesen wenigen Belegen wird deutlich, daß Hauriou für Schelsky noch aus einem anderen Grund wichtig war: Haurious Theorie der Institution ist an das Recht als „entscheidendem sozialen Gestaltungsmittel", als „Vorgriff auf die Zukunft der Gesellschaft" (Schelsky, vgl. S. 14), geknüpft.

Schelsky geht in fast allen institutionentheoretischen und rechtssoziologischen Arbeiten, aber auch in seinen Universitätsschriften (z. B. 1963) auf Hauriou ein (zumeist auch unter Verweis auf Haurious Schüler G. Renard).

Bronislaw Malinowski, der 1884 in Krakau geboren wurde und 1942 in New Haven (USA) starb, gehört zu den einflußreichsten Kulturanthropologen und Ethnosoziologen dieses Jahrhunderts. Sein Werk erfährt gerade gegenwärtig, im Zusammenhang einer neu sich entwickelnden Kulturwissenschaft und Kultursoziologie, wieder größere Beachtung.

Im deutschsprachigen Raum hat Schelsky nach dem Zweiten Weltkrieg mit Vorträgen und Aufsätzen seit 1949/52 zur Rezeption Malinowskis[9] wesentlich beigetragen.

Im Werk Malinowskis lassen sich verschiedene Definitionen zum Begriff Institution auffinden. Diese Definitions-Versuche zeigen einmal mehr, daß sich der vorgestellte Bedeutungsinhalt („Sozialumfang") der Institution nicht mit einer einzigen bündigen Definition „einfangen" läßt. An einer Stelle definiert Malinowski Institution wie folgt:

„Wir können eine Institution definieren als eine Gruppe von Menschen, vereinigt zur Durchführung einer einfachen oder komplizierten Tätigkeit, die immer eine materielle Ausstattung und eine technische Ausrüstung besitzt. Ihre Organisation erfolgt aufgrund einer bestimmten rechtlich fixierten oder durch die Gewohnheit sanktionierten Charta, sprachlich in Legenden, Mythen, Normen und Maximen formuliert ..." (1951, S. 105f.).

Institution – das war für Malinowski auch und vor allem der analytisch abgrenzbare Zugriff auf das Gesamtphänomen der Kultur. Im Institutionenbegriff faßte er „die verschiedenen Arten von Kulturaktionen" zusammen:

---

9 Die Rezeption Malinowskis, auf den Schelsky so früh hinwies, ging nicht in die von ihm vorgezeichnete Richtung: die Grundlegung einer soziologischen (kulturwissenschaftlichen?) Theorie der Institution, sondern eindeutig in Richtung auf die Grundlegung des Funktionalismus und Strukturfunktionalismus, das in den 50er und 60er Jahren vorherrschende Paradigma der soziologischen Theoriebildung. Zur Rezeption Malinowskis in dieser Theorie-Tradition und dem bekannten Vorwurf, daß der Funktionalismus bzw. der Struktur-Funktionalismus eine wissenschaftliche Legitimation bestehender Herrschaftsverhältnisse sei, vgl. Peter Marwedel, 1976.

„die wirtschaftlichen, gesetzlichen, erzieherischen, magischen und religiösen" und verknüpfte sie mit „dem System der biologischen, abgeleiteten und zusammenfassenden Bedürfnisse" (Malinowski, 1949, S. 44).

Schelsky (1949/52) teilt mit Malinowski folgende Annahmen:

– Zwischen biologischen Antrieben und Bedürfnissen einerseits und den Formen und Institutionen des sozialen Handelns gibt es keine monokausale Beziehung, keine „point-to-point-relation";
– Gleichwohl haben Institutionen in der Befriedigung von menschlichen Bedürfnissen ihren Ursprung; sind diese einmal institutionalisiert und auf Dauer gestellt, führen sie zu Folgebedürfnissen und Folgeinstitutionen;
– Jede Institution ist nach ihrer „Bewußtseinsseite" (Schelsky) hin abhängig von einer „Charter", einer Idee der institutionellen Integration (Malinowski spricht auch von einer „raison d'être"); diese Idee der Institution ist klar von ihrem Normsystem zu unterscheiden;
– Die Bedeutung, die Malinowski auf die „Charter" legt, zeigt, daß man „Institutionen von den sie leitenden Ideen her ebenso erklären muß wie von der Bedürfnisstruktur des Menschen oder von ihrer sozialen Organisationsgesetzlichkeit" (1970, S. 17);
– Institutionen sind „Bedürfnissynthesen" in dem doppelten Sinn, daß sie zugleich mehrere Bedürfnisse zu befriedigen vermögen und daß die Befriedigung zu neuen Bedürfnissen führt;
– Institutionen haben daher einen Doppelcharakter: sie dienen der Befriedigung von (Grund-) Bedürfnissen, gehen aber in diesem Zweck nicht auf; sie tragen zur Steuerung und Formierung des menschlichen Antriebslebens bei, können sich ihm gegenüber aber auch verselbständigen.

Arnold Gehlen wurde 1904 in Leipzig geboren und starb 1976 in Hamburg. Im Ausgang von der Philosophie des Idealismus und des amerikanischen Pragmatismus entwickelte Gehlen seine die Kategorie der Handlung in den Mittelpunkt rückende Anthropologie.

Die Entwicklung der Anthropologie und Handlungstheorie Arnold Gehlens hatte Schelsky aus nächster Nähe über gut zwei Jahrzehnte und in intensivem Gedankenaustausch mit seinem Lehrer und Freund mitverfolgt und in verschiedenen Punkten wohl stärker beeinflußt, als das bei Gehlen deutlich wird.

Die Kerngedanken der Gehlenschen Handlungstheorie seien in Erinnerung gerufen; ihre Diskussion, auch in Bezug zu anderen Handlungstheorien[10], kann hier nicht erfolgen. Ebensowenig kann hier auf die „Zusammen-

---

10 Vgl. u. a. die von Hans Lenk hrsg. Bände: Handlungstheorie – interdisziplinär, München 1977ff. (bisher sind fünf Bände erschienen). Rüdiger Bubner,

hänge zwischen einer philosophischen Denktradition und der Soziologie in Deutschland" eingegangen werden, die Karl-Siegbert Rehberg exemplarisch an der philosophischen Anthropologie und der „‚Soziologisierung‘ des Wissens vom Menschen" herausgearbeitet hat (1981).

Stichwortartig lassen sich folgende Punkte hervorheben:
- der Mensch ist ein unspezialisiertes und auf sich selbst gestelltes Wesen, den keine natürlich angepaßte Umwelt trägt;
- ein solches Wesen ist von „Natur" aus auf Handlung angewiesen;
- Handlung ist eine nur dem Menschen eigene umsichtige, vorausschauende Tätigkeit, die die Mängelausstattung (insbesondere: mangelnde Instinktausstattung) positiv in besondere Chancen der Daseinsbewältigung ummünzt;
- Antriebe und Bedürfnisse des Menschen stehen zur „Erfüllung" nicht in einem engen Zusammenhang (Schema) von Reiz und Reaktion, sondern dazwischen tritt das Moment der Bewußtheit (Hiatus), das das Handeln quasi „ablösbar" macht von der Situation (reflexiv „verfügbar");
- Antriebe und Bedürfnisse werden solcherart zu Interessen, „zu umstandsbewußten und auf Dauer gestellten, handlungsangepaßten Bedürfnissen" (Gehlen, 1962, S. 52);
- das Besondere der menschlichen Antriebe und Bedürfnisse ist in ihrer Formbarkeit, ihrer Plastizität zu sehen, das Besondere der menschlichen Handlung: daß sie von den Antrieben ablösbar ist und sich verselbständigt;
- die durch den Hiatus ermöglichte Beherrschbarkeit der Antriebe ist die Voraussetzung, „ein Inneres zu entwickeln" (Gehlen) und zugleich die Basis für einen progressiven Aufbau von Kultur/Institutionen (die auf Dauer stellen; vom Entscheidungsdruck der Situation entlasten usw.);
- die Kulturentwicklung wird vorangetrieben durch einen Antriebsüberschuß, durch eine psychische Überdeterminiertheit der einzelnen Handlungen (Sigmund Freud) und eine „chronische Bedürftigkeit des Menschen". Dadurch ergibt sich ein besonderer „Formierungszwang".

Der Mensch wird von der philosophischen Anthropologie mit Friedrich Nietzsche als nicht festgestelltes Tier verstanden, bei dem Verhalten immer auch ein Verhalten zu sich selbst ist und eben dadurch zur Handlung wird.

Transzendenz ist nicht ein Über-den-Menschen-Hinausgehen, sondern eine Form der Distanzierung durch Entlastung, ein Abrücken vom unmittelbaren Handlungsdruck. Ganz im Sinne des seit den frühen 30er Jahren von Gehlen und Schelsky rezipierten amerikanischen Pragmatismus werden auch Ideen, Phantasie, Sprache, Gedächtnis usw. als „Elemente" der Handlung begriffen, als eine spezifische Form der menschlichen Daseinsbewäl-

---

Handlung, Sprache und Vernunft, Frankfurt 1982, insbes. S. 18–31.

tigung. Da die hohe Plastizität und Weltoffenheit des Menschen wie sein Antriebsüberschuß ihn in das immer mögliche Chaos führen können, bedarf ein so geartetes Wesen, dem alles zur zweiten Natur wird und über dessen primäre Natur man nur spekulieren kann, des Außenhalts und sinngebenden Gewohnheiten, Stabilisierungen, kurz: der Institutionen. Sie geben dort Orientierung und Stabilität, wo beim Tier[11] die Instinkte Verhaltenssicherheit bieten.

Um die anthropologische Fundierung (und Leistung) der Institutionen zu verdeutlichen, braucht man nach Gehlen (1975, S. 35) folgende Kategorien: „die Verselbständigung, Habitualisierung von Motivgruppen und Handlungsvollzügen; ihre virtuelle Zweckverlagerung durch neu hinzutretende Zwecke; der stationäre Erfüllungsgrad primärer Bedürfnisse, die aus dem Motivationsfeld herausrücken; die Verlagerung der Antriebsmomente in den Gegenstand des Verhaltens und die von ihm ausgehende Appell- und Soll-Funktion".

III. Grundzüge der Institutionen-Theorie nach Schelsky

Schelskys Beiträge zur Theorie der Institution teilen mit Malinowski und Gehlen grundlegende anthropologische Prämissen, stellen aber andere, eher makro-soziologische Phänomene in den Mittelpunkt der Betrachtung. Werner Krawietz bezeichnet diesen Punkt mit der richtigen Anmerkung, daß Schelsky „die Grundlegung seiner soziologischen Theorie der Institution von Anfang an in den ... Zusammenhang von Politik und Recht gestellt" hat (1978, S. XXX).

Um dieses besondere Interesse Schelskys an der Theorie der Institution und den Impetus seines wissenschaftlichen Arbeitens nach 1945 zu verdeutlichen, sei auf eine seiner frühesten Schriften nach dem Krieg[12] zurückge-

---

[11] Friedrich Nietzsche, Zur Genealogie der Moral (zuerst 1887) „Denn der Mensch ist kränker, unsicherer, wechselnder, unfestgestellter als irgendein Tier sonst, daran ist kein Zweifel" (III. 13).

[12] Schelskys Schrift von 1946, die seinerzeit von der „Überparteilichen Demokratischen Arbeitsgemeinschaft" mit dem 1. Preis ausgezeichnet wurde, kann hier im Hinblick auf Kontinuitäten seines Denkens nicht weiter untersucht werden. Auffallend ist die häufige Zitation von Carl Schmitt (ohne kritische Distanzierungen) und auffallend ist weiterhin, daß bei der hier entwickelten Idee eines „Planstaats" die Schelsky bekannte Schrift von Hans Freyer, Herrschaft und Planung, Hamburg 1933, nicht einmal zitiert wird (das ist umso überraschender, als es bei Schelsky heißt: „der Staat muß dauernd die Freiheit schöpferisch bewahren", was u. a. „durch eine auf Herrschaft gestützte Planung und Führung

griffen, eine Arbeit aus dem Jahre 1946. Hier treten bereits jene Elemente hervor, die in späteren Schriften durch mehr soziologische, sozialanthropologische und an der Institutionentheorie orientierte Kategorien fundiert werden. Zu nennen sind:

- mangelndes „Vertrauen auf die Güte der sich selbst überlassenen Natur, auf die Wirksamkeit einer im Geschehen und in den Menschen vorhandenen Allmacht der Vernunft" (1946, S. 78);
- die „Erkenntnis einer ständigen und grundsätzlichen Bedrohtheit und Gefährdetheit der menschlichen Natur durch Entartung und Zerfall" (ebda.);
- die Aufgabe, seine „Lebensäußerungen ... durch die vorausschauende Zucht und Planung und bewußte Einordnung in ein soziales Ganzes zu gestalten".

Wenn es dann weiter heißt, daß der „Mensch ein durch und durch auf politisches Handeln angelegtes Wesen (ist), das die Umstände und Vorgänge seines Lebens in seine Gewalt zu bekommen und planend in die Hand zu nehmen hat, will es überhaupt ein menschenwürdiges Dasein führen" (S. 79) –, dann braucht man den Begriff „politisch" nur durch institutionell zu ersetzen, um Grundannahmen der Institutionentheorie, die sich gerade in den oben zitierten Sätzen als anthropologisch fundierte Staats- und Sozialethik erweist, deutlich herauszuhören.

Die Fundierung dieser Grundgedanken Schelskys erfolgt in zwei Aufsätzen aus den Jahren 1949/1952 und 1957 (Über die Stabilität von Institutionen, besonders Verfassungen: *Ist die Dauerreflexion institutionalisierbar?*)[13] und in je zwei Aufsätzen aus dem Jahre 1970 und 1980 (Zur soziologischen Theorie der Institution; Systemfunktionaler, anthropologischer und personfunktionaler Ansatz der Rechtssoziologie; Die Institutionenlehre Herbert Spencers und ihre Nachfolger; Der behavioristische Ansatz der Institutionenlehre (Floyd Henry Allport)).

---

aller Lebensgebiete" zu sichern sei; S. 78). Erst in einem Aufsatz aus dem Jahre 1969 „Über die Abstraktheiten des Planungsbegriffs in den Sozialwissenschaften" macht Schelsky Rückgriffe auf die Schrift Hans Freyers aus dem Jahre 1933.

13 Eine zweite frühe Arbeit zur Theorie der Institution, die Schelsky als „Vorbereitung (s)einer ersten empirischen Untersuchung über die deutsche Familie" (1980, S. 14) verstand, erschien im 2. Jg. 1949/50 der Kölner Zeitschrift für Soziologie: Die Aufgaben einer Familiensoziologie in Deutschland, S. 218–247. Dort heißt es S. 239: „Für eine Untersuchung der Familie als soziales Gebilde stehen uns drei ... theoretische Systeme zur Verfügung:
1. die soziologische Gruppenlehre,
2. die soziologische Institutionenlehre,
3. die juristische Institutionenlehre".

Die Bezüge auf die Theorie der Institution in seiner Soziologie der Sexualität oder seiner Soziologie der Universität sind im wesentlichen bereits als „Anwendungen" der 1949 formulierten Grundgedanken zu sehen; theoretisch nimmt Schelsky erst 1970 wieder Position, nun aber vor allem mit Bezug auf das Recht bzw. die Rechtssoziologie.

In *Soziologie – wie ich sie verstand und verstehe* (1980) betont Schelsky ausdrücklich, daß ihn die begriffssystematische Ausarbeitung seiner Position nicht interessiert habe. Das „wahrscheinlich ‚klassisch' werdende Werk der deutschen sozialwissenschaftlich-anthropologischen Institutionstheorie" (1980, S. 14) habe Arnold Gehlen mit *Urmensch und Spätkultur* (1956) vorgelegt.

An dieser Stelle (1980, S. 14) begründet Schelsky ausführlicher, warum ihm „in der Fachgeschichtsschreibung der heutigen Soziologieprofession eine theoretische Grundlage weitgehend abgesprochen wird": „In gewisser Hinsicht sind wir beide (Gehlen und Schelsky; B. S.) einer Theorie- und Wissenschaftsauffassung Max Webers nach verschiedenen Seiten gefolgt und haben beide ein philosophisch-sozialwissenschaftliches Begriffssystem ohne geschichtliche und gegenwartsempirische Grundlage abgelehnt. Dieser Unterschied von ‚Theorie' als ‚Begriffssystem' mit den dann immanenten Begriffsproblemen zu einer ‚Theorie', die sich nur als vorsichtige Verallgemeinerung empirischer und geschichtlicher Erkenntnisse versteht, anstatt der Empirie und der Geschichte ‚theoretisch' die Antworten vorzuschreiben, gliedert uns beide, vor allem Arnold Gehlen, offensichtlich aus dem Theoriebegriff der professionalisiert verengten bundesdeutschen Soziologie aus".[14]

Institution ist „ein objektives Bezugssystem der sozialen Wirklichkeit" (1978, S. 10), eine „soziale Tatsache" (Durkheim), die im Handeln und Bewußtsein der Individuen aufweisbar ist. Institutionen sind die grundlegenden Einheiten von Gesellschaften; sie sind jene sozialen Wirklichkeiten, auf die hin das Handeln zu analysieren ist, um es in seiner Bedeutung – auf etwas hin – zu verstehen.

Der Begriff Institution ist vom *Systembegriff* und von *Organisation* klar unterscheidbar. Systeme sind „Abstraktionen, die möglicherweise entscheidende Wirklichkeiten in ihrem Abstraktionsvorgang fallen lassen" (1970, S. 10). Schelskys wichtigster Einwand: in den neueren Theorien des sozialen Systems verschwinde „die Subjektivität des Individuums" fast völlig; „entweder indem das Individuum zum leeren Tragkörper funktionaler Bezüge oder zur Marionette sogenannter Normsysteme gemacht oder indem es selbst wieder als personales System ausgefällt und in sich als bloße Funktionsein-

---

[14] Vgl. auch die kritischen Anmerkungen zu Schelskys Beitrag zur Soziologie sowohl in theoretischer wie in analytisch-empirischer Hinsicht bei M. Rainer Lepsius, 1979, S. 39.

heit betrachtet" werde (S. 11).

Schelskys Interesse – sein primäres wissenschaftliches, existenzielles und gesellschaftspolitisches Interesse – zielt aber darauf, „die Erörterung des Verhältnisses von menschlicher Subjektivität und sozialer Objektivität, oder ... des Verhältnisses zwischen kritisch-reflektierender Subjektivität und dem Anspruch der Institutionen als abschließenden und krönenden Gedankengang der Theorie festzuhalten" (S. 11). Darauf wird zurückzukommen sein.

Neben dem Begriff des sozialen Systems ist es der der Organisation, an dem Schelsky Unterschiede und Spezifika seines Begriffs der Institution verdeutlicht. Nach Schelsky (1957/65) ist „unter einer Organisation oder organisieren ... die durch eine bewußte Methodik erreichte und gesicherte Koordination von Personen oder wenigstens menschlichen Teilaktivitäten zur Verwirklichung ebenso bewußter Ziele oder zur Erfüllung von klar angebbaren Interessen" zu verstehen. Während die moderne Organisation klar auf dem Zweckhandeln beruhe, sei unter Institution ein Gebilde zu verstehen, „dessen Dauerhaftigkeit und Stabilität tiefer begründet ist als auf dem planenden Zweckhandeln und dessen Funktion für das Leben der Gesamtgesellschaft fundamentaler und unersetzbarer ist als die von der Veränderung bewußter Ziele und Interessen her schneller wechselnden Organisationen und Organisationsformen" (1965, S. 262).

Die Abgrenzung gegenüber dem Organisationsbegriff bedeutet nicht dessen Zurückweisung. Schelsky betont sogar ausdrücklich, daß die „Institutionen von den sie leitenden und beherrschenden Ideen her ebenso zu erklären sind wie von der Bedürfnisstruktur des Menschen oder von ihrer sozialen Organisationsgesetzlichkeit" (1970, S. 17). Diese „Dreigliederung der Institutionenlehre" war für ihn das wichtigste Raster für die Analyse der Institutionen.

Mit den voranstehenden Hinweisen

– ist auf den Objektivitäts-Charakter der Institutionen als soziale Tatsachen verwiesen, ebenso auf ihre „mittlere Allgemeinheit", die sich weder von der Handlungsebene und der individuell erfahrbaren sozialen Wirklichkeit löst noch blind ist für gesamtgesellschaftliche Bezüge;
– ist die Differenz zu sozialen Systemen und Organisationen verdeutlicht und
– ist Schelskys primäres wissenschaftliches, gesellschaftspolitisches und existenzielles Interesse an der Theorie der Institution benannt.

IV. Schelskys Weiterführung der Theorie der Institution

Schelskys Beitrag zur Theorie der Institution geht vor allem in zwei Punkten über Malinowski, Hauriou und Gehlen hinaus: in der Behandlung der modernen Bewußtseins- und Subjektivitätsproblematik und in seiner Konzeption (des vor allem über das Recht zu „steuernden") sozialen Wandels.

Auf das Problem von Bewußtsein, Reflexion, Subjektivität und damit auf die Problematik des Verhältnisses von Person und Institution[15] geht Schelsky bereits in dem Vortrag/Aufsatz von 1949/52 ausführlich ein; er konkretisiert die dort gemachten Ausführungen 1957 an einer interessanten religionssoziologischen Fragestellung („Ist die Dauerreflexion institutionalisierbar?"). Die wichtigsten Grundgedanken, die auch seinen entscheidenden Widerspruch zu bestimmten Folgerungen der Gehlenschen Institutionentheorie enthalten, seien hier sehr knapp wiedergegeben.

Der moderne Prozeß der Zivilisation und der kulturellen Entwicklung hat dazu geführt, daß die „Bewußtseinsbedürfnisse" (Schelsky) in erheblichem Maße zugenommen haben. Das ist seit dem Idealismus ein geläufiges Thema, und es ist nicht überraschend, daß Schelsky, der in der Tradition des deutschen Idealismus über Fichte promoviert hat, diese Thematik in die sozialwissenschaftliche Analyse der Institution miteinbezieht.

Die Lösung der Bewußtseinsbedürfnisse „von ihrer institutionellen Fixierung und Befriedigung" (1949/52, S. 45) kann zweifellos zur Destabilisierung der Institutionen beitragen. Aber es gibt kein Zurück hinter die „neuen Bewußtseinsbedürfnisse höherer Rationalität", die „neuen Formen des Selbstverständnisses" des Menschen in der „wissenschaftlichen Zivilisation". Es ist als Tatbestand zu akzeptieren, daß es zu einer „kritischen Veränderung der Selbstbewußtheit" gekommen ist und dies auf die „Leit- und Zielbilder aller sozialen Institutionen übergreift" (S. 47).

Die Institutionen können ihre Stabilität und ihre Kapazität für den sozialen Wandel nur steigern, wenn sie sich dieses Tatbestandes der gewachsenen Exzentrizität – Schelsky nimmt hier den Plessnerschen Begriff auf –, einer reflektierenden Stellungnahme des Menschen zu sich selbst und zu den Institutionen bewußt werden.

Um deutlich zu machen, was dies für Stabilität und Wandel der Institutionen konkret bedeutet, sei ein längeres Zitat angeführt (1957/65, S. 47):
„Für die Stabilität sozialer Institutionen bedeutet diese Wandlung, daß in ihren bewußten Leitbildern und Zielvorstellungen, ihren Ideologien und Programmen eine zusätzliche Oberschicht von kritisch-analytischen Bewußtseinsbedürfnissen Befriedigung und Halt finden muß, ohne daß die das Motivbewußtsein bindenden Formen der Institution dadurch ihre Funktion einbüßen dürfen. Die Möglichkeit selbstkritisch-analytischer

---

[15] So ist es nur konsequent, daß eine der drei Festschriften, die Schelsky zu seinem 65. Geburtstag gewidmet wurden, den Titel trägt: „Person und Institution", hrsg. von Rosemarie Pohlmann, 1980.

Kontrolle gehört heute ebenso zu den Grundlagen einer stabilen Institution wie ein motivstarkes Rechts- und Programmbewußtsein; neben die Rechtslehre tritt die analytische Sozialwissenschaft als unmittelbar praktische, angewandte ‚Institutionswissenschaft'. Nur Institutionen, die diese neuen Bedürfnisgrundlagen berücksichtigen, haben Aussicht, bei unserer Bewußtseinsstruktur Stabilität zu gewinnen, wogegen sich alle Versuche zur Restaurierung von Institutionen, die sich nur auf ein naives Motivbewußtsein stützen wollen, als Utopien enthüllen werden, da der hierarchische Wandel der Bedürfnisse des menschlichen Selbstverständnisses die Rückkehr zur Naivität des Wollens in allen Lebensbereichen unüberwindlich versperrt".
Es ist offenkundig, daß in dieser Sichtweise Schelskys auf die gesteigerten Bewußtseinsbedürfnisse ein wesentlicher Differenzpunkt zur Institutionentheorie von Arnold Gehlen liegt. Für Gehlen sind Reflexion und Subjektivität Gegenspieler der Stabilität von Institutionen. Schelsky wendet sich ausdrücklich gegen diese „pessimistischen Schlußfolgerungen", weil „die Entzweiung zwischen dem Allgemeinen, das in den Institutionen von alters her verkörpert ist und der Subjektivität des modernen Menschen" als „entscheidende Spannung unserer gegenwärtigen Kultur" zu begreifen sei und eben deshalb der Institutionalisierung bedürfe (1970, S. 24). Die „institutionelle Aufgabe des gegenwärtigen Kulturzustandes" liege gerade in der „Stabilisierung einer grundsätzlichen Bewußtseinsspannung" (ebda.). In dieser Forderung sieht Schelsky, und dies wohl mit Recht, nicht nur graue Theorie oder eine abstrakte Forderung, sondern eine Beschreibung des aktuell beobachtbaren Wandels von Institutionen.

V. Das Recht als Institution und als Steuerungsinstrument des institutionellen Wandels

Seine erste systematische Arbeit zur Theorie der Institution, den schon mehrfach zitierten Vortrag/Aufsatz aus dem Jahre 1949/52 *Über die Stabilität von Institutionen*, bezeichnet Schelsky im Untertitel als „kulturanthropologische Gedanken zu einem rechtssoziologischen Thema".

Schelsky sollte erst 1970, dann aber systematischer und ausführlicher, die Rechtssoziologie zu seiner wichtigsten speziellen Soziologie machen (vor allem als Mit-Herausgeber und Mit-Autor des seit 1970 erscheinenden „Jahrbuchs für Rechtssoziologie und Rechtstheorie").

Alle nach 1970 veröffentlichten rechtssoziologischen Arbeiten, die Schelsky 1980 in einem Sammelband zusammenfaßte, sind implizit und zum Teil auch explizit Beiträge zu seiner Theorie der Institution. Die hier wichtigsten Aussagen seien kurz zusammengefaßt.

Die Rechtssoziologie ist nach Schelsky keine spezielle Soziologie neben anderen, sondern sie ist – wie das Recht selbst – von so großer Allgemeinheit, daß sie (wie die eng mit ihr verknüpfte Theorie der Institution) als wichtiger Baustein einer allgemeinen Gesellschaftstheorie anzusehen ist.

Seitdem sich die bürgerliche Gesellschaft als Rechtsgesellschaft durchsetzen und behaupten konnte, sind fast alle „sozialen Tatsachen" (Durkheim) vom Faktum des Rechts durchdrungen bzw. „gezeugt" und mitgestaltet. Das Recht ist, ob als Grundrecht (Luhmann 1965), als Verfassung (Schelsky 1949/52) oder in allen materiellen Rechtsgebieten einerseits Institution par excellence, wie es andererseits in den Institutionen (z. B. der Universität) den einzelnen Individuen als „gesatzte Ordnung" (Max Weber) gegenübertritt.

Für diese *Doppelpoligkeit* des Institutionenbegriffs, als Recht selbst und als rechtlich verfaßte Institution, gebraucht Schelsky den gleichen Begriff der Institution. Hier wie an bereits genannten und noch zu nennenden Inhalten des Begriffs Institution wird deutlich, daß seine Schwierigkeiten im zu großen „Sozialumfang" liegen (der durch die anthropologische und historisch-genetische Betrachtungsweise noch ausgeweitet wird).

In der genannten Doppelpoligkeit des Institutionen-Begriffs kommt auch Schelskys Auffassung von zwei grundlegenden, aber sich notwendig ergänzenden soziologischen Theorieansätzen voll zum Tragen, dem Ansatz vom „Ganzen der Gesellschaft" und „vom sozialen Handeln her" (1970, S. 10): Institutionen sind vor allem durch ihre rechtlich-normative Ausgestaltung ein Element der abstrakt-allgemeinen Gesellschaftsordnung; sie sind aber zugleich vom individuellen Handeln her konstituiert (hier liegen zweifellos Parallelen zum Theorieansatz bei Max Weber, aber auch zu dessen Schwierigkeiten, die vom Individuum her gedachte Theorie des sozialen Handelns mit den gesellschaftlichen Strukturen und Prozessen zu verbinden).

Das Recht ist eine Institution, und Institutionen selbst sind rechtsförmig verfaßt. Nimmt man, wie Schelsky es tut, die Idee der Autonomie der Person, ihrer Bedürfnisse (incl. Bewußtseins- und Reflexionsbedürfnisse) und Interessen ernst, so ist ein Spannungsverhältnis zwischen Individuum und Institution unvermeidlich. Dies „spannungshafte Verhältnis zwischen individueller Subjektivität und sozialer Objektivität" (Schelsky, 1970, S. 11) hat Schelskys primäres wissenschaftliches und persönliches Interesse gefunden. Anders als Gehlen macht er sich nicht zum „Sachwalter" stabiler Institutionen, sondern bleibt Analytiker des genannten Spannungsverhältnisses unter den sich beschleunigenden Bedingungen des sozialen Wandels, der für ihn vor allem Wandel von Institutionen und in Institutionen ist. Die Frage nach der „Funktion des Rechts in der Institution" ist daher für ihn zugleich die Frage nach der zentralen Bedeutung des Rechts als Steuerungsinstrument in den Institutionen.

Bereits in einem Vortrag aus dem Jahre 1966 *Über die Abstraktheiten des Planungsbegriffes in den Sozialwissenschaften* (1969, S. 9ff.) hob er hervor, daß in allen von den Sozialwissenschaften entwickelten Planungsbegriffen „das Recht als Vorgriff auf die Zukunft der Gesellschaft" (S. 22) keine Rolle spiele. Hier und in seinen rechtssoziologischen Arbeiten entwickelt Schelsky einen „institutionellen Planungsbegriff" (S. 22), der die Bedingungen und Chancen des sozialen Wandels sowohl an die institutionelle Verfaßtheit des sozialen Lebens wie an seine Rechtsförmigkeit bindet.

Die „Planung der Zukunft" (in der Planungseuphorie der 60er Jahre ein häufig gebrauchtes Schlagwort) müsse das Risiko des geplanten sozialen Wandels soweit wie möglich mindern. „Die Tatsache, daß das Rechtssystem eben diese Risikominderung seit langem leistet, indem es bestimmte Alternativen von vornherein ausschließt oder vorentscheidet, Konflikte von vornherein in allgemeinen, rationalen Regeln löst, Konkurrenzen auf bestimmte Handlungsweisen festlegt, überhaupt bindende soziale Handlungsregeln für zukünftiges Handeln aufstellt und ihre Einhaltung erzwingt, diese eminente Rationalisierung des sozialen Lebens entgeht den meisten modernen Planungstheoretikern" (S. 22).

Die Rechtsordnung: das ist für Schelsky das „Knochengerüst jedes institutionellen Organismus". In der „jeweiligen Rechtsordnung der Institutionen" sieht Schelsky „die soziale Zukunft aufgeschlossen und vorweggenommen". Im Hinblick auf das Individuum verbürgt (einzig?) das Recht eine bestimmte Form der Rationalität und Verhaltenssicherheit, indem es „ihm rechtliches Verhalten als selbstbestimmendes Motiv seines sozialen Handelns unterstellt" (S. 23).

Eine weitere Auseinandersetzung mit Schelskys Soziologie des Rechts und ihrer engen Verbindung zu seiner Theorie der Institution kann an dieser Stelle nicht erfolgen; hierzu sei an erster Stelle auf Schelskys Sammelband aus dem Jahre 1980 verwiesen („Die Soziologen und das Recht") und auf Krawietz' einführende Abhandlung zur „Festschrift für Helmut Schelsky: Recht und Gesellschaft", betitelt: „Helmut Schelsky – ein Weg zur Soziologie des Rechts".

VI. Zusammenfassung. Schwierigkeiten der Rezeption und Paradigmenbildung

Schelsky sah seinen Beitrag zur Weiterführung der traditionellen Theorie der Institution, die vor allem mit den Namen Spencer und Malinowski bezeichnet ist, in der Verbindung folgender analytischer Gesichtspunkte:

– in der Verbindung der (sich wandelnden) Bedürfnisstruktur des Menschen mit den die Institutionen leitenden und beherrschenden Ideen (idée directrice) und den sozialen (gesamtgesellschaftlichen) Organisa-

tionsgesetzlichkeiten;
- in der Verbindung der Theorie der Institution mit der Soziologie des Rechts;
- in der Verbindung einer Soziologie des sozialen Wandels mit der Soziologie des Rechts wie der der Institution;
- in der Verbindung der modernen kritisch-reflektierenden Subjektivität mit „dem Anspruch der Institutionen" (1970, S. 11).

Nicht die Organisation, das System oder die Gesellschaft sind für Schelsky der Schlüssel zur Analyse moderner Gesellschaften mit ihrer eigenartigen Spannung von individueller Bedürfnisnatur und Subjektivität hier und „Sachgesetzlichkeit" dort, sondern die *Institutionen,* die für den Einzelnen handlungsrelevanten Einrichtungen.

Die Ausführungen dürften deutlich gemacht haben, daß Schelskys Begriff und Theorie der Institution nicht leicht in soziologische Analysen einzubringen ist.[16] Diese Schwierigkeiten liegen vor allem in den vorstehend genannten „Verbindungen" und den damit angedeuteten Analyseebenen.

So verwundert nicht, daß Anwendungen und Weiterführungen der Schelskyschen Theorie der Institution kaum zu finden sind.[17] Wo der Begriff

---

16 So weist z. B. Ephrem Else Lau (1978, S. 66) zu Recht darauf hin, daß ein Mangel der Schelskyschen Theorie der Institution in der Undifferenziertheit der Bedürfnisträger liege. „Die allgemeine Gegenüberstellung von ‚Institutionen' und ‚Bedürfnissen' bei Schelsky muß dazu führen, daß allen Gesellschaftsmitgliedern in einer bestimmten geschichtlichen Epoche annähernd gleiche Bedürfnisse letzten Grades unterstellt werden ... Zumindest die Schelskysche These von der Reflexionssubjektivität als einem Bedürfnis letzten Grades für die moderne Gesellschaft scheint Bedürfnisse und Institutionen aus der Sicht einer spezifischen Gruppe zu interpretieren, für die diese Subjektivität relevant ist".

17 Wolfgang Lipps „Institution und Veranstaltung" (1968) ist einer der wenigen Versuche, die den Institutionen-Begriff in der von Schelsky und Gehlen vorgezeichneten Form aufnehmen. Lipps Absicht geht jedoch – anders als bei Schelsky – nicht dahin, bestimmte Institutionen und ihre „kulturelle Dynamik" zu analysieren, sondern „die anthropologische Theorie der Institution ... durch einen Gegenbegriff, den Begriff der ‚Veranstaltung' zu präzisieren und zu erweitern" (S. 5).

Dadurch soll die Dynamik und Wandlung der anthropologischen Aspekte der Institutionentheorie deutlicher sichtbar gemacht werden als dies bisher – bei Gehlen und Schelsky – geschah. Daß damit die Schwierigkeiten einer soziologischen Analyse der Institution nicht verringert, sondern gesteigert wurden, zeigt sein Ausgangspunkt, der der Philosophie verpflichtet ist: „der Begriff der ‚Institutionen' (ist) zunächst als transempirisch, intelligibel, aufzufassen; insofern als er, philosophisch gesprochen, vorab die Bedingung, die Voraussetzung der Möglichkeit, individuell und sozial zu handeln anspricht und anvisiert" (S. 59).

Institution Verwendung findet, geschieht es in der von Durkheim und Parsons vorgezeichneten Form, gegen die sich Schelsky ausdrücklich gewandt hatte und die er zu sehr auf die Normativität und „Organisationsgesetzlichkeit" der Institutionen begrenzt sah.

Mit dem Institutionenbegriff ist nach Schelsky jenes Moment der Vergesellschaftung festzuhalten, das über die (bloße) Institutionalisierung bestimmter Normen und patterns (Parsons) hinausweist und auch nicht ausschließlich Organisations- und Gruppenstrukturen von Institutionen in den Mittelpunkt der Analysen stellt.

Aber dieses Verweisen auf die hinter oder vor den institutionellen Wirklichkeiten liegenden Phänomene – seien es die der Kontinuität (Geschichtlichkeit) und der leitenden Ideen von Institutionen oder die der Bedürfnisnatur des Menschen – verlangen weitergehende Differenzierungen, die sich jedoch in der gewünschten Klarheit und methodisch nachvollziehbaren Konzeptualisierung bei Schelsky nicht finden. Hierauf hat Ephrem Else Lau (1978) zu Recht hingewiesen und mit ihrer vor allem an George Herbert Mead und Alfred Schütz orientierten Interpretation des Zusammenhangs von „Interaktion und Institution" gezeigt, wie Schelskys theoretischer Ansatz aufgenommen und weitergeführt werden kann.

Auch wenn Schelsky eine Hypostasierung oder gar Ontologisierung der Institution vermeidet, bleibt, wie es Jacob Taubes in einer Polemik gegen Gehlen formuliert hat, ein „Unbehagen an den Institutionen". Schelsky hatte zwar keine „Naturlehre der Institutionen" – wie Friedrich Jonas in der Weiterführung Gehlens, 1966 – im Sinn, doch es bleibt der Einwand eines zu großen, empirisch-analytisch kaum zu bewältigenden „Sozialumfangs der Institution". Auch wenn der Begriff Institution für Schelsky keine catch-all-Kategorie war, umfaßt er doch eine so große Breite an anthropologischen, handlungsrelevanten, historischen und sozialphilosophischen Elementen und Bedeutungen, daß er – wie bei Gehlen offenkundig – leicht von einer analytischen Kategorie in eine normativ-appellative umschlagen kann.

Doch soll und kann an dieser Stelle nicht apodiktisch über die Anwendbarkeit der Theorie der Institution in der von Schelsky vorgenommenen Konzeptualisierung entschieden werden. Auch wenn es unter methodischen Gesichtspunkten naheliegen würde, die Komplexität des Ansatzes auf empirisch-analytisch überprüfbare Fragen zu reduzieren[18], wie das etwa in

---

18 So wird die besondere Leistung der „Gründungsväter" der Soziologie, diese Disziplin nicht „als hochkomplexe Universalwissenschaft vom Menschen" zu begründen, sondern „als eingeschränkte Perspektive und als methodisch disziplinierter Blick auf die zwischenmenschliche Wirkungssphäre", partiell rückgängig gemacht (was Karl-Siegbert Rehberg, 1981, S. 161 für die philosophische Anthropologie anführt, gilt ebenso für die mit ihr engstens verknüpfte Theorie der Institution). In dieser „eingeschränkten Perspektive" lagen aber für

der Organisations-Soziologie geschieht, muß man sich bewußt halten, was bei dieser Vorgehensweise nicht zur Sprache kommt an Elementen institutioneller und kultureller Dynamik und an analytischen Einsichten zum Spannungsverhältnis von „Person und Institution"[19].

Literatur

Arnold Gehlen, Der Mensch. Seine Natur und seine Stellung in der Welt, Frankfurt/Bonn, 7. Aufl., 1962 (1ère éd. 1940).

ders., Urmensch und Spätkultur. Philosophische Ergebnisse und Aussagen, 4. Aufl., Frankfurt 1977 (1ère éd. 1956).

Friedrich Jonas, Die Institutionenlehre Arnold Gehlens, Tübingen 1966.

Werner Krawietz, Helmut Schelsky – ein Weg zur Soziologie des Rechts, in: Friedrich Kaulbach und Werner Krawietz, Hrsg., Recht und Gesellschaft. Festschrift für Helmut Schelsky zum 65. Geburtstag, Berlin 1978, S. XIII–LXXVIII.

Ephrem Else Lau, Interaktion und Institution. Zur Theorie der Institution und der Institutionalisierung aus der Perspektive einer verstehend-interaktionistischen Soziologie, Berlin 1978.

Wolfgang Lipp, Institution und Veranstaltung. Zur Anthropologie der sozialen Dynamik, Berlin 1968.

M. Rainer Lepsius, Die Entwicklung der Soziologie nach dem Zweiten Weltkrieg 1945–1967, in: Deutsche Soziologie seit 1945, SH 21/1979 der KZfSS, hrsg. von Günther Lüschen, S. 25–70.

Niklas Luhmann, Grundrechte als Institution. Ein Beitrag zur politischen Soziologie, Berlin 1965.

Bronislaw Malinowski, Eine wissenschaftliche Theorie der Kultur, Zürich 1949.

ders., Die Dynamik des Kulturwandels, Wien 1951.

Peter Marwedel, Funktionalismus und Herrschaft. Die Entwicklung eines Theorie-

---

Schelsky die Gründe, sich vom Fach Soziologie zu distanzieren und sich als „Anti-Soziologen" (1981) zu bezeichnen. Die Soziologie war ihm „einfach zu langweilig geworden, geistig zu inferior und zu wenig ‚abenteuerlich' " (1981, S. 15).

Er habe sich vor allem deshalb mit der „Theorie der Institution" beschäftigt, „weil sie sich als ausgezeichnetes Verständigungsmittel zwischen den Fächern (erwies), da eine Theorie der ‚Institution' nicht nur von seiten der Soziologie und Ethnologie, sondern auch von der Theologie, von der Philosophie und nicht zuletzt auch von der Rechtswissenschaft aufgestellt worden war, wenn auch mit jeweils verschiedenen Erkenntnisinteressen" (1980, S. 25).

[19] So der Titel einer von drei Festschriften zu Schelskys 65. Geburtstag, hrsg. von R. Pohlmann.

Konzepts von Malinowski zu Luhmann, Köln 1976.

Joachim Matthes, Einführung in das Studium der Soziologie, Reinbek bei Hamburg 1973.

Rosemarie Pohlmann (Hrsg.), Person und Institution. Helmut Schelsky gewidmet, Würzburg 1980.

Karl-Siegbert Rehberg, Philosophische Anthropologie und die „Soziologisierung" des Wissens vom Menschen. Einige Zusammenhänge zwischen einer philosophischen Denktradition und der Soziologie in Deutschland, in: Soziologie in Deutschland und Österreich 1918–1945, SH der KZfSS 23/1981, hrsg. von M. Rainer Lepsius.

Heinz Sahner, Theorie und Forschung. Zur paradigmatischen Struktur der westdeutschen Soziologie und ihrem Einfluß auf die Forschung, Opladen 1982.

Bernhard Schäfers, In Memoriam Helmut Schelsky. Person und Institution, in: KZfSS 36/1984, H. 2, S. 420–426.

Helmut Schelsky, Das Freiheitswollen der Völker und die Idee des Planstaates, in: Schriftenreihe der Überparteilichen Demokratischen Arbeitsgemeinschaft, H.1–2 (die verfassungsmäßige Sicherung staatsbürgerlicher Freiheiten in Vergangenheit und Gegenwart), Karlsruhe 1946, S. 5–90.

ders., 1949/52 – vgl. ders., 1965.

ders., 1957 – vgl. ders., 1965.

ders., Ortsbestimmung der deutschen Soziologie, Düsseldorf/Köln 1959.

ders., Einsamkeit und Freiheit. Idee und Gestalt der deutschen Universität und ihrer Reformen, Reinbek bei Hamburg 1963 (rde Bd. 171/172).

ders., Auf der Suche nach Wirklichkeit. Gesammelte Aufsätze, Düsseldorf–Köln 1965, darin die Aufsätze:

Über die Stabilität von Institutionen, besonders Verfassungen. Kulturanthropologische Gedanken zu einem rechtssoziologischen Thema, S. 33–58 (als Vortrag 1949; als Aufsatz 1952).

Ist die Dauerreflexion institutionalisierbar? Zum Thema einer modernen Religionssoziologie, S. 250–275 (zuerst 1957).

ders., Zur soziologischen Theorie der Institution, in: ders., (Hrsg.), Zur Theorie der Institution, Düsseldorf 1970, S. 9–26.

ders., Die Soziologen und das Recht. Abhandlungen und Vorträge zur Soziologie von Recht, Institution und Planung, Opladen 1980; darin die Aufsätze:

Soziologie – wie ich sie verstand und verstehe, S. 7–33.

Systemfunktionaler, anthropologischer und personfunktionaler Ansatz der Rechtssoziologie, S. 95–146 (zuerst 1970).

Der behavioristische Ansatz der Institutionenlehre (Floyd Henry Allport), S. 232–247.

Die Institutionenlehre Herbert Spencers und ihre Nachfolger, S. 248–261.

Über die Abstraktheiten des Planungsbegriffs in den Sozialwissenschaften, S. 262–275 (zuerst 1969; als Vortrag 1966).

ders., Rückblicke eines ‚Anti-Soziologen', Opladen 1981, darin: Zur Entstehungsgeschichte der bundesdeutschen Soziologie. Ein Brief an M. Rainer Lepsius, S. 11–69 (zuerst in KZfSS 32/1980, S. 417–456).

Einhard Schrader, Zum Begriff der Institutionalisierung in Talcott Parsons' soziologischem System, in: Soziale Welt 17/1966, H. 2, S. 111–135.

Jacob Taubes, Das Unbehagen an den Institutionen. Zur Kritik der soziologischen Institutionenlehre, in: Helmut Schelsky (Hrsg.), Zur Theorie der Institution, a. a. O., S. 67–76.

Bernard Willms, Institution und Interesse. Elemente einer reinen Theorie der Politik, in: Helmut Schelsky (Hrsg.), Zur Theorie der Institution, a. a. O., S. 43–58.

Dieter Wyduckel, Bibliographie Helmut Schelsky, in: Friedrich Kaulbach und Werner Krawietz, (Hrsg.), Recht und Gesellschaft, a. a. O., S. 791–835 (331 Titel bis Mai 1978).

om # III. Gesellschaftsentwicklung und Sozialstruktur der Bundesrepublik Deutschland

Die westdeutsche Gesellschaft: Strukturen und Formen

Die westdeutsche Gesellschaft ist seit ihrer Entstehung nach dem Zweiten Weltkrieg unterschiedlich charakterisiert worden, z. B. als „Klassengesellschaft im Schmelztiegel"[1], als „nivellierte Mittelstandsgesellschaft"[2], oder als Ergebnis von „Restauration", „verspäteter Demokratie" oder „nachholender Demokratisierung". Mit der dabei akzentuierten Hervorhebung bestimmter „Figurationen"[3] und Vorgänge wurde versucht, dem in der Soziologie seit Auguste Comte (1778–1857) bestehenden Problem Rechnung zu tragen, das darin liegt, ein begriffliches „Gleichgewicht" für Struktur und Wandel in den modernen Gesellschaften zu finden. Dieses Problem stellt sich besonders im Hinblick auf das sich in den 50er Jahren herausbildende westdeutsche Gesellschaftssystem, dessen strukturbildende Voraussetzungen hier in einigen allgemeinen Annahmen über die Evolution „westlicher" Gesellschaften und in der Markierung säkularer Trends sowie einiger den Neuanfang begünstigenden Strukturen erörtert werden sollen. Einleitend sei (in strukturfunktionalistischer Perspektive) ein möglicher Bezugsrahmen angedeutet, in dem sich auch die folgenden Studien über Familie, Jugend, Kirchen usw. diskutieren lassen.

Zu den grundlegenden Annahmen der Integration und Entwicklung von Gesellschaften zählen,

– daß Gesellschaften über ein relativ einheitliches, konsensfähiges Normen- und Wertesystem integriert werden;

---

[1] Theodor Geiger, Die Klassengesellschaft im Schmelztiegel, Köln, Opladen 1949 (dänisch 1948).

[2] Helmut Schelsky, Wandlungen der deutschen Familie in der Gegenwart, Stuttgart 1953 (4. Aufl. 1960); ders., Die Bedeutung des Schichtungsbegriffes für die Analyse der gegenwärtigen deutschen Gesellschaft (1954), in: ders., Auf der Suche nach Wirklichkeit. Gesammelte Aufsätze, Düsseldorf/ Köln 1965, S. 331ff.

[3] Der Begriff „Figuration" bezieht sich auf die Konstellationen, die Menschen miteinander bilden und die sich – wie beim Tanz – in dauernder Bewegung und Veränderung befinden; vgl. die entsprechenden Art. „Figuration" und „Prozeß, sozialer" von Norbert Elias in: Bernhard Schäfers (Hrsg.), Grundbegriffe der Soziologie, Opladen (3. Aufl.) 1992.

– daß im Verlauf der gesellschaftlichen Evolution sowohl das Teilsystem „Persönlichkeit" (das handlungsfähige Individuum) wie auch die sozialen und kulturellen Systeme durch Prozesse der Ausdifferenzierung und Autonomiegewinnung ebenso charakterisiert werden können wie durch Zunahme wechselseitiger Integration und Interdependenz;
– daß bei dieser Form gesellschaftlicher Evolution eine Reihe von *evolutionären* und *sozialen* Universalien eine herausragende Rolle spielen.[4] Die *evolutionären Universalien* sind in einfachen Gesellschaften die in Religionen eingebundenen Werte und „cultural patterns", die Verständigung durch Symbole und Zeichensysteme, vor allem die Sprache, die Familien- und Verwandtschaftsbeziehungen als Grundformen der sozialen Organisation sowie die materiellen Artefakte und Technologien als Basis der Daseinsbewältigung und -erleichterung.

Unbestreitbar lassen sich diese „evolutionären Universalien" einfacher Gesellschaften in der Vor- und Frühgeschichte der westdeutschen Gesellschaft als Elemente sozialstruktureller Regression sehr deutlich nachweisen: Religion und religiöse Orientierung hatten in der unmittelbaren Nachkriegszeit einen überragenden Stellenwert (bis hin zu Versuchen, ein ständisch-katholisches Deutschland zu gründen). Und was die Verwandtschaftssysteme anbelangt, ermittelte Helmut Schelsky u. a., daß der Familie „durch den Zusammenbruch der staatlichen und anderen Großorganisationen der gesellschaftlichen Führung und Massendaseinsfürsorge"[5] Aufgaben der personalen Integration zufielen, die konträr waren zum Entwicklungsprozeß seit der Industrialisierung, Verstädterung und Bürokratisierung, den dominanten Prozessen des sozialen und kulturellen Wandels seit der industriellen und politischen „Doppelrevolution" (Hobsbawm).[6]

Neben diesen ursprünglichen *evolutionären Universalien* der Strukturierung und Differenzierung von Gesellschaften sind für die Entwicklung seit der „Doppelrevolution" zu nennen „ein deutlich erkennbares System sozialer Schichtung, ausdrückliche kulturelle Legitimation der Gesellschaft im Sinne eines Identitätsbewußtseins, Formen bürokratischer (Verwaltungs-)Organisation, eine Geld- und Marktorganisation, ein allgemeingültiges universalistisches Rechtssystem und demokratische Formen der Führungsbestimmung und Entscheidung. Sie alle fördern die soziale Differenzierung und die relative Verselbständigung von Subsystemen einer Gesellschaft und zugleich die

---

[4] Talcott Parsons, Das System moderner Gesellschaften, München 1972 (orig. amerik.); ders., Evolutionäre Universalien der Gesellschaft, in: Wolfgang Zapf (Hrsg.), Theorien des sozialen Wandels, Köln/Berlin 1969, S. 55–75, (4. Aufl. 1979).
[5] Helmut Schelsky, Wandlungen (Anm. 1), S. 350.
[6] Eric Hobsbawm, Europäische Revolutionen 1789–1848, Zürich 1952, S. 1.

Universalisierung (Verallgemeinerung) ihrer normativen Strukturen. Damit tragen sie insgesamt zur Erhöhung der Anpassungs- und Selbststeuerungskapazität oder der Eigenkomplexität (Niklas Luhmann) eines Sozialsystems bei, d. h. zu seinem sozialen Wandel im Sinne einer Modernisierung der Gesellschaft".[7]

Eine Auswertung der für die Vor- und Frühphase der Bundesrepublik vorliegenden soziologischen und sozialgeschichtlichen Untersuchungen würde zeigen, wie die zuletzt genannten Entwicklungsfaktoren moderner und sich modernisierender Gesellschaften gegenüber den zuvor genannten Universalien (wieder) dominant wurden und die Gesellschaft ihre differenzierte Strukturierung in allen Teilbereichen zurückgewann.

Die Entwicklung der bundesrepublikanischen Gesellschaftsstruktur war seit den entscheidenden Weichenstellungen der Jahre 1948/49 – Anbindung an die westeuropäische Verfassungsentwicklung; soziale Marktwirtschaft[8] – wieder völlig offen für Trends, die mit der „Doppelrevolution" (Hobsbawm) ihre gesellschaftsverändernde Dynamik entfaltet haben. Sie können – zur Illustration der genannten Universalien und generalisierten Entwicklungsfaktoren – wie folgt zusammengefaßt werden[9]:

– der Trend zur Rationalisierung und Verwissenschaftlichung der Daseinsbedingungen;
– der Trend zur Demokratisierung von Staat und Gesellschaft, einschließlich der Ausweitung von Partizipationsmöglichkeiten und der Emanzipierung von überkommenen Autoritäten (und Bindungen);
– der Trend zur sozialen Absicherung der Daseinsbedingungen und Lebensrisiken;
– der Trend, den Lebensstandard und die gegebenen Sozialchancen dauernd verbessern zu wollen;
– der Trend zu städtischen Formen der Siedlungs- und Lebensweise und der damit verbundenen Individualisierung der Lebenslagen;
– der Trend zu fortschreitender Entgegensetzung von Arbeitswelt und Freizeit, „System und Lebenswelt";
– der Trend zur Säkularisierung und zivilisatorischen Verbesserung und Erleichterung der Daseinsbedingungen;
– der Trend zur Individualisierung der Sozialbeziehungen, indem „zuge-

---

[7] Hermann L. Gukenbiehl, Art. „Universalien, soziale", in: Schäfers, Grundbegriffe (Anm. 3), S. 348.
[8] Vgl. hierzu neben vielen anderen Analysen Josef Becker (Hrsg.), Vorgeschichte der Bundesrepublik. Zwischen Kapitulation und Grundgesetz, München 1979.
[9] Bernhard Schäfers, Gesellschaftlicher Wandel in Deutschland. Ein Studienbuch zur Sozialstruktur und Sozialgeschichte der Bundesrepublik, 5. völlig neu bearb. u. erw. Aufl., Stuttgart 1990, S. 10f.

schriebene Rollen" in „erworbene", selbstbestimmte, verwandelt werden.[10]

Diese Trends sind inhaltlich in Übereinstimmung mit dem, was unter dem Prozeß und Begriff der Modernisierung[11] verstanden wird. Dieser Prozeß wird im Hinblick auf die deutsche Geschichte (und in Anlehnung an Hellmuth Plessners Begriff der „verspäteten Nation") häufig als „nachgeholte" bzw. „verspätete Modernisierung" bezeichnet. Auch Ralf Dahrendorfs in gewisser Hinsicht immer noch unübertroffene Gesellschaftsgeschichte der Bundesrepublik, die am Ende des hier betrachteten Zeitraums veröffentlicht wurde (*Gesellschaft und Demokratie in Deutschland*[12]) ging von dieser „verspäteten Modernisierung" aus und stellte alle sozialen und politischen, kulturellen und strukturspezifischen Ausprägungen der bundesrepublikanischen Gesellschaft in die „langen Wellen" der Entwicklung westeuropäischer Verfassungsstaaten und liberaler Marktgesellschaften.

Konsensfördernd und integrierend auf das sich herausbildende Gesellschaftssystem haben jedoch auch einige Diskontinuitäten[13] gewirkt. Nationalsozialismus, Krieg und Nachkriegszeit hatten soziale Klassen und Schichten miteinander in Berührung gebracht, die vorher durch die Rudimente der ständisch-feudalen Gesellschaft oder durch die antagonistische Klassenentwicklung der Industriegesellschaft stärker getrennt waren. Berufs-, konfessions- und regionalspezifische Milieus hatten unter den Wirkungen von Evakuierung, Flucht und Vertreibung an Autonomie und Bedeutung eingebüßt; diese Faktoren wirkten klassen- und schichtennivellierend auch im ökonomischen Verständnis – Tatbestände, die Helmut Schelsky zur These von der „nivellierten Mittelstandsgesellschaft" inspirierten.

Als günstig für die gesellschaftliche Konsensbildung in der Gründungsphase der Bundesrepublik erwies sich außerdem, daß das Militär als „Kaste" aus dem politischen Leben verschwunden war. Demokratie als Regierungs-

---

10 Dieser Trend wurde seit den 70er Jahren immer dominanter; vgl. Ulrich Beck, Risikogesellschaft. Auf dem Weg in eine andere Moderne, Frankfurt/M. 1986 (u. ö.).
11 Vgl. die Beiträge in dem von Wolfgang Zapf hrsg. Reader (Anm. 4) zum Themenbereich: „Soziale Mobilisierung und Modernisierung"; weiterhin die Zusammenfassungen dieser Aspekte in den Lektionen XI., Entwicklung und Sozialstruktur moderner Gesellschaften, und XII., Entwicklung und Zukunft moderner Gesellschaften seit den 70er Jahren, in: Hermann Korte/Bernhard Schäfers (Hrsg.), Einführung in Hauptbegriffe der Soziologie, Opladen 1992.
12 Ralf Dahrendorf, Gesellschaft und Demokratie in Deutschland, München 1965.
13 M. Rainer Lepsius, Die Bundesrepublik in der Kontinuität und Diskontinuität historischer Entwicklungen, in: Werner Conze/M. Rainer Lepsius (Hrsg.), Sozialgeschichte der Bundesrepublik Deutschland. Beiträge zum Kontinuitätsproblem, Stuttgart 1983, S. 11–19.

und Staatsform konnte damit auch in anderen gesellschaftlichen Gruppen und Institutionen (Besitzbürger, Beamte, Kirchen) leichter akzeptabel werden. Als geradezu hellsichtig kann überdies die Gründung der die Konfessionen übergreifenden Christlichen Parteien (CDU und CSU) gelten, die dem in der Bundesrepublik nahezu paritätischen Verhältnis zwischen den Katholiken und Protestanten in der Bevölkerung Rechnung trug; im Deutschen Reich hatte der Anteil der Katholiken 1939 bei einem Drittel gelegen. Für Demokratie- und Modernisierungsförderung hat schließlich auch beigetragen, daß das politisch dreigespaltene Gewerkschaftssystem nach 1945 nicht restauriert wurde; Entideologisierung und Pragmatismus in der Gesellschaftspolitik wurden dadurch entscheidend gefördert. Gleichzeitig verlor die Arbeiterkultur ihre Klassenintegrationskraft als Teilkultur. Der überraschend schnelle Eintritt ins „Zeitalter des Massenkonsums" dagegen, der zweifellos auch in politischer Hinsicht integrationsfördernd wirkte, ist dagegen eher einem „durchlaufenden" Trend individueller Wohlstandssteigerung als den Diskontinuitäten zuzurechnen.[14]

Zur differenzierten Erfassung und Analyse dieses Trends hat die Sozialforschung, lange auf Analysen von Klassen und Schichten fixiert, die Konzepte von „sozialen Lagern" und „Sozialmilieus" entwickelt, die es ermöglichten, neue gesellschaftliche Strukturen nicht nur nach „objektiven" Faktoren wie Familienstand, Alter, Einkommen und Wohnort, sondern auch nach „subjektiven" Faktoren wie Situationsdefinitionen und Freizeitverhalten typologisierend zu beschreiben. Besonders für die Charakterisierung kirchlich-konfessionell bestimmter Lebenswelten in den 50er Jahren ist das „Milieu"-Konzept in den folgenden Beiträgen (Kleßmann, Gabriel) mit Gewinn verwandt worden.

In den Klassen- und Schichtenstrukturanalysen stand und steht das Problem und Phänomen „sozialer Ungleichheit" bzw. „sozialer Differenzierung"[15] der Gesamtgesellschaft im Vordergrund des Interesses. In der Handhabung dieses Problems in Verfassung und Politik, aber auch in Wissenschaft und Medien liegt seit der „Doppelrevolution" mit ihrem Freiheits- und Gleichheitspathos ein entscheidendes Moment der sozialen Integration. Der in der Bundesrepublik geltende „Gesellschaftsvertrag" beruhte, so kann man wohl mit guten Gründen feststellen, auf der Akzeptanz „sozialer

---

14   Vgl. zu der immer noch überzeugenden Phaseneinteilung der Entwicklung industrieller Gesellschaften Walt W. Rostow, Stadien des wirtschaftlichen Wachstums, Göttingen 1960 (engl. 1960).

15   Bernhard Schäfers, Soziale Differenzierung oder soziale Ungleichheit? Probleme der sozialwissenschaftlichen Erfassung von Unterschieden zwischen Menschen, in: Soziale Differenzierung – soziale Ungleichheit. Soziologische und politische Aspekte der Sozialstruktur der Bundesrepublik Deutschland, in: Politische Bildung, Jg. 23, 1990, Heft 2, S. 5–18.

Ungleichheit" im Rahmen bestimmter Toleranzgrenzen, wobei Schärfen der Ungleichheit durch soziale Mobilität und die sozialstaatliche Förderung der Chancengleichheit mediatisiert wurden. Kaum eine Charakterisierung der westdeutschen Gesellschaft fand dabei soviel Resonanz wie Helmut Schelskys These von der „nivellierten Mittelstandsgesellschaft", auf die sich die Bundesrepublik zubewege.

Für Schelsky war die Entwicklung der westdeutschen Gesellschaft nach dem Zweiten Weltkrieg nur zu verstehen, wenn sie analytisch in die Dynamik der Strukturumbrüche seit dem Ersten Weltkrieg hineingestellt würde. Seither seien „umfangreiche Auf- und Abstiegsprozesse vor sich gegangen", ausgelöst durch zwei Inflationen (vor 1923 und vor 1948), durch die Kriege und die nationalsozialistische Herrschaft. Die allgemeine Mobilitätserhöhung habe „zu einem breiten Abbau der Klassengegensätze, einer Entdifferenzierung der alten, noch ständisch geprägten Berufsgruppen und damit zu einer sozialen Nivellierung in einer verhältnismäßig einheitlichen Gesellschaft" geführt. Der Lebensstil dieser kleinbürgerlich-mittelständischen Gesellschaft werde keineswegs mehr „von der Substanz einer sozial irgendwie hierarchisch gegliederten Gesellschaftsverfassung geprägt", sondern zeige sich in einheitlicher Teilnahme „an den materiellen und geistigen Gütern des Zivilisationskomforts". Schelsky stimmte hier mit Thesen überein, die Theodor Geiger (1891–1951) unmittelbar nach dem Krieg in seiner Studie über *Die Klassengesellschaft im Schmelztiegel* (dänisch 1948; deutsch 1949) entwickelt hatte. Was Schumpeter einst von John M. Keynes gesagt haben soll – „er hat mir den Donner gestohlen" –, hätte Geiger einige Jahre später von Schelsky sagen können.

Geiger und Schelsky haben eine Grundtendenz der Entwicklung sowohl der westdeutschen wie anderer west- und nordeuropäischer Gesellschaften durchaus treffend charakterisiert: Entschichtung, Abnahme der Bedeutung von klassengesellschaftlichen Strukturen und Auseinandersetzungen (nicht zuletzt dank der Mediatisierung durch den Wohlfahrts- bzw. Sozialstaat usw.). Die Nivellierung der Einkommens- und Vermögensdifferenzen hielt sich, gelinde gesprochen, in Grenzen. Nur durch staatliche Intervention konnte verhindert werden, daß die Einkommens- und Vermögensverteilung noch ungleicher wurde. Auch die Diagnose des sich vereinheitlichenden Lebensstils traf nur oberflächlich zu.

Seit den Untersuchungen von Pierre Bourdieu über *Die feinen Unterschiede* wissen wir, in welchen Subtilitäten des milieuspezifischen „Habitus" (Bourdieu) – der Sprache, des Gestus usw. – sich die Abgrenzungs- und Ausgrenzungs-„Strategien" verbergen können.

Wenn von den nachfolgenden Analysen einzelner Bereiche des westdeutschen Gesellschaftssystems in den 50er Jahren einige kurz beleuchtet werden, dann nicht in der Absicht, sie in den skizzierten theoretischen

Bezugsrahmen zu pressen, sondern um diesen in der Perspektive der Beiträge zu erweitern.

Die Familie und die (hier nicht zu behandelnde) Gemeinde waren die wichtigsten gesellschaftlichen Basisinstitutionen der Nachkriegszeit, die bereits damals das Interesse der empirischen Sozialforschung hervorriefen.[16] Außer an Schelskys viel zitierte Studie über die deutsche Familie von 1953 erinnerte Merith Niehuss an die noch frühere soziologische Untersuchung der *Gegenwartsprobleme Berliner Familien* (1948) von Hilde Thurnwald. In diesen Analysen finden sich zwei grundverschiedene Positionen: bei Thurnwald das Hervorheben der Instabilität und die Diagnose ihres Verfalls, bei Schelsky die Betonung der Familie als „,Stabilitätsrest' in unserer Gesellschaftskrise". An diesen beiden Positionen zeigt sich die Ambivalenz alles Sozialen und schließlich auch der sozialwissenschaftlichen Gegenwarts-Analysen, die die Phänomene im Hinblick auf Stabilität und Wandel, auf implizite Wertbezüge etc. interpretieren.

Die Familie der Nachkriegszeit bzw. der frühen 50er Jahre war zum einen ein Spiegel der desolaten Situation, zum anderen ein Beispiel für die Rückgewinnung von Stabilität in den gesellschaftlichen Basisinstitutionen. Und in ihr äußerte sich, wie im Rückblick schärfer erkennbar wird, langfristiger sozial-kultureller Wandel, greifbar z. B. im Erziehungsstil, den Merith Niehuss pointiert als Entwicklung „vom elterlichen Verbot zur Begründung" charakterisiert. Weisen viele Indikatoren auch auf die Restauration traditioneller Familienleitbilder in den 50er Jahren hin, so gibt es gleichzeitig den „durchlaufenden Trend" der „säkularen Geburtenbeschränkung"[17] und der Verselbständigung (Individualisierung) familiärer Positionen.

„Von der Not der Jugend zur Teenagerkultur" – mit dieser Wendung hat Axel Schildt treffend eine markante Veränderung der westdeutschen Gesellschaft in den 50er Jahren charakterisiert. Wie nach Katastrophen und ideologischen Verirrungen üblich, richtete sich nach dem Zweiten Weltkrieg Hoffnung besonders auf die Jugend und ihren Willen zu einem Neuanfang für „ein besseres Deutschland" und Europa. Die Kirchen waren hier ebenso aktiv wie Parteien, Gewerkschaften und Jugendverbände. Es gehört in diesen Zusammenhang, daß nach 1945 kurze Zeit öffentlich diskutiert wurde, ob die neue Hauptstadt (Gesamt-) Deutschlands nicht am Fuß des Hohen Meißner, 35 km südöstlich von Kassel, zu gründen sei – „im Herzen Deutschlands", dort, wo 1913 die für die deutsche Kultur- und Sozialge-

---

16 Hans Braun/Stephan Articus, Sozialwissenschaftliche Forschung im Rahmen der amerikanischen Besatzungspolitik 1945–1949, in: Kölner Zeitschrift für Soziologie und Sozialpsychologie, Jg. 36, 1984, S. 703–737.
17 Hans Linde, Theorie der säkularen Nachwuchsbeschränkung 1800–2000, Frankfurt/M./New York 1984.

schichte so wichtige Jugendbewegung[18] ihren Höhepunkt erlebte.

Alle diese Restaurationsversuche, auch die der bündischen Jugend, blieben Episode. Die Jugend der 50er Jahre war zunehmend von einem neuen Typus gekennzeichnet, den Schelsky in seiner bekannten jugendsoziologischen Studie *Die skeptische Generation* (1957) glaubte ausmachen zu können; skeptisch gegenüber Ideologien und institutionellen Vereinnahmungen, orientiert am beruflichen Aufstieg und wachsenden Konsummöglichkeiten. „Berufsnot" und Arbeitslosigkeit der Jugend der 50er Jahre umschreiben für Schelsky ihre Ausgangssituation.

Daran wird heute weniger gedacht als an den fortwirkenden totalen Umbruch in der Jugendkultur: weg von den durch Ältere („Führer") dominierten jugendbewegten Gruppen – hin zu dem von Ausubel und Eisenstadt[19] analysierten neuen Gruppentypus der *peers*, den selbstbestimmten Gleichaltrigengruppen. Zu diesem Umbruch gehört auch die Jugendmusikkultur[20] mit ihren schnell wechselnden Stilen und Gruppen – sowie ihrer am High-Tech orientierten Reproduktion. Hierin liegt zugleich ein Vehikel der Anpassung der Jugend an Technik wie an den allgemeinen Konsumismus. Am Ende des betrachteten Zeitraums stellte Friedrich H. Tenbruck in seiner viel beachteten Schrift über *Jugend und Gesellschaft* (1962) die Diagnose, die Jugend habe eine eigene Teilkultur ausgebildet; in den *peer-groups* schaffe sie sich einen selbstbestimmten Raum der Identifikation und verstärke damit den Trend nach einer Verlängerung der Adoleszenz.

Die Trends nach Ausdifferenzierung und Pluralisierung einerseits und nach Autonomie und Individualisierung andererseits, die auch die weitere theoretische Reflexion über die westdeutsche Gesellschaft bestimmten, sind hier ebenfalls angesprochen.

Heute ist noch kaum bewußt, daß auch dies Folgen eines neuerlichen Industrialisierungsschubs waren. Josef Mooser[21] führt dafür eindeutige Indi-

---

[18] Zum Stellenwert der Jugendbewegung für die deutsche Geistes- und Sozialgeschichte vgl. Walter Laqueur, Die deutsche Jugendbewegung. Eine historische Studie, Köln 1978 (engl. 1962).

[19] Zur Bedeutung und Entwicklung der Gleichaltrigengruppen in der Gesellschaftsstruktur vgl. D. P. Ausubel, Das Jugendalter. Fakten, Probleme, Theorie, München, 6. Aufl., 1979 (amerik. 1954); Shmuel N. Eisenstadt, Von Generation zu Generation. Altersgruppen und Sozialstruktur, München 1966 (amerik. 1956).

[20] Bernhard Schäfers (unter Mitarbeit von W. W. Weiß), Die Musikkultur der Jugendlichen, in: Bernhard Schäfers, Soziologie des Jugendalters. Eine Einführung, 4. überarb. Aufl., Opladen 1989.

[21] Josef Mooser, Arbeiter, Angestellte und Frauen in der „nivellierten Mittelstandsgesellschaft". Thesen. In: Schildt/Sywottek (Hrsg.), Modernisierung im

katoren an: Der Beschäftigungsanteil im industriellen Sektor nahm stärker zu als in der Industrialisierungsphase 1882–1907 oder danach. Zugleich gab es in den 50er Jahren einen zuvor kaum für möglich gehaltenen Schwund an Landwirtschaftsbetrieben und agrarisch tätiger Bevölkerung. Aus dieser rekrutierte sich, dem „Muster" des gesellschaftlichen Umbaus seit der Industrialisierung und Modernisierung entsprechend, zunächst auch die wachsende Arbeiter- und Angestelltenschicht. Zudem zeichnete sich ab, was dann in den 60er Jahren als „Dienstleistungs-" bzw. „Angestelltengesellschaft" bezeichnet wurde. Im öffentlichen wie im industriellen Bereich nahm der Anteil der Angestellten sprunghaft zu, bei gleichzeitiger Heterogenisierung ihrer Berufspositionen und einer deutlichen „Feminisierung" der Angestellten; der Frauenanteil stieg von 1950 bis 1960 von 40 auf 50 Prozent. Zu den einführend hervorgehobenen Diskontinuitäten der Gesellschaftsentwicklung nach 1945/48, die sich jedoch integrierend auf das Gesamtsystem auswirkten, gehört der auch von Mooser genannte Schwund des Klassenbewußtseins der Arbeiter. In einer der wichtigsten industrie- und betriebssoziologischen Untersuchungen der 50er Jahre hatten Hans Paul Bahrdt u. a.[22] herausgefunden, daß das Arbeiterbewußtsein nicht mehr „proletarisch" verankert war, sondern nur noch strategisch in Lohnauseinandersetzungen aktualisiert wurde. Die Verbreitung der Angestelltenschaft und die „Entproletarisierung" der Arbeiterschichten in den 50er Jahren waren die Basis für die Entschärfung des Klassenkonflikts und letztlich für das sozialdemokratische „Godesberger Programm" von 1959.

Als *Universalie* gesellschaftlicher Integration und sozialer Differenzierung wurde eingangs die Religion genannt. Sie war in allen vormodernen Gesellschaften die Basis der Wertbindung. Die 50er Jahre setzten nach anfänglicher Restaurierung auch hier den „durchlaufenden Trend" der Säkularisierung fort. Den Kirchen war es nicht gelungen – trotz massiver Versuche vor allem der katholischen Kirche – mehr an religiöser und konfessioneller Verfassungsbindung im Grundgesetz unterzubringen als in der Weimarer Reichsverfassung. Auch wenn das neue Regierungszentrum im katholischen Rheinland lag, war mit der angesprochenen Gleichverteilung der christlichen Konfessionen keine besondere Vereinnahmung durch den rheinischen Katholizismus gegeben. Konrad Adenauer war gerade nicht das von vielen Katholiken erhoffte „Einfallstor" für entsprechende Grundgesetzinitiativen.

Betrachtet man die Konfession in ihrer Sozialstruktur, so „bevölkern die Katholiken überproportional deren Souterrains" (Karl Gabriel). Max Webers

---

Wiederaufbau. Die westdeutsche Gesellschaft der 50er Jahre, Bonn 1993.

[22] Hans Paul Bahrdt u. a., Das Gesellschaftsbild des Arbeiters, Tübingen 1957 (3. Aufl. 1967).

These vom Zusammenhang der protestantischen Ethik und der Entwicklung des Kapitalismus ließ sich auch nach 1945/48 zunächst bestätigen. Das Bildungsdefizit der Katholiken[23] wurde auch in den 50er Jahren kaum verringert. So konnten z. B. in der seit Beginn des 19. Jahrhunderts klassischen Domäne protestantischen Bildungsbürgertums, der Universität, Katholiken erst mit der stürmischen Bildungs- und Hochschulexpansion seit 1965 nennenswerte Anteile erringen.

Es mutet heute fast unglaubhaft an, wie hoch die Zahl der „Kirchenkatholiken" in den 50er Jahren war und wie eng die Bindung von – vor allem katholischer – Konfession und CDU/CSU-Wählerschaft. Diese und andere Indikatoren und Interpretationen von Gabriel[24] sprechen dagegen, die Entwicklung des Katholizismus in den 50er Jahren unter den Trend der Säkularisierung zu stellen. Im Gegenteil: wurden sonst (z. B. in der Arbeiterschaft) typische Sozialmilieus modernistisch aufgebrochen, erfuhr das katholische Sozialmilieu bis in die späten 50er Jahre eine Stabilisierung. Der radikale Umbruch erfolgte erst Mitte der 60er Jahre, jedoch vorbereitet – so Gabriel – seit Ende des hier betrachteten Jahrzehnts. Für das „protestantische Milieu" zieht Christoph Kleßmann für die 50er Jahre ein vergleichbares Fazit: der Säkularisierungstrend scheint gebrochen, aber hinter der Fassade einer „vordergründigen Religiosität" seien auch in den 50er Jahren bereits Elemente ihrer Auflösung sichtbar gewesen. Kleßmann umschreibt dies als „Verflechtung von Restauration und Modernisierung".

Als wichtige, die Integration und Konsensfähigkeit der westdeutschen Gesellschaft in ihrer Anfangsphase wesentlich begünstigende *Diskontinuität* wurde das (unfreiwillige) Abdanken des deutschen Militärs bezeichnet. Mit der totalen Kapitulation waren „der gesellschaftliche Statuswert und der politische Rang der Armee dahin" (Detlef Bald). Wenn für einen Gesellschaftsbereich – trotz seiner Größe, seiner bis in das Leben aller Gesellschaftsmitglieder hineinreichenden Bedeutung – der Ausdruck Sondermilieu angebracht ist, dann hier: ob Kadettenanstalt oder Offizierskasino, ob Exerzierplatz oder Kaserne, ob Offiziersfamilie und Rekrutierung des deutschen Offizierskorps[25] oder die öffentliche Repräsentation: das Militär hatte in Preußen (und auch in anderen deutschen Staaten) eine gesellschaftliche

---

[23] Vgl. die materialreiche Studie, die dann bereits in den Kontext der Thematisierung der „deutschen Bildungskatastrophe"(Georg Picht 1964) gehört, von Karl Erlinghagen, Katholisches Bildungsdefizit, Freiburg 1965.

[24] Karl Gabriel, Die Katholiken in den 50er Jahren: Restauration, Modernisierung und beginnende Auflösung eines konfessionellen Milieus. In: Schildt/Sywottek, Modernisierung im Wiederaufbau. Die westdeutsche Gesellschaft der 50er Jahre, Bonn 1993.

[25] Detlef Bald, Der deutsche Offizier. Sozial- und Bildungsgeschichte des deutschen Offizierskorps im 20. Jahrhundert, München 1982.

Sonderrolle. Die eindeutige Unterordnung des Militärs als „Bürger in Uniform" unter demokratisch gewählte Institutionen und in eine fast normale Rolle als „Dienstleister" war Voraussetzung für die Akzeptanz der (durch den Kalten Krieg provozierten) Rückkehr des Militärs in das öffentliche Leben. Doch auch dadurch konnte bei der Struktur dieses immer schon hoch ausdifferenzierten und autonomen Systems nicht verhindert werden, daß sich ein neues Sondermilieu ausbildete. Der 1957 eingeführte „Wehrbeauftragte" (Art. 45b GG) und alle verbesserten Möglichkeiten der Beschwerde und öffentlichen Kontrolle konnten diese Tendenzen beim Militär wie bei anderen „totalen Institutionen" (Goffman) und „Zwangsorganisationen"[26] abmindern und immer neu ins öffentliche Rampenlicht zurückführen, aber kaum gänzlich eliminieren.

Strukturen und Entwicklung des westdeutschen Gesellschaftssystems im Verlauf der 50er Jahre lassen sich mit einem eindeutigen, alles erfassenden Begriff kaum ausreichend charakterisieren. Für jeden der eingangs genannten Begriffe gibt es, wie hervorgehoben, empirische Belege, aber, einzeln gebraucht, sind sie eher irreführend. So ist es z. B. nur begrenzt angemessen, die westdeutsche Gesellschaft in ihrer Formierungsphase als „restaurativ" zu bezeichnen; entscheidende Strukturelemente (Parteien, Militär, Konfession, Arbeitermilieu usw.) wurden entweder gar nicht oder unter veränderten Bedingungen „restauriert". Das Entscheidende der Gesellschaftsentwicklung muß – auch aus soziologischer und sozialhistorischer Sicht – vor allem in der eindeutigen Westorientierung gesehen werden. Für die genaue Rekonstruktion dieser Weichenstellung der westdeutschen Gesellschaftsgeschichte wäre die Kooperation von Soziologen und Historikern dringend erforderlich. Denn es ist offenkundig, daß die eindeutige West-Option, die die Traditionslinien deutscher Außenpolitik verließ, bis in das Alltagshandeln hinein wirksam war.

Zwar gab es bereits in den 20er Jahren eine erste Welle der „Amerikanisierung" des Lebensstils, aber erst nach dem Zweiten Weltkrieg werden Entwicklungsphasen der amerikanischen Gesellschaft zu freiwillig oder unfreiwillig adaptierten *patterns* einer weitreichenden Kulturdiffusion.[27]

---

[26] Über das Umschlagen einer Institution ins Negative der „Totalen Institution" (Goffman) vgl. Erving Goffman, Asyle, Frankfurt/M. 1972 (amerik. 1961); vgl. hierzu auch die Untersuchungen der Organisationssoziologie speziell zum Militär, z. B. Renate Mayntz, Soziologie der Organisation, Reinbek 1963 (u. ö.).

[27] Zur kontroversen Diskussion um die „Amerikanisierung" in den 50er Jahren vgl. Axel Schildt, Reise zurück aus der Zukunft. Beiträge von intellektuellen USA-Remigranten zur atlantischen Allianz, zum westdeutschen Amerika-Bild und zur „Amerikanisierung" in den 50er Jahren, in: Exilforschung. Ein Internationales Jahrbuch, Bd. 9, 1991: Exil und Remigration, hrsg. von Claus-Dieter Krohn, u. a., S. 25–45: die „Amerikanisierung" der 50er Jahre wird von

Daß mit dieser West-Option nach 1945/48 auch das westeuropäische Verfassungsmodell als „Variante des Staatstyps ‚demokratischer Verfassungsstaat'" (Kriele) im Grundgesetz fest verankert wurde und eine immer breitere Akzeptanz fand, gehört zu den weit über den staatlich-juristischen Bereich hinaus wirkenden Eckpfeilern der westdeutschen Gesellschaftsentwicklung.

---

den zahlreichen intellektuellen Remigranten mitgeprägt – zustimmend oder kritisch-distanziert.

Der Vereinigungsprozeß in sozialwissenschaftlichen Deutungsversuchen*

I Zur historischen Verortung der Vereinigung. Ende oder Neubeginn des Zeitalters der Revolutionen?

Die mit den Feiern zum 40. Jahrestag der DDR im Oktober 1989 einsetzende Entwicklung der freiwilligen Staatsaufgabe kann in der hier eingenommenen Perspektive als „Überwältigung des Staatssystems" durch das Gesellschaftssystem definiert werden, wobei der Begriff Gesellschaft nicht im Sinne des Sozialismus, sondern der Theorie der bürgerlichen Gesellschaft verstanden wird. Der wichtigste Unterschied ist darin zu sehen, daß in der Theorie der bürgerlichen Gesellschaft – bis hin zum Verfassungsverständnis der Bundesrepublik Deutschland – die Differenz von Staat und Gesellschaft prinzipiell vorausgesetzt ist. Im Sozialismus wird diese Differenz negiert; der Staat als Instrument der Unterdrückung ist der Intention nach abgeschafft. Gesellschaft soll die herrschaftsfreie, sich selbst verwaltende Einheit der werktätigen Bürger unter neuen Prinzipien sein.

Die Negierung dieser Differenz führte in allen sich sozialistisch verstehenden Gesellschaften zu einem „extremen Etatismus" – eine Bezeichnung des österreichischen Staats- und Verfassungsrechtlers Hans Kelsen (1881–1973) für Totalitarismus. In der DDR wie in anderen sozialistischen Gesellschaften war dieser Versuch, eine Einheit von Herrschern und Beherrschten, von Gesellschaft und Volksherrschaft in allen gesellschaftlichen Bereichen herzustellen, gescheitert. Die Identifizierung von Jean Jacques Rousseaus (1712–1778) *volonté générale* mit dem Volk war zusammengeschrumpft auf das Macht- und Herrschaftszentrum einer Kaderpartei, die Abweichungen von dem *volonté générale* immer rigoroser und aufwendiger überwachte. Dagegen erhob sich in Polen und Ungarn und in der Tschechoslowakei das Volk, in dessen Namen man angeblich handelte.

---

* Überarbeitete Fassung eines Festvortrages aus Anlaß des 75. Geburtstages von Wolfgang Hilligen am 13. Mai 1991 in der Universität Gießen.

Diese Vorgänge der „Revolution in Europa" (Dahrendorf 1990) ab/seit 1985f. – in der DDR ab 1989 – müssen im Kontext des europäisch-nordamerikanischen „Zeitalters der Revolutionen" (Hobsbawm 1962) interpretiert werden. Während es sich 1789/90 um den Höhepunkt der bürgerlichen Revolutionen handelte, der „Erzeugung" der Staatsbürger (citoyen) als Rechtsgleiche, bei gleichzeitiger Anerkennung des weitreichenden Prinzips der Emanzipation und Individualität, 1917/18 hingegen der Versuch unternommen wurde, aus der „ungeplanten Geschichte", d. h. aller bisherigen Geschichte, die angeblich von Zwang, Ausbeutung und Unbewußtheit bestimmt war, vermittels des „wissenschaftlichen Sozialismus" aufzubrechen in das neue Zeitalter eines industriegesellschaftlichen Kommunismus, waren die als „Revolution" bezeichneten Ereignisse 1985/1989f. in diesem Kontext eigentlich Restaurationen. Kein utopischer Entwurf der Staats- und Gesellschaftsordnung sollte ins Werk gesetzt werden, sondern es ging um die Herstellung des status quo ante bzw. die Wiedereinrichtung der Errungenschaften der bürgerlichen Revolutionen. Der Sozialismus, seit Rudolf Bahros Schrift aus dem Jahr 1979 auch als „real existierender" bezeichnet, erscheint in dieser Perspektive als die Verhinderung der Durchsetzung bürgerlicher Revolutionsideale.

Hinweise auf diese Entwicklungen und Zusammenhänge können verdeutlichen helfen, daß die Begriffe „Revolution" und „Restauration" nicht sehr tauglich sind, die Vorgänge zu beschreiben, die sich in der ehemaligen DDR seit Anfang Oktober, verstärkt seit dem 9. November 1989 (Mauer- und Grenzöffnung zu Westberlin bzw. zur Bundesrepublik) ereigneten. Auch der von Jürgen Habermas geprägte Begriff einer „nachholenden Revolution" (1990) kann das Dilemma der Sprachlosigkeit angesichts unerwarteter historischer Ereignisse nicht beheben.

Die Auffindung einer passenden Terminologie wird weiterhin dadurch erschwert, daß die „unblutige Revolution" in der „Noch-DDR" an konkreter staatlicher und gesellschaftlicher Umgestaltung wenig bewirkte und es sich bei der Umgestaltung nach der Einführung der Währungs-, Wirtschafts- und Sozialunion zum 1. Juli 1990 bzw. der Herstellung der staatlichen Einheit zum 3. Oktober 1990 eher um eine „Revolution von oben" bzw. – soziologisch gesprochen – um „geplanten sozialen Wandel" handelte und handelt. Darauf wird noch zurückzukommen sein. Hierbei sollte die wichtige Arbeit der „Runden Tische", dieser aus Polen und Ungarn übernommenen Innovation partizipatorischer Politik, nicht unterbewertet werden (Uwe Thaysen 1990), ebensowenig die Gesetzgebung der Volkskammer unter Ministerpräsident Hans Modrow und vor allem Lothar de Maiziere.

Mit diesem Umbruch, diesem Zurück zum Typus des bürgerlichen Rechts- und Verfassungsstaates, ist auch ein Abbruch sozialistisch-utopischer Staats- und Gesellschaftsentwürfe verknüpft. Die Folgen für das geschichts- und sozialphilosophische sowie das humanwissenschaftliche Denken überhaupt sind nicht abschätzbar. Denn es gehörte zum unbestrittenen Credo linker und linksliberaler Intelligenz, daß mit dem Zeitalter der Revolutionen und der Aufklärung der Weg zu einer emanzipierten, freien Gesellschaft vorgezeichnet sei, daß das Zeitalter der Unmündigkeit und der Vorgeschichte der Menschheit definitiv beendbar sei. Zu diesem Credo gehörte die in unterschiedlichen Abstufungen (je nach Nähe oder aufgeklärter Ferne zum Marxismus-Leninismus) geäußerte Überzeugung, daß in den sozialistischen Gesellschaften dieser Versuch unternommen wurde und daß der existierende Sozialismus reformierbar sei.

II. Theoretische Konzepte zur Erklärung des gesellschaftlichen Transformationsprozesses der DDR zu den neuen Bundesländern

1. Das Versagen gesellschaftswissenschaftlicher Transformationstheorien

Seit dem 19. Jahrhundert gibt es Theorien, die die Transformation von Gesellschaftssystemen unter den Bedingungen der „Doppelrevolution" (Hobsbawm 1962), der politisch-ideellen, emanzipatorischen und der industriellen Revolution auf den Begriff bringen. Marx ist hier ebenso zu nennen wie Max Weber (1864–1920), Emile Durkheim (1858–1917) oder Talcott Parsons (1902–1979), Werner Sombart (1863–1941) oder – für die nachindustrielle Gesellschaft – Daniel Bell (geb. 1919).

Aber keine dieser Theorien, die entweder die Transformation der feudalagrarischen Gesellschaft zur bürgerlich-industriellen beschreiben (wie die Sombarts und Webers) oder die historisch angeblich unvermeidliche Transformation der bürgerlichen in eine sozialistische Gesellschaft (wie bei Marx), kann die ablaufenden Prozesse erhellen, von wichtigen Analysegesichtspunkten im einzelnen abgesehen.

An einem bekannten Beispiel der Theoriegeschichte soll verdeutlicht werden, warum die Theorien der Transformation von Gesellschaftssystemen uns im Stich lassen: an Karl Polanyi, *The Great Transformation* (so auch der dt. Titel): *Politische und ökonomische Ursprünge von Gesellschaften und Wirtschaftssystemen.*

Das Buch dieses in Wien geborenen, 1933 emigrierten Wirtschafts- und Sozialtheoretikers erschien 1944; es versucht die These zu explizieren, daß die bürgerliche Gesellschaft historisch etwas völlig Neues darstelle, weil sie die erste und einzige Gesellschaftsformation sei, in der sich die Ökonomie gegenüber der Gesellschaft verselbständigt habe. *The Great Transformation:* das ist der Übergang von Gesellschaftsordnungen, in denen das Wirtschaften ein integrierter Teil der kulturellen und sozialen Prozesse gewesen ist, zu Gesellschaften des „laissez-faire-Kapitalismus", in denen – wie es schon Walther Rathenau (1867–1922) formulierte – die Wirtschaft zum Schicksal wird.

Unabhängig von immer noch sehr aufschlußreichen Aussagen über das Versagen von Marktwirtschaft und Demokratie in der Epoche des Faschismus, also vor allem den 20er und 30er Jahren, sind die Analysen Polanyis deshalb nicht hilfreich, weil die Transformation der DDR-Gesellschaft gerade nicht in der von ihm postulierten historischen Sequenz erfolgt. Die bürgerliche Gesellschaft und die Marktwirtschaft haben ihr Potential an Steuerung und Krisenmanagement ebenso vergrößert wie ihre Fähigkeit, den Lebensstandard für immer breitere Bevölkerungskreise zu heben. Von den internen und externen Kosten dieser Veränderung soll hier abgesehen werden.

Die Transformation der DDR-Gesellschaft und die Revolutionen in Osteuropa sind sichtbares Zeichen dafür, daß Geschichts- und Sozialphilosophien des 19. und 20. Jahrhunderts, die der bürgerlichen Gesellschaft nur transitorischen Charakter zugestanden hatten, hinfällig geworden sind. Die auch in der DDR-Propaganda und -Ideologie indoktrinierte Überzeugung, daß die Anonymität und Rigidität der bürgerlichen Gesellschaft (mit ihrer Fetischisierung von Ökonomie und ihrer Dominanz des Warentauschs) durch eine sozialistische Organisation rückgängig gemacht und in neue Formen der brüderlichen Gemeinschaft transformiert werden könne, hat sich nicht als „die große Hoffnung des 20. Jahrhunderts" (Jean Fourastié 1949/1969), sondern als dessen große, schließlich die Menschen und ihre Gemeinschaften herabwürdigende Illusion herausgestellt.

Trotz fehlender Analysekraft der großen gesellschaftlichen Transformationstheorien, diesem Erbe des 19. Jahrhunderts, wäre es unzulässig, sie nicht einführend zu erwähnen. Über einhundert Jahre haben der Historische Materialismus und die Politische Ökonomie, dann der Marxismus-Leninismus und schließlich die marxistische Soziologie das Denken über gesellschaftliche Transformationen bestimmt – ob ihnen nun zugestimmt wurde oder nicht. Unzulässig wäre ein Verschweigen aber auch aus folgenden Gründen: Es gab für diese Theorien eine offene oder auch latente Faszination, wie es – man denke an Kuba und Castro, an Vietnam und Ho Tschi-Minh, an die chinesische Kulturrevolution und Mao – für den sich weltweit entwickelnden Sozialismus Begeisterung und Zustimmung gab. Der Einmarsch in die Tschechoslowakei im August 1968 hatte zwar desillusionierender gewirkt als die Moskauer Schauprozesse der späten 30er

Jahre, als der Hitler-Stalin-Pakt von 1939, als der 17. Juni 1953 oder die Niederschlagung des Ungarn-Aufstandes 1956 – aber die Faszination durch den Marximus-Leninismus und seine Berechtigung als die theoretische Basis des Anti-Faschismus, schienen ungebrochen und notwendig angesichts der noch existierenden Faschismen in Spanien unter Franco, in Portugal unter Salazar, der späten Faschismen in Griechenland seit 1967 und der Zustände in Lateinamerika und anderen Ländern der Dritten Welt.

2. Systemtheoretische Analysen des Gesellschaftswandels

Einen der ersten Versuche zur theoretischen Erklärung des gesellschaftlichen Umbruchs in der DDR, die sich in der soziologischen Literatur finden, hat Detlef Pollack von der Karl-Marx-Universität in Leipzig unternommen. Pollack (1990) geht davon aus, daß das Ende mehr oder weniger zwangsläufig war, weil zwei gegenläufige Prozesse nicht mehr zum Ausgleich gebracht werden konnten: die Prozesse von Zentralisierung einerseits und von Dezentralisierung und Entdifferenzierung andererseits. Es „vollzogen sich in der DDR wie in allen hochindustrialisierten Gesellschaften Differenzierungsprozesse zwischen Wirtschaft, Recht, Kunst und Religion, so daß die einzelnen Funktionssysteme zunehmend an Eigendynamik und Autonomie gewannen. Wie in den westlichen Industrienationen kam es auch in der DDR aufgrund von Urbanisierungs-, Mobilisierungs-, Technisierungs- und Rationalisierungsprozessen zu einem Anwachsen sozialer Spannungen" (Pollack). Der Versuch der SED-Führung, funktionsspezifische und entwicklungspsychologisch unabweisbare Dezentralisierungen, Autonomisierungen, Individualisierungen und Pluralisierungen der Gesellschaftsstruktur mit noch mehr Zentralismus zu beantworten, diese Form sozialistischer „Gleichschaltung", mußte scheitern, weil man damit den ansonsten ja durchaus postulierten Materialismus nicht ernst nahm, der impliziert, daß veränderte Bedingungen der Produktion, der Kommunikation und des audiovisuellen Zeitalters sich nicht mehr nach den Vorgaben einer Doktrin des 19. Jahrhunderts in ihr Prokrustesbett begeben.

Max Weber, bereits 1920 verstorben, in seinen letzten Lebensjahren aufmerksamer Zeuge der Revolution in Rußland, sollte spät und nachhaltig mit seiner These recht bekommen, daß die industriegesellschaftlichen Bedingungen der Produktion von größerer Wirkung sind auf Sozialstruktur und Bewußtsein als die ideologisch produzierten Differenzierungen von Kapitalismus hier und Sozialismus dort. Vereinfacht formuliert und vielleicht nur für den abendländischen Kulturkreis gültig: die Hebung des Lebensstandards und die fast beliebige Verfügbarkeit audio-visueller Mittel haben Schübe von sozialen Differenzierungen und Individualisierungsprozessen zur Folge, von denen die Theoretiker des Sozialismus nichts ahnen konnten; und als diese Entwicklungen offenkundig wurden, haben sie sich als unfähig erwiesen, diese in ihr verknöchertes System von Kadern und Kombinaten, von demokratischem Zentralismus und der „Einheit von Lenkung und Produktion" zu integrieren bzw. durch institutionellen Wandel den neuen kulturellen und individuellen Bedingungen und Erfordernissen Rechnung zu tragen.

3. Ansatz der Modernisierungstheorie

Inhaltlich geht die Modernisierungstheorie davon aus, daß in allen sich industrialisierenden Ländern die Raten der Urbanisierung, Alphabetisierung, der politischen Teilhabe, der systemspezifischen Differenzierung und Autonomie, der sozialen und geographischen Mobilität ansteigen und die traditionale und lokale Orientierung zwangsläufig einer nationalen und schließlich kosmopolitischen weichen muß. Die transformationsadäquate Wirtschaftsordnung beim Übergang von traditionalen zu modernen Gesellschaften ist die liberale Marktwirtschaft, weil sie dem dominant werdenden Individualismus ebenso entspricht wie der erforderlichen Flexibilität im Transformationsprozeß, die über Konkurrenz, Markt und Preis erreichbar ist (zu den Modernisierungstheorien im Kontext anderer Theorien des sozialen Wandels vgl. Wolfgang Zapf 1970).

Wolfgang Zapf (1990) hat als damaliger Vorsitzender der Deutschen Gesellschaft für Soziologie auf dem 25. Deutschen Soziologentag in Frankfurt, Oktober 1990, in seinem Eröffnungsreferat die anstehenden Transformationen beschrieben. Stichwortartig sei daraus zitiert:

– das Gesellschaftsmodell der Bundesrepublik (wie vergleichbarer westlicher Gesellschaften) mit Konkurrenzdemokratie, Marktwirtschaft, mit freier Konsum- und Mobilitätsmöglichkeit, mit weitgehender Garantie der Bürgerrechte, mit Massenkonsum und Wohlfahrtsstaat sei zur Zeit ohne Alternative und wurde auch von den DDR-Bürgern so angesehen (man könnte hinzusetzen: die Transformationsfähigkeit des eigenen Systems wurde als äußerst gering bzw. nicht gegeben betrachtet);
– einen eindeutigen *Modernitätsrückstand* habe es gegeben im Hinblick auf die Ausbildung von sozialen Bewegungen und Pluralismus, von Partizipation und einer Differenzierung der Lebensformen und Lebensstile.

4. Die Wert-Erwartungstheorie als Erklärungsansatz

Ein weiterer Versuch, mit handlungstheoretischen Konzepten Ursachen und Verlauf der sog. „friedlichen Revolution in der DDR" zu erklären, wurde von Karl-Dieter Opp (1991) vorgetragen. Opp gehört zu den bekanntesten Vertretern einer kausalanalytisch vorgehenden Verhaltenstheorie, die auf das „rationale Handeln" der Individuen setzt. Unter dem Namen der „Rational-choice-Theorie" hat dieser Ansatz in den letzten Jahren einige Prominenz erreicht, zumal er sich auf Problemlösungsvorschläge aller Sozial- und Handlungswissenschaften beziehen läßt.

Ziel einer solchen Theorie zur Modellierung des rationalen Handelns ist es, die individuellen Entscheidungen der Akteure, der miteinander Handelnden, im Kontext einer gesellschaftlichen Situation zu erklären. Opp spricht von diesem Ansatz deshalb als von einer „Wert-Erwartungstheorie", weil nach Überzeugung der Vertreter dieses Ansatzes eine bestimmte Handlung nur dann ausgeführt wird, „wenn deren Konsequenzen insgesamt positiv bewertet werden (das heißt, wenn die Handlung mit hohem Nutzen und geringen Kosten verbunden ist) und wenn sie mit dem Auftreten dieser Konsequenzen relativ sicher rechnen".

Das Problem, das auch Opp sieht, besteht darin, wie dieser prinzipiell individualistische Ansatz kollektives Handeln, wie z. B. die Montagsdemonstrationen in Leipzig, zu erklären vermag. Die für Opp plausibelsten Annahmen hierzu wurden von McCarthy und Zald in Aufsätzen des American Journal of Sociology formuliert, 1973 und 1977. Beide Arbeiten, wie andere Beiträge zu diesem Problemgebiet, haben zum Thema, wie sich die individuelle Wahrnehmung einer sozialen Situation, die Mobilisierung von Ressourcen und die Formierung sozialer Bewegungen gedanklich vereinen lassen. In der DDR mußten bei den hohen individuellen sozialen Kosten einer Beteiligung an politischen Protesten eine Reihe von Faktoren zusammenkommen, um aus dem Einzelprotest, den es ja sichtbar immer gegeben hatte und für den einige Zeit das Instrument der Ausbürgerung ausreichend erschien, einen individuell fundierten, aber mehr und mehr gleichstimmig vorgetragenen Massenprotest werden zu lassen.

Opp nennt als wichtige interne und externe Daten – bezogen auf das Gesellschaftssystem DDR – die massenhaft als Betrug angeprangerten Kommunalwahlen vom 7. Mai 1989, die Entfernung von Grenzbefestigungen von Ungarn nach Österreich ab 2. Mai 1989 und die Ereignisse in China am 3. und 4. Juni des Jahres. Hinzu kommen die fast kollektiv zu nennenden Erfahrungen mit den Ausreiseanträgen. Seit Unterzeichnung der Schlußakte von Helsinki durch die DDR gab es hierfür eine internationale Legimation und Kontrolle.

Opp versucht, die immer mehr übereinstimmenden Wahrnehmungen und Interpretationen des nationalen und internationalen politischen Handlungsrahmens der DDR-Bürger und den Entschluß zum Handeln durch ein „spontanes Kooperationsmodell" zu erklären: „gleichförmiges Verhalten einer großen Anzahl von Personen kommt oft dadurch zustande, daß diese Personen weitgehend isoliert voneinander gleiche Entscheidungen treffen".

Bis zu den immer größere Massen mobilisierenden Montagsdemonstrationen vor allem in Leipzig, mit dem seit 1982 zentrierenden Ort der Nicolaikirche, und der zentrierenden Zeit (montags, 17 h) läßt sich das Zusammengehen der individuellen Entscheidungen zu kollektiven Handlungen ganz gut erklären. Der Verlauf selbst gehört dann wohl unter die von Norbert Elias (1897–1990) so nachdrücklich betonten „unbeabsichtigten Folgen des sozialen Handelns".

Können die bisher vorgetragenen Ansätze dahingehend zusammengefaßt werden, daß sie Gründe für die „Überwältigung des Staatssystems durch das Gesellschaftssystem" nennen, so konzentriert sich der abschließend vorzutragende Ansatz auf die Bewältigung des Wandlungsprozesses durch die Instrumente von Recht und Verwaltung.

5. *Geplanter sozialer Wandel durch Recht*

Die Theorie der Institution und die des Rechts als Steuerungsinstrument des sozialen Wandels ist vor allem von Helmut Schelsky (1912–1984) vorgetragen bzw. weitergeführt worden. Neben seiner personalorientierten Funktion der Gewährung von Gleichheit und Sicherheit und der Kalkulierbarkeit der Handlungsfolgen hat das Recht die Funktion, sowohl „das durch Handeln Erreichte auf Dauer zu stellen als auch zukünftige Wirkungen des Handelns im sozialen Zusammenhang zu erstreben. Recht leistet also die Stabilisierung des Gewordenen und Erreichten und verbindet damit zugleich die Chance und Methode des bewußten, also geplanten Wandels" (Helmut Schelsky 1980). An anderer Stelle spricht Schelsky von der „juridischen Rationalität", die auf ein „Denkprodukt" abziele, um als Gesetz oder Urteil „richtiges Verhalten" in bestimmten sozialen Zusammenhängen zu erzeugen. Die juridische Rationalität münde in konkrete Handlungsanweisungen und gehe ein in soziale und institutionelle Vorgänge.

Diese wenigen Anmerkungen verdeutlichen, daß im gegenwärtigen Prozeß der Transformation der DDR-Gesellschaft dem Recht bzw. der durch Recht legitimierten Handlungskompetenz die entscheidende Rolle zukommt. Daß am Ende von Handlungsketten, die institutionelle Wandlungen herbeiführen, das Recht steht, ist in Rechtsgesellschaften selbstverständlich; daß das Recht in Form des Einigungs- und Staatsvertrags in diesem Umfang als Steuerungsinstrument eingesetzt wird, ist ungewöhnlich. Das Ausmaß der rechtlich fundierten Transformationen reduziert die sogenannte „friedliche Revolution", im Herbst 1989 beginnend, auf ein mentales und sozialpsychologisches Phänomen, das aber letztlich die Basis für alle Umgestaltungen ist. Die „Revolution" selbst hat – weshalb dieser Begriff hier sehr fragwürdig ist – nichts an institutionellem Wandel bewirken können; die vielen „Runden Tische", die es gab, waren Diskussionsforen, auf denen man sich in die erforderlichen Transformationen hineindachte und sie vorbereiten half.

Es bedürfte nun der Analyse im einzelnen, wie und ob in den neuen Bundesländern das juristisch Vorgedachte, der geplante soziale Wandel, rechtlich, institutionell und personell umsetzbar ist. Aus dem Einigungsvertrag seien mit der Zielsetzung des Wandels, der Auflösung bzw. der Neugründung von Institutionen genannt: Kapitel VII: es bezieht sich auf Institutionen und die Rechtsmaterie von „Arbeit und Sozialem"; auf die Verbände der freien Wohlfahrtspflege; auf das Gesundheitswesen, auf den Umweltschutz; sowie Kapitel VIII: hier werden geregelt die Strukturveränderungen in Kultur, Bildung, Wissenschaft und Sport. Es gibt keinen gesellschaftlichen Bereich, der von den Verträgen zur Einheit Deutschlands nicht berührt ist, denn kein gesellschaftlicher oder staatlicher Bereich war, wie ausgeführt, institutionell vergleichbar strukturiert.

Die gesellschaftliche Transformation mit dem Instrument des Rechts hat in der vom Gesetzgeber vorgeschriebenen Frist ihre eigenen, täglich sich neu oder verschärft stellenden Probleme. Die Neugründung bzw. Umstrukturierung von Institutionen setzt voraus, was in ihrem Entstehungsprozeß längerfristig eigentlich erst erreichbar ist: ein funktionierendes, flexibles System, zu dem an wichtigster Stelle sachkundiges und lernfähiges Personal gehört. Das ist nicht vorhanden. Da das erforderliche Personal nicht in größerer Zahl aus den westlichen Bundesländern abgezogen werden kann, um das juristisch Vorgedachte in rechtlich und institutionell fundiertes Handeln umzusetzen, und da die eigentlich vorausgesetzten Appellationsinstanzen sowie eine entsprechende Verfassungs- und Verwaltungsgerichtsbarkeit auf keiner Ebene vorhanden sind, kann das Änderungsrecht nur in wenigen Ausnahmefällen personell konsensfähig und strukturell tragfähig gemacht werden. Das Recht selbst droht Schaden zu nehmen, wenn die beabsichtigten Wirkungen des Gesetzgebers nicht konsens-, durchsetzungs- und sanktionsfähig sind.

Ein weiteres Problem kommt hinzu, das Claus Offe (1991) mit Blick vor allem auf die osteuropäischen Gesellschaften das „Dilemma der Gleichzeitigkeit" genannt hat: Die Einrichtung der Marktwirtschaft setzt eigentlich demokratische Strukturen voraus, wie die Demokratie wiederum – entsprechend der liberalen Tradition – das auch ökonomisch autonome Individuum voraussetzt. Was soll, angesichts fehlender Basisstrukturen, zuerst eingerichtet werden, ohne die ohnehin knappen personellen und sachlichen Ressourcen nicht vorzeitig zu erschöpfen oder falsch einzusetzen?

Der bereits erwähnte französische Soziologe Emile Durkheim führte um die Jahrhundertwende den Begriff der *Anomie* ein, um damit u. a. die im sozialen Umbruch völlig neuen Strukturen zu kennzeichnen, für die noch keine konsens- und sanktionsfähigen Normen und Handlungsmuster zur Verfügung stehen. Anomisches Handeln in einem größeren Ausmaß, und zwar auf allen Ebenen, im persönlichen wie im öffentlichen, im institutionellen wie im staatlichen Bereich, sind in der gegenwärtigen Situation also geradezu erwartbar.

III. Schlußbemerkungen: Von der verfehlten Revolution zu neuer „revolutionärer Ungeduld"

Zur einführend geforderten Einsicht in die historischen Zusammenhänge gehört auch das Faktum, daß sowohl die bürgerliche wie die sozialistische Gesellschaft legitime Erben der Aufklärung und des Zeitalters der Emanzipation und Verwissenschaftlichung sind. Weder die bürgerliche noch die sozialistische Gesellschaft haben es jedoch vermocht, das utopische Ideal im Übergang von gemeinschaftlichen zu gesellschaftlichen Sozialverhältnissen realisieren zu können: daß nämlich auch unter den Voraussetzungen der anonym und abstrakt werdenden Gesellschaft der Industrie, der Verstädterung und Bürokratie so etwas wie Gemeinschaft möglich ist. Man behalf sich mit Surrogaten, die Gemeinschaftlichkeit vortäuschten, aber nicht herstellen konnten. Schlagworte aus der politischen Geschichte können das verdeutlichen: Klasse; Solidarität; Genossenschaft und Volksgenossenschaft; internationale Arbeiterbewegung; Gemeinschaft der Werktätigen; Organischer Staat.

Die eher „linken" und die eher „rechten" Lösungen bei der Herstellung von Gleichheit, Gemeinschaft und Brüderlichkeit unter den Bedingungen industriegesellschaftlicher Produktion sind bewußt gemischt, um die Gemeinsamkeit der Wurzeln offenzulegen. Das Erbe in den westlichen Gesellschaften ist wegen des stets möglichen Abgleitens in populistische Gemeinschaftsideologien ebenso kritisch zu beleuchten wie das Scheitern des Sozialismus.

Mußten die Erfahrungen mit den sozialistischen Revolutionen gemacht werden, damit das Unversöhnbare von Freiheit, Gleichheit und Brüderlichkeit, von Gemeinschaft und Gesellschaft offenkundig wird? Der offene und latente Rousseauismus, der seit dem zweiten Drittel des 18. Jahrhunderts das Pathos vom „an sich" guten und edlen Menschen durchsetzte und nur die gesellschaftlichen Verhältnisse für Abweichungen vom idealisierten Menschenbild verantwortlich machte, blieb ja nie ohne Kritik und Gegenaufklärung.

Wir haben nicht nur über das Ende des Zeitalters der Revolutionen und die „Vollendbarkeit" (Hans Freyer) der Geschichte vermittels utopischer Gesellschaftsentwürfe neu nachzudenken, sondern auch über die Natur des Menschen und die Gefahren ihrer rousseauistischen Hypostasierung. Kants Anthropologie, die an vielen Stellen explizit gegen Rousseaus Mutmaßungen und Schwärmereien gerichtet war, könnte hier immer noch einige nützliche Hinweise geben.

Wer lieber auf neuere wissenschaftliche Einsichten vertraut, dem sei Sigmund Freud (1856–1939) zur Lektüre empfohlen. In seiner Abhandlung aus dem Jahre 1930, *Das Unbehagen in der Kultur,* schreibt er: „Die Kommunisten glauben den Weg zur Erlösung vom Übel gefunden zu haben. Der Mensch ist eindeutig gut, seinem Nächsten wohlgesinnt ... Ich kann nicht untersuchen, ob die Abschaffung des privaten Eigentums (ökonomisch; B. S.) zweckdienlich und vorteilhaft ist. Aber seine psychologische Voraussetzung vermag ich als haltlose Illusion zu erkennen". Mit Freuds Argumentation kann man folgern, daß der Sozialismus ebenfalls eine Klosteridee ist, weil hier die soziale Kontrolle der Gleichheit und Brüderlichkeit täglicher Umgang und tägliche Übung ist, face-to-face-control. In Gesellschaften kann man dies Prinzip nur mit Institutionen durchsetzen, die wir „Stasi" nennen. Historisch gibt es für real existierende Sozialismen keine anderen Erfahrungen. Freud hielt den „Narzißmus der kleinen Differenzen" – ein guter Begriff – wie andere Eigenschaften der menschlichen Natur für unaufhebbar, nur partiell für kultivierbar. An den „neuen Menschen" als Einzelnen glaubte er durchaus; als *species* hielt er das für eine Illusion. Damit ist zumindest angedeutet, ohne das hier ausführen zu können, daß der Kampf um die richtige Gesellschaftsordnung seit der frühen Aufklärung immer auch ein Kampf um das „richtige" Menschenbild gewesen ist.

Literatur

Ralf Dahrendorf, Betrachtungen über die Revolution in Europa in einem Brief, der an einen Herrn in Warschau gerichtet ist, Stuttgart 1990.

Jean Fourastié, Die große Hoffnung des zwanzigsten Jahrhunderts, Köln 1969 (orig. frz.1949).

Bernd Giesen/Claus Leggewie, Hrsg., Experiment Vereinigung. Ein sozialer Großversuch, Berlin 1991.

Jürgen Habermas, Die nachholende Revolution, Frankfurt 1990.

Eric Hobsbawn, Europäische Revolutionen 1789–1848, Zürich 1962 (orig. engl.).

Claus Offe, Das Dilemma der Gleichzeitigkeit. Demokratisierung und Marktwirtschaft in Osteuropa, in: Merkur, 45. Jg./1991, H. 505, S. 279–292.

Karl Dieter Opp, Die Revolution in der DDR. Eine Erklärung ihrer Entstehung und ihres Verlaufs, Ms. Institut für Soziologie der Universität Hamburg, 1991, jetzt in: Kölner Zeitschrift für Soziologie und Sozialpsychologie, Jg. 43/1991, H. 2, S. 302–321, unter dem Titel: DDR '89. Zu den Ursachen einer spontanen Revolution.

Karl Polanyi, The Great Transformation. Politische und ökonomische Ursprünge von Gesellschaften und Wirtschaftssystemen, Frankfurt 1978 (stw 260; orig. engl. 1944).

Detlef Pollack, Das Ende einer Organisationsgesellschaft. Systemtheoretische Überlegungen zum gesellschaftlichen Umbruch in der DDR, in: Zeitschrift für Soziologie, 19. Jg. /1990, H. 4.

Bernhard Schäfers, Gesellschaftlicher Wandel in Deutschland. Ein Studienbuch zur Sozialstruktur und Sozialgeschichte der Bundesrepublik, 5., völlig neu bearb. und erw. Aufl., Stuttgart 1990 (und dtv WR 4268).

Helmut Schelsky, Die Soziologen und das Recht. Abhandlungen und Vorträge zur Soziologie von Recht, Institution und Planung, Opladen 1980.

Helmut Schelsky, Die juridische Rationalität, a. a. O., S. 34–76.

Dieter Voigt / Werner Voss / Sabine Meck, Sozialstruktur der DDR. Eine Einführung, Darmstadt 1987.

Wörterbuch der marxistisch-leninistischen Soziologie, 2. überarb. und erw. Aufl., Opladen 1978 (Lizenzausgabe des Westdeutschen Verlages der 1977 in Ost-Berlin erschienenen 1. Aufl.).

Wolfgang Zapf, Hrsg., Theorien des sozialen Wandels, Köln/ Berlin 1970 (4. Aufl. 1984).

Wolfgang Zapf, Die Sprengkraft der doppelten Identität, in: Das Parlament, Nr. 49 / 1990, S. 17 (Eröffnungsvortrag des Frankfurter Soziologentages, Okt. 1990).

Ambivalenzen des Einigungsprozesses: Integration und Differenzierung

Wolfgang Hilligen
zum 80. Geburtstag am 13. Mai 1996

I. Einführung: Unterschiedliche Entwicklungstempi im Einigungsprozeß

Die Fünfjahrfeiern zur deutschen Einheit am 3. Oktober 1995 machten deutlich, daß der Einigungsprozeß inzwischen zur Alltagsroutine und prinzipiell unstrittigen politischen Selbstverständlichkeit geworden ist. Es wurde aber auch hervorgehoben, daß seine Langwierigkeit und sein Potential für Veränderungen auch im alten Bundesgebiet unterschätzt wurden. Diese Bipolarität soll mit den Begriffen *Integration* und *Differenzierung* verdeutlicht werden.

Differenzierung bezeichnet den Prozeß der Spezifizierung, der Trennung, der Abgrenzung von zunächst homogenen sozialen Gebilden oder auch innerhalb der Gebilde selbst. Integration bedeutet die Zusammenfassung von Elementen, die bisher unverbunden nebeneinander existierten. Die Integration erfolgt durch (freiwillige oder auch unfreiwillige) Prozesse der Angleichung an vorgegebene Strukturen und Wertmuster und damit durch die Eingliederung in bestehende soziale Systeme. Mit Nachdruck ist hervorzuheben, daß sich beides gleichzeitig ereignen kann, was im Falle des Einigungsprozesses aufweisbar ist und die folgenden Punkte deutlich machen.

Eine zweite theoretische Perspektive für die Ausführungen wird in den unterschiedlichen Entwicklungstempi der Elemente des Transformationsprozesses gesehen. Um nicht zu undifferenziert von Transformation bzw. „Vereinigungsprozessen" zu sprechen, unterscheidet Karl Ulrich Mayer (1994) zwischen drei Aspekten: der Institutionenbildung, der Veränderung der Sozialstruktur („Transformation im engeren Sinn") und dem Mentalitätswandel.

Der bisherige Verlauf des Einigungsprozesses hat deutlich gemacht, daß es hinsichtlich dieser Ebenen unterschiedliche Entwicklungstempi gibt. Hierauf hat M. Rainer Lepsius in einer der ersten Veröffentlichungen zum *Experiment Vereinigung* (Giesen/Leggewie 1991) bereits zu Beginn des

Einigungsprozesses hingewiesen: „Wir haben in den Ländern der ehemaligen DDR eine einzigartige experimentelle Situation, in der das gesamte Institutionen- und Rechtssystem schlagartig ausgetauscht wird, aber die Mentalitäten, die eingeübten Verhaltensweisen und die subjektiven Befindlichkeiten zunächst weiterbestehen" (Lepsius 1991, S. 72).

Mit den Begriffen *Integration* und *Differenzierung* wie *unterschiedliche Entwicklungstempi* ist eine theoretische Perspektive angedeutet, unter der die komplexen Phänomene des Einigungsprozesses betrachtet werden. Die genannten drei Ebenen können hierbei nicht immer sorgsam getrennt werden. Unzureichend ist auch die Darstellung der unterschiedlichen Entwicklungstempi zwischen den alten und neuen Bundesländern und ihre auf verschiedenen Gebieten (z. B. Kulturbereich; Industrie-Investitionen) sich wechselseitig beeinflussende Dynamik.

II. Rahmenbedingungen des Einigungsprozesses

1. Rückblick auf den Anfang im Jahr 1989/90

Das offizielle Einigungsdatum ist der 3. Oktober 1990. An diesem Tag erfolgte der Beitritt der zu diesem Zweck neugegründeten Länder der ehemaligen DDR zum Staatsgebiet der „alten Bundesrepublik" auf der Basis des bis zu diesem Tag gültigen Art. 23 GG (Art. 23 wurde nunmehr „frei" für die sich aus dem Maastricht-Vertrag von 1992 ergebenden Regelungen zur Europäischen Union).

In der Rückschau beginnt der Einigungsprozeß mit dem 9. November 1989, mit dem „Fall" der seit dem 13. August 1961 errichteten Mauer in Berlin und der hermetischen Abriegelung der DDR von der Bundesrepublik.

Andere hier wichtige Daten sind: Bereits am 10. November 1989 sinkt durch den Ansturm der DDR-Bevölkerung auf Westberliner und Westdeutsche Banken und Sparkassen der offizielle Wechselkurs (zuvor 1:1) auf ca. 9 DM für 100 DDR-Mark (am 17. November werden für 1 DDR-Mark nur noch 5 Pfennig bezahlt). Seit dem 24.12.1989 können westdeutsche Bürger aufgrund einer Vereinbarung von Ministerpräsident Hans Modrow und Bundeskanzler Helmut Kohl ohne Visum in die DDR reisen. Seit Januar 1990 mehren sich die Stimmen für eine Währungsunion. Die Ergebnisse der Wahlen zur Volkskammer – die ersten freien Wahlen in der DDR-Geschichte – am 18. März 1990 stellen eindeutig die Weichen auf Integration und lassen die intensiven Bemühungen um eine Reform der DDR-Gesellschaft und die von vielen angestrebte Föderation zweitrangig werden. Am 1. Juli wird auf der Basis der im Mai beschlossenen Währungs-, Wirtschafts- und Sozialunion die DM zum offiziellen und alleinigen Zahlungsmittel in der DDR (weitere differenzierende Daten für den Beginn bei Wewer, 1990, für die Zeit 1989–1995 bei Hettlage/Lenz 1995).

In nur etwa einem halben Jahr – von November 1989 bis Juni 1990 – wird nicht nur die deutsche Geschichte nach 1945 einer Totalrevision unterzogen, sondern werden die Prämissen für die weitere weltgesellschaftliche Entwicklung vollständig verändert. Das sozialistische Ziel der Weltrevolution und des Endsiegs des Sozialismus entfällt und damit die bisherige Voraussetzung des Kalten Krieges.

Im Rückblick erscheint es unglaubhaft, daß sich „die Wiedervereinigung im fast letzten noch möglichen historischen Moment" ereignete, denn „die Koalition derer, die das Wiedervereinigungsgebot aus dem Grundgesetz streichen wollten, war im Wachsen begriffen" (von Beyme 1995, S. 46). Eine „Schnell-Einigung" wie nach Art. 23 GG wäre dann nicht mehr möglich gewesen.

2. Die Einigungsverträge. Herstellung einheitlicher Lebensverhältnisse

Die in erstaunlich kurzer Zeit ausgehandelten „Einigungsverträge" waren der entscheidende Rahmen für die Integration der DDR-Gesellschaft in Form der „neuen Bundesländer" in das Staatsgebiet der bisherigen Bundesrepublik. An wichtigster Stelle sind zu nennen der „Vertrag über die Schaffung einer Währungs-, Wirtschafts- und Sozialunion zwischen der Bundesrepublik Deutschland und der DDR vom 18. 5. 1990" (wirksam ab 1. 7. 1990) und der „Vertrag zwischen der Bundesrepublik Deutschland und der DDR über die Herstellung der Einheit Deutschlands vom 31. 8. 1990" („Einigungsvertrag"), der am 3. Oktober 1990 wirksam wurde.

In diesen Verträgen hat die letzte DDR-Regierung zugestimmt, daß die Staats- und Gesellschafts-, die Wirtschafts- und Rechtsordnung der Bundesrepublik auf allen ihren Ebenen – Bund, den wieder errichteten Ländern und den mit Kompetenzen nach Art. 28 GG neu ausgestatteten Kommunen – übernommen wird.

Zu den Prämissen der Herstellung staatlicher und sozialer Einheit gehört auch das in Art. 72 Abs. 2 definierte Gebot der Einheitlichkeit der Lebensverhältnisse im ganzen Bundesgebiet. Dieses Gebot wird durch andere Artikel des Grundgesetzes – z. B. Art. 91a, der die Gemeinschaftsaufgaben von Bund und Ländern umschreibt – unterstützt. Die föderale Staatsordnung kann sich also nicht auf eine Ungleichentwicklung hinsichtlich der allgemeinen Lebensverhältnisse der Bevölkerung beziehen. Die Übernahme der gesellschaftlichen und staatlichen Grundordnung der Bundesrepublik bedeutete auf der einen Seite, daß es keine irgendwie wirksam werdenden Überlegungen gab, was vom institutionellen und kulturellen Erbe der sozialistischen DDR-Gesellschaft zu übernehmen sei und ob die alte Bundesrepublik den Einigungsprozeß nicht zum Anlaß nehmen sollte, über einige grundlegende Reformen und Wandlungen ihres eigenen Gesellschaftsvertrages nachzudenken (die wenigen Verfassungsänderungen angesichts der Einigung sind rein formaler, nicht inhaltlicher Art); auf der anderen Seite hat aber – und das zeigt der Blick in die ehemaligen sozialistischen Referenzgesellschaften wie Polen, Bulgarien oder Ungarn – der von der DDR-Regierung akzeptierte Rahmen der Transformation auch den großen Vorteil der Eindeutigkeit und verhindert damit die Restauration vormaliger Strukturen.

3. Personelle Voraussetzungen

Die genannten Rahmenbedingungen und Prämissen des Einigungsvorhabens wären wirkungslos geblieben, wenn es nicht eine große Zahl Frauen und Männer gegeben hätte und gibt, die sich für deren Umsetzung aktiv eingesetzt hätten und einsetzen. Die „Integration vor Ort" wurde dadurch erleichtert bzw. ermöglicht, daß Zehntausende von Beamten und Angestellten aller nur denkbaren Institutionen zeitweise oder dauerhaft in die neuen Bundesländer überwechselten.

Nehmen wir das Beispiel Nordrhein-Westfalen und Brandenburg (vgl. Carstens 1995). Im Frühherbst 1990 wurde zwischen den Regierungen ein Kooperationsabkommen geschlossen, in dessen Rahmen bis zu 4300 Beamte und Angestellte in den Verwaltungen, den Kommunen, in der Justiz und in den Ministerien der neuen Länder arbeiteten. Sie brachten nicht nur die jeweils relevanten Gesetzestexte mit, sondern auch das Wissen, wie sie anzuwenden sind.

Die Arbeit wurde dadurch wirkungsvoll unterstützt, daß die entsendenden Behörden (Finanzamt; Arbeitsamt; Polizeibehörde; Grundbuchamt; Sozialamt usw.) für die aufzubauenden Ämter „Patenschaften" übernahmen, so daß ganze Behörden sich engagierten, die neuen Ämter auch mit den erforderlichen Geräten (vom Kopierer bis zur Kaffeemaschine) zu versorgen. Vergleichbare Engagements gab es bei Banken und Sparkassen, bei Hochschulen und Museen, bei Rundfunkanstalten und Zeitungen. Ähnlich wie die Kooperation zwischen Nordrhein-Westfalen und Brandenburg verliefen die zwischen Bayern, Baden-Württemberg und Sachsen, zwischen Thüringen und Hessen. Hier und da sind entsprechende Kooperationen bis in den Bundesrat hinein spürbar. Auch dies ist ein wichtiger Integrationsfaktor.

Ein Teil der ehemaligen Helfer hat sich auf Dauer in die neuen Bundesländer versetzen lassen; hierin ist ein Element der Integration, aber auch – aus ostdeutscher Sicht – der Dominanz zu sehen. Im Zusammenhang des Vorwurfs der „Kolonialisierung der DDR" sei auf entsprechende Analysen von Dümcke und Vilmar verwiesen. Als „grundlegende ‚kolonialistische' Strukturelemente" werden von ihnen hervorgehoben (1995, S. 14f.):

- alle Reformversuche der DDR-Gesellschaft, vor allem der Jahre 1989/1990, seien ignoriert worden; die Reformkräfte der Bürgerbewegungen und der Runden Tische seien nur für bestimmte Phasen der Wende – bis zur Einführung der DM etwa – interessant gewesen, dann ins Vergessen gedrängt worden;

- die übereilte Einführung der DM habe ab sofort die Wettbewerbsfähigkeit der DDR-Wirtschaft ruiniert; Möglichkeiten der Mitsprache beim Umbau der DDR-Wirtschaft für DDR-Bürger habe es nicht gegeben;
- alle gesellschaftlich bedeutsamen Gebiete seien „personell durch die alte Bundesrepublik dominiert";
- die Schnelligkeit des Umbaus und die totale Westdominanz habe den Menschen in den neuen Bundesländern keine Zeit gelassen, sich mit der eigenen Vergangenheit selbstkritisch auseinanderzusetzen.

Trotz wichtiger Analyse- und Kritikpunkte ist der Begriff „Kolonialisierung" für den Gesamtprozeß der Transformation unangebracht; er trifft weder die Einstellung der Bevölkerung in den neuen Bundesländern noch berücksichtigt er die von den Bürgern Westdeutschlands aufgebrachten Transferleistungen.

III. Integration und Differenzierung in einzelnen Sozialbereichen

1. Wertwandel in Ost- und Westdeutschland

Ein wichtiger Gradmesser für das Zusammenwachsen der beiden deutschen Gesellschaften ist die Einstellung zu grundlegenden Fragen des menschlichen Zusammenlebens und der Wertordnung. Hier gibt es seit dem Herbst 1989 verläßliche Daten. Zunächst ist davon auszugehen, daß bestimmte Grundlagen der Wertorientierung völlig verschieden sind, an wichtiger Stelle z. B. das Eingebundensein in Religion und Kirche.

a) Kirchenbindung. Einstellung zur Familie

In der DDR war die Kirchenzugehörigkeit der (zuvor) überwiegend protestantischen Bevölkerung bis zur Wende auf deutlich unter 30 % abgesunken. Nach der Vereinigung gab es dann noch einmal eine größere Austrittswelle, weil die mit den Steuern zugleich erhobenen Kirchensteuern Unwillen hervorriefen. Es dürfte in Europa keine Region bzw. kein Land geben, in dem der Prozeß der Säkularisierung weiter fortgeschritten war bzw. ist als in der DDR bzw. in den neuen Bundesländern.

Hier ist ein Paradoxon festzustellen: die im Christentum so besonders hervorgehobene Wertschätzung der Eltern und der Familie findet sich deutlicher ausgeprägt im Osten als im Westen Deutschlands. In einer repräsentativen Befragung zur Wertschätzung der Familie („Man braucht die Familie zum Glücklichsein") antworteten 1992 83,16 % der ostdeutschen über 18jährigen Bevölkerung positiv gegenüber 67,7 % in Westdeutschland. Auffallend waren die krassen Unterschiede bei den 18–30jährigen und den 31–45jährigen. In Ostdeutschland antworteten positiv 71,2 und 84,4, in Westdeutschland hingegen 55,9 und 63,9 %. Während in Westdeutschland mit steigendem Bildungsabschluß die positive Einstellung abnimmt, ist die entsprechende Differenzierung im Osten verschwindend gering (Sahner 1995, S. 28).

Auch andere Werte, die eine mehr aufgabenorientierte gegenüber einer hedonistischen Lebensorientierung in den Mittelpunkt stellen, finden im Osten höhere Anerkennung (vgl. Noelle-Neumann 1995b).

Ganz deutlich werden die Unterschiede in der politischen Orientierung. Der Anteil derjenigen, die den Kommunismus bzw. Sozialismus für eine im Prinzip gute, aber schlecht ausgeführte Idee halten, lag im August 1995 in den neuen Bundesländern bei deutlich über 50 % (59 bzw. 67 %; Noelle-Neumann).

b) Einstellungen zur Marktwirtschaft bzw. Planwirtschaft

Wenn nach den Einstellungen zur Marktwirtschaft oder zur Demokratie gefragt wird, kommen sehr deutliche Differenzen zutage, die sogar in letzter Zeit angestiegen sind. Leider wird bei diesen Umfragen nicht nach der sozialen Schichtung differenziert, die z. B. in einer höchst verschiedenen Verteilung des Eigentums und Vermögens zu sehen ist. Unabhängig davon sind die unterschiedlichen Einstellungen zu den Vor- und Nachteilen der Marktwirtschaft und der Planwirtschaft (wie in der DDR) erheblich. Aus einer Umfrage im Sommer 1995 (Köcher 1995) seien einige der gravierendsten Differenzen mitgeteilt:

Tabelle 1: Assoziationen zu Markt- und Planwirtschaft. Angaben in Prozent der Befragten

	„Marktwirtschaft"		„Planwirtschaft"	
	West-,	Ostdeutsche	West-,	Ostdeutsche
Arbeitslosigkeit	61	94	14	12
Ausbeutung	35	67	43	21
Egoismus	66	86	27	18
Erfolg	78	74	20	37
Freiheit	59	55	10	18
Leistung	88	89	34	53
Menschlichkeit	18	9	20	50
Soziale Sicherheit	44	14	41	73
Warenangebot	91	99	17	25
Wohlstand	72	65	12	21

Quelle: FAZ-Grafik (nach Institut für Demoskopie Allensbach) 16. 8. 1995

Die Zahlen sprechen für sich. Zu berücksichtigen ist, daß im Frühjahr 1990 – also noch vor der wirtschaftlichen und staatlichen Einigung – 77 % der Befragten in der DDR das Wirtschaftssystem der Bundesrepublik positiv einschätzten, im Oktober 1991, also nach einem Jahr persönlicher Erfahrungen mit dem neuen Staats- und Gesellschaftssystem, noch 54, und im Sommer 1995 nur noch 34 % (Köcher 1995).

Hervorzuheben sind hier weniger die Differenzen – und auch Übereinstimmungen (z. B. bei der Assoziation „Leistung" oder „Warenangebot"), sondern der Tatbestand, daß die Marktwirtschaft auch bei der westdeutschen Bevölkerung sehr kritisch gesehen wird: 61 % assoziieren sie mit „Arbeitslosigkeit", ein gutes Drittel mit „Ausbeutung", mit „Egoismus" zwei Drittel und mit „Menschlichkeit" nur 18 %.

Die für die Wirtschafts- und Sozialgeschichte, aber auch die politische Geschichte der Bundesrepublik so typische – und erfolgreiche – Assoziation von Marktwirtschaft mit „Sozialer Marktwirtschaft" und den damit verbundenen Werten der „Sozialen Sicherheit" ist eindeutig brüchig geworden. Die damit verbundenen Einstellungswandlungen in der Bevölkerung, zumal der westdeutschen, wiegen für die soziale und politische Stabilität des Gemeinwesens schwerer als einzelne Veränderungen in den vorherrschenden Wertorientierungen.

c) Einstellungen zur deutschen Geschichte und zur Wiedervereinigung

Wichtiges Element des „Kollektivbewußtseins" (ein Ausdruck des frz. Soziologen Emile Durkheim) sind gemeinsame Einstellungen zur eigenen Geschichte. Im April 1995 nannten auf die Frage nach der entscheidenden Rolle beim Sieg über den Faschismus in Deutschland im Zweiten Weltkrieg 69 % der Westdeutschen die USA und nur 24 % die Sowjetunion; 87 % der Ostdeutschen nannten die Sowjetunion und 23 % die USA (Noelle-Neumann 1995a). Ebenso kraß sind die unterschiedlichen Bewertungen von Entscheidungen deutscher Politiker 1945–1990, wie die folgende Tabelle zeigt:

Tabelle 2: Entscheidungen deutscher Politiker 1945–1990. Angaben in %

Entscheidung war	West: richtig	West: falsch	Ost: richtig	Ost: falsch
Währungsreform 1948	76	5	41	20
Gründung der BRD	91	4	43	32
Gründung der DDR	8	73	30	42
Enteignung Großgrundbesitzer (Bodenreform DDR)	15	54	55	20

Quelle: nach FAZ-Grafik vom 3. 5. 1995 (Daten des Instituts für Demoskopie Allensbach)

Aus der obigen Tabelle sei nur die Aussage hervorgehoben, daß immerhin 42 % der Ostdeutschen im April 1995 die Gründung der DDR für falsch gehalten haben (leider ist nicht ersichtlich, ob diese Gruppe weitgehend übereinstimmt mit derjenigen, die auch die Gründung der Bundesrepublik für falsch hielt).

Weiterhin bleibt festzuhalten, daß die Einstellungen der Deutschen zu Ereignissen der neueren Geschichte sich erheblich unterscheiden und diese Differenzen angesichts der Bedeutung des Geschichtsbewußtseins für die gesellschaftliche Integration ihre Auswirkungen haben werden.

Doch in der gleichen repräsentativen Umfrage vom April 1995 wurde von den Allensbacher Demoskopen auch herausgefunden, daß es für viele, zumal für die Vereinigung zentrale Bereiche eine hohe Übereinstimmung gibt. Die wichtigsten Angaben sind in der nachfolgenden Tabelle zusammengefaßt:

Tabelle 3: Entscheidungen deutscher Politiker 1945–1990. Angaben in %

Entscheidung	West: Entscheidung war		Ost: Entscheidung war	
	richtig	falsch	richtig	falsch
Einf. der Sozialen Marktwirtschaft	75	8	65	9
Festhalten am Gedanken der dt. Einheit	75	8	74	6
Mauerbau	5	88	11	77
Wiedervereinigung	82	9	87	5

Quelle: nach FAZ-Grafik vom 3. 5. 1995 (Daten des Instituts für Demoskopie Allensbach)

Trotz unterschiedlicher Einstellungen zu Fragen der deutschen Geschichte und vielen weiteren Differenzen gibt es im Hinblick auf die Wiedervereinigung eine wachsende Zustimmung. Die gleiche Frage wurde 1992 von 73 % der ostdeutschen und 66 % der westdeutschen Bevölkerung positiv bewertet.

d) Einstellungen zu Institutionen in der DDR

Die ostdeutsche Bevölkerung benötigte einige Zeit, um die Institutionen und Lebensverhältnisse in der alten/neuen Bundesrepublik kennenzulernen. Mit wachsender Kenntnis stieg die Kritikfähigkeit und mit ihr wiederum die positive Bewertung einzelner Einrichtungen der DDR. Wenn Westdeutsche in diesem Zusammenhang von „Nostalgie" und „falscher Rückschau" sprechen, die den Gesamtzusammenhang der Lebensumstände in der DDR wegen der unabwendbaren Übergangsschwierigkeiten aus dem kritischen (Rück-)Blick ausblenden, dann mag das auch seine Berechtigung haben, führt aber nicht weiter (vgl. in diesem Zusammenhang die differenzierten Rückblicke auf die DDR, hrsg. von Gisela Helwig, 1995).

Einer Umfrage des Emnid-Instituts vom Juli 1995 zufolge werden von der ostdeutschen Bevölkerung 16 Bereiche genannt, in denen die DDR angeblich überlegen war (1990 waren es von 16 Bereichen nur drei). Bei diesen drei Bereichen sind die Zustimmungswerte gegenüber 1990 deutlich gestiegen: Gleichberechtigung der Frau von 67 auf 87 %; soziale Sicherheit von 65 auf 92 % und Schutz vor Verbrechen von 62 auf 88 %. Die neu hinzu gekommenen Bereiche, in denen eine Überlegenheit der DDR konstatiert wird, sind: Berufsausbildung von 33 auf 70 %; Schulbildung von 28 auf 64 % und Versorgung mit Wohnungen von 27 auf 53 % (zit. nach Spittmann 1995, S. 4). Wer möchte bestreiten, daß diese Bereiche und die damit verbundenen Werte Versäumnisse der Gesellschaftspolitik eindringlich hervorheben?

Diese und bereits zitierte wie viele andere Daten und Indikatoren, letztlich der einfache Menschenverstand sagen, daß die Mentalitätsgeschichte der DDR für den weiteren Prozeß der Integration, aber auch für die gesamtgesellschaftlich anstehenden Reformen ernster zu nehmen ist als bisher. Über diese Mentalitätsgeschichte sagt Rüdiger Thomas unter anderem (1995), daß sie nur verstanden werden kann, wenn der Unterschied zwischen dem, was man heute weiß (z. B. aus Stasi-Akten), und dem Horizont, aus dem die Menschen in der DDR handelten, deutlicher gemacht wird.

e) Unterschiedliche und sich angleichende Lebensbedingungen

Die Basis der Angleichung von öffentlicher und privater Wohlfahrt und damit des Lebensstandards sind die verfügbaren Haushaltseinkommen und die Vermögensverteilung. Hierauf wird weiter unten eingegangen. An dieser Stelle seien einige Dimensionen unterschiedlicher und sich angleichender Lebensbedingungen hervorgehoben.

In den Lebensbedingungen der Bürger in Ost- und Westdeutschland gibt es nach wie vor große Differenzen, aber auch zeitlich beschleunigte Aufholprozesse. Zu den Differenzen gehören z. B. die Wohnverhältnisse. Der Bevölkerung im Westen stehen durchschnittlich 37 qm pro Kopf zur Verfügung; im Osten sind es 27 qm. Die Ausstattung der Wohnungen ist dort erheblich schlechter; so haben nur 76% der Wohnungen ein Innen-WC – im Gegensatz zu 98% im Westen (Sahner 1995, S. 12).

Zu den Aufholprozessen, die die Lebensqualität der ostdeutschen Bevölkerung in kurzer Zeit verbesserten, gehören die Ausstattung mit

Telefonanschlüssen, deren Zahl sich zwischen 1989 und 1994 verdreifacht hat. Die Zahl der Autos hat sich in diesem Zeitraum verdoppelt; sie hat „in fünf Jahren die westdeutsche Entwicklung von ca. 1970 bis 1983" nachgeholt (Zapf 1995, S. 74).

Das Problem dieser „Aufholjagd" besteht nicht zuletzt darin, daß das selbst erwirtschaftete Einkommen und die Ausgabenhöhe in den neuen Bundesländern weit auseinanderklaffen. So betrug das Bruttosozialprodukt in den neuen Bundesländern im Jahre 1991 214 Mrd. DM; ausgegeben wurden jedoch 359 Mrd. DM, davon 180 Mrd. DM für den privaten Verbrauch. Anläßlich der Fünf-Jahr-Feiern zur deutschen Einheit fragte der Ost-Berliner SPD-Politiker Wolfgang Thierse zu Recht, ob dieser „geborgte Wohlstand" (1995, S. 4) der „inneren Einheit" wirklich förderlich sei.

2. *Differenzierungen in der Eigentums- und Vermögensstruktur*

Die bürgerliche Rechtsgesellschaft ist ihrer Definition nach vorrangig Eigentumsgesellschaft (zu diesen Grundlagen vgl. Schäfers 1995, S. 175ff.). Die sozialistische Gesellschaft wollte die Defizite der kapitalistischen Klassengesellschaft, die sich auf der Basis privater Verfügung über Produktiveigentum herausbilden, dadurch beheben, daß sie privates Eigentum nur noch für ganz persönliche Zwecke zuließ. Dieser ideologischen Vorgabe entsprachen alle Reformen zum gesellschaftlichen Umbau nach 1945/49. 1988 war in der DDR der Anteil der Selbständigen auf 2 % gesunken; sie waren vor allem im Bereich von Handwerk und Handel anzutreffen. Im Agrarbereich war bis etwa 1960 die gesamte Fläche – bis auf 6 % – in Landwirtschaftliche Produktionsgenossenschaften (LPG) eingebracht. Das genossenschaftliche Eigentum war nach der DDR-Verfassung (Art. 2) eine der drei Formen des sozialistischen Eigentums; daneben gab es noch das Volkseigentum (z. B. die Volkseigenen Betriebe) und das Eigentum gesellschaftlicher Organisationen (z. B. der SED).

Im Gegensatz dazu war es ein erklärtes Ziel der Gesellschaftspolitik in der Bundesrepublik, Vermögen, vor allem an Boden, Häusern und Wohnungen, breit zu streuen (trotz aller Bemühungen nimmt die Bundesrepublik im europäischen Westen nur eine untere Position ein). Bei diesen entgegengesetzten Entwicklungsvoraussetzungen einer marktwirtschaftlichen Ordnung und einer sozialistischen Planwirtschaft überrascht nicht, daß die Verteilung der Vermögenswerte in Ost- und Westdeutschland höchst unterschiedlich ist.

Erschwerend kommt hinzu, daß für ca. zwei Millionen Grundstücke in den neuen Bundesländern, die (noch) von ostdeutschen Familien genutzt werden, Rückübertragungsansprüche geltend gemacht werden. Neben der Arbeitslosigkeit gibt es keinen anderen Tatbestand, der vergleichbare soziale

Unruhe und Emotionen auslöst. Das Bundesverfassungsgericht hat in mehreren Urteilen versucht, die höchst komplizierte Eigentumsfrage zu lösen. Alle Urteile können nicht darüber hinwegtäuschen, daß die Eigenstaatlichkeit der DDR nicht anerkannt und die von ihr geschaffenen Eigentumsformen und Besitzverhältnisse für nichtig erklärt wurden. Eine Ausnahme bilden nur die Enteignungen von Großgrundbesitz, die die Sowjetische Militäradministration vor dem Jahre 1949 durchgeführt hat. Ansonsten galt und gilt im Einigungsprozeß der Grundsatz: „Rückgabe vor Entschädigung".

Die Wirkungen dieser Regelungen „vor Ort" waren ambivalent: Rein formal betrachtet mögen sie die Integration in die existente Eigentumsordnung befördert haben; im Hinblick auf Verständnis und Akzeptanz des Transformationsprozesses führten sie zu Vorbehalten und Skepsis.

3. Bevölkerungsentwicklung und Familienstruktur

Ab 1990 gab es in den neuen Bundesländern einen Einbruch der Geburtenquote, der in der Geschichte ohne Beispiel ist. Aber auch in Westdeutschland verstärkte sich der Trend abnehmender Heirats- und Geburtenquoten abermals. Das Jahr 1994 war das Jahr mit der geringsten Geburtenquote in der deutschen Nachkriegsgeschichte.

Für Westdeutschland ist seit längerem ein grundlegender Wandel der Haushalts- und Familienformen festzustellen; er wird u. a. in Zusammenhang gebracht mit dem Wertewandel, den Individualisierungsprozessen und den verursachenden Faktoren eines raschen Umbaus der Arbeitsformen, Berufsbilder und der erforderlichen Flexibilitäten in der Lebensplanung.

In Ostdeutschland sind, mit zeitlicher Verzögerung, ähnliche Prozesse auszumachen: Zunahme der Einpersonenhaushalte (1994 30,1 % gegenüber 35,8 % im Westen); Zunahme der neuen Familienformen wie: Leben in zwei Haushalten; Ein-Eltern-Familien; Pendler-Familien.

Wie die Daten einer international vergleichenden Untersuchung über *Family Policies and Family Life in Europe* zeigen, „war die häufigste Lebensform der jungen Erwachsenen im Westen vor der Vereinigung am Ende der Achtziger Jahre der Single, im Osten das doppelberufstätige Paar mit Kind(ern)" (Strohmeier/Schulte 1995, S. 7). Diese Zahlen dürfen aber nicht falsch interpretiert werden: der Anteil der Bevölkerung, die die Singlehaushalte ausmachen, beträgt in den alten Bundesländern ca. 16 %, in den neuen Bundesländern ca. 12 %. Anders formuliert: der überwiegende Teil der Bevölkerung lebt in „pluralisierten" Formen von Haushalten und Familien bzw. in Personengemeinschaften.

Der soziale und gesamtgesellschaftliche Status der Familie in den neuen Bundesländern verändert sich: die eigene Familie bedeutete früher gegenüber staatlichen Zwängen eine Art Schonraum; zudem erhöhte sie die Chancen der Zuteilung von Wohnraum. Entsprechend lag das Heiratsalter deutlich niedriger als im Westen.

Die frühe Familiengründung hatte zur Folge, daß das Alter der Mütter bei Geburt des ersten Kindes erheblich differierte: 1986 betrug es in der DDR 24,1 Jahre und in der Bundesrepublik 26,3 Jahre.

Bei dem frühen Heiratsalter in der DDR darf nicht übersehen werden, daß die Scheidungsquoten hoch waren und viele Ehen früh wieder geschieden wurden. Nur so ist auch erklärbar, daß die Quote der unehelichen Kinder weit über der der Bundesrepublik lag.

Natürlich könnte man mit vielen statistischen Details und Verlaufskurven der letzten Jahre demonstrieren, daß es Angleichungsprozesse gibt – sei es hinsichtlich des Heiratsalters, der Kinderzahl usw. Aber diese oft vorschnell getroffenen Aussagen verdecken nur zu oft bestimmte Muster der Sozialisation, des eingeübten Verhaltens und der verharrenden „kulturellen Selbstverständlichkeiten". Zu recht gehen verschiedene Analytiker des demographischen und familiären Wandels in den alten und neuen Bundesländern davon aus, „daß es noch eine relativ lange Übergangszeit geben wird, die durch die Überlagerung zweier ‚Bevölkerungsweisen' geprägt ist" (Mau 1994, S. 217).

4. Jugendliche in Schule und Ausbildung

Besondere Aufmerksamkeit hinsichtlich ihrer Einstellungen zum und im Transformationsprozeß wurde den Jugendlichen zuteil (vgl. u. a. die Shell-Studie *Jugend '92* und den *Neunten Jugendbericht* des Bundesministeriums für Familie, Senioren, Frauen und Jugend, Bonn 1994).

Es gehört zu den Eigentümlichkeiten der deutschen Einigung 1989ff., daß Jugend im begünstigten Teil Deutschlands an den Geschehnissen keinen oder nur einen medienvermittelten Anteil nahm. Das ist neu in der deutschen Geschichte seit den napoleonischen Kriegen. Auch in der Nachkriegszeit gab es – sowohl in den drei westlichen wie in der sowjetischen Besatzungszone – ein spürbares Engagement der Jugend für den Erhalt der deutschen Einheit wie auch – im Westen – für Europa.

Die Ambivalenzen des Einigungsprozesses lassen sich vor allem an der Altersgruppe der ca. 12- bis 25jährigen verdeutlichen. Einerseits war für sie die „Wende" am deutlichsten spürbar – in Schule und Ausbildung, Familie und Freizeit –, andererseits hatten sie die Widersprüche im „real existierenden Sozialismus" (Rudolf Bahro) wohl am intensivsten erfahren und standen einem Systemwandel grundsätzlich positiv gegenüber.

In sehr kurzer Zeit wurde das Schulwesen in den neuen Bundesländern völlig umgestaltet, entsprechend dem föderalen Prinzip mit Unterschieden in den Schulgesetzen der neuen Länder (vgl. Hörner 1995).

In Berlin und Brandenburg beträgt – wie in den westlichen Bundesländern – die Schulpflichtzeit 10 Jahre, für das Abitur werden 13 Jahre benötigt (in den übrigen vier neuen Ländern sind es 9 bzw. 12 Schuljahre). Durch die Neuordnung der zuvor bis zur 10. Klasse undifferenzierten Einheitsschule (der Polytechnischen Oberschule) wuchs der Anteil im weiterführenden Schulsystem. Dadurch erhöhte sich die zuvor relativ geringe Zahl an Abiturienten und die allgemeine Verweildauer im Schulsystem. In kurzer Zeit wurde ein Teil der westlichen Bildungsexpansion und damit der Expansion der Jugendphase nachgeholt.

Ein besonderes Problem stellt das 12klassige Abitur dar. Zunächst war seitens der Kultusminister-Konferenz (KMK), die über eine gewisse Einheitlichkeit der Bildungseinrichtungen und -abschlüsse zu wachen hat, eine Übergangslösung bis 1995 zugestanden worden. Diese wurde bis zum Jahr 2000 verlängert (Hörner 1995, S. 149). Was wirklich sein wird, kann niemand sagen, da es auch in Westdeutschland starke Bestrebungen gibt, aus Gründen einer anzustrebenden Einheitlichkeit in den Ländern der Europäischen Union und der damit verbundenen Wettbewerbsgleichheit, die Schulzeit bis zum Abitur auf 12 Jahre zu begrenzen.

Auch das berufliche Schulwesen wurde völlig umgestaltet. Die Übertragung des „dualen Systems" der Berufsausbildung zum Schuljahr 1990/91 stieß deshalb auf erhebliche Schwierigkeiten, weil ein entsprechender infrastruktureller Ausbau zur privatwirtschaftlichen Seite hin (Handwerkskammern, Industrie- und Handelskammern usw.) völlig fehlte. In sehr kurzer Zeit erhöhte sich das Durchschnittsalter der Auszubildenden, und fand ein transformationsbedingter, umfassender Wandel in den präferierten Ausbildungsberufen statt (bei weiterhin gegebener großer Knappheit an Ausbildungsplätzen).

Große Unterschiede zwischen ost- und westdeutschen Jugendlichen gibt es weiterhin in den Freizeitpräferenzen (*Neunter Jugendbericht* 1994, S. 171). Das hängt nicht zuletzt damit zusammen, daß westdeutsche Jugendliche doppelt so stark in Vereinen, vor allem auch Sportvereinen, organisiert sind verglichen mit ostdeutschen Jugendlichen. Als Ursache wird eine gewisse „Organisationsmüdigkeit" angeführt bzw. die Freiheit, nicht – wie zuvor in der FDJ – organisiert sein zu müssen.

Viele Untersuchungen und Reportagen gab es in den letzten Jahren in den alten wie in den neuen Bundesländern zum Thema Gewalt und Gewaltbereitschaft, Rechtsradikalismus und Fremdenfeindlichkeit. Die Probleme sind vor allem in den von sehr hoher Jugendarbeitslosigkeit betroffenen Regionen Mecklenburg-Vorpommerns und Sachsen-Anhalts gravierend. Sollte sich die Situation rasch verbessern, wird vieles zum Transitorischen im beschleunigten sozialen Wandel wie im Leben der jetzt verunsichert reagierenden Jugendlichen gehören.

5. Umstrukturierung von Arbeit und Beruf

a) Arbeitslosigkeit

In dem Tatbestand, ob jemand im erwerbsfähigen Alter einen Arbeitsplatz hat oder nicht, ist in Gesellschaften, die sich primär über Arbeit und Beruf definieren, die Schlüsselkategorie der individuellen Lebenslage und der sozialen Integration zu sehen.

Auf diesem Sektor gab es die größten Einbrüche und Umbrüche. Die ökonomischen Folgen konnten in bestimmtem Umfang durch den Sozialstaat (Arbeitslosengeld) und Maßnahmen des Arbeitsmarktes („Arbeitsbeschaffungsmaßnahmen"; Umschulungen usw.) aufgefangen werden; die psychischen und sozialpsychischen Folgen können nur über Einbindungen in Familie und Verwandtschaft, Freundschaft und persönliche Netzwerke gemildert werden.

Zu den für den Integrationsprozeß höchst negativen Folgen gehörte der Schock, nun selbst von dem betroffen zu sein, was in der DDR-Sozialisation und -Propaganda immer als besonderes Kennzeichen kapitalistischer Gesellschaften hingestellt wurde: Spielball von Kapitalinteressen zu sein.

Zum einen war Arbeitslosigkeit zuvor so gut wie unbekannt – Arbeit zu haben war ein in der Verfassung verankertes Grundrecht. Zum anderen war die Erwerbsquote wesentlich höher als in der Bundesrepublik – und damit auch der Kreis der Betroffenen. Die neuen Bundesbürger mußte diese Erfahrung hart treffen – immerhin waren nur zwei Jahre nach dem Einigungsprozeß von ehemals 9,6 Mill. Erwerbstätigen etwa die Hälfte nicht mehr „normal" beschäftigt.

Tabelle 4: Arbeitsmarktentwicklung in der DDR / Neue Bundesländer

Monat	Arbeitslose	Kurzarbeit	ABM	FuU[1]	Vorruhestand	Pendler
4/1990	30.000	-	-	-	k.A.	k.A.
12/1990	645.000	1.790.000	-	-	k.A.	k.A.
2/1992	1.290.000	519.000	400.000	485.000	777.000	500.000

[1] Fortbildung und Umschulung
Quelle: Bis 2/1992 Kieselbach/Voigt 1992, S. 17f.; danach Stat. Jahrbücher

In einer der ersten großen Untersuchungen zur Entwicklung der Arbeitslosigkeit und ihren sozialen und psychischen Folgen, vor allem für die Region Mecklenburg-Vorpommern (Kieselbach/Voigt 1992), wird Arbeitslosigkeit als „Resultat und Ferment sozialen Wandels in Ostdeutschland" bezeichnet. Das ist sie in der Tat: bei keinem anderen sozialen Tatbestand sind individuelle und soziale Problemlagen so eng miteinander verknüpft. In

Westdeutschland hat es sicherlich am Einfühlungsvermögen für diese radikalste Form des Systemumbruchs gefehlt; Hinweise darauf, daß auch die Arbeitslosigkeit in Westdeutschland seit Ende der 70er Jahre relativ hoch ist (1985 2,3 Mill.; 1990 1,9 Mill.), sind wenig hilfreich, weil sie die unterschiedlichen Erfahrungen und Bewältigungsstrategien bei Arbeitslosigkeit nicht berücksichtigen.

Seit der Vereinigung hat die Arbeitslosigkeit (die regional in der alten Bundesrepublik ja auch zuvor Werte um ca. 15 % kannte) nunmehr ein deutliches Nord-Süd- und ein West-Ost-Gefälle: sie ist in den süddeutschen Ländern Baden-Württemberg und Bayern am geringsten und in den Altindustrieregionen und Agrarregionen der alten Bundesrepublik am höchsten (mit der Höchstquote im Bezirk Wilhelmshaven von 15,5 % im Juli 1995). Die neuen Bundesländer hatten im Juli durchschnittlich eine Arbeitslosigkeit von 15 %, sie war im Bezirk Dresden mit 10,8 % am niedrigsten und mit 18,4 % in Halberstadt (Sachsen-Anhalt) am höchsten.

b) Wandel weiblicher Berufstätigkeit

Ein gravierendes Problem stellt die Arbeitslosigkeit bei Frauen dar. Die früheren DDR-Bürgerinnen sind besonders betroffen, weil ihre Erwerbsquote mehr als doppelt so hoch war wie in den westlichen Bundesländern. Mit 65,9 % (bezogen auf alle Frauen) bzw. über 90 % (bezogen auf Frauen im erwerbsfähigen Alter) war diese Quote eine der höchsten in der Welt.

Idealisierungen der Vergangenheit sind allerdings unangebracht, wie eine Vielzahl empirischer Untersuchungen zeigt. Zum einen war die hohe Erwerbsquote mit einer Doppellast für die Frauen verbunden, weil ihre Männer in kaum höherem Ausmaß als die Männer in der Bundesrepublik ihre Frauen bei der Hausarbeit und Kindererziehung unterstützten; zum anderen waren die Frauen nur im Hinblick auf die Erwerbsquote, aber nicht im Hinblick auf die Erwerbspositionen mit den Männern gleichberechtigt.

Zu den schon mehrfach hervorgehobenen Ambivalenzen des Einigungsprozesses gehört auch der Tatbestand eines radikalen Wandels weiblicher Berufstätigkeit und Berufswünsche. War in der DDR der Beruf der Traktoristin oder der Maschinistin – auch aus propagandistischen Gründen der völligen Gleichstellung männlicher und weiblicher Arbeit – sehr gefragt, so hat die Einigung einen Wandel in Richtung der im Westen präferierten Berufswünsche hervorgebracht: Arzthelferin, Bürokauffrau usw. Mit Ambivalenz ist in diesem Fall gemeint: es ist sehr schwer zu sagen, ob die zuvor genannten Berufswahlen gewünscht und gesteuert waren oder dem Wandel weiblicher Berufsauffassungen entsprachen, und nun – nach dem Wegfall bestimmter Zwänge – die „tatsächlichen" Berufswünsche sich freier artikulieren können. Aber auch bei diesen Wünschen ist zu sehen, daß sie ja nicht nur der freien Entscheidung, sondern ebenso der Marktlage und den neuen

Zwängen entsprechen.

c) Kontinuitäten der Berufspositionen trotz Umbruch

Es ist vielfach darauf hingewiesen worden zu Beginn des Transformationsprozesses, daß es einige günstige Faktoren gebe, die neben dem Rechts- und Institutionenrahmen der Einigungsverträge die totalen Kontinuitätsbrüche verringern oder gar vermeiden. Hierzu zählt die deutsche Tradition der Berufsausbildung und der engen Verzahnung von Ausbildung und Beruf einerseits und Beruflichkeit und Beschäftigungssystem andererseits.

Auf der Basis einer umfangreichen Untersuchung kommen Diewald/Solga (1995) zu dem Schluß, daß trotz des enormen Wandels der Arbeits- und Berufsstruktur in den neuen Bundesländern von einer erstaunlichen beruflichen Statusstabilität gesprochen werden könne. Nur die hohe Organisationsform von Arbeit in Berufen beider Beschäftigungssysteme könne diese Kontinuität erklären. In einer zwischen 1989 und 1993 untersuchten Kohorte verblieben knapp 70 % annähernd im gleichen Beruf.

Als weiteren erklärenden Faktor darf man hinzunehmen, daß seit den Übersiedlungen von DDR-Bürgern – auch nach 1961 in nicht geringem Umfang – die Bildungs- und Ausbildungsstandards sehr positiv eingeschätzt wurden (in verschiedenen Fächern galten Lehrmaterialien aus der DDR als vorbildlich). So darf man den genannten Autoren zustimmen, wenn sie angesichts des „extrem beschleunigten Strukturwandels" den „Beruf als auffallend stabilisierendes Element" hervorheben (1995, S. 12).

6. Der Umbau des Wirtschaftssystems

Die referierten Zahlen zur Arbeitslosigkeit machen deutlich, daß in Ostdeutschland ein Umbau der Wirtschaftsstruktur vor sich gegangen ist, der in seiner Geschwindigkeit und seinen Ausmaßen materiell wie personell ohne Beispiel ist.

a) Umbau des Industriesektors

Entsprechend der Industrialisierungseuphorie des Sozialismus seit den 20er Jahren setzte man auch in der DDR auf die Schwerindustrie (der im Bergbau und in der Eisen- und Hüttenindustrie tätige Arbeiter war, der Ideologie entsprechend, jener progressive Proletarier, auf dem die „Gesellschaft der Werktätigen" und der „Arbeiter- und Bauernstaat" beruhte). Man favorisierte auch dann noch die Schwerindustrie, als diese weltweit in die Krise geriet, dies aber durch die Abschottung der Comecon-Staaten vom Weltmarkt zunächst folgenlos blieb.

Die „Treuhand", die alle diese Anlagen übernahm, stand vor völlig veralteten und verrotteten Anlagen, die deutlich machten, daß die DDR den

Anschluß an moderne Industrien völlig verpaßt hatte. Die Arbeitsproduktivität wurde auf ca. 40 % des Westniveaus beziffert. Der größte und schmerzlichste Umbau des Wirtschaftssystems ging folgerichtig auch in der verarbeitenden Industrie vonstatten. Hier sind nur noch ca. eine Million Beschäftigte verblieben. Würde man Westmaßstäbe anlegen, müßten in den neuen Bundesländern jedoch ca. 3,4 Mill. Beschäftigte in der verarbeitenden Industrie tätig sein.

Zahlen über Zuwächse der Industrieproduktion und des Bruttosozialprodukts seit 1991 (dem Jahr des Tiefpunktes von Produktion und Beschäftigung) können nicht darüber hinwegtäuschen, daß in absehbarer Zukunft die Defizite gegenüber den alten Bundesländern kaum aufzuholen sind. Zu den Minusfaktoren gehören u. a. folgende Tatbestände:

– bei einem Bevölkerungsanteil von 20 % werden in Ostdeutschland nur etwa 8 % des gesamtdeutschen Bruttosozialprodukts erwirtschaftet; der Anteil der Industrieproduktion dürfte etwa bei 4 % liegen;
– es gibt kaum einen überregional bedeutsamen Firmensitz in den neuen Bundesländern, und größere Betriebe sind dort die Ausnahme; hiermit hängt zusammen, daß es keine ostdeutsche Firmenmarke gibt, die bundesweit oder international bekannt ist, weder im Konsum- noch Investitionsbereich;
– die Kapitalausstattung der Betriebe beruht nicht auf originär ostdeutschen Investitionen oder Vermögen; da es sich überwiegend um Produktionsstätten, nicht auch um Firmensitze handelt, bildet sich das für die Stabilisierung von Industrieregionen so wichtige Netz an Zulieferern, Weiterverarbeitungsfirmen und hochwertigen Dienstleistungen nur spärlich aus;
– Wachstumsraten täuschen ein wenig darüber hinweg, wohin das Wachstum geht bzw. wofür investiert wird. Da ist zum einen die boomende Bauindustrie und zum anderen der Tatbestand zu berücksichtigen, daß ein Teil der nun hektisch erstellten Anlagen die Zeit der Investitionshilfe kaum überstehen, und in vielen Bereichen – z. B. dem der Versorgung (Einkaufszentren auf der grünen Wiese als Stichwort) – gigantische Überkapazitäten geschaffen wurden (mit infrastrukturell und städtebaulich z. T. katastrophalen Auswirkungen).

Diese eher skeptische Einschätzung des bisher Erreichten im Hinblick auf eine sich selbst tragende Entwicklung wird gestützt durch eine knappe Analyse der bisherigen Transfersummen.

In den sechs Jahren von 1990 bis Ende 1995 sind im Durchschnitt pro Jahr ca. 150 Mrd. DM nach Ostdeutschland geflossen (1990 48 Mrd. DM; 1995 ca. 210 Mrd. DM). Diese gigantische Summe von fast einer Billion DM kam nur zum geringeren Teil dem Aufbau einer stabilen Infrastruktur und der Investition zugute. Fast zwei Fünftel wurden für den Arbeitsmarkt und soziale Zwecke aufgewandt; nur knappe zwei Fünftel gingen in den Aufbau von Wirtschaft und Infrastruktur. Gewiß ist aber auch, daß ein Großteil dieser Investivsummen durch eine große Welle bereits vollzogener oder anstehender Firmenpleiten verloren sind und nur zum Schein die Erfolgsstatistiken aufblähen.

b) Umbau des Dienstleistungssektors

Aber nicht nur im industriellen Sektor, sondern auch im Dienstleistungsbereich fand ein vollkommener Umbau bzw. Wegfall bisheriger Einrichtungen statt. Das Ministerium für Staatssicherheit mit seinen 85,5 Tsd. hauptamtlichen Mitarbeitern wurde vollständig aufgelöst; das gilt auch für den Funktionärs-Apparat der SED mit ca. 44 Tsd. hauptamtlichen Funktionären; von den 172 Tsd. Berufs- und Zeitsoldaten der Volksarmee wurden ca. 50 Tsd. in die Bundeswehr übernommen (Geißler 1993; Sahner 1994). Drastische Reduktionen des bisher beschäftigten, aber zu eng mit dem Regime verbundenen Lehrpersonals gab es im gesamten Bildungs- und Ausbildungsbereich, an den Schulen und Hochschulen/Universitäten. Vollständig aufgelöst wurde auch die nach sowjetischem Vorbild eingerichtete „Akademie der Wissenschaften" (mit ca. 25 Tsd. Mitarbeitern).

Bereits diese Zahlen machen deutlich, daß der Dienstleistungssektor in der DDR eine völlig andere Struktur hatte als der einer modernen westlichen Industriegesellschaft. Entsprechend umfassend war auch der Umbau dieses „dritten Sektors", denn die ökonomische Struktur der DDR des Jahres 1989 entsprach in etwa der der Bundesrepublik in der ersten Hälfte der 60er Jahre (Sahner 1994). Danach setzten deutliche Differenzierungen ein. In der Bundesrepublik wie in anderen westlichen Ländern begann die Ausbildung der „Dienstleistungsgesellschaft", in der der tertiäre Sektor (Handel, Banken, Versicherungen usw.) immer stärker expandierte und als Auffangbecken für die Freisetzungen im primären und sekundären Sektor dienen konnte. In der DDR hingegen gab es keine vergleichbare Entwicklung.

So überrascht nicht, daß es nach 1990 nur in Dienstleistungsbereichen neuerer Art ein Wachstum gegeben hat: bei den freien Berufen, den Medien, bei den Banken und Versicherungen und bei den Organisationen der Selbstverwaltung, seien es die Kammern, die Caritas oder die Gewerkschaften. Auch auf dem zuvor als „unproduktiv" geltenden Gebiet des Gastgewerbes (Hotels, Restaurants, Cafés), das kaum dem Niveau eines Entwicklungslandes entsprach und von demonstrativer Lieblosigkeit geprägt war, gab es in kurzer Zeit einen nachhaltigen Ausbau.

c) Sonderstellung der Landwirtschaft

Im Produktionsprozeß und den Wirtschaftsbereichen nimmt die Landwirtschaft eine Sonderstellung ein. Das galt für den Agrarbereich in der

Bundesrepublik wie in der DDR. Bei der Wende stellte sich u. a. die paradoxe Situation heraus, daß hier wegen der Ende der 50er Jahre begonnenen Zwangskollektivierung und der Umwandlung in das Genossenschaftseigentum der „Landwirtschaftlichen Produktionsgenossenschaften" (LPG) Betriebsgrößeneinheiten geschaffen wurden, die sich im harten europäischen und weltweiten Wettbewerb vielleicht als tragfähig erweisen werden. Zu den vielen Paradoxien des Einigungsprozesses gehört, daß im Westen die Vergrößerung der Betriebsgrößenstruktur ebenfalls sehr radikal verlief, aber auf dem Weg von Marktwirtschaft und Subventionierung und im Zusammenhang mit der Herstellung eines einheitlichen europäischen Agrarmarktes, der ja seit den Römischen Verträgen von 1957 der Wirtschaftsunion den Weg weisen sollte.

Die Landwirtschaftlichen Produktionsgenossenschaften hatten auch eigentumsrechtlich eine Sonderstellung; zum einen sind sie aus dem komplizierten Prozeß der „Bodenreform" der Sowjetischen Besatzungszone der Jahre 1945/46 hervorgegangen und müssen daher nicht in das frühere Privateigentum zurückverwandelt werden; zum anderen sind Genossenschaften im Agrarbereich (man denke u. a. an die Weinerzeugung und -vermarktung) im Westen ja nicht unbekannt (erinnert sei daran, daß seit Ende des 19. Jhds. eine intensive Diskussion um Genossenschaftsrecht und Genossenschaften geführt wurde, die als typisch deutsch dem Individualrecht römisch-französischen Ursprungs gegenüberstand). So überrascht nicht, daß viele der LPGs nunmehr als eingetragene Genossenschaften (eG) weitergeführt werden.

Noch vor der staatlichen Vereinigung wurde die DDR in die Agrarunion mit der EG aufgenommen. Damit wurden die politischen Prämissen der Umgestaltung und weiteren Entwicklung drastisch verändert. Die LPG als Rechtsform wurde zum 31.12.1991 per Gesetz aufgelöst; im Prinzip wurde das Privateigentum wiederhergestellt (ohne daß es deshalb zur Wiedereinrichtung der Familienbetriebe, wie von vielen Bonner Politikern gefordert, gekommen wäre).

Inzwischen wurden – auch durch EU-Reglementierungen – Betriebsflächen stillgelegt, der Viehbestand verringert, dadurch aber auch der Anteil der Selbstversorgung in Ostdeutschland zurückgenommen (vgl. hierzu und zum folgenden Mittelbach 1995).

Von den ca. 834 Tsd. Beschäftigten im Agrarbereich der DDR im Jahre 1989 waren 1994 nur noch 165 Tsd. hauptberuflich beschäftigt (zum Vergleich: in den westlichen Bundesländern sind es ca. 600 Tsd. Vollarbeitskräfte). Die Zahl der Arbeitskräfte hat sich seit 1991 halbiert und liegt – wegen einer völlig anderen Betriebsgrößenstruktur – deutlich unter den Werten des früheren Bundesgebietes. Die Vollerwerbsbetriebe in den neuen Ländern haben im Vergleich zu den alten Bundesländern eine viermal so große Betriebsfläche, obwohl die Zahl der Betriebe von 1989 bis

1994 von ca. 4.700 auf fast 28 Tsd. angestiegen ist.

„Eingetragene Genossenschaften, GmbH., Aktiengesellschaften und andere kooperative Betriebsformen bewirtschaften gegenwärtig in den neuen Ländern 59,3 % der landwirtschaftlichen Nutzfläche und haben eine durchschnittliche Betriebsgröße von 1143 Hektar" (Mittelbach 1995, S. 21).

Der Anteil der Pachtflächen ist in den neuen Ländern erheblich größer als in den alten Bundesländern (90% zu 45 %); die Diskrepanz zwischen Bodeneigentum und Bodenbewirtschaftung ist damit deutlich höher (Mittelbach 1995, S. 23).

IV. Integration und Differenzierung im politischen System

Das politische System in seinen verschiedenen Ausprägungen ist ein täglich abfragbares Stimmungsbarometer für den Prozeß der Transformation und Integration. Es sind ja nicht nur die Wahlen, die Aufschluß geben über den „inneren Zustand der Nation", sondern es sind z. B. auch die vielen Umfragen bei den Bürgern, welche Politiker sie gerade bevorzugen oder welcher Partei sie – im Falle einer Landtags- oder Bundestagswahl – jetzt ihre Stimme geben würden. Die Umfrageforschung macht wahr, was ein berühmtes Wort des Franzosen Ernest Renan (1823–1892) zum Ausdruck brachte: La nation – c'est le plebiscite de tous les jours.

1. Kurzer Rückblick auf die Ausgangslage

Der Führungsanspruch der SED für Staat und Gesellschaft war in der Verfassung der DDR festgeschrieben. Das Prinzip des „demokratischen Zentralismus" war ebenfalls verfassungsmäßig verankert (Art. 47, Abs. 2). Alle Staatsorgane waren nicht nur in die jeweilige Hierarchie eingebunden, sondern auch der entsprechenden Parteileitung unterstellt. Die SED hatte Anfang 1989 mehr als 2,3 Mill. Mitglieder; Parteigruppen fanden sich am Arbeitsplatz wie im Wohngebiet (vgl. Rüdiger Thomas 1993). Unterstützt wurde die Parteiarbeit u. a. durch die FDJ (Freie deutsche Jugend), die 1989 ca. 2,3 Mill. Mitglieder hatte und damit rund 70 % aller Jugendlichen zwischen 14 und 25 Jahren erfaßte.

Die ersten freien Wahlen der DDR-Geschichte wurden am 18. März 1990 abgehalten; sie stellten die Weichen für den Einigungsprozeß. Schon zuvor war es zur Anlehnung der sog. Blockparteien an die „Mutterparteien" der Bundesrepublik gekommen. Die SPD hatte hier einen besonders schwierigen Stand, weil sie erst in letzter Minute des alten DDR-Regimes, am 7. Oktober 1989, neu gegründet worden war. CDU/CSU und Liberale konnten sich auf den Apparat der gewandelten Blockparteien stützen. Entsprechend war der Wahlausgang am 18. März 1990: die „Allianz für Deutschland" erzielte 46,9 % der Stimmen; die SPD entgegen allen Voraussagen (und trotz der großen Sympathien, die Willy Brandt in der DDR hatte) nur 22 % (vgl. Schäfers 1995, S. 72f.).

Die Wahlbeteiligung lag bei 93,4 % – eine einmalige Höhe in der Geschichte freier Wahlen in Deutschland.

In den ersten gemeinsamen Wahlen, zwei Monate nach der Wiedervereinigung, am 2. Dezember 1990, war die Wahlbeteiligung mit 77,8 % die niedrigste bei einer Bundestagswahl überhaupt. In den neuen Bundesländern betrug sie durchschnittlich 75 %. Bei der Wahl zum 13. Deutschen Bundestag am 16. Oktober 1994 war sie in den neuen Bundesländern nochmals gesunken und lag nun bei 73,7 % (in der früheren Bundesrepublik bei 80,7 %). Die größte Überraschung war der Einzug der PDS (Partei des demokratischen Sozialismus), der SED-Nachfolgepartei, in den Bundestag. Sie schaffte es – und dies war neu in der bundesrepublikanischen Wahlgeschichte – nicht durch Überwindung der Fünf-Prozent-Sperrklausel, sondern durch Gewinn von vier Direktmandaten im Norden Ostberlins (u. a. durch die Kandidatur des Schriftstellers Stefan Heym). Der Zweitstimmenanteil lag bei 4,4 % (in Westdeutschland 0,9 %; in Ostdeutschland bei 18,3 %).

Im Hinblick auf die weitere Entwicklung und ggf. langfristigen Folgen der politischen Sozialisation sei nur eine Information zum PDS-Wahlerfolg mitgeteilt: je jünger die Wähler, desto höher der PDS-Anteil (23 % bei den unter 35jährigen; 17 % bei den über 60jährigen).

2. Neue Rahmenbedingungen politischer Kultur und Sozialisation

Zu den Ausgangs- bzw. Eingangsbedingungen der DDR-Bevölkerung in das politische System der Bundesrepublik gehörten u. a.:

– ein inhaltlich anderes Verständnis von Demokratie und sozialer Gleichheit (vgl. w. u.);
– eine völlig andere Form der politischen Sozialisation, beginnend in der Kinderkrippe, in der Schule, der FDJ, durch die Medien usw.;
– fehlende Partizipationsmöglichkeiten; keine sozialen Bewegungen, die parteiübergreifend auf Defizite der gesellschaftlichen und staatlichen Ordnung hinweisen (wie in der Schlußphase der DDR die Bürgerbewegungen);
– Zurechtfinden in einem pluralen Parteienspektrum, das auf ganz andere Art und Weise mit den gesellschaftlichen (und staatlichen) Institutionen verknüpft ist als früher in der DDR.

Die wichtigsten Veränderungen des bisherigen Parteienspektrums sind darin zu sehen, daß in allen Landtagen der neuen Bundesländer wie im Bundestag Abgeordnete der PDS sitzen. In Bonn mag eine Ausgrenzung der PDS-Bundestagsabgeordneten gelingen; in Berlin wird das nach dem Umzug des Bundestags in den Reichstag nicht mehr so leicht sein. Die Wahlen zum Berliner Abgeordnetenhaus am 22. Oktober 1995 machten unter anderem deutlich, daß der Integrationsprozeß weiterhin – und zum Teil zunehmend – von Differenzierungen und auch Distanzierungen gekennzeichnet ist. Bei den ersten Wahlen der wiedervereinigten Stadt errang die PDS 9,3% der Stimmen; ihr Anteil stieg nunmehr auf 14,6% und wird in seiner Bedeutung dadurch gesteigert, daß die FDP nicht mehr vertreten ist und SPD und CDU zusammen ca. 10% Stimmenanteil einbüßten. Die PDS steigerte zwar im Westen der Stadt ihren Anteil gegenüber 1990 von 1,1 auf 2,1%, sie blieb gleichwohl eine reine „Ostpartei": im Ostteil der Stadt errang sie 36% der Stimmen.

Die Restrukturierung kommunistischer Parteien in osteuropäischen Staaten wird das Gewicht der PDS weiter verstärken. Ihre Bedeutung in den neuen Bundesländern, aber auch in der alten Bundesrepublik, besteht nicht zuletzt darin, ein Sprachrohr für jene zu sein, die die DDR für reformierbar hielten und für die die PDS eine kritische Stimme gegenüber der Integration bzw. einzelnen ihrer Grundlagen ist.

3. Zur weiteren Entwicklung der Demokratie

Die Euphorie der für beide deutsche Staaten unverhofften Einigung hat sowohl viele Gemeinsamkeiten, die aus der deutschen Geschichte und Kultur stammen, wie auch Differenzen zugedeckt. Erst im Verlauf des Einigungsprozesses und auf der Basis der ungewöhnlich breit gelagerten, intensiven sozialwissenschaftlichen „Begleitforschung" zum Einigungsprozeß wurde deutlich, daß bestimmte Begriffe – wie z. B. Demokratie, Solidarität – nicht von allen Bürgern in den neuen Bundesländern so verstanden werden, wie es vorausgesetzt wurde. Langfristige Folgen der Sozialisation können in ihren Auswirkungen noch gar nicht abgeschätzt werden. Dieses Phänomen soll an dem für die gesellschaftliche Integration so wichtigen Begriff der Demokratie verdeutlicht werden (vgl. den mehrere Untersuchungen zusammenfassenden Beitrag von Bettina Westle 1994).

Bei hoher Übereinstimmung in zentralen Grundwerten der Demokratie – wie individuelle Freiheit und Pressefreiheit, unabhängige Gerichte, freie und geheime Wahlen, Reisefreiheit usw. – gibt es auch Unterschiede. Hierzu gehören:

- Volksabstimmungen werden in Ostdeutschland häufiger zum klassischen Demokratiebestand gerechnet als im Westen;
- die Organisation der Wirtschaft in der bestehenden Form wird im Osten Deutschlands eindeutig seltener als erforderlicher Bestandteil der Demokratie angesehen als im Westen (an dieser Stelle sei daran erinnert, daß das Bundesverfassungsgericht in grundlegenden Urteilen von einer gewissen „wirtschaftspolitischen Neutralität" des Grundgesetzes gesprochen hat; im ersten Urteil hierzu, aus dem Jahre 1954, hieß es u. a.: „Die gegenwärtige Wirtschafts- und Sozialordnung ist zwar eine nach dem Grundgesetz mögliche Ordnung, keineswegs aber die allein mögliche"; vgl. Schäfers 1995, S. 55f.);
- bei keiner der genannten (und weiteren) Vorstellungen von Freiheit und

sozialer Gleichheit als Elementen einer inhaltlich verstandenen Demokratie werden von mehr als 25 % der Ostdeutschen Unvereinbarkeiten mit dem Sozialismus gesehen; Ausnahmen bilden nur die Meinungs- und Pressefreiheit und der Stellenwert des Privateigentums. Anders formuliert: Bei der überwiegenden Mehrzahl der Ostdeutschen (über drei Viertel der Bevölkerung) sind die genannten Elemente auch Bestandteil einer Demokratie im Sozialismus.

Ohne diese methodisch nicht genügend gesicherten Befunde überbewerten zu wollen, ist es gerechtfertigt, von einem politischen Potential inhaltlich anders strukturierter und gewichteter Demokratievorstellungen in Ostdeutschland – gegenüber Westdeutschland und vergleichbaren Ländern – zu sprechen. Das zeigten auch die Ergebnisse der letzten Bundestags- und Landtagswahlen, wobei die PDS-Anteile sicher nicht das gesamte Potential einer inhaltlich anders verstandenen Demokratie ausschöpften.

Diese anderen Auffassungen oder Gewichtungen von Demokratie könnten in dem Maße gesamtgesellschaftlich wirksam werden, wie auch in Westdeutschland Überlegungen einsetzen, nach neuen Formen kommunitären Gemeinsinns und gesellschaftlicher Solidarität zu suchen. Sozialpsychologisch ist – bezogen auf Ostdeutschland – die Befürwortung von Elementen des demokratischen Sozialismus mit zunehmender zeitlicher Distanz zur sozialistischen Alltagswirklichkeit durchaus verständlich. In dem Maße, wie die Mängel einer individualisierten, freiheitlichen Konkurrenzgesellschaft erfahren werden, verblassen die damit verbundenen Ideale, und werden die Mängel des DDR-Regimes als Defizite des unzulänglich institutionalisierten demokratischen Sozialismus gesehen.

Zu Recht wird in diesem Zusammenhang darauf hingewiesen, daß die Demokratie in der alten Bundesrepublik ihre Akzeptanz auch nicht bereits mit der Einführung der Sozialen Marktwirtschaft und der parlamentarischen Demokratie (1948/49) hatte, sondern ihr durch entsprechende Leistungen die Legitimation erst zuwuchs.

4. Einigungsprozeß und wachsende Staatstätigkeit

Der Einigungsprozeß hat die wohl unvermeidliche Folge, daß sich Staatstätigkeit und *Staatsquote* (der Anteil des Bruttosozialprodukts, der über den öffentlichen Sektor umverteilt wird) erhöhen. Zwar fällt der Einigungsprozeß zeitlich in etwa zusammen mit der intensivierten Diskussion um Privatisierung bisher öffentlicher Betriebe und Einrichtungen, aber an der Grundtendenz des bereits 1861 von Adolph Wagner formulierten „Gesetzes der wachsenden Staatstätigkeit" der industriellbürokratischen Gesellschaften hat das nichts geändert.

Der ungeheure Finanzbedarf zum Umbau und Neuaufbau von Staat, Wirtschaft und Gesellschaft in seinen grundlegenden Institutionen verändert einen Teil dieser Institutionen selbst, zumal die transferierenden. Die kurz- und langfristigen Folgen für den „Staat der Daseinsvorsorge" (Ernst Forsthoff), den Rechts- und Sozialstaat, sind kaum abzuschätzen. Im Vergleich mit den Transformationen anderer sozialistischer Staaten waren die Vorgänge in Deutschland eine „Staatsveranstaltung" (König 1995) mit eindeutig vorgegebenem Referenzrahmen.

V. Entwicklung zu Ungleichheit? Umbrüche der Sozialstruktur

1. Neue Mechanismen der sozialen Differenzierung

Es gehörte zu den Selbst- und Fremdbildern der DDR, daß sie eine Gesellschaft der Gleichen war. Neue Untersuchungen zeigen, daß es auch in der DDR erhebliche Einkommensunterschiede (z. B. zwischen Ungelernten und „Leitenden") gab, wenn auch mit geringeren Schwankungsbreiten als im Westen (Diewald/ Solga 1995).

Sowohl die Mechanismen der sozialen Differenzierung wie die der Nivellierung waren andere als im Westen. Die der Nivellierung liefen zum Teil über hochsubventionierte Mieten, über preiswerte Nutzungsmöglichkeiten auch hervorgehobener kultureller Leistungen usw. Die Mechanismen der sozialen Differenzierung waren denen einer Marktgesellschaft völlig entgegengesetzt; nicht nur, daß die Gleichheit konterkariert wurde durch ein umfassendes System der sozialen Kontrolle, sondern auch durch die Zuweisung von Studien- und Berufsplätzen, von Ferienplätzen, Auslandsreisen, „Datschen" usw. durch Parteizugehörigkeit, Proletarierherkunft oder sonstige Ausweise der Systemkonformität.

Die Veränderungen in der Sozialstruktur seit 1990 faßt Rainer Geißler (1995) zusammen unter dem Stichwort „von der realsozialistischen zur sozialstaatlichen Struktur der sozialen Ungleichheit". Der Umbau auf der Ebene der Berufsstruktur könne charakterisiert werden als Wandel von der „Arbeiter- und Bauerngesellschaft zur tertiären Mittelschichtengesellschaft".

2. Differenzierung der Haushaltseinkommen

Ohne diesen Fragen hier weiter nachzugehen (vgl. Geißler 1992, 1996; Diewald/Solga 1996), sei nur eine für westliche Gesellschaften zentrale Dimension sozialer Differenzierung herausgegriffen: das (Haushalts-)Einkommen. Über die Entwicklung dieser Dimension gibt die folgende Tabelle Aufschluß:

Tabelle 5: Entwicklung der Haushaltseinkommen 4/1991–4/1994: Monatlich erzieltes Einkommen. Anteile der Haushalte in %

	1991		1994	
	West	Ost	West	Ost
über 5 Tsd. DM	14	1	18	8
2,5 – 5 Tsd.	37	21	39	40
unter 2,5 Tsd.	39	76	35	47

Quelle: Nach einer Grafik in: Das Parlament vom 22. 9. 1995 (anhand von Daten des Stat. Bundesamtes)

3. Verteilung von Armut und Sozialhilfe

Erst in den letzten Jahren wurde in der alten Bundesrepublik Deutschland deutlich, daß es Armut gibt, daß sie angebbare Ursachen hat und daß sie räumlich und altersmäßig und bezogen auf weitere Merkmale ungleich verteilt ist (vgl. den Überblick bei Zimmermann 1995). Hier interessieren aktuelle Ausprägungen der Armut nur im Hinblick auf den Einigungsprozeß.

Geht man davon aus (und das ist gegenwärtig in der empirischen Sozialforschung gängige Praxis), daß Haushalte als arm zu bezeichnen sind, deren monatliches Nettoeinkommen unterhalb der 50 %-Grenze des durchschnittlichen Einkommens liegt, dann liegen diese Anteile 1990 und 1994 in Westdeutschland bei 9,7 und 9,2 %, in Ostdeutschland bei 3,3 und 6,1 % (Weick 1995). Auch hier muß, wie weiter unten, auf die egalisierende Wirkung der verschiedenen Transfereinkommen verwiesen werden.

Ende 1993 erhielten in Deutschland 2,5 Mill. Personen in 1,3 Mill. Haushalten eine „laufende Hilfe zum Lebensunterhalt" (das ist der „harte Kern" der Sozialhilfe). Gegenüber dem Vorjahr bedeutete dies eine Steigerung um 4,8 %. Bleibt der Ausländeranteil unberücksichtigt, so war in den westlichen Bundesländern eine Steigerungsrate von 5,5 % zu verzeichnen, in den östlichen Ländern von 3,7 %.

Als häufigste Ursache wurde im Westen die Arbeitslosigkeit mit 34,8 % genannt; im Osten ebenfalls Arbeitslosigkeit, aber mit einem Anteil von 62,9 %. Das Sozialhilferisiko hat sich von 1963–1992 mehr als verdreifacht; die nunmehr am stärksten betroffene Gruppe (in Anteilen der jeweiligen Altersgruppen) sind die Kinder und Jugendlichen (zu Beginn der 60er Jahre waren es die alten Menschen, vor allem Frauen; Hauser 1995, S. 9).

Bei der Interpretation der Daten aus den neuen Bundesländern ist eine gewisse Vorsicht geboten, weil alle Daten von einem sehr niedrigen Niveau ausgingen (wie auch von einem niedrigen Niveau der Arbeitslosigkeit) und die Dynamik des Arbeitsmarktes größer ist als in Westdeutschland.

Die Tendenz der in Tabelle 5 aufgezeigten Entwicklung ist eindeutig: in den westlichen Bundesländern gibt es 1994 gegenüber 1991 nur eine geringe Differenzierung; in den neuen Bundesländern zeigt sich eine deutliche Anhebung des Gesamtniveaus.

Bei diesen Trends ist zu berücksichtigen, daß die „Aufholjagd zur Differenzierung" dadurch gebremst war, daß in Ostdeutschland Löhne und Gehälter nur in bestimmten Anteilen (im Durchschnitt ca. 75 %) der entsprechenden Westlöhne und -gehälter gezahlt wurden und werden (wogegen der gewerkschaftliche und sonstige Protest – nicht zuletzt durch die Angleichung der Lebenshaltungskosten – immer lauter wird).

Differenzierende Analysen zur Entwicklung der verfügbaren Haushaltseinkommen stellen überraschend fest, wie gering die Zunahme der Einkommensungleichheit in den neuen Bundesländern ist. Nach den Längsschnittdaten des sog. „Sozio-ökonomischen Panels" von 1991–1994 (des größten zur Verfügung stehenden Datensatzes für entsprechende Vergleiche) hat die Einführung der Marktwirtschaft nicht zu der erwarteten Polarisierung in der Einkommensverteilung geführt (Weick 1995). Nach dieser Untersuchung spielen für die Nivellierung der Einkommen Transferleistungen wie Rente, Arbeitslosengeld, Erziehungsgeld, Kindergeld, Wohnungsgeld usw. eine große Rolle. Der Index der Ungleichverteilung, der sog. „GiniIndex" (0=vollkommene Gleichverteilung der Einkommen; 1=vollkommene Ungleichverteilung) betrug 1990 für Westdeutschland 0,26 und Ostdeutschland 0,18; er stieg für Ostdeutschland bis 1994 nur auf 0,20 und verblieb im Westen bei 0,26 (Weick 1995, S. 6f.).

VI. Herstellung der „Inneren Einheit" und Differenzierung der Entwicklungspfade

1. Erfolgreicher „Institutionentransfer"

Die Übertragung des rechtlichen und institutionellen Rahmens der alten Bundesrepublik auf die neuen Bundesländer ist in einer Rekordzeit, die ohne historisches Beispiel ist, gelungen; sie ist jedoch nicht vollendet. Die Einführung der D-Mark (Juni 1990), deren Organisation in den Händen der Deutschen Bundesbank lag; die Übernahme des westdeutschen Rentenversicherungssystems, die nach einer Übergangszeit von nur zwei Jahren zu einer Integration der ostdeutschen Rentner/innen führte; die Neuorganisation des Schulwesens (mit größtenteils neuen Lehrmaterialien); oder die Übernahme des westdeutschen Systems der industriellen Beziehungen, d.h. der kollektivgesetzlichen Regelungen von Kapital und Arbeit durch die entsprechenden Verbände und Gewerkschaften; oder der Aufbau der Verwaltungen in den Kommunen – welchen Bereich des komplexen Institutionengefüges einer differenzierten und pluralisierten Gesellschaft auch immer man herausgreift: in kurzer Zeit gelangen Neuaufbau oder Transformation (der Politologe Gerhard Lehmbruch prägte in diesem Zusammenhang den Begriff des „Institutionentransfers").

Nur in empirischen Einzelfallstudien kann geklärt werden, wie der Transfer erfolgte, wie erfolgreich er war und welche Rückwirkungen er auf die „Mutter-Institutionen" in der alten Bundesrepublik hat und haben wird. Inzwischen liegen hierzu zahlreiche Untersuchungen vor: über die Arbeitgeberverbände als „korporative Akteure"; über den Neuaufbau des Berufsbildungssystems; über den Umbau des Wohnungswesens (vgl. Wiesenthal 1995); über die Gewerkschaften, die Universitäten usw.

Wären die arbeitsmarktpolitischen Bedingungen günstiger gewesen oder hätte es, wie z. B. in den 60er Jahren in den alten Bundesländern, eine Situation der Vollbeschäftigung gegeben, dann wäre auch auf der individuellen und familialen Ebene der Einigungsprozeß mit einem geringeren Ausmaß an psychischen Kosten und leidvollen Erfahrungen der Arbeitslosigkeit, der zerstörten Netzwerke, des Wohnungsverlustes usw. vonstatten gegangen.

Die in der alten Bundesrepublik gegebenen Problemlagen, die ja ebenso durch Arbeitslosigkeit und Wohnungsnot, durch Doppelbelastung für viele Frauen und Sozialhilfe gekennzeichnet sind, gehören aber zu den Rahmenbedingungen des deutsch-deutschen Einigungsprozesses.

2. Falsche Einschätzung der Langfristigkeit des Strukturwandels

Der Einigungsprozeß ist bisher in etwa so abgelaufen, wie er in den Einigungsverträgen vorstrukturiert wurde: nach dem Muster der alten Bundesrepublik und unter der Dominanz westdeutschen und internationalen Kapitals wie der Anleitung von westdeutschen Beamten und Experten beim Umbau bzw. Neuaufbau der Institutionen.

Gleichwohl hätte angesichts der Vereinigungseuphorie und der mit ihr einhergehenden Minimalisierung der tatsächlichen Probleme und der Langfristigkeit ihrer Bewältigung niemand vor fünf Jahren voraussagen können, wie Anfang 1996 die mentale, soziale und ökonomische Situation des Einigungsprozesses sich darstellt. Abschließend seien einige Punkte hervorgehoben:

- falsch eingeschätzt wurde die Langfristigkeit des Prozesses und die tatsächliche Höhe der Transferleistungen (deren Ende nicht absehbar ist);
- falsch eingeschätzt wurde die durch die DM-Begeisterung verdeckte

Abneigung der DDR-Bevölkerung, alle Einrichtungen der Marktwirtschaft und Konkurrenzgesellschaft vorbehaltlos zu übernehmen (weil Freiheit und Selbständigkeit verbergend);
- falsch eingeschätzt – oder bewußt negiert – wurde die Bedeutung, die Bürgerbewegung und Oppositionsgruppen in der Schlußphase der DDR-Geschichte hatten und welcher Stellenwert den Runden Tischen im Transformationsprozeß zukam. Das Überstülpen der westdeutschen Parteienstruktur bzw. das Anknüpfen der westdeutschen Parteien an die längst zu „Blockparteien" und „Blockflöten" degenerierten „Schwesterparteien" Ostdeutschlands deckte alle jene Differenzen zu, die in der Bevölkerung der DDR bzw. der neuen Bundesländer selbständig hätten artikuliert werden müssen (zur weiteren Entwicklung der Bürgerbewegung usw. vgl. Pollack 1995);
- falsch eingeschätzt wurden die langfristigen Auswirkungen des Lebens und der Erziehung im Sozialismus und für den Sozialismus und die Bereitschaft der DDR-Bevölkerung, ihr gesamtes Leben in der sozialistischen Einheitsgesellschaft nur negativ zu sehen;
- falsch eingeschätzt wurde die tatsächliche politische und ökonomische Situation in Westdeutschland, wo ein Umbruch in grundlegenden Institutionen (z. B. der beruflichen Ausbildung; den Gewerkschaften; der industriell-betrieblichen Organisation; der weltwirtschaftlichen und europäischen Verflechtung usw.) etwa zeitgleich mit dem Beginn des Einigungsprozesses immer deutlicher wurde.

Aber zu den Paradoxien des Einigungsprozesses gehört auch diese: wären die Kosten der erforderlichen Transferzahlungen („Einigungskosten") gleich zu Beginn richtig eingeschätzt worden und jedem Steuerzahler (und nicht nur ihm) sein Anteil klar gewesen, hätte dieses die Motivlage nicht verbessert und den politischen Spielraum eher eingeengt.

3. Von der Vereinigung zur „Inneren Einheit". Differenzierung der Entwicklungspfade?

Die vorstehenden Ausführungen kann man auch dahingehend zusammenfassen, daß die Vereinigung auf der Ebene des „Institutionentransfers" weitgehend abgeschlossen ist, aber die Herstellung der „Inneren Einheit" als längerfristiger Prozeß gesehen werden muß.

Unter dem Begriff „Innere Einheit" werden die wechselseitige Akzeptanz und Übereinstimmung in grundlegenden Werten und Einstellungen zum Staats- und Gesellschaftssystem der Bundesrepublik verstanden. Kritische Stimmen warnten davor, sich in Kreisprozesse der wechselseitigen Ungeduldssteigerung zu begeben: Weil die innere Einheit offenkundig noch Zeit braucht, dürften der Bevölkerung in den neuen

Bundesländern keine Vorhaltungen gemacht werden; schließlich sei die Akzeptanz des demokratischen Systems der Bundesrepublik auch erst in den 60er Jahren voll hergestellt gewesen (und konnten Gefahren, wie in den 60er Jahren die NPD, auf dieser Basis abgewehrt werden).

Aber auch beim Thema innere Einheit sollte nicht übersehen werden, daß der Wunsch nach zuviel Harmonie auch in zentralistische Sackgassen führen kann und daß Einheit auch bei starker Differenzierung, Pluralisierung und Regionalisierung der Entwicklungspfade möglich ist.

Auf diesen letzten Punkt hat vor allem der sächsische Ministerpräsident Kurt Biedenkopf hingewiesen. Biedenkopf sagt zu Recht, daß die Vorstellung, gleichwertige Lebensverhältnisse in Ost und West könnten sehr rasch hergestellt werden, nur in die Irre oder zu Illusionen führe. Biedenkopf plädiert nachdrücklich für die Berechtigung eines eigenen Weges und will jede „Aufholjagd" vermeiden. „Die Modellrechnungen zeigen, daß eine baldige Angleichung der ökonomisch definierten Lebensverhältnisse in Ost- und Westdeutschland objektiv nicht erreichbar ist. Der Versuch wäre aber auch nicht sinnvoll. Es ist völlig unbekannt, wie eine Bevölkerung reagiert, die innerhalb von knapp einer Dekade eine wirtschaftliche Entwicklung durchlaufen soll, für die der westliche Teil Deutschlands 30 bis 40 Jahre Zeit hatte" (zit. bei Zapf 1995, S. 78).

Es wird Angleichungsprozesse auch in der „Referenzgesellschaft" der alten Bundesrepublik geben. Offenkundig ist, daß einzelne Ansprüche reduziert werden müssen: ob in der Wohnungsversorgung (mit durchschnittlich ca. 40 qm Wohnfläche pro deutschen Bundesbürger); ob im Bildungsbereich, im Gesundheitswesen, bei verschiedenen sozialstaatlichen Leistungen oder in welchem Lebensbereich auch immer. Die sowohl europaweit (mit gegenwärtig mehr als 18 Millionen Arbeitslosen in den Ländern der EU) wie weltweit erfolgenden Umverteilungen und Neuzuweisungen von Ressourcen tragen schon jetzt dazu bei, die Differenzen im Einigungsprozeß zu überlagern und zu nivellieren. Auch hier liegen Gründe dafür, die in einigen Bereichen beschriebenen Prozesse der Integration und Differenzierung in und zwischen alten und neuen Bundesländern nicht überzubewerten.

Anhang: Sozialstatistische Grunddaten Deutschlands (alte und neue Bundesländer)

1994	Fläche in 1.000	Einw. in 1.000	Einw. in 1000 m	w	Einw/ qkm	Ausl. in 1.000	Anteil Ausl. in %
Dtld.	356.974	81.338	39.518	41.820	228	6.878	8,5
Alte B.l.	248.632	65.847	32.050	33.797	265	6.610	10,1
Neue B.l.	108.342	15.491	7.468	8.023	144	268	1,7

1994	Privathaushalte 4/93 (in 1.000) mit			
	1 P.	2 P.	3 u.m.P.	insg.
Dtld.	12.379	11.389	12.462	36.230
Alte B.l.	10.409	9.191	9.896	29.496
Neue B.l.	1.970	2.198	2.566	6.733

	Erwerbsquote[1] 4/93 m	w	Erwerbspersonen[2] 4/93 in 1.000	Arbeitslose Durchschnitt 1993	BIP in Mrd. DM (nominal)
Dtld.	81,3	62,3	39.864	3.419.141	3.321,1
Alte B.l.	51,9	59,6	31.804	2.270.349	2.977,7
Neue B.l.	78,6	73,3	8.060	1.148.792	343,4

[1] Anteil aller 15–65jährigen
[2] Bezogen auf alle 15–65jährigen Erwerbstätigen und Erwerbslosen
Quelle: Stat. Jb. Deutschland 1995. Institut der deutschen Wirtschaft: Zahlen zur wirtschaftlichen Entwicklung, Köln 1995

Literatur

Becker, Lorenz: Die vertane Chance einer Verfassungsreform: Ein Kapitel ostdeutscher Identitätszerstörung, in: Dümcke/Vilmar, Hrsg., a. a. O., S. 242–254.

Beyme, Klaus von: Verfehlte Vereinigung – verpaßte Reformen?, in: Eberhard Holtmann, Heinz Sahner, Hrsg., a. a. O., S. 41–68.

Carstens, Peter: Als aus Bürokraten Pioniere der Einheit wurden, in: FAZ vom 6.6.1995, S. 7.

Czada, Roland: Das Unmögliche unternehmen. Die Treuhandanstalt zwischen Politik und Wirtschaft, in: Gegenwartskunde, 43. Jg., Heft 1 und 2/1994.

Diewald, Martin, Heike Solga: Ordnung im Umbruch? Strukturwandel, berufliche Mobilität und Stabilität im Transformationsprozeß, MS. für den Soziologenkongreß in Halle, 4/1995.

Diewald, Martin, Heike Solga: Soziale Ungleichheiten in der DDR: Die feinen, aber deutlichen Unterschiede am Vorabend der Wende, in: Diewald/Mayer, Hrsg., Zwischenbilanz der Wiedervereinigung, Opladen 1996.

Dümcke, Wolfgang/Fritz Vilmar, Hrsg.: Kolonialisierung der DDR. Kritische Analysen und Alternativen des Einigungsprozesses, Münster 1995.

Geißler, Rainer: Die Sozialstruktur Deutschlands. Ein Studienbuch zur Entwicklung im geteilten und vereinten Deutschland, Opladen 1992.

Geißler, Rainer: Von der realsozialistischen zur sozialstaatlichen Struktur der sozialen Ungleichheit: Umbrüche im ostdeutschen Ungleichheitsgefüge, in: Diewald/Mayer, Hrsg., a. a. O.

Giesen, Bernd, Claus Leggewie, Hrsg.: Experiment Vereinigung. Ein sozialer Großversuch, Berlin 1991.

Handbuch zur deutschen Einheit, hrsg. von Werner Weidenfeld und Karl-Rudolf Korte, Bonn 1993 (Veröff. der Bundeszentrale für politische Bildung).

Hauser, Richard: Das empirische Bild der Armut in der Bundesrepublik Deutschland – ein Überblick, in: Beilage zur Wochenzeitung Das Parlament, B 31–32/95, S. 3–13.

Helwig, Gisela, Hrsg.: Rückblicke auf die DDR, Köln 1995 (Edition Deutschland-Archiv).

Hettlage, Robert/Karl Lenz (Hrsg.): Deutschland nach der Wende. Eine Bilanz, München 1995.

Holtmann, Eberhard, Heinz Sahner, Hrsg.: Aufhebung der Bipolarität. Veränderungen im Osten. Rückwirkungen im Westen, Opladen 1995.

Hörner, Wolfgang: Bildungseinheit. Anpassung oder Reform? Die Integrationsfrage im Bildungswesen der neuen Bundesländer, in: Hettlage/Lenz, Hrsg., a. a. O., S. 142–170.

Hradil, Stefan: Die Sozialstruktur Deutschlands im europäischen und internationalen Vergleich, in: B. Schäfers, 1995, a. a. O., S. 286–321.

Kieselbach, Thomas, Peter Voigt, Hrsg.: Systemumbruch, Arbeitslosigkeit und individuelle Bewältigung in der Ex-DDR, Weinheim 1992 (Psychologie sozialer Ungleichheit Bd. 4).

Köcher, Renate: Ist die Marktwirtschaft nicht menschlich genug? in: FAZ vom 16. 8. 1995, S. 5.

König, Klaus: Transformation als Staatsveranstaltung in Deutschland, in: H.

Wollmann/Helmut Wiesenthal/Frank Bönker, Hrsg., Transformation sozialistischer Gesellschaften, SH Leviathan 15/1995, S. 609–631.

Lepsius, M. Rainer: Ein unbekanntes Land. Plädoyer für soziologische Neugier, in: Giesen/Leggewie, Hrsg., a. a. O., S. 71–77.

Mau, Stefan: Der demographische Wandel in den neuen Bundesländern, in: Zeitschrift für Familienforschung, 1994, H. 30, S. 197–220.

Mayer, Karl Ulrich: Vereinigung soziologisch: Die soziale Ordnung der DDR und ihre Folgen, in: Berliner Journal für Soziologie, Jg. 4/1990, H. 3, S. 307–321.

Mittelbach, Hans: Zur Lage der Landwirtschaft in den neuen Bundesländern, in: Beilage zur Wochenzeitung Das Parlament, B 33–34/1995, S. 14–24.

Noelle-Neumann, Elisabeth: Das demokratische Defizit, in: FAZ vom 20. 9. 1995a, S. 5.

Noelle-Neumann, Elisabeth: Der geteilte Himmel. Geschichtsbewußtsein in West- und Ostdeutschland, in: FAZ vom 3. 5. 1995b, S. 5.

Pollack, Detlev: Was ist aus den Bürgerbewegungen und Oppositionsgruppen der DDR geworden? in: Beilage zur Wochenzeitung Das Parlament, B. 40–41/1995.

Sahner, Heinz: Der Dienstleistungssektor in der DDR und in den neuen Bundesländern. Zur Modernisierung der ostdeutschen Sozialstruktur, in: Gegenwartskunde, Jg. 43/1994, H. 4, S. 527–554.

Sahner, Heinz: Sozialstruktur und Lebenslagen in der Bundesrepublik Deutschland, Der Hallesche Graureiher 95–6 (Universität Halle-Wittenberg).

Schäfers, Bernhard: Von der DDR zu den neuen Bundesländern. Das Zusammenwachsen von zwei unterschiedlichen Gesellschaftssystemen, in: Gegenwartskunde, 40. Jg. 1991, H. 3, S. 373–400.

Schäfers, Bernhard: Gesellschaftlicher Wandel in Deutschland. Ein Studienbuch zur Sozialstruktur und Sozialgeschichte, 6. völlig neu bearb. Aufl., Stuttgart 1995.

Spittmann, Ilse: Fünf Jahre danach – wieviel Einheit brauchen wir? in: Beilage zur Wochenzeitung Das Parlament, B 38/95 (15. 9. 1995), S. 3–8.

Strohmeier, Klaus Peter, Hans-Joachim Schulz: Erwerbstätigkeit und Familienbildungsprozeß im gesellschaftlichen Umbruch. Materialien zur Bevölkerungswissenschaft, hrsg. vom Bundesinstitut für Bevölkerungswissenschaft, Heft 82c, Wiesbaden 1995.

Thierse, Wolfgang: Fünf Jahre deutsche Vereinigung: Wirtschaft – Gesellschaft – Mentalität, in: Beilage zur Wochenzeitung Das Parlament, B. 40–41/1995, S. 3–7.

Thomas, Rüdiger: Lebensspuren. Zur Mentalitätsgeschichte der Deutschen in der DDR, in: G. Helwig, Hrsg., a. a. O., S. 183–196.

Thomas, Rüdiger: DDR: Politisches System, in: Handbuch zur deutschen Einheit, a. a. O., S. 114–129.

Weick, Stefan: Unerwartet geringe Zunahme der Einkommensungleichheit in Ostdeutschland, in: Informationsdienst Soziale Indikatoren, Nr. 14/Juli 1995, S. 6–10.

Weidenfeld, Werner, Karl-Rudolf Korte, Hrsg.: Handbuch zur deutschen Einheit, Bonn 1993 (Bundeszentrale für politische Bildung).

Westle, Bettina: Demokratie und Sozialismus. Politische Ordnungsvorstellungen im vereinten Deutschland zwischen Ideologie, Protest und Nostalgie, in: Kölner Zeitschrift für Soziologie und Sozialpsychologie, Jg. 46/1994, Heft 4, S. 571–596.

Wewer, Göttrik: Aufrechter Gang und neue Ängste – Zur deutsch-deutschen Lage, in: ders., Hrsg., DDR. Von der friedlichen Revolution zur deutschen Vereinigung, SH 6 der Gegenwartskunde Opladen 1990, S. 9–28.

Wiesenthal, Helmut, Hrsg.: Einheit als Interessenpolitik. Studien zur sektoralen Transformation Ostdeutschlands, Frankfurt/New York 1995.

Zapf, Wolfgang: Zwei Geschwindigkeiten in Ost- und Westdeutschland, in: Holtmann/Sahner, Hrsg., a. a. O., S. 69–82.

Zimmermann, Gunter E.: Neue Armut und neuer Reichtum. Zunehmende Polarisierung der materiellen Lebensbedingungen im vereinten Deutschland, in: Gegenwartskunde Heft 1/1995, S. 5–18.

Soziale Differenzierung oder soziale Ungleichheit? Probleme der sozialwissenschaftlichen Erfassung von Unterschieden zwischen Menschen

1. Zur Vorgeschichte heutiger Gleichheitsforderungen

1.1 Die christliche Komponente

Bis zur Zeit der Aufklärung, der bürgerlichen Revolutionen und dem Beginn der Doppelrevolution[1] waren heutige Auffassungen über soziale Ungleichheit den meisten Menschen fremd. Die Ständegesellschaft hatte für die durchaus wahrgenommene Ungleichheit unter den Menschen eine breite Legitimationsbasis: sie ruhte auf „natürlichen" Auffassungen. Zu erwähnen ist die einflußreiche Lehre Aristoteles (384–322), der die Rangunterschiede von Freien und Sklaven wie von Mann und Weib als naturgegeben hingestellt hatte. Im Mittelalter basierte die Legitimation sozialer Ungleichheit auf der Auffassung von Thomas von Aquin (1227–1274) und „Gesellschaftstheoretikern" des christlichen Ständestaates (für die Aristoteles eine nicht anzuzweifelnde Autorität war), die ausführten, daß die Ungleichheit gottgewollt sei.

Aber mit dem Christentum war die Auffassung von der Gleichheit aller Menschen vor Gott zum Allgemeingut geworden. „Häresien" des Mittelalters und der frühen Neuzeit, ja bis in dieses Jahrhundert hinein, hatten und haben ihren Ursprung auch darin, daß diese Auffassung nicht nur auf das Jenseits bezogen werden dürfe; Christi Wort und die Würde des Menschen seien mit der Existenz von Sklaven und Leibeigenen, von Ausgebeuteten und Entrechteten (in den Ausdrücken des 19. und 20. Jahrhunderts) nicht vereinbar.

Die unterschiedlichen Auffassungen von Martin Luther (1483–1546)

---

[1] Der von dem engl. Sozialhistoriker Eric Hobsbawm geprägte Ausdruck *Doppelrevolution* zielt auf die Dynamik des Zusammenwirkens der politischen, v. a. von Frankreich und Nordamerika ausgehenden demokratisch-egalitären Revolution sowie der von England ausgehenden industriellen Revolution.

und Thomas Müntzer (1490–1525) im Hinblick auf das hier und heute oder erst im Jenseits zu verwirklichende „Reich der Gerechtigkeit" sind ja nur eine, wenn auch durch Reformation und Bauernkriege, Wiedertäufer- und weitere chiliastische Bewegungen besonders dramatische Zuspitzung in der Auseinandersetzung um Gleichheit und Gerechtigkeit auf Erden. In der „Theologie der Befreiung", vor allem Lateinamerikas, werden diese theologisch zum Teil sehr subtilen Argumentationen bis in die Gegenwart fortgesetzt.

1.2 Die Frage nach den Ursachen der Ungleichheit: das Offenlegen ihrer sozialen Dimension

Die Frage nach den Ursachen der Ungleichheit wurde zugespitzt, als in der Aufklärung und im Zusammenhang der revolutionären Bewegungen des 18. und 19. Jahrhunderts die Frage nach Gleichheit und Freiheit der Menschen deren politische und sozio-ökonomische Grundlagen in den Mittelpunkt rückte. Jean-Jacques Rousseau (1712–1778) versuchte eine erste „moderne" Antwort auf die Streitfrage der Akademie von Dijon (Burgund; 1754): „Was ist der Ursprung der Ungleichheit unter den Menschen?" Eine der zentralen Stellen im Diskurs von Rousseau lautet: „In der menschlichen Gesellschaft sind zwei verschiedene Formen der Ungleichheit auszumachen: eine, die ich natürlich oder physisch nenne, weil sie durch die Natur vorgezeichnet ist, und die im Unterschied des Alters, der Gesundheit, der körperlichen Kräfte und der Qualitäten des Geistes und der Seele besteht; – die andere kann man moralische oder politische Ungleichheit nennen, weil sie abhängt von einer Art Konvention und weil sie begründet wird, zumindest ‚autorisiert' wird, durch die Zustimmung der Menschen." In diesen wenigen Sätzen liegen alle nur denkbaren Antworten, die soziale Ungleichheit bzw. soziale Differenzierung (zur Unterscheidung vgl. w. u.) zu erklären bzw. zu legitimieren, einschließlich der wissenschaftlich wie (bildungs-)politisch immer erneut genutzten Möglichkeiten, die Faktoren „Anlage" und „Umwelt" in ihrem Einfluß auf die Entwicklung eines Individuums (seiner Intelligenz, Leistungsmotivation etc.) und seinen späteren sozialen Status zu untersuchen.

Die moralische und rechtliche Gleichheit aller Menschen: dies war das revolutionäre Prinzip, das die Aufklärung dem ancien régime, der Gesellschaft der Stände, der Privilegien und der von Gott gewollten Ordnungen, entgegenhielt. Der Abbau dieser Privilegien, die Zerschlagung der Stände, Zünfte, Korporationen etc. war ein Ziel der Revolution von 1789ff. Gleiche unter Gleichen sollten die Gesellschaft bilden und unmittelbar sein zum Staat, der demokratisch legitimierten Ordnungsmacht. Zusammen mit der Auffassung von der Vervollkommnungsfähigkeit des einzelnen wie des

Menschengeschlechts[2] war hier ein revolutionäres Veränderungspotential von ungeheurer Dynamik beisammen.

Erst jetzt läßt sich in einem strengen Sinne von sozialer Ungleichheit sprechen, weil durch die Freiheits- und Emanzipationsbewegungen und die realen Freisetzungen aus ständisch-kirchlichen Ordnungen und Bevormundungen die genannten Faktoren der gesellschaftlichen Differenzierung und Ungleichheit voll wirksam wurden; das Soziale selbst wurde zum Thema und Gegenstand von Veränderung. Hinzu kam ein Bewußtsein von sozialer Gleichheit und Gerechtigkeit, das den jeweils erreichten Zustand zum Ausgangspunkt für weitere Forderungen machte und macht (fast immer getragen von bestimmten sozialen Bewegungen).

Jean-Jacques Rousseau hatte seinen berühmten Essay vor der amerikanischen Unabhängigkeitserklärung vom 4. 7. 1776 verfaßt; diese beinhaltete ja auch die Erklärung der Menschenrechte und hatte eine nicht unerhebliche Wirkung auf die Entwicklung in Frankreich vor und nach 1789. Das Pathos von „Freiheit, Gleichheit, Brüderlichkeit" und die „Erklärung der Menschen- und Bürgerrechte" zu Beginn der Revolution, am 4./5. August 1789, basierten auch auf amerikanischen Entwicklungen und Vorbildern (die natürlich sowohl Locke wie Rousseau, Montesquieu wie andere Theoretiker der modernen Demokratie zur Voraussetzung hatten). In der „Erklärung" vom August 1789 hatte es unter anderem geheißen: „Die Menschen sind frei und in ihren Rechten gleich geboren. Die sozialen Unterschiede können nur auf dem allgemeinen Nutzen beruhen".

1.3 Politische und soziale, psychische und kulturelle Wirkungen der Gleichheitsforderungen und der Gleichheit

Die Bedeutung Amerikas für Theorie und Praxis der Demokratie im Zeitalter der Gleichheit wurde nicht zuletzt durch das Werk des Franzosen Alexis de Tocqueville (1805–1859) unterstrichen. Seine beiden Bände über die *Demokratie in Amerika* (1835 und 1840)[3] wurden sogleich in Europa bekannt und spielten auch in den Auseinandersetzungen der Nationalversammlung der Paulskirche 1848 eine große Rolle.[4]

In den zahlreichen Kapiteln, die zumal im zweiten Band explizit dem Thema der Gleichheit gewidmet sind, findet sich auch der Hinweis, daß die Forderung nach „Gleichheit unter den Menschen" jener entscheidende Hebel war, die alte Ordnung,

---

2   Vgl. hierzu: Condorcet: Entwurf einer historischen Darstellung der Fortschritte des menschlichen Geistes, Frankfurt 1976 (orig. frz. 1795).
3   Alexis de Tocqueville: Über die Demokratie in Amerika, 2 Bde., Stuttgart 1959 (orig. frz. 1835 und 1840).
4   Theodor Eschenburg: Tocquevilles Wirkung in Deutschland. In: Bd. I der o. g. Ausgabe, S. XVII–LXVII.

das ancien régime, aus den Angeln zu heben.

Bei Tocqueville ist eine Fülle an Einsichten über Ursachen und Wirkungen der Gleichheitsentwicklung zusammengetragen; man sollte schon deshalb auf diesen Klassiker zurückgreifen, weil im spezialistischen Wissenschaftsbetrieb unserer Tage immer nur einzelne Aspekte genannt werden, beim Thema Gleichheit/Ungleichheit häufig in schlecht getarnter, ideologisch und gesellschaftspolitisch einseitiger Verpackung.

Sozialwissenschaftliche Theorien haben sich bei vielen Fragen des Ursprungs bestimmter Entwicklungen zu vergewissern, weil hier die Elemente wie in einem status nascendi gleichsam offen vor uns liegen.

Stichwortartig seien folgende Aussagen Tocquevilles (die auf „teilnehmender Beobachtung" und „Befragung" während seines Amerika-Aufenthaltes 1831/32 und geschichts- und sozialphilosophischer Reflexion beruhten) hervorgehoben:

In der Einleitung zum ersten Band (1835) schrieb Tocqueville: nichts habe in Amerika seine Aufmerksamkeit mehr „gefesselt als die Gleichheit der gesellschaftlichen Bindungen". Ihr Einfluß auf „die Entwicklung der Gesellschaft" sei umfassend: „sie gibt dem Denken der Öffentlichkeit eine bestimmte Richtung, den Gesetzen einen bestimmten Anstrich; den Regierungen neue Grundsätze und den Regierten besondere Gewohnheiten". Der „Einfluß dieser Erscheinungen" erstreckt sich bis auf psychische Tatbestände: „er erzeugt Meinungen, ruft Gefühle hervor, zeitigt Gebräuche, und alles, was er nicht hervorbringt, wandelt er".

In Band II (1840) werden einige weitere Ursachen und Wirkungen dieses von den Gleichheitsforderungen und Gleichheitswirkungen ausgehenden „Prozesses der Transformation" (Tocqueville) genannt:

- fast alle Bewohner der Vereinigten Staaten seien geistig gleichgerichtet und ihr Verhalten werde von den gleichen Regeln geleitet; „die Menschen sind bloß noch durch Interessen und nicht mehr durch Gedanken verbunden" (1. Teil, 1. Kap.);
- „die Vorstellung von der Vervollkommnungsfähigkeit ist so alt wie die Welt; die Gleichheit hat sie nicht hervorgebracht, sie verleiht ihr aber eine neue Eigentümlichkeit" (1. Teil, 8. Kap.);
- „die erste und stärkste Leidenschaft, die aus der Gleichheit der gesellschaftlichen Bedingungen hervorgeht, ist ... die Liebe zu eben dieser Gleichheit" (2. Teil, 1. Kap.);
- „der Individualismus ist demokratischen Ursprungs, und er droht sich in dem Grade zu entfalten, wie die gesellschaftliche Einebnung zunimmt" (2. Teil, 2. Kap.);
- „die gesellschaftliche Gleichheit und die Milderung der Sitten sind ... nicht bloß zeitlich übereinstimmende Ereignisse, sie stehen überdies in Wechselbeziehung zueinander" (3. Teil, 1. Kap.);
- „haben alle in einem Volke fast den gleichen Rang, so kann, da alle Menschen ungefähr gleich denken und fühlen, jeder sofort die Empfindungen aller anderen erschließen" (3. Teil, 1. Kap.);
- „in den Demokratien, wo die Bürger sich nie stark voneinander unterscheiden

und wo sie naturgemäß sich so nahe sind, daß sie sich jederzeit alle in einer gemeinsamen Masse vermischen können, bildet sich eine Unzahl künstlicher und willkürlicher Gliederungen, mit deren Hilfe jeder sich abzusondern trachtet, aus Angst, er könnte gegen seinen Willen in die Masse hineingerissen werden" (3. Teil, 13. Kap.);

- „in den Aristokratien sind die Menschen durch hohe, unbewegliche Schranken voneinander getrennt; in den Demokratien werden sie durch eine Menge feiner, fast unsichtbarer Fäden geschieden, die man jeden Augenblick zerreißt und die man beständig verschiebt" (3. Teil, 13. Kap.);
- „sind die gesellschaftlichen Bedingungen alle ungleich, so fällt keine noch so große Ungleichheit kränkend auf; wogegen der kleinste Unterschied inmitten der allgemeinen Gleichförmigkeit Anstoß erregt; deren Anblick wird um so unerträglicher, je durchgehender die Einförmigkeit ist. Daher ist es natürlich, daß mit der Gleichheit selber die Liebe zu ihr unaufhörlich zunimmt; indem man sie befriedigt, steigert man sie" (4. Teil, 3. Kap.).

Jede dieser „klassischen" Aussagen würde man heute sicher „Theorie" nennen, und zahlreiche gegenwärtige sozialwissenschaftliche Theorien zum Phänomen der Gleichheit und der sozialen Differenzierung haben diese Aussagen oder Elemente von ihnen zum Kern. Auf einige wird zurückzukommen sein. Das Problem besteht für den gegenwärtigen Wissenschaftsbetrieb darin, daß eine exakte Empirie dieser Aussagen kaum erreichbar ist.

2. Die Idee der sozialen Gleichheit und ihre Gegner

2.1 Von der demokratischen, politischen und rechtlichen Gleichheit zur sozialen Gleichheit

Für Karl Marx (1818–1883) war es eine ausgemachte Sache, daß die Herstellung demokratischer und rechtlicher Gleichheit nicht ein Endpunkt der Gleichheitsforderungen darstellen könne. Im Gegenteil: im Rahmen der bürgerlich-kapitalistischen Ordnung führe sie, nun unter Wegfall ständischer Schranken sozialer Differenzierung, wechselseitiger Abhängigkeit und Verpflichtung, zu schonungsloser Entgegensetzung der Gesellschaftsmitglieder, zur antagonistischen Klassenspannung. Die „allgemein menschliche Emanzipation", nach Marx das Ziel der Geschichte, kann nur erfolgen, wenn in der gesellschaftlichen Sphäre die Ursachen für Ausbeutung und Klassenspannung beseitigt werden. Seit ca. 1850 bestimmte diese Forderung – zunächst theoretisch, nach 1917 auch praktisch – die Auseinandersetzungen in den Sozial- und Humanwissenschaften, die Inhalte politischer Theorien und parteipolitischer Auseinandersetzungen. Versuchten die bürgerlich-kapitalistischen Gesellschaften die extremen Gegensätze der Sozialentwicklung durch Steuergesetze und den entstehenden Sozialstaat (zumal in Deutschland 1883ff.) abzubauen, so war es ein erklärtes Ziel des Sozialismus und Kommunismus, die Herstellung sozialer Gleichheit in der klassenlosen Gesellschaft mit allen Mitteln durchzusetzen. Die Differenz von Staat und Gesellschaft wurde ebenso als bügerlich-kapitalistisch abgetan wie die Differenzierung von demokratischer, politischer und rechtlicher Gleichheit hier, sozialer Gleichheit dort.

Die Folge war unter anderem, wie auch eine nur oberflächliche Analyse der sozialistischen Staaten zeigt, eine Entdifferenzierung sozialer Strukturen, d. h. eine unqualifizierte Nivellierung und Rücknahme an bereits erreichter kultureller und sozialer Komplexität. Bereits 1930 schrieb Sigmund Freud (1856–1939) in seiner auch für das Thema Gleichheit/Ungleichheit erhellenden Schrift *Das Unbehagen in der Kultur*: „Man fragt sich..., was die Sowjets anfangen werden, nachdem sie ihre Bourgeois ausgerottet haben", die ihnen in der Verfolgung ihrer Gleichheitsziele so gute „psychologische Unterstützung" geboten hatten.

Auch in den sozialistischen Ländern sollte Tocqueville recht behalten: die „systematische" Herstellung der Gleichheit läßt die Menschen dort Unterschiede suchen und etablieren, woran der planende und egalisierende Geist nicht daran gedacht hatte – will er nicht alles soziale Leben in die Starrheit „totaler Institutionen" verwandeln.

Mit Karl Marx und Friedrich Engels (1820–1895), sowie zahlreichen weiteren Theoretikern, ist ein Einschnitt in der Entwicklung von Gleichheitsforderungen in Theorie und Praxis benannt: die Auflösung der Ständegesellschaft, die sich ja vor allem im 19. Jahrhundert vollzog, führte zum Schwinden der Akzeptanz ständischer Unterschiede zwischen den Menschen; das „neue Denken" in Kategorien von Klassen und sozialen Schichten hatte bei den sich fortschrittlich, links oder progressiv verstehenden Gesellschaftstheoretikern, Politikern und Bürgern von Anfang an auch Fragen nach der ungleichen Verteilung von Ressourcen (v. a. Produktionseigentum), ungleichen Bildungs- und Ausbildungschancen usw. im Blick. Die Differenzierung der Gesellschaftsmitglieder nach Klassen- bzw. Schichtzugehörigkeit sollte fortan ein Kernstück aller Gesellschafts- bzw. Sozialstrukturanalysen werden.[5]

---

5   Vgl. die zahlreichen Hinweise. In: Karl Martin Bolte/Stefan Hradil: Soziale Ungleichheit in der Bundesrepublik Deutschland, 6. Aufl., Opladen 1988. Bernhard Schäfers: Sozialstruktur und Wandel der Bundesrepublik Deutschland. Ein Studienbuch zu ihrer Soziologie und Sozialgeschichte, 5., völlig neu gestaltete Ausg., Stuttgart (Enke) und München (dtv WR). Hermann Strasser/John H. Goldthorpe (Hrsg.): Die Analyse sozialer Ungleichheit, Opladen 1985.

2.2 Die Abwehr der „Gleichmacherei" im „Zeitalter der Gleichheit"

Wie Immanuel Kant (1724–1804) über die menschliche Natur feststellte, daß sie sich in dauerndem Widerspruch zwischen Vereinzelung und Gesellung befinde, aber auch zwischen Egoismus und Altruismus, so ist es mit den Gleichheitsforderungen: solange man damit seinen eigenen Status verbessern kann, ist sie in Verbindung mit den Emanzipations- und Freiheitsforderungen ein Hebel der Veränderung der als ungerecht dargestellten Sozialverhältnisse; sind die Individuen selbst von Gleichheitsforderungen durch Enteignung oder „Umverteilung" oder wodurch auch immer betroffen, so führen sie – wie zunächst gegen die revolutionären Forderungen 1789f. – die Argumente der Tradition und der überkommenen Ordnung ins Feld; seit Entwicklung des modernen Rechts- und Sozialstaats sind es die Argumente der „Besitzstandswahrung", der „kalten Enteignung", der „sozialistischen Gleichmacherei" oder der „Vermassung". Es ist daher nicht überraschend, daß Helmut Schoeck viele Erscheinungen, die mit dem Thema soziale Ungleichheit verknüpft sind, auf das für ihn universale und generell wirksame Phänomen des Neides zurückführt.[6]

Hier ist daran zu erinnern, daß in Deutschland das Wort Gleichheit von Anfang an auch einen negativen Klang hatte – den es bis heute behalten hat. Damals wie heute wird von Gleichmacherei gesprochen und das Negativbild eines Zeitalters der totalen Nivellierung beschworen; die Soldaten der Französischen Revolution wurden als „Gleichheitsmänner" bezeichnet. Wenn z. B. Christoph Martin Wieland nach anfänglicher Begeisterung für die Französische Revolution bereits 1789 schrieb, „daß Ungleichheit der Stände, des Vermögens, der Kräfte, der Vorteile, die man von der bürgerlichen Gesellschaft zieht ... nicht nur etwas Unvermeidliches, sondern auch zur Wohlfahrt des Ganzen unentbehrlich ist"[7], dann bezeichnet er damit auch nach 200 Jahren noch eine weit verbreitete Auffassung.

Schon 1839, im damals wichtigsten *Staatslexikon* für die Verbreitung des liberal-demokratischen Gedankengutes in Deutschland, schrieben Carl von Rotteck und Carl Welcker unter dem Artikel „Gleichheit": „Kein Wort, selbst jenes der Freiheit nicht, mit welchem so viel Mißbrauch getrieben und welches – irrthümlich oder absichtlich – so arg mißverstanden ... oder arglistig gedeutet worden wäre, als jenes der Gleichheit".

Es war bürgerliche Rechtfertigungs- und Machtideologie, wenn Grimms *Wörterbuch* verstärkt für die Zeit nach 1850 eine Zunahme der pejorativen Komposita „Gleichheitsfanatismus", „Gleichheitsfieber", „Gleichheitswahn", „Gleichheitsbrei" etc. nachweist; dort wird auch darauf hingewiesen, daß sich bereits Ende der 50er

---

6   Helmut Schoeck: Der Neid und die Gesellschaft, Herderbücherei 395 (zuerst 1971).
7   Otto Dann: Art. „Gleichheit". In: Geschichtliche Grundbegriffe. Hist. Lexikon zur politisch-sozialen Sprache in Deutschland, Bd. 2. Stuttgart 1975, S. 997–1047 (1019).

Jahre des vorigen Jahrhunderts Rassegedanken in die Gleichheitsdiskussion einschleichen, wenn es z. B. 1857 bei Bluntschli heißt: „Die absolute Gleichheit aller ist ein unarischer Gedanke, die Arier bekennen und beachten die Unterschiede"[8].

Und auch dies gehört zur Philosophie- und Sozialgeschichte der Gleichheitsforderungen in Deutschland: daß beim ersten Auftauchen egalitärer, demokratischer Gesellschaftsstrukturen der aristokratische Gedanke sich in die Wahnvorstellungen von Herrentum der Deutschen, von der Überlegenheit der arischen Rasse usw. „flüchtete". Friedrich Nietzsche (1844–1900), der so vielschichtige und hellsichtige, seit der Jahrhundertwende so überaus einflußreiche Philosoph, hat auch hier die Stichworte gegeben, dem späteren deutschen Rassismus und Vandalismus 1933–1945 gewiß wider Willen. Die Auseinandersetzung mit dem Phänomen der Gleichheit durchzieht sein ganzes Werk. Gleichheit ist für ihn ein typisches Symptom des Niedergangs, des Ressentiments der Schwachen gegenüber den Starken.

In *Also sprach Zarathustra*, der „Bibel" so vieler elitärer Intellektueller und Jugendlicher seit der Jahrhundertwende, hieß es: „Ihr Prediger der Gleichheit, der Tyrannen-Wahnsinn der Ohnmacht schreit also aus euch nach ‚Gleichheit': eure heimlichsten Tyrannen-Gelüste vermummen sich also in Tugend-Worte! ... so redet *mir* die Gerechtigkeit: ‚die Menschen sind nicht gleich'. Und sie sollen es auch nicht werden!"

In *Jenseits von Gut und Böse* greift Nietzsche die „Nivellierer" an: „Was sie mit allen Kräften erstreben möchten, ist das allgemeine grüne Weideglück der Herde, mit Sicherheit, Ungefährlichkeit, Behagen, Erleichterung des Lebens für jedermann; ihre beiden am reichlichsten abgesungenen Lieder und Lehren heißen ‚Gleichheit der Rechte' und ‚Mitgefühl für alles Leidende' ".

In der *Götzen-Dämmerung* (48) schreibt Nietzsche: „Die Lehre von der Gleichheit! ... Aber es gibt gar kein giftigeres Gift: denn sie *scheint* von der Gerechtigkeit selbst gepredigt, während sie das *Ende* der Gerechtigkeit ist .... ‚Den Gleichen Gleiches, den Ungleichen Ungleiches' – *das* wäre die wahre Rede der Gerechtigkeit: und, was daraus folgt, ‚Ungleiches niemals gleich machen'. – Da es um jene Lehre von der Gleichheit herum so schauerlich und blutig zuging, hat dieser ‚modernen Idee' *par excellence* eine Art Glorie und Feuerschein gegeben, so daß die Revolution als *Schauspiel* auch die edelsten Geister verführt hat" (kursiv im Original).

Obwohl das sehr sozialdarwinistisch klingt, hätte Nietzsche jener Form des Kampfes der angeblich Stärksten (Individuen und Völker, Staaten und Nationen) um ihre Vormachtstellung nicht zugestimmt, die unter dem Stichwort des Sozialdarwinismus in die Ideen- und Sozialgeschichte eingegangen ist. Denn der Typus, der mit dem vor allem ökonomisch sich behauptenden

---

[8] Zit. ebd., S. 1021f.

Sozialdarwinismus zur Herrschaft kam, verschaffte ihm Unbehagen. Kann man davon ausgehen, daß er Herbert Spencers (1820–1903) Polemik gegen Sozialpolitik teilte, weil sie die Schwachen gegen die Starken ausspiele und das „natürliche" Prinzip der Auslese außer Kraft setze, so opponierte er vehement gegen jene Parvenus, die nun im „Kampf ums Dasein" (in Deutschland nach 1871) den Ton angaben. (Nietzsche hat mehrfach gegen die Verwechslungen seiner Philosophie mit dem Darwinismus heftig polemisiert.)

An Spencer und den Sozialdarwinismus zu erinnern, ist nicht zuletzt deshalb geboten, weil die damit verbundenen Vorstellungen auch in den Kontroversen um das angeblich zu weit gespannte Netz des bundesrepublikanischen Sozialstaats („fehlende Arbeitsanreize" etc.) eine nicht unerhebliche Rolle spielen.

2.3 Weitere Thematisierungen der Ungleichheitsproblematik in den Sozialwissenschaften

In seiner breit rezipierten Tübinger Antrittsvorlesung *Über den Ursprung der Ungleichheit unter den Menschen* griff Ralf Dahrendorf Rousseaus Fragestellung mit der ausdrücklichen Begründung wörtlich wieder auf, daß dies „historisch die erste Frage der soziologischen Wissenschaft war"[9].

Im Anschluß an seine Abhandlung seien stichwortartig nur jene Begründungen genannt, die von den Sozialwissenschaften als Ursachenerklärungen für Ungleichheit unter den Menschen angesehen wurden:

- die Erklärung der Ungleichheit aus dem Privateigentum (mit Marx und Engels als prominentesten Vertretern dieser Auffassung);
- die Erklärung aus dem Wesen der Arbeitsteilung (Gustav von Schmoller; Emile Durkheim);
- die Erklärung der Ungleichheit aus ihrer funktionalen Notwendigkeit für alle menschlichen Gesellschaften, weil die Konkurrenz der Besten für die gesellschaftlich wichtigsten Positionen auch „belohnt" werden muß bzw. die Individuen diesem Tatbestand von sich aus einen hohen Stellenwert (= Sozialrang) verleihen (Kingsley Davis; Wilbert E. Moore; Talcott Parsons);
- die Erklärung aus der psychologischen „Notwendigkeit für das menschliche Denken und Fühlen, alle zusammengehörigen Erscheinungen irgendeiner Art in eine Reihe zu bringen und nach ihrem Werte zu schätzen und zu ordnen" (Gustav von Schmoller);
- die Tatsache, daß Dinge und Menschen, Aktivitäten und Besitz usw. von Menschen höchst unterschiedlich bewertet werden;

---

9 Ralf Dahrendorf: Über den Ursprung der Ungleichheit unter den Menschen, Tübingen 1961.

- nach Dahrendorf liegt „der harte Kern der sozialen Ungleichheit stets in der Tatsache, daß Menschen, je nach ihrer Haltung zu den Erwartungen ihrer Gesellschaft, Sanktionen unterliegen, durch die die Verbindlichkeit dieser Erwartungen garantiert wird".

Es ist offenkundig, daß für den Tatbestand der Ungleichheit unter den Menschen nicht nur eine einzige Ursache angegeben werden kann.

Dahrendorf geht auf viele Ansätze zur Erklärung sozialer Ungleichheit nicht ein.[10] Das wäre auch schwierig: denn es gibt keine sozialwissenschaftliche Theorie, in der das Phänomen von Gleichheit/Ungleichheit nicht explizit oder implizit eine Rolle spielt. Zur Differenzierung dieses universalen Tatbestandes führen sozialwissenschaftliche Theorien erst dann, wenn sie nach bestimmten Gründen der Verursachung, der Wahrnehmung und der Auswirkung sozialer Ungleichheit fragen.

Im Anschluß an Max Weber (1864–1920) sei auf einen weiteren Ansatz hingewiesen, der den Vorzug hat, auf die Begriffe Klasse und Schichtung verzichten zu können und das Prozeßhafte und Machtspezifische des Sozialen nachdrücklich zu betonen.

Im Zentrum des Ansatzes steht die Analyse der „Öffnung" und der „Schließung sozialer Kreise". Die Grundgedanken arbeitet Weber im Zusammenhang der Entwicklung und Struktur „offener und geschlossener Wirtschaftsbeziehungen" heraus.[11] Hier können sie wie folgt zusammengefaßt werden:

- alle sozialen Gruppen und Gemeinschaften streben danach, die einmal erreichten Verfügungsmöglichkeiten über bestimmte Ressourcen (in Webers Beispiel: „ökonomische Chancen") zu monopolisieren;
- als Kriterium für den Ausschluß von Mitbewerbern dient vielfach „irgendein äußerlich feststellbares Merkmal eines Teils der (aktuell oder potentiell) Mitkonkurrierenden: Rasse, Sprache, Konfession, örtliche oder soziale Herkunft, Abstammung, Wohnsitz usw.". Das gewählte Merkmal, das die Ausschließung steuert, ggf. legitimiert, ist letztlich völlig gleichgültig: „es wird jeweils an das nächste sich darbietende angeknüpft";

---

[10] Neben Hinweisen in den in Anm. 5, 16, 17 und 21 gen. Schriften vgl. Reinhard Kreckel (Hrsg.): Soziale Ungleichheiten, Sonderbd. 2 der Zeitschrift Soziale Welt, Göttingen 1983; in diesem Band vgl. v. a. den Beitrag von Karl Martin Bolte: Anmerkungen zur Erforschung sozialer Ungleichheit, S. 391–408. Karl-Ulrich Mayer: Soziale Ungleichheit und Mobilität. Ansätze zu einem System sozialer Indikatoren. In: Wolfgang Zapf (Hrsg.): Lebensbedingungen in der Bundesrepublik. Sozialer Wandel und Wohlfahrtsentwicklung, Frankfurt 1977, S. 149–208.

[11] Max Weber: Wirtschaft und Gesellschaft, Studienausgabe in 2 Bänden, Köln und Berlin 1964, Bd. I, S. 260ff.

– in diesem Prozeß der Entstehung geschlossener Interessengemeinschaften (ggf. auch Rechtsgemeinschaften) lassen sich „Stadien der mehr oder minder definitiven inneren Schließung der Gemeinschaft" unterscheiden (die wiederum nach sehr verschiedenen Gesichtspunkten zu differenzieren sind).

Andere Theorien gehen auf angeblich anthropologische Konstanten und damit verbunden auf die in jeder Population gegebene unterschiedliche Verteilung der Intelligenz zurück. Theorien dieser Art, die zum Teil dem neuerlichen Sozialbiologismus zuzurechnen sind, können hier nicht näher behandelt werden. Kritisch sei nur angemerkt, daß sie – wie auch z. B. die von der Ethologie herkommende Verhaltenslehre und Ethik eines Konrad Lorenz (1903–1989) – vorschnell von anthropologischen und biologischen Gegebenheiten auf soziale Strukturen zurückschließen – und umgekehrt. Die Diskussion vor allem der 60er Jahre um Begabung und Lernen sollte auch diesen Ertrag erbracht haben: daß genetisch feststellbare Intelligenz- und Begabungsunterschiede nicht zur „Rechtfertigung" sozialer Ungleichheiten dienen können, weil es sich bei diesen Ungleichheiten zumeist nicht um Differenzierungen handelt, die vorwiegend aus unterschiedlichen Begabungen erklärt werden können.

In den letzten Jahren war es vor allem Pierre Bourdieus Theorie der „feinen Unterschiede"[12], die die Diskussion um gegenwärtige Ausprägungen der sozialen Ungleichheit neu belebte. Bourdieu fragt nach dem spezifischen Habitus der Angehörigen sozialer Klassen, d. h. nach den im Denken und Handeln, im Vorstellen und Wünschen, im ästhetischen Urteil usw. manifestierten und sedimentierten Klassenunterschieden (wie sie sich beispielsweise im höchst unterschiedlichen Kunstgenuß und Kulturkonsum äußern). Ein Ergebnis seiner Analysen ist, daß es hier mehr Kontinuität, – d. h. verbleibende Unterschiede – gibt, als das Reden von Gleichheit, Massengesellschaft usw. erwarten läßt. Die Unterschiede sind feiner geworden, nunmehr vor allem als Elemente des Kulturprozesses, aber sie sind da: Nicht-Zugehörige wirksam ab- und ausgrenzend, Herrschaftsformen reproduzierend – weniger spektakulär, aber nicht weniger wirksam.

---

[12] Pierre Bourdieu: Entwurf einer Theorie der Praxis, Frankfurt 1979; ders.: Die feinen Unterschiede. Kritik der gesellschaftlichen Urteilskraft, 2. Aufl., Frankfurt 1984 (orig. frz. 1979). – Kritik zur Empirie Bourdieus: Stefan Hradil: System und Akteur. Eine empirische Kritik der soziologischen Kulturtheorie Pierre Bourdieus. In: Klaus Eder (Hrsg.): Klassenlage, Lebensstil und kulturelle Praxis. Beiträge zu einer Auseinandersetzung um Pierre Bourdieus Klassentheorie, Frankfurt 1989, S. 111–141.

3. Zusammenfassung: Soziale Ungleichheit und soziale Differenzierung

In begriffs-systematischer Absicht können einige der vorstehenden Aussagen wie folgt zusammengefaßt werden:[13] Der Begriff soziale Ungleichheit bringt zum Ausdruck, daß in einer Gesellschaft soziale Positionen und soziale Status' (Ränge) wie Ressourcen (z. B. Eigentum und Einkommen, aber auch Macht und Prestige) ungleich verteilt sind, diese Verteilung negativ bewertet wird und daher ein gesellschaftliches Problem darstellt.

Diese Position geht u. a. von folgenden Annahmen aus:

- Nicht die Ungleichverteilung sozialer Ressourcen und Positionen ist das Problem, sondern eine im historischen Ablauf sehr unterschiedliche Bewertung des Phänomens (ein Zustand sozialer Gleichheit oder sozialer Gerechtigkeit wird also mitgedacht und dient als Maßstab);
- der Begriff beschreibt Erscheinungen auf der gesellschaftlichen Ebene, weniger auf der kleiner Gruppen oder Gemeinschaften (nicht zuletzt deshalb, weil der Begriff „sozial" auf der Ebene der sich konstituierenden bürgerlichen Gesellschaft angesiedelt war).

Da der Begriff soziale Ungleichheit stark wertbehaftet ist, wurde immer wieder vorgeschlagen, ihn als sozialwissenschaftlichen (soziologischen, politologischen, ökonomischen) Grundbegriff fallenzulassen und vom Begriff soziale Differenzierung[14] auszugehen. Dies ist in der Sache zweifellos richtig, weil auch jene Formen der sozialen Differenzierung, die von den Gesellschaftsmitgliedern als soziale Ungleichheit bewertet werden, unter diesen neutraleren Grundbegriff subsumierbar sind. Die eingangs gegebene Definition ließe sich dann wie folgt umformulieren: Soziale Ungleichheit bezeichnet jenen Zustand der sozialen Differenzierung, in dem die ungleiche Verteilung von Ressourcen, Positionen und Rängen ein gesellschaftliches Problem ist.

Mit dem Begriff soziale Ungleichheit sind einige andere Grundphänomene des Sozialen eng verknüpft. Dazu zählen:

- Mit den als ungleich bewerteten sozialen Positionen und Rängen sind unterschiedliche Möglichkeiten der Ausübung von Macht und Herrschaft und der Aneignung von Ressourcen verknüpft;

---

[13] Vgl. Bernhard Schäfers: Soziale Ungleichheit. Alte und „neue" soziale Frage. In: Michael Opielka/Ilona Ostner (Hrsg.): Umbau des Sozialstaats, Essen 1987, S. 83–95.

[14] Zur Thematik der sozialen Differenzierung vgl. Karl Otto Hondrich (Hrsg.): Soziale Differenzierung, Frankfurt 1982; Niklas Luhmann (Hrsg.): Soziale Differenzierung. Zur Geschichte einer Idee, Opladen 1985.

- soziale Ungleichheit ist unterschiedlich ausgeprägt und „institutionalisiert" in den einzelnen Gesellschaften, z. B. standes-, klassen-, kasten- und schichtungsbezogen.

Die Feststellung und Problematisierung sozialer Ungleichheit sagt zunächst nichts aus über den Grad der Akzeptanz in bestimmten Sozialgruppen bzw. Gesellschaften. Denkbar sind folgende Einstellungen:
- Soziale Ungleichheit wird als naturgegeben (wie z. B. bei Aristoteles, aber auch bei den Sozialdarwinisten) oder als gottgewollt angesehen; ihre Feststellung führt zu keinen Veränderungen;
- soziale Ungleichheit wird als Form der sozialen Differenzierung erkannt und allgemein akzeptiert, solange sie nicht personell, ständisch oder klassenspezifisch „festgeschrieben" ist und bestimmte gesellschaftsspezifische Toleranzgrenzen überschreitet. Sie wird z. B. durch angestrebte Chancengleichheit, soziale Mobilität und die Wirkungen des Sozialstaates „aufgebrochen" und kompensiert;
- soziale Ungleichheit wird als ein völlig unakzeptabler gesellschaftlicher Zustand (z. B. der Ausbeutung und Unterdrückung) angesehen und kann nach Auffassung von bestimmten Personen oder Gruppen nur durch eine revolutionäre Veränderung der gesellschaftlichen Basisstrukturen aufgehoben werden.

Mit dem Begriff soziale Differenzierung ist ein weiteres Feld theoretischer Probleme und Auseinandersetzungen angesprochen: das der gesellschaftlichen Evolution und damit des unaufhörlichen Entstehens neuer sozialer Gruppierungen, Institutionen und „sozialer Kreise" (Georg Simmel). Im zitierten Artikel von Rotteck und Welcker über Gleichheit von 1839 steht auch: „Ungleichheiten gibt es unvermeidlich eine Menge, sobald die Wechselwirkung bestimmter Personen wirklich beginnt und eine Zeit fortdauert".

Bereits Platon (427–347) hatte dieser Gedanke der durch Entwicklung dauernd „gestörten" Ordnung nicht ruhen lassen; er empfahl zahlreiche Vorkehrungen, diesen Prozeß bei Erreichen des vorgestellten Ideals zum Stillstand zu bringen. Das ist ihm sowenig gelungen wie allen Nachfolgern bis zu den Machthabern über den Sozialismus und ihren nun offenkundig fehlgeschlagenen Versuchen, die gewaltsam eingerichtete Ordnung beim Stande der eigenen Privilegien einzufrieren.

Soziale Evolution bedeutet soziale Differenzierung, und diese produziert neue Hierarchien und Ungleichheiten aller Art. Wie sie erfahren und bewertet werden, ist eine Seite der Ungleichheitsproblematik – wie damit umgegangen wird, ist eine Frage der Rechts- und Sozialpolitik und aller anderen gesellschaftlichen Gestaltungs- und Ordnungskräfte.

4. Die Situation in der Bundesrepublik

4.1 Von der Gleichheit zur Gleichberechtigung

Das Grundgesetz vom 23. 5. 1949 steht in der Tradition der Verwirklichung der Menschen- und Bürgerrechte, der Gleichheits- und Freiheitsforderungen der bürgerlichen Revolutionen. Art. 3/Abs. 1 lautet: „Alle Menschen sind vor dem Gesetz gleich". Zahlreiche andere Artikel sind der Verwirklichung und Absicherung dieser Gleichheitsforderung gewidmet. Abs. 2 dieses Artikels, „Männer und Frauen sind gleichberechtigt", geht über diese Aussage hinaus und enthält die Verpflichtung zu aktiver Politik: er betritt den Weg „vom Diskriminierungsverbot zum Gleichstellungsgebot"; es geht nun nicht mehr nur um die Beseitigung normativ feststellbarer Benachteiligungen, „sondern vor allem um die Veränderung der konkreten Lebens- und Arbeitsbedingungen der Frauen"[15]. Wie die Verwirklichung der Gleichheitsforderungen seit Beginn der modernen bürgerlichen Gesellschaft mitgetragen war durch soziale Bewegungen, so auch gegenwärtig die Verwirklichung des Gleichberechtigungsgebotes. Darauf kann hier nicht weiter eingegangen werden.

Aber auch Art. 3/Abs. 2 darf nicht verwechselt werden mit der Verwirklichung egalitärer Gleichheitsforderungen, denn das Gesellschafts- und Staatssystem der Bundesrepublik ist eindeutig dem zweiten der genannten drei „Modelle" verpflichtet. Der Sozialstaat und die ihn realisierende Sozialpolitik haben nicht die Aufgabe, völlige soziale Gleichheit herzustellen, sondern für einen sozialen Ausgleich in dem Maß zu sorgen, daß aus der ungleichen Verteilung von Ressourcen keine sozialen Konflikte, Deprivationen, rechtliche, soziale und strukturelle Ausgrenzungen von bestimmten Sozialgruppen sich entwickeln. Hierfür ein „Maß" anzugeben, ist kaum möglich. Es bedarf einer breit fundierten und akzeptierten „gesellschaftlichen Dauerbeobachtung"[16], daß das Maß akzeptierter Ungleichheit (und damit sozialer Differenzierung) nicht jene Schwelle überschreitet, wo Individuen und Sozialgruppen aus gesellschaftlichen Grundstrukturen und Entwicklungen ausgegrenzt werden.

Zu fragen bleibt, ob bestimmte Entwicklungen der letzten Zeit: Hochkonjunktur, Niedergang des Sozialismus, Asylanten- und Aussiedlerpro-

---

[15] Spiros Simitis: Art. 3 des Grundgesetzes: Vom Diskriminierungsverbot zum Gleichstellungsgebot. In: Die neue Gesellschaft, 5/1989, S. 395–402.

[16] Vgl. hierzu die Arbeiten von Wolfgang Zapf, Wolfgang Glatzer u. a. zur Entwicklung eines Systems sozialer Indikatoren, um die „gesellschaftliche Dauerbeobachtung" auf eine sichere, kontinuierliche Basis zu stellen und damit auch der Sozialpolitik Hinweise auf Eingriffsmöglichkeiten bei diskrepanten, nicht mehr akzeptablen sozialen Ungleichheiten zu geben.

bleme, Aufweichung des Konzepts der sozialen Marktwirtschaft durch Internationalisierung der Konkurrenz, der Kapitalmärkte usw. das „Gespür" für jene Schwelle haben abstumpfen lassen.

4.2 Zu- und Abnahme sozialer Ungleichheit?

Der Streit darüber, wieviel soziale Ungleichheit in der gegenwärtigen Gesellschaft tatsächlich vorliegt und ob sie im Verlauf der bundesrepublikanischen Sozial- und Sozialstaatsgeschichte eher zu- oder abgenommen hat, ist auch empirisch schwer zu entscheiden. Es hängt davon ab, welche Indikatoren in den Blick gerückt und wie sie bewertet werden; anders formuliert: die jeweils betrachteten Variablen - und die ändern sich im Verlauf der Sozial- und Mentalitätsgeschichte - „entscheiden" darüber, ob man tendenziell eher von zunehmender oder abnehmender Ungleichheit spricht.

Fragen des langfristigen Wandels in der Ungleichheitsverteilung hat Hans Haferkamp[17] untersucht. Das Resultat seiner empirisch fundierten Argumentation faßt er als Trend einer „Angleichung ohne Gleichheit" zusammen. Haferkamp stützt seine Kernthese, daß es „einen langsamen Trend zu weniger sozialer Ungleichheit" gebe, unter anderem auf folgende Tatbestände:

– langfristig sei ein Prozeß der Machtangleichung zu beobachten. Indikatoren hierfür: die vormals Machtunterworfenen stellen sich gleich und wehren sich (wachsende Bedeutung der Bürgerinitiativen bei politischen und Verwaltungsentscheidungen; wachsende „Klagefreudigkeit" der Bürger vor Gerichten; Zunahme der Mitwirkenden bei Entscheidungsprozessen aller Art; Entwicklung zur paritätischen Mitbestimmung im Montanbereich);
– Abbau der Bildungsungleichheit;
– Angleichungsprozesse bei den Lohnquoten (wenn auch geringfügig).

Wie kompliziert die Argumentation um soziale Gleichheit und Ungleichheit ist bzw. wie bei formaler Gleichheit sich immer neue Mechanismen der Diskriminierung herausbilden können, zeigt die neuere Koedukationsdebatte.

Die feministische Position ist hier eindeutig. „Jungen und Mädchen werden auch in der Schule in ein überliefertes Über- und Unterordnungsverhältnis hineinsozialisiert, das durch das institutionelle Setting der Koedukation bisher nicht weitreichend genug aufgebrochen werden konnte"[18]. Die

---

17 Hans Haferkamp: Angleichung ohne Gleichheit. In: Bernhard Giesen/Hans Haferkamp (Hrsg.): Soziologie sozialer Ungleichheit, Opladen 1987, S. 146–188.
18 Jacqueline Kauermann-Walter/Maria Anna Kreienbaum/Sigrid Metz-Göckel: Formale Gleichheit und diskrete Diskriminierung: Forschungsergebnisse zur

Argumentation wird dadurch erschwert, daß für die Bundesrepublik keine wirklich aussagefähigen Vergleichsstudien für diese subtilen Formen und Prozesse der Diskriminierung und ihrer langfristigen Wirkungen vorliegen.

5. Schlußbemerkung

Vorstehend konnte nur ein sozial- und soziologiegeschichtlicher, ein rechts- und sozialphilosophischer Rahmen zur Erfassung der Ungleichheitsproblematik skizziert werden. Es konnten hier nur Teilaspekte erfaßt werden bei einem Phänomen, das seine angedeuteten anthropologischen und psychologischen Tiefenschichten und seine historischen, bis in die Gegenwart wirkenden Sedimente hat: bewußtseinsmäßig und sozialstrukturell, politisch und verhaltenstypisch. Nicht behandelt wurde die Problematik der Gleichheit unter den Völkern und Nationen und damit das große Spannungspotential der so ungleich entwickelten Weltregionen.[19] Doch wohin man schaut: Gleichheitsforderungen als Forderung nach Demokratie sind in der Welt und „vergessen sich nicht mehr" (wie Kant vom Ereignis der Französischen Revolution sagte).

In Europa und Nordamerika hat sich die gesamte Psychostruktur der Menschen in einem langen Zivilisationsprozeß[20] auf die Situation der Gleichheit eingestellt; mit ihr ist zu rechnen in jenem umfänglichen Sinne, der im Anschluß an Tocqueville und andere Theoretiker erläutert wurde. Doch bereits Tocqueville stellte nüchtern fest: „Niemals werden die Menschen eine Gleichheit begründen, die ihnen genügt".

Eine Aufgabe der Gesetzesentwicklung im Rechts- und Sozialstaat Bundesrepublik Deutschland, aber auch der empirischen Sozialwissenschaften, der Gesellschafts- und Sozialpolitik besteht darin, jene Form sozialer Gleichheit begründen zu helfen, die innerhalb der Gerechtigkeitsvorstellungen aller um das Gemeinwohl besorgten Bürger liegt und soziale Ausgrenzungen von Individuen und Gruppen vermeiden hilft. Hierbei werden auch weiterhin Differenzierungs- und Individualisierungswünsche auf der einen Seite[21] den Trends der Egalisierung auf der anderen Seite entgegenstehen bzw. durch sie herausgefordert sein.

Koedukation. In: Hans-Günter Rolff: et al. (Hrsg.): Jahrbuch der Schulentwicklung Bd. 5: Daten, Beispiele und Perspektiven, Weinheim und München 1988, S. 157–188.

[19] Vgl. hierzu die Beiträge zum Themenbereich „Ungleichheit in weltgesellschaftlichem Kontext". In: R. Kreckel (Anm. 10), S. 301–390.

[20] Norbert Elias: Über den Prozeß der Zivilisation. Soziogenetische und psychogenetische Untersuchungen, 2 Bde., Frankfurt 1976 (zuerst 1938).

[21] Ulrich Beck: Individualisierung sozialer Ungleichheit. In: ders.: Risikogesellschaft, Frankfurt 1986, S. 121–253.

Zum öffentlichen Stellenwert von Armut im sozialen Wandel der Bundesrepublik Deutschland*

Der theoretische und gesellschaftspolitische Rahmen, in dem über Armut debattiert und gesetzlich entschieden wird, verweist noch heute auf die Ursprünge der modernen Sozial- und Ideengeschichte in der „Doppelrevolution" (Hobsbawm 1962, S. 9) des 18. und 19. Jahrhunderts, d. h. dem Zusammenwirken der hauptsächlich von England ausgehenden Industriellen Revolution und der von den bürgerlichen Revolutionen bestimmten Umgestaltung von Staat und Gesellschaft. Mit den einzelnen ideengeschichtlichen Positionen, die sich aus den Spielarten des Liberalismus, des Konservatismus, des Sozialismus und Kommunismus in der Behandlung der Arbeiterfrage und der sozialen Frage herauskristallisierten, sind immer auch bestimmte Formen der öffentlichen Wirkung sowie der parteipolitischen Präferenzen verbunden, die auf die Generalisierbarkeit und die Popularisierung der Armutsfrage bezogen sind.

Die Massenmedien – seit den 20er Jahren des vorigen Jahrhunderts über die Schnellpresse, seit den 20er Jahren dieses Jahrhunderts über das Radio sowie seit den 50er Jahren über das Fernsehen – konkurrieren mit den parteipolitischen und gewerkschaftlichen Zeitschriften um die Behandlung der Armutsfrage. Seit etwa 150 Jahren, d. h. seit dem Aufkommen der sozialen Frage und der fast gleichzeitigen Etablierung der Sozial- und Staatswissenschaften im reformierten Universitätsbereich nach 1810, wird der öffentliche Stellenwert der Armut auch durch wissenschaftliche Diskussionen mitbestimmt. Einen ersten Höhepunkt im Zusammenspiel von öffentlichen und wissenschaftlichen Reaktionen auf Sozialprobleme und Problemgruppen sind die zahlreichen Enqueten des 1872/73 gegründeten „Vereins für Socialpolitik".

Immer mehr Institutionen und Organisationen, staatliche und private, kirchliche und gewerkschaftliche, „bemächtigten" sich im raschen sozialen und kulturellen Wandel der Armutsfragen (Tabuisierungen eingeschlossen). Entsprechend indifferent war und ist ihr Stellenwert in der öffentlichen Meinung. Was nicht zuletzt aus den veränderten gesellschaftlichen Lebensbedingungen resultiert. Die eigene Armutserfahrung und die öffentliche

---

* Ich danke Lutz Leisering und Wolfgang Voges für Kommentare und Verbesserungsvorschläge.

Meinung darüber klaffen häufig weit auseinander – das gilt auch für die Differenz von Armutserfahrung und dem tatsächlich gegebenen Ausmaß der Armut.

I. Armut als wissenschaftliche und öffentliche Kategorie im sozialen Wandel

1. Die fehlende Tradierung und die Problematik des Armutsbegriffs

In der Soziologie gibt es keine kontinuierliche Beschäftigung mit der Armutsfrage bzw. dem Begriff der Armut. Hierfür mag zum Teil das Paradigma der soziologischen Theorie mit deren unterschiedlicher Begriffsbildung verantwortlich sein, zum anderen aber auch die wissenschaftliche Arbeitsteilung mit dem „Abdrängen" der Armut in die Ökonomie und Sozialpolitik.

Auch die Werturteilsdiskussion könnte, entgegen den Intentionen Max Webers, dazu beigetragen haben, die Armutsfrage als zu wertbehaftet aus dem Kanon soziologischer Begriffe auszuschließen und statt dessen die bezeichneten Phänomene in der Klassen- oder der Schichtungstheorie einzubinden.

Weitere Gründe kommen hinzu, die mit dem Begriff und seiner „historischen Sättigung" (Hans Freyer) zusammenhängen: Da sich die Formen des Helfens durch weitgehende Monetarisierung und Institutionalisierung ebenso geändert haben (Luhmann 1973) wie die Einstellungen der Bürgerinnen und Bürger, bei Bedürftigkeit Sozialhilfe auch tatsächlich in Anspruch zu nehmen, ist die Frage nicht unbegründet, ob der Armutsbegriff angemessen ist. Er scheint in der Bundesrepublik weniger selbstverständlich als z. B. in den angelsächsischen Ländern, wo US-Präsident Johnson 1964 seinen „War on Poverty" startete, und Armut sowohl im Alltagsbild wie in den Vorstellungen der Menschen einen anderen Stellenwert hat (vgl. hierzu vor allem Henkel 1981).

Die Differenz mag auch darauf zurückzuführen sein, daß Armut in der europäischen Sozialgeschichte vor allem mit früheren Gesellschaftsformen und Sozialformen verknüpft ist. Damit sind nicht nur unterschiedliche Kontexte der sozialhistorischen Problemgenese, sondern auch der alltagssprachlichen Problemverarbeitung verknüpft. Hinzu kommen folgende Bedenken: Zum einen ist Armut nach vorliegenden empirischen Erhebungen heute (s. u.) kein unumkehrbares Sozialschicksal mehr, sondern zumeist eine temporäre Notlage in der individuellen oder familialen Biographie. Zum anderen hat der Begriff nicht mehr die Akzeptanz und den öffentlichen Stellenwert, die für eine Problembewältigung nützlich sein könnten, er ist zudem zu undifferenziert, weil er von der Einkommensarmut bis zu soziokulturellen und psychischen Faktoren ein zu breites Spektrum umfaßt. Im Hinblick auf diese neuen sozialhistorischen und sozialpsychologischen Voraussetzungen der Anwendung des Armutsbegriffs heißt es im *Wörterbuch der Soziologie* von Günter Hartfiel und Karl-Heinz Hillmann im Artikel „Armut": „Mit der Entwicklung zur sogenannten ‚Wohlstandsgesellschaft' wird Armut nur noch als soziale Situation von gesellschaftlichen Randgruppen in materieller und damit existentieller Not erkannt" (Hartfiel und Hillmann 1982, S. 41).

Nirgends wird die Veränderung in der Verwendung des Armutsbegriffs deutlicher als in einem Standardwerk der sozial- und staatswissenschaftlichen Begriffsgeschichte: in der dritten Auflage des *Handwörterbuchs der Staatswissenschaften* (1909) umfassen die Begriffe „Armenwesen" und „Armenstatistik" noch 196 großformatige und doppelspaltige Seiten, in der Ausgabe von 1956, nunmehr unter dem Titel *Handwörterbuch der Sozialwissenschaften*, ist dem Begriff „Armut" (o. ä.) kein selbständiger Artikel mehr gewidmet. In gegenwärtig gängigen Lexika der Soziologie, z. B. dem dreibändigen *Wörterbuch der Soziologie*, das Günter Endruweit und Gisela Trommsdorff 1989 herausgegeben haben, taucht der Begriff „Armut" gar nicht auf. Im *Wörterbuch Soziale Arbeit*, das Dieter Kreft und Ingrid Mielenz herausgegeben haben (1988), wird im Artikel „Armut" von Dankwart Danckwerts der „undifferenzierte Gebrauch" des Begriffs dafür verantwortlich gemacht, daß es bislang zu keiner eindeutigen Bestimmung und Einordnung innerhalb der Sozialwissenschaften gekommen ist.

Bereits 1978 wies Bálint Balla in seiner *Soziologie der Knappheit* darauf hin, daß man die Begriffe im Umfeld von „Armut", „Verelendung", „Deprivation" etc. nicht zu eng definieren dürfe: „Im originären Verständnis und entsprechend den elementaren Regeln der Sprache beziehen sich Begriffe wie Elend und Verelendung noch viel mehr als der der Armut auf extreme und objektive Knappheitsnotlagen; demgegenüber werden diese Begriffe durch einen neueren, künstlich forcierten Sprachgebrauch in unzulässiger Weise relativiert, nicht selten auch für Probleme von sozialen Gruppen zweckentfremdet, deren Existenzsituation mit Elend im herkömmlichen Sinne kaum noch zu tun hat" (Balla 1978, S. 134f.).

Aus diesem begriffsgeschichtlichen Exkurs soll deutlich werden, daß Begriffe ihre epochaltypischen Entstehungs- und Wirkungsgeschichten haben und es ideologiekritisch immer neu zu prüfen ist, wer mit welcher Absicht welche Begriffe verwendet. Streng genommen geht es also nicht um die Entwicklung von Armut im Zusammenhang von öffentlichem Bewußtsein und sozialem Wandel, sondern um den wechselnden öffentlichen Stellenwert von Soziallagen am Rande der Gesellschaft bzw. der Wohlstandsgesellschaft und des Sozialstaats, die nur zum Teil mit dem Armutsbegriff identifizierbar sind. „Von den Armen", so resümieren Petra

Buhr et al. (1991) in ihrem noch mehrfach zu zitierenden Beitrag über *Armutspolitik und Sozialhilfe in vier Jahrzehnten* war „im politischen Diskurs der BRD weit weniger" die Rede als etwa in Großbritannien oder den USA. Dafür wurden bereits einige Gründe genannt. Sie haben nicht nur mit einer Verdrängung der Armutsproblematik und ihrer Wiederentdeckung in den 70er Jahren zu tun (vgl. weiter unten), sondern mit einer Differenzierung der Armutslagen, die sich in entsprechenden Differenzierungen des sozialwissenschaftlichen und alltagssprachlichen Vokabulars ausdrücken.

Gleichwohl gibt es Gründe – begriffs- und theoriegeschichtliche ebenso wie sozialhistorische und aktuelle – am Armutsbegriff festzuhalten. In diesem Zusammenhang sei auch auf einen inhaltlichen Mangel der soziologischen Armutsforschung hingewiesen: Die sozialethische Seite der Armutsbetrachtung kommt zu kurz und damit eine Analyse der Einstellungen in der Bevölkerung zum Armutsproblem (Ausnahmen z. B. Strang 1970; Altmeyer-Baumann 1987).

Die in Kapitel II genannten Schwellen der Armutsentwicklung im sozialen Wandel der Bundesrepublik Deutschland stellen hinsichtlich der sozialethischen Auffassungen in der Bevölkerung zur Armutsfrage keine Zäsuren dar, sondern allenfalls Variationen der überwiegend bürgerlich-liberalen Einstellung, daß Armut in den meisten Fällen auf Selbstverschuldung zurückgehe und daß in den verbleibenden Fällen der Sozialstaat die schlimmste Not lindere und es letztlich Armut wie im vorigen Jahrhundert hierzulande gar nicht mehr gebe.

Dieser Einstellung wurde bereits von Karl Marx entgegengehalten, daß die Massenarmut der Industrialisierung und Verstädterung nichts mehr mit „natürlicher Armut" zu tun habe, sondern „künstliche Armut", also gesellschaftlich erzeugte, sei. Der „Umgang mit der Armut" ist bis in die Gegenwart in der Bevölkerung von älteren Auffassungen dominiert, das zeigt eine „sozialethische Analyse" von Kramer (1990), die als Ausgang für differenzierende Einstellungsforschungen und Wertorientierungen zum Problem der Armut dienen könnte.

2. Bausteine zu einem soziologischen Begriff der Armut

Im folgenden werden die Punkte aus Simmels Essay *Der Arme* (1906/1908) hervorgehoben, die seine „moderne", d. h. vor allem eine an individueller Lebensführung und selbstorganisierten „sozialen Kreisen" orientierte Auffassung dokumentieren und auch heute noch Eckpfeiler einer soziologischen Betrachtung des Armutsphänomens sind:

– Simmels „individualistischer Begriff" von Armut: „arm ist derjenige,

dessen Mittel zu seinen Zwecken nicht zureichen" (Simmel 1968, S. 369).
- Im Phänomen der Armut kommt „eine wesentliche soziologische Form der Beziehung von Individuum und Allgemeinheit zur Geltung" (ebd., S. 363).
- „Der Arme als soziologische Kategorie entsteht nicht durch ein bestimmtes Maß von Mangel und Entbehrung, sondern dadurch, daß er Unterstützung erhält oder sie nach sozialen Normen erhalten sollte. So ist nach dieser Richtung die Armut nicht an und für sich, als ein quantitativ festzulegender Zustand zu bestimmen, sondern nur nach der sozialen Reaktion, die auf einen gewissen Zustand hin eintritt" (S. 371f.).
- Dem „Armen" wird „das Beantragen und das Annehmen der Unterstützung innerlich erleichtert, wenn er damit nur sein gutes Recht realisiert" (S. 346).
- Der „Einzelne wird für die modern-abstrakte Form der Armenpflege zwar zu ihrer Endstation, aber durchaus nicht zu ihrem Endzweck, der vielmehr nur in dem Schutz und der Förderung des Gemeinwesens liegt" (S. 349).
- Die „Armenpflege" geht „keineswegs auf ein Gleichwerden (der) individuellen Positionen ... Ihr Sinn ist gerade, gewisse extreme Erscheinungen der sozialen Differenzierung so weit abzumildern, daß jene Struktur weiter auf dieser ruhen kann" (S. 349).
- Zur notwendigen Überlokalität der Armenpflege: „Nur aus Gründen der Praxis und nur noch als Organe des Staates haben die Gemeinden die Armenlast zu übernehmen"; damit gehört der Arme „zu dem größten, praktisch wirksamen Kreis" (S. 355f.).
- „Im übrigen ist bemerkbar, daß die gestiegene allgemeine Wohlhabenheit [1906! – B. S.], die genauere polizeiliche Beaufsichtigung, vor allem das soziale Gewissen ... den Anblick der Armut ‚nicht ertragen kann' – daß alles dieses der Armut immer mehr die Tendenz oktroyiert, sich zu verstecken" (S. 373).

Diese Äußerungen mögen auch als Beleg dafür gelten, daß eine dem Phänomen Armut bzw. der Wahrnehmung deprivierter Soziallagen angemessene Konzeptualisierung auf solche Kategorien nicht verzichten kann, die die Grundphänomene des Sozialen ganz allgemein berühren und in der individuellen und kollektiven Reaktion auf Armut aktualisiert werden. Von der Wahrnehmung, der Akzeptanz und dem Ausgleich sozialer Differenzierung bzw. sozialer Ungleichheit bis hin zu den psychologisch und sozialpsychologisch relevanten Fragen, die mit dem „Anblick der Armut" (Simmel) verknüpft sind, ist das ganze Spektrum differenzierter soziologischer Sichtweisen und Begrifflichkeiten herausgefordert. Drei Aspekte sollen im folgenden besonders hervorgehoben werden: Armut als verminderte Reproduktionsfähigkeit in der Klassengesellschaft, Armutsbilder und Interessenlagen sowie die Veränderungen der Lebensverlaufsmuster.

In seiner Arbeit über *Armut nach dem Wirtschaftswunder* orientiert sich Karl August Chassé am marxistischen Ansatz der Konzeptualisierung von Armut bzw. will die dazu vorliegenden Versuche integrierend weiterführen (Chassé 1988, S. 42ff.), vor allem durch Aufnahme der staatstheoretischen Positionen des Marxismus bei Antonio Gramsci und Nicos Poulantzas. Nach diesem Paradigma ist Armut die verminderte oder verhinderte Fähigkeit zur Reproduktion von Arbeitskraft. Diese werde im Hinblick auf die erforderliche Flexibilität einer arbeitswilligen „Reservearmee" (Chassé 1988, S. 58ff.) als „funktional für die Entwicklungslogik" einer kapitalistischen Klassengesellschaft angesehen (S. 64).

Obwohl die Sozialstruktur der Bundesrepublik Deutschland mit ihrem integrierten System der sozialen Sicherheit und mit den flexiblen individuellen und familiären Reaktionsweisen auf schwierige ökonomische Sozialverhältnisse nicht dem marxistischen, vom Arbeits- und Wertbegriff und dem der Reproduktion ausgehenden Konzept unterworfen werden kann, muß der Versuch von Chassé, die „konkrete Form der Armut in Bezug auf die gesellschaftlichen Lebensbedingungen" in der Bundesrepublik nach 1950 (Chassé 1988, S. 71ff.) zu bestimmen, als einer der m. E. wichtigsten neueren theoretischen Beiträge zur Armutsforschung hervorgehoben werden.

In ihrem Beitrag über *Armutspolitik und Sozialhilfe in vier Jahrzehnten* führten Petra Buhr et al. den Begriff der „Armutsbilder" ein: „In der politischen Öffentlichkeit sind Armutsdiskurse und wechselnde Armutsbilder virulent, die sich nicht auf institutionelle Zuständigkeiten reduzieren lassen, aber wirksam öffentliche Aufmerksamkeiten und Problemwahrnehmungen widerspiegeln und formen. Armutsbilder drücken aus, wer in einer Periode als arm gilt, auf welche Weise Armut mit anderen sozialen Problemlagen in Verbindung gebracht wird (z. B. psychische Deprivation, Asozialität, Arbeitslosigkeit), welche Stellung den Armen in der Gesellschaft zugeordnet wird und welche Art von Hilfe angezeigt erscheint. Armutsbilder können in unterschiedlichem Ausmaß von der objektiven Realität der Armut abweichen" (Buhr et al. 1991, S. 505). Die Armutsbilder bestimmen darüber, welche öffentliche und wissenschaftliche Aufmerksamkeit es für Armutsfragen gibt und wie angemessen diese den tatsächlichen Phänomenen ist.

Welchen konkreten Stellenwert die Armutspolitik oder allgemeiner die Sozialpolitik für bestimmte Problemlagen und Problemgruppen im öffentlichen Bewußtsein hat, hängt im wesentlichen davon ab, welche Interessengruppen sich mit welchem Erfolg artikulieren. Thomas von Winter (1990) hat auf diese Zusammenhänge zu recht hingewiesen und bei der sozialwissenschaftlichen Diskussion über Sozialpolitik diesbezüglich ein Defizit festgestellt, auf das erst seit Beginn der 80er Jahre mit einzelnen Untersuchungen reagiert wurde.

Zu den weiteren Dimensionen, die eine Theorie der Armut in der gegenwärtigen Gesellschaft zu berücksichtigen hat, gehören auch die veränderten Biographien und Lebensverlaufsmuster (vgl. hierzu Arbeiten von Martin Kohli sowie von Karl Ulrich Mayer 1990). Dieser, für die Armutsforschung der letzten zwanzig Jahre zentrale Punkt, kann hier nicht systematisch behandelt werden. Das ist ein Mangel, da die Veränderungen in der Demographie und den Biographien zu neuen „Umgangsformen" mit der Armut und den Armutslagen geführt haben. Doch nicht nur die Individuen, Haushalte und Familien haben gelernt, mit Armutslagen innovativer und differenzierter umzugehen, sondern ebenso die gestiegene Zahl der intermediären Institutionen, die auf Armut und individuelle Problemlagen spezialisiert sind. Auch auf diese Institutionen kann nicht eingegangen werden. An einzelnen Stellen des nächsten Kapitels werden hierzu einige Anmerkungen gemacht. Dort wird auch auf einzelne Konzepte zur Erfassung von Armutslagen heute, wie z. B. das der Lebenslage, eingegangen. Die dargelegten Bausteine eines soziologischen Armutsbegriffs haben die Dimensionen der Armut verdeutlicht, die von ökonomischen und soziokulturellen Mängellagen bis zu den sozialethischen Einstellungen zum Phänomen der Armut bei verschiedenen Sozialgruppen reichen.[1]

II. Armut und Armutsbilder im sozialen Wandel der Bundesrepublik

1. Nachkriegszeit und 50er Jahre

In der unmittelbaren Nachkriegszeit war weniger von Armut als vielmehr von Notlagen die Rede, die es durch ein gemeinsames „Ärmelaufkrempeln" zu beseitigen gälte. Entsprechend breit und anfänglich weitgehend schichtneutral waren nicht nur die Auswirkungen dieser Notlagen, sondern auch die Kompensationsformen, wobei der Schwarzmarkt, das „Fringsen" und weitere Überlebensstrategien, in die vor allem auch Kinder und Jugendliche einbezogen waren, eine Rolle spielten. Hierzu sei angemerkt, daß zu der Veränderung von Biographien auch der Tatbestand gehört, daß seit Beginn der 50er Jahre Kinder und Jugendliche für die Linderung von Armut mehr und mehr ausfallen. Das hat mit dem Rückgang der Landwirtschaft von ca.

---

[1] Zur Diskussion von Armutsbegriffen vgl. Altmeyer-Baumann (1987), von Brentano (1978), Hauser et al. (1981), Schäuble (1984), Strang (1970; 1974) und Zapf (1977).

24 Prozent Anteil an den Erwerbstätigen Ende der 40er Jahre auf gegenwärtig ca. 3,5 Prozent ebenso zu tun wie mit anderen Faktoren – z. B. dem Rückgang von Selbstversorgern und der Monetarisierung der Lebensverhältnisse, der Ausweitung von städtischen Lebensformen, von Kindergärten und Schulsystem. Es war die Zeit, von der Leopold von Wiese einige Jahre später (1953/54, S. 44) sagte, daß sie uns nun „mit Staunen über uns selbst" erfülle, „mit wie wenig wir uns begnügten, ohne über Armut zu klagen".

Seit der Wiedereinrichtung der bürgerlichen Staats- und Gesellschaftsordnung änderten sich mit den Ursachen der Notlagen bzw. der Armut auch die Einstellungen hierzu. Das Arbeitsverhältnis, die Arbeitsfähigkeit und die Arbeitswilligkeit wurden wieder zum zentralen Angelpunkt in der Beurteilung von individuellen Armutslagen. Das Kriterium „selbstverschuldet" bekam wieder Aufwind, ebenso wie die Einstellung, daß bei nicht selbstverschuldeten Armutslagen das soziale Netz den Rückhalt bietet, „daß niemand bei uns verhungern muß".

2. Rentenreform und Bundessozialhilfegesetz. Von der Fürsorge zur Sozialhilfe, von der Armut zum Wohlstand

Es ist offenkundig, daß die Diskussion um die Entwicklung von Armut bzw. Fürsorge und Sozialhilfe besonders dann intensiv war, wenn sich größere Gesetzesänderungen ankündigten. Das war mit der großen Rentenreform des Jahres 1957 und der Verabschiedung des Bundessozialhilfegesetzes (BSHG) 1961 der Fall.

Aus heutiger Sicht muß erstaunen, daß nur wenige sozialwissenschaftlich-empirische Untersuchungen die Gesetzesvorhaben der Jahre 1957 und 1961 untermauerten. Für die 50er Jahre und hinsichtlich der Rentenreform ist die Westberliner Untersuchung von Stephanie Münke (1956) über *Die Armut in der heutigen Gesellschaft* eine zu rühmende Ausnahme. Erklärtes Ziel war eine Unterstützung anstehender sozialpolitischer Entscheidungen: „eine Ausgangsbasis für eine Diskussion, wo eine Neuordnung der sozialen Sicherung anzusetzen hat" (Münke 1956, S. 10). Hans Achinger machte in seiner Abhandlung über *Sozialpolitik als Gesellschaftspolitik* (1958) auf einen wichtigen Unterschied in den Diskussionen um Armut vor und nach der Etablierung des Sozialstaats aufmerksam: in der ersten Hälfte des 19. Jahrhunderts sei die Armut „Gegenstand aller politischen Debatten" gewesen (Achinger 1958, S. 7), dagegen habe die heutige Fachwelt ein weit geringeres Bedürfnis nach Ursachenforschung (ebd.); sie begnüge sich mit der „Analyse der primären und sekundären Wirkungen der Sozialpolitik" (ebd., S. 163).

Im nachhinein betrachtet erreichte die umfassende Rentenreform von

1957 weitgehend, was ihr erklärtes Ziel war: Das Alter aus der Gefahr der Verarmung herauszuführen. In der öffentlichen Wahrnehmung, begünstigt durch steigenden Massenwohlstand seit Ende der 50er Jahre und den beginnenden 60er Jahren, war es zumindest so – auch wenn es in vielen Fällen, zumal für Frauen, bei Mindestrenten und dem Erfordernis zusätzlicher Unterstützungsleistungen verblieb.

Bis heute ist das 1961 verabschiedete und am 1. 6. 1962 in Kraft getretene Bundessozialhilfegesetz die Basis der sozialen Sicherheit in ökonomisch prekären Lebenslagen und der Armutsbekämpfung (Wenzel und Leibfried 1986). Es mag überraschen, daß die im Bundessozialhilfegesetz festgesetzten Regelsätze, die an einem als zeittypisch und repräsentativ angesehenen „Warenkorb" orientiert sind, die Sozialwissenschaften nicht zu intensiverer Forschungsanstrengung motiviert haben. Diese Diskussion und die von Leibfried et al. aufgeworfene Frage, inwiefern hier eine nunmehr hundertjährige Praxis des „Deutschen Vereins für öffentliche und private Fürsorge" bis in die Gegenwart einfach fortgeschrieben wird (Leibfried et al. 1983, S. 241ff.; relativierend allerdings S. 146ff.), ohne neuere Diskussionen und Methodenstandards zu berücksichtigen, kann innerhalb dieses Rahmens nicht erläutert werden.

Die Diskussion über Armut verschwand in dem Maße aus der Öffentlichkeit, wie im Laufe der 50er Jahre die Arbeitslosenzahlen zurückgingen, es zu einer spürbaren Anhebung des Lebensstandards immer breiterer Schichten kam und der Sozialstaat die Armutsproblematik und soziale Notlagen der Nachkriegszeit sichtbar beseitigte, vor allem durch die Rentenreform und das Bundessozialhilfegesetz. In den Jahren 1950 bis 1961 ging die Armutsquote (Anteil der Fürsorgeempfänger) der bundesrepublikanischen Bevölkerung von 3,3 auf 1,9 Prozent zurück (Hauser et al. 1981, S. 36).

Die neue Einstellung zur Armut wurde in einem SPIEGEL-Report von Peter Brügge über *Elend im Wunderland* wohl zeittypisch treffend wiedergegeben: Er glaubt eine „fast sehnsüchtige Suche nach einer Armut (ausmachen zu können), die es kaum mehr gibt" (zit. bei Buhr et al. 1991, S. 513). An gleicher Stelle heißt es: „Die empfindlichste Not des Jahres 1961 entsteht nicht mehr aus materiellem Mangel, sie hat ihre Ursache im Mangel an Liebe und familiärer Geborgenheit". Zur Fast-Verdrängung des Phänomens der Armut hatten Begriffe wie „nivellierte Mittelstandsgesellschaft" (Schelsky 1953, S. 218ff.) oder „Klassengesellschaft im Schmelztiegel" (Geiger 1949) einen unfreiwilligen Beitrag geleistet. Es wurde an anderer Stelle darauf hingewiesen (Schäfers 1990a, S. 190), daß Schelskys breit rezipierter Begriff von der „nivellierten Mittelstandsgesellschaft" wohl anders formuliert worden wäre, wenn differenzierende Einkommens- und Vermögensstatistiken und „Wohlfahrtssurveys" zur Verfügung gestanden hätten.

So war die von Schelsky beabsichtigte Aufklärung über neue Aspekte der sozialen Wirklichkeit – trotz der in bestimmter Hinsicht zu Recht herausgestellten Trends von gleichmachenden Faktoren in Sozialstruktur und Sozialverhalten – eher unfreiwillige Gegenaufklärung, die in den politischen Debatten der Regierungskoalition gern aufgenommen wurde. Die öffentliche Diskussion um die Konzeption des Bundessozialhilfegesetzes seit Mitte der 50er Jahre brachte letztlich „im Hinblick auf die Rechtsstellung, die Art der Leistungsansprüche und die Höhe der Leistungen ... eine Neuorientierung zugunsten der Armen. Die amtliche Umbenennung der ‚Fürsorge' in ‚Sozialhilfe' sollte diese Neuordnung symbolisieren" (Hauser et al. 1981, S. 37).

Es mag mit dieser öffentlich diskutierten und ins Bewußtsein gedrungenen Entdiskriminierung der „Fürsorge" zusammenhängen, daß nach 1962 – trotz sehr geringer Arbeitslosigkeit und wachsendem Wohlstand – die Zahl der Sozialhilfeempfänger nicht wesentlich sank, ab 1970 sogar ständig anstieg. Die BSHG-Novelle von 1974, die u. a. die Unterhaltspflichten von Verwandten einschränkte, brachte nochmals einen Anstieg, möglicherweise auch deshalb, weil damit weitere „Hemmungen für die Inanspruchnahme von Sozialhilfe verringert wurden" (Hauser et al. 1981, S. 62). Aber auch hier kann sozialstatistisch ebensowenig wie in der Zeit nach 1962 exakt ermittelt werden, was dem geänderten öffentlichen Stellenwert dieses „Netzes unter dem Sozialnetz" geschuldet ist, was den Verbesserungen im Leistungsrecht und was den – zumal nach 1974 – vermehrt auftretenden sozialen Notlagen.

Eine – mit Norbert Elias gesprochen – unbeabsichtigte Folge des sozialen bzw. politischen Handelns war sicher der Tatbestand, daß die bloße Existenz der Sozialhilfe dazu beigetragen hat, das Thema Armut zu verdrängen bzw. vorauszusetzen, daß die materielle Grundversorgung in jedem Falle gesichert ist. Es mag auch mit diesem Tatbestand zusammenhängen, daß der Begriff Armut regierungsamtlich keine Rolle mehr spielte bzw. geflissentlich vermieden wurde (vgl. z. B. den Sozialbericht 1986 der Bundesregierung, in dem das Wort „Armut" nicht vorkommt, zu einem Zeitpunkt also, als der Begriff in der sozialwissenschaftlichen Literatur wieder wie selbstverständlich angewandt wurde). An seine Stelle war der Begriff „Sozialhilfebedürftigkeit" getreten, dem die Studie von Strang (1970) auch einen wissenschaftlich-theoretischen Status verliehen hatte.

Hinsichtlich der öffentlichen Resonanz und der Inanspruchnahme von Mitteln nach dem BSHG sei an dieser Stelle auf erhebliche regionale Unterschiede im Bundesgebiet hingewiesen (Hartmann 1981): In Bremen oder Berlin ist die Inanspruchnahme höher als in Bayern oder im Saarland. Das hat zu tun (a) mit unterschiedlichen Populationen bzw. deren Einstellung zur Inanspruchnahme von Sozialhilfe und (b) mit einem unterschiedlichen politisch-administrativen und sozialen Klima im Hinblick auf diese Beanspruchung. Mit anderen Worten: Der öffentliche Stellenwert von Sozialhilfe ist regional- und länderspezifisch weniger einheitlich als das

BSHG es vermuten läßt.

3. Die 60er Jahre: Von der Verdrängung zu neuer Aktualisierung

Wenn Rudolf Schilcher in seinem Artikel über Armut (im *Wörterbuch der Soziologie* von Bernsdorf) hervorhebt, daß „eine zunehmende Verdrängung und Aufgabe des Begriffs der Armut in der auf westliche Gesellschaftssysteme und entwickelte Volkswirtschaften bezogenen neueren Fachliteratur" (Schilcher 1969, S. 55) festzustellen sei, dann ist ihm, eng bezogen auf den Armutsbegriff, für Ende der 60er Jahre zuzustimmen. Hinsichtlich der Problematisierung von Randlagen und Marginalisierungen sind jedoch Differenzierungen erforderlich.

In den 60er Jahren kündete sich mit der Konzentration auf die Obdachlosen (Blume 1960; Ursula Adams: *Nachhut der Gesellschaft*, 1966) und die Integrationsprobleme der verstärkt zuströmenden und angeworbenen Gastarbeiter, die 1964 die Millionengrenze erreichten, ein bestimmter Perspektivenwechsel in der Analyse armer bzw. randständiger sozialer Gruppen an: Die Wirkungen der proletarisierenden Klassengesellschaft schienen ebenso überwunden wie die unsichere Lage verbliebener Problemgruppen eher ständisch-feudaler Verhältnisse, z. B. die Landarbeiter und Tagelöhner. Statt dessen tauchten neue Sozialgruppen auf, die dann auch folgerichtig im Konzept der Randgruppen zusammengefaßt wurden. Sie beherrschten die öffentliche und die wissenschaftliche Diskussion und damit die Armutsbilder. Nun wurde ein Gebiet nach dem anderen entdeckt, auf dem es marginalisierte Sozialgruppen gab, für die in der intensiven Planungsdiskussion der damaligen Zeit Strategien und Politiken der Besser- und Gleichstellung entwickelt wurden.

Für die Armutsdiskussion bzw. den Armutsbegriff gab es seit Beginn der 60er Jahre so etwas wie eine Stellvertreterfunktion, d. h. wie bei anderen sozialen Phänomenen war die neuerliche Karriere des Armutsbegriffes nicht unabhängig von Entwicklungen in der Dritten Welt. Nun wurde zum einen durch die nach 1961 verstärkt einsetzende Zuwanderung aus süd- und südosteuropäischen Ländern auf die dortige Armutssituation aufmerksam gemacht; zum anderen bekamen die Berichte aus den Ländern der Dritten Welt eine zunehmende Bedeutung in der sozialwissenschaftlichen und tagespolitischen Öffentlichkeit wie z. B. das *Tagebuch der Armut* der Favela-Bewohnerin Carolina Maria de Jesus, das 1962 deutsch vorlag und hier wie in anderen Ländern viel Anteilnahme weckte. Von besonderem Gewicht waren in diesem Zusammenhang auch die Bücher von Oscar Lewis zu Beginn der 60er Jahre, in denen der Begriff *Culture of Poverty* erstmalig auftauchte und ihm jede romantisch verklärende oder kulturspezifische

Bedeutung genommen wurde. Die *Kultur der Armut* – das war nach Oscar Lewis ein auch für die Wohlstandsgesellschaften bedrohliches Syndrom eines Lebens am Rande der Gesellschaft von immer größeren Bevölkerungsmassen in den wachsenden randstädtischen Elendsvierteln der Dritten Welt (Schäfers 1967), aber auch in London und Paris: der ständige Kampf ums Dasein, die dauernde Geldknappheit, die Zuflucht zum Alkohol, Desertion des Mannes und Vaters.

4. Die 70er Jahre: Neue Soziallagen und neue Begriffe. Ausbau und Kritik des Sozialstaats

Die intensiven Diskussionen der zweiten Hälfte der 60er Jahre um die gesellschaftlichen Defizite, um die Marginalisierungen durch die „Politik des Kapitals", um die Möglichkeiten einer integralen Gesellschaftsplanung (Schäfers 1973), führten seit Antritt der sozial-liberalen Koalition 1969 als „Regierung der Reformen", unter dem Anspruch „mehr Demokratie wagen", zu einem Ausbau des Sozialstaats.

Die Wiederentdeckung der Armut in der Bundesrepublik Anfang der 70er Jahre, nicht zuletzt durch Jürgen Roths schnell bekannt werdende Reportagen mit ihrem provozierenden Titel *Armut in der Bundesrepublik* (1971), hob das Paradoxon der gesellschaftlichen Situation hervor. *Armut in der Wohlstandsgesellschaft*, so oder ähnlich lauteten weitere Buchtitel und Reportagen. Es läßt sich aus heutiger Sicht kaum hinreichend die Frage beantworten, ob das öffentliche Interesse an prekären und defizitären Soziallagen seit Beginn der 70er Jahre mit einer objektiven Zunahme an Sozialproblemen einhergeht. Ist es die gestiegene soziale und sozialwissenschaftliche Sensibilität, in Konkurrenz mit den Medien um die Darstellung von „Hinterhöfen der Wohlstandsgesellschaft" oder die in den Bürgerbewegungen seit Ende der 60er Jahre gewonnene neue Artikulationsfähigkeit von „Betroffenen" in sozialen Bewegungen? Wahrscheinlich wirken alle Faktoren zusammen.

Eine genauere Analyse der Entwicklung der Medien- und Kommunikationsgesellschaft mit dem gestiegenen Bildungsniveau der Bürger, der Vollversorgung der Haushalte mit Fernsehgeräten usw. würde auch für das hier gestellte Thema zeigen, daß die späten 60er Jahre eine *Gesellschaft im Aufbruch* (Korte 1987) darstellen. Aus der Arbeit von Buhr et al. (1991) sei diese Situation durch ein zusammenfassendes Zitat gekennzeichnet:

„Anfang der 70er Jahre wurden die Randgruppen auch zu einem Thema der Medien: 1970 begann der SPIEGEL eine Serie über ‚sozial benachteiligte Gruppen in der Bundesrepublik', bei der über Lehrlinge (18/1970), Obdachlose (40/1970), Gastarbeiter (43/1970), Vorbestrafte (48/1970), Arbeitnehmerinnen (5/1971), Behinderte

(13/1971), Geisteskranke (31/1971), kriminelle Jugendliche (1–4/1973) und Homosexuelle (11/1973) berichtet wurde. Diese SPIEGEL-Reports wurden 1973 unter dem Titel *Unterprivilegiert* als Buch veröffentlicht. Die populärwissenschaftlichen Bücher von Jürgen Roth (1971, 1974, 1979) und Ernst Klee, der seit 1969 über Häftlinge, Psychiatrie-Patienten, seelisch Kranke, Behinderte, Gastarbeiter und Nichtseßhafte berichtete, taten ein übriges, den Blick auf die Existenz von Armut in der Bundesrepublik zu lenken und die Lebensverhältnisse von Randgruppen plastisch zu beschreiben. Auch im Wissenschaftsbereich wurden in der Folgezeit Probleme von Randgruppen häufig untersucht. Fast alle Studien behandelten auch die Folgen für die Kinder und dadurch in Gang gesetzte Prozesse sozialer Deklassierung und intergenerationeller Weitergabe von Armut. Mitte der 70er Jahre erschienen dann – quasi als Kulminationspunkt – verschiedene Sammelbände und Überblicksbücher, in denen die bisherigen Ergebnisse der Randgruppenforschung zusammengefaßt wurden (z. B. Bellebaum und Braun 1974, Kögler 1976). Wenn auch im Bereich der Armutsforschung danach andere Themen in den Vordergrund traten, blieb das wissenschaftliche Interesse an Randgruppen – mit anderen Schwerpunkten – bestehen" (Buhr et al. 1991, S. 515f.).

Alfred Kögler (1976) untersuchte die Situation folgender Randgruppen: Behinderte; Strafentlassene; ältere Menschen; familienunabhängige Jugendliche; einkommensschwache Haushalte; Spätaussiedler; ausländische Arbeitnehmer. Als besonderes Problem wurde von Kögler die Zugehörigkeit zu mehreren dieser Randgruppen genannt. Kögler vermeidet es, den Begriff der Armut unterschiedslos auf alle Randgruppen anzuwenden. Eine Verbindung ist wohl nur dann sinnvoll, wenn man, wie Laszlo A. Vaskovics (1976) es unternommen hat, ganz bestimmte Randgruppen unter spezifischen Lebensbedingungen – hier den Wohnverhältnissen in Notunterkünften – untersucht. „Segregierte Armut" nannte Vaskovics die räumliche Aussonderung der unteren Unterschicht. Man muß sich daran erinnern, daß in den 60er Jahren die vorhandene Armut und soziale Not als restlos behebbar durch die Ressourcen und Instrumente des Sozialstaats angesehen wurden. Was heute zum Bild der Fußgängerzonen gehört: das Offenkundigwerden von Armut und Obdachlosigkeit, von Arbeitslosigkeit, aber auch von Alkoholismus und Drogenproblemen, war aus dem Alltagsbild verschwunden.

Trotz der genannten Reportagen und alarmierenden Titel gab es um das Thema Armut bzw. Sozialstaat keinen vergleichbar positiven und unterstützenden öffentlichen Diskurs wie um die Themen Bildung oder Stadtentwicklung in den 60er Jahren: kein durch Politik und Parteien, durch Wissenschaft und Medien, Tagungs- und Bildungsstätten, Sozialgruppen und „Betroffene" gleichermaßen inszeniertes öffentliches Räsonieren über die Defizite bzw. die Umgestaltung des Sozialstaats. Als die Diskussion um die „Neue soziale Frage" Mitte der 70er Jahre bzw. später um die „Neue Armut" begann, waren die intensiven Planungsdiskussionen und wissenschaftlich angeleiteten Vorhaben von Planungsgremien bei Stadtverwaltungen, in den Ministerien auf Landes- und Bundesebene schon Gegenstand skeptischer Betrachtungen, ebenso wie die Reformvorhaben der sozial-liberalen Koalition. Das soziale Klima hatte sich geändert, und das war dem expandierenden Sozialstaat und seinen Klientelen nicht immer günstig.

Das veränderte soziale Klima der „Wende" kann jedoch die just in dieser Zeit beginnende Verbesserung der Methoden und Daten und ihre zunehmend intensivere Anwendung – im Rahmen der Sozialindikatorenforschung und Sozialberichterstattung (Krupp und Zapf 1977) – nicht verhindern. In dem von Wolfgang Zapf edierten Band *Lebensbedingungen in der Bundesrepublik* des SPES-Projekts (Sozialpolitisches Entscheidungs- und Indikatorensystem für die Bundesrepublik Deutschland) wurden im sogenannten SPES-Indikatorentableau 1976 fünf verschiedene Armutstypen unterschieden und als Indikatoren abgegrenzt (Zapf 1977, S. 61f.).

Auch eine Reihe neuer Begriffe in der Diskussion um prekäre und defizitäre Soziallagen gaben der öffentlichen und der wissenschaftlichen Diskussion neue Impulse: Soziale Brennpunkte; Neue soziale Frage; und schließlich, in den 80er Jahren, Neue Armut und Zwei-Drittel-Gesellschaft.

a) Soziale Brennpunkte: Dieser Begriff ist erst seit Beginn der 70er Jahre üblich; er „entstand im Gefolge kommunaler Strategien zur Bereinigung der Obdachlosenstatistik" (Preußer 1988). Indem Obdachlose Mietverträge erhielten, wurden sie aus der ordnungsrechtlichen Bevormundung entlassen. Diese Strategie bedeutete die Einleitung eines ambivalenten Umgangs mit Sozialproblemen: Zum einen brachten sie das im Zuge der sozial-liberalen Koalition (1969–82) intensivierte Bemühen zum Ausdruck, für die sozial Schwachen, die Unterprivilegierten und sozialen Randgruppen entwürdigende rechtlich-bürokratische Fixierungen – als Ausgangspunkt sozialer Diskriminierung – zu beseitigen; zum anderen war damit die nicht unproblematische „Beseitigung" von sozialen Problemlagen durch bloße Statusveränderung verbunden. In einem Exkurs über die Bedeutung der Sozialstatistik als manipulatives Element der Gesellschaftspolitik – von der Wohnungsstatistik bis zur Arbeitslosenstatistik – könnten zahlreiche Beispiele angeführt werden. In dieser Perspektive steht der Begriff *soziale Brennpunkte* am Ende einer Entwicklung, die mit der Thematisierung der sozialen Frage zu Beginn des Industriezeitalters begann und mit der „Mediatisierung" (s. u.) sozialer Probleme im Zeitalter des entwickelten Sozialstaats und einer problemorientierten, höchst differenzierten Medienöffentlichkeit ihren gegenwärtigen Stand erreichte (vgl. Schäfers 1990b).

b) Neue soziale Frage – Probleme der Armutsmessung: Die 1975 von Heiner Geißler und anderen CDU-Politikern zunächst in einer Dokumentation für das Sozialministerium des Landes Rheinland-Pfalz, dessen Minister Heiner

Geißler damals war, vorgelegten *Zahlen, Daten, Fakten zur Neuen sozialen Frage* lösten eine breite wissenschaftliche und öffentliche Diskussion aus. Es war nicht nur der wirksame Titel, der unangenehm an die soziale Frage zu Beginn des Industrialisierungs- und Verstädterungsprozesses erinnerte, sondern auch der Tatbestand, daß Geißler et al. einen beträchtlichen Teil der Bevölkerung deshalb für arm erklärten, weil er mit seinem Einkommen unter den Sätzen der Sozialhilfe lag. Das ist und bleibt für eine Gesellschaft, die im Arbeitsvermögen jedes einzelnen weiterhin die Grundlage ihrer Sozialstruktur und die Garantie für die soziale Sicherheit betrachtet, ein Ärgernis. Der entscheidende Satz in Geißlers Studie lautete: „In der Bundesrepublik gibt es wieder bittere private Armut. 5,8 Millionen Menschen in 2,2 Millionen Haushalten verfügen nur über ein Einkommen, das unter dem Sozialhilfeniveau liegt" (1976, S. 27). Das waren immerhin etwa 9 Prozent der Bevölkerung. Für 1969 hatte Frank Klanberg (1978, S. 148f.) bei Zugrundelegung eines bestimmten Standards „nur" 1,6 Prozent Haushalte „unterhalb der Armutsgrenze" ausmachen können.

c) Sonstige begriffliche und theoretische Erweiterungen: Einen erweiterten theoretischen Bezugsrahmen für die Konzeptualisierung von Deprivation wurde auch in der *Theorie sozialer Probleme* (Albrecht 1977; Haferkamp 1977) vorgetragen. In diesem Paradigma wurden allerdings primär die Probleme spezieller Armutsgruppen, wie Nichtseßhafter, Obdachloser oder Drogenabhängiger, analysiert. In der Rückschau sind die 70er Jahre nicht nur ein Jahrzehnt, in dem die Armut neu entdeckt oder auf die Verschlechterung der Soziallage von größeren Bevölkerungsgruppen innovativ mit neuen Begriffen reagiert wurde, sondern in dem auch, wie erwähnt, die Sozialwissenschaften sich auf ein neues methodisches, empirisches und infrastrukturelles Fundament stellten. Zu den theoretischen und empirischen Erweiterungen gehört auch die Aufnahme des vor allem auf Otto Neurath in den 20er und auf Gerhard Weisser in den 50er Jahren zurückgehenden *Lebenslagekonzepts* (vgl. Döring et al. 1990; Glatzer und Hübinger 1990). „Gefragt wird hierbei nicht nach den verfügbaren Ressourcen, die ein bestimmtes Versorgungsniveau ermöglichen, sondern nach der tatsächlichen Versorgungslage von Personen, Haushalten oder sozialen Gruppen in zentralen Lebensbereichen wie Arbeit, Bildung, Wohnen, Gesundheit und die Teilhabe am gesellschaftlichen und politischen Leben" (Döring et al. 1990, S. 11). Dieser Ansatz ist nach Auffassung der Autoren am ehesten geeignet, „materielle und immaterielle, ökonomische und psychosoziale Dimensionen des Armutsproblems zu erfassen". Das Lebenslagekonzept, das erst in den 80er Jahren auf breiterer Front rezipiert wurde, weist allerdings noch erhebliche analytische Unklarheiten auf (Glatzer und Hübinger 1990, S. 34–37).

5. Die 80er Jahre: Armut wird wieder politikfähig

Der Diskussion um die Neue soziale Frage seit Mitte der 70er Jahre folgte in den 80er Jahren die Diskussion um die Neue Armut (vgl. Balsen et al. 1984). Sie „ist zweifelsohne ein, wenn nicht der Armutstyp der 80er Jahre", „ein Vehikel, um auf die Lage der Arbeitslosen hinzuweisen" (Buhr et al. 1991, S. 522). 1985 schrieb Gerhard Bäcker in einem Beitrag über *Ausgrenzung und Verarmung als Ergebnis von Politik und Ideologie des Neokonservatismus*: Neue Armut zeige einen bestimmten Trend der Entwicklung nicht nur des Sozialstaats, sondern ebenso der Bedrohung von breiten Arbeiterschichten. Jürgen Roth (1985) sprach von der *Zeitbombe Armut*. Die Problematik des Rückgangs der Arbeitslosengeldbezieher stand im Zentrum der wissenschaftlichen und öffentlichen Erörterung der Neuen Armut. Immer weniger Arbeitslose erhielten Arbeitslosengeld; immer mehr erhielten Arbeitslosenhilfe und anschließend Sozialhilfe. Dieser Personenkreis war aus der Auffangposition der Arbeitslosenversicherung herausgefallen, die damit ihre Schutzfunktion verlor. Besondere Aufmerksamkeit erfuhren in diesem Zusammenhang die Auswirkungen längerfristiger Arbeitslosigkeit.

Zu den dramatischen Veränderungen der Sozialhilfeklientel seit dem Ende der 70er Jahre gehören eine stark angestiegene Zahl von Kindern und Jugendlichen, das wiederum deutet auf eine ebenfalls gestiegene Zahl unvollständiger Familien hin, d. h. auf Alleinerziehende mit Kindern. Ihr Sozialhilferisiko liegt um das Sechsfache über dem Durchschnitt (Buhr et al. 1991, S. 528). Andere dramatische Einschränkungen der allgemeinen Wohlfahrt ergaben sich durch Veränderungen in der demographischen Entwicklung, zum einen durch die schnell steigende Zahl sehr alter und pflegebedürftiger Menschen, zum anderen durch das Aussiedler- und Asylantenproblem. Soziale Probleme, die behoben schienen, tauchten erneut und verschärft auf. Neben der Integration der Aus- und Umsiedler ist hierzu die Wohnungsfrage und die Jugendarbeitslosigkeit zu zählen, dieses gravierende, aber fast vergessene Problem der 50er Jahre.

Die damit verknüpften Herausforderungen des Sozialstaats führten jedoch nicht zu prinzipiellen Überlegungen der seit Ende 1982 wieder regierenden christlich-liberalen Koalition. Es war vor allem die 1980 gegründete Bundespartei der GRÜNEN, die im März 1983 erstmalig im Bundestag vertreten war und dort, wie bereits zuvor in einigen Landesparlamenten, sehr nachdrücklich die Anliegen der sozialen Randgruppen vertrat. Erst durch die GRÜNEN wurde das Thema der Armut unter wirkungsvoll zugespitzten Begriffen wie „Zwei-Drittel-Gesellschaft", „Politik der Armut", „Politik der Ausgrenzung" etc. wieder ein Thema der politischen Landschaft und der grundlegenden Debatten um Struktur und Zukunft des Sozialstaats. Buhr et al. (1991, S. 522) verweisen zu Recht darauf, daß die Armen durch die Partei der GRÜNEN erstmals eine Art „Lobby" im Bundestag erhalten haben; Armut wurde „nach über 30jähriger Pause wieder allgemein und nicht nur unter dem Aspekt Sozialhilfe behandelt". Ebenso haben die GRÜNEN die Diskussion um eine „bedarfsorientierte Grundsicherung" bzw. ein „Grundeinkommen" auf die politische und sozialpolitische Tagesordnung gebracht (hierzu ausführlich Opielka und Zander (Hrsg.) 1988; ebenso Opielka und Ostner (Hrsg.) 1987, vgl. vor allem das Kapitel „Anders Verteilen"). Hiernach soll(te) allen Bürgerinnen und Bürgern ein bestimmtes monatliches Grundeinkommen garantiert werden, um damit jene Sozialgruppen definitiv aus der Diskriminierung herauszuführen, die ohne dieses Grundeinkommen auf Sozialhilfe angewiesen wären bzw. aus verschiedenen Gründen nicht einmal darüber verfügen. Die GRÜNEN wußten sich während dieser Diskussionen auch in breiter Übereinstimmung mit den Gewerkschaften, die mit ihrer Studie über *Die neue Armut* (Balsen et al. 1984) ähnliche Schlußfolgerungen erzielten (kritisch zu diesem Konzept Bäcker et al. 1989, Bd. 1, S. 153ff.).

Der Begriff „Zwei-Drittel-Gesellschaft", der auch international reüssierte, sollte auf die Spaltung der Gesellschaft in zwei Drittel gut und sehr gut Verdienende bzw. Versorgte und auf ein Drittel der Bevölkerung verweisen, das eine relativ dauerhaft deprivierte und sozial abgeschottete Existenz führt. Diese Diagnose wurde jedoch durch die dynamische Armutsforschung, die Ende der 80er Jahre einsetzte, empirisch als fragwürdig erkannt. Diese neue Sichtweise, bei der individuelle Armutsverläufe über mehrere Jahre hinweg verfolgt werden, führte u. a. zu dem Ergebnis, daß die Mehrzahl der Armen und Sozialhilfeempfänger nur vorübergehend arm seien bzw. Hilfe bezögen; der Bodensatz dauerhaft oder doch längerfristig Armer relativ gering sei. Die dynamische Armutsforschung wurde in Deutschland 1988 im neugegründeten Sonderforschungsbereich 186 durch Stephan Leibfried und Wolfgang Voges initiiert (Vgl. die Literaturangaben zu Buhr et al., Leibfried, Voges), basierend auf der Bremer Längsschnittstichprobe von Sozialamtsakten (LSA) (Voges und Zwick 1991). Die LSA ist auch ein Ergebnis der verstärkten Bemühungen der Kommunen und Stadtstaaten um eine verbesserte Sozialberichterstattung, die in den 80er Jahren einsetzten (Buhr et al. 1990).

Bald folgten Analysen verschiedener Forschergruppen anhand des Sozioökonomischen Panels (SOEP), das seit der ersten Welle 1984 auf repräsentativer Basis Daten individueller Art (Personen über 16 Jahre) sowie auf Haushaltsebene liefert.[2] So kam eine am Berliner Wissenschaftszentrum für Sozialforschung durchgeführte Untersuchung über Ausmaß und Dauer der Armut in (West-)Deutschland zu dem Schluß, daß im Untersuchungs-

---

2   Zu Grundlagen und Konzeption des SOEP vgl. Hanefeld (1987).

zeitraum 1984–1989 Deutschland eine „75-15-10-Gesellschaft" war. Das heißt, 75 Prozent waren nicht arm, 15 Prozent waren manchmal arm, aber im allgemeinen mit ausreichendem Einkommen versehen und 10 Prozent waren häufig arm oder nahezu arm mit Einkommen, die als inadäquat zu bezeichnen sind (Headey et al. 1990). Für den genannten Zeitraum seien nur 3 Prozent der Bevölkerung als dauerhaft arm anzusehen, wenn man als Armutsdefinition den Tatbestand zugrundelegt, daß diese Bevölkerung im Haushaltseinkommen 50 Prozent unter dem Durchschnitt liegt. Modifizierungen ergab auch eine Untersuchung von Wolfgang Voges und Götz Rohwer (1991) *Zur Dynamik des Sozialhilfebezugs*. Auf der Basis von LSA und SOEP erweist sich Sozialhilfebedürftigkeit als eine zeitlich befristete Episode im Lebensverlauf. Diese Ergebnisse fügen sich ein in neuere Analysen der Sozialstruktur. *Von Klassen und Schichten zu Lagen und Milieus* – mit diesem Titel bezeichnete Stefan Hradil (1987) den „Entwicklungstrend sozialwissenschaftlicher Forschung und der objektiven Sozialentwicklung". Damit sind sowohl Trends im sozialen Wandel bezeichnet als auch ein sich ändernder Stellenwert der Armut im öffentlichen Bewußtsein. Armut sei nicht länger Ausdruck einer prinzipiell falsch strukturierten Ungleichheitsgesellschaft, sondern Konsequenz einer alles in allem erfolgreichen Marktgesellschaft, in der Armut i. d. R. kein lebenslanges Schicksal, sondern zumeist eine temporäre soziale Betroffenheit im beschleunigten sozialen Wandel sei. Empirisch unzureichend geklärt bleibt allerdings die oft implizite Annahme, daß sich der temporäre Charakter von Armuts- und Ungleichheitslagen in den letzten Jahren bzw. Jahrzehnten stärker ausgeprägt hat (Verzeitlichungsthese).

Die 80er Jahre brachten viele neue und alte Armutsbilder, aber nicht alle konnten der empirischen Überprüfung standhalten: „so das Bild, daß die Armut weiblich sei, sowie die Annahme einer immer noch besonders hohen Armutsbetroffenheit alter Menschen" (Buhr et al. 1991, S. 523). Diese Analysen zeigen einmal mehr, daß es zur Aufgabe einer kritischen Sozialwissenschaft gehören sollte, auf die Entwicklung neuer Randgruppen und Defizite des Sozialstaats hinzuweisen, sowie die von Politikern wie Wissenschaftlern in die Welt gesetzten Begriffe durch sozialwissenschaftliche Analysen auf ihren Wahrheitsgehalt zu befragen.

In einer neueren Veröffentlichung über *Armutspolitik im Blindflug* wird auch zu Beginn der 90er Jahre noch immer davon ausgegangen, daß das Ausmaß der Armut „öffentlich kaum thematisiert" wird und die „Armutspolitik oder genauer die Sozialhilfepolitik nicht Gegenstand eines breiten öffentlichen Diskurses ist. Armut ist demnach weitgehend ein sozialpolitisches Tabu. Das kommt auch darin zum Ausdruck, daß etwa die Bundesregierung ihre Existenz schlicht bestreitet, indem sie davon ausgeht, daß Armut durch die Sozialhilfe beseitigt wird" (Buhr et al. 1990, S. 79f.). Petra Buhr, Monika Ludwig und Stephan Leibfried (1990) führen in ihrem Beitrag

Gründe dafür an, warum das Problem der Armut in seiner gesellschaftlichen Erscheinung weiterhin nur ein „Produkt des politischen Prozesses seiner Verarbeitung" ist (S. 82f.):

- es gibt (weiterhin) keine kontinuierliche Armutsberichterstattung, die verläßlich Ausmaß und Erscheinungsformen der Armut diagnostiziert;
- die Diskrepanz zwischen diagnostizierter und bekämpfter Armut bleibt unbekannt oder wird nicht thematisiert;
- die Armutspolitik strukturiert weitgehend das Armutsproblem selbst; das gesellschaftlich anerkannte Armutspotential wird politisch ausgehandelt;
- Armut wird zumeist nur „eindimensional" als Einkommensarmut beschrieben und damit aus dem Kontext der sozialen Ungleichheit und gesellschaftlicher Zusammenhänge ausgeblendet. Buhr et al. führen die Mängel u. a. auf eine unzureichende Armutsberichterstattung zurück. Gefordert seien eine verstärkte Erhebung, Analyse und Veröffentlichung von Längsschnittdaten, wie sie derzeit in Form von LSA und SOEP vorliegen.

III. Mediatisierungen des Armutsphänomens

1. Der Gewöhnungsaspekt und der Vergleich mit den neuen Bundesländern

Es ist aber nicht nur, wohl nicht einmal primär, die von Buhr et al. betonte unzureichende Armutsberichterstattung, die für die mangelnde Resonanz von Armut in der Öffentlichkeit verantwortlich ist, sondern wesentlich sind es sozialpsychologische Faktoren, von denen einige hervorgehoben werden sollen. Sozialpsychologisch betrachtet befinden wir uns in einer veränderten Situation, weil die sozialen Brennpunkte und Armutsphänomene nicht mehr in dem Maße zu gesellschaftspolitischen Zerreißproben führen, wie es für die Sozialgeschichte der deutschen Industriegesellschaft typisch war. Hierfür lassen sich unter anderem folgende Gründe angeben:

a) Der Gewöhnungseffekt an soziale Problemlagen durch ihre permanente Thematisierung in den Massenmedien, im wohlinformierten Alltagsgespräch. Soziale Probleme sind als Begleiterscheinungen des individuellen und sozialen Lebens umfänglich thematisiert. Man weiß und erwartet, daß sie auftreten; und man weiß und erwartet aufgrund der Erfahrungen mit dem Sozialstaat, daß sie – längerfristig betrachtet – gelöst werden und sich die öffentliche Aufmerksamkeit neuen Problemfeldern zuwendet.

b) Die soziale und ökologische Situation in der ehemaligen DDR, die seit Ende 1989 in ihren Dimensionen bekannt wurde, trägt zur Relativierung der Probleme in den bisherigen Bundesländern bei. Allerdings gibt es auch gegenläufige Effekte, nämlich eine Verschärfung sozialer Spannungen infolge des „Teilen-Müssens" mit den neuen Mitbürgern sowie mit Einwanderern aus Osteuropa. Wie sich dieser Effekt angesichts der weiteren Entwicklung der Ökonomie und des Sozialstaats in beiden deutschen Gesellschaften entwickeln wird, ist schwer abzuschätzen.

c) Die „Überlagerung" sozialer Probleme durch neue, gesellschaftspolitisch relevante Fragestellungen, vor allem durch die Frauenbewegung und -forschung, durch die Thematisierung des Geschlechterverhältnisses und die Konfrontation unterschiedlicher Auffassungen zu diesen und anderen Problemen durch den deutschen Einigungsprozeß.

Die genannten Punkte sollen als Gründe für den Tatbestand angeführt werden, warum Armut und soziale Deprivation nicht mehr, jedenfalls gegenwärtig nicht, zu gesellschaftspolitischen Weichenstellungen grundlegender Art oder zu Regierungskrisen und „Machtwechseln" führen. Es ist bemerkenswert, daß eine seit Jahren anhaltende hohe Arbeitslosigkeit mit einer rein rechnerisch gegebenen Hochkonjunktur einhergehen kann und daß 1987 der Anteil der Empfänger laufender Hilfen zum Lebensunterhalt als einer Form der Sozialhilfe bereits 4,4 Prozent der Bevölkerung erreichte und damit das Niveau von 1950 überschritten hatte.

2. Die europäische Ebene

Seit den 70er Jahren hat die Armutsdiskussion eine europäische Dimension bekommen, genauer ausgedrückt, eine auf die EG-Länder und Nicht-EG-Länder bezogene Ebene. Auch vor den 70er Jahren wurde über Armut aus einer europäischen Perspektive diskutiert und es gab entsprechende Vergleichsuntersuchungen, aber erst seit den 70er Jahren – und verstärkt seit Mitte der 80er Jahre – sind die Unterschiede der Lebensverhältnisse, der Sozialhilfeniveaus und Armutsgrenzen zu Kriterien einer vereinheitlichten Arbeitsmarkt-, Wirtschafts- und Sozialpolitik geworden. In diesen Zusammenhang gehört auch das vom Ministerrat der EG 1974 initiierte Programm für Modellvorhaben und -studien zur Bekämpfung der Armut. Im Rahmen dieses Programms sollte „durch Berichte über alle Mitgliedsländer der Stand der Armutsforschung dokumentiert, das Ausmaß von Armut aufgezeigt werden. Ebenso sollen die Ursachen noch vorhandener Armut analysiert, sowie die zur Vermeidung von Armut vorgesehenen institutionellen Belegungen und ihre Auswirkungen beschrieben und vorhandene Lücken und Probleme aufgezeigt werden" (Hauser et al. 1981, S. 19).

Die den Programmen zugrundeliegende Definition von Armut lautete (entsprechend einem Beschluß des Ministerrats der EG vom 22. 7. 1975): Arm sind „Einzelpersonen oder Familien, die über so geringe Mittel verfügen, daß sie von der Lebensweise ausgeschlossen sind, die in dem Mitgliedsstaat, in dem sie leben, als annehmbares Minimum angesehen wird". Die Unterschiede zwischen der Bundesrepublik und Portugal, zwischen den Benelux-Ländern und Griechenland bleiben erheblich und werden noch auf Jahre hin die Vereinheitlichung der Sozialpolitik ebenso hinauszögern (vgl. Schulte 1990) wie eine gemeinsame Armutspolitik. Der Fall des Eisernen Vorhangs und der Zerfall der UdSSR konfrontieren die deutsche Öffentlichkeit zudem täglich mit Berichten über Soziallagen in den ost- und südosteuropäischen Ländern und Regionen, die ebenfalls zu einer Mediatisierung hiesiger Probleme und damit zur Verringerung der Chancen einer grundlegenden Revision des Sozialstaats beitragen.

Literatur

Achinger, Hans: Sozialpolitik als Gesellschaftspolitik. Von der Arbeiterfrage zum Wohlfahrtsstaat, Hamburg 1958.

Adams, Ursula: Nachhut der Gesellschaft. Untersuchung einer Obdachlosensiedlung in einer westdeutschen Großstadt, Freiburg 1971 (als Ms. 1966).

Albrecht, Günter: Vorüberlegungen zu einer „Theorie sozialer Probleme", in: Christian von Ferber und Franz-Xaver Kaufmann (Hrsg.), Soziologie und Sozialpolitik. Sonderheft 19 der Kölner Zeitschrift für Soziologie und Sozialpsychologie, Opladen 1977, S. 143–185.

Altmeyer-Baumann, Sabine: „Alte Armut" – „Neue Armut". Eine systematische Betrachtung in Geschichte und Gegenwart, Weinheim 1987.

Bäcker, Gerhard: Ausgrenzung und Verarmung als Ergebnis von Politik und Ideologie des Neokonservatismus, in: Soziale Sicherheit, 34, 1985, S. 129–137.

Bäcker, Gerhard, Reinhard Bispinck, Klaus Hofemann und Gerhard Naegele: Sozialpolitik und soziale Lage in der Bundesrepublik Deutschland, 2 Bde, Köln 1989.

Balla, Bálint: Soziologie der Knappheit. Zum Verständnis individueller und gesellschaftlicher Mängelzustände, Stuttgart 1978.

Balsen, Werner, Hans Nakielski, Karl Rössel und Rolf Winkel: Die neue Armut: Ausgrenzung von Arbeitslosen aus der Arbeitslosenunterstützung, Köln 1984 (2. überarbeitete Auflage).

Bermbach, Udo, et al. (Hrsg.): Spaltungen der Gesellschaft und die Zukunft des Sozialstaates, Opladen 1990.

Blume, Otto: Die Obdachlosen in Köln. Sozialstrukturelle Untersuchung der Bewohnerschaft von Obdachlosen-Unterkünften im Kölner Raum, Göttingen 1960.

Brentano, Dorothee von: Zur Problematik der Armutsforschung. Konzepte und Auswirkungen, Berlin 1978.

Buhr, Petra, Lutz Leisering, Monika Ludwig und Michael Zwick: Armutspolitik und Sozialhilfe in vier Jahrzehnten, in: Bernhard Blanke und Hellmut Wollmann (Hrsg.), Die alte Bundesrepublik. Kontinuität und Wandel. Sonderheft 12 des Leviathan, Opladen 1991, S. 502–546.

Buhr, Petra, Monika Ludwig und Stephan Leibfried: Armutspolitik im Blindflug – Zur Notwendigkeit einer Erweiterung der Armutsberichterstattung, in: Diether Döring, Walter Hanesch und Ernst-Ulrich Huster (Hrsg.), Armut im Wohlfahrtsstaat, Frankfurt a. M. 1990, S. 79–110.

Chassé, Karl August: Armut nach dem Wirtschaftswunder. Lebensweise und Sozialpolitik, Frankfurt a. M. 1988.

Döring, Diether, Walter Hanesch und Ernst-Ulrich Huster: Armut als Lebenslage. Ein Konzept zur Armutsberichterstattung und Armutspolitik, in: Ders. (Hrsg.), Armut im Wohlfahrtsstaat, Frankfurt a. M. 1990, S. 7–30.

Evers, Adalbert und Helga Nowotny: Über den Umgang mit Unsicherheit. Die Entdeckung der Gestaltbarkeit von Gesellschaft, Frankfurt a. M. 1987.

Fürstenberg, Friedrich: Randgruppen in der Gesellschaft, in: Soziale Welt, 16, 1965, S. 236–245.

Gagel, Walter (Hrsg.): Soziale Differenzierung – soziale Ungleichheit. Soziologische und politische Aspekte der Sozialstruktur der Bundesrepublik Deutschland, Heft 2/1990 der Politischen Bildung.

Geiger, Theodor: Die Klassengesellschaft im Schmelztiegel, Köln und Hagen 1949.

Geißler, Heiner: Die Neue Soziale Frage. Analysen und Dokumente, Freiburg i. Br. 1976.

Glatzer, Wolfgang: Einkommenspolitische Zielsetzungen und Einkommensverteilung, in: Wolfgang Zapf (Hrsg.), Lebensbedingungen in der Bundesrepublik, Frankfurt a. M. 1977, S. 323–384.

Glatzer, Wolfgang, und Richard Hauser: Armut – Erscheinungsformen und Entwicklungstrends in: Walter Gagel (Hrsg.), Soziale Differenzierung – soziale Ungleichheit, Heft 2/1990 der Politischen Bildung, S. 51–60.

Glatzer, Wolfgang, und Werner Hübinger: Lebenslagen und Armut, in: Diether Döring, Walter Hanesch und Ernst-Ulrich Huster (Hrsg.), Armut im Wohlfahrtsstaat, Frankfurt a. M. 1990, S. 31–56.

Haferkamp, Hans: Von der alltagsweltlichen zur sozialwissenschaftlichen Begründung der Soziologie sozialer Probleme und sozialer Kontrolle, in: Christian von Ferber und Franz-Xaver Kaufmann (Hrsg.), Soziologie und Sozialpolitik. Sonderheft 19 der Kölner Zeitschrift für Soziologie und Sozialpsychologie, Opladen 1977, S. 186–212.

Hanefeld, Ute: Das Sozioökonomische Panel. Grundlagen und Konzeption, Frankfurt a. M. 1987.

Hartfiel, Günter, und Karl-Heinz Hillmann: Wörterbuch der Soziologie, 3. Aufl.,

Stuttgart 1982.

Hartmann, Helmut: Sozialhilfebedürftigkeit und Dunkelziffer der Armut, Schriftenreihe des Bundesministers für Jugend, Familie und Gesundheit, Bd. 98, Stuttgart 1981.

Hauser, Richard, Helga Cremer-Schäfer und Udo Nouvertné: Armut, Niedrigeinkommen und Unterversorgung in der Bundesrepublik Deutschland. Bestandsaufnahmen und sozialpolitische Perspektiven, Frankfurt a. M. 1981.

Headey, Bruce, Roland Habich und Peter Krause: The Duration and Extent of Poverty – Is Germany a Two-Thirds-Society? Arbeitspapier F 90–103 des Wissenschaftszentrums Berlin für Sozialforschung, Berlin 1990.

Henkel, Heinrich A.: Das wohlfahrtsstaatliche Paradoxon. Armutsbekämpfung in den USA und Österreich, Göttingen 1981.

Hobsbawm, Eric: Europäische Revolutionen 1789–1848, Zürich 1962.

Hradil, Stefan: Sozialstrukturanalyse in einer fortgeschrittenen Gesellschaft. Von Klassen und Schichten zu Lagen und Milieus, Opladen 1987.

Kaufmann, Franz-Xaver: Sicherheit als soziologisches und sozialpolitisches Problem. Untersuchungen zu einer Wertidee hochdifferenzierter Gesellschaften, Stuttgart 1973 (2. überarbeitete Auflage).

Klanberg, Frank: Armut und ökonomische Ungleichheit in der Bundesrepublik Deutschland, Frankfurt a. M. 1978.

Kögler, Alfred: Die Entwicklung von „Randgruppen" in der Bundesrepublik Deutschland, Bd. 87 der Schriften der Kommission für wirtschaftlichen und sozialen Wandel, Göttingen 1976.

Korte, Hermann: Eine Gesellschaft im Aufbruch. Die Bundesrepublik Deutschland in den sechziger Jahren, Frankfurt a. M. 1987.

Kramer, Rolf: Umgang mit der Armut. Eine sozialethische Analyse, Berlin 1990.

Krupp, Hans-Jürgen und Wolfgang Zapf: Sozialpolitik und Sozialberichterstattung, Frankfurt a. M. 1977.

Leibfried, Stephan, et al.: Armutspolitik und die Entstehung des Sozialstaats. Entwicklungslinien sozialpolitischer Existenz-Sicherung im historischen und internationalen Vergleich, Grundrisse sozialpolitischer Forschung, Bd. 3, Universität Bremen 1985.

Leibfried, Stephan und Florian Tennstedt (Hrsg.): Politik der Armut und die Spaltung des Sozialstaats, Frankfurt a. M. 1985.

Lewis, Oscar: Five Families. Mexican Case Studies in the Culture of Poverty, New York 1962 (zuerst 1959).

Luhmann, Niklas: Formen des Helfens im Wandel gesellschaftlicher Bedingungen, in: Hans-Uwe Otto und Siegfried Schneider (Hrsg.), Gesellschaftliche Perspektiven der Sozialarbeit, 1. Halbband, Neuwied 1973, S. 21–45.

Mayer, Karl Ulrich (Hrsg.): Lebensverläufe und sozialer Wandel, Sonderheft 31 der Kölner Zeitschrift für Soziologie und Sozialpsychologie, Opladen 1990.

Nell-Breuning, Oswald von: Das Subsidiaritätsprinzip, in: Theorie und Praxis der sozialen Arbeit, 27, 1976, S. 6–27.

Opielka, Michael, und Ilona Ostner (Hrsg.): Umbau des Sozialstaats, Essen 1987.

Opielka, Michael, und Margherita Zander (Hrsg.): Freiheit von Armut. Das Grüne Grundsicherungsmodell in der Diskussion, hrsg. im Auftrag des Arbeitskreises Sozialpolitik der Bundestagsfraktion DIE GRÜNEN, Essen 1988.

Pankoke, Eckart: Soziale Bewegung – Soziale Frage – Soziale Politik, Stuttgart 1970.

Preußer, Norbert: Art. „Soziale Brennpunkte", in: Dieter Kreft und Ingrid Mielenz (Hrsg.), Wörterbuch Soziale Arbeit, Neuausgabe, Weinheim 1988 (zuerst 1980).

Roth, Jürgen: Armut in der Bundesrepublik, Darmstadt 1971.

Roth, Jürgen: Zeitbombe Armut. Soziale Wirklichkeit in der Bundesrepublik, Hamburg 1985.

Schäfers, Bernhard: Elendsviertel und Verstädterung in Lateinamerika, Dortmund 1967.

Schäfers, Bernhard: Gesellschaftlicher Wandel in Deutschland. Ein Studienbuch zur Sozialstruktur und Sozialgeschichte der Bundesrepublik, Stuttgart 1990a (5. erweiterte Auflage).

Schäfers, Bernhard: Von der „sozialen Frage" zu den „sozialen Brennpunkten", in: Der Bürger im Staat, 40, 1990b, S. 215ff.

Schäfers, Bernhard: Solidargemeinschaft versus Zweidrittelgesellschaft? Zur Zukunft der Sozialpolitik, in: Bernhard Claußen, Walter Gagel und Franz Neumann (Hrsg.), Herausforderungen – Antworten. Politische Bildung in den neunziger Jahren, Opladen 1991, S. 125–140.

Schäfers, Bernhard (Hrsg.): Gesellschaftliche Planung. Materialien zur Planungsdiskussion in der Bundesrepublik, Stuttgart 1973.

Schäfers, Bernhard (Hrsg.): Sozialpolitik in der Bundesrepublik, Sonderheft 4 der Zeitschrift Gegenwartskunde, Opladen 1983.

Schäuble, Gerhard: Theorien, Definitionen und Beurteilung der Armut, Berlin 1984.

Schelsky, Helmut: Wandlungen der deutschen Familie in der Gegenwart, Dortmund 1953.

Schelsky, Helmut: Die Arbeit tun die anderen. Klassenkampf und Priesterherrschaft der Intellektuellen, Opladen 1975.

Schelsky, Helmut: Der selbständige und der betreute Mensch, in: ders., Der selbständige und der betreute Mensch. Politische Schriften und Kommentare, Stuttgart 1976, S. 13–48 (zuerst in der FAZ 29. 9. 1973).

Schilcher, Rudolf. Art. „Armut", in: Wilhelm Bernsdorf (Hrsg.), Wörterbuch der Soziologie, Stuttgart 1969 (2. Auflage), S. 55–58.

Schulte, Bernd: Sozialschutz im Europa der Zwölf, in: Gegenwartskunde, 40/1, 1991, S. 109–140.

Schulz, Joachim: Armut und Sozialhilfe, Stuttgart 1989.

Simmel, Georg: Der Arme, in: Soziologie. Untersuchungen über die Formen der Vergesellschaftung, Berlin, 5. Aufl. 1968, S. 345–374 (zuerst 1908, als Aufsatz 1906).

Strang, Heinz: Erscheinungsformen der Sozialhilfebedürftigkeit. Beitrag zur Geschichte, Theorie und empirischen Analyse der Armut, Stuttgart 1970.

Strang, Heinz: Kategorien der Armut, in: Alfred Bellebaum und Hans Braun (Hrsg.), Reader Soziale Probleme, Bd. 1, Frankfurt a. M. 1974, S. 33–47.

Vaskovics, Laszlo A.: Segregierte Armut. Randgruppenbildung in Notunterkünften. Unter Mitarbeit und mit einem Beitrag von Hans-Peter Buba, Frankfurt a. M. 1976.

Voges, Wolfgang: Sozialhilfedaten als soziale Indikatoren. Wie die Sozialverwaltung Informationen zur Armutsbeseitigung liefern könnte, in: Norbert Johrendt und Horst R. Schneider (Hrsg.), Computergestützte Sozialberichterstattung und Sozialplanung, Bielefeld 1992.

Voges, Wolfgang und Stephan Leibfried: Keine Sonne für die Armut. Vom Sozialhilfebezug als Verlauf („Karriere"), in: Nachrichtendienst des Deutschen Vereins für private und öffentliche Fürsorge, 70, 1990, S. 135–141.

Voges, Wolfgang und Götz Rohwer: Zur Dynamik des Sozialhilfebezugs, in: Ulrich Rendtel und Gert Wagner (Hrsg.), Lebenslagen im Wandel – Zur Einkommensdynamik in Deutschland seit 1984, Frankfurt a. M. 1991, S. 510–531.

Wenzel, Gerd und Stephan Leibfried: Armut und Sozialhilferecht. Eine sozialwissenschaftlich orientierte Einführung für die Sozialhilfepraxis, Weinheim 1986.

Wiese, Leopold von: Über die Armut, in: Kölner Zeitschrift für Soziologie, 6, 1953/54, S. 42–62.

Winter, Thomas von: Interessenlagen und Interessenvermittlung in der Sozialpolitik, in: Soziale Welt, 41, 1990, S. 222–245.

Zander, Hartwig: „Armut", in: Hanns Eyferth, Hans-Uwe Otto und Hans Thiersch (Hrsg.), Handbuch zur Sozialarbeit/Sozialpädagogik, Neuwied 1987, S. 132–148.

Zapf, Wolfgang (Hrsg.): Lebensbedingungen in der Bundesrepublik. Sozialer Wandel und Wohlfahrtsentwicklung, Frankfurt a. M. 1977.

Zapf, Wolfgang: Theorien des sozialen Wandels, Königstein/Ts, 4. Aufl. 1984 (zuerst 1970).

IV. Stadtentwicklung und Stadtplanung

Phasen der Stadtbildung und Verstädterung

*Ein sozialgeschichtlicher und sozialstatistischer Überblick
unter besonderer Berücksichtigung Mitteleuropas*

Die folgende Darstellung setzt sich zum Ziel, einen einführenden sozialgeschichtlichen und sozialstatistischen Überblick zu den wichtigsten Phasen der Städtebildung und Verstädterung zu geben.

Zu den vielen Schwierigkeiten einer sozialstatistischen Analyse des Städtewesens in Geschichte und Gegenwart gehört der Tatbestand, daß als „Stadt" in den verschiedenen Gesellschaften zu unterschiedlichen Zeiten Siedlungseinheiten sehr heterogener (Mindest-)Größe und Struktur angesehen werden.

Amos H. Hawley zitiert in seinem fundamentalen Werk *Urban Society* (1971) aus den „Demographischen Jahrbüchern" der Vereinten Nationen für die Gegenwart unter anderem folgende Beispiele:

Tabelle 1: Stadt-Definitionen in verschiedenen Ländern

Land	Jahr	Stadt-Definition
Australien	1966	Bevölkerungsanhäufungen von 1 000 und mehr Einw., bei einer Mindestdichte von 500/Quadratmeile
Bulgarien	1968	administrativ-gesetzliche Definition als „Stadt"
Kanada	1966	Gemeinden mit mehr als 1 000 Einw.
Cuba	1966	Ortschaften mit mehr als 2 000 Einw.
Dänemark	1964	Ortschaften mit mehr als 200 Einw.
England / Wales	1968	administrativ-gesetzliche Zuschreibung
Griechenland	1966	Gemeinden mit mehr als 10 000 Einw.
Japan	1965	Gemeinden mit – in der Regel – mehr als 30 000 Einw.
Niederlande	1968	Gemeinden mit mehr als 2 000 Einw.

(Fortsetzung nächste Seite)

Peru	1969	Hauptstädte der Distrikte und Zentren mit „städtischen Eigenschaften"
UdSSR	1969	Gemeinden mit städtischem Charakter, die von den einzelnen Republiken als solche anerkannt werden
USA	1970	Gemeinden mit mehr als 2 500 Einw.

Quelle: Amos H. Hawley, 1971: 7

Auf der Grundlage derselben Quellen (Demographische Jahrbücher der Vereinten Nationen) nimmt Kingsley Davis in seinem Überblick zur *World Urbanization 1950–1970* (1969) folgende, an den Stadt-Definitionen der jeweiligen Länder orientierte Einteilung vor.

Tabelle 2: Einteilung der Länder dieser Erde im Hinblick auf Stadt-Definition; 1950/1960

Stadt-Definition/Größenordnung (min.)	Zahl der Länder	%-Anteil
unter 1 000 Einw.	4	1,9
1 000– 1 999	7	3,3
2 000– 2 999	27	12,6
3 000– 4 999	11	5,1
5 000– 7 499	21	9,8
7 500– 9 999	1	0,5
10 000– 19 999	1	0,5
20 000 u. m.	1	0,5
Größenordnung nicht angegeben oder verfügbar	122	57,0
keine Angabe; indirekte Schätzung/ Einordnung	19	8,9
Summen	214	100,1

Quelle: Kingsley Davis, 1969: 13

Von den Ländern, die sich überhaupt auf bestimmte Größenordnungen festlegen (73 von 214), geben 59 und damit 81% an, daß sie Siedlungen ab 2 000 bis 7 500 Einwohnern als „Städte" definieren.

Aus diesen einleitenden Bemerkungen zur Problematik sozialstatistischer Analysen[1] der Städtebildung und Verstädterung in Geschichte und

---

[1] Auf die Problematik der Städte-Statistiken, ihrer Quellen, Zuverlässigkeit und

Gegenwart wird deutlich, daß die Definition von „Stadt" in der jetzigen Epoche sowohl einfacher als auch schwieriger im Vergleich zur Vergangenheit ist: einfacher deshalb, weil die Vereinheitlichung weltstatistischer Erhebungen mehr und mehr rein bevölkerungsstatistische Merkmale in den Vordergrund rückt; schwieriger deshalb, weil die in der „Alten Welt" oder im Mittelalter gegebene rechtliche und administrative Sonderstellung der Stadt mit ihrer geographisch und sozial eindeutigen Absetzung gegenüber dem agrarischen Umland als differentium specificum verschwindet (so sind auch in der Bundesrepublik Deutschland mit der Ausnahme von Schleswig-Holstein an die Bezeichnung „Stadt" keine Rechtsfolgen oder keine Sonderstellung mehr geknüpft; vgl. Albert Nouvortne 1970: Sp. 3096).

Damit ist deutlich, daß zwischen der „Verstädterung" der Gegenwart, mit ihrer zunehmenden Einebnung des Unterschiedes von städtischer und ländlicher Besiedlung und der gegen das Umland deutlich abgesetzten, ummauerten Stadt, bis zum Beginn der Industrialisierung (um 1800) ein Unterschied zu machen ist, der der Differenz von Stadt und Land in historischen Gesellschaften selbst entspricht.

Gleichwohl sind die im folgenden zu nennenden Merkmale der Definition einer Stadt nicht nur auf historische Gesellschaften anwendbar, weil sie – zumal in Ländern und Weltregionen einer bedeutenden Stadtgeschichte – auch in der Gegenwart noch wirksam sind: geographisch, sozial und sozial-psychologisch, gleichsam bis in das Selbstverständnis der Bürger bedeutender Städte.

Unter Stadt sei im folgenden eine menschliche Siedlung verstanden, die durch alle bzw. einige der folgenden Merkmale und Funktionen gekennzeichnet ist:

– größere Siedlung mit geschlossener Bebauung;
– gegenüber anderen Siedlungen relativ hohe Bevölkerungsdichte;
– Ort, an dem das gesellschaftsspezifische „System der Bedürfnisse" (Hegel) und damit die Arbeitsteilung am differenziertesten „lokalisiert" ist;
– Siedlung, die weitgehende oder zumindest auffällige Unabhängigkeit von landwirtschaftlicher Produktion zeigt;
– Siedlung, die für ein weiteres Umland Zentrum, Anziehungspunkt und marktbeherrschend ist;
– Siedlung, die für ein weiteres Umland religiöse, kultische, kognitive u. a. Fähigkeiten und Institutionen zentralisiert.

---

internationalen Vergleichbarkeit wird auch in folgenden Arbeiten hingewiesen: Albert Kaufmann 1974: S. 275f.; Rainer Mackensen 1974: 131 ff.; Elisabeth Pfeil 1972: 2–8 (et pass.); Tertius Chandler/Gerald Fox 1974: VII–IX (und Foreword by Lewis Mumford, 1–9).

Im Hinblick auf die soziale Struktur der Stadt und ihrer Bewohner seien im Anschluß an die bekannten Definitionen von Louis Wirth und Robert Redfield[2] noch die folgenden Merkmale hervorgehoben: Trend zur Säkularisierung; Vorherrschen sekundär-gruppenhafter Beziehungen und freiwilliger Assoziationen; höhere Segmentierung sozialer Rollen und Abnahme der Rigidität sozialer Normen und Sanktionen.

Diese Definition ist auf historische Städte – man denke an die „Ordnung" mittelalterlicher Stadtgesellschaften – nur bedingt anwendbar; sie zielt eindeutig auf die „offenen" Bürgerstädte seit Beginn der Neuzeit und damit auf „urbanism as a way of life" (L. Wirth).

Um diese einleitenden sozialstatistischen und definitorischen Probleme der Stadt abzurunden, seien die von Philip M. Hauser (1965: 1) abstrahierten vier Voraussetzungen der Entstehung und Entwicklung der Stadt genannt: die Größe der Gesamtbevölkerung, die Kontrolle über die natürliche Umwelt, der technologische Standard und der Entwicklungsstand in der sozialen Organisation.

Aus dieser Umschreibung dessen, was in Geschichte und Gegenwart unter „Stadt" zu verstehen ist, wird einsichtig, daß die Stadt als „Ergebnis" und die bewirkenden komplexen ökonomischen und sozialen Prozesse nicht in einer einzigen Definition ausgesagt werden können[3]. Bei der Stadt handelt es sich vielmehr um ein „phénomène social total" (Marcel Mauss), um ein gesellschaftliches Totalphänomen, das seit nunmehr annähernd 10 000 Jahren eine conditio sine qua non der Menschheitsgeschichte und Kulturentwicklung darstellt.

Bei Oswald Spengler (1976: 661) heißt es: „alle großen Kulturen sind Stadtkulturen. Der höhere Mensch ... ist ein städtebauendes Tier".

Ähnlich heißt es später bei A. Rüstow (1950: 262): „Die Stadt ist das typische Produktionszentrum aller Hochkulturen. Alle Hochkultur ist Stadtkultur". Zu den Ursachen und Entwicklungstendenzen der Stadtentstehung haben daher alle Sozial- und Kulturwissenschaften wichtige Beiträge geliefert: die Ökonomie[4] ebenso wie die Soziologie[5], die Sozialgeographie[6] ebenso wie die materialistische Gesellschaftstheorie[7] oder die Kultur-Evolutions-

---

2   Vgl. zusammenfassend Gideon Sjoberg 1965: 160.
3   Als ein Beispiel unter sehr zahlreichen sei Amos H. Hawley angeführt, der Stadt definiert „as a permanent, relatively densely settled and administratively defined unit of territory, the residents of which again their living primarily by specializing in a variety of nonagricultural activities" (1971: 9).
4   Vgl. Karl Bücher 1893.
5   Vgl. die Hinweise bei Hermann Korte 1974.
6   Vgl. z. B. Heinz Günter Steinberg 1968.
7   Vgl. Heide Berndt 1977 (und die dort angeführte breite Lit.).

theorie[8].

Ausgehend von verschiedenen Versuchen, „Stadien der Stadtentwicklung" zu systematisieren[9], wird dem hier unternommenen sozialgeschichtlichen und sozialstatistischen Überblick die folgende Einteilung zugrunde gelegt: I. Städtebildung in der Alten Welt – II. Städtebildung im Mittelalter – III. Städtebildung im Absolutismus – IV. Industrielle Verstädterung – V. Tertiäre Verstädterung.

Einschränkend sei noch hervorgehoben, daß dieser Versuch sehr fragmentarisch bleiben muß. Dies nicht nur deshalb, weil auf wenigen Seiten sehr umfangreiche Forschungsergebnisse zusammengedrängt werden, sondern weil eine umfassende Analyse der „Natur der Stadt" (Heide Berndt) und ihrer Entwicklung zwangsläufig einer Geschichte der Menschheit im Spiegel ihrer Stadtgründungen gleichen müßte.

Eine weitere Einschränkung liegt in der Konzentration auf Europa und Mitteleuropa für die Phasen I.–III. Damit sind die Besonderheiten der bedeutenden Stadtentwicklung in Indien und China (und anderer Regionen wie Mittelamerika, Mesopotamien etc.) für diese Epochen ausgeklammert.

I. Städtebildung in der Alten Welt

Ohne auf die Anfänge der Stadtentwicklung in Asien und Vorderasien mit den „Demonstrationsobjekten" Anau (Turan), Jericho, Chatal Hüjük (Anatolien) oder in Mesopotamien (Uruk, Ur, Kisch) oder im Indusgebiet (Harappa) an dieser Stelle eingehen zu können, sei als erste bedeutende Phase der Stadtbildung die „Urbanisierung der Alten Welt" (in Anlehnung an Norman J. G. Pounds 1969) kurz skizziert.

Wie für die ersten Städte überhaupt, so waren auch für die Stadtbildung in Griechenland, Nordafrika (Ägypten) und Kleinasien und schließlich dem Ausbreitungsgebiet der Städte des Hellenismus und des Römischen Imperiums ausschlaggebend:

– technische Neuerungen wie die Erfindung des Rades und die darauf basierende erste Revolutionierung des Transportwesens (und damit der Versorgungsmöglichkeiten größerer agglomerierter Bevölkerungen[10]);
– ein Surplus der agrarischen Produktion durch Verbesserung der

---

[8] Vgl. als bekanntes Beispiel Alexander Rüstow 1950.
[9] Vgl. Amos H. Hawley 1971; Rainer Mackensen 1974.
[10] Gustav Schmoller (1922: 61) zeigt für die mittelalterlichen Städte, wie „von 1 000 Seelen an meist eine Zufuhr von Lebensmitteln nötig wurde, wie die älteren Transportkosten dieselbe erschwerten, wie also bei der älteren hohen Fracht und den schlechten Landwegen schon das Anwachsen bis 5 000 Seelen schwierig ... war".

Anbaumethoden, der Tierhaltung und Zucht;
- ein sich ausbildendes Herrschaftsgefälle von der Stadt zum Land (Alexander Rüstow 1950 spricht von „Überlagerung");
- „psychologische Gesetze" der Identifikation und der Selbstbehauptung sich bildender in-groups gegenüber den anderen, den out-groups (in den Begriffen der Gruppensoziologie von W. G. Sumner);
- ein großes, epochenspezifisches Bevölkerungswachstum (wie dies auch für die Expansion der Städte vom 11.–14. Jahrhundert und seit dem Ende des 18. Jahrhunderts nachzuweisen ist).

In fast allen Darstellungen des Städtewesens der Alten Welt wird der griechischen *polis* ein bevorzugter Platz eingeräumt. Dies mag aus Gründen verfügbarer Statistiken und Forschungen wie auch aus dem Grund seine Berechtigung haben, daß in der griechischen polis die abendländische Kultur und Wissenschaft ihren kräftigsten Nährboden hatte – es ist, wie Hawley zu Recht hervorhebt, nicht gerechtfertigt im Hinblick auf die „städtischen Errungenschaften" der polis. „The Greek city is widely regarded as the most advanced expression of ancient urbanism. Its urban achievement has been overstated, however" (1971: 26).

Auch die Ausbreitung des Städtewesens im weiteren Mittelmeerraum kann weder für das Römische Imperium noch für andere Kulturen allein oder überwiegend auf griechische Einflüsse zurückgeführt werden.

Für den griechisch-ägäisch-kleinasiatischen Raum können Pounds und andere für die Zeit zwischen 450–400 v. Chr. etwa 340 poleis nachweisen. Diese lagen fast ausschließlich auf erhöhtem Grund in der Nähe der Küste und differierten stark in ihrer Größe: zwischen 200 und 20 000 Einwohnern dürfte die Mehrzahl der städtischen Plätze gezählt haben. Athen, später Syrakus (Sizilien), waren frühe, bedeutende Sonderfälle. Xenophon (430–355), Athens Geschichtsschreiber, betrachtete eine Stadt mit mehr als 5 000 Einwohnern als groß (Pounds 1969: 142). Für Athen gibt Pounds (1969: 14) eine Bevölkerung von etwa 45 000 männlichen Bürgern für den genannten Zeitraum und damit dem Glanzpunkt seiner Entwicklung an; zusammen mit den Metöken (den Zugewanderten) und den Sklaven können das Gebiet der Polis Athen somit etwa 250 000 Menschen bevölkert haben. Hierbei ist zu berücksichtigen, daß die poleis hinsichtlich der Größe ihres Stadtgebietes nicht mit der etruskisch-römischen urbs oder der dichtgedrängten mittelalterlichen Stadt verwechselt werden dürfen, sondern eher mit der römischen civitas[11] identisch sind.

---

[11] Fernand Vercauteren (1969: 122 f.) differenziert wie folgt: „*Urbs* hat keinen ausgesprochen städtischen Sinn: es ist eine Anhäufung von Menschen, die sich durch ihre Wohnverhältnisse von der ländlichen Bevölkerung unterscheiden. Es ist die Stadt im modernen Sinne des Wortes, ein dichtes Aneinander von

Die Ausbreitung der griechischen polis und der römischen urbs wird bei Pounds (1969: 148) in folgenden Entwicklungslinien dargestellt: während bereits seit dem 7. Jahrhundert v. Chr. Kleinasien, Unteritalien und Sizilien mit griechischen Stadtgründungen übersät wurden, die heutige spanische und südfranzösische Mittelmeerküste nur ein Jahrhundert später folgten, dauerte es bis zum ersten vorchristlichen Jahrhundert, um auch Innerspanien, Gallien und das nördliche Germanien an das römische Städtesystem anzuschließen. Über das römische Städtesystem schreibt Hawley (1971: 29): „No previous civilization was so thoroughly urbanized and no previous civilization developed so efficient an organization for exploiting the countryside in the interests of its urban centers". A. H. M. Jones (1966: 237) bezeichnet das Römische Imperium als „mosaic of city territories"[12]. Allein im Osten des Reiches seien es 900 städtische Plätze gewesen, zumeist kleine Ortschaften, als Garnisonen und Handelsplätze befestigt und ausgebaut.

Trotz der vielen Zweifel an den zum Teil sehr hohen Bevölkerungsschätzungen der Städte der Alten Welt seien im folgenden einige Zahlen nach Chandler und Fox mitgeteilt.

Tabelle 3: Einige Größenangaben für Städte im Altertum

430 v. Chr.		um 200 v. Chr.		um 100 n. Chr.	
Athen	155 000	Rom	322 000	Rom	650 000
Syrakus	100 000	Alexandria	400 000	Alexandria	400 000
Memphis	100 000	Karthago	200 000	Karthago	200 000
Rom	150 000	Jerusalem	120 000	Korinth	100 000
Korinth	70 000	Antiochien	120 000	Cadiz	100 000
Jerusalem	50 000			Mailand	35 000
Sparta	40 000			(Trier)	30 000

Quelle: Chandler/Fox 1974 (dort im einzelnen Quellen-Nachweis)

Behausungen, wo es nirgends Platz gibt für Felder und wo sich niemand dem Ackerbau oder der Viehzucht widmet. *Civitas* dagegen bezeichnet ein Gebiet mit einer bestimmten Ausdehnung, das eine Stadt als administratives und politisches Zentrum hat ... *Die civitas* umfaßt eine Stadt *(urbs)* und ein *territorium* ... Dem Wort civitas eignet eine administrative Bedeutung, die dem Wort urbs fehlt. Die *civitas* ist eine Unterabteilung der *provincia*".

[12] Zit. bei A. H. Hawley 1971: 31.

II. Städtebildung im Mittelalter

Der Niedergang der antiken griechisch-römischen Städtekultur im Verlauf der Völkerwanderung (etwa 3.–6. Jahrhundert), der Verfall des Römischen Imperiums, der Einbruch des Islam in Europa seit dem 7. Jahrhundert und die damit verbundene Abschnürung Westeuropas vom Mittelmeerraum und seinen Handelswegen muß gegen Ende des 9. Jahrhunderts als fast vollständig bezeichnet werden. Für den Bereich Mitteleuropas kann als wirklich bedeutende Ausnahme nur Venedig genannt werden. Trier, Köln, Mainz und Regensburg – bedeutende Römerstädte auf deutschem Boden – blieben zwar als „Stadt-Hülsen" teilweise bestehen, verloren jedoch erheblich an Einwohnern und büßten ihre „städtischen Funktionen" ein[13]. Nur im Einflußbereich des Islam und des Oströmischen Reiches kann von Erhalt und Weiterentwicklung der Stadt und Stadtkultur gesprochen werden.

Tabelle 4: Städte in Europa um die Jahre 800 und 1000

Stadt	Einwohner um 800	Einwohner um 1000
Córdoba	160 000	450 000*
Konstantinopel	300 000	450 000
Rom	50 000	35 000
Sevilla (889)	35 000	90 000
Venedig		45 000
Toledo	25 000	31 000
Paris	25 000	20 000
Köln	15 000	
Trier	15 000	

Quelle: Chandler/Fox 1974
* Gesamtzahl für die „verstädterte Zone" (S. 98)

Erst die Festigung des Fränkischen Reiches, das Wiederaufblühen des Handels zu Lande und zu Wasser seit dem 10. Jahrhundert, das Wiedererwachen einer sich spezialisierenden städtischen Handwerkskunst und die Herausbildung eines Standes, dessen „Lebensgewohnheiten nicht mehr durch die Beziehungen zu Grund und Boden bestimmt werden" (Henri Pirenne 1976:

---

[13] Vgl. Rolf Engelsing 1973: 40; Edith Ennen 1972: 27–45; 46–72 („Das Erbe Roms"; „Die neuen Ansätze").

47)[14], führt zu neuem städtischen Leben, zur Einzigartigkeit und Vielfalt der „mittelalterlichen Stadt".

Es sei hier dahingestellt, welches die Gründe für die sehr rasche Entwicklung und Ausbreitung der mittelalterlichen Stadt sind. „Das römische Erbe ist nur eine Ursprungskraft des mittelalterlichen Städtewesens. Nichtagrarische neue Siedlungen der fränkischen Zeit, Handelsimperien, vor allem an der Küste, Burgen und Märkte stellen eigenständige Organisationsformen dar, die ebenfalls den Keim städtischen Lebens in sich trugen" (Edith Ennen 1972: 46).

Es waren die Orte an den (reaktivierten) Handelsstraßen und politisch-handelspolitisch dominanten Einflußsphären, die – zunächst im Verbund mit der Kirche als Bischofssitz oder bedeutender Abtei – rasch zu Städten neuer Größe und Struktur sich entwickelten: in Oberitalien vor allem Genua, Lucca, Pisa, Siena und Florenz, die gegenüber den großen „Metropolen" von Mailand und Venedig ein Gegengewicht darstellten; im Norden des „Heiligen Römischen Reichs Deutscher Nation" (962–1806) waren es die Küstenstädte und Hafenstädte wie Hamburg und Lübeck, Rostock und später Danzig, die – zumal im Zusammenhang mit der Hanse – dominante Größen und Stadtbilder ausprägten; im Rhein-Maas-Schelde-Gebiet waren es Köln, Lüttich, Brügge, Gent und Antwerpen, im Binnenland Nürnberg, Augsburg und später die sächsischen und oberschlesischen Städte, die auf engem, ummauertem Territorium dem Feudalismus und Lehnswesen ein anderes soziales und rechtliches Organisationsprinzip entgegensetzten[15]: das der Stadt und „Freien Reichsstadt".

Über die Rechts-, Sozial- und Wirtschaftsordnung, die ständische Gliederung und „Exterritorialität" der mittelalterlichen Stadt[16] im Verhältnis zum agrarisch-feudalen Umland ist seit Freiherr von Steins „Städteordnung" (1808) und den grundlegenden Studien Georg Ludwig von Maurers (1869–71) viel geschrieben worden. Bei Max Weber (1922) wird die mittelalterliche Stadt zu einem „Idealtypus", an dem sich die Rationalisierung der abendländischen Rechts- und Wirtschaftsordnung als Grundelement der Heraufkunft des spezifisch okzidentalen Kapitalismus besonders eindringlich analysieren läßt.

Für die rasche Ausbreitung der mittelalterlichen Stadt wie für die anderen Phasen konzentrierter Städtebildung und Verstädterung sind

---

14 Dieser Ansicht wird von Max Weber (1964), Gustav Schmoller (1922) und vielen anderen widersprochen, wobei neben der Bedeutung des städtischen Grundbesitzes an den „Ackerbürger" zu denken ist.

15 Über den Rechtsgrund des Satzes „Stadtluft macht frei" vgl. Heinrich Mitteis 1972: 135 ff.

16 Vgl. zusammenfassend: Edith Ennen 1972; Hans Planitz 1972; Henri Pirenne 1976; Rolf Engelsing 1973.

technologische Neuerungen und Bevölkerungsschübe mit verursachend: Jacques le Goff (1965: 52 f.) nennt die zügige technische Verbesserung und Verbreitung der Wassermühle und ihren bevorzugten städtischen Standort als eine der wichtigsten technologischen Grundlagen. Für die Bevölkerungsvermehrung nennt er folgende Zahlen.

Tabelle 5: Anstieg der Bevölkerung Europas im Hochmittelalter

Zeitraum	Zuwachs in Mill.
1000–1050	42 auf 46
1050–1100	46 auf 48
1100–1150	48 auf 50
1150–1200	50 auf 61
1200–1250	61 auf 69

Quelle: Jacques le Goff 1965: 17 (dort weiterer Quellennachweis)

Sollten die obigen Zahlen einigermaßen verläßlich sein, würden sie mit der Expansion des mittelalterlichen Städtesystems gut korrespondieren.

Pirenne (1976: 51) vergleicht die im Zuge des „Handelskapitalismus" entstehenden hochmittelalterlichen Städte in der „Kraft und Schnelligkeit der Ausbreitung" mit der „ähnlich gearteten Bewegung der Industrie im 19. Jahrhundert" und ihrer Bedeutung für die Ausbildung der industriellen Großstadt.

Daten zur Größe und Struktur der mittelalterlichen Stadt

Alle folgenden Zahlen sind Schätzwerte und beruhen zumeist auf Analogieschlüssen über vorhandene Statistiken und Auszählungen. So wird rückgeschlossen von der Zahl der Handwerke in einem bestimmten Gewerbe auf die Größe der Stadt; ebenso von der Zahl der Kirchen, der Priester, dem Brotverbrauch, den registrierten Geburten und Heiraten, der Zahl der Häuser (bereits für das antike Rom eine Basis für Analogieschlüsse) und Herde.

Edith Ennen (1956: 782) unterteilt die mittelalterliche Stadt in folgende Größenklassen:

„*Großstädte*": Die Großstadtgrenze habe bei 10 000 Einwohnern gelegen, „aber erst die mittelalterlichen Städte von rund 20 000 Einwohnern besäßen einen wirtschaftlich weiten Aktionsradius und vollen Großstadtrang".

Wirklichen Großstadtrang besaßen nach Edith Ennen im deutschen Raum Köln, Magdeburg, Lübeck, Bremen, Metz, Breslau, Danzig, Nürnberg, Straßburg.

Zwischen 10 000 und 18 000 Einwohnern hatten: Rostock, Hamburg, Braunschweig, Frankfurt, Augsburg, Erfurt, Goslar und Soest (letztere überschritten nur knapp die 10 000er Grenze).

„Mittelstädte": Solche von Bedeutung zählten zwischen 5 000 und 10 000 Einwohnern; solche geringerer Bedeutung zwischen 2 000 und 5 000 Einwohnern. Zur ersten Gruppe rechnen: Trier, Dortmund, Münster, Görlitz, Mainz, Emden, Osnabrück, Freiburg.

„Kleinstädte": Orte mit weniger als 2 000 Einwohnern, aber städtischem Charakter (einzelne „Freie Reichsstädte" hatten nur ca. 2 000 Einwohner!). Zu dieser Gruppe zählten etwa 90–95 % aller mittelalterlichen Städte.

Diese Einteilung und Einschätzung des mittelalterlichen Städtesystems stimmt überein mit Größenangaben bei Henri Pirenne (1976: 160) und Rolf Engelsing (1973: 48). Bei einer Gesamtzahl von rund 4 000 deutschen Städten im 13. Jahrhundert unterscheidet Engelsing folgende Stadtgrößen:

Tabelle 6: Zahl und Größe der deutschen mittelalterlichen Städte im 13. Jahrhundert

Größenordnung	Anzahl
über 10 000 E („Großstädte")	25
5 000–7 000 E („Mittelstädte")	50
2 000–5 000 E („Mittelstädte")	200

Funktional-strukturell differenziert Engelsing die mittelalterlichen Städte wie folgt:

„Ackerbürgerstädte": Zeigen nur eine geringe soziale Differenzierung.

„Gewerbe- und Handelsstädte": In ihnen zählte man bis zu 200 verschiedene Berufe; ein Beleg für die hochgradige Differenzierung und Arbeitsteilung der mittelalterlichen Stadt.

„Fernverkehrs- und Fernexportstädte": Augsburg (für den Handel mit Italien und dem Mittelmeerraum) und Lübeck (für den Handel mit Nord- und Osteuropa) sind hier die bekanntesten Beispiele.

Regional gesehen finden sich in Mitteleuropa die (relativ) höchsten Anteile städtischer Bevölkerung in Flandern und Brabant wie in Oberitalien. In Flandern und Brabant wohnen ca. 35 % der Bevölkerung in Städten, d. h. ein solch hoher Anteil, wie er für die übrigen Regionen erst durch die Industrialisierung erreicht wurde.

Die folgende Tabelle zeigt das Wachstum bedeutender mitteleuropäischer Städte zwischen dem Jahr 1000 und 1500, also im Hoch- und Spätmittelalter. Sie ist nicht zuletzt am verfügbaren Datenmaterial orientiert.

Tabelle 7: Einwohner bedeutender mitteleuropäischer Städte in den Jahren 1000–1500, in Tsd.

Stadt / Land	Jahr:	Einwohner	Jahr:	Einwohner	Jahr:	Einwohner
Belgien						
Brügge	1000:	12 000	1200:	25 000	1500:	90 000
Gent	1100:	12 000	1400:	70 000	1500:	80 000
Lüttich	1000:	12 000	1200:	20 000	1500:	25 000
Deutschland						
Augsburg	1200:	12 000	1408:	14 000	1500:	20 000
Danzig	1367:	7 700	1430:	20 000	1500:	30 000
Hamburg	1311:	8 000	1400:	22 000	1500:	22 000
Frankfurt/M.	1200:	3 000	1400:	17 000	1500:	20 000
Köln	1000:	21 000	1200:	50 000	1500:	45 000
Lübeck	1227:	6 000	1400:	30 000	1500:	32 000
Mainz	1000:	30 000	1200:	25 000	1463:	7 000
Nürnberg	1219:	10 000	1400:	18 000	1500:	52 000
Trier	1000:	20 000	1200:	25 000	1500:	
Wien	1200:	12 000	1400:	24 000	1500:	45 000
Frankreich						
Lyon	1090:	21 000	1400:	35 000	1500:	80 000
Metz	1000:	14 000	1200:	23 000	1500:	40 000
Paris	1000:	20 000	1200:	23 000	1500:	225 000
Italien						
Bologna	1200:	35 000	1300:	40 000	1500:	35 000

(Fortsetzung nächste Seite)

Florenz	1200:	15 000	1300:	60 000	1500:	70 000
Genua	1000:	15 000	1200:	30 000	1500:	62 000
Mailand	1000:	30 000	1200:	60 000	1500:	104 000
Rom	1000:	35 000	1200:	35 000	1500:	38 000
Venedig	1000:	45 000	1200:	70 000	1500:	115 000

Quelle: Chandler/Fox 1974

III. Städtebildung im Absolutismus

Die Entwicklung des Städtewesens zwischen dem ausgehenden Mittelalter (Ende des 15. Jahrhunderts) bzw. dem Beginn der „Neuzeit" und dem Zeitalter der Industrialisierung wird auch im Hinblick auf die Stadt als „Übergangsepoche" betrachtet. Diese Einstufung wird der tatsächlichen Bedeutung dieser Phase nicht gerecht und ist zu sehr orientiert an dem Positiv-Bild der geschlossenen mittelalterlichen Stadt wie an der „urban revolution"[17] im Verlauf der Industrialisierung.

Die wesentlichen Charakteristika der Städtebildung und des Stadtumbaus im Absolutismus lassen sich wie folgt zusammenfassen und haben folgenden zeitgeschichtlichen Hintergrund/Bezug:

- auch in diesem Zeitraum werden Städtegründungen – zumal im Zusammenhang der deutschen „Ost-Kolonisation" – fortgesetzt, bei gleichzeitiger Stagnation der meisten mittelalterlichen Städte, die etwa Ende des 15. Jahrhunderts einsetzt;
- der 30jährige Krieg (1618–1648) führt zur Vernichtung einer großen Anzahl mitteleuropäischer Städte. Regional kommt es aber auch bei späteren Auseinandersetzungen – so den Erbfolgekriegen in der Pfalz Ende des 17. Jahrhunderts – zu Städteverwüstungen, die sich teilweise bis in die Gegenwart auswirken (Speyer, Landau, Worms);
- die Änderung der politischen und sozialen Strukturen zeigt sich im „Sieg des feudalen Landes über die Stadt": aus dem jahrhundertealten Kampf zwischen den „freien Städten" und dem feudalen Land einerseits, den Städten und den kirchlichen Gewalten andererseits gehen schließlich die Landesherren und die Kirche als „Sieger" hervor. Die Vereini-

---

[17] „,Urban revolution' is a term introduced by V. Gordon Childe (1892-1957) to describe the process by which preliterate agricultures living in villages and towns first came to form larger, more complex, civilized societies" (International Encyclopaedia of the Social Sciences, Vol. 16: 201).

gung beider Gewalten wird symbolisiert in der Gestalt des mächtigen Fürst-Erzbischofs der „seine" Stadt zur barocken Fürstenstadt ausbaut und umbaut und den „Hof" zum Ausgangspunkt der Neugründung bzw. der weiteren Entwicklung des Stadtbildes macht. Versailles ist das bekannteste Vorbild; Mannheim, Karlsruhe, Schwetzingen, Bruchsal und Darmstadt sind nur einige Beispiele auf deutschem Boden;[18]
- die Verbindung von barocker Residenz und militärischer Garnison zur „Soldatenstadt" ist ein weiterer „Beitrag" des Absolutismus zur Stadtentwicklung. Potsdam ist nur das bekannteste Beispiel;
- neben diesem absolutistisch orientierten Stadtumbau ist von systematischen Stadtneugründungen zu reden, die im Zuge der „inneren Kolonisation" zur Aufnahme der vertriebenen Hugenotten und Protestanten aus Frankreich, den habsburgischen Erblanden und Salzburg dienten (Exilantenstädte). Freudenstadt ist das bekannteste Beispiel für den planenden Geist der Spätrenaissance; aber auch Hanau, Karlshafen an der Weser und Friedrichstadt an der Eider sind hier zu nennen;
- im Zusammenhang des Ausbaus der barocken Residenzstadt erfolgt der bis heute nachwirkende Ausbau zu Landes- und Provinzhauptstädten: Hannover, Darmstadt, Düsseldorf, Kassel, Münster, Mannheim, München, Karlsruhe und Stuttgart sind einige bedeutende Beispiele. Bereits Mitte des 17. Jahrhunderts erreichten zahlreiche „nationale" Hauptstädte in Europa 100 000 und mehr Einwohner: London, Paris, Warschau, Moskau, Neapel, Lissabon, Wien, Kopenhagen (Amos H. Hawley 1971: 67).

Die Unterwerfung der Stadt unter die Herrschaftsform des Absolutismus läßt sich an einzelnen Beispielen gut belegen: 1761 wurde Braunschweig unterworfen; Magdeburg verlor seine Reichsunmittelbarkeit 1680 an Brandenburg.

Hiermit einher geht der Niedergang der einst so bedeutenden Städtebünde, vor allem der Hanse und des Rheinischen Städtebundes. So zwangen die erstarkenden Landesherrn seit Ende des 15. Jahrhunderts einen Teil „ihrer" Städte zum Austritt aus diesen Bünden (Hans Haussherr 1960: 23). Für Preußen ist dieser Prozeß mit der Kreisordnung von 1803 zunächst abgeschlossen. „Damit entfiel die ständische Scheidung der Stadt vom Lande" (Gunther Ipsen 1956: 786).

---

[18] „Die Parkanlagen von Kassel, Potsdam und Dessau, Bonn, Stuttgart und Schwetzingen und vieler anderer Residenzen haben zum ersten Male in der Geschichte des deutschen Städtebaus die planmäßig gepflegte Grünanlage in eine direkte und innige Beziehung zur Stadt gebracht. Bei der Anlage von Ludwigsburg und Erlangen wurde der Fürstenpark der Mittelpunkt der Stadt" (Peter Schöller 1967: 37).

Gleichwohl ist im Zeitalter des Merkantilismus und Frühkapitalismus, geprägt von bedeutenden städtischen Manufakturen (vor allem Porzellan und Textil), auch von einem Aus- und Umbau des Städtewesens aus primär ökonomischen Gründen zu sprechen. In Holland, Frankreich und England war der Austausch mit den ständig wachsenden Kolonialreichen ein wichtiger Impetus zur Erweiterung der Städte. In dem Börsen- und Handelszentrum Amsterdam wird 1612 der berühmte Plan zur Erweiterung der Stadt um drei ringförmige Kanäle/Grachten aufgestellt. Ähnlich großzügige und bis in die Gegenwart vorbildliche Planungen finden sich in Antwerpen, Kopenhagen und anderen merkantilen Zentren.

Aus der folgenden Tabelle (Tabelle 8) wird deutlich, daß bedeutende deutsche und andere mittelalterliche Städte im Zeitraum 1600–1800 Stagnation oder Schrumpfung zeigen, wenn sie nicht typische Funktionen im Absolutismus und Merkantilismus übernehmen. Dies gilt namentlich für Augsburg, Köln, Lübeck, Magdeburg, Nürnberg.

Neben diesen Entwicklungstrends des Städtewesens im Absolutismus und Merkantilismus sollte nicht übersehen werden, daß – zumal in Deutschland – die Klein- und Mittelstädte zum Teil in ihrer mittelalterlichen Gestalt bis an die Schwelle der forcierten Industrialisierung (ab etwa 1850 in Deutschland) erhalten bleiben. Im Mauerring Kölns von 1180 mit seinem für mittelalterliche Verhältnisse ungewöhnlich großen Areal von ca. 400 ha hatte die Stadt noch in der ersten Hälfte des 19. Jahrhunderts Platz (Edith Ennen 1956: 782).

Das Ende des 18. Jahrhunderts verstärkt einsetzende und bis ca. 1900 sich hinziehende „Schleifen" der alten, häufig mehrfachen, aus dem Mittelalter und der Zeit der Festungsstädte des Absolutismus (Neu-Breisach, Landau) stammenden Mauern „öffnet" und verwandelt die Städte: Grünanlagen und Parks, Promenaden und kleine Seen treten an die Stelle der ehemaligen Mauern und Festungsgürtel, der Wassergräben und vorgeschobenen Stellungen.

So wird seit Ende des 18. Jahrhunderts, beschleunigt durch neue Kriegstechniken, die Entwicklung zum Nationalstaat[19] und die Erfordernisse des Handels und der Produktion, durch die sich öffnende Bürger-, Handels- und Messestadt (z. B. Leipzig) schon rein äußerlich eine völlig neue Phase der Stadtbildung „vorbereitet". Zum erstenmal in der Menschheitsgeschichte haben die Städte keine Mauern mehr. Damit beginnt auch äußerlich eine

---

19 Entgegen anderen Auffassungen macht Gustav Schmoller (1922: 231 ff.) die Autonomie der mittelalterlichen Stadt, die zumal nach 1500 vielfach zur Willkürherrschaft und Korruption einzelner Patrizierfamilien heruntergekommen sei, für die verspätete Entwicklung Deutschlands zum Nationalstaat „verantwortlich" (Schmoller übersieht aber nicht die positiven Momente der städtischen Autonomie).

Phase der Stadtentwicklung, die nicht nur den politischen, sondern auch den siedlungsgeographischen Unterschied der markanten Absetzung der Stadt gegen das Land immer mehr einebnen sollte.

Tabelle 8: Europäische Städte im Zeitalter des Absolutismus
Einw. in Tsd., auf- und abgerundet

Land/Stadt	Jahr:	Einw.	Jahr:	Einw.	Jahr:	Einw.
Deutschland						
Augsburg	1600:	48	1700:	26	1800:	32
Berlin	1602:	8	1698:	22	1800:	172
Dresden	1603:	15	1700:	22	1800:	61
Frankfurt/M.	1600:	20	1700:	35	1800:	42
Hamburg	1600:	40	1700:	70	1800:	130
Köln	1600:	37	1700:	39	1800:	41
Lübeck	1600:	31	1700:	23	1800:	24
Magdeburg	1600:	37	1735:	18	1800:	34
München	1600:	20	1700:	24	1800:	48
Nürnberg	1600:	45	1700:	35	1800:	25
Wien	1600:	30	1700:	105	1800:	231
Frankreich						
Bordeaux	1600:	30	1700:	42	1800:	97
Lyon	1600:	90	1700:	71	1800:	111
Marseille	1600:	55	1700:	88	1800:	110
Paris	1600:	250	1700:	530	1800:	547
Belgien/Holland						
Antwerpen	1600:	55	1700:	67	1800:	54
Brügge	1600:	26	1700:	35	1800:	31
Brüssel	1600:	55	1700:	70	1800:	66
Amsterdam	1600:	48	1700:	172	1800:	201
Rotterdam	1622:	20	1700:	51	1800:	58

(Fortsetzung nächste Seite)

Italien						
Bologna	1600:	63	1700:	63	1800:	67
Florenz	1600:	65	1700:	69	1800:	79
Genua	1600:	70	1700:	67	1800:	90
Mailand	1600:	119	1700:	124	1800:	135
Neapel	1600:	275	1700:	207	1800:	430
Rom	1600:	110	1700:	149	1800:	153
Venedig	1600:	151	1700:	144	1800:	146
Britische Inseln						
Dublin	1600:	26	1700:	80	1800:	165
Edinburgh	1600:	30	1700:	35	1800:	82
Glasgow	1600:	7	1708:	13	1800:	85
London	1600:	187	1700:	550	1800:	861
Manchester	1588:	10	1708:	8	1800:	81
Andere Länder						
Kopenhagen	1600:	40	1700:	62	1800:	100
Warschau	1600:	35	1700:	21	1792:	120
Moskau	1600:	80	1700:	130	1800:	238
Lissabon	1600:	110	1700:	188	1800:	237
Barcelona	1600:	64	1700:	73	1800:	110
Madrid	1600:	79	1700:	110	1800:	169

Quelle: Chandler/Fox 1974

IV. Industrielle Verstädterung

Im Begriff „industrielle Verstädterung" ist bereits ausgedrückt, daß die Industrialisierung zu einem neuen Muster (pattern) der Verstädterung führt. Die Revolutionierung des Städtewesens ist zusammen mit der Industrialisierung und der Ausbreitung des Fabriksystems das sichtbarste Zeichen des Gesamtkomplexes der „Doppel-Revolution" (Eric Hobsbawm 1926: 9): der Industriellen Revolution, beginnend um 1770 in England, der politischen Revolutionen mit dem Gipfelpunkt 1789ff. in Frankreich.

Die relativ rapide Zunahme des Bevölkerungswachstums seit Beginn der

Industriellen Revolution und eine Erhöhung der räumlichen Mobilität führen zu einer völlig neuen Phase der Städtebildung. Zum erstenmal in der Menschheitsgeschichte geht das Bevölkerungswachstum überwiegend „in den Formen der Verstädterung vor sich" (Elisabeth Pfeil 1972: 116).

Wenn einleitend darauf hingewiesen wurde, daß zwischen den Phasen der Stadtbildung (I–III) und denen der Verstädterung (IV–V) unterschieden werden kann, dann ist als wichtigster Unterschied festzuhalten: die industrielle Verstädterung führt nur sekundär zur Stadtbildung; primär ist die bevölkerungszentrierende Wirkung des Fabriksystems. In diesem Sinne hat Gunther Ipsen (1956: 789), in Aufnahme und Weiterführung eines Begriffs von Werner Sombart, den industriellen Unternehmer als den eigentlichen „Städtegründer" der Neuzeit bezeichnet. Die Ansiedlung und Expansion des „technischen Großbetriebs" bestimmen die Muster der industriellen Verstädterung, zumal ihr bekanntestes Erscheinungsbild: die industrielle Großstadt[20].

Damit ist die eine Seite der „Doppel-Revolution" bezeichnet. Die industrielle Verstädterung steht aber auch im direkten und indirekten Zusammenhang mit der Überwindung überkommener agrarisch-feudaler Existenzweisen, den Emanzipationsbestrebungen des Dritten Standes (Bürgertum), schließlich des Proletariats. Die Emanzipation der Menschen aus überkommenen Strukturen ging und geht eben auch als „Emanzipation von der Raumgebundenheit" (Olaf Boustedt) vor sich.

Mit der industriellen Verstädterung ist eine Phase der Stadtentwicklung, der inneren und äußeren Stadterweiterung erreicht, die wegen ihrer weltweiten Auswirkungen auch zum erstenmal weltweite Vergleiche dieses Vorgangs sinnvoll macht, qualitativ und quantitativ: Mit der weltweiten Ausbreitung der Industrialisierung expandiert auch die industrielle Verstädterung und führt zu einer Vereinheitlichung des Musters der bisher kulturspezifischen Städtebildung; seit Beginn der industriellen Verstädterung sind zum erstenmal relativ verläßliche Daten über die Bevölkerungs- und Stadtentwicklung verfügbar. Adna Ferrin Weber hat in seinem berühmten Buch *The Growth of Cities in the Nineteenth Century* 1899 einen ersten statistischen Überblick zum weltweit werdenden Prozeß der industriellen Verstädterung gegeben. Weber beginnt seine Darstellung mit dem Satz, „that the most remarkable social phenomenon of the present century is the concentration of population in cities".

Zur Demonstration des expansiv-revolutionären Vorgangs der industriellen Verstädterung sei zunächst auf besonders anschauliche Beispiele aus

---

[20] Der Begriff „Großstadt" wurde 1887 vom Internationalen Statistikerkongreß festgelegt für alle relativ geschlossenen Siedlungsgebilde mit mehr als 100 000 Einwohnern. Ebenso legte der Kongreß fest, daß Ansiedlungen mit weniger als 2 000 Einwohnern nicht mehr als Stadt in der Statistik geführt werden können.

England, Wales und Schottland zurückgegriffen, den Ursprungsregionen der Industriellen Revolution.

Tabelle 9: Industrielle Verstädterung in England und Wales im 19. Jahrhundert

Jahr	Zahl der Städte mit mehr als 5 000 Einw.	Prozentsatz der städt. Bevölkerung
1801	106	26
1851	265	45
1891	622	68

Quelle: Enc. Brit. Macropaedia Vol. 18: 1076

Besonders anschaulich ist das Wachstum von Manchester, derjenigen Stadt in England, die dem „Geist des Kapitalismus" (Max Weber) und der kapitalistisch-industriellen Expansion im sogenannten „Manchester Liberalismus" die Form einer Weltanschauung und Ideologie gab. In der Encyclopaedia Britannica (Macropaedia Vol. 11: 431) heißt es: „Manchester was an urban prototype: in many respects it could claim to be the first of the new Generation of huge industrial cities created in the Western world during the last 200 years".

Manchesters rapides Wachstum zeigen die folgenden Zahlen:

Tabelle 10: Das Wachstum Manchesters seit 1717

Jahr	Einwohner
1717	10 000
1801	70 000
1851	300 000
1911	2 350 000
1971	2 460 000

Quelle: Enc. Brit. Vol. 11: 431 f.

Als Friedrich Engels 1844 seine berühmte Schrift über *Die Lage der arbeitenden Klasse in England* verfaßte und hierbei insbesondere auf die verheerenden Arbeits- und Wohnverhältnisse in Manchester und London einging, hatte Manchester also bereits annähernd 300 000 Einwohner.

Noch imposanter ist das Wachstum von London/Groß-London, dieser „kommerziellen Hauptstadt der Welt" (Friedrich Engels 1974: 89).

Tabelle 11: Das Wachstum der Conurbation[21] Groß-London im 19. Jahrhundert

Jahr	Einwohner
1801	1 117 290
1851	2 685 048
1901	6 586 269

Quelle: Enc. Brit. Vol. 1: 95

Auf Spezifika der Entwicklung Londons/Groß-Londons wird weiter unten hingewiesen, wenn für die Phase der tertiären Verstädterung auf den Suburbanisierungsprozeß einzugehen ist. Bei allen diesen und den folgenden Zahlen über das Größenwachstum der Städte ist jedoch zu berücksichtigen, daß Eingemeindungen die städtische Gemarkungsfläche sukzessive vergrößern.[22]

Als typisches Erscheinungsbild der industriellen Verstädterung wurde die industrielle Großstadt bezeichnet. Über die rasch wachsende Zahl der industriellen Großstädte[23] im 19. Jahrhundert gibt die folgende Tabelle Aufschluß:

Tabelle 12: Zunahme der Großstädte 1800–1905 in der Welt

Jahr	Anzahl der Großstädte
1800	21
1850	140
1905	340

Quelle: E. Pfeil 1972: 115

Die Prozesse der Großstadtbildung konzentrieren sich überproportional auf bestimmte Wachstumsphasen, die zugleich Phasen der besonders intensiven Industrialisierung im jeweiligen Land widerspiegeln:

---

[21] Der Begriff „Conurbation" wurde geprägt von Patrick Geddes, 1854–1932.

[22] Über den Zusammenhang von Eingemeindung und „Vergroßstädterung" im Deutschland des 19. Jahrhunderts vgl. das reichhaltige Quellenmaterial bei S. Schott 1912; zur neueren Entwicklung D. Herold 1972.

[23] Zunahme der Weltbevölkerung: 1800 = 900 Mill.; 1850 = 1200 Mill.; 1900 = 1610 Mill.; in Westeuropa wuchs die Gesamtbevölkerung zwischen 1800 und 1900 auf „reichlich das Doppelte an, die Großstadtbevölkerung auf das zehnfache" (E. Pfeil 1972: 116).

Tabelle 13: Phasen intensiver Großstadtbildung

Land	Phase des intensivsten Großstadtwachstums
England	1820–1830
USA	1840–1850
Frankreich	1850–1870
Deutschland	1871–1875
Kanada	1870–1890

Quelle: E. Pfeil 1972: 119

Tabelle 14: Beispiele zur Großstadtbildung in Mitteleuropa im 19. Jahrhundert

Stadt	Größe in Tausend		
	1800	1850	1900
Amsterdam	201	225	510
Berlin	172	446	2 424
Breslau	65	114	422
Brüssel	66	208	561
Dresden	61	97	440
Hamburg	130	193	895
Köln	41	95	437
Kopenhagen	100	136	462
Leipzig	32	63	532
Lille	55	96	475
Lyon	111	254	487
Mailand	134	193	491
Marseille	110	193	486
München	48	125	500
Paris	547	1 414	3 330
Rom	153	171	487
Wien	231	426	1 662

Quellen: Chandler/Fox 1974; R. Engelsing 1973; Brockhaus-Enzyklopädie in 20 Bänden

Für Deutschland seien diese Zahlen um einige Beispiele ergänzt:

Tabelle 15: Größenwachstum deutscher Städte im 19. Jahrhundert

Stadt	Einw. 1800 in Tsd.	Einw. 1910 in Tsd.
Düsseldorf	10	410
Essen	4	443
Frankfurt	49	115
Kiel	7	206

Quelle: R. Engelsing 1973: 166

In Deutschland zeigten die Großstädte im Zeitraum von 1867–1885 eine durchschnittliche jährliche Wachstumsrate von 26,6 % (E. Pfeil 1972: 123); der Anteil der Großstadtbevölkerung an der Gesamtbevölkerung stieg von 4,8 % 1871 auf 12,1 % 1890 und 21 % im Jahre 1910 (1935: 37 %; 1975: 35,5 %). Gelsenkirchen im Ruhrgebiet als „klassische" industrielle Großstadt verzehnfacht zwischen 1871 und 1910 auf der gleichen Fläche seine Bevölkerungszahl (W. Köllmann 1973: 247).

Die industrielle Verstädterung und „Vergroßstädterung" führt – zunächst in England, dann in weiteren Ländern – dazu, daß erstmals in der Menschheitsgeschichte die in der Stadt lebende Bevölkerung größer ist als die dörflich-agrarische Bevölkerung. Für Deutschland wird man als „Schwellenjahr" 1910 nennen können: etwa zu diesem Zeitpunkt war die Bevölkerung in Gemeinden mit mehr als 5 000 Einwohnern größer als die Bevölkerung in Gemeinden mit weniger als 5 000 Einwohnern. Die industrielle Verstädterung und Großstadtbildung basierte nicht nur auf der Expansion des Fabrik- und Industriesystems, sondern war nur möglich durch die Entwicklung stadtspezifischer Technologien: im 19. Jahrhundert, verstärkt in seiner zweiten Hälfte, beginnt der infrastrukturelle und der „unterirdische" Ausbau der Städte: Wasser, Licht, Kanalisation, Gas, Untergrundbahn, Straßenbahn und andere Einrichtungen entwickeln sich in dem Maße, wie Erfordernisse der Hygiene, der Mobilität und der Bevölkerungskonzentration zu Herausforderungen („challenges") an die sich entwickelnde technisch-wissenschaftliche Zivilisation werden.

Für Mitteleuropa ist der Prozeß der typisch industriellen Verstädterung und Großstadtbildung im wesentlichen zur Zeit des Ersten Weltkrieges abgeschlossen. Es beginnen nun „Verlagerungen" und Umstrukturierungen des städtischen Siedlungsgefüges, die schon früh – so von A. F. Weber 1899 – als „Suburbanisierung" beschrieben worden sind.

V. Tertiäre Verstädterung

Die Phase der „tertiären Verstädterung" (in Anlehnung an Rainer Mackensen 1974: 146) ist vor allem durch folgende Trends und Muster charakterisiert:

- Fortsetzung der industriegesellschaftlichen Verstädterung bei zunehmender Bedeutung des „tertiären Sektors" und damit der öffentlichen und privaten Dienstleistungen für das Wachstum der Städte und ihre sozialräumliche (Um-) Strukturierung;
- zunehmende Bedeutung des Massenverkehrsmittels Auto, das zwischen die bereits im 19. Jahrhundert erfolgte Trennung von Wohn- und Arbeitsplatz noch eine (wachsende) Pendlerzone schiebt;
- damit verbundene „Suburbanisierung"[24], die das Siedeln zwischen der immer noch relativ geschlossenen Stadt und dem ländlichen Umland zum „Normalfall des Verstädterungsprozesses" (Bernhard Schäfers 1975: 87) macht;
- Verstärkung und weltweite Ausdehnung der industriegesellschaftlichen Verstädterung seit Ende des Zweiten Weltkrieges; durch Einbezug der ehemaligen Kolonien (Dritte Welt) in das weltwirtschaftliche und weltpolitische Geschehen und den dort statthabenden Bevölkerungsexplosionen finden sich nunmehr auch städtische Agglomerationen in vorwiegend agrarstrukturell geprägten Räumen.

In großer Vereinfachung könnte man die Suburbanisierung in den entwickelten Industrienationen und die Agglomerationen in den Ländern der Dritten Welt als wesentliche Charakteristika der weltweiten Verstädterung seit Ende des Zweiten Weltkrieges ansehen. In den entwickelten Industrienationen führten die Suburbanisierungsprozesse zu einer noch stärkeren Einebnung des Stadt-Land-Gegensatzes („Mechanisierung" der Landwirtschaft; Infrastrukturausbau im ländlichen Raum; Änderung der Wohn- und sonstigen Lebensweisen der verbliebenen Agrar-Bevölkerung etc.). In den Ländern der Dritten Welt stehen die Verstädterungsprozesse im deutlichen Zusammenhang mit deren Emanzipationsbewegungen (Stellenwert der „Metropolen"), der Bevölkerungsexplosion, der partiellen, vielfach fremdbestimmten Industrialisierung, der massenhaften Landflucht und damit dem Offenbarwerden der vorher „versteckten Arbeitslosigkeit", der „Revolution der steigenden Bedürfnisse" etc.

In beiden Regionen, die sich unschwer nach dem Stand der Indu-

---

[24] Jürgen Friedrichs (1975: 40) definiert Suburbanisierung „als Verlagerung von Nutzungen und Bevölkerung aus der Kernstadt in das städtische Umland bei gleichzeitiger Reorganisation der Verteilung von Nutzungen und Bevölkerung in der gesamten Fläche des metropolitanen Gebietes".

strialisierung und anderer zivilisatorischer Prozesse und Standards weiter differenzieren lassen, kam es zur Herausbildung völlig neuartiger Erscheinungen der Stadtentwicklung und raumexpansiven Verstädterung: der Entstehung „verstädterter Zonen", „metropolitaner Gebiete", der Genesis von „Megalopolis"[25]. Jean Gottmann hat 1961 in einer beispielhaften Analyse Entwicklung und Struktur der nordöstlichen Seeküste der Vereinigten Staaten, den verstädterten Raum von Boston bis Washington mit seinen ca. 40 Mill. Einwohnern als dieses neuartige Verstädterungsgebilde, „Megalopolis", beschrieben (vgl. auch Tab. 16); Peter Hall (1966) hat einige der größten „Weltstädte" und metropolitanen Gebiete einer vergleichenden Analyse unterzogen.

Sah Adna Ferrin Weber am Ende des 19. Jahrhunderts die große Hoffnung für das Städtewesen im 20. Jahrhundert in einer Verstärkung der sich damals bereits abzeichnenden Suburbanisierung der industriellen Großstadt und Millionenstadt, so ist die tatsächliche Verstärkung dieser Prozesse seit Ende des Zweiten Weltkrieges zum Zentralproblem der Stadtentwicklung, der Raum- und Landesplanung geworden. So heißt es bei Weber (1899/1963: 475): „The rise of suburbs it is, which furnishes the solid basis of a hope that the evils of city life, so far as they result from overcrowding, may be in large part removed. If concentration of population seems destined to continue, it will be a modified concentration which offers the advantages of both city and country life".

Klingt hierin die gleiche Hoffnung wie in Ebenezer Howards ein Jahr zuvor veröffentlichtem Werk über *Garden Cities of Tomorrow*, ohne daß A. F. Weber mit seinen Aussagen ein bestimmtes Stadtentwicklungskonzept verknüpft, so sind seine wie Howards Hoffnungen in den weltweit gleich tristen suburbs, Satelliten- und Trabantenstädten, den „Städten am Stadtrand" („Schlafstädten"; „Wohnsilos" etc.) gleichermaßen zunichte gemacht.

Sofern die „tertiäre Verstädterung" als Suburbanisierung erfolgt, kann auch hier die Entwicklung Londons paradigmatisch zur Charakterisierung bestimmter Verlaufsmuster herangezogen werden.

---

[25] Den Begriff prägte der französische Stadtgeograph Jean Gottman (1961).

Tabelle 16: Bevölkerung von London 1801–1971

Jahr	City of London	inner London	outer London	Greater London* Conurbation
1801	128 269	959 310	157 980	1 117 290
1851	127 869	2 363 341	321 707	2 685 048
1901	26 923	4 546 267	2 050 002	6 586 269
1951	5 324	3 347 956	5 000 041	8 348 023
1961	4 767	3 200 484	4 976 788	8 171 902
1971	4 234	2 719 249	4 655 531	7 379 014

Quelle: Enc. Brit. Vol. 11: 95
* zur Differenzierung dieser Zonen vgl. o.g. Quelle.

Die obige Tabelle zeigt höchst eindringlich den Zusammenhang zwischen den Prozessen der City-Bildung und der Entwicklung des tertiären Sektors im Kernbereich der Städte und den in ein immer weiteres Umland sich verlagernden Suburbanisierungsprozessen. Diese Zusammenhänge sind von der sozialökologischen Schule der Stadtsoziologie früh untersucht worden (zur Darstellung und Wiederaufnahme dieser Ansätze vgl. nun Bernd Hamm 1977). Vergleichbare, wenn auch nicht ganz so extreme Entwicklungen wie die Londons lassen sich für alle Industrienationen und ihre großen Verdichtungsräume nachweisen (vgl. hierzu Materialien und Hinweise bei Jürgen Friedrichs 1975).

Da sich die Phase der „tertiären Verstädterung" in den entwickelten Industrienationen vor allem auf die zwei Jahrzehnte von 1950–1970 konzentriert und in diesem Zeitraum in den Ländern der Dritten Welt eine „urbane Revolution" stattfindet (für Lateinamerika vgl. die Dokumentation bei Bernhard Schäfers 1967), kann sich die sozialstatistische Darstellung dieses nunmehr weltumspannenden Vorganges im wesentlichen auf das von Kingsley Davis und Mitarbeitern (1969) erarbeitete Material stützen (dem wiederum Zählungen und Materialaufbereitungen der UNO/UNESCO und anderer Organisationen zugrunde liegen).

Konnte bereits für die Phase der „industriellen Verstädterung" gesagt werden, daß das große Bevölkerungswachstum dieser Epoche „vor allem in Formen der Verstädterung" vor sich ging, so trifft dies in noch viel höherem Maße für die jetzige Phase der „tertiären Verstädterung" zu. Die folgende Tabelle gibt einen Begriff von der Beschleunigung des Bevölkerungswachstums:

Tabelle 17: Vermehrung der Erdbevölkerung

Zeitraum	Steigerung	Verdoppelung in Jahren
1700–1850	von 600 Mill. auf 1 200 Mill.	150
1850–1950	von 1 200 Mill. auf 2 500 Mill.	100
1950–1980	von 2 500 Mill. auf 5 000 Mill.	30

Quelle: Peter Pulte 1972: 9 (dort Verweis auf F. Baade)

Seit 1800 stieg der Anteil der Großstadtbevölkerung an der Weltbevölkerung wie folgt:

Tabelle 18: Anteil der Großstadtbevölkerung an der Weltbevölkerung

Jahr	Anteil der Großstadtbevölkerung an der Weltbevölkerung in v. H.
1800	1,7
1850	2,3
1900	5,5
1950	13,1

Quelle: E. Pfeil 1972: 116

Zur besseren Interpretation der Tabellen 19 und 20 sei noch angeführt, daß zur Festsetzung der „städtischen Bevölkerung" zwar auf die Definition des jeweiligen Landes zurückgegriffen wurde, bei der Festlegung des Anteils der Bevölkerung in Städten mit mehr als 100 000 bzw. 1 Mill. Einwohnern aber offenkundig die Bevölkerungszahl der entsprechenden Stadtregion bzw. Ballung berücksichtigt wurde.

Ohne hier die durchschnittlichen jährlichen Zuwachsraten der Bevölkerung von 1950 auf 1960 und von 1960 auf 1970 sowohl für die Gesamtbevölkerung wie für die Bevölkerung in Städten unterschiedlicher Größenordnung für die einzelnen Weltregionen und Länder angeben zu wollen, ist unmittelbar ersichtlich, daß die Zunahme der städtischen Bevölkerung, die der Bevölkerung insgesamt und die der großen Städte (über 100 000 E.) wiederum die der gesamten städtischen Bevölkerung übertreffen (einzelne Ausnahmen sollen hier nicht aufgeführt werden).

Tabelle 19: Der Weltverstädterungsprozeß 1950–1970 (ausgewählte Regionen/ Länder)

Region /Land	Jahr	Bev. insges. in Mill. E.	%-Satz der Stadt-Bev.[a]	%-Satz in Städten 100000E.	%-Satz in Städten 1 Mill. E.	Anzahl der Mill.- Städte
N-Afrika	1950	52,0	24,6	14,7	6,8	2
	1960	66,0	29,6	18,3	8,0	2
	1970	85,1	34,6	21,0	10,7	3
Kanada	1950	13,7	61,7	36,8	17,7	2
	1960	17,9	68,5	43,1	20,8	2
	1970	21,7	74,7	49,3	22,8	2
USA	1950	151,8	64,0	43,9	25,0	12
	1960	180,7	69,9	50,5	28,7	16
	1970	207,0	75,2	58,4	37,6	26
Mittel- Amerika	1950	34,7	39,2	13,6	6,4	1
	1960	46,1	46,2	17,2	6,0	1
	1970	67,4	53,0	20,0	8,8	3
Süd- Amerika[b] (tropisch)	1950	83,6	35,8	16,5	6,6	2
	1960	113,5	44,7	23,8	12,7	6
	1970	149,9	53,1	32,1	20,2	10
Süd-Amerika (gemäßigt)	1950	26,7	59,1	38,3	24,3	2
	1960	32,1	65,0	45,5	27,8	2
	1970	38,9	70,2	52,1	34,8	3
China	1950	560,0	11,0	7,2	2,9	8
	1960	670,0	16,5	10,6	6,0	18
	1970	750,7	23,5	14,4	10,2	31
Japan	1950	83,4	37,4	26,7	12,4	4
	1960	93,4	63,5	41,9	19,3	6
	1970	102,8	83,2	55,1	25,7	9
Indien	1950	354,9	17,1	8,1	3,7	5
	1960	429,0	18,0	9,0	4,2	7
	1970	544,6	18,8	10,0	4,6	9
Indonesien	1950	76,0	12,3	6,1	1,9	1
	1960	93,5	14,9	9,7	4,2	2
	1970	118,2	17,9	12,2	6,3	3

(Fortsetzung nächste Seite)

Australien/	1950	10,2	70,0	49,4	29,9	2
Neuseeland	1960	12,8	77,7	53,3	31,2	2
	1970	15,3	84,3	61,2	32,2	2
UdSSR	1950	180,0	42,5	20,9	4,7	2
	1960	214,4	50,1	53,3	5,4	4
	1970	244,1	62,3	30,7	8,4	10

[a] entsprechend der Eigendefinition des Landes/der Region
[b] ohne die Länder: Argentinien, Chile, Paraguay, Uruguay. Berechnet nach: K. Davis 1969

Tabelle 20: Der Verstädterungsprozeß 1950–1970 in Europa

Region	Jahr	Bev. insges. in Mill. E.	%-Satz der Stadtbevölk.[a]	%-Satz in Städten 100 000E.	%-Satz in Städten 1 Mill. E.	Anzahl der Mill.-Städte
Nord-Europa[b]	1950	72,6	69,5	56,3	23,3	8
	1960	75,9	72,3	57,3	25,5	9
	1970	81,1	74,9	58,3	26,9	9
West-Europa	1950	123,2	63,2	36,8	18,1	10
	1960	134,6	68,0	41,1	20,1	11
	1970	150,2	73,0	44,9	25,5	17
Ost-Europa[c]	1950	88,6	42,4	17,3	7,8	5
	1960	96,9	48,4	20,5	8,3	5
	1970	103,8	54,6	24,3	11,6	7
Süd-Europa	1950	108,7	40,5	19,8	7,6	6
	1960	117,7	45,6	24,1	9,9	7
	1970	128,4	50,7	29,6	14,2	10

[a] entsprechend der Eigendefinition der Länder dieser Regionen
[b] incl. Großbritannien
[c] ohne UdSSR
Berechnet nach: K. Davis 1969

Der relativ hohe Prozentsatz der Bevölkerung in Städten mit mehr als 1 Mill. Einwohner in West-Europa wird einsichtig, wenn von Größe und Struktur der Stadtregionen ausgegangen wird. Für die Bundesrepublik Deutschland ergeben sich hier folgende Werte:

Tabelle 21: Die 10 größten Verdichtungsräume im Bundesgebiet im Jahre 1970

Verdichtungsraum	Fläche in qkm	Bevölkerung	Einw./km^2
Rhein-Ruhr	6 582	10 416 724	1 583
Rhein-Main	1 958	2 447 051	1 250
Hamburg	1 039	2 057 482	1 980
Stuttgart	1 732	2 114 157	1 221
München	617	1 552 560	2 515
Rhein-Neckar	1 013	1 126 986	1 112
Nürnberg	380	809 980	2 132
Hannover	310	728 813	2 355
Bremen	477	691 240	1 450
Saar	597	654 075	1 096
Summen	14 705	22 599 068	1 538

Quelle: Informationen zur Raumentwicklung der Bundesforschungsanstalt für Landeskunde und Raumordnung, Heft 10/11, 1974, S. 391

Mit diesen Tabellen zur nunmehr weltweiten Verstädterung sei der Überblick abgeschlossen. Für die weitere sozialgeschichtliche wie sozialstatistische Differenzierung in allen Phasen sind hinreichend Quellen benannt.

Literaturverzeichnis

Berndt, H.: Die Natur der Stadt (Diss. Ffm. 1977).

Bücher, K.: Die Entstehung der Volkswirtschaft (in Bd. I die Kap.: Großstadt-Typen aus fünf Jahrtausenden; Die soziale Gliederung einer mittelalterlichen Stadt; Die inneren Wanderungen und das Städtewesen in ihrer entwicklungsgeschichtlichen Bedeutung), 14./15. Aufl. 1920, Tübingen 1893.

Chandler, T./ Fox, G.: 3000 Years of Urban Growth (Bibliographie), New York und London 1974.

Davis, K.: World Urbanization 1950–1970, Vol. I: Basic Data for Cities, Countries and Regions, (Bibliographie) University of California Press, Berkeley 1969.

Engelsing, R.: Sozial- und Wirtschaftsgeschichte Deutschlands, Göttingen 1973.

Engels, F.: Die Lage der arbeitenden Klasse in England. Nach eigener Anschauung und authentischen Quellen, Berlin (Leipzig) 1964 (zuerst 1845).

Ennen, E.: Art. „Stadt (III)", in: Handwörterbuch der Sozialwissenschaften, Bd. 9, 1956.

Ennen, E.: Die europäische Stadt des Mittelalters, (Bibliographie: 952 Titel), Göttingen 1972.

Friedrichs, J.: Soziologische Analyse der Bevölkerungs-Suburbanisierung, in: Beiträge zum Problem der Suburbanisierung. Forschungs- und Sitzungsberichte der Akademie für Raumforschung und Landesplanung Bd. 102, Hannover 1975, S. 39–80.

le Goff, J.: Das Hochmittelalter. Fischer Weltgeschichte Bd. 11, Frankfurt 1965.

Gottmann, J.: Megalopolis. The Urbanized Northeastern Seabord of the United States, New York 1961.

Gutkind, E. A.: Urban Development in Central Europe, Vol. 1. International History of City Development, London/New York 1964.

Hall, P.: Weltstädte, München 1966 (orig. engl. 1966).

Hamm, B.: Die Organisation der städtischen Umwelt. Ein Beitrag zur sozialökologischen Theorie der Stadt, Frauenfeld /Stuttgart 1977.

Hauser, Ph. M./Schnore, L. E. (Hrsg.): The Study of Urbanization, New York/ London/ Sydney 1965.

Haussherr, H.: Wirtschaftsgeschichte der Neuzeit. Vom Ende des 14. bis zur Höhe des 19. Jahrhunderts, 3. Aufl., Köln/Graz 1960.

Hawley, A. H.: Urban Society. An ecological Approach, New York 1971.

Herold, D.: Die weltweite Vergroßstädterung, 1972.

Hobsbawm, E.: Europäische Revolutionen 1789–1848, Zürich 1962.

Ipsen, G.: Art. „Stadt (IV)" in: Handwörterbuch der Sozialwissenschaften, Bd. 9, 1956.

Jones, A. H. M.: The Decline of the Ancient World, New York 1966.

Kaufmann, A.: Urbanisierung, in: B. Hamm/P. Atteslander (Hrsg.): Materialien zur Siedlungssoziologie, Köln 1974 (zuerst 1972), S. 274–289.

Köllmann, W.: Der Prozeß der Verstädterung in Deutschland in der Hochindustrialisierungsperiode, in: Gesellschaft in der Industriellen Revolution, Köln 1973, NWB Bd. 56, S. 242–258.

Korte, H. (Hrsg.): Soziologie der Stadt, 2. Aufl., München 1974 (zuerst 1972).

Mackensen, R.: Städte in der Statistik, in: Die Stadt in der Bundesrepublik, hrsg. von W. Pehnt, Stuttgart 1974, S. 129–165.

von Maurer, G. L.: Geschichte der Städteverfassung in Deutschland, 4 Bde., 1869–71 (Nachdruck 1961/62).

Mitteis, H.: Über den Rechtsgrund des Satzes „Stadtluft macht frei", in: Die Stadt des Mittelalters, hrsg. von C. Haase, 3 Bde., Bd. II: Recht und Verfassung, Darmstadt 1972.

Nouvortne, A.: Stadt als Rechtsgebilde, in: Handwörterbuch der Raumforschung und Raumordnung, Bd. III, Hannover 1970, Sp. 3089–3103.

Pfeil, E.: Großstadtforschung. Entwicklung und gegenwärtiger Stand, Hannover (zuerst Bremen) 1950.

Pirenne, H.: Sozial- und Wirtschaftsgeschichte Europas im Mittelalter, 4. Aufl., München 1976 (UTB Bd. 33; orig. frz. 1933).

Planitz, H.: Die deutsche Stadtgemeinde, in: Die Stadt des Mittelalters, hrsg. von C. Haase, Bd. II: Recht und Verfassung, Darmstadt 1972 (als Aufsatz zuerst 1944), S. 55–134.

Pounds, N. J. G.: The Urbanization of the Classical World, in: Annals of the Association of American Geographers, Vol. 59, S. 137–157, 1969.

Pulte, P.: Die Bevölkerungslehre, München/Wien 1972.

Rüstow, A.: Ortsbestimmung der Gegenwart. Eine universalgeschichtliche Kulturkritik, Bd. I: Ursprung der Herrschaft, Zürich/Stuttgart 1950.

Schäfers, B.: Elendsviertel und Verstädterung in Lateinamerika. Arbeitsunterlage 7 zur Lateinamerika-Forschung, Dortmund 1967.

Schäfers, B.: Über einige Zusammenhänge zwischen der Entwicklung suburbaner Räume, gesellschaftlichen Prozessen und Sozialverhalten, in: Beiträge zum Problem der Suburbanisierung, Forschungs- und Sitzungsberichte der Akademie für Raumforschung und Landesplanung, Hannover 1975, S. 81–95.

Schmoller, G.: Deutsches Städtewesen in älterer Zeit. Bonner Staatswissenschaftliche Untersuchungen Heft 5, Bonn/Leipzig 1922 (posthum).

Schneider, W.: Überall ist Babylon. Die Stadt als Schicksal des Menschen von Ur bis Utopia, Düsseldorf (201.–225. Tsd. 1966) 1960.

Schöller, P.: Die deutschen Städte, Beiheft 17 der Geographischen Zeitschrift, Wiesbaden 1967.

Schott, S.: Die großstädtischen Agglomerationen des Deutschen Reiches, Breslau 1912.

Sjoberg, G.: Theory and Research in Urban Sociology, in: P. M. Hauser/L. F. Schnore, Hrsg., The Study of Urbanization, 1965, S. 157–190.

Sombart, W.: Der moderne Kapitalismus. Bd. I: Die vorkapitalistische Wirtschaft, Kap. 10: Die Entstehung der mittelalterlichen Stadt, S. 134–187, München/Leipzig 1902 (13.–15. Tsd. 1928).

Spengler, O.: Der Untergang des Abendlandes. Umrisse einer Morphologie der Weltgeschichte, 2 Bde. (dtv 838/39) 1976 (zuerst 1918).

Steinberg, H. G.: Die Stadtentstehung als sozialgeographisches Problem, in: Soziale Welt, Jg. 19, H. 2, 1968, S. 138–150.

Vercauteren, F.: Die spätantike Civitas im frühen Mittelalter, in: Die Stadt des Mittelalters, hrsg. von C. Haase, 3 Bde., Bd. I: Begriff, Entstehung, Ausbreitung, Darmstadt 1969, S. 122–138.

Weber, A. F.: The Growth of Cities in the Nineteenth Century, New York 1899 (Neuauflage 1962).

Weber, M.: Wirtschaft und Gesellschaft, 2 Bde. (Bd. I: Die nichtlegitime Herrschaft. Typologie der Städte, S. 923–1033), Köln/Berlin 1964 (zuerst 1922).

Zur Genesis und zum Stellenwert von Partizipationsforderungen im Infrastrukturbereich

I. Zur Genesis der Partizipationsforderungen im Infrastrukturbereich

Kaum ein anderer politisch-praktischer Problembereich hat in den vergangenen zwei Jahrzehnten der Geschichte der Bundesrepublik Deutschland (BRD) eine ähnlich breite Diskussion ausgelöst und so deutlich nachweisbare Spuren im wissenschaftlichen und praktischen Arbeiten hinterlassen wie die Auseinandersetzung um die Möglichkeiten der bürgerschaftlichen Beteiligung in der Planung. Versucht man eine – notwendigerweise vorläufige – Bilanz zu ziehen, so wird man folgende Faktoren nennen müssen, die seit Ende der 60er und Anfang der 70er Jahre zu den verschiedenen Anlässen und Formen der bürgerschaftlichen Beteiligung geführt haben:

1. Die wissenschaftliche Diskussion um Struktur und Strukturwandel der Öffentlichkeit, die insbesondere durch zwei Arbeiten von Jürgen Habermas[1] wichtige Impulse bekam;
2. die Forderung nach Demokratisierung des Staates und der Gesellschaft, die sich seit den Studentenprotesten (1967f.) zunächst auf die Hochschulen bezog („Studentenproteste"[2]), bald aber zu einer Systemkritik und schließlich zu einer systemüberwindenden Strategie[3] wurde;

---

[1] Habermas, Jürgen: Strukturwandel der Öffentlichkeit. Untersuchungen zu einer Kategorie der bürgerlichen Gesellschaft, Neuwied 1969 (1962 ders.: Über den Begriff der politisch Beteiligung. In: Student und Politik, Neuwied 1967 (1961).

[2] Vgl. Habermas, Jürgen: Protestbewegung und Hochschulreform, Frankfurt 1969; Nitsch, W./ Gerhardt, U./ Offe, C./ Preuß, U. K.: Hochschule in der Demokratie, Neuwied 1965

[3] Vgl. Schelsky, Helmut: Die Strategie der „Systemüberwindung". In: Frankfurter Allgemeine Zeitung, Nr. 286/1971, 11f. (jetzt in Schelsky, H.: Systemüberwindung, Demokratisierung, Gewaltenteilung, München 1973.)

3. die am Ende der Wiederaufbauphase[4] der BRD durchgeführten Planungen der kommunalen Neugliederung, die zu einer Problematisierung der Gemeinden und ihrer Grenzen führten. Eng verknüpft mit diesen Planungen, aber nicht ausschließlich auf sie bezogen, war und ist eine breite wissenschaftliche Diskussion um Aufgabe und Wandel der planenden Verwaltung[5].
4. Auf der Basis dieser Voraussetzungen und einer zunehmenden Sensibilisierung der Bürger für Fragen des Wohnens und der Umwelt wird heute jede Planung im Infrastrukturbereich kritischer gesehen als in der Wiederaufbauphase. Die Kritik an der sachlichen Kompetenz, an den Aufstellungsbedingungen und Entscheidungsmechanismen der Planung – vor allem im kommunalen Bereich – führte zu Partizipationsforderungen und zur Entwicklung von „Gegenmacht"-Positionen.[6]

Ad 1: Strukturwandel der Öffentlichkeit

Durch Habermas' einflußreiche Schrift über den Strukturwandel der Öffentlichkeit[7] wurden die Grundlagen der gegebenen Staats- und Gesell-

---

[4] Dieser Begriff ist, nicht zuletzt wegen seiner einseitigen Verwendung, problematisch. Gleichwohl kann er zur Beschreibung des Tatbestandes dienen, daß die Basisversorgung der Bevölkerung mit Wohnungen und Infrastruktureinrichtungen Anfang der 60er Jahre weitgehend sichergestellt war und nun für Planungsprozesse ein größerer Spielraum (vor allem zeitlich, nicht notwendig finanziell!) zur Verfügung stand. In diesen Zusammenhang gehört z. B. das Schlagwort: „Vom wohnungsoriertierten Städtebau zur städtebauorientierten Wohnungsplanung", das als Aufgabe der Planungen nach dem Städtebauförderungsgesetz herausgestellt wurde.

[5] Vgl. Grauhan, Rolf-Richard: Zur Struktur der planenden Verwaltung. S. 37–57 in: Mehr Demokratie im Städtebau. Beiträge zur Beteiligung der Bürger an Planungsentscheidungen, hrsg. von Lauritz Lauritzen, Hannover 1972. Vgl. hierzu auch zahlreiche Beiträge Niklas Luhmann, Frido Wagners und anderer.

[6] Vgl. Offe, Claus: Demokratische Legitimation der Planung, S. 123–152, in: Strukturprobleme des kapitalistischen Staates, Frankfurt 1972. Offe führt folgende Gegenmacht-Positionen an, die als Strategien der Partizipation entwickelt worden sind oder entwickelt werden können: „neighborhood government" und „community control", Bürgerinitiativen, „advocacy planning" (Anwaltsplanung), Naderismus (nach Ralph Nader), Ombudsman, Hearings, Umfrageforschung und Informationspolitik, Beiräte. Vgl. auch die Systematik von Dienel, Peter: Partizipation an Planungsprozessen als Aufgabe der Verwaltung, in: Die Verwaltung. 4. Jg. (1971) H. 2, S. 151–176.

[7] Vgl. auch die übersichtliche Darstellung von Großhans, Hartmut: Öffentlichkeit und Stadtentwicklungsplanung. Möglichkeiten der Partizipation, Düsseldorf

schaftsordnung aktualisiert und im Medium der Öffentlichkeit als vermittelt gedacht: Öffentlichkeit als „epochaltypische Kategorie" (und natürlich als Realität) ist die Voraussetzung dafür, daß durch Diskussion aller Belange von „öffentlichem Interesse"[8] in der gesellschaftlichen Sphäre derart auf staatliche Entscheidungen eingewirkt werden kann, daß sie nur im Sinne der Bürger und nach Kriterien des „öffentlichen Wohles" erfolgen. Dieses Modell hat nicht nur die Trennung von Staat und Gesellschaft (weiterhin[9]) zur Basis, sondern diskussionsfreudige, vernunftgeleitete, emanzipierte Bürger und einen von Machtinteressen freien, „repressionsfreien" Raum der öffentlichen Auseinandersetzung.

Die Problematik dieses idealtypischen Modells, über dessen historische „Wahrheit" hier nicht gestritten werden soll, besteht für die Gegenwartsgesellschaft in folgenden Punkten:

a) Die Differenz von Staat und Gesellschaft ist in dieser Form nicht (mehr) gegeben. Es gibt starke Tendenzen zur Verstaatlichung der Gesellschaft, die mit der Entwicklung des Sozialstaats, mit der zunehmenden Daseinsvorsorge sowie mit einer Reihe von mit ihnen verknüpften Faktoren zusammenhängen (z. B. „Eingemeindung" bisher selbständiger Städte; Rückgang des Anteils der Selbständigen an der Gesamtzahl der Beschäftigten; Beschränkung der Gemeindeautonomie durch „staatliche" Finanzierungs- und Bewilligungsprogramme und durch die übergemeindlich verflochtenen Planungsträger).

b) Die Struktur der Öffentlichkeit ist durch die Massenmedien, im Vergleich zum ursprünglichen Diskussionsmodell, „deformiert"; die Massenmedien sind nur in Ausnahmefällen von Parteiinteressen und

---

1972 (insbesondere Kap. I: Gesellschaft und Öffentlichkeit). An dieser Stelle sei hervorgehoben, daß für den städtebaulichen Bereich die Arbeit von Hans Paul Bahrdt: Die moderne Großstadt. Soziologische Überlegungen zum Städtebau, Hamburg 1969 (1961), in der die Kategorie der Öffentlichkeit als fundamental für städtisches Verhalten und (damit) städtebauliche Strukturen herausgestellt wurde, gleichen Stellenwert hatte wie Habermas' Beiträge.

8 Vgl. einführend: Wohl der Allgemeinheit und öffentliche Interessen. In: Schriftenreihe der Hochschule Speyer, Bd. 39, Berlin 1968

9 Bahr, Hans-Eckehard: Öffentlichkeit und Partizipation. In: Partizipation. Aspekte politischer Kultur, Opladen 1970, S. 92ff., hält die Gegenüberstellung von Staat und Gesellschaft eine „klassische deutsche Antithese", für eine „Störung" für Relikt obrigkeitlichen Denkens und sieht diese Trennung Ursache zahlreicher deutscher historischer „Fehlentwicklungen" und für das „in Deutschland immer noch gestörte Verhältnis zum Phänomen der Öffentlichkeit" (S. 92/93). Die Argumentation von Bahr übersieht notwendige Differenzierungen. Man sollte genau bedenken, was an Differenzierungsmöglichkeiten preisgegeben wird, wenn das Gerede vom schwindenden Unterschied zwischen Staat und Gesellschaft zur vollendeten Tatsache oder gar zum Dogma wird.

wirtschaftlichen Machtstrukturen unabhängig. Hinzu kommt, daß sie vielfach zu sehr großorganisatorisch strukturiert sind, um lokalen Bedürfnissen und Willensbildungsprozessen differenziert Ausdruck geben zu können.

c) Die Diskussion um das „öffentliche Wohl", seine Grundlagen und Verwirklichungsmöglichkeiten, stößt auf große Schwierigkeiten, die mit der umstrittenen Präferenzordnung in der Befriedigung individueller und kollektiver Bedürfnisse und mit der (wieder) aktualisierten Grundlagendiskussion um Staats-, Gesellschafts- und Wirtschaftsordnung ebenso zusammenhängen wie mit der Tatsache, daß die Herbeiführung des „öffentlichen Wohles" in einer hochgradig verdichteten, komplexen Industriegesellschaft und Massendemokratie wie der BRD nicht umweglos oder durch einzelne Maßnahmen möglich ist. Mit anderen Worten: Erschwernisse der Konsensbildung sind Belastungen für die Struktur der Öffentlichkeit.

Welche Einwände auch aus empirisch aufweisbaren Tatbeständen und Trends gegen das idealtypische Modell der Öffentlichkeit vorgebracht werden: Habermas hat mit seiner Schrift für die dann folgenden theoretischen Auseinandersetzungen um bürgerschaftliche Beteiligung, Partizipation, Demokratisierung und Mitbestimmung eine wichtige Kategorie wieder in Erinnerung gerufen. Den Versuchen, diesen Rahmen mit systemüberwindenden Strategien generell zu sprengen, hat Habermas in einem anderen Zusammenhang entgegengehalten, daß das liberale Öffentlichkeitsmodell Teil des „historischen Erbes bürgerlicher Emanzipationsbewegungen ist", ohne welche „auch ein Sozialismus in entwickelten Gesellschaften von Anbeginn verstümmelt wäre".[10]

Ad 2: Partizipationsforderungen als Teil der Demokratisierungsdiskussion

Zu den Grundlagen jeder Diskussion um bürgerschaftliche Beteiligung gehört neben und mit dem Begriff der Öffentlichkeit eine Klärung der Begriffe Demokratisierung, Partizipation und Mitbestimmung.
Der Streit geht im wesentlichen darum, ob es legitim sei, den Begriff der Demokratisierung auf einzelne gesellschaftliche Bereiche (Sozialbereiche) anzuwenden oder ob er für die Differenzierung der Staatsformen reserviert werden sollte.[11]

---

10 Habermas, Jürgen: Machtkampf und Humanität, in: Frankfurter Allgemeine Zeitung, Nr. 288/1970, Beilage.
11 Vgl. zu dieser Diskussion: Demokratisierung. Colloquium über einen

Die Diskussion wird durch jenes Argument nicht erleichtert, die politische (staatsbezogene) Demokratie benötige zu ihrer Fundierung die Demokratisierung der Gesellschaft (aller Sozialbereiche), so daß die Auseinanderdividierung eines einheitlich verstandenen Demokratiebegriffs und Demokratisierungsvorgangs ohnehin nur künstlich sei (vergleichbar der Reduzierung des „Politischen" auf das Staatshandeln).

Ohne alle Argumente und Gegenargumente hier anführen und abwägen zu können, spricht vieles dafür, den Begriff der Demokratisierung nur auf den politischen Bereich im engeren Sinn (Staatshandeln und mit ihm verknüpfte Legitimationsprozesse) anzuwenden und für die Forderung nach stärkerer Berücksichtigung der Bürgerinteressen im Infrastrukturbereich den Begriff der *Partizipation* einzubürgern, während in einzelnen Sozialbereichen oder gesellschaftlichen Institutionen der Begriff *Mitbestimmung* am Platze ist (Wirtschaft, Universität, Verwaltungen, bis zu den abstrakten, „personenfernen" Institutionen wie z. B. der Sozialversicherung).

Von den vielen möglichen Definitionen der Partizipation, der Bürgerinitiative oder der bürgerschaftlichen Beteiligung – Begriffe, die hier synonym gebraucht werden sollen[12] – sei eine von Claus Offe herausgegriffen: Danach verstehen wir unter Bürgerinitiativen „alle Aktionen, die sich auf eine Verbesserung der disparitären Bedürfnisbereiche richten (d. h. also auf die Bereiche, in denen die Arbeitskraft und das Leben nicht durch individuelle Kaufakte, sondern kollektiv reproduziert werden: Wohnung, Verkehr und Personentransport, Erziehung, Gesundheit, Erholung usw.), und die weder bloße kollektive Selbsthilfe sind noch sich darauf beschränken, den offiziellen Instanzenzug des politischen Systems zu mobilisieren; sie bringen vielmehr Formen der Selbstorganisation der unmittelbar Betroffenen hervor, die ebenso wie ihre Aktionsformen im System der politischen Institutionen nicht vorgesehen sind".[13]

---

umstrittenen Begriff. In: Beilage 18/1971 zur Wochenzeitung Das Parlament; ferner: Demokratie und Verwaltung, Schriftenreihe der Hochschule Speyer, Bd. 50, Berlin 1972; hier insbesondere die Beiträge von A. Gehlen: Demokratisierung, S. 179ff., und Hans Ryffel: Der demokratische Gedanke im politischen und sozialen Bereich, S. 191ff.

[12] Die Gleichsetzung von Partizipation und bürgerschaftlicher Beteiligung ist unproblematisch, die von Partizipation und Bürgerinitiative deshalb umstritten, weil der Initiative nicht notwendig eine Partizipationschance entsprechen muß.

[13] Offe, Claus: Bürgerinitiativen und Reproduktion der Arbeitskraft im Spätkapitalismus. In: Bürgerinitiativen. Schritte zur Veränderung? Hrsg. von Heinz Grossmann, Frankfurt 1972 (1971), S. 152ff. (S. 159).

Ad 3/4: Die Sensibilisierung der Bürger für Planungen im Infrastrukturbereich

Konkret, d. h. anschaulich und erfahrbar, wurden die Grundlagen und Grenzen des gemeindlichen Lebens und die Bedeutung der Raumordnung durch die seit etwa Mitte der 60er Jahre in allen Bundesländern (Flächenstaaten) durchgeführten kommunalen Neugliederungen.

Die Gemeinden, als Verwaltungs- und Versorgungseinrichtungen unterschiedlicher Zentralität in Systeme der Raumordnung und Landesplanung eingegliedert, sehen sich durch die Neugliederungsdiskussion mit einem verstärkten Interesse – und auch Sachverstand seitens der Bürger – für ihre Planungen konfrontiert. Gilt dies besonders für den ländlichen Bereich, so waren in den Großstädten die Wohnerfahrungen in den Trabantenstädten, die Probleme der City-Entwicklung und innerstädtischen Sanierung, des Verkehrs und vieles andere mehr Ursachen, die zu einer Sensibilisierung der Bürger für die Grundlagen und Konsequenzen gemeindlicher Planungs- und Entscheidungsprozesse beitrugen. Die großen Preissteigerungsraten im Boden-, Bau- und Mietsektor taten ein übriges, um die Aufmerksamkeit zu vergrößern.

Die Zusammenhänge zwischen gemeindlicher Planung und Entwicklung und den Grundfragen der Raumordnung und Landesplanung wurden im Bewußtsein der Bevölkerung seit Ende der 60er Jahre durch die intensive Umweltdiskussion um die ökologische Dimension „bereichert", so daß heute für alle raumbezogenen Planungs- und Entwicklungsvorhaben mit einer breiten Skala an Aufmerksamkeit, an Einwänden und Verbesserungsvorschlägen zu rechnen ist.

Bei allen Diskussionen und Auseinandersetzungen zeigte sich, daß die Verwaltung in ihrer herkömmlichen Struktur (Ordnungsverwaltung) den Aufgaben nicht gewachsen ist. Sie hält an überlieferten Modellen der Verwaltungsführung selbst dort fest, wo die Aufgabe in der Durchsetzung von Planungen und Innovationen besteht. Die Verwaltung ist zwar nach Artikel 20 Grundgesetz „vollziehende Gewalt", womit ihr nach der klassischen Gewaltenteilungslehre „nur" die administrativ-ausführende, nicht aber die zwecksetzende und planende Funktion zukommt, dennoch richten sich die Partizipationsforderungen vor allem an sie als Adressaten. Da sie für die Legitimation und Konsensbeschaffung ihres Tuns prinzipiell nicht zuständig ist, ist es für Bürgerinitiativen oft sehr schwierig, ihren „eigentlichen" Adressaten auszumachen und eine „Anschlußstelle" für ihre Partizipationsforderungen zu finden. Trotz dieser durch die zunehmende planende Verwaltungstätigkeit erforderlichen Öffnung der Verwaltungsstrukturen für Partizipationsforderungen wird vor einer Überforderung der Verwaltung „an ihrer Grenze zum Publikum"[14] gewarnt. Ob diese Warnung bereits angebracht ist oder nicht: Es muß in aller Nüchternheit gesehen werden, daß die Realisierung der Forderung, die Verwaltung müsse auf Grund der genannten Wandlungen selbst „politischen Organisationsprinzipien" folgen[15], sehr weitreichende Konsequenzen hätte.

Die hier angesprochenen und noch darzustellenden Problemzusammenhänge könnten auch von einer Analyse des Stellenwerts gesellschaftlicher Planung[16] im sozio-ökonomischen System der BRD her aufgeschlüsselt werden, weil durch die Fragen nach den Erfordernissen und Möglichkeiten der bürgerschaftlichen Beteiligung in Planungsprozessen das Problem der „Planung in der sozialstaatlichen Demokratie"[17] ganz generell berührt wird. Die Perspektive, Partizipationsforderungen und -prozesse noch stärker im Zusammenhang komplexer, für den einzelnen nicht mehr überschaubarer Sozialprozesse und Lebenszusammenhänge zu sehen, wäre dann noch deutlicher in den Vordergrund getreten. In dieser Betrachtungsweise könnten Analyse und Formen der bürgerschaftlichen Beteiligung als Konfliktlösungs- und Konsensbeschaffungsmechanismen an der Basis aufgefaßt werden, die die Defizienz politischer und administrativer Strukturen ausgleichen sollen.

II. Öffentlichkeit und Partizipation auf den verschiedenen Planungsebenen

Die Beteiligung der Öffentlichkeit bei bau- und bodenbezogenen Planungen, d. h. Planungen im gemeindlichen, regionalen und überregionalen Infrastrukturbereich, ist nur partiell und sehr unterschiedlich in den entsprechenden gesetzlichen Grundlagen geregelt.

So sind bei einem Bebauungsplan nach § 1 Abs. 4 die „öffentlichen und privaten Belange" gegeneinander und untereinander gerecht abzuwägen; nach § 2 ist geregelt, wie die Inkorporierung der öffentlichen und der

---

14 Luhmann Niklas: Tradition und Mobilität. In: Recht und Politik, Heft 11/1968, S. 51.

15 Grauhan, Rolf-Richard: Zur Struktur der planenden Verwaltung, a. a. O., S. 57.

16 Vgl. hierzu eine Anzahl neuerer Arbeiten, z. B. Lompe, Klaus: Gesellschaftspolitik und Planung. Probleme politischer Planung in der sozialstaatlichen Demokratie, Freiburg 1971. Politische Vierteljahresschrift (1972), Sonderheft 14. / Gesellschaftliche Planung. Materialien zur Planungsdiskussion in der BRD, hrsg. von B. Schäfers, Stuttgart 1973.

17 Harnischfeger, Horst: Planung in der sozialstaatlichen Demokratie, Neuwied 1969.

privaten Belange[18] vonstatten gehen soll. Bei der Durchführung einer Flurbereinigung gibt es in der Konstruktion der Teilnehmergemeinschaft (§§ 16 und 17 Flurbereinigungsgesetz) als Körperschaft des öffentlichen Rechts eine Einrichtung, die die gemeinschaftlichen Angelegenheiten der Teilnehmer wahrzunehmen hat (§ 18). Nach dem Städtebauförderungsgesetz ist bei der Sanierung der neu eingeführte Sozialplan (§ 8) der Eckpfeiler der Partizipation, wobei aber noch nicht klar ersichtlich ist, wieviel Raum für spontane Partizipationsforderungen bleibt.[19]

Bei der kommunalen Neugliederung wurden z. B. in Nordrhein-Westfalen durch die 1967 erfolgte Änderung der Gemeindeverfassung (§ 14) Volksbegehren und Volksentscheid aus dem Verfahren herausgenommen, so daß die Gemeinden in ihrem Mitspracherecht auf Anhörung beschränkt wurden.

Diese Aufzählung, die sich durch andere gesetzliche Grundlagen (z. B. aus dem Bereich des Wasserrechts, des Bergrechts usw.) ergänzen ließe, zeigt, daß es „die" Öffentlichkeit für „die" Planung nicht gibt und nicht geben kann. Die Chancen der bürgerschaftlichen Beteiligung bei Planungsprozessen setzen aber voraus, daß für Planungen auf unterschiedlicher Ebene der Verwaltung und der Konkretion die jeweils adäquaten Partizipationsmöglichkeiten gefunden werden. Abstrakt gesprochen besteht die Schwierigkeit darin, zwischen den generell geltenden Strukturbedingungen der Öffentlichkeit in der bundesrepublikanischen Gesellschaft und den Teilöffentlichkeiten[20] für einzelne Planungen und Planungsprozesse zu vermitteln.

Wie im Gesellschafts- und Verfassungsleben der Bundesrepublik überhaupt, so spielt auch bei der notwendigen Differenzierung des Begriffs der Öffentlichkeit die Repräsentation eine große Rolle. Mit repräsentativer Öffentlichkeit haben wir es zu tun, wenn im Bundesbaugesetz § 1 und einzelnen Landesplanungsgesetzen vorgeschrieben ist, daß die „Träger öffentlicher Belange" bei der Planaufstellung zu berücksichtigen seien. Berechtigt ist dann zunächst die Frage, ob die Träger öffentlicher Belange

---

[18] Problematisch ist die Auseinanderdividierung der öffentlichen und der privaten Belange. Sie geht letztlich auf das Eigentumsinteresse der „Privaten" zurück. Dieses wurde in eigenen Fallstudien (Planung und Öffentlichkeit. Drei soziologische Fallstudien: Kommunale Neugliederung, Flurbereinigung, Bauleitplanung, Düsseldorf 1970) auch als größtes Hindernis einen funktionalen, planbezogenen Öffentlichkeitsbezug herausgestellt (S. 192).

[19] Vgl. Schäfers, Bernhard: Möglichkeiten der Sozialplanung nach dem Städtebauförderungsgesetz. In: Archiv für Kommunalwissenschaften. 11. Jg. (1972) Bd. 2, S. 70–89 (dort weitere Literaturhinweise).

[20] Zum Begriff der Teilöffentlichkeit vgl. Großhans, Hartmut: Öffentlichkeit und Stadtentwicklungsplanung, a. a. O., S. 61f.

den ihnen anvertrauten Ausschnitt in der Wahrnehmung des öffentlichen Wohls auch vertreten. Wenn es daher bei Rudolf Stich[21] heißt: „Für die Regional- und Landesplanung wird man ... kaum jeweils soweit kommen, dem einzelnen Bürger eine Beteiligungsmöglichkeit zu eröffnen", so ist dem zuzustimmen, wenn damit gemeint ist, daß durch diese Form der Beteiligung eine funktionierende, nicht-deformierte Teilöffentlichkeit repräsentativer Art unterlaufen werden könnte. Bedenken sind anzumelden, wenn das Korrektiv partizipatorischer Prozesse auf diesen Ebenen prinzipiell ausgeschlossen sein soll.[22]

Die genannten gesetzlichen Grundlagen für Möglichkeiten bürgerschaftlicher Beteiligung in unterschiedlichen Planungsprozessen zeigen weiterhin – und nur in diesem Sinne seien sie idealtypisch verstanden –, daß sich die Partizipationsmöglichkeiten aus dem jeweils allgemein und konkret zu bestimmenden Sozialumfang der Planung[23] ergeben. Das Problem besteht natürlich darin: Wer bestimmt mit welcher Kompetenz über die konkreten Partizipationsmöglichkeiten, vor allem dann, wenn diese nicht oder nur zum Teil „institutionalisiert" sind (hierzu weiter unten). Und weiter: Ist der Sozialumfang einer Planung von vornherein so offenkundig, daß sich die Partizipationsmöglichkeiten und -notwendigkeiten auch im Anfangsstadium der Planung genügend deutlich abzeichnen?

Hier liegen zweifellos Gefahren der vorgängigen Festlegung, des Ausschlusses und der unzulässigen Verengung der Mitwirkungsmöglichkeiten.

III. Erfahrungsberichte, Restriktionen und Überforderungen

Partizipatorische Prozesse und Bürgerinitiativen sind – dem Wort und der

---

[21] Stich, Rudolf: Die Mitwirkung des Bürgers und der Öffentlichkeit an der Raumplanung. In: Demokratie und Verwaltung, Berlin 1972. = Schriftenreihe der Hochschule Speyer, Bd. 50, S. 372.

[22] Zur Problematik der Öffentlichkeit in der Raumordnung und Landesplanung vgl. auch Dienel, Peter: Öffentlichkeitsarbeit und Raumordnung, Sp. 2216–2232 in: Handwörterbuch der Raumforschung und Raumordnung, Bd. 2., 2. Aufl., Hannover 1970. / Knigge, Rainer: Möglichkeiten der Demokratisierung von Planungsprozessen in der Regionalplanung, S. 142–172, in: Gesellschaft für Regionalforschung. Deutschsprachige Gruppe der Regional Science Association. Seminarbericht 7, Saarbrücken 1973. / Umlauf, Josef: Mitsprache der Öffentlichkeit im Planungsprozeß der Raumordnung. In: Berichte zur Raumforschung und Raumplanung, 16. Jg. (1972), H. 5, S. 3–6.

[23] Unter „Sozialumfang der Planung" wird ihre Tiefengliederung in sachlicher, zeitlicher, räumlicher und personeller Hinsicht verstanden. Hypothetisch läßt sich folgern, daß der Sozialumfang einer Planung um so größer ist, je stärker der einzelne Plan zur Änderung des Sozialverhaltens großer Gruppen zwingt.

Sache nach – zum Bestandteil des politischen Lebens und gemeindlicher Aktivitäten geworden. In planungsrelevanten Gesetzen wird man das berücksichtigen müssen, so in der jetzt anstehenden Novellierung des Bundesbaugesetzes. Seinen ersten Niederschlag fand diese veränderte soziale und politische Wirklichkeit im Städtebauförderungsgesetz.

Inzwischen liegen auch zahlreiche Erfahrungsberichte[24] vor. Es wäre jedoch falsch, diese Berichte und kritischen Stellungnahmen als repräsentativ für Gelingen oder Nicht-Gelingen, für Anspruch und Wirklichkeit der bürgerschaftlichen Beteiligung zu nehmen. Deutlich ist, daß sich vor allem die überaus kritischen Stimmen zu Wort melden. Die relativ reibungslosen und auch erfolgreichen Prozesse der Partizipation finden – wie auch aus anderen Sozialbereichen bekannt – keine entsprechende öffentliche und wissenschaftliche Resonanz.

Die Widerstände gegen partizipatorische Prozesse im Infrastrukturbereich sind gleichwohl zahlreich; sie hängen überwiegend mit der kapitalistischen Marktordnung zusammen, die die Gesellschaftsordnung in zentralen Bereichen immer noch unmittelbar, ohne soziale Einbindung, ihren Prinzipien unterwirft. Zu diesen Widerständen und Hemmnissen einer aktiven, nicht-deformierten Öffentlichkeit gehören:[25]

1. die ökonomisch motivierten Interessen, die sich mit Planungsprozessen verbinden;
2. Praktiken der Planaufstellung und Plandurchsetzung;
3. Strukturen des planenden Verwaltungshandelns;
4. Strukturen (Besetzung) der Gemeinderäte;
5. Fähigkeit und Bereitschaft des einzelnen Bürgers, an Planungsprozessen mitzuwirken;
6. Struktur der Massenmedien und der Öffentlichkeit.

Neben diesen Hemmnissen, die die Struktur der Öffentlichkeit, der bürgerschaftlichen Beteiligungen bei Planungsprozessen berühren und deformieren, muß eine Reihe von Einwänden genannt werden, die inzwischen

---

[24] Vgl. Beiträge und Hinweise in: Gronemeyer, Reimer: Integration durch Partizipation? Arbeitsplatz/Wohnbereich: Fallstudien, Frankfurt 1973. / Großhans, Hartmut: Öffentlichkeit und Stadtentwicklungsplanung, a. a. O. / Bürgerinitiativen. Schritte zur Veränderung? a. a. O. / Mehr Demokratie im Städtebau, a. a. O. / Partizipation. Aspekte politischer Kultur, a. a. O. / Grauhan, Rolf-Richard: Strukturwandlungen planender Verwaltung. Beispiel der Münchener Stadtentwicklungsplanung. S. 231–253 in: Gesellschaftliche Planung. Materialien zur Planungsdiskussion in der BRD, a. a. O. / Schäfers, Bernhard: Planung und Öffentlichkeit. Drei soziologische Fallstudien, a. a. O.
[25] Vgl.: Mitteilungen der Deutschen Akademie für Städtebau und Landesplanung. 14. Jg. (1970), S. 14ff.

gegen Bürgerinitiativen und Partizipationsbestrebungen von verfassungs- und verwaltungsrechtlicher Seite vorgebracht worden sind. Neben ihrer Mißbilligung als Teil der „außerparlamentarischen Opposition", als Versuch, die legitimierte staatliche Ordnung zu unterlaufen, wie auch ihre Diskreditierung als unnütze „Verschleierung", als „Bürger"-Initiativen aus revolutionär-marxistischer Perspektive, sind Argumente vorgebracht worden, die in Bürgerinitiativen und Partizipationsforderungen für alle gesellschaftlichen Bereiche die Gefahr der „Überdemokratisierung" sehen, die schließlich zur „Entdemokratisierung" führen müsse. Seit Rousseau oder spätestens seit Alexis de Tocqueville weiß man um die Dialektik und Ambivalenz „reiner" politischer Prinzipien: daß vollkommene Freiheit und vollkommene Gleichheit sich ausschließen oder aufheben[26] oder zumindest gegenseitig gefährden, daß totale Partizipation die Demokratie gefährden kann, daß eine totale Öffentlichkeit totalitäre Züge aufweisen wird.

Vor der Überforderung und moralisierenden Strapazierung politischer Prinzipien sollten partizipatorische Prozesse bewahrt werden. Dabei ist natürlich der Punkt schwer zu bestimmen, wo Partizipationsprozesse als Korrektiv gegen Oligarchisierungen in Parteien, Verwaltungen usw. und gegen die immer manifestes werdenden Trends einer technokratischen, sich durch „Sachzwänge" legitimierenden Gesellschaftsgestaltung[27] unbedingt erforderlich sind, und wo schließlich die Gefahr auftaucht, die „offiziellen" Entscheidungs- und Legitimierungsmechanismen außer Kraft setzen zu wollen.

Von politikwissenschaftlicher Seite ist eine Reihe von Einwänden vorgebracht worden, die Fritz Scharpf wie folgt zusammenfaßt: „Die postulierte ‚Partizipation aller Bürger am diskutant aufzuhellenden politischen Entscheidungsprozeß' setzt nicht nur sehr kleine politische Einheiten, sondern auch eine äußerste Beschränkung auf jeweils wenige politisch zu entscheidende Fragen voraus. Das Partizipationsmodell scheitert darum nicht einmal in erster Linie an der Größenordnung moderner politischer Systeme, sondern an der Ausdehnung und Differenzierung des politischen Bereichs".[28]

Mag dies auch zu skeptisch sein: Festzuhalten bleibt die Warnung vor jeder Überforderung oder Überfrachtung mit moralisierenden und poli-

---

[26] Vgl. Vossler, Otto: Alexis de Tocqueville. Freiheit und Gleichheit, Frankfurt a. M. 1973.

[27] Vgl. zur Technokratiediskussion die sich an die Schrift von Helmut Schelsky (Der Mensch in der wissenschaftlichen Zivilisation [zuerst 1961]) anschließenden Kontroversen. Zusammenfassend: Texte zur Technokratiediskussion. Hrsg.: Claus Koch, Dieter Senghaas, Frankfurt 1970.

[28] Scharpf, Fritz: Demokratietheorie zwischen Utopie und Anpassung, Konstanz 1970, S. 58.

tischen Prinzipien.

Auch von der institutionell-rechtlichen Absicherung der Partizipationsmöglichkeiten sollte man sich keine endgültigen Lösungen versprechen. Dagegen müßte eindringlicher als bisher versucht werden, kritisches, partizipatorisches, innovatorisches Sozialverhalten dem Erziehungsprozeß abzufordern[29], der vielfach zur Entwicklung dieser Eigenschaften nicht nur nichts beiträgt, sondern auch an ihrem Abbau oft nicht ganz schuldlos ist.

Forderungen nach größerer bürgerschaftlicher Beteiligung haben daher zur Voraussetzung, die diskursive Kompetenz[30] der Individuen zu verbessern, Freiräume für kreatives Denken offen zu halten und die Innovations- und Gestaltungsfreudigkeit – auch und gerade im Infrastrukturbereich – zu vergrößern.

Halten wir als Summe bisheriger Erfahrungen und Diskussionen fest: Wenn versucht wird, mittels des Instruments „bürgerschaftliche Beteiligung" sonst nicht ausgetragene gesellschaftliche Konflikte zur Sprache zu bringen, dann mag es seinen Signalwert für diese Konflikte haben – zur Problemlösung im Einzelfall wird es nicht beitragen können. Damit ist die Kernfrage der Partizipation abermals aufgeworfen. Die Struktur der Öffentlichkeit ist nur dort intakt und Partizipation kann nur da wirksam werden, wo alle Beteiligten vom gleichen Verständnis der Grundlagen der Gesellschafts- und Staatsordnung ausgehen und gewillt sind, partizipatorische Prozesse als (zusätzliche) Möglichkeit der diskursiven Annäherung divergierender oder gegensätzlicher Standpunkte zu nutzen. Dies schließt Korrekturen, zumal im Bereich der auf Planungsprozesse einwirkenden Wirtschafts- und Marktordnung, nicht aus.

Sollte der empirische Befund aber ergeben, daß partizipatorische Prozesse die Basis gesellschaftlicher Konflikte lediglich verbreitern, ohne zu ihrer Lösung beitragen zu können, dann muß – vereinfacht gesprochen – zunächst einmal über die Grundlagen der Gesellschafts-, Staats- und Wirtschaftsordnung ein neuer Konsens gefunden werden.

---

[29] Hans Paul Bahrdt (Humaner Städtebau, Hamburg 1968, S. 199) meint, nur wenn die Probleme der Raumordnung und Stadtplanung zu einem schulischen Unterrichtsfach ausgestaltet würden, könnte das erforderliche Bewußtsein für die gegenwärtigen Planungsprobleme geweckt werden. Zur Bedeutung der Erziehung vgl. auch Peter Dienel in div. Arbeiten zur Partizipationsproblematik.

[30] Habermas, Jürgen: Vorbereitende Bemerkungen zu eine Theorie der kommunikativen Kompetenz, S. 101ff. in: Habermas, Jürgen; Niklas Luhmann: Theorie der Gesellschaft oder Sozialtechnologie. Was leistet die Systemforschung? Frankfurt 1971.

Leitbilder der Stadtentwicklung in der Bundesrepublik Deutschland

I. Stadtplanung unter industriegesellschaftlichen Bedingungen

Der folgende Beitrag hat zwei Zielsetzungen:
- auf der Basis einer noch laufenden empirischen Untersuchung[1] zu aktuellen Leitbildern der Stadtentwicklung in der Bundesrepublik soll über gegenwärtige Probleme und Perspektiven der Stadtentwicklung berichtet werden;
- aus der Geschichte des Städtebaus in der Bundesrepublik und der sehr intensiven Diskussion über die Stadtentwicklung seit Kriegsende sollen wichtige Etappen in Erinnerung gerufen werden, um die gegenwärtige Situation besser verorten zu können.

Die Diskussion um die „richtige" Stadtgestalt läßt sich bis in die Antike zurückverfolgen. Die Industriegesellschaft, die sich in Deutschland erst nach 1850 durchzusetzen begann, stellte das im wesentlichen aus dem Mittelalter überkommene deutsche Städtesystem vor bis dahin unbekannte Probleme: sowohl im Hinblick auf die großen Bevölkerungsmassen, die nun in den Städten nach Wohnung und Arbeit suchten, wie im Hinblick auf die völlig neuen Arbeits- und Lebensbedingungen, die Möglichkeiten der Kommunikation (Telegraphie, Telefon) und des Verkehrs (Eisenbahn und Untergrundbahn; Straßenbahn und seit Ende des 19. Jahrhunderts das Auto-

---

[1] In dem seit Februar 1985 laufenden Forschungsprojekt „Leitbilder der Stadtentwicklung", das von der VW-Stiftung im Rahmen ihres Förderungsschwerpunktes „Geschichte und Zukunft europäischer Städte" finanziert wird, soll das Spektrum der aktuellen Leitbilder der Stadtentwicklung ermittelt werden. In der ersten Projektphase, aus der im folgenden einige Ergebnisse mitgeteilt werden, sind 55 Expertengespräche im ganzen Bundesgebiet geführt, protokolliert und systematisch ausgewertet worden. Nach ihrer gegenwärtigen hauptberuflichen Tätigkeit sind von den 55 Experten 25 als Hochschullehrer (und fast alle zugleich als Architekten und Stadtplaner) tätig; 15 haben leitende Positionen in Ministerien und kommunalen Ämtern; 15 sind als freiberufliche Planer tätig.

mobil[2]). Stadtentwicklung unter industriegesellschaftlichen Bedingungen bedeutet Anpassung an den raschen technischen und kulturellen, sozialen und wirtschaftlichen Wandel und die sich damit ändernden Lebensbedingungen, Lebensplanungen und Bedürfnisse der Bürger. Auch die gegenwärtige Phase der Stadtentwicklung läuft ab unter Bedingungen eines beschleunigten Wandels, wozu auch drastische Veränderungen der Familienstrukturen und Haushaltsgrößen gehören.[3]

II. Leitgedanken und Etappen der Stadtentwicklung nach 1945

1. Gliederung und Auflockerung

Neuere Veröffentlichungen zeigen, daß es schon vor Kriegsende 1945 intensive Diskussionen und Planungen für die kriegszerstörten deutschen Städte gegeben hat.[4] Das dominante Leitbild für den Städtebau nach 1945 war „die gegliederte und aufgelockerte Stadt"[5], auch wenn es in Buchform erst 1957 formuliert wurde.[6]

---

[2] Zur regionalen und historischen Differenzierung des deutschen Städtewesens vgl. Peter Schöller, Die deutschen Städte, Wiesbaden 1967; zum Urbanisierungsprozeß unter industriegesellschaftlichen Bedingungen vgl. Jürgen Reulecke, Geschichte der Urbanisierung in Deutschland, Frankfurt 1985; ferner Gerhard Fehl/Juan Rodriguez-Lores, Stadterweiterungen 1800–1875. Von den Anfängen des modernen Städtebaus in Deutschland, Hamburg 1983; Juan Rodriguez-Lores/Gerhard Fehl (Hrsg.), Städtebaureform 1865–1900. Von Licht, Luft und Ordnung in der Stadt der Gründerzeit, 2 Bände, Hamburg 1985.

[3] Zur Entwicklung des Wohnungs- und Städtebaus in der Bundesrepublik für den Zeitraum 1945–1985 – in Gegenüberstellung zur zeitgleichen Entwicklung von Politik, Gesellschaft, Kultur und Wissenschaft – vgl. die Dokumentation von Lothar Juckel/Albrecht Puffert/Norbert Schachtner, in: Lothar Juckel (Hrsg.), Haus – Wohnung – Stadt. Beiträge zum Wohnungs- und Städtebau 1945–1985, Hamburg 1986, S. 66–123.

[4] Vgl. Werner Durth, Deutsche Architekten. Biographische Verflechtungen 1900–1970, Braunschweig-Wiesbaden 1986. Vgl. auch das ausführliche Gespräch, das Werner Durth mit einigen „Gründungsvätern" des Städtebaus nach 1945 (Max Gunther, Rudolf Hillebrecht, Heinz Schmeisser, Walter Schmidt) führte, in: Stadtbauwelt, (1981), 72.

[5] Johannes Göderitz/Roland Rainer/Hubert Hoffmann, Die gegliederte und aufgelockerte Stadt, Tübingen 1957. Zu diesem Leitbild vgl. im Zusammenhang der Städtebau-Konzeptionen der Nachkriegszeit Gerd Albers, Ideologie und Utopie im Städtebau, in: Wolfgang Pehnt (Hrsg.), Die Stadt in der Bundesrepublik, Stuttgart 1974, S. 453–477.

[6] Warum sich nach dem Zweiten Weltkrieg das Leitbild der „gegliederten und aufgelockerten Stadt" als „Supra-Leitbild" durchsetzte, zeigt Dietrich Kautt in

Der schlagwortartige Titel und einzelne Passagen des Werkes waren vor der endgültigen Veröffentlichung bekannt. Überraschen muß aus heutiger Sicht, daß weder die jetzt so viel zitierte „Charta von Athen" – nunmehr das wohl bekannteste Städtebaumanifest des Jahrhunderts[7] – noch die Gartenstadt-Idee von Howard[8] erwähnt wurden. Vergleichbar der „Charta von Athen" (vgl. deren Punkte 77 und 78) geht auch das Leitbild der „gegliederten und aufgelockerten Stadt" von einer räumlichen Trennung und damit störungsfreien Lokalisierung der „städtischen Grundfunktionen" Wohnen, Arbeiten, Erholung und Verkehr aus. In Anlehnung an englische bzw. amerikanische Vorstellungen von einer „Nachbarschaftseinheit" (neighborhoodunit) als grundlegender städtischer Siedlungseinheit wurde für größere Städte folgender Stadtaufbau vorgeschlagen: Eine Nachbarschaftseinheit sollte aus ca. 1 000 Wohnungen (vor allem in Einfamilienhäusern verschiedener Bauweise und Zuordnung) und 4 000 Einwohnern bestehen; vier Nachbarschaftseinheiten sollten eine „Stadtzelle" („cellular city") mit ca. 16 000 Einwohnern bilden; drei Stadtzellen sollten einen „Stadtbezirk" mit ca. 48 000 Einwohnern und vier Stadtbezirke sollten einen Stadtteil bilden.

Das Werk *Die gegliederte und aufgelockerte Stadt* wurde im gleichen Jahr veröffentlicht, als in Berlin mit dem wiederaufgebauten Hansaviertel „im Rahmen einer internationalen Bauausstellung der Öffentlichkeit ein Musterbeispiel solcher Auflockerung vorgeführt wurde"[9].

Die Wirkungen dieses Leitbildes bleiben ebenso umstritten wie die Wirkungen der vielfach einseitig oder falsch verstandenen „Charta von Athen". Die Realität war mit diesen Leitbildern von den gegebenen Strukturen und den aktuellen Anforderungen des Wiederaufbaus her nur in teilweiser Übereinstimmung.

---

    seiner Arbeit über „Wolfsburg im Wandel städtebaulicher Leitbilder", hrsg. vom Stadtarchiv Wolfsburg (Texte zur Geschichte Wolfsburgs, Bd. 11), 1983, insbes. S. 131ff.

7 Die wichtigsten Lehrsätze der „Charta von Athen" finden sich in: Programme und Manifeste zur Architektur des 20. Jahrhunderts, zusammengestellt und kommentiert von Ulrich Conrads, Berlin-Frankfurt, Wien 1964 (Bauwelt Fundamente 1), S. 129ff.; als neuere vollständige und gut dokumentierte Ausgabe vgl.: Le Corbusiers „Charta von Athen". Texte und Dokumente. Kritische Neuausgabe, hrsg. von Thilo Hilpert, Braunschweig 1984 (Bauwelt Fundamente 56).

8 Ebenezer Howard, Gartenstädte von morgen. Ein Buch und seine Geschichte, Berlin-Frankfurt-Wien 1968 (Bauwelt Fundamente 21); Kristiane Hartmann, Deutsche Gartenstadtbewegung. Kulturpolitik und Gesellschaftsreform, München 1976; Helmut Klages, Der Nachbarschaftsgedanke und die nachbarliche Wirklichkeit in der Großstadt, Köln 1958; Bernd Hamm, Betrifft: Nachbarschaft, Düsseldorf 1973 (Bauwelt Fundamente 40).

9 Gerd Albers, Ideologie und Utopie im Städtebau (Anm. 5), S. 464.

2. Dichte und Suburbanität

Schon seit Mitte der fünfziger Jahre begann jener Stadtumbau und Stadtausbau, der seit Beginn der sechziger Jahre zu einer bis in die Gegenwart andauernden heftigen Kritik führte. Bis etwa Mitte der fünfziger Jahre hatten auch die Zentren der kriegszerstörten Städte noch hohe Zuwachsraten an Wohnbevölkerung. Die Restauration wurde hier früher, dort später überlagert und ergänzt durch einen Stadtumbau und eine Stadterweiterung, die in ihren Größenordnungen und ihren Folgen nur mit der intensiven Verstädterungsphase im letzten Drittel des vorigen Jahrhunderts verglichen werden können. Karolus Heil sprach in diesem Zusammenhang zu Recht von einer „neuen Gründerphase"[10]. Der Bau – vor allem in den späten sechziger Jahren – von hochverdichteten, durch Hochbauweise geprägten Trabanten- und Satellitenstädten mit ihren, so die Kritik, „Wohnsilos" oder „normierten Wohnfabriken" aus der Retorte[11], ist hier ebenso zu nennen, wie die erst durch das Auto ermöglichte Ausbreitung in die Fläche: die Suburbanisierung[12] zunächst vor allem der Wohnfunktion.

Die „gegliederte und aufgelockerte Stadt" wurde zum Teil dort verwirklicht, woran sicher nicht gedacht war: vor den Toren der Stadt, im immer entfernteren suburbanen Raum. Die Suburbanisierung blieb nun nicht mehr beschränkt auf die älteren Ballungszentren und Industrieregionen, sondern erfaßte alle Städte und Regionen. Die Entstehung dieses neuen Stadttyps, des im Umkreis der großen Städte sich konsolidierenden suburbanen Raumes, ist noch nicht abgeschlossen. In den geglückten Ansätzen (z. B. die neue Stadt Wulfen) verbindet er das von so vielen Bürgern ersehnte „Wohnen im Grünen" mit attraktiven Einkaufszentren und Bürgerhäusern, mit großzügigeren Freizeit-, Spiel- und Sportmöglichkeiten; in den weniger geglückten Fällen ist der suburbane Raum reine „Schlafstadt", ein Trabant

---

[10] Karolus Heil, Neue Wohnquartiere am Stadtrand, in: Wolfgang Pehnt, (Hrsg.), Die Stadt in der Bundesrepublik, (Anm. 5), S. 181–201 (S. 181).
Seit Mitte der fünfziger Jahre wurde deutlich, daß sich die Städte mehr und mehr zu „Stadtregionen" (Olaf Boustedt) entwickelten. Über die Entwicklung der Stadtregionen im Zusammenhang der Veränderung der Siedlungsstrukturen, einschließlich der City, vgl. an erster Stelle Olaf Boustedt, Grundriß der empirischen Regionalforschung, 3 Bde., Hannover 1975, hier Bd. III: Siedlungsstrukturen.

[11] Karolus Heil (Anm. 10).

[12] Vgl. Beiträge zum Problem der Suburbanisierung, Hannover 1975 (Forschungs- und Sitzungsberichte der Akademie für Raumforschung und Landesplanung, Bd. 102).

ohne jede Selbständigkeit, in dem sich die erforderlichen Qualitäten des „Städters neuen Typs", des „Suburbaniten"[13], nicht ausbilden können.

3. Urbanität und städtische Öffentlichkeit als Leitgedanken

Gegen die Entwicklung des inneren Stadtumbaus wie gegen die Formen der äußeren Stadterweiterung regte sich seit Ende der fünfziger Jahre eine ständig wachsende Kritik. Sie wurde von engagierten Sozialwissenschaftlern vorgetragen, weniger von Architekten und Städtebauern. Diese standen eher im Banne ihrer eigenen Städtebau-Ideologien oder unter den Anforderungen der hektischen Planungs- und Bau-Aktivitäten. Die nun vorgetragene Kritik gegen die Zerstörung von Urbanität, gegen „Profitopolis"[14], gegen den „organisierten Stadtabriß" und die „gemordete Stadt"[15], gegen inhumane Schlafstädte und lieblos angehängte Satelliten wurde von Architekten und Stadtplanern erstaunlich schnell und mit Interesse aufgenommen. Da die eigenen Leitbilder nicht mehr zureichten, erhoffte man sich – und das ist in einer arbeitsteiligen Gesellschaft, in der auch das Wissen und die Wissenschaft immer spezialisierter geworden sind, völlig legitim – Orientierung, Zielvorgaben und ein neues Leitbild von den Sozialwissenschaften, vor allem der Soziologie. Die Soziologie als Wissenschaft vom menschlichen Handeln, den Gruppenbildungen und Assoziationen, den Institutionen und der Gesellschaft sollte sagen, wie unter gewandelten Bedingungen der Arbeit und Freizeit, des Familienlebens und aller anderen sozialen Faktoren stadtbezogene Planungen reagieren müssen. Als 1961 Hans Paul Bahrdts *Soziologische Überlegungen zum Städtebau*[16] erschienen, begann eine intensive Zusammenarbeit zwischen Soziologie und Architektur bzw. Stadt-

---

[13] Bernhard Schäfers, Über einige Zusammenhänge zwischen der Entwicklung suburbaner Räume, gesellschaftlicher Prozesse und Sozialverhalten, in: Beiträge zum Problem der Suburbanisierung (Anm. 12), S. 81 bis 94.

[14] „Profitopolis oder: Der Mensch braucht eine andere Stadt" – so der Titel einer von Josef Lehmbrock und Wend Fischer arrangierten Ausstellung bzw. eines Ausstellungskataloges.

[15] Wolf Jobst Siedler/Elisabeth Niggemeyer/Gina Angreß, Die gemordete Stadt. Abgesang auf Putte und Straße, Platz und Baum, München 1967^3 (1964).

[16] Hans Paul Bahrdt, Die moderne Großstadt. Soziologische Überlegungen zum Städtebau, Reinbek 1961 (rde 127); 1969 neu veröffentlicht mit einer „Einleitung 1969" und einem Anhang von Ulfert Herlyn: „Notizen zur stadtsoziologischen Literatur der 60er Jahre".

planung, die aber spätestens Anfang der siebziger Jahre mit beiderseitigen Enttäuschungen in dieser Form wieder beendet wurde.[17]

Was die Arbeit von Bahrdt für Architekten und Stadtplaner so wichtig machte, war eine überzeugende Darstellung städtischer Öffentlichkeit und städtischen Verhaltens[18] aus soziologischer Sicht. Bahrdt definierte Stadt als „eine Ansiedlung, in der das gesamte, also auch das alltägliche Leben die Tendenz zeigt, sich zu polarisieren, d. h. entweder im sozialen Aggregatzustand der Öffentlichkeit oder in dem der Privatheit stattzufinden. Es bilden sich eine öffentliche und eine private Sphäre, die in engem Wechselverhältnis stehen, ohne daß die Polarität verlorengeht". Da Bahrdt die baulichen Arrangements, die diese Polarität ermöglichen, bis ins Detail beschrieb, wurde die Rezeption bei Architekten und Stadtplanern wesentlich erleichtert, und so konnte die Kritik auf die Fehlentwicklungen sowohl des Stadtumbaus wie der Stadterweiterung hinweisen.

Ein zweites Buch ist zu nennen, das die Diskussion belebte und Horrorvisionen wachrief im Hinblick auf das, was in deutschen Städten geschah (Entleerung der Innenstädte von Wohnbevölkerung, Verkehrsadern, die intakte Stadtviertel brutal durchschnitten usw.) oder vor den Toren der großen Städte in immer gigantischerem Ausmaß, zumal in den sechziger Jahren, gebaut wurde (man denke an München-Perlach, an Gropius-Stadt oder an das Märkische Viertel in Berlin, wo das Leitbild der frühen sechziger Jahre „Urbanität durch Verdichtung" in rasendem Bautempo ad absurdum geführt wurde): 1963 erschien von Jane Jacobs *Tod und Leben großer amerikanischer Städte*.[19] Da auch sonstige Innovationen mit einer gewissen zeitlichen Verzögerung aus den USA übernommen wurden, war die Befürchtung nicht ganz von der Hand zu weisen, daß den deutschen Städten ein ähnliches Schicksal bevorstand wie den amerikanischen. Die an Jane Jacobs orientierten Warnungen fielen schon deshalb auf fruchtbaren Boden,

---

[17] Trotz bzw. wegen der bereitwilligen Aufnahme soziologischer Kritik am Städte- und Wohnungsbau durch Architekten und Stadtplaner gab es Grund, vor falschen Hoffnungen zu warnen und die notwendige Zusammenarbeit wie Eigenständigkeit der Disziplinen nicht durch schiefe Rezeptionslagen zu stören; vgl. Bernhard Schäfers, Soziologie als mißdeutete Stadtplanungswissenschaft, in: Archiv für Kommunalwissenschaften, 9 (1970), S. 240-260; vgl. auch die Beiträge in: Herrmann Korte (Hrsg.), Soziologie der Stadt, München ²1974.

[18] Bereits 1960 hatte der Geisteswissenschaftler und Ökonom Edgar Salin in einem viel beachteten Vortrag vor dem Hauptausschuß des Deutschen Städtetages auf „Urbanität" als eigene Qualität menschlichen Verhaltens hingewiesen (abgedruckt in: Deutscher Städtetag (Hrsg.), Erneuerung unserer Städte, Stuttgart-Köln 1960).

[19] Jane Jacobs, Tod und Leben großer amerikanischer Städte, Frankfurt-Berlin 1963 (Bauwelt Fundamente 4; orig. amerik. 1961).

weil den Deutschen „ihre" Stadt viel bedeutet und die traditionsreichen deutschen Städte mit der Geschichte und Identität der Regionen und Länder und schließlich der Nation in einzigartiger Weise verbunden sind.

In dieser mehr und mehr sich zuspitzenden Kritik an der Entwicklung der Stadt bedurfte es nur noch eines einzigen Anstoßes, um aus dem Restaurations- und Neubaueifer, der Wachstumseuphorie und betulichen Selbstzufriedenheit zu erwachen. Diesen Anstoß gab Alexander Mitscherlich mit seinem „Pamphlet" (von ihm selbst so genannt): *Die Unwirtlichkeit unserer Städte. Anstiftung zum Unfrieden*. Der Band erschien 1965 in der kleinen, (damals) sehr preiswerten Reihe der „edition suhrkamp" und erreichte schnell, auch bedingt durch das öffentliche Ansehen des Autors, eine große Verbreitung. Es war ein aufrüttelnd geschriebenes Pamphlet gegen die Entstellung von Städten und weitere Zersiedlung, gegen die „bornierte Profitgier", gegen die alles zerstörende Spekulation mit Bodenbesitz. Mitscherlichs Kritik ließ auch dadurch aufhorchen, daß er den Zusammenhang zwischen gebauter Umwelt, den baulich verschuldeten Psychosen und dem Verbauen von Freiheit und Demokratie drastisch herausstellte. Einen „humanen Städtebau"[20] sah Mitscherlich untergehen im „Dschungel der Konkurrenzgesellschaft".

Hier wird deutlich, daß die wachsende Kritik am Städtebau nun bereits zusammenging mit der ebenfalls wachsenden Kritik an der Entwicklung von Staat und Gesellschaft in der „Restaurationsphase", vor allem am sich immer ungehemmter ausbreitenden Kapitalismus, der seine Verpflichtung auf Demokratie und soziale Marktwirtschaft wie eine lästige Anfangsbürde abzustreifen schien. In der dann 1967 voll ausbrechenden Studentenrevolte und den Forderungen nach mehr Mitbestimmung und nach Demokratisierung aller gesellschaftlichen Bereiche spielte die Kritik an der gebauten Umwelt eine Schlüsselrolle. Heide Berndt, Schülerin von Mitscherlich und Theodor W. Adorno, kritisierte (1968) das nach ihrem Urteil überwiegend konservative „Gesellschaftsbild bei Stadtplanern"[21] und veröffentlichte im gleichen Jahr mit anderen Mitscherlich-Schülern eine Ideologie-Kritik des funktionalistischen Städtebaus.[22] Die „eindimensionale" funktionalistische Architektur führe immer mehr, so wurde dort ausgeführt, zur „Eindimen-

---

[20] So lautete ein weiterer, viel zitierter Buchtitel von Hans Paul Bahrdt: Humaner Städtebau. Überlegungen zur Wohnungspolitik und Stadtplanung für eine nahe Zukunft, Hamburg 1968.

[21] Heide Berndt, Das Gesellschaftsbild bei Stadtplanern, Stuttgart 1968.

[22] Heide Berndt/Alfred Lorenzer/Klaus Horn, Architektur als Ideologie, Frankfurt 1968 (edition suhrkamp 243).

sionalität"[23] des Menschen, schließlich zum Verlust von Demokratie und Freiheit.

4. Sanierung und innerer Stadtumbau

Bei den verantwortlichen Politikern konnte die seit Beginn der sechziger Jahre sich verschärfende Kritik nicht ungehört bleiben. So begannen Mitte der sechziger Jahre die Arbeiten am „Gesetz über städtebauliche Sanierungs- und Entwicklungsmaßnahmen in Gemeinden" (kurz „Städtebauförderungsgesetz" genannt, StBauFG), auf das sich nunmehr große Hoffnungen richteten. Als es dann schließlich 1971 in Kraft trat, zeigte sich, daß es wohl einige Jahre zu spät kam. Die großen Sanierungsvorhaben, für die das Gesetz einen Rahmen schaffen sollte, waren angelaufen oder zum Teil sogar schon abgeschlossen.[24] Dennoch müssen die Wirkungen dieses Gesetzes und die sich daran anknüpfenden Diskussionen positiv bewertet werden. Nicht nur wurde aus der intensiven Partizipations-Diskussion der sechziger Jahre[25] die Konsequenz gezogen und die Partizipation im Städtebau – insbesondere durch den von Paul Bahrdt initiierten „Sozialplan" – in die Sanierungsplanung eingeführt, sondern auch der „innere Stadtumbau"[26] der siebziger und achtziger Jahre angeregt.

Es kann gar kein Zweifel bestehen, daß seit Beginn der siebziger Jahre für den inneren Stadtumbau erhebliche Anstrengungen unternommen wurden und auch große Leistungen vorzuweisen sind. Sanierungen vieler kleiner, mittlerer, aber auch größerer Stadtzentren gerieten mustergültig und zeigten eine Revitalisierung der Städte und auch des urbanen Lebens, die man Anfang der sechziger Jahre kaum für möglich gehalten hätte. Stadtentwicklung fand nunmehr unter neuen Bedingungen statt: unter den Vorzeichen einer gebrochenen Prosperität, einer Wachstums- und Energiekrise und

---

[23] In Aufnahme eines für die Studentenbewegung wichtigen Buches und Autors: Herbert Marcuse, Der eindimensionale Mensch, Neuwied 1967 (orig. amerik. 1964).

[24] Vgl. Katrin Zapf, Rückständige Viertel. Eine soziologische Analyse der städtebaulichen Sanierung in der Bundesrepublik, Frankfurt 1969.

[25] Vgl. die Beiträge in: Hermann Korte (Hrsg.), Zur Politisierung der Stadtplanung, Düsseldorf 1971; Lauritz Lauritzen (Hrsg.), Mehr Demokratie im Städtebau. Beiträge zur Beteiligung der Bürger an Planungsentscheidungen, Hannover 1972; Bernhard Schäfers, Planung und Öffentlichkeit. Drei Fallstudien, Düsseldorf 1970. Eine zusammenfassende Betrachtung dieser Bemühungen findet sich in: Hermann Korte, Stadtsoziologie. Forschungsprobleme und Forschungsergebnisse der siebziger Jahre, Darmstadt 1986.

[26] In Anlehnung an den von Otto Schilling geprägten Begriff „Innere Stadterweiterung"; vgl. dessen gleichnamiges Werk, Berlin 1921.

eines immer wacheren Umweltbewußtseins. „Wir stehen am Ende einer zweiten Gründerzeit" – was Ferdinand Stracke[27] 1985 im Hinblick auf die abgelaufene Expansionsphase des städtischen Systems in die Höhe und in die Fläche feststellte, zeigte sich seit Mitte der siebziger Jahre in drastisch rückläufigen Zahlen fertiggestellter Wohnungen[28] und anderen Indikatoren.

Erhalten, Bewahren, behutsamer Umbau und „Rückbau" wie der sich rücksichtsvoll einpassende Neubau wurden mehr und mehr zu Zielen der Stadtentwicklung.[29] Hiermit verbunden waren neue Aufgaben, die seit Anfang der siebziger Jahre mit verschiedenen Bundes- und Landesprogrammen gefördert wurden: Wohnumfeldverbesserung; Zentrumsentwicklung (in der doppelten Perspektive: Stärkung der Stadtteile und Herausstellung des historischen Kerns als „Mitte"); Freiflächenplanung; Verkehrsberuhigung; Rückgewinnung innerstädtischen Wohnens; Entwicklung von Zentren eines differenzierten, alle Bevölkerungsgruppen erreichenden städtischen Kulturlebens; Beseitigung bzw. Umwidmung innerstädtischer Industriebranchen; Veränderungen des Stadt-Image als Wiederentdeckung des ‚Genius Loci'[30].

Daß diese neue Phase der Stadtentwicklung wieder ihre eigenen Überzeichnungen, Ideologien, schiefen Rezeptionslagen vor allem hinsichtlich einiger Entwicklungen in der sogenannten „postmodernen" Architektur – dieser „Kostümierung in geliehenen Identitäten"[31] – zeigt, ist kaum überraschend. „Nostalgische Kopien" (wie z. B. der Römerberg in Frankfurt) und eine „neue Schnuckligkeit"[32] waren nach den vorausgegangenen Entwicklungen wohl unvermeidlich.

---

[27] Ferdinand Stracke, Eine alte Fabrik wird Wohnstätte, in: Stadt. Zeitung für Wohnungs- und Städtebau, (1985) 1, S. 52–58 (S. 52).

[28] Wurden 1972 noch 661 Tsd. Wohnungen fertiggestellt, so waren es 1976 nur 361 Tsd.

[29] Gerd Albers schreibt in seinem Beitrag über „Städtebau seit 1945", daß „spätestens mit dem Jahre 1975 das neue Planungsklima voll ausgeprägt (war), dessen Kennzeichen Bewahrung statt Veränderung, Behutsamkeit statt Kühnheit, kleine Schritte statt großer Konzepte waren"; in: Lothar Juckel (Hrsg.), Haus – Wohnung – Stadt (Anm. 3), S. 25–40 (S. 25).

[30] Albert Speer, Veränderungen eines Stadt-Image oder die Wiederentdeckung des ‚Genius Loci'. Frankfurts Ansätze für die Stadtentwicklung der 90er Jahre, in: Stadt, (1984) 2, S. 30–43; grundlegend: Christian Norbert-Schulz, Genius Loci: Landschaft, Lebensraum, Baukunst, Stuttgart 1982 (orig. ital. 1979, Mailand 1979).

[31] Jürgen Habermas, Moderne und postmoderne Architektur, in: Arch+, Februar 1982, S. 55.

[32] Gerd Albers, Der Städtebau seit 1945 (Anm. 29), S. 39 bzw. 40.

Im folgenden seien aus unserer erwähnten Untersuchung einige Ergebnisse mitgeteilt, die den Stand der gegenwärtigen Diskussion sowohl dokumentieren wie beleben können.

III. Aktuelle Aussagen zum Leitbildbegriff

In unserer Erhebung war eine deutliche Skepsis gegenüber der Aufstellung von Leitbildern für den Städtebau herauszuhören. Einige Äußerungen seien wörtlich wiedergegeben:

- „Ein integrales Leitbild halte ich für schädlich, und je mehr es sich auf die Gestaltung hinbewegt, desto schädlicher ist es" (Detlef Ipsen, Kassel).
- „Leitbilder sind dann gefährlich, wenn sie als historisch neutrale Konzepte über eine Stadt gestülpt werden. Städte sind Jahresringe von Leitbildern" (Gerd Curdes, Aachen).
- „Die Stadt ist viel zu komplex, als daß man sie mit einem Leitbild belegen könnte" (Fred Angerer, München).

Die Aussagen zum Stellenwert von Leitbildern für die gegenwärtige Stadtentwicklung spiegeln die kritische Distanz wider, die eine an Leitbildern orientierte Stadtplanung inzwischen hervorruft. Leitbilder werden zum Teil als Produkte einer autoritären Stadtplanung angesehen. In der Tat ist der Begriff „Leitbild" vorbelastet. In der rege geführten Planungsdiskussion der sechziger und beginnenden siebziger Jahre[33] war der Begriff gebräuchlich, um die Zielvorstellungen eines geordneten (Siedlungs-)Raumes in der Gegenwart oder eine zukünftige positive Raum- und Stadtentwicklung zu bezeichnen. Vielfach waren „Leitbilder" Synonyme für Zielkataloge der Stadtentwicklungsplanung, wobei – entsprechend den damaligen Diskussionen über „oberste Lehrziele" in der Didaktik – von obersten Grundwerten in einer Hierarchie menschlicher Bedürfnisse ausgegangen wurde. Diese Diskussion gehört der Vergangenheit an; es geht hier nicht darum, ein neues Leitbild der Stadtentwicklung zu fordern oder zu propagieren.

Leitbilder können gleichwohl eine bestimmte Orientierungsfunktion[34] haben, auf die kaum verzichtet werden kann. In einer neueren Veröffent-

---

[33] Vgl. Bernhard Schäfers (Hrsg.), Gesellschaftliche Planung. Materialien zur Planungsdiskussion in der Bundesrepublik, Stuttgart 1973.

[34] Dies haben z. B. Gerd Albers und Hanns Adrian in Vorträgen und Veröffentlichungen der letzten Jahre herausgestellt; vgl. Hanns Adrian, Stadtgestalt unter wechselnden Zeitbildern. Vortrag zum 13. Darmstädter Werkbundgespräch, Mai 1984.

lichung kommt Bernd Streich[35] zu folgender Differenzierung dieser Funktion: Leitbilder formulieren in einer „Verdichtung" vorhandene Vorstellungen kollektiv übergreifende Ziele; sie haben zwar ein utopisches Moment, müssen aber konkret genug sein, um bildlich faßbare Vorstellungen (und eine entsprechende Unterstützung) hervorzurufen.

Die über-individuelle, kollektive Orientierungsfunktion des (bzw. der) Leitbildes(r) interessierte uns weniger als die Gesamtheit der Vorstellungen, die sich für einen bestimmten, aktuell mit Stadtplanung befaßten Personenkreis[36] auf die jetzige und künftige Gestaltung von Städten bezieht. Fast alle Experten unserer Befragung wiesen darauf hin, daß sich der Begriff des Leitbildes gewandelt habe, und er unter diesen Voraussetzungen durchaus akzeptabel sei. In einer Stellungnahme von Winfried Schwantes (Stuttgart) wird dies klar ausgesprochen: „Der Begriff des Leitbildes, wie er früher im Städtebau geprägt war – z. B. die Gartenstadt –, hat sich heute geändert. Leitbild meint nicht mehr ein allgemein gültiges, programmatisch ausgearbeitetes Konzept. Das Leitbild ist ‚instrumentalisiert', es verliert seine ‚dogmatische Bedeutung', es steht eher für ‚verallgemeinerte, kompromißfähige Strategie'."

In dieser Perspektive sind die positiven Äußerungen zum Leitbild zu verstehen. In einer zweiten Expertenrunde, einer sogenannten „Delphi-Studie"[37], erhielten folgende Zusammenfassungen der wörtlichen Äußerungen aus der ersten Befragungsrunde die größte Zustimmung:

- „Jeder, der über ein begrenztes Einzelvorhaben hinaus etwas tun will, braucht in seinem Hinterkopf ein Leitbild. Solche Vorstellungen sind aber nicht mehr allgemein gültige, dogmatische Leitlinien, aus denen die Planungsschritte deduziert werden könnten."
- „Es ist durchaus sinnvoll, Leitbilder zu formulieren. Leitbilder sind aber mehr als nur architektonische oder städtebauliche Bilder und beinhalten sozialpolitische Zielvorstellungen. Sie geben als solche den Maßstab für das tägliche Handeln."

---

[35] Bernd Streich, Zum Begriff und zur Entstehung von städtebaulichen Leitbildern, in: Archiv für Kommunalwissenschaften, (1986) I, S. 24–38 (S. 25f.)
[36] Vgl. die Charakteristik in Fußnote 1.
[37] Eine Delphi-Studie ist ein bei sozialwissenschaftlichen Untersuchungen angewandtes Prognoseverfahren. Eine Gruppe ausgewählter Experten wird dabei – zumeist in mehreren Befragungsrunden – nach ihrer Einschätzung künftiger Entwicklungen in ihrem Fachgebiet befragt. Ziel der Delphi-Studie ist eine relativ einhellige Abschätzung der künftigen Entwicklung („Orakel"). Vgl. H. Geschka, Delphi, in: Gerhart Bruckmann (Hrsg.), Langfristige Prognosen, Würzburg-Wien 1977. Zum Zeitpunkt der Fertigstellung des vorliegenden Textes war dieser zweite Untersuchungsschritt noch nicht vollständig abgeschlossen.

Inhaltlich gab es kaum konkrete Aussagen. Nach Ansicht von Ulfert Herlyn (Hannover) würden Leitbilder alten Stils im neuen Gewande – z. B. „die umweltgerechte Stadt" oder „die sozialgerechte Stadt" – ähnlich problematische Ergebnisse zeigen wie einst „die aufgelockerte Stadt". Hätte man z. B. das Leitbild „die demokratische Stadt", so sei es gleichwohl sehr schwierig, dieses mit Inhalten, sprich: baulichen Planungen, zu konkretisieren (Dierk Brandt, München). Alle diese Vorstellungen wie: die sozialgerechte Stadt, die umweltgerechte Stadt, die grüne Stadt usw. seien als Elemente eines humanen Städtebaus zu begreifen; nur die Analyse vor Ort, in einer konkreten Situation, könne darüber entscheiden, was von diesen vielen Wunschvorstellungen, die an den Städtebau herangetragen werden, verwirklicht werden könne. Konkrete Vorstellungen über jetzt anstehende Aufgaben wurden nicht als Leitbild formuliert, sondern als „aktuelle Planungsprobleme" vorgetragen. Um den Bedeutungszusammenhang der Aussagen zu Problemen der künftigen Stadtentwicklung zu erhalten, wurde auch nach den Vorstellungen der Experten zum Begriff „Stadt" gefragt.

IV. Stadtbegriff und Unverwechselbarkeit der Stadt

1. Aktuelle Aussagen zum Stadtbegriff

Louis Wirth hat die Stadt definiert als „eine relativ große, dicht besiedelte und dauerhafte Niederlassung gesellschaftlich heterogener Individuen"[38]. Dieser Stadtbegriff gibt auch heute noch eine erste gute Orientierung. Jede Disziplin, die die Stadt zum Gegenstand ihrer fachlichen Auseinandersetzungen macht, hat ihre je spezifischen Schwierigkeiten, die „Stadt" zu definieren. Es gibt zahlreiche Merkmale, nach denen dieser Begriff bestimmt werden könnte. Werner Sombart gibt zu bedenken, „daß jeweils zu verschiedenen Zeiten und an verschiedenen Orten etwas sehr Verschiedenes unter ,Stadt' verstanden worden ist"[39]. Dies bedeutet, daß der Stadtbegriff sich wandelt und immer wieder neu diskutiert werden muß im Zusammenhang mit den Prozessen der Stadtentwicklung. In der jüngsten Vergangenheit haben diese Prozesse der Stadtentwicklung dazu geführt, daß die Städte als abgegrenzte räumliche Bereiche aufgelöst wurden. Die Städte

---

[38] Louis Wirth, Urbanität als Lebensform, in: Ulfert Herlyn (Hrsg.), Stadt- und Sozialstruktur, München 1974, S. 42–66; zuerst in: American Journal of Sociology, Vol. 44/1938 („Urbanism as a way of life"):

[39] Werner Sombart, Städtische Siedlung, Stadt, in: Klaus Schmals (Hrsg.), Stadt und Gesellschaft, München 1983, S. 279–289; zuerst in: Handwörterbuch der Soziologie, hrsg. von Alfred Vierkandt, Stuttgart 1931 (Neudruck 1959).

sind über ihre Verwaltungsgrenzen hinaus ins Umland gewachsen. Angesichts dieser Suburbanisierung und der weitreichenden Verstädterungsprozesse erscheint es fraglich, ob es noch einen eindeutigen Begriff von „Stadt" gibt. Die Lebensgewohnheiten von Städtern und Bewohnern des Landes haben sich weitgehend angeglichen. Manche Entwicklungen legen nahe, den Begriff „Stadt" durch Begriffe wie „Stadt-Land-Kontinuum" oder „Verdichtungsraum" abzulösen. Trotz solcher Entwicklungen und Erscheinungen, die eine empirische Definition der „Stadt" erschweren, bleibt die Stadt im Bewußtsein der Bewohner und im alltäglichen Leben ein identifizierbares Phänomen: Man geht in die „Stadt" zum Einkaufen, zum Flanieren; man trifft sich in der „Stadt"; man lebt in der „Stadt".

Der Begriff „Stadt" ist nach wie vor gültig, wenn auch der räumliche Bereich, den er bezeichnet, auf das Zentrum der Städte verengt ist. Eine Mehrzahl der Fachleute, die wir in unserer Untersuchung befragt haben, hat folgender Definition von „Stadt" zugestimmt: „Die Stadt ist Vielfalt und Widerspruch. In der Stadt findet man Verkehrschaos, Schönheit, historische Identität, Gestank und Lärm, Zentralität, Geborgenheit, Anonymität. Es gibt dort viele kulturelle Angebote sowie Chancen und Nischen für alternative Entwicklungen."

Die noch von Louis Wirth herausgehobenen Definitionsmerkmale Größe, Dichte und Dauerhaftigkeit der Siedlung erscheinen heute weniger bedeutungsvoll, werden zwar implizit noch anerkannt, aber doch nachdrücklich ergänzt um die Definitionsmerkmale „Differenziertheit", „Pluralität" und „Widersprüchlichkeit". Nicht mehr eine „harmonische", klar abgrenzbare, dauerhafte Siedlungseinheit steht also im Vordergrund der Definition. Das Bild der Stadt ist lebhafter geworden; es zeigt den Wandel von empirisch nachvollziehbaren Größen hin zu einer Lebensform bzw. deren räumlich-baulichem Ausdruck.

2. Die Unverwechselbarkeit der Stadt als Siedlungsgebilde

„Das Herzstück einer Stadt ist das Zentrum, und das ist die ‚gute Stube' für alle Bewohner einer Stadt. Und wie sich jeder Private sein Wohnzimmer mit besonderer Sorgfalt einrichtet, so sollte auch die Stadt ihr Zentrum ‚einrichten' " (Lothar Juckel, Berlin).

Nach der Wertung vieler Experten ist die Stadtgestaltung heute zu einem zentralen Thema in der Stadtplanung geworden. Dabei wird angenommen, daß die Bemühungen um die Stadtgestalt dem Bedürfnis der Bewohner einer Stadt nach einer real erfahrbaren Begrenzung und Unverwechselbarkeit ihres Lebensraumes dienen. Die Ausbildung der Unverwechselbarkeit der Stadt erscheint notwendig zur Förderung der Identifikation der Bürger mit ihrem Wohnort. Die erwähnte Kritik am Städtebau der Nachkriegszeit, die unter anderem gegen die Gleichförmigkeit der Baumaßnahmen in den Städten und den neuen suburbanen Räumen gerichtet war, spielte in fast allen Gesprächen eine Rolle und gab Anlaß zu kritischen Distanzierungen. Eine Konsequenz, die aus diesen Fehlentwicklungen gezogen wird, ist in dem Bemühen zu sehen, die den Städten je eigene Individualität besser zu entwickeln und mit ihren Besonderheiten herauszustellen. Dies betrifft die Unverwechselbarkeit der einzelnen Stadt; darüber hinaus wurde aber auch betont, daß die Stadt an sich als ein eigenständiges Siedlungsgebilde gegenüber anderen, nicht-städtischen Siedlungsformen deutlicher abzugrenzen sei. Hierzu äußerte sich ein verantwortlicher Stadtplaner wie folgt: „Wie kann man ‚Tore‘ in der Stadt wieder entwickeln? Das sind keine Stadttore im traditionellen Sinne, sondern Bauanlagen, die z. B. aufgrund einer bestimmten Dichte signalisieren, daß man in eine Zone mit einem veränderten baulichen Maßstab überwechselt" (Egbert Kossak, Hamburg).

Andere Experten warnen vor einem stadtgestalterischen Übereifer. Dazu einige Stimmen: „Wir müssen schnell durch die Phase durchkommen, wo man schöne Kulissen aus den Städten macht. Die Bundesrepublik ist in Gefahr, ein Staat zu werden, in dem ganz moderne Technologien und Ideen verfolgt werden, wo es aber aussieht wie bei ‚Schneewittchen‘ " (Hanns Adrian, Hannover). Ähnlich äußerten sich Gerhard Richter („Imagepflege kann vieles verschleiern und notwendige Auseinandersetzungen zurückdrängen") und Ulfert Herlyn: „Ich bin gegen jede Imageverbesserung, wenn sie nicht substantiell auch den Gegenstand selbst verändert. Imageverbesserung, ohne real die Bedingungen zu verbessern, ist Augenwischerei."

V. Aktuelle Planungsprobleme

1. Kontext der gegenwärtigen Stadtplanung

Die Stadtentwicklung der achtziger[40] und der folgenden Jahre steht unter neuen Bedingungen: die wirtschaftliche Entwicklung ist sektoral rückläufig. Die demographische Entwicklung ist ebenfalls weiterhin stark abnehmend, mit regional und stadtspezifisch sehr unterschiedlichen Auswirkungen. Die kommunalen Haushalte sind stark belastet, nicht zuletzt durch die relativ

---

[40] Vgl. Rüdiger Göb, Stadtentwicklung 1982: Rotstift oder neue Perspektiven?, in: Archiv für Kommunalwissenschaften, (1982) 21; Hartmut Häußermann/Walter Siebel, Die Chancen des Schrumpfens. Plädoyer für eine andere Großstadtpolitik, in: Die Zeit, Nr. 13, 22.3.1985; Jürgen Friedrichs (Hrsg.), Die Städte in den achtziger Jahren. Demographische, ökonomische und technologische Entwicklungen, Opladen 1985.

hohen Aufwendungen, die infolge der Arbeitslosigkeit notwendig werden. Ungewißheit herrscht über den Einfluß der technologischen Entwicklung; insbesondere die Auswirkungen der neuen Kommunikationstechniken auf die Stadtentwicklung lassen sich nur spekulativ abschätzen. Wie bereits hervorgehoben, steht nicht mehr die Stadtentwicklung – im Sinne von Wachstum – im Vordergrund der Aufgabenstellung der Planer, sondern vielmehr die Stadtentwicklung im Sinne von Stadtumbau, Nutzungsänderungen und Bestandserhaltung vorhandener Infrastruktureinrichtungen.

Es hat sich aber mittlerweile auch gezeigt, daß die anstehenden Aufgaben „nicht eigentlich neu sind in dem Sinne, daß sie vorher nicht bestanden hätten. Neu ist aber, daß vor dem Hintergrund neuer Werthaltungen und geänderter politischer Prioritäten, die Dringlichkeit der Aufgaben und die Bereitschaft sie anzugehen, aber auch die Kenntnisse über wichtige Zusammenhänge vor allem zwischen den Lebensbedürfnissen des Menschen und der gebauten Umwelt erheblich zugenommen haben"[41].

Seit dem Ende der siebziger Jahre ist eine Desillusionierung bezüglich den Leistungen einer umfassenden und weit vorausschauenden Planung eingetreten: „Dem Scheitern vieler großmaßstäblicher Planungen folgte eine gewisse Ernüchterung und eine Hinwendung auf kleinräumige – zumeist innerstädtische – Bereiche" (Martin Einsele, Karlsruhe). Die Planung wurde dadurch auch in gewisser Weise „einfacher", überschaubarer. Durch die Maßstabsverkleinerung glaubte man auch eine Reduktion der Komplexität erreicht zu haben, die die Zusammenarbeit verschiedener Disziplinen in größeren Planungsgruppen nicht mehr zwingend erforderlich macht. In den sechziger und siebziger Jahren waren große Planungsbüros und -ämter gegründet worden, die damals als besonderes Kennzeichen ihre Interdisziplinarität hervorhoben. Heute haben diese Büros oder Ämter (falls sie noch bestehen) diese Interdisziplinarität weitgehend verloren und beschränken sich auf spezifische Aufgaben, zumeist auf die traditionelle Objektplanung.

Langfristige und großräumige Konzeptionen scheinen nur noch schwer durchsetzbar zu sein. Große Planungs-Bauaufgaben sind nicht in Sicht. „Heute müssen wir uns einstellen auf die Stagnation, auf den Rückgang, auf die Aufwertung des Bestandes – also keine geringfügige Erweiterungen in einzelnen Stadtteilen, so daß die Infrastruktureinrichtungen in den Stadtteilen tragfähig erhalten werden können" (Egon Martin, Karlsruhe).

Die in den sechziger und siebziger Jahren entstandene integrale Gesamtaufgabenplanung wurde immer mehr ausgedünnt: „Der Städtebau hat seine integrierende Funktion verloren ... Die Gesamtaufgabenplanung ist überall aufgegeben worden, und übrig blieb die Stadtentwicklungs-

---

[41] Rolf-Peter Löhr, in: Neue städtebauliche Aufgaben. Schriftenreihe „Städtebauliche Forschung" des Bundesministers für Raumordnung, Bauwesen und Städtebau, Bonn 1986, S. 1.

planung mehr oder minder als eine Form der räumlichen Planung" (Rüdiger Göb, Köln). Die in den sechziger und beginnenden siebziger Jahren konzipierten Stadtentwicklungspläne werden nicht mehr fortgeschrieben. Dort, wo es heute noch „Stadtentwicklungsämter" gibt, fallen ihnen Aufgaben zu, für die sich die übrigen Fachplanungsabteilungen nicht zuständig halten.

Der Ansatz einer Gesamtplanung war in einer Zeit entwickelt worden, als der Glaube an ein nahezu unbegrenztes wirtschaftliches und damit auch städtisches Wachstum noch unbeirrt war. Heute weiß man um die „Grenzen des Wachstums" in allen Planungs- und Entwicklungsbereichen. Von den vielen Expertenäußerungen hierzu sei die von Karl Ganser (Düsseldorf) hervorgehoben: „Eine Wirtschaftspolitik und auch eine Stadtpolitik, die glaubt, ein unbegrenztes Wachstum einrichten zu können und die Stadtentwicklung als Wachstumsmotor einsetzen will, wird sich nicht als tragfähig erweisen."

Unter diesen geänderten Bedingungen bekommt Planung – wie die Leitbild-Diskussion – einen anderen Stellenwert. Dies geht aus folgenden Äußerungen sehr deutlich hervor: So wird die gegenwärtige Situation ausdrücklich als Chance gesehen, Planung qualitativ zu verbessern: „In den vergangenen 30 Jahren wurden, der Not gehorchend, auch viele unausgegorene Dinge realisiert, weil man nicht genug Zeit hatte, vernünftig zu planen. Jetzt wäre es an der Zeit, in Ruhe zu planen und sich zu überlegen, was man wo machen will. Und es wäre notwendig, eine politische Kraft zu entwickeln, die dann auch stark genug sein könnte, eine solche Planung mit langem Atem zu vertreten, selbst wenn über Jahrzehnte hin nichts Sichtbares passiert" (Friedrich Spengelin, Hannover).

Neben dem nachlassenden „Planungsdruck" wird zum einen in der „Kleinteiligkeit" der Planung, zum ahderen in den knapper werdenden Ressourcen eine Chance zu ihrer Verbesserung gesehen: „Gerade wenn die Aufgaben kleiner werden und die öffentlichen Investitionen sinken, wird es um so wichtiger, zu wissen, wo diese eingesetzt werden sollen und mit welchen Prioritäten. Das aber ist nur möglich, wenn man eine Gesamtvorstellung hat, die man dann auch politisch durchsetzen können sollte" (Albert Speer, Frankfurt/Kaiserslautern). Auch Gerd Albers (München) hat die Notwendigkeit einer intensiveren Planungstätigkeit, gerade unter „Schrumpfungsbedingungen", mehrfach betont: „Mehr Planung soll heißen, nicht so sehr eine ambitionierte Planung, als vielmehr das detaillierte, sorgfältige Nachdenken über kleine Dinge. In einer Situation, in der wenig wirtschaftliche Kräfte zur Verfügung stehen, um die Stadt zu bewegen, muß man sich intensiver mit den Fragen befassen, wie man positive Entwicklungen per Planung initiieren könne. Der Anspruch an individuelle sinnvolle Entscheidungen und die Ablehnung von ‚Planungen vom grünen Tisch' führen zu mehr Planung. Will man heute für ein kleines Baugebiet planen, so braucht man einen Arbeitsstab, der so groß ist und so intensiv beschäftigt ist, wie dies früher für einen ganzen Stadtteil nötig war. Die stärkere Orientierung am Bestand macht diese intensivere Beschäftigung notwendig."

2. Rechtliche Bedingungen der Planung und die Bodenfrage

Die Diskussion der rechtlichen Bedingungen der Stadtplanung ist in jüngster Zeit angeregt worden im Zusammenhang mit den Vorarbeiten zum Entwurf eines neuen Baugesetzbuches[42], dessen Ziel die „Zusammenfassung der rechtlichen Grundlagen des Städtebaus in einem einheitlichen Gesetzeswerk" ist, d. h. die „Gesamtnovellierung des Städtebaurechtes"[43]. Das vorhandene Rechtsinstrumentarium war als zu verwaltungsaufwendig und kompliziert kritisiert worden. Bundesbaugesetz und Städtebauförderungsgesetz sollen nunmehr zusammengefaßt werden, um eine Vereinfachung der Verfahren zu erreichen: Bauen soll leichter möglich sein.

Viele, die von dem Gesetzentwurf eine Reform des Städtebaurechtes erhofft hatten, zeigen sich heute enttäuscht. Sie hatten mehr als nur Verfahrensvereinfachungen und Streichungen von Paragraphen erwartet. Nach dem mehrheitlichen Urteil der Experten werden Fragen der Bodennutzung und deren Beeinflussung durch die Planung eine neue Brisanz erhalten. Dabei spielen weniger die Probleme der Spekulation um die Bodenpreise eine Rolle, als vielmehr die neuen Aufgaben des Bodenschutzes, der Flächenrückgewinnung usw. Diese machen das Wiederaufgreifen der Bodenfrage dringend erforderlich.

Die Bodenfrage als schon klassisch zu nennendes Thema der Stadtplanung wurde in unserer Befragung eher heruntergespielt, auch wenn die Spekulation um den knappen Boden den Absichten einer integralen Stadtplanung oft genug im Wege stand. Inzwischen sehen die Planer die „klassische Bodenfrage" als weniger bedeutsam an, weil sie gelernt haben, sich mit den Bedingungen des Marktes zu arrangieren. Die vorhandenen rechtlichen Eingriffsmöglichkeiten werden als hinreichend angesehen, auch wenn oft bedauert wird, daß die Gemeinden Möglichkeiten der städtischen Bodenpolitik nicht genügend nutzen. Mit einer einschneidenden Änderung des Bodenrechtes rechnet in absehbarer Zukunft ohnehin niemand.

---

[42] Vgl. verschiedene Beiträge, z. B. von Egbert Kossak, Rüdiger Göb u. a. in Heft 85 (1985) der Stadtbauwelt.

[43] Der Bundesminister für Raumordnung, Bauwesen und Städtebau, Baugesetzbuch. Informationen zum Gesetzesentwurf der Bundesregierung, Bonn-Bad Godesberg 1985.

3. Bürgerbeteiligung als Element der Stadtentwicklung

Zu den geänderten Kontextbedingungen der Stadtentwicklung muß auch gezählt werden, daß sie nicht mehr nur als Aufgabenfeld professioneller Spezialisten gelten kann. Es ist heute unbestritten, daß Stadtplanung ein politischer Prozeß ist, auf den die verschiedensten Gruppen der Bevölkerung Einfluß nehmen. Die Bürgerbeteiligung ist mittlerweile zu einem weitgehend akzeptierten Bestandteil im Planungs- und Entscheidungsprozeß geworden: „Wir haben die Erfahrung gemacht, daß man mit den Betroffenen zusammen durchaus einen Konsens herstellen kann, was allerdings häufig zu Lasten der Verwertungsinteressen geht. Dieser Konsens kann zu einer viel rascheren, positiveren Lösung führen, als wenn man den Betroffenen nicht fragt oder über seinen Kopf hinweg entscheidet" (Hardt-Walter Hämer, Berlin). Besonders auf Stadtteilebene oder auf der Ebene des Bebauungsplanes wird die Beteiligung der Bürger als notwendig angesehen. In ihrem unmittelbaren Wohnumfeld und Lebensbereich haben die Bürger einen Informationsstand, den die Planer nutzen können. Als problematisch wird die Bürgerbeteiligung für umfassendere und längerfristige städtische Planungsprobleme angesehen: „Die Bürgerbeteiligung ist an kurzfristigen Zielen orientiert erfolgreich gewesen; für längerfristige Stadtentwicklungsziele ist sie nur schwer als ein tragendes Element in die Stadtplanung einzubauen" (Ferdinand Stracke, Braunschweig).

Als weiteres Problem der Bürgerbeteiligung werten viele Planer, daß sich hieran die Betroffenengruppen sehr unterschiedlich beteiligen. Oft seien dort in der Mehrzahl jene vertreten, die sich gut artikulieren können und nur ihre Sonderinteressen im Blick haben. Darum sehen sich manche Planer zunehmend in der Rolle der „Anwälte" jener, die sich nicht lautstark zu Wort melden.

4. Wohnungsbau, Verkehrs- und Freiflächenplanung

Wie erwähnt, ist die Neubautätigkeit im Wohnungsbau und damit die Bedeutung des Wohnungsbaus als Element der Stadtentwicklung stark zurückgegangen. Dennoch wird der Wohnungsbau weiterhin als wichtig angesehen, weil die geringe Zahl der noch zu bauenden Wohnungen nun mit besonderer Sorgfalt über das Stadtgebiet verteilt werden muß: „Wenn pro Jahr in Hamburg nur noch 1000 Wohnungen im sozialen Wohnungsbau zu verteilen sind, dann muß sehr genau überlegt werden, wohin diese Wohnungen kommen, und zwar unter dem Kriterium: Wo schaffe ich mit dieser Wohnung nicht nur eine Unterkunft für eine Familie, sondern wo kann ich darüber hinaus auch für die Stadtteilstruktur einen positiven Beitrag leisten" (Christian Farenholtz, Hamburg).

Ähnlich wie der Wohnungsbau hatte die Verkehrsplanung in den sechziger und siebziger Jahren eine überragende Bedeutung für die Stadtentwicklung. Nicht wenige Städte sind von der Idee der „Verkehrstüchtigkeit" geprägt. Das Durchfahren dieser Städte ist kaum behindert, aber das Verweilen erscheint um so schwerer. Nach Ansicht der Experten gewinnt für die Verkehrsplanung der Begriff „Rückbau" weiter an Bedeutung: Überdimensionierte Straßenbaumaßnahmen werden zurückgenommen; die noch notwendig zu bauenden Trassen und Ergänzungen werden stärker in die örtliche Situation eingebunden, allerdings mit der Konsequenz von viel höheren Kosten.

Die Probleme des Individualverkehrs werden weiter die Stadtplanung beschäftigen, da diesbezüglich keine Änderung der Werthaltungen abzusehen ist. Stellvertretend für die Einschätzungen hinsichtlich des Autoverkehrs: „Wir werden in absehbarer Zeit mit dem Auto leben müssen. In den großen Städten werden die Massenverkehrsmittel noch ausgebaut, aber der noch verbleibende Autoverkehr kann von den öffentlichen Verkehrsbetrieben nicht mehr aufgenommen werden. Für die Erschließung der Fläche in den Randbereichen und in kleinen Städten wird es für das Auto auf absehbare Zeit keine Alternativen geben" (Fred Angerer, München).

Die Behandlung von Freiflächen und Brachflächen ist ein wichtiges Thema geworden. Das Bewußtsein um die Erhaltung der noch vorhandenen Flächen innerhalb und am Rande der Städte ist gestiegen. Es gibt die Vorstellung, daß man aus Rücksicht auf die noch vorhandenen Flächen im Umland der Städte innerhalb der Städte „nachverdichten" solle. Andererseits plädierten die Experten mehrheitlich dafür, daß man einige der innerstädtischen Freiflächen einfach „liegen lassen" sollte. Wenn auch der Druck über die Baulandpreise sehr groß ist, sollten doch Freiflächen als Reserven und zur Regeneration und Regulation des Klimahaushaltes der Städte erhalten bleiben. Für die Durchsetzung einer solchen Freiflächenpolitik wird als Problem gesehen, daß die Gleichwertigkeit von ökologischer und ökonomischer Nutzung noch nicht gegeben ist. Eine etwas andere Sichtweise vertreten die Experten im Hinblick auf die Behandlung von Freiflächen oder Reserveflächen in bestehenden Gewerbegebieten. Diese sollten aufgefüllt werden, um die Neuerschließung von Gewerbegebieten im Umland zu vermeiden. Dazu seien Förderprogramme erforderlich, die die Behandlung von Altlasten (Bodensanierung) mit Ansiedlungsprogrammen verbinden; d. h. die Wirtschaftsförderung sollte in enger Abstimmung mit der Freiflächenplanung geschehen.

5. Zur Bedeutung der wirtschaftlichen und technologischen Entwicklung für die Städte und Gemeinden

Die wirtschaftliche und technologische Entwicklung der jüngsten Vergangenheit scheint bereits ihre Folgen in einem Süd-Nord-Gefälle deutlich werden zu lassen[44]. Für die Mehrzahl der Experten steht aber außer Frage, daß die Erscheinungen, die mit dem Schlagwort „Süd-Nord-Gefälle" bezeichnet werden, nicht regional begrenzt bleiben. Sie sehen für die weitere Zukunft die Planung der „Schrumpfung" als ein allgemeines Problem, das nicht nur die norddeutschen Städte betrifft und für das es bislang noch keine Lösungsstrategien gibt. Wenn es gelänge, Konzepte für die Planung der „Schrumpfung" zu entwickeln, dann hätten gerade jene heute benachteiligten Regionen und Städte bessere Chancen für die Zukunft als jene, die sich „noch" mit den Problemen des wirtschaftlichen Wachstums befassen.

Die wirtschaftliche Entwicklung der Städte läßt sich per Stadtplanung kaum beeinflussen. Direkter Einfluß ist aufgrund der geringen städtischen Investitionsmittel minimal und Ansiedlungs- und Umstrukturierungsentscheidungen der Betriebe treffen den städtischen Arbeitsmarkt relativ unbeeinflußt durch stadtplanerische Bemühungen. Eine kleine Chance der Einflußnahme sehen die Planer in der Förderung eines differenzierten Arbeitsmarktes. Es hat sich gezeigt, daß dieser wichtig ist zur Verhinderung von monostrukturellen Entwicklungen, die die Städte in einseitige Abhängigkeitsverhältnisse führen und sie der wirtschaftlichen Wohlfahrt des dominanten Sektors ausliefern. Die Sicherung der Existenz und der Entwicklungsfähigkeit von Klein- und Mittelbetrieben wird als eine vorrangige Aufgabe angesehen.

Der Einfluß der technologischen Entwicklung auf die Städte[45] erscheint primär im Zusammenhang mit der wirtschaftlichen Entwicklung, d. h. also mit den Folgen der Technologie für den städtischen Arbeitsmarkt relevant zu sein. So wurde und wird viel darüber spekuliert, welche unmittelbaren stadträumlichen Auswirkungen die „mikroelektronische Revolution" auf die Veränderung des städtischen Siedlungs- und Nutzungsgefüges haben könnte. Man glaubte, daß technologische Neuerungen so weitreichende Folgen für die Arbeitsplatzstrukturen hätten, daß z.B. durch die Zunahme von „Computer-Heimarbeitsplätzen" die Trennung von Wohnen und Arbeiten weitgehend aufgehoben werden könnte. Heute sind die Experten in der

---

[44] Vgl. Jürgen Friedrichs/Hartmut Häußermann/Walter Siebel (Hrsg.), Süd-Nord-Gefälle in der Bundesrepublik?, Opladen 1986.

[45] Dietrich Henkel und Erwin Nopper, Einflüsse der Informationstechnologie auf die Stadtentwicklung, in: Jürgen Friedrichs (Hrsg.), (Anm. 40), 1985, S. 196–213.

Mehrzahl der Ansicht, daß solche Erwartungen überzogen waren und daß die raumwirksamen Folgen der technologischen Entwicklung überschätzt werden.

Demgegenüber ist aber deutlich geworden, daß Veränderungen des Arbeitsmarktes die Stadtentwicklungsplanung sehr wohl betreffen. Rationalisierungen und Umstrukturierungen in den Betrieben reduzieren in der Regel die Arbeitsplätze oder stellen neue Anforderungen an die Arbeitskräfte. Technologiebedingte Arbeitsplatzverluste und veränderte Qualifikationsansprüche sind Folgen der neuen Technologien, deren Abschätzung und Bewältigung mit zu den wichtigsten künftigen kommunalen Aufgabenfeldern gehören.

IV. Ökologischer Städtebau – ein neues Leitbild?

Die kurze Übersicht über die Wandlungen der Leitvorstellungen für die Stadtentwicklung seit 1945 kann – auch nach der Einschätzung der hierzu befragten Experten – heute nicht um ein allgemein gültiges Leitbild ergänzt werden. Die Vielfalt der Probleme und die Differenziertheit der Problemlagen – je nach Bundesland, Region, Stadt – läßt dies nicht zu. Aber es sind Grundhaltungen deutlich geworden, die die Problemgewichtung beeinflussen und möglicherweise auch die Praxis der Stadtplanung zunehmend bestimmen.

„Wir denken heute mehr an Recycling, auch wenn wir es bisher noch nicht in allen Bereichen realisieren können" (Martin Daub, Berlin). Unabhängig von der konkret-stadtplanerischen, städtebaulichen Ebene ist der Begriff „Ökologie" bedeutungsvoll geworden: „Die Ökologie ist keine Sondersparte im Städtebau; sie ist eine verschärfte Grundforderung, die wir an alles stellen" (Klaus Humpert, Stuttgart). Die große Bedeutung dieser Grundhaltung resultiert aus der tiefen Einsicht in die Begrenztheit der Ressourcen: „Man weiß heute, daß die Städte, so wie sie bestehen, nicht dauerhaft sein können. Es wird Raubbau getrieben; es werden mehr Rohstoffe importiert, als nachwachsen können, und es werden große Mengen von Abfall exportiert, die nicht wiederverwendbar sind ... Man muß darauf achten, daß der Bestand der Städte die biologischen Ressourcen in geringerem Maße in Anspruch nimmt" (Hanns Adrian, Hannover). In vielen Gesprächen kam deutlich zum Ausdruck, daß die Ökologie zwar als ein „Wert" anerkannt ist, daß aber nicht daraus folgend ein Leitbild „ökologischer Städtebau"[46] formuliert werden könnte oder sollte. Es wird befürchtet, daß ein solches Leitbild allzu schnell zu „verkürzten" Maßnahmekatalogen führen könnte, daß Ökologie z. B. reduziert würde auf

---

[46] Margit Kennedy (Hrsg.), Öko-Stadt, 2 Bände, Frankfurt 1984.

„mehr Grün", „bessere Luft", „weniger Bauland" oder „biologisches Bauen". „Wer heute von der ökologischen Stadt schwärmt und dazu ein Lehmhaus vorführt, den kann ich nicht ernst nehmen..." (Hanns Adrian, Hannover). „Ökologie ist viel mehr, als da und dort ein paar Bäume zu pflanzen und hier ein paar Flächen vor der Bebauung zu bewahren" (Rüdiger Göb, Köln).

Es scheint nun so, daß wir gegenwärtig zwar kein städtebauliches Leitbild mit klaren Zielvorgaben und strukturellen Weisungen auffinden können; es gibt aber ohne Zweifel ein sehr starkes, auf die humane, auch auf die schöne Stadt bezogenes Engagement, das weitere qualitative Verbesserungen unserer Städte erwarten läßt.

Stadt und Kultur

Vorbemerkung

Ohne Frage gehören die Begriffe „Stadt" und „Kultur"[1] sowohl alltagssprachlich wie in der Terminologie der Kultur- und Sozialwissenschaften, unter Einschluß der Geschichte, zu den komplexesten Phänomenen der menschlichen Lebenswelt. Daher wird hier weder beansprucht noch beabsichtigt, Stadt und Kultur vorab zu definieren oder eine bestimmte, für das gestellte Thema relevante Eingrenzung vorzunehmen. Stadt und Kultur sind Prozeß-Begriffe, bei denen Formen und Typen oder auch „Figurationen" (Norbert Elias) des Wandels immer mitgedacht werden müssen. Hinzu kommt, daß die Wechselwirkungen zwischen beiden Phänomenen so eng sind, daß das eine – die Stadt – nicht ohne das andere – die Kultur – gedacht werden kann. Was hier zur Explikation der Begriffe und zum wechselseitigen Zusammenhang der Phänomene geleistet werden kann, soll sich darum aus den nachfolgenden Analysen, nicht aus vorgängigen Definitionen ergeben.

Nur als Orientierungshilfe im Hinblick auf den gerade in Deutschland so umstrittenen Kulturbegriff[2] sei aus einem Referat von Peter Schöller über *Formen und Schichten kultureller Stadt-Land-Beziehungen* zustimmend zitiert, daß mit Kultur nicht allein die Erzeugnisse der höheren geistigen Kultur gemeint sind, sondern der „Gesamtbereich des menschlichen Lebens in geistiger und materieller Hinsicht, der sich von der rein ökonomischen, struktur-sozialen und verwaltungsorganisatorischen Ebene abhebt" (Schöller 1978, S. 30).

---

[1] Zur gegenwärtigen Diskussion um den Kulturbegriff bzw. eine soziologische Theorie der Kultur vgl. Wolfgang Lipp und Friedrich H. Tenbruck (Hrsg.) 1979; Friedhelm Neidhardt, M. Rainer Lepsius und Johannes Weiss (Hrsg.) 1986; Richard Münch 1986; Hans Peter Thurn 1976.

[2] Vgl. Norbert Elias, Zur Soziogenese des Gegensatzes von „Kultur" und „Zivilisation" in Deutschland (Elias 1976, S. 1–42).

I. Historische Dimensionen von Stadt und Kultur

1. Antike, Mittelalter, Frühe Neuzeit

„Die Erkenntnis, daß Kultur und Stadt einander bedingen, ist nicht neu. In allen Epochen war die weitere Entwicklung der Kultur an das Vorhandensein der Stadt gebunden" (Sauberzweig 1986, S. 1). Ohne Zweifel gab und gibt es stadtlose Kulturen, wie in der Antike die spartanische[3] und noch zweifelsfreier ist die Stadt selbst ein Stück Kultur, eine vor ca. zehntausend Jahren auftretende Innovation in der Menschheitsgeschichte, die dann, einmal hervorgebracht, den Kulturverlauf entscheidend prägen sollte. Ob man so weit gehen kann wie Alexander Rüstow (1950, S. 262), der in einer bekannten Definition alle Hochkultur als Stadtkultur hingestellt hatte, darf hier unentschieden bleiben.

Schon Oswald Spengler (1972, S. 656ff.) hatte zuerst in seinem 1948 erschienenen Werk *Der Untergang des Abendlandes* in dem mehr intuitiven als analytischen Kapitel über „Städte und Völker" bzw. im Unterkapitel „Die Seele der Stadt" die „in ihrer vollen Bedeutung nie gewürdigte Tatsache" hervorgehoben, „daß alle großen Kulturen Stadtkulturen sind". Nach Spengler ist der „höhere Mensch des zweiten Zeitalters ein städtebauendes Tier" (im ersten Zeitalter war er ein „schweifendes Tier"); fortan sei die Weltgeschichte „die Geschichte des Stadtmenschen" gewesen. – Auch viele andere Aussagen in diesem Kapitel zeigen Spenglers Fähigkeit, in großen Linien und Zusammenhängen zu denken. Was er skizziert, ist – auch wenn es unwiderlegbar scheint – mit Methoden der empirischen Sozialwissenschaft analytisch nicht beweisbar. Gleichwohl sei abschließend eine kurze Passage wiedergegeben, weil sie auf hier wichtige Zusammenhänge verweist: „Die bloßen Namen Granada, Venedig, Nürnberg zaubern sofort ein festes Bild heraus, denn alles, was eine Kultur hervorbringt an Religion, Kunst und Wissen, ist in solchen Städten entstanden. Die Kreuzzüge entsprangen noch aus dem Geist der Ritterburgen und ländlichen Klöster, die Reformation ist städtisch ...; das Drama, in dem das wache Leben sich selbst prüft, ist Stadtpoesie, und der große Roman, der Blick des befreiten Geistes auf alles Menschliche, setzt die Weltstadt voraus."

Die Stadt in ihren Anfängen und ihrer Geschichte war immer ein Ort der Zentralisierung; zunächst vor allem von Kulten, religiösen Bräuchen und entsprechend von Sakralarchitektur. Die ersten Städte[4], soweit wir

---

[3] Der Hinweis auf die stadtlose Kultur Spartas findet sich bei Lewis Mumford, 1979, Bd. 1, S. 56.

[4] Über die Ursprünge der Stadtgründungen und ihre Bedeutung als Kultstätten vgl. Heide Berndt 1978; Karl J. Narr und Wolfram von Soden 1979.

Kunde haben, bargen und bewahrten nicht nur das Heilige, sondern waren selbst heilig. Jerusalem ist es in seinem Selbstverständnis und in dem von drei Weltreligionen bis auf den heutigen Tag (Konzelmann 1987), und Rom ist – zumindest den Katholiken – immer noch die Ewige Stadt.

Andere Funktionen und Zentralisierungen lagerten sich an oder waren von allem Anfang an mit der Stadt verbunden: Königtum, Regierung, Militär, die ersten Schulen und Akademien, die Ausbildungsstätten der Priester und Priesterinnen, die vielen Kunsthandwerke usw. Einen herausragenden Stellenwert nimmt die Stadtarchitektur ein: sie symbolisiert das Heilige, aber auch Macht – und sie ist in ihrem Erscheinungsbild über Jahrhunderte und Jahrtausende hin das sichtbarste Zeichen von Stadtkultur und ihrer Kontinuität.

Hier kann diese Geschichte nicht im einzelnen verfolgt werden, schon gar nicht für die verschiedenen Weltreligionen mit ihren frühen städtischen Zentren und den von ihnen geprägten Kulturen. Sie seien nur kurz erwähnt, um zu zeigen, daß es sich bei der Stadt von Anfang an um ein weltweites Phänomen handelte (Chandler und Fox 1974; Schäfers 1977), wenn es auch bis weit in die Zeit des Industriezeitalters hinein sehr unterschiedliche Schwerpunkte der Städtehäufigkeit und der Differenzierung von Stadtkultur gab. (Die Fragen der wechselseitigen Beeinflussung früher vorderasiatischer und ägyptischer, indischer und chinesischer, mittelamerikanischer und südostasiatischer Stadtkulturen sind immer noch nicht geklärt und dürften auch sehr schwer zu klären sein.)

Stadt- und Kulturentwicklung sind – betrachten wir nur den europäischen Raum bis zum Niedergang des Städtewesens in der Völkerwanderungszeit – so eng miteinander verknüpft, daß nur aus analytischen Gründen eine isolierte Betrachtung erlaubt ist. Ebensowenig läßt sich das Henne-Ei-Problem bei der Frage lösen, ob die Entwicklung eines bestimmten urbanen und d. h. stadtspezifischen Verhaltens eine bestimmte Stadtkultur zur Voraussetzung hat, oder diese hervorbringt. Hier wie bei allen anderen Fragen ist in Kategorien der Wechselseitigkeit, Langfristigkeit und damit des Prozeßhaften zu denken.

Urbanität und urbanes Verhalten[5] im Zusammenhang des gestellten Themas zu erwähnen, ist deshalb erforderlich, weil gerade hierbei Voraussetzungen und Ergebnisse eines langen Entwicklungsprozesses mitzudenken sind, die Dimensionen von Stadt, Kultur und bestimmten Verhaltensweisen, Normen und Werten prototypisch hervorzuheben: Urbanität kommt einer Stadt nur zu auf einer bestimmten Stufe der kulturellen Entwicklung, die bestimmte bauliche Arrangements, öffentliche Plätze usw., ebenso voraussetzt wie eine korrespondierende Stilisierung und Kultivierung des Verhaltens. In

---

5   Zum Begriff Urbanität vgl. Sauberzweig 1986, Mörth 1986, Glaser 1974, Schneider-Kuszmierczyk 1986.

Europa dürfte Athen das erste Beispiel einer entsprechenden Stadtkultur gewesen sein. Die Begriffe Urbanität und urbanes Verhalten sind deshalb brauchbare Begriffe sowohl der Stadt- wie der Kultursoziologie, weil sie eine bestimmte Stadtgestalt sowie in ihr entwickelte typische Verhaltensmuster und Standards der geistigen und kulturellen Orientierung und Normierung in einen engen Zusammenhang bringen.

Daß sehr unterschiedliche Stadtkulturen auch sehr unterschiedliche Formen an Urbanität hervorbringen, konnte Marco Polo, der weltreisende Venezianer, bereits im 13. Jahrhundert in chinesischen Millionenstädten feststellen. Seine Beschreibungen und die vorangegangener und nachfolgender Geschichtsschreiber und Stadterkunder könnten von der Antike bis zur Gegenwart ein höchst komplexes Bild der sich wandelnden Kulturen und Zivilisationen im Spiegel der jeweiligen Städte liefern. Bekannte Darstellungen der Stadt- und Architekturentwicklung enthalten hierzu ein reiches Material, auch wenn keine Darstellung bekannt ist, die den Zusammenhang von Stadt- und Kulturentwicklung in einem historischen und interkulturellen Vergleich ins Zentrum rückt.

Die Frage nach Kontinuität der antiken Stadtgründungen oder einem völligen Neubeginn der mittelalterlichen Stadt seit dem frühen 11. Jahrhundert in zahlreichen Ländern Europas ist weiterhin strittig (Stoob 1979). Sie ist schon deshalb schwer zu beantworten, weil z. B. mit Córdoba und Toledo in Spanien, mit Venedig oder Byzanz/Konstantinopel außerordentlich große, kulturell bedeutsame und ganze Kulturepochen und Stadtkulturen symbolisierende Metropolen zwischen den großen Kulturepochen der Antike und dem frühen Mittelalter stehen. Zumal Byzanz und Venedig treten in dieser Hinsicht das Erbe Roms an, der einzigen und einzigartigen *urbs*. Die Stadt selbst ist Ausgang und Zentrum einer besonderen Kultur und Herrschaftsform und im Falle Venedigs bis auf den heutigen Tag ein Kunstwerk: Stadt und Kultur in einer wechselseitigen Durchdringung, Steigerung und Apotheose, die im Kult, den die Serenissima schließlich mit sich selbst trieb, gipfelte.

Venedig ist auch in anderer Hinsicht ein frühes Beispiel für die religiöse Stadtkultur des Mittelalters: Seitdem man sich im Jahre 829 in den Besitz der Gebeine des Hl. Markus gebracht hatte, war ein kulturelles Zentrum von außerordentlicher Wirksamkeit und Bedeutung entstanden. Ähnlich war es in Paris, wo Notre Dame an der Stätte uralter Kulte steht.

Ein Charakteristikum der mittelalterlichen Stadtkultur ist noch hervorzuheben: Die mittelalterliche Kunst und Kultur geht im Frühstadium von den Klöstern aus (wobei hier auf die Frage, inwiefern in ihnen Überlieferungen antiker Stadtkultur lebendig gehalten wurden, nicht eingegangen werden kann). Mittelalterliche Stadtkultur entwickelte sich zunächst in Konkurrenz und Auseinandersetzung mit der auch territorial so mächtigen Klosterkultur. Daß auch die Anlage mittelalterlicher Städte sich um ein geistig-religiöses Zentrum gruppierte, mit dem Stadtheiligen als Mittelpunkt des religiösen Lebens, ist noch heute an der Mehrzahl aller Städte abzulesen, die sich in ihrer Bausubstanz, Straßenführung und Platzgestaltung das mittelalterliche Gepräge bewahrt haben. Natürlich darf man bei der Betrachtung der Stadtkultur bzw. des Zusammenhangs von Stadt und Kultur im Mittelalter nicht nur an die religiös geprägten Strukturen, Alltagskulturen und Verhaltensweisen denken; man übersähe sonst die ökonomische Bedeutung der Städte als Marktorte und Zentren von Handelswegen (Weber 1964) und die so wichtige Kultur der Rechtsentwicklung, der mittelalterlichen Kleiderordnung, des Münzwesens und all jener Errungenschaften, die die „Kultur des Frühkapitalismus" – sofern dieser Ausdruck nicht falsch verstanden wird – prägen: vom Bankwesen und der doppelten Buchführung bis zu neuen Handelsgesellschaften und Städtebünden (von denen die Hanse der berühmteste ist). „Liebe, Luxus und Kapitalismus" haben, wie man bei Werner Sombart im gleichnamigen Buch nachlesen kann, die Stadt der Frührenaissance zur Voraussetzung.

Neben die religiös geprägte Stadtkultur des Mittelalters, die auch noch die Gestaltung der öffentlichen Plätze (Brunnen), Brücken (Brückenheilige) und der Außenansichten von Profanbauten (Erkerfiguren; Fresken; Giebel- und Fassadenschmuck usw.) bestimmte, treten seit Renaissance und Barock bzw. dem Absolutismus neue Zentren des geistig-kulturellen Lebens: mit Stadtschloß und neuen Formen des Hoflebens; mit ersten öffentlich zugänglichen Parks (die in ihrer Anlage selbst wiederum zum Teil außerordentliche Kunstschöpfungen und Meisterwerke sind) und den fürstlichen Sammlungen als Vorläufer der gerade in der Gegenwart so bedeutsamen städtischen Museumskultur.

Diese Entwicklung kann hier nicht in ihren vielen Einzelheiten verfolgt werden; sie ist an dem Punkt abzubrechen, wo mit der Durchsetzung der bürgerlichen Kultur und Gesellschaft seit Ende des 18. Jahrhunderts die Stadtkultur nicht mehr von einem religiös fundierten, geistig-kulturellen Zentrum her bestimmt wird, sondern – in Luhmannscher Terminologie – sich ausdifferenziert und die Kulturentwicklung gegenüber der Stadt z. T. autonom wird. Die Stadtentwicklung gerät in Deutschland seit Mitte des 19. Jahrhunderts unter industriegesellschaftliche Bedingungen und muß nun ganz neuen Maximen folgen, vor allem denen der Ökonomie.

2. Stadt und Kultur im Industriezeitalter

Das Verhältnis von Stadt und Kultur in der Geschichte war über seine weitaus längsten Phasen bestimmt von einer absoluten oder nur wenig eingeschränkten Autonomie der großen Metropolen als Kultgemeinde,

Herrschaftsverband und religiös-geistigem Zentrum. Eine letzte große Blüte erlebte diese Art von Stadtautonomie in den italienischen Stadtrepubliken der Renaissance: in Florenz, Pisa und Genua, in Siena usw. Die hier entwickelte Stadtkultur gilt als Muster und Idealbild von Stadt und Stadtkultur und löst wohl auch deshalb die jährlichen Millionenströme begeisterter Touristen aus.

Die Einschränkung der Stadtautonomie im Absolutismus hat den engen Zusammenhang von Stadt und Kultur keineswegs zerstört – die Städte blieben Ursprung und Zentrum der Kultur –, aber ihm eine andere Qualität gegeben. Mit der Entstehung der bürgerlichen Gesellschaft und dem Nationalstaat löst sich der enge Zusammenhang einer spezifischen, ortstypischen Stadtkultur auf; mit der Entwicklung der Industriegesellschaft und der sich anschließenden, noch vor Jahrzehnten für unwahrscheinlich gehaltenen Expansion des städtischen Systems (Höpker 1986) in die Fläche (und in die Höhe) wuchsen den Städten Aufgaben zu, die einmal zu neuen Inhalten der Stadtkultur führten und zum anderen deren Sichtbarmachung im Stadtbild und in der Erscheinungsform der bildenden Künste zurückdrängte. Hierzu haben der Stilwechsel in der Architektur und deren Funktionalisierung und Ökonomisierung erheblich beigetragen.

Schon an früherer Stelle dieser Ausführungen hätte ein Exkurs stehen müssen über Architektur als Element der Stadtkultur bzw. der allgemeinen Kulturentwicklung. Wie hervorgehoben, ist die Architektur und architektonische Stadtgestaltung das sichtbarste Zeichen von Stadtkultur und das wichtigste Element der „historischen Stadt" und der Periodisierung von Stilepochen. Da diese Thematik hier nicht aufgegriffen werden kann, seien aus der breiten Literatur zu diesem Zusammenhang einige Schriften genannt.[6]

Bereits vor der Industrialisierung, im Mittelalter, wie vor allem im Absolutismus und Merkantilismus, hatten sich die auch heute zum größten Teil noch dominanten ökonomischen und kulturellen Schwerpunkte in Deutschland – und in vergleichbaren Ländern – herausgebildet. Zu den „hochrangigen kulturellen Stadtfunktionen im deutschen Städtesystem", die sich bereits vor der Industrialisierung herausgebildet hatten, rechnet Hans Heinrich Blotevogel (1983) unter anderem die Schwerpunkte des Buch-, Zeitschriften- und Zeitungsverlagswesens, die bis zur zweiten Hälfte des 18. Jahrhunderts mit den wichtigsten Handelszentren identisch waren: Hamburg, Köln, Frankfurt, Nürnberg, Augsburg und vor allem Leipzig. Im späten 18., verstärkt im 19. Jahrhundert, traten die neuen Zentren der absolutistischen Machtentfaltung in den Residenzstädten hinzu: Berlin und München, Dresden und Stuttgart.

---

[6] Mumford 1979, Benevolo 1978 und 1983, Sitte 1889.

Auf ein anderes „Standortmuster" weist Blotevogel für die Entwicklung der Hochschulen und Universitäten hin, da sie sich zum größten Teil außerhalb der blühenden oder aufblühenden Gewerbe-, Handels- und Residenzstädte befanden. Doch seit Ende des 18. Jahrhunderts wurde eine langfristige Angleichung an das bestehende System der zentralen Orte und der damit verbundenen Hierarchisierung des Städtesystems vorgenommen, unter anderem mit der Gründung der Universität Berlin (1809/10) und der Verlegung der Universität Ingolstadt/Landshut nach München (1826). Hinzu kam die Gründung Technischer Hochschulen in den Residenzstädten, beginnend in Karlsruhe 1828, dann in Braunschweig, Darmstadt und anderen Residenzen. Diese Entwicklung kann hier nicht weiter verfolgt werden, obwohl sie – mit den weiteren Gründungswellen von Universitäten und Hochschulen bis in die 60er Jahre unseres Jahrhunderts hinein – für die Kulturbedeutung von Städten und Regionen von primärer Bedeutung war. Auch die von Blotevogel herausgearbeiteten kulturellen Stadtfunktionen und Verteilungsmuster für die Theater-„Landschaft", die Weiter- und Neuentwicklung der Massenkommunikationsmedien (Boulevardpresse; dann Film, Hörfunk und Fernsehen) und weitere Kulturfunktionen können hier in ihrer Struktur, Bedeutung und Persistenz nicht weiter verfolgt werden.

Der Zusammenhang von Stadt und Kultur unter den Bedingungen der bürgerlichen, industriellen, marktorientierten und kapitalistischen Gesellschaft stellt sich vielfach neu. Wollte man ihn zureichend schildern, müßte man den Prozeß der Rationalisierung (Max Weber), die Große Transformation von der traditionalen zur bürgerlichen Gesellschaft bzw. das „Projekt der Moderne" (Habermas) in Grundzügen darstellen und deren Implikationen für Stadt und Kultur kenntlich machen. Um wenigstens einige Hinweise zu geben, seien folgende Punkte genannt:

– Die Säkularisation der Kulturentwicklung geht von den großen Städten aus, ebenso die Entwicklung völlig neuer Verhaltensweisen von Großstadtmenschen (vom Dandy und Flaneur bis zur jeunesse dorée; vom Aktienbesitzer bis zum Journalisten usw., vgl. hierzu die Romane Balzacs, die Reflexionen Baudelaires und schließlich Walter Benjamins, 1982);
– das „Geldprinzip" (Georg Simmel) und „Tauschprinzip" löst alle anderen Verkehrsformen ab und stellt – zumal in den großen Städten – die Beziehung der Menschen auf eine neue Basis;
– ein Aktivismus der Welt- und Naturbeherrschung gibt der Entwicklung von Städten und Gesellschaften eine völlig neue Dynamik, die bis heute nicht nur ungebrochen ist, sondern weltweit expandiert;
– die Menschen – und nicht nur in den Städten als bisherigen Zentren von Information und Austausch – werden hineingezogen in die Ausweitung der Kommunikations- und Nachrichtentechnik, die sich gegenwärtig zu

einer neuen Form der Informations- und Wissensgesellschaft verdichtet;
- gleichzeitig mit dem dichter werdenden Geflecht gesellschaftlicher Tatsachen, der wachsenden Komplexität von Systemen und Interdependenzen wächst auch der „Anspruch des Individuums, die Selbständigkeit und Eigenart seines Daseins gegen die Übermächte der Gesellschaft ..., der äußerlichen Kultur und Technik des Lebens, zu bewahren" (Simmel 1957, S. 227);
- das moderne Lebensgefühl ist mehr und mehr kurzfristigen Moden und Trends unterworfen und nicht länger an epochalen Stilen und sonstigen Kontinuitäten orientiert;
- „Anregungen, Interessen, Ausfüllungen von Zeit und Bewußtsein" (Simmel) werden in einer ständig wachsenden „Kulturindustrie" immer umfänglicher, okkupierender, machen individuelles Leben immer unpersönlicher und Kultur zur reproduzierbaren Ware, zum Genuß- und Konsumwert unter anderen. Zugleich wollen Kunst und Kultur diesen Trends der Entpersönlichung und der Kommerzialisierung ihrer selbst entgegenwirken und erzeugen damit ein eigenartiges Spannungsverhältnis zur Alltagswelt.

Die Metropolen des Industrie- und Maschinenzeitalters im 19. Jahrhundert, London und Paris, Berlin und Mailand, Hamburg und Barcelona, sind die Plätze und Schauplätze, an denen die mit diesen Trends verknüpften Entwicklungen der Industriekultur, der neuen Formen städtischer Öffentlichkeit, des Konsums, der Information usw. auf engstem Raum anschaulich werden. Walter Benjamin hat im groß angelegten Versuch seines Passagen-Werkes, Paris als „Hauptstadt des 19. Jahrhunderts" zu erfassen, hiervon eine Andeutung vermittelt. Damals entwickeln sich in den Metropolen des kapitalistisch-industriellen Zeitalters jene Elemente der Stadtkultur, die bis heute als unverzichtbar für eine lebendige städtische Öffentlichkeit gelten: Ein differenziertes Kultur- und Unterhaltungsangebot; leicht zugängliche Kommunikations- und Informationsmöglichkeiten; Sport als Freizeitbeschäftigung und zur Unterhaltung; Cafés, Museen, literarische Zirkel, Kunst-, Kultur- und Bildungsvereine (der verschiedenen Klassen, Berufsstände usw.). Auf Gebieten wie dem Presse- und Zeitschriftenwesen entwickeln einzelne Städte eine heute nicht mehr gegebene Vielfalt: Im Berlin der 20er Jahre gab es nicht weniger als 45 überregional bekannte Morgenzeitungen, zwei Mittagsblätter und 14 Abendzeitungen (mit Berlin als Verlagsort).

II. Gegenwärtige Dimensionen von Stadt und Kultur

1. Stadterneuerung und Stadtkultur seit den 70er Jahren

Die neuere Diskussion um Stadtkultur und Urbanität beginnt in der Bundesrepublik nach dem Zweiten Weltkrieg mit Edgar Salins Vortrag auf der Hauptversammlung des Deutschen Städtetages 1960 zum Thema Urbanität und Hans Paul Bahrdts *Soziologischen Überlegungen zum Städtebau* von 1961, in denen sich ebenfalls ein Plädoyer für die „Urbanisierung der Großstadt" findet. Der Begriff Urbanität mag hier stehen als Metapher für Voraussetzung und Ergebnis einer lebendigen Stadtkultur, neben anderen Voraussetzungen wie eine differenzierte städtische Öffentlichkeit und eine neue Kultur der Partizipation. Erst jetzt wurde deutlich, was die Stadtentwicklung bzw. der Städte- und Wohnungsbau nach 1945 an Stadtkultur zusätzlich zu den ideologischen Verheerungen des Nationalsozialismus und den Zerstörungen des Zweiten Weltkriegs alles angerichtet hatte. Die Städte waren zum Teil „unwirtlich" (Alexander Mitscherlich) geworden, unabhängig davon, daß nach 1945 stadtteilspezifische Arbeiterkulturen nicht neu entstanden waren. Der funktionalistische Modernisierungsprozeß war für Städte und ihre Kultur auch ein Nivellierungsprozeß.

Noch 1971 hatte John Kenneth Galbraith in einem Referat vor dem Deutschen Städtetag in München (ein Jahr vor der dortigen Olympiade) allen Grund, vor den Fehlentwicklungen der „ökonomischen Stadt" zu warnen (Sauberzweig 1986, S. 7).

Im gleichen Jahr wurde das Städtebauförderungsgesetz verabschiedet[7] und trugen eine Reihe sozialer und kultureller Bewegungen[8] dazu bei, den Städten neue Dimensionen von Urbanität und Kultur zu erschließen. 1973 legte der Deutsche Städtetag unter dem Titel *Wege zur menschlichen Stadt* eine Schrift vor, die die kulturelle Qualität der Städte deutlich hervorhob, zumal in der programmatischen Stellungnahme: „Bildung und Kultur als Element der Stadtentwicklung". Hier wurde nicht nur für die Erweiterung

---

[7] In § 1 des „Gesetzes über städtebauliche Sanierungs- und Entwicklungsmaßnahmen in den Gemeinden" hieß es u. a., daß diese Maßnahmen dazu beitragen sollen, „die bauliche Struktur in allen Teilen des Bundesgebietes nach den sozialen, hygienischen, wirtschaftlichen und kulturellen Erfordernissen" zu entwickeln (vgl. auch Fußnote 12).

[8] Mit speziellem Bezug zur kulturellen Infrastruktur der Städte vgl. Niess 1984. Niess gibt wichtige Hinweise auf die Zusammenhänge und wechselseitigen Abhängigkeiten von Arbeit und Freizeit, Kultur und Architektur, Politik und Stadtentwicklung. Ein gutes Beispiel für den Versuch, die Kulturentwicklung und Kulturpolitik einer größeren Stadt seit Kriegsende in ihren Dimensionen und Zusammenhängen darzustellen, ist Horn 1981.

des traditionalen (deutschen) Kulturbegriffes plädiert, sondern es wurden auch jene Dimensionen der Stadtkultur angesprochen, die seither in Theorie und Praxis sowohl das Bild der Stadt wie die Diskussionen über Stadt und Kultur bestimmen (vgl. hierzu auch v. Beyme 1988).

Der Deutsche Städtetag mit seinen Initiativen und Schriften seit Anfang der 70er Jahre, aber auch einzelne kommunale Kulturpolitiker, von denen nur Hermann Glaser in Nürnberg und Hilmar Hoffmann in Frankfurt genannt seien (zumal beide auch durch zahlreiche Aufsätze und Bücher auf die Stadtkultur-Diskussion erheblichen Einfluß hatten), haben wesentlichen Anteil daran, daß die Zusammenhänge von Stadt und Kultur praktisch wie theoretisch neue Impulse bekamen. Diese Diskussionen und Entwicklungen können wie folgt zusammengefaßt werden:

a) Rückgewinnung einer „kulturellen Topographie": Hierunter ist die architektonische und stadtplanerische Rückbesinnung auf diejenigen Elemente der Stadtstruktur und Stadtkultur zu verstehen, die überhaupt erst den „Rahmen" abgeben für Urbanität und alle Formen und Verhaltensweisen, die man umgangssprachlich als „kultiviert" bezeichnet; hierzu gehört auch die seit Beginn der 70 er Jahre so stark betonte Rückbesinnung auf den Wert historischer Bausubstanz als Grundelement der Stadtkultur.[9] „Mehr und mehr ist bewußt geworden, daß bei der Umsetzung einer kulturellen Topographie gerade die Elemente der historischen Stadtentwicklung, wie Marktplatz, Passage, Esplanade und Innenhof, gute Anknüpfungspunkte bieten" (Sauberzweig 1986, S. 12). Differenziert und erweitert wurde diese „kulturelle Topographie" durch

b) Neue kulturelle Einrichtungen: Neben die traditionellen Einrichtungen der „repräsentativen Stadtkultur" wie Theater und Museen, Bibliotheken und Orchester, Musikschulen und Volksbildungsstätten (wozu auch die einst so wichtigen Einrichtungen der Arbeiterbildung rechnen) traten seit Ende der 60er Jahre neue Einrichtungen wie Volkshäuser und Bürgerhäuser, Freizeitheime und Kommunikationszentren, Stadt- und Stadtteilzeitungen, neue Formen des Kinos und des Kinder- und Jugendtheaters. Dieter Sauberzweig nennt in seinem wichtigen Beitrag über *Kultur und Urbanität* noch die Kulturläden und Geschichtsvereine und die „kulturpädagogischen Dienste" nicht nur im Museums-, sondern auch im Theaterbereich. Eine weitere Einrichtung ist z. B. ein „Kulturbus", der – wie am Beispiel der Stadt Linz erprobt – Informationen über kulturelle Veranstaltungen in alle Stadtteile bringt, incl. „Kostproben von dem, was den Interessenten erwartet" (Mörth und Rausch 1986, S. 312f.). Zu nennen sind ferner die neuen stadtspezifi-

---

[9] Vgl. hierzu zahlreiche Beiträge in der Zeitschrift „Die alte Stadt" (1973ff.); im 12. Jg./1985 z. B. mit dem Beitrag von Hans Paul Bahrdt, Vom Umgang mit Geschichte in der Stadt, S. 329–350.

schen Literatur-, Kunst- und Kulturpreise, die Stadtfeste und Festspiele und die in zahlreichen Städten nun vorhandenen „Stadtschreiber" (beginnend in Frankfurt/Bergen-Enkheim 1973). Auch die in den letzten Jahren institutionalisierten und im zügigen Ausbau begriffenen lokalen bzw. lokalbezogenen Rundfunk- und Fernsehsendungen bzw. -anstalten müssen als wichtiges neues Element der Stadtkultur genannt werden (Hoffmann 1981, Kreißig et al. 1979). Die traditionalen Einrichtungen der bürgerlich-repräsentativen Stadtkultur wurden differenziert und erweitert. Hierbei ist nicht nur an die neuen Museumsbauten[10] zu denken, die auch für städtebauliche Akzentsetzungen exemplarisch genutzt wurden (Berlin und Mönchengladbach, Stuttgart und Köln, Frankfurt und Duisburg), sondern auch an die neuen Formen der Präsentation und Kulturdidaktik: durch den Einsatz neuer Medien ebenso wie durch Malschulen in den Museen usw.

Peter Härtle (1979) hat darauf hingewiesen, daß städtische Kulturpolitik bereits bei der Namensvergabe für Straßen, Gebäude und Plätze beginnt. In der Tat könnte man auf dieser Basis und der Umbenennungen von Straßen, Plätzen und Gebäuden (oder auch der Nicht-Benennung, wie bei den Universitäten Augsburg, Düsseldorf und Oldenburg) einen kleinen Beitrag zur allgemeinen und stadtspezifischen Kultur- und Politikgeschichte schreiben.

Auch die Städtepartnerschaften, neuerdings in stürmischer Entwicklung zwischen Städten der Bundesrepublik und der DDR (beginnend mit Weimar–Trier), geben der städtischen Kulturpolitik neue Akzente und Impulse.

Ohne Übertreibung läßt sich sagen, daß seit der Entwicklung der bürgerlich-industriellen Stadt in keinem anderen Zeitraum eine ähnliche Vielfalt neuer kommunaler Kulturpolitiken und -einrichtungen initiiert wurde wie in den vergangenen zwanzig Jahren. Daß dies möglich war, ist nicht zuletzt zurückzuführen auf Änderungen in der Sozialstruktur, Zunahme an Freizeit, die starke Ausbreitung der Medienkultur und die mit allen diesen Voraussetzungen verknüpften, bereits angesprochenen Formen einer neuen partizipativen Stadtkultur.

c) Formen einer partizipativen Stadtkultur: Auslösend hierfür war die Entwicklung der Bürgerinitiativbewegung seit Mitte der 60er Jahre, die nicht zuletzt entstand, um der „ökonomischen Stadtentwicklung" Einhalt zu gebieten, und – zumal in kleineren Städten – die kommunale Neugliederung

---

10 In den 50er Jahren wurden in der Bundesrepublik 145, in den 60er Jahren 277 und in den 70er Jahren 300 neue Häuser unterschiedlichster Zielsetzung und Trägerschaft dem Publikum zugänglich gemacht; vgl. Klein et al. 1981. Über die Entwicklung der Museen – Einrichtungen, Besucherzahlen usw. – unterrichten ausführlich die „Materialien aus dem Institut für Museumskunde", Staatliche Museen Preußischer Kulturbesitz, Berlin (jährliche und weitere Dokumentationen).

der Jahre 1968-1978, durch die auf die so wichtige Gestaltung des Nahbereichs und der Stadt als „Heimat" verwiesen wurde (Moosmann 1980).

Diese Partizipationsbewegung ist selbst ein Element der „politischen Kultur", der städtischen Öffentlichkeit und stadtbezogenen Aktivitäten der Bürger geworden. Zu dieser Entwicklung zählen auch die Straßen- und Stadtteilfeste mit zum Teil überraschenden Innovationen der öffentlichen Darstellung und Erweiterung der bildenden und aller übrigen Künste. Inwieweit auch die „städtischen Subkulturen" an dieser neuerlichen „kulturellen Freisetzung nie gekannten Ausmaßes" (Sauberzweig 1986, S. 16) teilhaben, kann hier nicht näher untersucht werden.

d) Rückgewinnung städtischer Öffentlichkeit als Element der Stadtkultur: In der Rückgewinnung städtischer Öffentlichkeit ist eine Grundvoraussetzung der Stadtkultur und der partizipativen Kultur überhaupt zu sehen. Hatte Richard Sennett in seinem bekannten Werk über die *Tyrannei der Intimität* noch den Verlust einer öffentlichen Sphäre bzw. der Kultur des Verhaltens im öffentlichen Raum beklagt, so setzte Anfang der 70er Jahre eine Gegenbewegung ein, die der Privatisierungs-Euphorie, wie man es nennen könnte, Einhalt gebot. Das war und ist nicht einfach, denn „der Schwerpunkt der Kulturrezeption wurde ja schon in den sechziger Jahren mit der Vollausstattung der Haushalte mit Radios, Fernsehen und Stereoanlagen in einem nie gekannten Ausmaß in die Privatsphäre verlegt" (Heck 1987).

Eine lebendige Stadtkultur setzt jedoch eine funktionierende städtische Öffentlichkeit voraus, d. h. „Angebote" für Verhaltensmöglichkeiten auf relativ engem Raum, die die Vielfalt der städtischen Lebenswelt sichtbar machen: die sozialen und kulturellen Widersprüche, die alternativen Lebensmöglichkeiten und kulturellen Entwicklungen, die vielfältigen Formen der Begegnung und Kommunikation, des Austauschs von Waren und kulturellen Gütern aller Art.

e) Selbstverwaltungsgarantie und Kulturauftrag der Gemeinden: Die Differenzierung und Intensivierung der Stadtkultur hat auch die Frage nach dem verfassungsrechtlichen Rahmen und Auftrag dieser Aktivitäten aufgeworfen (Häberle 1979, Hufen 1983). Aus heutiger Sicht muß überraschen, daß bei den so heftigen Auseinandersetzungen um die kommunale Neugliederung[11] kulturelle Belange der betroffenen Gemeinden kaum eine Rolle spielten. Man darf vermuten, daß eine nur um wenige Jahre verschobene Neugliederung – die immerhin aus 24 282 Gemeinden 8 502 machte – die Kulturbedeutung der Gemeinden völlig anders akzentuiert hätte und sicher auch zu einigen anderen Entscheidungen gekommen wäre.

---

[11] Vgl. den Überblick bei Bernhard Schäfers: Sozialstruktur und Wandel der Bundesrepublik Deutschland. Ein Studienbuch zu ihrer Soziologie und Sozialgeschichte, 4. verb. Aufl. Stuttgart/München 1985, S. 257ff.

Peter Häberle sieht einen klaren Verfassungsauftrag für die kommunale Kulturpolitik. Die juristische Seite des Kulturauftrags sei in den Gesetzen von Bund und Ländern und den Haushaltsplänen der öffentlichen Hände gegeben, beginnend bei der kommunalen Selbstverwaltungsgarantie in den Verfassungen von Bund (Art. 28, Abs. 2 GG) und Ländern. Häberle erwähnt auch die vor allem den Gemeinden obliegende Berücksichtigung der „kulturellen Belange" in verschiedenen Gesetzen: so im bereits erwähnten Städtebauförderungsgesetz, im Raumordnungsgesetz von 1965 oder im Bundesbaugesetz von 1960.[12]

Ein anderer, ebenso wichtiger Gesichtspunkt der rechtlichen Grundlagen kommunaler Kulturpolitik sei ebenfalls hervorgehoben: „Kultur ist ein den Städten eigener Wirkungskreis, eines der wenigen Aufgabengebiete, das bis auf wenige Ausnahmen gesetzlich nicht normiert ist" (Heck 1987). Auf die Vielfalt der von Häberle herausgearbeiteten Gesichtspunkte bezüglich des kommunalen Kulturauftrags muß hier verwiesen werden. Nur einer sei abschließend hervorgehoben: die Stärkung des bürgerschaftlichen Selbstbewußtseins durch das Ernstnehmen des kulturverfassungsrechtlich abgesicherten Auftrags der Kommunen. Darauf wird im folgenden Kapitel zurückzukommen sein.

2. Stadtkultur und Stadtökonomie

Die öffentlich-repräsentative Stadtkultur hat, worauf im ersten Kapitel kurz hingewiesen werden konnte, in Deutschland eine lange Tradition, die in der Bundesrepublik wieder aufgenommen wurde und seit Beginn der 70er Jahre neue Impulse bekam. Allein die quantitativen Größenordnungen sind beeindruckend. Einige Zahlen seien mitgeteilt. In der Bundesrepublik unterhalten die Gemeinden 2 600 Museen, 837 Volkshochschulen (zuzüglich 3 827 Außenstellen), 75 Theater mit 198 Spielstätten, 45 Orchester, über 7 000 Bibliotheken und viele Einrichtungen mehr.[13]

Fast zwei Drittel der jährlich in der Bundesrepublik getätigten Ausgaben für Kultur werden über die Gemeindehaushalte finanziert. Höchst unterschiedlich ist die Ausgabenstruktur der Städte und Gemeinden für die Kulturaufgaben: Es gibt große Schwankungsbreiten zwischen den einzelnen Städten des Bundesgebietes (ungeachtet des Tatbestandes, daß verschiedene Ausgaben schwer vergleichbar sind oder über deren kulturellen Gehalt gestritten werden kann; so rechnen einzelne Gemeinden auch die Ausgaben

---

[12] Bundesbaugesetz und Städtebauförderungsgesetz wurden zum „Baugesetzbuch" (BauGB) zusammengefaßt; das BauGB ist am 1. 7. 1987 in Kraft getreten.

[13] Vgl. hierzu die Angaben im Statistischen Jahrbuch Deutscher Gemeinden.

für Jugend, Sport oder für Bürgerhäuser zu den Kulturausgaben).

Eine Umfrage unter 25 deutschen Großstädten der Bundesrepublik, die im Sommer 1987 anläßlich der Abfassung dieses Beitrags gestartet wurde, zeigte u. a. folgende Ergebnisse: Erstaunlich gering ist der Anteil für Kulturausgaben in den Stadtstaaten Bremen (1,32 %) und Hamburg (2 %) – gemessen am Volumen des Gesamthaushalts. Die besonderen Aufgaben als Länder und die dadurch bedingten Zuständigkeiten und Finanzzuweisungen sind hierfür die Hauptursache. Bei den übrigen Großstädten – auch entsprechend den Zahlen im Statistischen Jahrbuch deutscher Gemeinden – schwankt dieser Anteil zwischen 5 und 6 %; nur Frankfurt hält mit ca. 10 % eine einsame Spitze. In Karlsruhe, und das dürfte kein Einzelfall sein, stieg in den letzten zehn Jahren von allen Posten des Haushalts einzig der Kulturhaushalt absolut wie relativ, und zwar um durchschnittlich 8 %. Überraschend hoch ist der Anteil, der für das bzw. die Theater aufgewandt wird (zumal hier in den letzten 30 Jahren eine eindeutig abnehmende Besucherzahl und Bedeutung festzustellen ist). Bezogen auf den gesamten Kulturhaushalt werden in den Städten folgende Anteile (in %) für das Theater ausgegeben: Mannheim 26; Bremen 38; Stuttgart 40; Darmstadt 51; Hamburg 56; Würzburg 65; Gelsenkirchen 69.

Zu Recht weist Hans-Günter Grötsch in seiner Analyse der *Strukturen kommunaler Kulturetats* darauf hin (der städtetag 10/1984), daß die Etats der einzelnen Städte sehr schwer vergleichbar sind, weil es wesentlich von der Trägerschaft abhänge, wie die Etats beschaffen seien. Auch zwei weitere Gesichtspunkte müssen erwähnt werden: je kleiner die Stadt, desto geringer der durchschnittliche Aufwand pro Kopf der Bevölkerung, der für Kultur ausgegeben wird. Aber auch dieser Tatbestand relativiert sich dadurch, daß die Mittel- und Kleinstädte in der Regel nicht über ein eigenes Theater verfügen – womit, wie hervorgehoben wurde, ja ein wesentlicher Etatposten entfällt.

Einzelne Städte haben inzwischen einen detaillierten Kulturentwicklungsplan vorgelegt. Im Bremer Plan von 1983 („Kulturförderung in Bremen") sind auf der Basis der mit Wege- und Verkehrsplänen (Erreichbarkeit) abgebildeten Kultureinrichtungen in den Stadtteilen differenzierte Förderungs- und Entwicklungsvorschläge erarbeitet worden. Diese orientieren sich an folgenden Bereichen: Bibliotheken; Archive; Museumswesen; Denkmalpflege; Bildende Kunst; Musik; Theater; Film; kulturelle Weiterbildung; Kulturplanung/kulturelle Stadtteilarbeit; kulturelle Ausländerarbeit; Kulturarbeit für und mit Arbeitnehmern.

Inzwischen liegen einige Untersuchungen[14] vor über den Zusammenhang

---

14   Vgl. Bischof 1985, Taubmann und Behrens 1986, The Arts as an Industry 1983.

von Stadtkultur und Stadtökonomie bzw. über die wirtschaftlichen Auswirkungen von Kulturangeboten. Im Vorwort der Bremer Untersuchung von 1986 heißt es: „Kaum eine Stadt in der Bundesrepublik, die nicht mit Anzeigen und Programmen auf ihre kulturelle Attraktivität und ihre kulturellen Leistungen verweist und damit wirbt. Kultur ist offensichtlich der Magnet, mit dem Besucher angezogen, Investoren animiert und die eigenen Bewohner in der Stadt gehalten werden sollen." Zu Recht wird darauf hingewiesen, daß Image-Untersuchungen deutscher Städte (Bodenstedt und Herber 1983) übereinstimmend einen Zusammenhang zwischen der Beliebtheit einer Stadt für Bewohner und Besucher und deren Urteil über das kulturelle Leben und Angebot konstatieren.

Und in einem von der Freien und Hansestadt Hamburg 1984 herausgegebenen Papier über *Maßnahmen zur Verbesserung der allgemeinen wirtschaftlichen Standortbedingungen Hamburgs*[15] wird über das Kulturangebot u. a. ausgeführt: „Kulturelle Angebote und Freizeitmöglichkeiten sind von entscheidender Bedeutung für die Wohnortwahl"; Kultur sei „besonders wichtig für die Sicherung der Umlandskaufkraft"; „kulturelles Renomée" sei wichtig für die „internationalen Wirtschaftsbeziehungen".

Einzelne größere Neubau- oder Sanierungs-Objekte des Kulturangebots – in der Gegenwart handelt es sich vorrangig um Museums-Neubauten – wurden in den letzten Jahren zum Auslöser heftiger Diskussionen. So ging es um die Frage, ob es seitens der Städte (z. B. Frankfurt mit seinem Museums-Ufer; Köln mit dem Neubau des Wallraf-Richartz- und Ludwig-Museums) gerechtfertigt sei, so überaus große Investitionen für die „hohe", repräsentative Kunst und Kultur vorzusehen, unter notwendiger Vernachlässigung eines breiten Angebots bzw. dringender Aufgaben wie Wohnumfeld-Sanierung usw. Die Ernsthaftigkeit der Bedenken (vgl. Häußermann und Siebel 1987) kann kaum bestritten werden; ihre Stichhaltigkeit aber sicherlich mit guten Gründen. Denn welche Wahl haben große Metropolen wie Hamburg, Frankfurt, Berlin, Köln oder Düsseldorf gegenwärtig, ihre Attraktivität gegenüber konkurrierenden Metropolen im In- und Ausland zu steigern? Ob die dabei vorausgesetzte „ökonomische Logik", daß die Prosperität einzelner Wachstumszweige und der finanzkräftiger Käuferschichten letztlich in alle Sozialschichten – und Stadtteile! – diffundiere, haltbar ist, muß bezweifelt werden. Bestimmte Entwicklungen in Frankfurt, München und sicherlich anderen Städten widersprechen dem. Doch Kulturangebote, verbunden mit attraktiven Innenstadtbereichen, günstigen Verkehrsanbindungen und entsprechenden Hotels und Restaurants, haben sich – und das ist ja keineswegs neu in der Geschichte von Stadtkultur und Stadtökonomie – zum entscheidenden differentium specificum des Stadt-Image entwickelt. Das gilt

---

[15] Zit. bei Taubmann und Behrens 1986, S. 22.

für New York, London und Paris (vielleicht auch Berlin) im Weltmaßstab; es gilt für Mailand, Madrid, Wien und einige bundesrepublikanische Metropolen im europäischen Maßstab.

Hinzu kommt, daß sich Kunst und Kultur selbst zu höchst profitablen Gewerbe- und Industriezweigen entwickelt haben, wie die New Yorker und die Bremer Studie im Detail nachweisen. So heißt es im bereits zitierten Vorwort zur Bremer Studie: Man sollte nicht mehr von Kultursubventionen, sondern von Kulturinvestitionen sprechen – unabhängig von den im einzelnen kaum empirisch erfaßbaren Auswirkungen auf Stadtimage, Lebensqualität und urbanes Leben und weitreichende Folge-Investitionen.

Für die metropolitane Region New York-New Jersey hat eine empirische Untersuchung über den Beitrag der Kulturinstitutionen zum Wirtschaftsleben der Region[16] erstaunliche Potentiale und Zusammenhänge herausgearbeitet.

Auch für die Bundesrepublik geht man sicher nicht fehl in der Prognose, daß einige Kunst- und Kulturmetropolen, die ja wie im Altertum, Mittelalter, in der Renaissance und allen anderen Kunst- und Kulturepochen immer auch ökonomisch führende Metropolen gewesen sind, sich auf einem vergleichbaren Weg befinden und die Investitionen in die städtischen Kultur-Institutionen und der Ausbau der Kultur-Infrastruktur in den nächsten Jahren – wie gegenwärtig – die höchsten Zuwachsraten haben werden. Peter Nestler, Kulturdezernent der Stadt Köln, hob in einem Thesenpapier zum Thema „Stadt und Kultur" für den Europarat im Mai 1983 hervor, daß diese Entwicklung „nicht unmittelbar Ergebnis oder Verdienst städtischer Kulturpolitik" sei. Ein günstiges kulturelles Klima und Erbe seien wichtige Voraussetzungen für Kunst und Kultur; in entscheidendem Maße trügen aber auch die Privatinitiativen und die Aktivitäten der großen Sendeanstalten, der Verlage, der ausländischen Kulturinstitute und auch der Kirchen zur Kulturentwicklung und kulturellen Vielfalt bei. Auch die bereits erwähnten Initiativen des Deutschen Städtetages und entsprechende Stadtentwicklungsprogramme einzelner Bundesländer müssen hier hervorgehoben werden. Im Rahmen dieser Bemühungen wurden auch neue Aufgabenfelder wie „Kunstpädagogik" und „Kultursozialarbeit" von einzelnen Hochschulen[17] zu Studiengängen ausgebaut und von verschiedenen Städten bereits institutionalisiert.

---

[16] The Arts as an Industry, 1983, S. 5f.
[17] Angaben zu Einsatz und Verbreitung von „Museums- und Theaterpädagogen" in deutschen Städten finden sich bei Kreißig et al. 1979.

3. Stadtkultur und Mikro-Elektronik

Über die Entwicklung des kulturellen Lebens in den Städten unter den Bedingungen der mikro-elektronischen Revolution (Sauberzweig 1985) kann man nur Vermutungen anstellen. Nicht zu übersehen ist allerdings, daß es inzwischen eine Vielzahl von digital gesteuerten Prozessen und Kommunikationsmöglichkeiten, die bereits implementiert sind – sei es in Museen oder Bibliotheken, sei es in Spielhallen oder künstlerisch-technischen Experimentierzirkeln (der Theater, Museen, Hochschulen usw.) – gibt.

Ist die schnelle Expansion der „Telekratie" und der neuen Medien in den privaten Haushalten, in den Zimmern und Zirkeln von Kindern und Jugendlichen Grund zum Kulturpessimismus? Die Entwicklung einer partizipativen Kultur und die Neuentdeckung des Stadtraums als Kulturraum wurden dadurch kaum unterbrochen. Bei dieser Frage müßte man ins Detail gehen, z. B. untersuchen, wie sich die neuen Medien auf die Entwicklung der Jugendkultur auswirken und was dies für die Stadtkultur bedeutet. Für die Entwicklung urbaner Zentren wird es aus anderen Gründen Probleme geben, weil sich gegebenenfalls das innenstadtbezogene Kaufverhalten und das Aufkommen an innerstädtischen Arbeitsplätzen ändern werden (Friedrichs 1987). Weil dies so ist oder sein könnte, kommt den kulturellen Investitionen ein besonderer Rang zu: Die kulturelle Infrastruktur wird zum Teil das ersetzen müssen, was die ökonomische an Voraussetzungen einer urbanen Kultur nicht mehr zu leisten vermag. Berechtigter Skepsis kann entgegen gehalten werden, daß gerade die global expandierenden Kommunikations- und Informationsmöglichkeiten durch die neuen Medien den Nahbereich, den der unmittelbaren Kommunikation und des Austauschs, um so mehr zum Desiderat machen. Die Entwicklung der Städte und ihrer Zentren in den letzten 15 Jahren hat genau diese Entwicklung genommen, weil längst ein neuer „freizeitkultureller Lebensstil" entstanden ist, mit neuen Formen einer „informellen Geselligkeit" und des „zwanglosen Müßigseins" (Opaschowski 1983, S. 85f.).

III. Schlußbemerkungen

Es dürfte deutlich geworden sein, daß die Thematik von „Stadt und Kultur" dazu verleitet bzw. dazu zwingt, die kulturelle Entwicklung in den Städten zum Spiegel einer allgemeinen Kultur- und Gesellschaftsentwicklung zu machen.

Eng mit dem Thema „Stadt und Kultur" verknüpft sind weiterhin Fragen nach den besonderen Verhaltenstypen, die in spezifischen Stadtkulturen sich ausbilden bzw. diese zur Voraussetzung haben, aber auch nach den Strukturen der Öffentlichkeit, des öffentlichen Verhaltens und der „Urbanität" als besonderer Stadt-Qualität. Die sich daran anschließenden Fragen nach den Partizipationschancen einzelner sozialer Gruppen in der Stadt, der Ausprägung alternativer Kulturen und den Entwicklungsmöglichkeiten eines demokratisch-partizipativen Lebensstils ganz allgemein konnten leider nur gestreift werden. Diese und andere Fragen, wie z. B. nach den ökologischen und zentralörtlichen Verteilungsmustern von Elementen der Stadtkultur, erhalten durch das Thema „Stadt und Kultur" einen neuen Fokus – und einen besonderen Stellenwert, die Individualität und Identität der Städte erneut unter Beweis zu stellen.

Literatur

Bahrdt, Hans Paul: Vom Umgang mit Geschichte in der Stadt, in: Die alte Stadt, 12, 1985^2, S. 329–350.

Benevolo, Leonardo: Die Geschichte der Stadt, Frankfurt/New York 1983 (ital. 1975).

ders.: Geschichte der Architektur des 19. und 20. Jahrhunderts, 2 Bde., München 1978 (ital. 1960).

Benjamin, Walter: Das Passagen-Werk, Ges. Schr. Bd. V/l. u. 2., Frankfurt 1982.

Berndt, Heide: Die Natur der Stadt, Frankfurt 1978.

Beyme, Klaus von: Was kann Stadtkultur in Deutschland heißen?, in: Werk und Zeit, 1/1988, S. 6ff.

Bischof, Daniel P.: Die wirtschaftliche Bedeutung der Züricher Kulturinstitute, Zürich 1985.

Blotevogel, Hans Heinrich: Kulturelle Stadtfunktionen und Urbanisierung: Interdependente Beziehungen im Rahmen der Entwicklung des deutschen Städtesystems im Industriezeitalter, in: Hans Jürgen Teuteberg (Hrsg.), Urbanisierung im 19. und 20. Jahrhundert, Köln/Wien 1983, S. 143–186.

Bodenstedt, Walter, und Michael Herber: Die kulturelle Attraktivität deutscher Städte für Image und Fremdenverkehr, in: Der Städtetag, Heft 11, 1983, S. 722–726.

Chandler, Tertius, und Gerald Fox: 3000 Years of Urban Growth, New York/London 1974.

Deutscher Städtetag (Hrsg.): Wege zur menschlichen Stadt, Köln 1973.

Elias, Norbert: Über den Prozeß der Zivilisation. Soziogenetische und psychogenetische Untersuchungen, Frankfurt/M. 1986.

ders.: Artikel „Figuration", „Prozesse, soziale", in: Bernhard Schäfers (Hrsg.), Grundbegriffe der Soziologie, Opladen 1986.

Friedrichs, Jürgen: Neue Technologien und Raumentwicklung, in: Burkart Lutz (Hrsg.), Technik und sozialer Wandel, Frankfurt 1987, S. 332–356.

Glaser, Hermann: Urbanistik. Neue Aspekte der Stadtentwicklung, München 1974.

Habermas, Jürgen: Der philosophische Diskurs der Moderne, Frankfurt 1986.

Häberle, Peter: Kulturpolitik in der Stadt – ein Verfassungsauftrag, Heidelberg/ Hamburg/Karlsruhe 1979.

Häußermann, Hartmut, und Walter Siebel: Neue Urbanität, Frankfurt 1987.

Heck, Michael: Praxisfelder angewandter Kulturwissenschaft, unveröffentlichtes Ms., Stadt Karlsruhe 1987.

Helle, Horst Jürgen: Der urbanisierte Mensch, in: Hermann Glaser (Hrsg.), Urbanistik. Neue Aspekte der Stadtentwicklung, München 1984, S. 13–27.

Höpker, Wolfgang: Metropolen der Welt. Wirkliche und heimliche Hauptstädte der Welt, Stuttgart/Bonn 1986.

Hoffmann, Hilmar: Kultur für alle. Perspektiven und Modelle, Frankfurt 1981.

Horn, Wolfgang: Kulturpolitik in Düsseldorf. Situation und Neubeginn nach 1945, Opladen 1981.

Hufen, Friedhelm: Kulturauftrag als Selbstverwaltungsgarantie, in: Zeitschrift für Verwaltungsrecht (NVwZ), Heft 9, 1983, S. 516–522.

Klein, Hans-Joachim, und Monika Bachmayer (unter Mitarbeit von Helga Schatz) Museen und Öffentlichkeit. Fakten und Daten – Motive und Barrieren, Berlin 1981.

Konzelmann, Gerhard: Jerusalem. 4000 Jahre Kampf um eine heilige Stadt, erw. Ausg., München 1987 (1984).

Kreißig, Gerald, Heidemarie Tressler, und Jochen von Urslar: Kultur in den Städten, in: Neue Schriften des Deutschen Städtetages, Bd. 37, Köln 1979.

Lipp, Wolfgang, und Friedrich H. Tenbruck (Hrsg.): Kultursoziologie, in: Kölner Zeitschrift für Soziologie und Sozialpsychologie, 31, 1979, Heft 3.

Mörth, Ingo: Der Lebensraum Stadt als Kulturzusammenhang – einige theoretische Aspekte, in: Ingo Mörth und Wilhelm Rausch (Hrsg.), Kultur im Lebensraum Stadt, Linz 1986, S. 17–60.

Moosmann, Elisabeth: Heimat – Sehnsucht nach Identität, Berlin 1980.

Münch, Richard: Die Kultur der Moderne, 2 Bde., Frankfurt 1986.

Mumford, Lewis: Die Stadt. Geschichte und Ausblick, München 1979, 2 Bde. (orig. amerik. 1961)

Narr, Karl J.: Älteste stadtartige Anlagen, in: Heinz Stoob (Hrsg.), Die Stadt, Köln/ Wien 1979, S. 1–36.

Neidhardt, Friedhelm, M. Rainer Lepsius und Johannes Weiss (Hrsg.): Kultur und Gesellschaft, Opladen 1986 (Sonderheft 27 der Kölner Zeitschrift für Soziologie und Sozialpsychologie).

Niess, Wolfgang: Volkshäuser, Freizeitheime, Kommunikationszentren. Zum Wandel kultureller Infrastruktur sozialer Bewegungen. Beispiele aus deutschen Städten von 1848–1984, hrsg. von der Kulturpolitischen Gesellschaft, Hagen 1984.

Opaschowski, Horst P.: Arbeit, Freizeit, Lebenssinn?, Opladen 1983.

Polo, Marco: Von Venedig nach China, Tübingen/Basel 1972.

Redfield, Robert, und Milton B. Singer: The Cultural Role of Cities, in: Economic Development and Cultural Change, 3, 1954, S. 53–73.

Rüstow, Alexander: Ortsbestimmung der Gegenwart, Bd. 1, Zurüch 1950.

Salin, Edgar, Urbanität, in: Erneuerung unserer Städte, hrsg. vom Deutschen Städtetag, 1960, S. 9–34.

Sauberzweig, Dieter: Im elektronischen Gehäuse – Herausforderungen an das kulturelle Leben in der Gemeinde, in: Der Städtetag, Heft 4 und 5, 1985, S. 257–263, resp. S. 323–327.

ders.: Kultur und Urbanität, in: Archiv für Kommunalwissenschaften, 25, 1986, S. 1–23.

Schäfers, Bernhard: Phasen der Stadtbildung und Verstädterung, in: Zeitschrift für Stadtgeschichte, Stadtsoziologie und Denkmalspflege, 4, 1977, S. 243–269.

Schneider-Kusmierczyk, Hannelore: Urbanität und Ideologie, Arbeitsbericht des Fachbereichs Stadtplanung/Landschaftsplanung der Gesamthochschule Kassel, Heft 55, 1986 (1984).

Schöller, Peter: Formen und Schichten kultureller Stadt-Land-Beziehungen in der Neuzeit, in: Kulturelle Stadt-Land-Beziehungen in der Neuzeit, hrsg. von Günter Wiegelmann, Münster 1978, S. 29–44.

Simmel, Georg: Philosophie des Geldes, Berlin 1958 (zuerst 1900).

ders.: Die Großstädte und das Geistesleben, in: Ders., Brücke und Tor, Stuttgart 1957, S. 227–242.

Sitte, Camillo: Der Städtebau nach seinen künstlerischen Grundsätzen, Wien 1889.

Soden, Wolfram von: Tempelstadt und Metropolis im alten Orient, in: Heinz Stoob (Hrsg.), Die Stadt, a. a. O., S. 37–82.

Spengler, Oswald: Der Untergang des Abendlandes, 2 Bde, München 1972 (zuerst 1918–1922); hier: Bd. 2, 2. Kapitel: „Städte und Völker", S. 656ff.

Stoob, Heinz (Hrsg.): Die Stadt. Gestalt und Wandel bis zum industriellen Zeitalter, Köln/Wien 1979.

ders., Die hochmittelalterliche Städtebildung im Okzident, in: Ders. (Hrsg.), Die Stadt, a. a. O., S. 131–156.

Taubmann, Wolfgang, und Fredo Behrens: Wirtschaftliche Auswirkungen von Kulturangeboten in Bremen, Universität Bremen – Materialien und Manuskripte des Studienganges Geographie, Heft 10, Bremen 1986.

The Arts as an Industry: Their Economic Importance to the New York-New Jersey Metropolitan Region (Hrsg.), The Port Authority of NY & NJ, Cultural Assistence Center, 1983.

Thurn, Hans Peter: Soziologie der Kultur, Stuttgart 1976.

Weber, Max: Die nichtlegitime Herrschaft (Typologie der Städte), in: Wirtschaft und Gesellschaft, Studienausgabe, Köln/Berlin 1964, Bd. 2, S. 923–1033.

V. Jugend.
Entwicklung einer Sozialgruppe

Gruppenbildung als Reflex auf gesamtgesellschaftliche Entwicklungen am Beispiel der deutschen Jugendbewegung

„Das wirkliche Problem lautet keinesfalls, wie man soziale Gruppen völlig unabhängig und autonom halten kann, sondern wie ihre Beziehung zur Zentralgewalt auf solche Weise zu organisieren ist, daß sie ihr eigenständiges Leben erhalten und gleichzeitig zum Leben einer organisierten Gesellschaft beitragen."
George Caspar Homans, *The Human Group*

I. Gesellschaftsentwicklung und Gruppenbildung. Ein Überblick

Der Ausdruck „Reflex" darf in unserem Zusammenhang nicht so verstanden werden, als gäbe es eine Art Kausalverhältnis z. B. zwischen der Herausbildung der bürgerlich-städtischen, industriell-bürokratischen Gesellschaft in ihren verschiedenen Entwicklungsstadien und der Entwicklung von „korrespondierenden" Gruppen, vor allem „kompensatorischer" Primärgruppen[1]. Nur eine überzogene funktionalistische Betrachtung oder eine deterministische Basis-Überbau-Theorie gehen davon aus, daß Freiheit und Notwendigkeit in der Herausbildung und im Hinblick auf den inneren Zusammenhang sozialer Gebilde eins sind. Wie es seit der Industrialisierung und Verstädterung keinen geradlinigen Trend von Gemeinschaft zu Gesellschaft gibt, sondern die Entstehung der neuen Gesellschaft begleitet wird von Gruppen- und Gemeinschaftsbildungen teils völlig neuer, teils aktualisierter älterer Art (Familie und Verwandtschaft, Genossenschaft), so gibt es auch kein eindeutiges Kausalverhältnis zwischen bestimmten gesellschaftlichen

---

[1] Primärgruppen wurden an anderer Stelle, im Ausgang von Charles H. Cooley, definiert als „jene Kleingruppen, denen Menschen zur Vermittlung primärer Sozialkontakte und zur Herausbildung ihres (sozialen) Ich angehören; sie bieten über die Phase der primären Sozialisation und sozialen Integration hinaus eine kontinuierliche Möglichkeit der Identitätsbehauptung, der intimen und spontanen Sozialbeziehungen und der Entlastung von den Anforderungen sekundärer Gruppen" (Bernhard Schäfers, Primärgruppen, in: ders. (Hrsg.), Einführung in die Gruppensoziologie. Geschichte. Theorien. Analysen, Heidelberg 1980, UTB Bd. 996, S. 72).

Strukturen und gemeinschaftlichen bzw. gruppenspezifischen Assoziationen. Gruppenbildung als Reflex auf gesamtgesellschaftliche Entwicklungen bringt Gruppen sehr unterschiedlicher Struktur und Zielsetzung hervor. Helmut Willke hat entsprechend den „positiven oder negativen Rückkopplungsprozessen zwischen individuellen Gruppen- und sekundären Normensystemen" vier Idealtypen von sich herausbildenden Gruppen unterschieden: konforme, abweichende, produktive und regressive[2]. Ein Einwand gegen diese Klassifikation von im Gesellschaftsprozeß sich herausbildenden Gruppen ist darin zu sehen, daß sie der Entwicklung und dem Stellenwert der Gruppen im Sozialgefüge vorauseilt. Gerade die Entstehung von Gruppen im Zusammenhang gesamtgesellschaftlicher Entwicklungen hat aber immer wieder gezeigt und wird weiterhin zeigen, daß ihre Einschätzung und Akzeptanz und damit ihre „Funktion" in größeren sozialen Zusammenhängen einem Wandel unterliegen. An einzelnen Gruppen läßt sich der Weg von subkulturellen Bewegungen, abweichenden oder regressiven Sozialgebilden zu Elementen der offiziellen Kultur verfolgen. Am Beispiel der *Jugendbewegung* läßt sich nachweisen, daß es zu keiner Zeit eine völlig eindeutige „Verortung" gegeben hat und diese auch heute – aus historisch und sozialwissenschaftlich distanzierter Sicht – kaum möglich erscheint.

Diese Perspektive vorausgesetzt, kann man am heuristischen Prinzip festhalten, nach Entsprechungen zwischen Gesellschaftsstruktur und Gruppenentwicklung zu suchen oder, wie es Dieter Claessens ausgedrückt hat, nach „Rahmenbedingungen" und „Regelvorgaben" für die Gruppenbildung. Darum wird die nachfolgend zitierte Sichtweise von Claessens ausdrücklich als „Suchraster" übernommen, ohne die implizite Annahme zu teilen, daß es strenge Korrespondenzverhältnisse zwischen „Basis" und „sozialen Formationstypen" gibt. Es müsse angenommen werden, so heißt es bei Claessens, „daß jeweils gesellschaftlich-kulturelle Rahmenbedingungen höherer, und d. h. hier auch: genereller Art die Basis (zugelassene Elemente plus Syntax) für bestimmte soziale Formationstypen *zuweisen*, daß heißt ,die weiter unten' zugelassenen Basen sind selbst wieder Ausdruck höherer Syntax. In dieser ,syntaktischen Hierarchie', die vermutlich synonym zu den zu wenig untersuchten Hierarchien gesellschaftlich/ kultureller Werte und Normen ist, spielen logisch die obersten Rahmenbedingungen eine entscheidende Rolle."[3]

---

[2] Helmut Willke, Societal Reactions and Engendered Deviation: The Case of Offensive Groups, in: Zeitschrift für Soziologie, Jg. 6/1977, H. 4, S. 425–433.

[3] Dieter Claessens, Unbeabsichtigte Folgen der Bildung von kleinen Gruppen und Gruppenverbänden, in: Human Figurations. Aufsätze für Norbert Elias, hrsg. von Peter R. Gleichmann, Johan Goudsblom und Hermann Korte, Amsterdam 1977, S. 211–224 (213).

Die Entwicklung der bürgerlichen Gesellschaft ist von Anfang an begleitet durch die Herausbildung neuer, nicht-ständischer Assoziationen und Gruppen; sie wird dadurch überhaupt erst ermöglicht. Für die Zeit des späten 18. und beginnenden 19. Jahrhunderts läßt sich diese These belegen an einer Vielzahl von kleingruppenhaften Zusammenschlüssen, die – gewollt oder ungewollt – als „Vehikel eines sich beschleunigenden sozialen Wandels"[4] interpretiert werden können. Peter Christian Ludz nennt unter anderem: bürgerliche Lesegesellschaften und Klubs; „imaginäre Organisationsformen" (so die Bezeichnung von Friedrich Gottlieb Klopstock) wie der Göttinger Hain, Geheimbünde und Freimaurerlogen, unpolitische wie politische Vereine und Bünde. „Das 18. Jahrhundert ist ausgefüllt mit Gründungen von Gesellschaften, Logen, Orden, Vereinen, Bruderschaften, Sekten, Konventikeln, mehr oder weniger geheimen Bünden, mehr oder weniger organisierten Gruppen."[5] Karl Seidelmann, der diese Entwicklung vor allem im Hinblick auf Jugendgruppen und Jugendbewegungen verfolgte, verweist auf die Tugend- und Jungmännerbünde seit Ende des 18. Jahrhunderts, auf Wilhelm von Humboldts 1775 in Berlin gegründete Vereinigung einer „Freimaurerei des Herzens", auf den im Umkreis des Philosophen Johann Gottlieb Fichte in Jena entstandenen „Bund freier Männer"[6].

Nach Friedrich H. Tenbruck zeugt „die Vielzahl der damaligen Gruppenzusammenschlüsse dafür..., daß in einer beginnenden pluralistischen oder jedenfalls sozial heterogenen Situation *Gruppen*initiative dazu gehört, um eine bestimmte ... Lebensform durchzusetzen"[7]. Aber es ging auch um die „Stabilisierung des Ich" (Tenbruck) – und hierfür waren die intensiven Freundschaften nach ca. 1750 vielleicht ebenso wichtig[8].

---

[4] Peter Christian Ludz, Überlegungen zu einer soziologischen Analyse geheimer Gesellschaften des späten 18. und frühen 19. Jahrhunderts, in: ders. (Hrsg.), Geheime Gesellschaften, Wolfenbütteler Studien zur Aufklärung, Bd. V/1, Heidelberg 1979, S. 89–119 (92).

[5] Friedrich H. Tenbruck, Freundschaft. Ein Beitrag zu einer Soziologie der persönlichen Beziehungen, in: Kölner Zeitschrift für Soziologie und Sozialpsychologie, 16, 1964, S. 431–456 (S. 444).

[6] Karl Seidelmann, Gruppe – soziale Grundform der Jugend, 2 Bde., Hannover 1970/71, Bd. I, S. 21.

[7] Friedrich H. Tenbruck, a. a. O., S. 444.

[8] Einige der in diesem Beitrag expliziten Zusammenhänge könnte man auch an einem anderen Sozialgebilde, das viel zu wenig Beachtung in der soziologischen Theorie und Empirie gefunden hat, demonstrieren: an Freundschaften. Die Antizipation des Neuen wie Abwehr und Schutz vor diesem Neuen geben der Freundschaft seit Ende des 18. Jahrhunderts einen einzigartigen Stellenwert. Georg Simmel hat das in seiner Analyse über „Das Geheimnis und die geheime

In einem summarischen Überblick zu Gruppenbildungen bzw. Aktualisierungen gruppenhafter Gemeinschaften als Reflex auf gesamtgesellschaftliche Entwicklungen darf ein Hinweis auf die *Familie* als Gruppe besonderer Art nicht fehlen. Dabei kann die Besonderheit der Familie als Primärgruppe hier unberücksichtigt bleiben. 1855 erschien ein Werk, dessen Einfluß auf die konservative Gesellschafts- und Kulturkritik im Spiegel einer Idealisierung des Familienlebens kaum überschätzt werden kann: Die Familie, von Wilhelm Heinrich Riehl (als Band 3 seiner *Naturgeschichte des Volkes als Grundlage einer deutschen Social-Politik*). Seither sind die Theoreme von der Familie als „Keimzelle von Staat und Gesellschaft", als Bollwerk gegen Individualismus und Kollektivismus allgemein bekannt. Was Riehl sich im Vorwort gewünscht hatte, wurde Gemeingut: sein Buch wurde zu einem „Hausbuch" des nach 1848 konservativ gewordenen Bürgertums. Wie die geruhsame Familie des Biedermeier ein Reflex auf die napoleonischen Wirren und die der verlorenen Reichseinheit war, so war die nunmehr auch staatlich propagierte Idealisierung des Familienlebens nach 1848 ein Reflex auf die mit der Revolution, mit stärker einsetzender Industrialisierung, Verstädterung, Proletarisierung und „socialer Frage" einsetzenden Verunsicherungen.

Man könnte, von Riehl ausgehend, die weitere Sozial-, Familien- und Geistesgeschichte daraufhin untersuchen, wann mit welcher Intensität der Familiengedanke (die „große Idee" der Familie, wie Riehl sagt), vorgebracht wurde. Ihre Aktualisierung als Reflex auf gesamtgesellschaftliche Entwicklungen ist sicher eindeutig nachweisbar (vgl. z. B. Helmut Schelskys Untersuchung über *Wandlungen der deutschen Familie in der Gegenwart*, 1953).

Die ambivalente Stellung der Primärgruppe Familie im Aufbau der bürgerlichen Gesellschaft wird an den beiden genannten Belegen sehr deutlich: bei Riehl – sozusagen in „Erfüllung" von Georg Wilhelm Friedrich Hegels Theorie der bürgerlichen Gesellschaft – ist die Familie „nur das

---

Gesellschaft" sehr deutlich gesehen und die „Funktion" von Freundschaft, Geheimnis und Vertrauen, Solidarität usw. herausgestellt. Tenbruck hat in seinem zitierten Beitrag diese Analysen vertieft und einige soziologisch höchst interessante Anmerkungen hinzugefügt: Freundschaften als „Reaktion" auf die zunehmende gesellschaftliche Differenzierung und Egalisierung, aber auch als Bedingung zum Erwerb der Individualität.

Freundschaften haben, wie die bereits genannten Gruppen, diese Übergangsepoche, die Erschütterungen der ständisch-traditionalen Welt zur Voraussetzung. Aber auch die Freundschaft ist „nicht das einzige Mittel, mit dem der einzelne die desorganisierenden Folgen auffangen kann, welche die hohe soziale Differenzierung ausstrahlt". Neben den kleinen Gruppen und vor allem den für die deutsche Sozialgeschichte so wichtigen Vereinen nennt Tenbruck zu Recht „Idee und Wirklichkeit der romantischen Liebe" (a. a. O., S. 445).

natürliche Vorgebilde der Volkspersönlichkeit, d. h. der bürgerlichen Gesellschaft" (Riehl). Sie ist in der von Riehl propagierten Form des „ganzen Hauses" aber auch ein Reflex auf Strukturen und Tendenzen der bürgerlichen Gesellschaft: sie allein, so Riehls Überzeugung, kann die Auflösung der Volkspersönlichkeit in vereinzelte Individuen und ihre dann mögliche Kollektivierung wirksam verhindern. Bei Schelsky wird deutlich, daß die Familie in Zeiten zusammenbrechender Staats- und Gesellschaftsorganisation (wieder) zur grundlegenden Sozialeinheit wird – auch dies ein Reflex auf gesellschaftliche Entwicklungen. „Familie als Gegenstruktur zur Gesellschaft" – aber in einem anderen Sinn, als sich das Heidi Rosenbaum (1973) vorgestellt hatte.

Ende des 19. Jahrhunderts tritt die Gruppenentwicklung in ein neues Stadium: empirisch und theoretisch. Empirisch ist die Herausbildung neuer sozialer Gruppen zu konstatieren; theoretisch die Reflexion einer mit Georg Simmel und Charles H. Cooley einsetzenden Kleingruppensoziologie. Aus dieser Entwicklung, die bekannt ist und über die Edward A. Shils[9] bereits vor über 30 Jahren mit Blick auf die Primärgruppen einen kompetenten Übersichtsartikel verfaßt hat, seien nur einige Gruppenbildungen (die zugleich Etappen in der Konzeptualisierung des Gruppenbegriffs und der Institutionalisierung der Gruppensoziologie sind) herausgehoben.

Von überragendem Stellenwert ist das Konzept der Primärgruppe von Charles H. Cooley[10]. Er verdeutlicht, daß die Prozesse der Vergesellschaftung durchaus nicht zum Verschwinden primärgruppenhafter Beziehungen geführt haben. Das ist implizit, wenn auch nicht explizit, gegen Ferdinand Tönnies gerichtet. Über die Bedeutung dieser primärgruppenhaften Beziehungen und Gebilde unter den neuen industriegesellschaftlichen Bedingungen äußert sich Cooley wie folgt: „Primärgruppen sind primär in dem Sinn, daß sie dem Individuum die früheste und umfassendste Erfahrung vom sozialen Ganzen vermitteln, aber auch in dem Sinn, daß sie sich nicht im gleichen Maße verändern wie komplexere Beziehungen ... Natürlich sind sie nicht unabhängig von der größeren Gesellschaft, sondern reflektieren bis zu einem gewissen Grade ihren Geist; so wie die deutsche Familie und die deutsche Schule ... ein wenig den Stempel des deutschen Militarismus tragen...".[11] Cooley ging also davon aus, daß Primärgruppen ihren Namen auch dadurch verdienen, daß sie sich nicht im gleichen Maße verändern wie die „größere

---

9   Edward A. Shils, The Study of the Primary Group, in: Daniel Lerner und Harold D. Lasswell (Hrsg.), The Policy Science. Recent Developments in Scope and Method, Stanford 1951, S. 44–69.

10 Charles Horton Cooley, Social Organization. A Study of the Larger Mind, 2. Aufl., New York 1924 (zuerst 1909).

11 Ebd., S. 24 (eigene Übersetzung).

Gesellschaft" – wenngleich sie deren „Geist reflektieren".

Die weitere Entwicklung und Forschung blieb nicht bei den von Cooley hervorgehobenen, in jeder Gesellschaft vorhandenen Primärgruppen stehen, sondern führte zu immer neuen Gruppenbildungen als Reflex auf die gesamtgesellschaftliche Entwicklung und entsprechenden „Entdeckungen" der gruppensoziologischen Forschung. Als Beispiel seien genannt:

- die Entdeckung der „gang" (Frederic M. Thrasher 1927), der Rotte der Kinder und Jugendlichen, die ein eindeutiger Ersatz für das „broken home" ist;
- die Entdeckung der informellen Gruppe in formalen Organisationen (Elton Mayo et al.) und ihre Bedeutung für Individuum *und* Organisation;
- die Entdeckung der „peers", der Gleichaltrigengruppe der Kinder und Jugendlichen als sozialstrukturell hochbedeutsames „Zwischenglied" zwischen Familie und Gesellschaft (Shmuel N. Eisenstadt; David P. Ausubel);
- die Entdeckung der Gruppe als „Bündel" von Sympathie- und Antipathiebeziehungen und als Basis, die sozialen und psychischen Probleme der Zeit zu heilen (Jakob L. Moreno);
- die seit den 60er Jahren sich entwickelnden Gruppen im Bereich der Selbsthilfe (Therapie, Resozialisation, Sozialarbeit usw.), der politischen und sozialen Identitätsfindung und Selbstbehauptung (Grüne, Ökologie- und Friedensbewegung, Bürgerinitiativen, Frauengruppen usw.) und der Alternativbewegung (Alternativgruppen in den verschiedenen Projektbereichen).

War noch Ende der 60er Jahre die Bildung neuer, vor allem politisch aktiver Gruppen – man denke an die hochschulpolitischen Gruppen, die vielen „Republikanischen Clubs" im Zusammenhang der Studentenbewegung, die Gruppen in der Schüler- und Lehrlingsbewegung, die Kommunen – ein Reflex auf gesamtgesellschaftliche Entwicklungen mit der Absicht, diese zu verändern, so zeigte sich seit Anfang der 70er Jahre ein Wandel: die Gruppe bzw. immer neue Gruppenbildungen wurden mehr und mehr zu einem Zufluchtsort des Individuums, zu einer Möglichkeit, den gesellschaftlichen Zwängen zu entgehen bzw. ihnen standzuhalten[12].

---

[12] Symptomatisch war ein Buchtitel und Bucherfolg von Horst Eberhard Richter: „Die Gruppe. Hoffnung auf einen neuen Weg, sich selbst und andere zu befreien" (1972). Helmut Schelsky bemerkte zu dieser Entwicklung des Gruppengedankens kritisch und spöttisch: „Die Betonung der kleinen Gruppe als der sozialen Hülle, von der der Mensch gehalten ... wird, in der er erst seine Identität, sein Selbstbewußtsein findet oder – wenn verloren – wiedergewinnt, ist in der westlichen Welt die Hoffnung und Lehre der Erzieher vom Kindergarten bis zur Universität" (Helmut Schelsky, Die Arbeit tun die

Im folgenden wird versucht, die Gruppenbildung als Reflex auf gesamtgesellschaftliche Entwicklungen an einem inzwischen historischen Beispiel exemplarisch zu untersuchen: den Gruppen der deutschen Jugendbewegung. Aus hier nicht weiter zu klärenden Gründen erscheint es einfacher, solche Analysen am historischen Material und nicht an der überkomplex erscheinenden Gegenwart vorzunehmen. Zum einen mag es daran liegen, daß für vergangene Epochen und *Figurationen* (Norbert Elias) Materialien und Interpretationen vorliegen, zum anderen daran, daß die erlebte Gegenwart mit ihren vielen Ungleichzeitigkeiten des Gleichzeitigen Generalisierungen erschwert.

II. Gruppen der Jugendbewegung als Reflex auf gesellschaftliche Entwicklungen[13]

Die folgenden Ausführungen gehen auf zwei Fragen ein:

1. Vor welchem gesellschaftlichen Hintergrund entwickelte sich die Jugendbewegung?
2. Wie formten und konsolidierten sich die Gruppen der Jugendbewegung? Worin ist ihre gruppenspezifische Besonderheit zu sehen?

Die Analyse konzentriert sich auf die Entstehungsphase der Jugendbewegung und die Zeit vor dem Ersten Weltkrieg (also etwa 1895–1914). Die auch für unser Thema hochinteressante Zeit der *Bünde* mit einer Emphatik des bündischen Lebens als eigener neuer Lebensform[14] – neben Gemein-

---

anderen. Klassenkampf und Priesterherrschaft der Intellektuellen, Opladen 1975, S. 270).
Kritisch gegen Schelsky bleibt einzuwenden, daß er nicht den Versuch unternimmt – wie das z. B. bei Richter (1972) in Ansätzen geschieht – die so entstandenen Gruppen als mögliche Reflexe auf gesamtgesellschaftliche und daraus resultierende familiale und individuelle Problemlagen zu interpretieren. Einzuräumen ist allerdings, daß die Soziologie für eine Analyse der Korrespondenzstrukturen „sozialer Formationstypen" (Claessens) und damit für plausible Erklärungen der Zusammenhänge zwischen Mikro- und Makrostrukturen nicht gerade gut gerüstet ist.

13   Ich danke dem „Archiv der deutschen Jugendbewegung", namentlich seinem Leiter, Herrn Dr. Winfried Mogge, für freundliche Unterstützung während einer Arbeitswoche im März 1983. Dem Herausgeber dieses Sonderheftes, Friedhelm Neidhardt, danke ich für zahlreiche Anregungen und Hinweise.

14   Erinnert sei an den hier zentralen Aufsatz von Hermann Schmalenbach, Die soziologische Kategorie des Bundes, in: Die Dioskuren I, Jahrbuch für Geisteswissenschaften, München 1922, S. 35f. Ein Bund greift über die einzelne Gemeinschaft der Jugendgruppe hinaus, er ist eine größere

schaft und Gesellschaft – wird nicht in die Betrachtung einbezogen.

1. Gesellschaftsentwicklung und Jugendbewegung

Der Zusammenhang zwischen dem preußisch-wilhelminischen, sich rasch industrialisierenden und verstädternden Deutschland und der Entwicklung der Jugendbewegung als „Gegenbewegung" ist gut dokumentiert[15], so daß hier nur einige zusammenfassende Hinweise erfolgen sollen.

Die zu betrachtende Epoche von der Reichsgründung 1871 bis zum Ausbruch des Ersten Weltkrieges 1914 bringt den endgültigen Umbruch von der Agrar- zur Industriegesellschaft; sie macht Deutschland – vor dem bislang dominanten England – zur führenden Industrienation, aber auch zur

---

Sozialgruppe, deren Mitglieder durch rauschhaftes Erleben gemeinsamer Ziele und Wertvorstellungen wie durch Begeisterung für einen Führer sich zusammenschließen bzw. sich als Einheit verstehen. Schmalenbach führte hierfür viele Beispiele aus der Geschichte an. Wie Ferdinand Tönnies versah Schmalenbach seine „Lehre" mit weitausgreifenden historischen Perspektiven und zusätzlich mit einer Zyklenlehre: in der Menschheitsgeschichte kommen Bund, Gemeinschaft und Gesellschaft im steten Wechsel zur jeweils dominanten Geltung. So im Altertum der Bund, im Mittelalter die Gemeinschaft und seit der Neuzeit die Gesellschaft. Schmalenbach teilte die Auffassung vieler Zeitgenossen, daß man an einer historischen Wende stehe, in der ein neues Zeitalter (des Bundes) heranreife. Zum zeitgeschichtlichen Hintergrund etc. der Bünde vgl. auch die wichtige Arbeit von Felix Raabe, Die Bündische Jugend. Ein Beitrag zur Geschichte der Weimarer Republik, Stuttgart 1961.

[15] Von historischer Seite, aber mit Bezug auf die Jugendbewegung, vgl. Hans-Joachim Henning, Das westdeutsche Bürgertum in der Epoche der Hochindustrialisierung, 1860–1914, Wiesbaden 1972; Hans-Ulrich Wehler, Das deutsche Kaiserreich 1871–1918, Göttingen 1973; Walter Laqueur, Die deutsche Jugendbewegung. Eine historische Studie, Köln 1962 (Studienausgabe 1978). Aus wirtschafts- und sozialgeschichtlicher Sicht vgl. den empirisch breit dokumentierten Bd. von Friedrich-Wilhelm Henning, Die Industrialisierung in Deutschland 1800–1914, Paderborn 1973 (UTB Bd. 145).
Aus soziologischer Sicht vgl. Ulrich Aufmuth, Die deutsche Wandervogelbewegung unter soziologischem Aspekt, Göttingen 1979. Umfassend und sehr viele Aspekte zum Thema „Jugend und Gesellschaft um 1900" berücksichtigend: Walter Rüegg (Hrsg.), Kulturkritik und Jugendkult, Frankfurt 1974. Über die Bedeutung der Jugendbewegung für die Herausbildung der Jugend als (relativ) eigenständiger Sozialgruppe vgl. Walter Hornstein, Jugend in ihrer Zeit. Geschichte und Lebensformen des jungen Menschen in der europäischen Welt, Hamburg 1966; Leopold Rosenmayr, Jugend, in: René König (Hrsg.), Handbuch der empirischen Sozialforschung, Bd. 6, 2. Aufl., Stuttgart 1976; Bernhard Schäfers, Kurze Sozialgeschichte der Jugend, in. ders., Soziologie des Jugendalters, Opladen 1982 (UTB Bd. 1131), S. 41-57.

gefürchteten Militärmacht – und zugleich zum Vorbild in der Entwicklung des Sozialstaats (1883ff.). Folgende Punkte seien hervorgehoben[16]:

– Die Urbanisierungsrate steigt in geradezu unvorstellbarem Ausmaß: 1871 lebten 14,3% der Bevölkerung in Orten mit mehr als 20 Tsd. Einwohnern; 1910 war dieser Anteil auf 40,4% gestiegen (im gleichen Zeitraum stieg der Anteil der Großstadtbevölkerung von 4,8% auf 27%);
– die „Proletarisierung" der Gesellschaft bzw. bestimmter Sozialgruppen der rasch wachsenden Bevölkerung (allein auf dem Gebiet der heutigen Bundesrepublik nahm die Bevölkerung von 20 Mill. 1870 auf rund 36 Mill. 1910 zu) brachte zunächst eine Verschärfung der „socialen Frage" (Sozialistengesetze 1878–1890), dann aber – im Zuge des Ausbaus der Sozialpolitik (1883 ff.), des Stadtausbaus usw. – eine Entschärfung;
– die Zahl der Beschäftigten nahm allein in der Zeit von 1873–1893 um 28% zu, das reale Volkseinkommen jedoch um 58 %;
– die Verparteilichung des politischen und öffentlichen Lebens nahm im gleichen Maße zu wie die Organisation der Interessengruppen bei Arbeitnehmern und Arbeitgebern, bei Lehrern und Handwerkern, bei Landwirten, Beamten usw.; es entstand jene „politische Kultur", deren Fortwirken bis in die Gegenwart Peter Reichel[17] und andere aufzeigen;
– es kam zu einer erheblichen Verbreiterung der Bildungsbasis, vor allem zu einer starken Zunahme der Realschulen und Realgymnasien im letzten Drittel des vorigen Jahrhunderts.

Von den weiteren Entwicklungen und Zusammenhängen, die die Entstehung einer bzw. *der* Jugendbewegung als möglich – aus heutiger Sicht: als folgerichtig – erscheinen lassen, seien hervorgehoben:

– die Verbreiterung der bürgerlichen Schichten im Zusammenhang der Ausweitung des tertiären Sektors und einer allgemeinen Wohlstandssteigerung;
– die Verunsicherung des traditionalen Bildungsbürgertums, dem die rasante wirtschaftlich-technische Entwicklung „seine gesellschaftliche Entfremdung ... mit bedrückender Wucht als existentielles Problem bewußt" gemacht hatte[18];
– die starke Zunahme reformpädagogischer, lebensphilosophischer (Wilhelm Dilthey, Georg Simmel) und kulturpessimistischer Gedanken

---

16 Vgl. hierzu F.-W. Henning, a. a. O., S. 203–272; Eike Ballerstedt und Wolfgang Glatzer, Soziologischer Almanach, Frankfurt/New York 1975.
17 Peter Reichel, Politische Kultur der Bundesrepublik, Opladen 1981 (UTB Bd. 1037).
18 Ulrich Aufmuth, a. a. O., S. 101.

und Strömungen zum fin de siècle;
- die Verschärfung des Vater-Sohn-Konfliktes.

Von den Schriftstellern und Philosophen, die dem Kulturpessimismus im letzten Drittel des Jahrhunderts breiten Ausdruck gaben, sind an wichtiger Stelle zu nennen: Paul Lagarde, August Julius Langbehn und Friedrich Nietzsche. Damals war Langbehn mit seiner Schrift *Rembrandt als Erzieher* (zuerst 1890) mit Abstand der bekannteste. Ulrich Aufmuth widmet ihm zu Recht breiten Raum in seiner Analyse des Kulturpessimismus als Vorbedingung der Jugendbewegung. Langbehn wirkte unmittelbar in die Jugendbewegung hinein; er war, neben Friedrich Hölderlin, Friedrich Nietzsche, Stefan George und Hermann Hesse, einer „ihrer" Autoren[19].

Das Entscheidende war aber nicht – weder bei Langbehn noch bei Nietzsche – die ausschließliche Negativsicht des Bestehenden, sondern die Hoffnung auf eine bessere Zukunft Deutschlands. Die seit der Klassik verstärkte Identifikation des Deutschen mit dem griechischen Wesen und die Stilisierung der griechischen Kultur als einer „jugendlichen" zeigten sich nun darin, daß man einzig von der Jugend eine kulturelle und schließlich nationale Erneuerung erwartete. Erinnerungen an die Jugend des „Sturm und Drang", die Jugend der Freiheitskriege, das Junge Deutschland des Vormärz, trugen dazu bei, im letzten Drittel des vorigen Jahrhunderts den Begriff Jugend mit der Vorstellung von Erneuerung zu verbinden. Es gehört in diesen Kontext, wenn im gleichen Jahr, als die ersten Wandergruppen unter Hermann Hoffmann vom Steglitzer Gymnasium auszogen, in München eine äußerst einflußreiche Kulturzeitschrift unter dem Titel „Jugend" gegründet wurde (1896). Diese verfolgte nicht nur ein ästhetisches, im Jugendstil konkretisiertes Programm, sondern zielte auf gesellschaftliche Reformen in allen Bereichen.

Bevor die Jugendbewegung Wirklichkeit wurde, war sie als Vorstellung insoweit da, daß man von der Jugend etwas Besonderes erwartete. „Das neue geistige Leben der Deutschen ist keine Sache für Professoren, es ist insonderheit eine Sache der deutschen Jugend; und zwar der unverdorbenen, unverbildeten, unbefangenen deutschen Jugend. Sie hat das Recht" (Langbehn 1890).

Nur diese Erwartungshaltung im Hinblick auf die Entwicklung einer

---

[19] Natürlich ist auch an Jean-Jacques Rousseau zu denken, dessen „Zurück zur Natur" nun so verstanden wurde, „aus grauer Städte Mauern" auszuziehen; auch Johann Gottlieb Fichte ist zu erwähnen, dessen Einfluß auf die Ziele der Jugendbewegung bis heute strittig ist. Aber seine Anklage gegen die „verdorbene Erwachsenheit" und ähnliche Äußerungen wie seine völkische Einstellung werden in frühen Schriften immer wieder genannt.

neuen Sozialbewegung[20] macht erklärlich, daß die Jugendbewegung sich so erstaunlich schnell ausbreiten konnte; sie war – wie Aufmuth entgegen den immer noch vorherrschenden Auffassungen nachweisen kann – primär nicht gegen Elternhaus und Schule gerichtet, sondern wurde von Elternhaus und Schule unterstützt und ermöglicht. Beide Instanzen hätten damals genügend Sanktionsmittel gehabt, das Jugendwandern zu unterbinden. Die Jugendlichen des Wandervogel stammten „in der Regel aus überdurchschnittlich guten und freizügigen Familienverhältnissen und waren ihren Eltern zumeist in Liebe zugetan"[21]. Damit ist auch die bis heute strittige Frage berührt, ob die Jugendbewegung ein „Ventil" im Hinblick auf den sich verschärfenden Vater-Sohn-Konflikt war. Vieles spricht dafür: die zeitgleichen Analysen von Sigmund Freud, ein entsprechendes Bewußtwerden in Kunst und Literatur sowie frühe Selbstdeutungen der Wandervögel. So heißt es in einer der ersten und bis heute wichtigsten Schriften, in Hans Blübers *Wandervogel. Geschichte einer Jugendbewegung*: „Wo Väter und Söhne ganz und gar einig lebten, der Vater seinen Charakter dem Sohne widerstandslos zu übertragen vermochte und dieser stolz war auf das Erbe der Väter, gab es keinen Boden für den Wandervogel[22]."

Die hier suggerierte Eindeutigkeit des Vater-Sohn-Konfliktes als eine Entstehungsursache der Jugendbewegung ist allerdings so nicht haltbar. Wie bereits im Anschluß an Aufmuth hervorgehoben wurde, muß mehr Einvernehmen als Konflikt zwischen Vater und Sohn im Hinblick auf das Jugendwandern hervorgehoben werden. Dafür spricht auch, daß der Wandervogel seit 1901 durch die von Karl Fischer und Wolfgang Kirchbach initiierten „Eltern- und Freundesräte" („Eufräte") kräftig unterstützt wurde.

Wenn weder der Vater-Sohn-Konflikt noch eine grundsätzliche Auflehnung gegen die Familie der entscheidende Impuls der Jugendbewegung gewesen sein können, so hat sie gleichwohl die Veränderung familialer Strukturen und deren schwindende soziale Relevanz

---

[20] Aufmuth macht den interessanten Versuch, die Entstehung der Jugendbewegung als (neue) Sozialbewegung zu interpretieren. Neben anderen Autoren ist es vor allem Neil J. Smelser, auf den er sich beruft. In dessen „Theorie des kollektiven Verhaltens" (orig. engl. 1962, dt. 1972) ließen sich für die Entstehung sozialer Bewegungen folgende „Determinantenkomplexe" herausarbeiten: strukturelle Anfälligkeit, strukturelle Spannung, generalisierte Vorstellung, Beschleunigungsfaktoren, Mobilisierung der Teilnahme und schließlich das Ziel „Normen oder Werte wiederherzustellen, zu bewahren, zu modifizieren oder neu zu schaffen" (S. 59).

[21] Ebd., S. 150.

[22] Hans Blüher, Wandervogel. Geschichte einer Jugendbewegung, 3 Bde., Charlottenburg 1911/13, hier: Bd 2 (1912); Neuausgabe Frankfurt 1976.

zur Voraussetzung. Gerade die sich schnell ändernde Berufs- und Sozialstruktur mit der abnehmenden Wahrscheinlichkeit der Weitergabe des elterlichen Erbes ließ auch in den Familien bewußt werden, daß eine Orientierung an außer-familialen Beziehungen und Gemeinschaften unabdingbar sei. Die „Suche" nach diesen Gemeinschaften war allgemein; für die Eltern-Generation erfüllte sie sich in den für die Entwicklung der deutschen bürgerlichen Gesellschaft so wichtigen Vereinen[23]. Damals wie heute war die Kritik an der Gesellschaft mit ihren Trends der Anonymisierung und Formalisierung, der Verstädterung und der Bürokratisierung Allgemeingut. Die Familie kam sich diesen Entwicklungen gegenüber ohnmächtig und hilflos vor, zumal immer offenkundiger wurde, daß es ein Zurück in die Familienform des „Ganzen Hauses" (Riehl) nicht geben würde. Wie die Eltern für sich das Vereinswesen „entdeckten" und entwickelten, so förderten sie aus ähnlichen Gründen den Gemeinschaftsgedanken in der Jugend und für die Jugend.

Zieht man die Quellen der damaligen Zeit heran, so ist man überrascht zu sehen, wie früh die gegenwärtig immer noch relevanten topoi der Vermassung und Vereinzelung da sind und wie intensiv überlegt wurde, dem allgemeinen „Centralismus" entgegenzusteuern. Als z. B. Adolf Wagner sein berühmtes *Gesetz der wachsenden Staatstätigkeit* aufstellte (1879), wies er auf die Chancen hin, „durch Decentralisation, namentlich in der Richtung vom Staate zu den kleineren, räumlichen Zwangsgemeinschaften bis zu den Gemeinden hin, durch Selbstregulierung und Ehrenamtssystem, ferner durch Erleichterung und Begünstigung der freien Gemeinschaften, des Vereinswesens, der Veranstaltungen des caritativen Systems usw. gewissen Gefahren möglichst zu steuern"[24].

Eine Vielzahl anderer Belege ließe sich anführen, um anschaulich zu machen, daß die Familie nicht mehr als alleinige „groupe intermédiaire" (Emile Durkheim) angesehen wurde und daß schon deshalb die Entstehung der Jugendbewegung bzw. ihre spezifischen Gruppenbildungen nicht als bloße Reaktion auf Familienstrukturen interpretiert werden kann.

Auch aus der Struktur der Schule, der zweiten, für die damaligen wie heutigen Jugendlichen zentralen Institution und Sozialisationsinstanz, läßt sich nicht in der Form eines direkten Reflexes „ableiten", daß die Jugendbewegung eine notwendige, durchaus erwartbare Gegenbewegung zu

---

[23] Emile Durkheim, dessen Analysen der „groupes secondaires" und der „groupes intermédiaires" hier eine größere Aufmerksamkeit verdienten, als ihnen zuteil wird (zumal sie den Cooleyschen Begriff der Primärgruppe geradezu herausfordern), hat die besondere Bedeutung des Vereinswesens in Deutschland für die Integration der deutschen Gesellschaft mehrfach betont.

[24] Adolf Wagner, Allgemeine und theoretische Volkswirtschaftslehre, 1. Teil: Grundlegung, Leipzig 1879, S. 312.

Elternhaus *und* Schule war. Der Ursprungsort der Wandervogel-Bewegung, das Steglitzer Gymnasium, war von Liberalität und Verstehen, von geradezu kameradschaftlichem Umgang der Lehrer und Schüler bestimmt. Es sollte sich also auch bei der Entwicklung der Jugendbewegung wiederholen, was für Sozialbewegungen reformatorischen und revolutionären Charakters wohl immer typisch gewesen ist: sie entwickeln sich dort, wo Freiräume sind und werden von denen vorangetragen, die unter gegebenen Umständen eigentlich „am besten dran" sind.

Die von Aufmuth ermittelte soziale Schichtzugehörigkeit der Eltern bestätigt voll die verbreitete Auffassung, daß die Jugendbewegung eine „Veranstaltung" (Wolfgang Lipp) des Bildungsbürgertums und der stark aufstiegsorientierten Schichten gewesen ist. 40% der Wandervögel der Vorkriegszeit kamen aus Familien, in denen der Vater Beamter der mittleren oder höheren Laufbahn war; bei 20% war der Vater den Selbständigen zuzurechnen (Kaufleute, Handwerker, Kleinfabrikanten); 10% hatten einen freiberuflichen Akademiker als Vater (Ärzte, Rechtsanwälte; Aufmuth rechnet auch die Pastoren zu dieser Gruppe); 20% kamen aus der aufstrebenden Schicht der mittleren und höheren Angestellten; 10% hatten einen Vater aus der Laufbahn des einfachen Beamten oder Angestellten[25]. Mit „normaler" Schichtverteilung hatte diese Zusammensetzung des Wandervogel (und damit dem inaugurierenden Teil der Jugendbewegung) also nichts zu tun. So waren allein die Beamten 8–10 mal stärker vertreten, als es der Normalverteilung entsprochen hätte. Von den wirklich aktiven Wandervögeln der Vorkriegszeit absolvierten über 80% das Gymnasium[26].

2. Die Bedeutung der sozialen Gruppe und der „Gruppenkultur" in der Jugendbewegung

Ein Aspekt, der bei der Analyse sozialer Bewegungen zumeist zu wenig Beachtung findet, ist die Form (Simmel) und damit die spezifische Struktur des sozialen Gebildes, in der sie ermöglicht wird und abläuft. Die Jugendbewegung bietet ein exemplarisches Beispiel dafür, welche Bedeutung die soziale Gruppe für die Konsolidierung der „generalisierten Vorstellungen", die Mobilisierung der Teilnahme, die Aktionsfähigkeit und schließlich die Erringung von gesamtgesellschaftlicher Bedeutung sozialer Bewegungen hat. Die soziale Gruppe bzw. die Besonderheiten einer Primärgruppe sind die Voraussetzung dafür, daß neue Werte und Normen entstehen und verbindlich gemacht werden können, daß Aufgaben verteilt

---

[25] Aufmuth, a. a. O., S. 107.
[26] Ebd., S. 109.

und Mitglieder geworben werden und durch Aktionen Aufmerksamkeit erreicht wird. In Gruppen und durch Gruppen kommen alle jene Qualitäten des Sozialen zur Geltung, die sie zu einem „Paradigma der Vergesellschaftung"[27] machen.

Was die Jugendbewegung als Sozialbewegung dabei so interessant macht, ist die Fülle an ungewollten Folgen des sozialen Handelns[28] und der Tatbestand, daß sie – was ebenfalls niemand voraussehen konnte – zur etablierten Gesellschaft wie eine „Gegenbewegung" wirkte. Die außergewöhnliche Bedeutung der Gruppe im Rahmen der Jugendbewegung ergibt sich vor allem aus den Besonderheiten des „Wandervogels": er rückt das Phänomen der kleinen Gruppe deutlicher in den Blick, als das andere Sozialbewegungen zuvor getan hatten[29]. Erst mit der Jugendbewegung „wächst das Phänomen der Gruppe über seine Urform breit und umfänglich hinaus"[30], und diese Entwicklung ist nach Karl Seidelmann „im wesentlichen zwei voneinander ganz unabhängigen Bewegungen zu danken: dem Wandervogel bzw. der deutschen Jugendbewegung und dem englischen Scoutismus"[31].

Es gibt also gute Gründe, ausführlich auf die Gruppenstruktur und Gruppenkultur der Jugendbewegung einzugehen, weil hier die Basis, die conditio sine qua non einer wichtigen Sozialbewegung und Gegenbewegung (letzteres bedingt, wie sich zeigen wird) zu suchen ist.

Zur Charakterisierung der Gruppen in der Jugendbewegung sei folgende Systematik vorgeschlagen:

– Zielsetzung,
– Gruppengröße und Mitgliedschaft,
– Gruppensprache und Rollendifferenzierung,
– Gruppenaktivitäten,
– Sinn- und Symbolsystem.

---

[27] Vgl. hierzu Martin Schwonke, Die Gruppe als Paradigma der Vergesellschaftung, in: Bernhard Schäfers (Hrsg.), Einführung in die Gruppensoziologie, a. a. O., S. 35–50.

[28] So schreibt Carlo Schmid in seinen „Erinnerungen", Bern et al. 1979, im Kapitel „Wandervogel": „Nein, wir empfanden uns nicht als eine ‚Bewegung', die über sich hinauswirken wollte; wir wollten für uns das Wissen vom rechten Leben erwerben, das uns Schule und Elternhaus nicht zubrachten. Wir wollten nicht missionieren, sondern richtig leben und damit ein Beispiel geben" (S. 37).

[29] Es muß aus heutiger Sicht überraschen, daß Cooley (1909) nicht auf die Gruppen der Jugendbewegung oder des Scoutismus zu sprechen kommt; es hätte sein Konzept der gleichsam „ursprünglichen" Primärgruppen erweitern können.

[30] Karl Seidelmann, Bund und Gruppe als Lebensformen deutscher Jugend, München 1955, S. 30 (erw. Ausgabe in zwei Bänden 1970/71).

[31] Ebd., S. 31.

Zielsetzung: Die Zielsetzung der Gruppen der Jugendbewegung in wenigen Sätzen darzustellen, birgt ein schwieriges methodologisches Problem, das die Sozial- und Geschichtswissenschaften wohl nie befriedigend lösen können: was ist z. B. das Ziel einer Sozialbewegung an ihrem Beginn, im Verlauf der Entwicklung und schließlich am Ende bestimmter Entwicklungsphasen? Was wird später von Beteiligten, Interpreten usw. in diese Phasen hineingedacht? Wie einheitlich wird das Ziel vertreten?

Da vielen einstigen Wandervögeln später zuviel in ihr – häufig bescheidenes – Tun hineingedacht wurde, finden sich geradezu trotzige Reaktionen auf die Deutungsmuster der „vereinnahmenden" Sozial- und Kulturwissenschaften. Die Selbstdeutung: „Wir wollten wandern" findet man vielfach ergänzt durch den Zusatz: „Uns fesselte das Gemeinschaftserlebnis des Gruppenwanderns[32]."

Eine der frühesten – und im Hinblick auf die Akzeptanz der Jugendbewegung bei Schulbehörden etc. hochbedeutsamen – Interpretationen der Ziele des Jugendwanderns findet sich bei dem Reformpädagogen und Steglitzer Gymnasialprofessor Ludwig Gurlitt. In seinem Bericht an das Preußische Kultusministerium über seine Teilnahme an der Herbstfahrt in die Lüneburger Heide 1902 (unter Führung Karl Fischers) schreibt er u. a.: „Zweck dieser Vereinigung ist, in der Jugend die Wanderlust zu pflegen, die Mußestunden durch gemeinsame Ausflüge nutzbringend ... auszufüllen, den Sinn für die Natur zu wecken, zur Kenntnis unserer deutschen Heimat anzuleiten, den Willen und die Selbständigkeit der Wanderer zu stählen, kameradschaftlichen Geist zu pflegen, allen den Schädigungen des Leibes und der Seele entgegen zu wirken, die zumal in und um unsere Großstädte die Jugend bedrohen, als da sind Stubenhockerei und Müßiggang, die Gefahren des Alkohols und des Nikotins ..."[33].

In der Satzung des „Bundes für Jugendwanderungen ‚Alt-Wandervogel' " vom April 1906 hieß es: „Der Bund ... bezweckt: Das Wandern unter den Schülern höherer Lehranstalten zu fördern, den Sinn für Naturschönheit zu wecken und der Jugend Gelegenheit zu geben, Land und Leute aus eigener Anschauung kennen zu lernen. Zur Erreichung dieses Zwecks dienen kleine und größere Wanderfahrten, auf denen größte Einfachheit beobachtet wird."[34]

---

[32] Vgl. die Aussage Carlo Schmids in Fußnote 28.
[33] Zit. in: Die Wandervogelzeit. Dokumente der Jugendbewegung II, hrsg. von Werner Kindt, Düsseldorf und Köln 1968, S. 54.
[34] Abgedruckt in: Wandervogel, Illustrierte Monatsschrift, 3. Jg./1906.
Eine ausführliche Beschreibung des Verlaufs einer Wanderung hat Hans Blüher 1980 unter dem Titel verfaßt: „Wie werden die Reisen des Alt-Wandervogel ausgeführt?" Sie findet sich in längeren Auszügen in: Hermann Giesecke, Vom

Das Wandern in Schülergruppen ist also das praktisch Primäre, alles andere ist später, lagert sich an, baut darauf auf: seien es die reformpädagogischen Zielsetzungen (wie bei Gustav Wyneken und anderen), die Verselbständigung der *Jugendkultur*[35] oder schließlich die Verselbständigung des Bundes als neuer Lebensform. Ein wichtiges Zeugnis in diesem Zusammenhang ist die Aussage von Charlotte Lütkens, weil sie noch dem Wandervogel vor dem Weltkrieg angehört hatte und später, 1925, die erste soziologische Darstellung der Jugendbewegung verfaßte. Bei ihr heißt es: „All das, was wir heute aus jenen ersten Tagen herauslesen als treibende Kraft, davon war uns damals kaum etwas bewußt: damals, als wir wanderten und die Heimat eroberten, und die Jugendbewegung noch nicht begonnen hatte, sich als Problem der deutschen Gesellschaft zu begreifen und nach Selbstverständigung zu suchen."[36]

Diese Inhalte, so könnte man an Simmel[37] orientiert argumentieren, suchten sich ihre adäquate soziale Form: hier ist der Ursprung der Jugendgruppe als bedeutsame Erweiterung der von Cooley aufgeführten Primärgruppen. Die Form von 6–8 und maximal 15 Jugendlichen in einer Gruppe war übrigens nicht gleich da, sondern mußte im wahrsten Sinne des Wortes gesucht werden (vgl. w. u.). „Gemeinsame Erlebnisse und Abenteuer schweißten die mehr oder weniger zufällig entstandene Gruppe zu einer disziplinierten Gemeinschaft zusammen. Wohl mochte zwischen zwei oder mehreren Mitgliedern eine engere Freundschaft entstehen, das Gefühl der Kameradschaft und Zusammengehörigkeit erstreckte sich jedoch auf alle Mitglieder der Gruppe."[38]

Gruppengröße und Mitgliedschaft: Bereits zu Beginn der Jugendbewegung wird in den bald einsetzenden Reflexionen auf ihren Sinn und Zweck[39] die Bedeutung der Altersmischung in den Wandergruppen

---

Wandervogel bis zur Hitlerjugend, München 1981, S. 19ff.

[35] Der Begriff „Jugendkultur" kam 1910 in der Wandervogelbewegung auf und wurde dann vor allem von Hans Blüher und Gustav Wyneken popularisiert (vgl. Gustav Wyneken, Was ist Jugendkultur, München 1914).

[36] Charlotte Lütkens, Die deutsche Jugendbewegung. Ein soziologischer Versuch, Frankfurt 1925, S. 7.

[37] Bei Georg Simmel, Soziologie. Untersuchungen über die Formen der Vergesellschaftung, Berlin, 5. Aufl., 1968 (1908) heißt es hierzu auf S. 5: „In jeder vorliegenden sozialen Erscheinung bilden Inhalt und gesellschaftliche Form eine einheitliche Realität ... ; ein Interesse, Zweck, Motiv und eine Form oder Art der Wechselwirkung unter den Individuen, durch die oder in deren Gestalt jener Inhalt gesellschaftliche Wirklichkeit erlangt", seien die „untrennbaren Elemente jedes sozialen Seins und Geschehens".

[38] Walter Laqueur, Die deutsche Jugendbewegung, Köln 1978, S. 42.

[39] Die Wandervogel-Bewegung ist von Anfang an Gegenstand kritischer Reflexion

hervorgehoben. Als wichtig und wünschenswert werden genannt: der bessere Umgangston in einer altersmäßig gemischten Gruppe (die sich in der Regel aus 13–18jährigen Schülern zusammensetzte und von einem Primaner oder Studenten geführt wurde), die gegenseitige Hilfe und Rücksichtnahme und der Tatbestand, daß die starre Altersgliederung der Schulklassen hier durchbrochen wird.

So heißt es in einer Darstellung über den *Steglitzer Wandervogel 1905 und 1906* bei Frank Fischer (einem der geistig beweglichsten und intellektuell anspruchsvollsten Wandervögel der ersten Stunde; nicht zu verwechseln mit dem eher biederen Karl Fischer, dem tatkräftigen ersten Organisator des Wandervogel): „Wo Gleichaltrige in größerer Zahl beisammen sind, da zerfällt das Ganze leicht in einzelne und kleine Gruppen oder Kliquen; da sorgt jeder für sich. Wo aber Ältere und Jüngere aufeinander angewiesen sind, da pflegen sich herzlichere Beziehungen zu entwickeln; Fürsorglichkeit wird mit Anhänglichkeit vergolten."[40]

An der altersmäßigen Struktur der Gruppe des Wandervogel sollte sich nichts ändern; wohl aber an ihrer Größe. Zunächst, nach der sich schnell entwickelnden Begeisterung für die von Hermann Hoffmann initiierten Wandergruppen des Steglitzer Gymnasiums (1896ff.), wurde in relativ großen Gruppen gewandert, mit bis zu 30 Jugendlichen (bei den sonntäglichen Ausflügen, die regelmäßig zwischen den großen Fahrten stattfanden, waren es zum Teil erheblich mehr). Erst allmählich, nach 1901/02, „ist man zu der Normalhorde von 6 oder 8 Leuten gekommen"[41].

Hierzu hat ein kulturgeschichtlich interessantes Detail nicht unerheblich beigetragen: die *Größe des Kochtopfes*. Hoffmann selbst hatte den praktischen Kochtopf der ersten Zeit erfunden, in der „Schülerwarte" von 1898 beschrieben und zum Nachbasteln empfohlen[42]. Er war für jeweils zwei Personen gedacht (die wandernde Großgruppe löste sich zu den sehr ausgedehnten Mittagspausen also in Zweier-Gruppen auf, wie beispielsweise bei Gurlitt, a. a. O., beschrieben). Doch dann erfolgte der Übergang vom

---

(was nicht überrascht, wenn man bedenkt, daß sie vor allem von Lehrern, Primanern und Studenten initiiert wurde). Es handelt sich jedoch nur selten um Reflexionen in heute gängigen Kategorien (und Interessen!) der Sozialwissenschaften.

[40] Abgedruckt in: Dokumente der Jugendbewegung II, a. a. O., S. 86.
[41] Ebd.
[42] Bald bedurfte es nicht mehr der eigenen Bastelei. Es wäre eine verdienstvolle Sache aufzuarbeiten, wie schnell die Jugendkultur von Kommerz und Industrie eingeholt wurde. Die Blätter und Blättchen der Jugendbewegung, die zusammen einen kaum überschaubaren Wald ausmachen, zeigen von Anbeginn eine – aus heutiger Sicht – hochinteressante Vielfalt an Reklame, die geschickt auf die Bedürfnisse der Fahrt, der Heimabende usw. eingeht.

Zweier-Kochtopf zum Hordentopf und trug dazu bei, daß die Horden kleiner wurden: „Man nahm nur soviel Leute mit, wie aus einem Topf gespeist werden konnten, sechs bis acht"; der „Hordentopf wurde zum Symbol der Hordeneinheit"[43]. Durch „das Holzkochen in großen, gemeinsamen Kesseln", so räsonierte Frank Fischer (1910), wird „der Führer ganz anders als bisher für das Ganze verpflichtet und verantwortlich; jeder arbeitet für alle, die ganze Verpflegung wird eine allgemeine Angelegenheit, auf wechselseitige Rücksicht und Kameradschaft gegründet"[44].

Erst jetzt wurde aus der „Horde" mehr als eine „personell oft wechselnde Fahrtengemeinschaft"[45]: Sie wurde zu einer „über die Fahrt hinaus bestehenden Gemeinschaft"[46]. Ausgehend von (und in wechselseitiger Bestärkung) der Konsolidierung der Wandervogelbewegung in Gruppen, die sich über die Fahrt hinaus als Gemeinschaft verstanden, ergab sich eine Anzahl von Innovationen. An dieser Stelle sei nur das Aufnahme-Ritual erwähnt (auf andere Elemente der Konsolidierung und Institutionalisierung wird w. u. eingegangen).

1901 initiierte der „Nachfolger" von Hoffmann, Karl Fischer, die Gründung des „Wandervogel. Ausschuß für Schülerfahrten (A.f.S.)". Der Ausschuß gab sich eine Satzung, die stark auf die Person des „Oberbachanten" – vgl. w. u. – Fischer zugeschnitten war (was später zu erheblichen Konflikten und 1904 zur ersten Spaltung des Wandervogels führte). Die Satzung legte nicht nur eine hierarchische Struktur fest, sondern schrieb für die Aufnahme der „Scholaren" eine Art Treueeid vor. Hiermit wurde nicht nur ein „lexikalisches Bedeutungssystem als Führungsinstrument"[47] geschaffen, sondern der für eine soziale Bewegung entscheidende Schritt zur Binnenkonsolidierung und zur Außenabgrenzung getan. Nun war eine feste Form da, die wiederum für inhaltliche Differenzierungen (Zieländerungen, -anreicherungen usw.) den Rahmen abgeben konnte.

Gruppensprache und Rollendifferenzierung: Waren bei den Fahrten des „Ur-Wandervogel", zumal bei der stilbildenden vierwöchigen Böhmerwaldfahrt des Sommers 1899 unter Hermann Hoffmann, noch Bezeichnungen

---

[43] Der Wandervogel in Tagebüchern Frank Fischers und anderen Selbstzeugnissen, hrsg. vom Archiv der deutschen Jugendbewegung, Witzenhausen 1982, S. 125 (Kommentar).

[44] Ebd.

[45] Jakob Müller, Die Jugendbewegung als deutsche Hauptrichtung neukonservativer Reform, Zürich 1971, S. 32.

[46] Ebd.

[47] Helmut Henne, Zur Sprache der Jugend im Wandervogel. Ein unbekanntes Kapitel deutscher Sprachgeschichte, in: Zeitschrift für germanistische Linguistik, Jg. 9, 1981, H. 1, S. 20–33 (28). Vgl. dort das Kap.: „Zur Semantik und Pragmatik der Gelöbnisformel", S. 27f.

wie Horde, Häuptling, Oberhäuptling, aber auch: Füchse, Wanderburschen et al. üblich[48], so kam es unter Fischer zu einer viel strengeren Nomenklatur und satzungsmäßig festgelegten Differenzierung und Hierarchisierung. In § 6 der Satzung von 1901 hieß es: „Der Ausschuß ernennt zur Geschäftsführung einen ‚Oberbachanten'. Dieser ernennt zu seiner Unterstützung „Bachanten, Schriftführer, Kassenwart, Bücherwart, Zeugwart". Die Grade der wandernden Gruppe lauteten: Oberbachant, Bachant, Bursche und Scholar.

Die ideologische Basis, die in der neuen Nomenklatur zum Ausdruck kam, war an der „abenteuerlichen Welt des mittelalterlichen Scholaren- und Vagantentums" ausgerichtet, erfuhr aber zugleich eine Umdeutung, „in dem sie auf das Führer- und Gefolgschaftsprinzip festgelegt wurde"[49].

Die Sprache des Wandervogel ging über diese Gruppennomenklatur und die damit verbundene Rollendifferenzierung weit hinaus. Auch Dinge der Alltagswelt wurden „umbenannt" und waren für Außenstehende nicht mehr verständlich. Gurlitt berichtete in seiner bereits zitierten Darstellung (1902) über die „Sprache der Wandervögel" (Gurlitt), die er „noch nicht kannte" und dem „Neuling freundlichen Spott einbrachte". Auch die Grußformeln des Wandervogel standen „im Dienst der ideologischen Fundierung. Als Erkennungszeichen galt der Gruß *Heil*"[50], der in den 90er Jahren bei deutschvölkischen österreichischen Studenten aufgekommen war. „Dieses *Heil* wurde variationsreich eingesetzt, schuf Distanz zur Welt der Erwachsenen und betonte die Eigenart nach innen."[51] Als Beispiel für Umbenennungen seien die Namen für den Monat Januar angeführt: er wurde (z. B. in den „Gaublättern" usw.) abwechselnd Hartung, Wintermond, Jenner, Schneemond, Eiser oder Eismond genannt.

Gruppenaktivitäten: Zentrum aller Gruppenaktivitäten blieb das Wandern, das sonntägliche Wandern und vor allem die „große Fahrt". Aber die Ziele des Wanderns änderten sich und wurden differenzierter. In den Zeitschriften des Wandervogel (den Bundeszeitschriften und den Gaublättern) wurden einzelne Fahrten als vorbildlich und nachahmenswert wiedergegeben.

Das ursprüngliche Ziel des einfachen, von spartanischer Sparsamkeit geprägten Wanderns wurde mehr und mehr ergänzt durch – wie man es

---

[48] Helmut Henne, a. a. O., S. 25, schreibt zu dieser Nomenklatur des Ur-Wandervogels: „Corpsstudentisches Ideengut (Fuchs, Leibbursch usw.), Antizivilisatorisches (Horde, Häuptling) und Bürger- und Vereinstraditionen (Schatzmeister, Baumeister) werden sorglos gemischt ...".
[49] Ebd., S. 26. Zum Bedeutungswandel und zur lautlichen Umbildung von Vagant zu Bachant ebd.
[50] Ebd., S. 31.
[51] Ebd.

nennen könnte – volkskundliche Aufgaben und Studien. Angeregt durch die Gebrüder Grimm oder den im Wandervogel hochgeachteten Wilhelm Heinrich Riehl machten sie sich daran, altes Volksgut aufzuspüren und aufzuzeichnen: Märchen und Sagen, Sitten und Bräuche, Lieder und Tänze, Inschriften alter Bauernhäuser, Kirchen und Grabsteine. Hierbei spielte von Anfang an die Fotoreportage eine wichtige Rolle.

Das „Archiv der deutschen Jugendbewegung" auf Burg Ludwigstein ist angefüllt mit entsprechenden Dokumenten des Wandervogelfleißes. Viele Gruppen oder einzelne Führer bauten eigene kleine Archive auf: von ihren Aktivitäten, vor allem aber ihrer eigenen Mitwirkung. Hier kamen „reflexive Mechanismen" (Niklas Luhmann) in Gang, die für eine bereits in der Gegenwart sich als historisch begreifende Epoche immer typischer werden.

Von herausragender Bedeutung unter den Wandervogel-Aktivitäten war das Sammeln von Liedern, vor allem von alten Volksliedern. 1905 wurde das erste Wandervogelliederbuch herausgegeben; 1908 erschien der von Hans Breuer („unter Mitwirkung vieler Wandervögel") herausgegebene „Zupfgeigenhansl" (1914 im 120. Tsd., 1925 in der 137. Auflage im 761. Tsd.). Das gemeinsame Singen – und zwar bestimmter Lieder in bestimmten Situationen – wurde zum entscheidenden Fundament der Gemeinsamkeit[52]. Auch Laienspiele, deren Rollenanforderungen mit der Gruppengröße harmonierten, erfreuten sich großer Beliebtheit[53].

Die Gruppenaktivitäten bekamen eine neue „Basis", als mehr und mehr Gruppen sich ein eigenes „Nest" bauten oder herrichteten und die „Heimabende" zu einem festen Bestandteil des Gruppenlebens wurden. Die Gruppenaktivitäten konnten sich nun zeitlich und inhaltlich erheblich ausdehnen. Die für die Kontinuität sozialer Strukturen und Prozesse so fundamentale „Verzeitlichung" und „Verräumlichung" waren nunmehr gewährleistet. Aber alle Gruppenaktivitäten – auch im „Nest" – waren auch weiterhin mehr oder weniger Vorbereitung oder Nachbereitung der „großen Fahrt".

Ein Zitat Frank Fischers kann die Bedeutung der großen Fahrt aus einem bestimmten Zeitpunkt heraus (den letzten Minuten vor der Ankunft) verdeutlichen. Hier ist alles zusammen: das Innovative, Begeisterung, Vertrauen in die eigene Kraft und ein rauschhaftes Gemeinschaftsgefühl: „Und nun die letzte Wegstunde! Da wird ein fast beängstigendes Tempo eingeschlagen; Geist und Körper recken sich und setzen ihr Bestes ein. – Ich

---

[52] Eine möglicherweise aufschlußreiche Anekdote sei angefügt: als ich im Herbst 1967 einen befreundeten Studienrat der Musik in unseren Debattier-Club (Univ. Münster) mitnahm, sagte er nach der überlangen Sitzung: das wird nichts mit der Studenten-Revolte; Ihr singt nicht.

[53] Walter Laqueur, a. a. O., S. 30, weist auf die große Beliebtheit von Hans Sachs als Autor hin.

wüßte nicht, was es Besseres gäbe, um eine frohe, ja unbändige Stimmung zu erzielen, als solch einen forschen Endmarsch. Da muß es im schnellsten Rhythmus und schärfstem Takt gehen, – die Lieder drängen, die Schüttelreime überstürzen einander – es wird gepfiffen, geblasen, gelacht und gejohlt. Es ist eine Glücksempfindung schönster Art, sich frei und stark zu fühlen als Glied einer Gemeinschaft und in dieser ganz aufzugehen; es ist ein Höhepunkt der Stimmung, von der ich nicht wüßte, wann und wie sie sonst erreicht werden könnte ... ."[54]

Sinn- und Symbolsysteme: Hier können nicht alle Einzelheiten beschrieben werden, die zur Herausbildung der Jugendbewegung als Sozialbewegung über den Weg der Gruppenbildung beigetragen haben. Neben der Gruppennomenklatur, der Sprache des Wandervogel, einem in bestimmter Form gestalteten Zeitschriftenwesen, einem gruppenspezifischen Liedergut sind einige weitere Elemente des Sinn- und Symbolsystems zu nennen:

– Eine zünftige Kleidung[55]; hierzu gehörte in der Zeit von 1901 bis ca. 1904 die grünrot-goldene Mütze (die nach 1904 durch eine grüne, dem altdeutschen Barett nachgebildete Mütze ersetzt wurde);
– eine genau vorgeschriebene Ausrüstung für die große Fahrt, die neben Eichenstock und Kochgerät sich auch auf den Inhalt des Rucksacks bezog;
– ein limitiertes Taschengeld, das zu Beginn der Fahrt abgegeben und dann als täglich ausbezahlter karger „Sold" wieder in Empfang genommen wurde;
– eine bestimmte Ausstattung des „Nestes", mit Wimpeln der Gruppe und dem Banner des Bundes, mit bestimmten Büchern, Spielen und Gerät und schließlich Quartiermöglichkeiten für andere Wandervögel (das Zelt setzte sich in dieser Zeit – trotz entsprechender „Versuche" – nicht durch).

Was heute als selbstverständlich für Jugendgruppen, vor allem die der Pfadfinder, des Quickborn, der Deutschen Jungenschaft und andere neobündische Gruppierungen gilt, war damals Innovation und hatte viel stärker als gegenwärtig den Charakter des Außergewöhnlichen, des Abgrenzenden, kurz: einer spezifischen jugendlichen Teilkultur. Wie Helmut Henne von der

---

54 Frank Fischer, Lob der Landstraße (Juni 1905); zit. in: Der Wandervogel in Tagebüchern Frank Fischers..., a. a. O., S. 119.

55 Die Kleiderfrage war ebenso wie die Nikotin- und Alkoholfrage, das Problem des Mädchenwanderns (ob überhaupt, zusammen mit Jungen usw.) ein Dauerthema der Wandervogelzeit. Ein interessanter Beleg aus späteren Jahren: Hermann Oswalt, Die neue Tracht, in: Jung-Wandervogel. Zeitschrift des Bundes für Jugendwandern, 4. Jg., 1914, H. 1 (über die neue Kleidung am Beispiel des Meißner-Festes Oktober 1913).

Sprache des Wandervogel sagt, daß hier zum „ersten Male Sprache als jugendliche Gruppensprache in historische Erscheinung tritt und damit Jugendsprache und deren geschichtlicher Wandel greifbar wird"[56], so läßt sich das auch von allen anderen hier genannten Elementen des Sinn- und Symbolsystems der Jugendbewegung sagen.

Wichtiger als diese empirisch aufweisbaren Elemente eines sich verdichtenden Sinn- und Symbolsystems dürften aber – auch im Hinblick auf die geistes- und kulturwissenschaftliche Bedeutung und Nachwirkung der Jugendbewegung[57] – die „Sozialisationswirkungen" gewesen sein: eine neue Selbstvergewisserung im Dasein, ein neues Lebensgefühl, das der Décadence-Stimmung des fin de siècle ebenso entgegengesetzt war wie dem biederen Leistungs- und Aufstiegsstreben der Eltern-Generation der Wandervögel. Wichtig waren weiterhin die lebenslangen Freundschaften und ein über die Gruppenbindungen hinausreichendes Gefühl, einer großen Sache zu dienen und ihr ein Leben lang anzugehören.[58]

3. Die Autonomie der Jugendbewegung. Der Gruppencharakter im Vergleich zu peer-groups

Die Jugendbewegung wird in der Literatur übereinstimmend als Gegenbewegung zur industriell-technischen Gesellschaft, zur Verstädterung, zum Markt- und Tauschprinzip sozialer Beziehungen herausgestellt.[59] Die Verlebendigung romantischer, burschenschaftlicher, korporatistischer, zünftiger und völkischer Traditionen habe dabei eine überragende Rolle gespielt. Angemessener ist wohl, die Jugendbewegung auch und vor allem als

---

[56] A. a. O., S. 23.
[57] Bei Walter Laqueur, (1972), S. 1, heißt es, daß eine gründliche Kenntnis der Geschichte der deutschen Jugendbewegung Vorbedingung ist, „will man das Deutschland des 20. Jahrhunderts verstehen ... Es gibt nur wenige fahrende Politiker und noch weniger führende Intellektuelle der Jahrgänge von 1890–1920, die nicht irgendwann einmal der Jugendbewegung angehört haben oder in ihren empfänglichsten Jahren von ihr beeinflußt worden sind".
[58] Über Prägung und Nachwirkung durch die Jugendbewegung vgl. auch Helmut Schelsky, Die Hoffnung Blochs. Kritik der marxistischen Existenzphilosophie eines Jugendbewegten, Stuttgart 1979; eine dem obigen Zitat vergleichbare Einschätzung der Bedeutung der Jugendbewegung findet sich S. 10f.
Lebendige „Anschauung" für die lebenslange Bedeutung der Jugendbewegung vermitteln die jährlichen Tagungen auf der Burg Ludwigstein, auf denen jetzt die letzten „Alten Herren" sich zu Wort melden, die noch dem Wandervogel vor dem Ersten Weltkrieg angehört haben.
[59] Die Analyse anti-kapitalistischer Trends und Wirkungen in und durch die Jugendbewegung ist ein Thema, das der gründlichen Aufarbeitung harrt.

„Veranstaltung" bürgerlicher Subjekte zu sehen, die – so könnte man folgern – sich zu den vorhandenen Sozialformen „persönlicher Beziehungen" die Jugendgruppe hinzugewannen. Daß es hierfür funktionale Notwendigkeiten und strukturelle Möglichkeiten gab, sollten die vorgetragenen Analysen einsichtig machen; daß dies nicht im Sinne kausaler Abhängigkeiten und eindeutiger point-to-point-relations geschehen kann, wurde einleitend hervorgehoben.

Die Frage, ob die Jugendbewegung eine Gegenstruktur und Gegenbewegung zur etablierten Ordnung war, kann aufgrund der bisherigen Ausführungen nur bedingt mit „Ja" beantwortet werden, mit einem „Einerseits – Andererseits". Es ist eine Frage des Maßstabes:

– Einerseits war die Jugendbewegung – vor allem, nachdem sie einmal vorhanden war – auch ein Vehikel der Emanzipation von Elternhaus und Schule; andererseits war ihre rasche Ausbreitung nur bei Duldung und Förderung durch diese „primären Sozialisationsinstanzen" möglich;
– einerseits war sie völkisch und deutschnational, andererseits verspottete sie das bramarbasierende, wilhelminisch-preußische Pathos[60];
– einerseits verabscheute sie Militär und Säbelrasseln, andererseits „entpuppten sich gerade die Wandervögel als des Kaisers beste und opferfreudigste Soldaten", als der Krieg einmal begonnen hatte[61];
– einerseits war sie gegen Zentralismus, Bürokratisierung, Formalisierung, Hierarchisierung und Kommerzialisierung des „äußeren Systems", andererseits orientierte sie ihr „inneres System" durchaus an allen nur denkbaren zeitgenössischen Werten, Symbolen und Organisationsprinzipien.

Diese Gegenüberstellungen könnten sehr lang und sehr differenziert fortgesetzt werden; sie bleiben, wie alle „Verortungen" und „Vereinnahmungen" der Jugendbewegung, problematisch. Wer glaubt, durch den Gruß „Heil" oder die Führungsstruktur der Wandervogelgruppen die Entwicklung 1933ff. sich anbahnen zu sehen, dem wird eine nähere Beschäftigung mit der Jugendbewegung dieses Pauschalurteil wieder verunsichern. „Jugendbewegte sind Konservative und Progressive, Nationalisten und Sozialisten gewesen...".[62] Im andeutungsweise beschriebenen Spezifikum des Jugend-

---

60 Erinnert sei an das bekannteste Fest (eines Teils) der Jugendbewegung, an die Feiern auf dem Hohen Meißner (ca. 35 km südöstlich von Kassel), wo im Oktober 1913 – zur Erinnerung an die Völkerschlacht bei Leipzig 100 Jahre zuvor – eine demonstrative Gegenveranstaltung zu den offiziellen Staatsfeiern stattfand.
61 Ulrich Aufmuth, a. a. O., S. 172.
62 Helmut Schelsky, Die Hoffnung Blochs, a. a. O., S. 11. Wie problematisch politisierende Vereinnahmungen der Jugendbewegung sind, zeigt ein Zitat aus

bewegt-Seins lag ihr Grad an Autonomie. Ob dieser größer war als der heutiger peer-groups, ist schwer zu bestimmen. Auch dies ist eine Frage des Maßstabs und der gewählten Vergleichspunkte.

Zu den Vergleichspunkten, die Unterschiede zwischen den Gruppen der Jugendbewegung und heutigen peer-groups[63] deutlich machen können, gehören unter anderem:

- Das Werben von neuen Mitgliedern und die Verbreitung der Wandervogel-Idee als Bedingung der Mitgliedschaft;
- die Einhaltung einer bestimmten Lebensführung über das Gruppenleben hinaus;
- die Hervorhebung wesentlicher Charaktereigenschaften, ihre moralisierende Diskussion und Interpretation;
- ein völlig anderer Verhaltensstil und Umgangston;
- an wichtigster Stelle: die Führung durch einen älteren Gruppenführer, die typischen peer-groups widerspricht;
- auch das Normen- und Kontrollsystem, wie das einer differenzierten Rollenverteilung, dürfte in den Gruppen des Wandervogel erheblich ausgeprägter gewesen sein als in altersgleichen Gruppen der Gegenwart.

Die vorstehenden Ausführungen machen auch deutlich, daß es schwierig ist, die Gruppen der Jugendbewegung einem der von Helmut Willke herausgearbeiteten und bereits genannten Idealtypen von „offensiven Gruppen"[64] zuzuordnen; sie „partizipieren" praktisch an allen Besonderheiten der konformen, abweichenden, produktiven und der regressiven Gruppe. Es wäre gleichwohl eine lohnende analytische Aufgabe, die Gruppen der Jugendbewegung – intensiver als hier geschehen – daraufhin zu untersuchen, wie ihr gruppenspezifisches Normensystem mit dem der „sekundären Systeme" (Willke in Aufnahme des Begriffes von Hans Freyer) übereinstimmt. Ohne ins Detail zu gehen, ist offenkundig, daß die Wandervogelbewegung auch insofern ein Reflex auf gesamtgesellschaftliche Entwicklungen war, als sie deren Werte und Normen, Organisationsformen

---

Karl Seidelmann, Bund und Gruppe als Lebensform deutscher Jugend, München 1955, S. 40: „Im Dritten Reich ist die ‚alte Jugendbewegung' als bürgerlich-reaktionär brutal bekämpft worden, vorher galt sie als antibürgerlich-revolutionär, hinterher als avantgardistisch-nazistisch. Keine dieser Kategorien trifft ihr Wesen als Ganzes."

[63] Vgl. zusammenfassend zur Bedeutung der Gleichaltrigengruppen Eckart Machwirth, Die Gleichaltrigengruppe (peer group) der Kinder und Jugendlichen, in: B. Schäfers (Hrsg.), Einführung in die Gruppensoziologie, a. a. O., S. 246–262; Bernhard Schäfers, Soziologie des Jugendalters, a. a. O., S. 170ff. (Peer-groups als latente Subkulturen).

[64] Helmut Willke, a. a. O., (vgl. Anm. 2).

und Symbolfreudigkeit gruppenspezifisch übernahm und variierte. Zu nennen sind unter anderem:

- Das Prinzip der Organisation (das bereits Saint-Simon als das der industriellen Gesellschaft angemessene Strukturprinzip erkannte und das in der deutschen Geschichte, verstärkt seit dem Ersten Weltkrieg, eine bedeutende Rolle spielen sollte[65]);
- die Ideen (und entsprechenden Normen und Werte) von Führertum, Elite, von Disziplin und Gemeinschaft;
- die Normen und Werte der Einfachheit und Gleichheit (die zumal auf den Fahrten genau beachtet wurden), die dem militärischen Komment „vorarbeiten";
- die deutsch-nationalen und völkischen Werte und Normen.

Die Jugendbewegung entstand also nicht nur als Reflex auf gesamtgesellschaftliche Entwicklungen, sondern sie reflektierte diese Entwicklungen auch in gruppenspezifischer Weise. Gerade dies mußte die ungewollten Folgen und „reflexiven Mechanismen" (Luhmann) des eigenen gruppenspezifischen Handelns steigern.

III. Schlußbemerkung

Die Jugendbewegung entstand in dem Augenblick, als die soziale und kulturelle Verunsicherung des traditionalen und aufstrebenden Bildungsbürgertums krisenhafte Züge annahm. „Die" Jugend wurde zum Objekt und Subjekt entsprechender Hoffnungen, aus der Krise herauszuführen. Bei Simmel und Tenbruck, der sich auf Simmel bezieht, finden sich neben den bereits zitierten Erklärungsansätzen zur Entwicklung neuer „persönlicher Beziehungen" in der bürgerlichen Gesellschaft einige Hinweise, warum die Jugendbewegung nicht mehr allein in der Sozialform der Freundschaft sich entwickeln konnte: die Interessen-Basis (aber auch die der Gefühle, Temperamente, Vorstellungen usw.) war zu heterogen geworden, um noch durch Freundschaft (allein) überbrückt zu werden.

Die Jugendbewegung in ihrem Verlauf ist ein überzeugender Beleg für die These Tenbrucks, „daß in einer beginnenden pluralistischen oder jedenfalls sozial heterogenen Situation *Gruppen*initiative dazu gehört, um eine bestimmte ... Lebensform durchzusetzen"[66]. Die Jugendbewegung schuf Formen, die „das Freundschaftserlebnis zugleich mit dem Gruppenerlebnis

---

[65] Vgl. hierzu Bernhard Schäfers (Hrsg.), Soziologie und Sozialismus, Organisation und Propaganda. Abhandlungen zum Lebenswerk von Johann Plenge, Stuttgart 1967.

[66] Friedrich H. Tenbruck, Freundschaft, a. a. O., S. 444.

durchsetzte"[67]; sie bereitete vor, was Jahrzehnte später zum Selbstverständnis der Jugend *und* der Gesellschaft gehören sollte: die Existenz von Gleichaltrigengruppen Jugendlicher als strukturell-funktionale „Notwendigkeit" (Eisenstadt, Ausubel). Hier liegt die „Leistung" der Jugendbewegung, das Neue und Innovative: in der Herausbildung einer bestimmten, tragfähigen Gruppenstruktur und einer sie stützenden Gruppenkultur. „Wirklich Neues und Bleibendes hat die Jugendbewegung zu schaffen vermocht auf dem Gebiet der Lebensformen[68]."

Der sozialen Gruppe als *einem Formationstyp* (Claessens) persönlicher Beziehungen kommt dabei seit der Jahrhundertwende und der Jugendbewegung eine herausragende Bedeutung zu. Seit der Studentenbewegung, den terroristischen Gruppen[69], den Gruppen der Alternativbewegung, der Öko-Bewegung, der Friedensbewegung, der Frauen-Emanzipationsbewegung usw. haben Gruppen als Reflex auf gesamtgesellschaftliche Strukturen und Prozesse noch an Bedeutung gewonnen.

In einer pluralistischen, „offenen" Gesellschaft wird man davon ausgehen können, daß auch in Zukunft der gesellschaftliche Prozeß durch die (rechtzeitige?) Entstehung immer neuer sozialer Gruppen bzw. sozialer Bewegungen, die sich durch Gruppen konsolidieren und auf Gruppenbasis agieren, in ein im einzelnen schwer bestimmbares „Gleichgewicht" gebracht wird – zumindest in diese Richtung tendiert.

---

[67] Ebd.. S. 454.
[68] Erich Weniger, Die Jugendbewegung und ihre kulturelle Auswirkung, in: Werner Kindt (Hrsg.), Grundschriften der Deutschen Jugendbewegung (1), Düsseldorf und Köln 1963, S. 539.
[69] Vgl. Friedhelm Neidhardt, Linker und rechter Terrorismus. Erscheinungsformen und Handlungspotentiale im Gruppenvergleich, in: Analysen zum Terrorismus, hrsg. vom BMI, Leverkusen 1982, S. 434–476.

Helmut Schelskys Jugendsoziologie:
„Prinzip Erfahrung" contra Jugendbewegtheit

Ein Beitrag zu den Jugendgenerationen der Bundesrepublik

I. Einführung

Helmut Schelsky hat ohne Zweifel das bekannteste und am häufigsten zitierte jugendsoziologische Werk im deutschen Sprachraum verfaßt. *Die skeptische Generation*, 1957 zuerst veröffentlicht[1], hatte neben seiner Bedeutung für die Analyse der jungen Generation eines bestimmten Zeitabschnitts exemplarischen Wert auch in der Hinsicht: Es war eines der ersten soziologischen Bücher überhaupt, das weit in die Öffentlichkeit hinein wirkte und neben seiner Resonanz in den hier wichtigen Nachbardisziplinen (Pädagogik, Psychologie, Politikwissenschaft) auch von Politikern zitiert wurde und bei „interessierten Laien" das Meinungsbild über Jugend beeinflußte.

Der Stellenwert des Buches soll an folgenden Fragen verdeutlicht werden:

– was gab es im deutschen Sprachraum an Jugendsoziologie vor der *Skeptischen Generation*;
– was sind die wesentlichen Aussagen des Buches und worauf beruhte vor allem seine enorme Wirkung;
– was folgte auf die „skeptische Generation"?

Neben diesen kurzen Analysen soll noch auf folgende Frage eingegangen werden: welche Bedeutung hat die Beschäftigung mit den Phänomenen

---

[1] Dieses Werk (vgl. Lit.-Verz.) wird hier zitiert nach der 5. Aufl., die 1963 bei Eugen Diederichs in Düsseldorf/Köln als „einmalige Sonderausgabe" erschien und gegenüber den vorhergehenden vier Auflagen um ca. 50 Druckseiten gekürzt ist (vgl. Schelskys Vorwort zur Sonderausgabe). 1975 erschien bei Ullstein eine Taschenbuchausgabe mit einem neu verfaßten Nachwort (vgl. Lit.-Verz. Schelsky 1976).

Jugend und Jugendbewegung für Schelsky selbst, seine persönliche und wissenschaftliche Biographie?

II. Die „Skeptische Generation" im Kontext der Jugendsoziologie

Was gab es vor Schelskys *Skeptischer Generation* an Theorien und Schriften zur Jugend, die eine hohe Resonanz hatten? Sieht man vom breiten Schrifttum der Jugendbewegung ab, das sich – wie bei Hans Blüher, Gustav Wyneken, Hans Freyer (Antäus, Prometheus) und vielen anderen – zwischen Analyse und Programm, Wissenschaft und jugendgemäßer Ethik bewegte, dann sind es im deutschen Sprachraum vor allem folgende Namen und Werke, die bis heute ihren Stellenwert für die soziologische und psychologische Jugendforschung behauptet haben:

– die wissenschaftliche Jugendkunde Siegfried Bernfelds[2];
– die Psychologie des Jugendalters von Eduard Spranger (zuerst 1924);
– die von Karl Mannheim aufgeworfene Generationenproblematik (1928);
– die empirischen Untersuchungen Paul F. Lazarsfelds[3] zur Arbeiterjugend und Berufsproblematik bei Jugendlichen sowie die empirisch orientierten Arbeiten von Charlotte Bühler im Wien der späten 20er und beginnenden 30er Jahre.

International sind aus der Nachkriegszeit, aber vor der *Skeptischen Generation*, zwei noch heute wichtige Schriften zu nennen, von denen eine den Forschungsstand zum Thema Jugend ausarbeitete (Ausubel, 1954) und die andere eine eigenständige Theorie des Jugendalters in komplexen Industriegesellschaften aufstellte (Eisenstadt, 1956).

In Deutschland bzw. der Bundesrepublik Deutschland kann von einer kontinuierlichen jugendsoziologischen Forschung erst seit Beginn der 50er Jahre gesprochen werden; zu ihrer Verstetigung und Aktualisierung hat Schelsky den wohl bedeutendsten Beitrag geleistet (vgl. die Schriften von 1952, 1955 und 1957 im Literaturverzeichnis).

Rosenmayrs umfangreiches jugendsoziologisches Werk – um nur ihn zu nennen – sollte das von Schelsky an Stetigkeit und empirischer Grundlegung übertreffen, aber es beginnt erst Ende der 50er Jahre: im Ausgang

---

2   Zum Stellenwert von S. Bernfelds Jugendkunde vgl. L. Rosenmayr: Jugend, in: Handbuch der empirischen Sozialforschung, Bd. 6, 2. völlig neubearb. Aufl., Stuttgart 1976, S. 29ff. (dort auch die wichtigsten Schriften Bernfelds im Literaturverzeichnis).

3   Vgl. Literatur zu P. Lazarsfeld und Ch. Bühler und zur Bedeutung ihrer Schriften ebenfalls bei Rosenmayr, a. a. O., S. 34ff.

der *Skeptischen Generation* (Rosenmayr, 1959).

Schelsky wollte mit der *Skeptischen Generation* „für die deutsche Jugend nach dem Kriege ... die soziologische Schicht der Verhaltensform Jugend" herausarbeiten (S. 13). So wie Eduard Spranger mit seiner *Psychologie des Jugendalters* (1924) „die gültigste wissenschaftliche Interpretation" (S. 52) der „sozialen Strukturen, Vorstellungen und Gruppierungen" (S. 51) der Jugend sowie der Jugendbewegung gegeben hatte, so wollte Schelsky diese Aufgabe für die Jugend der Nachkriegszeit lösen.

Neben der „skeptischen Generation" der Nachkriegszeit und der Generation der Jugendbewegung unterscheidet Schelsky als dritte „zeittypische Generationsgestalt" (S. 51) die „Generation der politischen Jugend", eben die der Zwischenkriegszeit, der politisierten bündischen Jugend und der staatlich vereinnahmten Hitlerjugend (später, 1981, sollte Schelsky diese Dreier-Typologie noch um eine weitere Jugendgeneration erweitern: „die Generation des Jugendprotestes" der späten 60er und beginnenden 70er Jahre).

Anders als in Sprangers (inhaltlich und sprachlich hinreißender) Darstellung der jugendbewegten Gymnasialjugend fußen Schelskys Abstraktionen und Typisierungen – zumindest in seinem Selbstverständnis und Anspruch – „auf einer Analyse der berufstätigen Jugend zwischen 14 und 25 Jahren ... , weil uns der junge Arbeiter und Angestellte und nicht der Oberschüler und Hochschüler, die strukturleitende und verhaltensprägende Figur dieser Jugendgeneration darzustellen scheint" (S. 7f.).

III. Zur Verhaltenstypik der „skeptischen Generation"

Die besondere Zeit- und Verhaltenstypik der „skeptischen Generation" sieht Schelsky in folgenden Punkten (S. 74ff.):
- die Verhaltensform der „skeptischen Generation" ist als „eine Auflösung und ein Abstoßen der politischen Generationsgestalt" zu verstehen, geprägt durch vorrangige Prozesse „der Entpolitisierung und Entideologisierung des jugendlichen Bewußtseins";
- Verhaltenssicherheit, „das Grundbedürfnis der Jugend in der Gesellschaft", wird nicht mehr gesucht „in ideologisch-aktivistischer Hingabe an Ordnungsvorstellungen der Gesellschaft", sondern in der Familie, der Berufsausbildung, im beruflichen Fortkommen und der Meisterung des Alltags;
- begrifflich konnte man, so Schelsky, diese Jugendgeneration kennzeichnen als „erwachsene Jugend", als „angepaßte Jugend" oder auch – in Aufnahme des von Adorno geprägten Begriffs „Konkretismus" – als „konkretistische Jugend".

Schelsky entscheidet sich für den Begriff „skeptische Generation", weil er „die Absage an romantische Freiheits- und Naturschwärmereien, an einen vagen Idealismus, ... aber auch an intellektuelle Planungs- und Ordnungsschemata ..." gut zum Ausdruck bringe.

Aber dieser „distanzierende Skeptizismus" sei „nur eine Facette in der ganzen auf das Praktische, Handfeste, Naheliegende, auf die Interessen der Selbstbehauptung und -durchsetzung gerichteten Denk- und Verhaltensweise dieser Jugendgeneration. Sie ist bestimmt durch einen geschärften Wirklichkeitssinn und ein unerbittliches Realitätsverlangen" (S. 77).

Dieser Skeptizismus war nach Schelsky nur aus der „zeitgeschichtlichpolitischen Situation" (S. 20) heraus zu verstehen. „Denn wenn wir einmal zurückblicken, sind Jugendgenerationen eigentlich immer romantisch, emotionell gewesen. Daß die Jugendgeneration unmittelbar nach dem Kriege nüchtern war ..., das ist eine große Ausnahme in der Geschichte, und ohne den Nationalsozialismus, ohne den Krieg und seine Folgen, gar nicht zu denken" (1981a, S. 167).

Zur weiteren Charakterisierung dieser neuen Jugendgestalt zitiert Schelsky auch Karl Seidelmann (1955, S. 17): daß die Jugend „eine fast meisterliche Bewegungsfähigkeit in den Bezirken des praktischen Lebens ..., einen klaren und sicheren Sinn für das Mögliche und Nötige, ein scharfes, nüchternes Abschätzen eigener und anderer Fähigkeiten und ein erstaunliches Gespür für Nützlichkeiten" entwickelt habe.

Es bleibt ein wenig unverständlich, daß Schelsky nicht angibt, grundlegende Theoreme zur „skeptischen Generation" bereits bei Seidelmann (1955, S. 8–26) vorgefunden zu haben. Was Schumpeter einmal von Keynes sagte: dieser habe ihm den Donner gestohlen, könnte, wenn auch mit weniger Recht, Seidelmann von Schelsky gesagt haben. Aber die Wissenschaftsgeschichte, die voll vergleichbarer Beispiele ist, hat ihre eigenen Gesetzlichkeiten der Aktualisierung von Themen, Begriffen und Theorien und der Attributierung zu Personen.

Schelsky wiederum hätte geltend machen können, daß die Grundeinsichten der „skeptischen Generation" sich bereits in der von ihm geleiteten und 1952 veröffentlichten Untersuchung über *Arbeitslosigkeit und Berufsnot der Jugend* gefunden haben. In der „Einführung" zu dem Nachfolgeband dieser Untersuchung, *Arbeiterjugend gestern und heute* (1955), schrieb er: Der Gedanke habe nahe gelegen, „die Ergebnisse dieser Arbeiten (von 1952, B. S.) zu einer Untersuchung der sozialen Lage und Gestalt der gegenwärtigen deutschen Arbeiterjugend überhaupt zu benutzen" (S. 9). Bei dem Versuch, „die ‚Gestalt' oder soziologische Struktureinheit der gegenwärtigen westdeutschen Arbeiterjugend festzustellen", sei man in der Arbeitsgruppe (Kluth, Lohmar, Tartler) zu dem Ergebnis gekommen, daß „unser Forschungsansatz, eine einheitliche und von anderen sozialen Gruppen deutlich abhebbare Struktur und Gestalt der Arbeiterjugend herauszustellen, ... sich bei näherer Kenntnis und Analyse des Tatsachenmaterials nicht aufrechterhalten" ließ (S. 10).

Dann kommen die für Schelskys Typisierung sowohl der Gegenwartsgesellschaft wie der zeittypischen Jugendgestalt entscheidenden Sätze: „Gegenüber den Resten einer strukturellen Einheit und sozialen Gestalt, wie sie die Arbeiterjugend der Vergangenheit einmal dargestellt hat, ist heute auf die Entdifferenzierung und Nivellierung sowohl des Arbeiter- wie des Jugendcharakters dieser Gruppe im Vergleich zu den Schichten der Nichtarbeiter und zur Erwachsenenwelt als den dominanten, auffälligen und entwicklungsleitenden Vorgang hinzuweisen. *In einer Gesellschaft, die immer schichtenunspezifischer und generationsundifferenzierter wird, verliert der Begriff der ‚Arbeiterjugend' zunehmend an sozialer Realität"* (S. 11; im Original gesperrt gedruckt).

Hier ist nicht der Ort, diese Aussagen, wie Schelskys generellen Ansatz, auf Stimmigkeit und Stichhaltigkeit zu überprüfen. Das ist vielfach geschehen, und man kann nicht sagen, daß der Kritik wesentliche Punkte entgangen sind.[4] Unabhängig davon war die Resonanz dieses Werkes, wie bereits hervorgehoben, ungewöhnlich breit. Mit der „skeptischen Generation" hatte Schelsky, über die Charakterisierung der neuen Jugendgestalt hinausgehend, ein Stück Selbstverständnis und Selbstvertrauen der jungen Bundesrepublik auf den Begriff gebracht. Die „skeptische Generation" wirkte in die gleiche Richtung wie der zuvor geprägte und ebenfalls breit rezipierte Begriff der „nivellierten Mittelstandsgesellschaft".[5]

Mit Bezug auf die Jugend hatte Schelsky bereits 1955 (S. 12) geschrieben, daß „der junge Arbeiter durch den sozialen Aufstieg der Arbeiterschaft heute aus den kollektiven Bindungen einer Klassensolidarität gelöst ist und den Ansprüchen, Gefährdungen und Verführungen der modernen Zivilisation gegenüber in gleicher Weise als sozial Vereinzelter reagiert wie die jungen Menschen aller anderen gesellschaftlichen und beruflichen Grup-

---

4   Von den vielen Kritiken seien nur die folgenden hervorgehoben: Ch. Lütkens: Bemerkungen zu Helmut Schelsky: „Die skeptische Generation", in: Kölner Zeitschrift für Soziologie und Sozialpsychologie, 13. Jg., 1961, S. 126–140. L. Rosenmayr, a. a. O., S. 39ff. (Rosenmayr hat sich an sehr vielen Stellen seines umfangreichen jugendsoziologischen Werkes kritisch mit Schelskys „Skeptischer Generation" auseinandergesetzt).

5   Schelsky verwendet den Ausdruck „nivellierte Mittelstandsgesellschaft" seit 1953, und zwar in: Wandlungen der deutschen Familie in der Gegenwart, z. B. S. 228, und in einem Vortrag aus dem Jahr 1953: Die Bedeutung des Schichtungsbegriffs für die Analyse der gegenwärtigen deutschen Gesellschaft, als Aufsatz in: Auf der Suche nach Wirklichkeit, S. 331–351.

pen".

Die Betonung sowohl der nivellierten Mittelstandsgesellschaft wie der Nivellierung des jugendlichen Verhaltenstyps durchzieht die *Skeptische Generation*, ist ihr Leitfaden und auch für Schelskys Arbeiten zur Schichtungs- und Klassentheorie[6] wie zur weiteren Gesellschaftsanalyse ausschlaggebend gewesen.

IV. Skeptische Generation und Protestjugend

Aus der *Skeptischen Generation* sind in den letzten Jahren, so auch von Schelsky selbst (1981, S. 190f.), immer wieder einige Belegstellen angeführt worden, um das ansonsten gänzliche Versagen der Jugendsoziologie[7] angesichts der eruptiven Ergebnisse der Jahre 1967ff. abzuschwächen.

In Aufnahme einiger Aussagen von Hans Heinrich Muchow (1953) über die zu beobachtende „erhöhte Vitalität" und das „gesteigerte Körpergefühl" sowie die „verstärkte nervöse Reizbarkeit" bei Jugendlichen ging Schelsky im Schlußkapitel der *Skeptischen Generation* („Wohin geht diese Generation? – Was kommt danach?") davon aus, daß es schon jetzt (1957) „einige schwer in den sonstigen Habitus der nüchternen Generation einzufügende Erscheinungen" gebe. Er nennt „die rauschhafte Hingabe an die vitale Musik der Jazz-Session"; „das individuelle Außersichsein in den sog. Halbstarkenkrawallen".

Über diese Krawalle hatte Curt Bondy mit Mitarbeitern 1957 eine ausführliche Dokumentation vorgelegt unter dem Titel *Jugendliche stören die Ordnung*. Schelsky nimmt diesen Titel zum Ausgangspunkt folgender Betrachtung. Man könne den Titel der Schrift umdrehen: „Die Ordnung stört die Jugendlichen. Diese vitalen, nicht programmierten Protestbedürfnisse der Jugend müssen sich gerade mit der Konsolidierung der industriellen Gesellschaft steigern. Ich erwarte eine ‚sezessionistische' Jugendgeneration, gekennzeichnet durch eine Welle ‚sinnloser' Ausbruchsversuche aus der in die Watte manipulierter Humanität, überzeugender Sicherheit und allgemeiner Wohlfahrt gewickelten modernen Welt. Die Rolle des von der sozialen Erfüllung seiner eigenen Begehrlichkeiten institutionell umstellten

---

[6] Vgl. neben dem in Anm. 5 genannten Aufsatz den ebenfalls dort abgedruckten Aufsatz: Die Bedeutung des Klassenbegriffs für die Analyse unserer Gesellschaft, S. 352–391.

[7] Vgl. hierzu B. Schäfers: Soziologische Erkenntnis und pädagogischer Reduktionismus. Über den Deutungszwang in den Sozialwissenschaften am Beispiel soziologischer Aussagen zu Jugend und Jugendprotest, in: Soziale Welt, 25. Jg., 1974, S. 246–257.

Menschen der modernen Gesellschaft kann für die Jugend, die in diese Situation als Erbe hineinwachsen soll, nicht ohne Provokationen übernommen werden. Die Frage ist, wogegen diese sich richten werden" (S. 387f.).

Es erscheint mir fraglich, ob – wie Schelsky 1981 betonte – in dieser Prognose von 1957 alle wesentlichen Zusammenhänge benannt sind, „die das Ende der ‚skeptischen Generation' und die Ausformung der Protestgeneration des letzten Jahrzehnts verständlich machen" (1981, S. 191). – Aber da, wie Schelsky bereits in der *Skeptischen Generation* hervorhob, „Voraussagen für die Wissenschaft immer ein gewagtes und undankbares Geschäft" sind (S. 380), soll hier über die Stichhaltigkeit dieser Prognose und vor allem über Schelskys immanente Kritik „der Welt in Watte" usw. nicht weiter gerechtet werden.

Heute läßt sich Schelskys Ansatz relativ leicht – trotz der breiten empirischen Fundierung, die in ihn eingegangen ist – als „phänomenologische Gegenwartsanalyse der Jugend" (Griese, 1982) einordnen. Wie bei anderen Themen auch – z. B. der Familiensoziologie von 1953 – war die Empirie sozialstatistisch-methodischer Art für Schelsky immer nur ein Ausgangspunkt seiner darauf basierenden phänomenologischen Deutungen[8] bestimmter Strukturen und Prozesse der Gegenwartsgesellschaft.

Neben dem funktionalistischen Ansatz von Eisenstadt (1956) und dem handlungstheoretischen Ansatz von Tenbruck (1962) rechnet Griese (1982) Schelskys Ansatz zu den „klassischen jugendsoziologischen Ansätzen". Das ist und bleibt sicherlich richtig; für die Jugendsoziologie in Deutschland wie für die Rezeption soziologischer Ergebnisse in einer breiteren wissenschaftlichen, politischen und allgemeinen Öffentlichkeit bleibt die *Skeptische Generation* ein Meilenstein und ist nun, nach fast dreißig Jahren, in der Tat schon so etwas wie ein soziologischer „Klassiker", dessen Theorieansatz jedoch, wie Griese (S. 110) zu Recht betont, „weder von ihm, noch von anderen Jugendsoziologen genügend ausgeschöpft und für weitere Forschungsvorhaben angewandt worden" ist.

V. „Prinzip Erfahrung" und die Jugendprotestgeneration

War es nicht auch ein Wunschbild, wenn Schelsky die Jugendgeneration der unmittelbaren Nachkriegszeit als skeptisch und nüchtern, als ideologiefern und propagandaresistent beschrieb?! Ich meine, daß wir heute diese Frage

---

[8] Wie H. Griese (1982) rechnet auch Sahner das von Schelsky vertretene Paradigma zu den mehr phänomenologischen Ansätzen in der Soziologie (H. Sahner: Theorie und Forschung. Zur paradigmatischen Struktur der westdeutschen Soziologie und ihrem Einfluß auf die Forschung. Opladen 1982, S. 47ff.).

mit einem eindeutigen „Ja" beantworten können. In seiner Analyse der *Generationen der Bundesrepublik* (1981) schreibt Schelsky resigniert sowie – im Hinblick auf die politische und soziale Geschichte der Bundesrepublik – verständnisvoll: „Ich zweifle nicht daran, daß ich als Zwanzigjähriger 1969 genauso Neomarxist geworden wäre, wie ich 1933 dem nationalsozialistischen Heilsglauben zugestimmt habe" (S. 194). Die „skeptische Generation" war, so scheint es, nicht skeptisch genug, um ihre von Schelsky nicht ohne Sympathie hervorgehobenen Eigenschaften auf ihre Kinder, die nachfolgende Jugendgeneration, zu übertragen. Schelsky macht dafür vor allem die politische Geschichte der Bundesrepublik verantwortlich: „die Bundesrepublik hat, ... je älter sie wurde, ihre politischen Glaubensvoraussetzungen immer nur als pure Rationalität und Zweckmäßigkeit verkauft, wenn nicht gar nur als Gesetz und Ordnung. Das hieß, dem jugendlichen Glaubens-, Zukunfts- und Heilswillen Steine statt Brot zu geben". Als einziger politischer Heilsglaube habe sich Ende der 60er Jahre nur „ein von den geschichtlichen Erfahrungen gereinigter, idealisierter Marxismus" angeboten.

Für Schelsky, so läßt sich heute mit einiger Berechtigung sagen, bedeutete der eruptive Ausbruch des Jugendprotestes 1967ff., sein Ausgang von Universitäten und Gymnasien, mit den Erscheinungen der schnellen und willfährigen ideologischen Vereinnahmung, der Radikalisierbarkeit, der Dogmatisierung einst geschätzter Schüler und Studenten – Erfahrungen, die bis in die eigene Familie hineinreichten – einen Bruch in seinem Leben. Weder das Jahr 1933 noch 1945 hatte diese existentielle Bedeutung. 1933 war das Jahr seiner eigenen Politisierung und ideologisch-idealistischen Verblendung, aber voller Hoffnung und Aufbruchstimmung. Aber die Jahre 1967ff. waren das für ihn erschreckende Erlebnis, daß die Radikalisierung und Indoktrination nun von den Universitäten und vor allem den kritischen Sozial- und Humanwissenschaften ausgingen, unter „Führung" der Soziologie, unter Abkehr des von ihm so hoch eingestuften „Prinzips Erfahrung". Was taugt alle Wissenschaft, so wird er sich oft gefragt haben, wenn sie sich zwar verbal kritisch gibt, aber diese Kritik vor allem als Hebel für den „langen Marsch durch die Institutionen" benutzt und sich selbst in die kritisierten, wohldotierten Positionen manövriert: in den Universitäten, den Parteien und Gewerkschaften und vor allem den Medien? Voller Bitterkeit konstatierte Schelsky an verschiedenen Stellen: „Die Schnelligkeit, mit der jugendliche Protestmacht von ihren Wortführern zur beruflichen Karriere in eben den Stellungen umgemünzt wurde, die man eben noch als Establishment und Autorität bekämpft hatte, und wie dann – unter dem fortgeschleppten ideologischen Schleier eines Protestes – noch härtere Autorität aufgebaut wurde, haben wir Älteren eigentlich nur in der sog. ‚Machtergreifung' von 1933 erlebt" (1981, S. 196). Die Wut hierüber – anders kann man es nicht nennen; und dies schließt ein Stück Ungerechtigkeit und Blindheit, die Wut auch erzeugt, mit ein – beflügelt noch Schelskys Feder zu seinem letzten Bestseller: *Die Arbeit tun die anderen. Klassenkampf und Priesterherrschaft der Intellektuellen* (zuerst 1975).

Im gleichen Jahr (1975) veröffentlichte Schelsky auch sein Nachwort zur Taschenbuchausgabe der *Skeptischen Generation*. Es ist in zentralen Passagen eine sehr herbe „Abrechnung" mit der Protestjugend der vorangegangenen sieben bis acht Jahre. Diese Jugend habe den entscheidenden „Generationsbruch" zur „skeptischen Generation" herbeigeführt und habe – vor allem im Zusammenhang mit den Medien, Schulen, Universitäten, „Linksintellektuellen" usw. – erreicht, daß die Jugendautonomie bis zu einer „sozialen Überwertigkeit der Jugend", ihrer „sozialparasitären Selbstüberhebung" fortgeschritten sei (1976, S. 93). Zeitgeschichtlich sei diese Protestjugend ein „Rückfall in die ‚bürgerliche' Jugendbewegung", während noch die „skeptische Generation" („die Jugend des deutschen Wiederaufbaus", 1976, S. 94) vom Verhaltenstyp der jungen Arbeiter und Angestellten bestimmt gewesen sei. Die Protestgeneration gehe ideologisch vom „Proletarier" aus, aber nur Ende der vierziger und in den fünfziger Jahren „standen Studenten und Schüler in ihrem Gesamtverhalten ihren Altersgenossen unter den jungen Arbeitern" wirklich nahe (S. 94).

VI. Die „Zwischengeneration"

In seiner Abhandlung über *Die Generationen der Bundesrepublik* (1981) stellt sich Schelsky die Frage, ob im Anschluß an die Protestgeneration der späten 60er und beginnenden 70er Jahre bereits eine neue, relativ einheitliche Jugendgestalt dominant werde. Schelsky verneint die Frage; es handele sich „um eine Zwischengeneration von aufgesplitterten, nicht zu einer Gestalteinheit zusammenschließenden Kennzeichen" (S. 196). Gleichwohl macht Schelsky den Versuch, diese Zwischengeneration zu charakterisieren. Als auffälligste Merkmale führt er an:

- eine (neuerliche) Anpassung an das Bestehende. Unter dem Druck des Numerus clausus, der Lehrstellenknappheit und der schulischen Situation vereinzeln sich die Jugendlichen „im individuellen Berufs- und Qualifikationsstreben und den damit verbundenen Konkurrenzängsten";
- zum zweiten (S. 197) sei aber auch ein „Zug von ideologisch-politischer Selbstgerechtigkeit, verbunden mit Larmoyance und Aggressivität", feststellbar, die aber auch „die dazugehörige Journalistik und Literatur kennzeichnet und die einen bald veranlassen könnte, von einer selbstgerechten Generation" zu sprechen;
- schließlich sei noch hervorzuheben „eine Rückwendung ins private Leben, die zwar als oberflächliche Einstellung die ideologischen Stereotypen der Protestgeneration nicht abstreift, aber auf sie enttäuscht und

ratlos reagiert. Eine Selbstvereinzelung in Freundschaft, in Liebe oder in einem bloß vagen Zusammengehörigkeitsgefühl, als einzelne oder als kleine Gruppe mit einem autistischen Zug zur verinnerlichten Heilsfindung und Lebenssinngebung ..." (S. 197).

Diese mit eingängigen Sätzen und Begriffen von Schelsky beschriebene „Zwischengeneration" gerät so fast wieder zu einer „Generationsgestalt", die in dieser Beschreibung der breiten Zustimmung sicher sein kann. Man kann auch nicht bestreiten, daß die empirische Jugendforschung der letzten Jahre Einstellungen und Verhaltensweisen bei Jugendlichen hervorgehoben hat, die der oben (verkürzt wiedergegebenen) Skizzierung entsprechen. Bestreitbar ist aber die Möglichkeit der Verallgemeinerung bei der „Zwischengeneration" sicher noch mehr als bei der „Protestjugend" –, insbesondere aber im Vergleich zur „skeptischen Generation".

Wenn Schelsky nach fast 20 Jahren Unterbrechung das Thema Jugend wieder aufnahm, dann hatte dies nicht nur einen zeitgeschichtlichen, insbesondere universitätsgeschichtlichen Hintergrund. Einige der mehr biographischen Gründe seien im letzten Kapitel hervorgehoben.

VII. Kritik der Jugendbewegtheit

In seiner vehementen *Kritik der marxistischen Existenzphilosophie eines Jugendbewegten* (1979) und damit der „Hoffnung Blochs" hebt Schelsky die Bedeutung der Jugendbewegung mit folgenden Worten hervor:

„Man muß einmal sehen, daß in Deutschland sowohl Heidegger wie Heisenberg zur Jugendbewegung gehörten, sowohl Jaspers wie die Theologen Barth, Tillich und Bultmann, sowohl Guardini und die Vertreter der liturgischen Reform im Katholizismus, sowohl Albert Schweitzer wie Josef Nadler, vor allem aber die Soziologen: Tönnies, Vierkandt, Mannheim, Freyer, Othmar Spann, Elias, die Pädagogen Spranger, Litt und Nohl ... Aber statt solche Aufzählung fortzusetzen, sollte man lieber fragen, wer denn von den vor 1900 geborenen kulturellen Führern *nicht* dem Geist der Jugendbewegung zugehörte oder gar ihm widerstanden und ihn kritisiert hat und aus welchen Gründen. Wir, die wir im ersten Drittel dieses Jahrhunderts geboren wurden, sind allezumal Kinder und Schüler dieser Vätergeneration der bisher letzten großen geistigen Bewegung im deutschen Kulturraum" (S. 10 f).

Unabhängig davon, daß mir einzelne Zuordnungen fragwürdig erscheinen, wie z. B. die von Norbert Elias, Tönnies, Spann, betont Schelsky mit anderen Autoren die große Bedeutung der Jugendbewegung für das geistige und kulturelle, wissenschaftliche und politische Leben Deutschlands von ca. 1900 bis nach dem Zweiten Weltkrieg mit völligem Recht.[9] Wenn er selbst auch nicht der Jugendbewegung im engeren Sinne angehörte, sondern sie als Pfadfinder in den 20er Jahren in der besonderen Ausprägung ihrer bündischen Form erlebte[10], so hatte auch ihn der Geist der Jugendbewegung gepackt. Aber nach 1945 und damit nach seinem „Realitätsdrall" (1965, S. 8), versuchte er, nun im Gegensatz zu Ernst Bloch, sich davon zu befreien, zu distanzieren und Warnschilder vor der „Jugendbewegtheit", sei sie marxistischer, existentialistischer oder faschistischer Art, aufzustellen. Meines Erachtens ist die heftige Kritik an Ernst Bloch nur so zu verstehen: als Distanzierung gegenüber den ideologisch-existentialistischen Gefährdungen der „Jugendbewegtheit", die er selbst erfahren hatte.

Bei der weiteren „Spurensuche" nach Schelskys eigener Jugendbewegtheit kann man zunächst darauf verweisen, daß *Die skeptische Generation* in dem wohl wichtigsten Verlag der Jugendbewegung überhaupt erschienen ist: bei Eugen Diederichs.

Eugen Diederichs hatte seit ca. 1910 „eine kleine elitäre Gemeinschaft" um sich versammelt: den sog. „Serakreis", dem seit dieser Zeit auch Hans Freyer, ein „enger persönlicher Freund" von Diederichs, angehörte (Elfriede Üner, 1981, S. 132). Und mit Hans Freyer ist man nicht nur bei Schelskys wohl wichtigstem geistigen Mentor, sondern auch im Zentrum von „Jugendbewegung und Soziologie".[11]

Freyer war durch Lehrtätigkeit der Freien Schulgemeinde Wickersdorf (Gustav Wyneken) verbunden und stand damit im Banne von Erziehungsidealen und trug zu ihrer Prägung bei, die später noch das geistige und intellektuelle Klima im Leipziger Seminar von Hans Freyer prägen sollten.[12] Elfriede Üner umschreibt diese „Wickersdorfer Haltung" wie folgt:

---

9 Vgl. hierzu W. Laqueur, Die deutsche Jugendbewegung. Eine historische Studie, Studienausgabe 1978 (orig. engl. 1962).
   Vgl. auch den Namenskatalog bei E. Üner, 1981, S. 153, die aktive Jugendbewegte aus dem Bereich der Sozial- und Geisteswissenschaften nennt.

10 Aus dem Gespräch Schelskys mit L. Herrmann in der Sendereihe des ZDF: „Zeugen des Jahrhunderts" sei hier folgende Passage wiedergegeben: L. H.: „Haben Sie eigentlich auch der Jugendbewegung angehört?" H. Sch.: „Ich habe noch dazugehört, ich war Pfadfinder in der ersten Gymnasialzeit. Das hat einen großen Einfluß auf mich gehabt, es ist für mich die erste entscheidende Erfahrung außerhalb der Familie gewesen" (vgl. Lit.-Verz. Schelsky, 1981a, S. 152).

11 So der Titel des im Lit.-Verz. aufgeführten Aufsatzes von E. Üner über H. Freyer.

12 Vgl. hierzu den Beitrag von H. Linde, Soziologie in Leipzig 1925–1945, in: Kölner Zeitschrift für Soziologie und Sozialpsychologie, SH 23/1981, Soziologie in Deutschland und Österreich 1918–1945, S. 102–129.

„Einer Ordensgemeinschaft ähnlich verband sie eine (charismatische) Hingabe an den Dienst am Geist mit jugendlichen Gemeinschaftsformen ... Man erhoffte sich eine Überwindung der politischen Querelen und die Verwirklichung einer absolut neuen, menschlichen Gemeinschaft ... Der Idealismus als Synthese von linken und rechten politischen Strömungen mußte auch zu einer idealistischen Auffassung der Wissenschaft führen" (1981, S. 132).

Diese „Haltung" wird hier nur deshalb zitiert, weil sie Schelskys eigene Haltung, seine Einstellung zu Studenten und auch seine sehr starke Zurückhaltung gegenüber „Schulbildungen" in einem begrifflich-dogmatischen oder auch nur paradigmatischen Sinne prägten. Über sein Verhältnis zu Hans Freyer und was er dessen Haltung verdankt, schreibt Schelsky unter anderem:

„Freyer war ein Romantiker, war jugendbewegter Hegelianer gewesen, dann über Dilthey – Verstehensphilosophie, Lebensphilosophie – zu seiner Soziologie gekommen ... Was ich als Wissenschaftsauffassung habe, wie man Wissenschaft in sich verarbeitet, wie man mit anderen Wissenschaft treibt, z. B. auch Seminare abhält, das alles habe ich von Hans Freyer". (1981a, S. 155).

Geht man fehl in der Annahme, daß hier Wurzeln in Schelskys Biographie liegen, die über die Begeisterung des bei Freyer erlebten Bildungs- und Wissenschaftsideals, Gemeinschafts- und Geisterlebnisses die Heraufkunft des Nationalsozialismus als die politische Ordnungsform dieser Ideale begreifen ließen? Aber Freyer selbst hatte ihn gewarnt. Als Schelsky ihn bei ihrer ersten Begegnung (Frühjahr 1933) nach seiner Einschätzung des Nationalsozialismus fragte, entgegnete Freyer: das sei „angewandter Rousseau" (1981b, S. 147). Schelsky: „Damals für mich, der ich existentielle Ratschläge, ja Anweisungen suchte, natürlich völlig unbefriedigend" (ebd.).

Die Entwicklungslinien „vom Wandervogel zur Hitlerjugend" sind oft dargestellt worden[13]; sie sind hier mit Bezug auf Schelskys Leben und Werk nicht zu wiederholen. Ihr Stellenwert für seine intellektuelle und berufliche Identität und Karriere sollen hier auch nicht überbetont werden – sie zu übersehen hieße aber wohl, bestimmte Spuren nicht zu sichern.

Zur Spurensicherung, die auf jugendbewegte, existentielle und wissenschaftliche Fundamente verweist, gehören auch die intensiven, lebenslangen Freundschaften, die ihn auszeichneten – und deren Wert er an Freyers Haltung besonders betonte (1981b, S. 148). Im Vorwort des 1982 privat gedruckten schmalen Bändchens *Gedichte oder so etwas ähnliches* (*Jugend und Alter* als Haupttitel) heißt es: „Ich lebe seit mehreren Jahren in Stadtschlaining im Burgenlande, unter Freunden". Und im gleichen Vorwort

---

[13] Vgl. neben der in Anm. 9 genannten Schrift von W. Laqueur, H. Giesecke, Vom Wandervogel bis zur Hitlerjugend, München 1981.

wird die Altersphase „Jugend" wie folgt kurz beschrieben: „Als Gymnasiast und dann als Student der Germanistik an der deutschen Dichtung erzogen, schrieb ich natürlich auch Verse; Themen waren ‚die Liebe' und ‚das Leben', beide als das Noch-Nicht-Gelebte, damals von mir, von meiner Generation geradezu rauschhaft in Gefühle gesteigert".

Das Rauschhafte muß allemal den klaren Blick trüben; und mangelnde Erfahrung an den sozialen und politischen „Sachgesetzlichkeiten" (Schelsky) kann durch jugendliche Begeisterungsfähigkeit allein nicht ausgeglichen werden. Darum widerspricht er so vehement der Grundeinstellung Ernst Blochs, daß Jugend ein Träumen nach vorwärts sei. „Im Gegenteil: Die Jugend träumt nach rückwärts, sowohl in der individuellen und generationshaften Lebensstimmung wie in der davon abgeleiteten politisch-historischen Zukunftsvorstellung" (1979, S. 114).

An Bloch kritisierte Schelsky vor allem seine Denk- und Geisteshaltung, der er, nach seiner Absage von Idealismus und Romantik, Jugendbewegtheit und politischem Messianismus, streng das „Prinzip Erfahrung"[14] und die „Suche nach Wirklichkeit" entgegensetzte.

Seine Begeisterung für Jugend und Jugendbewegung blieben davon unberührt – einer der vielen Widersprüche, mit denen er lebte und die er auch zeigte: Die Widersprüche des Lebens sind weder existentiell noch wissenschaftlich oder in irgendeiner sozialen und politischen Bewegung aufhebbar. Der Denker und Wissenschaftler hat die besondere Verpflichtung, sich ihnen zu stellen und sie kenntlich zu machen.

Literatur

(die im Text und in den Anmerkungen vollständig genannten Angaben werden hier nicht wiederholt)

Ausubel, D.: Das Jugendalter. Fakten, Probleme, Theorie, München 1974 (orig. amerik. zuerst 1954).

Eisenstadt, S. N.: Von Generation zu Generation. Altersgruppen und Sozialstruktur. München 1966 (orig. amerik, 1956).

Griese, H. M.: Sozialwissenschaftliche Jugendtheorien. Eine Einführung. 2., erw. Aufl., Weinheim/Basel 1982.

Mannheim, K.: Das Problem der Generationen. Zuerst in: Kölner Vierteljahreshefte für Soziologie, Jg. 7/1928; jetzt in: ders., Wissenssoziologie. Auswahl aus dem

---

14 Schelsky benutzt diesen Ausdruck mehrfach (z. B. 1979, S. 230), in etwa synonym mit „Realitätsdrall" oder „Suche nach Wirklichkeit".

Werk, eingel. und hrsg. von Kurt H. Wolff, Berlin und Neuwied 1964, S. 509–566.

Muchow, H.H.: Jugend im Wandel. Die anthropologische Situation der heutigen Jugend, Schleswig 1953.

Rosenmayr, L.: Skeptische Generation – oder Skepsis der älteren Generation. In: Wort und Wahrheit, Bd. 14/1959.

Schelsky, H.: Arbeitslosigkeit und Berufnot der Jugend, 2 Bde., hrsg. vom DGB, Bundesvorstand Düsseldorf; erarbeitet von der Sozialwissenschaftlichen Arbeitsgemeinschaft zur Erforschung von Jugendfragen unter der wissenschaftlichen Leitung von Prof. Dr. Helmut Schelsky, Köln 1952.

Schelsky, H.: Arbeiterjugend gestern und heute. Sozialwissenschaftliche Untersuchungen von H. Kluth, U. Lohmar, R. Tartler, hrsg. und eingeführt von H. Schelsky, Heidelberg 1955.

Schelsky, H.: Die skeptische Generation. Eine Soziologie der deutschen Jugend, 5. Aufl., Einmalige Sonderausgabe, Düsseldorf/Köln 1963 (1. Aufl. 1957).

Schelsky, H.: Auf der Suche nach Wirklichkeit. Gesammelte Aufsätze, Düsseldorf/Köln 1965.

Schelsky, H.: Rückblick auf die „skeptische Generation". In: ders., Der selbständige und der betreute Mensch, Stuttgart 1976, S. 91–99 (Kurzfassung des in Anm. 1 erwähnten Nachworts zur TB-Ausgabe der „Skeptischen Generation" von 1975).

Schelsky, H.: Die Hoffnung Blochs. Kritik der marxistischen Existenzphilosophie eines Jugendbewegten, Stuttgart 1979.

Schelsky, H.: Die Generationen der Bundesrepublik. In: Die andere deutsche Frage. Kultur und Gesellschaft der Bundesrepublik Deutschland nach dreißig Jahren, hrsg. von W. Scheel, Stuttgart 1981, S. 178–198.

Schelsky, H.: Im Gespräch mit Ludolf Herrmann. In: Zeugen des Jahrhunderts. Nach einer Sendereihe des ZDF, hrsg. von K. B. Schnelting, Frankfurt 1981a, S. 147–173.

Schelsky, H.: Die verschiedenen Weisen, wie man Demokrat sein kann. Erinnerungen an Hans Freyer, Hellmuth Plessner und andere. In: ders., Rückblicke eines „Anti-Soziologen", Opladen 1981b, S. 134–159.

Seidelmann, K.: Bund und Gruppe als Lebensformen deutscher Jugend. Versuch einer Erscheinungskunde des deutschen Jugendlebens in der ersten Hälfte des XX. Jhs., München 1955 (1970/71 in 2 Bänden: Gruppe, soziale Grundform der Jugend).

Spranger, E.: Psychologie des Jugendalters, Heidelberg 1924 (29. Aufl. 1979).

Tenbruck, F. H.: Jugend und Gesellschaft. Soziologische Perspektiven, Freiburg 1962 (1965).

Üner, E.: Jugendbewegung und Soziologie. Wissenschaftssoziologische Skizzen zu Hans Freyers Werk und Wissenschaftsgemeinschaft bis 1933. In: Soziologie in Deutschland und Österreich 1918–1945, Sonderheft 23/1981 der Kölner Zeitschrift für Soziologie und Sozialpsychologie, hrsg. von M.R. Lepsius, S. 131–159.

VI. Editorische Arbeiten

Christentum und Sozialismus

Ein Briefwechsel zwischen Max Scheler und Johann Plenge

I.

Der Briefwechsel entstammt dem Nachlaß von Johann Plenge, dem im 90. Lebensjahr 1963 in Münster verstorbenen Nationalökonomen, Soziologen und Philosophen.

Von 1913 bis zu seiner vorzeitigen Emeritierung 1935 entfaltete Plenge in Münster eine rege Lehr- und Forschungstätigkeit, die 1920 in der Gründung der „Ersten Staatswissenschaftlichen Unterrichtsanstalt" einen Höhepunkt fand.

Plenge führte eine umfangreiche Korrespondenz mit zahlreichen Gelehrten: Nationalökonomen (E. Salin, B. Harms, A. Spiethoff u. a.), Soziologen (F. Tönnies, M. Weber, L. von Wiese u. a.); mit Politikern (z. B. den preußischen Kultusministern K. Haenisch und C. H. Becker) und Praktikern (z. B. Gewerkschaftsfunktionären und Industriellen). Die Briefwechsel erhalten dadurch zusätzlichen Wert, daß sich Plenges eigene Schreiben in Abschriften vorfinden.

Der kurze Briefwechsel zwischen Max Scheler und Johann Plenge, der thematisch interessant und dessen Entstehung gut zu belegen ist, wird hier nach einer kurzen Einführung im Wortlaut wiedergegeben.

II.

Der vorliegende Briefwechsel Max Scheler – Johann Plenge entstand April/Mai 1919 anläßlich eines Doppelvortrages von Max Scheler am 8. und 9. April 1919 in Münster[1] auf Einladung Plenges und einer gedruckten und

---

[1] M. Scheler, „Prophetischer oder marxistischer Sozialismus", zuerst in: Hochland, Okt. 1919; dann in: Christentum und Gesellschaft, II. Halbbd., Leipzig 1924, S. 1ff., und in Bd. 6 der Gesammelten Werke (hrsg. von Maria Scheler), S. 259ff. In diesen Abdrucken nur der Hinweis, daß es sich um einen Vortrag handelt. Aus Plenges Vorlesung (Vgl. Anm. 2) und dem vorliegenden

Scheler zugesandten Vorlesung Plenges[2], die sich mit den Vorträgen Schelers zum Problem des Christlichen Sozialismus auseinandersetzte.

Der Briefwechsel wird hier nicht zum Anlaß genommen, die Diskussion um Christentum und Sozialismus wieder aufzunehmen bzw. weiterzuführen, wie dies nach dem Ende des Zweiten Weltkrieges durch W. Dirks, E. Welty und andere geschah[3]. Vorliegender Briefwechsel, Plenges Auseinandersetzung damit in der bereits zitierten Schrift sowie eine ausführliche Rezension Schelers der Plengeschen *Ideen von 1914*[4] sind die wichtigsten Belege, die von einer intensiven wechselseitigen Beschäftigung zeugen, von weiteren unwesentlicheren Erwähnungen der Plengeschen Schriften in Schelers Werk abgesehen[5].

Scheler und Plenge, beide 1874 geboren, der eine katholisch und aus München gebürtig, der andere Protestant, aus Bremen stammend: auf den ersten Blick gibt es wenig Berührungspunkte zwischen ihnen. Beider Lebenswerk läßt sich schlecht vergleichen: Schelers Arbeiten sind in einer stattlichen Anzahl von Bänden dokumentiert, während Plenge vor allem Lehrer, Anreger, aber auch Praktiker und Organisator war. Die mannigfachen Einflüsse, die von ihm ausgehen, sind schwer zu belegen. Doch fanden im Ersten Weltkrieg und in der unmittelbaren Nachkriegszeit die heterogensten Denker und Disziplinen zusammen, zuerst in der Begeisterung für den „deutschen Krieg", dann, um wiederaufzubauen und Deutschland eine neue Ordnung zu geben. Scheler und Plenge fanden zusammen in der Auseinandersetzung um den Christlichen Sozialismus.

Briefwechsel ist jedoch zu schließen, daß es sich um eine Kurzfassung des in Münster gehaltenen Doppelvortrages – der die Benennung „Was ist christlicher Sozialismus?" hatte – handelt.

[2] J. Plenge, Christentum und Sozialismus (Über einen Vortrag von Max Scheler), Münster 1919; künftig zitiert: „Über einen Vortrag von Max Scheler".

[3] Vgl. z. B. W. Dirks, E. Kogon u. a. in vielen Beiträgen zu den „Frankfurter Heften", v. a. in den beiden ersten Jahrgängen 1946/47; O. H. von der Gablentz, Über Marx hinaus, Berlin 1946 (Kapitelfolge: I. „Die soziale Frage und die Christen"; II. „Sozialismus", III. „Christlicher Sozialismus"), vgl. weiter die Veröffentlichungen der Walberberger Dominikaner, E. Welty u. a.

[4] J. Plenge, 1789 und 1914. Die symbolischen Jahre in der Geschichte des politischen Geistes, Berlin 1916. M. Scheler, „1789 und 1914" (Besprechung), in: Archiv für Sozialwissenschaft und Sozialpolitik, 42. Bd. 1916/17, S. 586–605. Diese Rezension Schelers ist für den vorstehenden Themenkreis insofern wichtig, als sie viele der strittigen Punkte der Diskussion von 1919 vorwegnimmt.

[5] Es finden sich einige Hinweise auf Plenges „Marx und Hegel"; vgl. auch M. Scheler, Gesammelte Werke, Bd. 8, „Die deutsche Philosophie der Gegenwart", in: Deutsches Leben der Gegenwart, hrsg. von Ph. Witkop, Berlin 1922.

III.

Scheler und Plenge hatten nach Ausbruch des Krieges weithin wirkende Schriften verfaßt; Plenge hatte die deutschen *Ideen von 1914,* die einen organisatorischen Sozialismus propagierten, den individualisierenden, französisch-angelsächsischen Ideen von 1789 gegenübergestellt; Scheler schrieb über den *Genius des Krieges und den deutschen Krieg*[6]. In diesen Schriften zum Krieg ist keine besondere Gemeinsamkeit zu sehen, denn „damals wollte, wer nicht ins Feld durfte, wenigstens, wenn schon nicht in Waffen, doch mit Worten dabei sein ... Chamberlain, Plenge, Troeltsch, Wilamowitz, Meinecke, Wolfgang Heine, Sombart, Foerster, Alfred Weber, Liszt, Johannes Müller – wer noch?"[7]

Doch wie der Krieg für Deutschland einen immer ungünstigeren Verlauf nahm, stellte sich auch in den das Kriegsgeschehen reflektierenden Schriften Ernüchterung ein. Ab 1916/17 war mehr und mehr vom Neuaufbau[8] und Weiterbau dessen, was der Krieg selbst in Ansätzen herbeigeführt hatte, die Rede: von Wirtschaftsorganisation und Zwangssozialisierung, „von deutscher Republik" und Demokratisierung.

Die Diskussion um Neuaufbau und Weiterbau, die in den letzten Kriegsjahren anhebt und nach 1918 mit den stürmischen Tagesereignissen kaum noch Schritt halten kann, wird von zahllosen „Sozialismen"[9] beherrscht. In diesen „Sozialismen" kommen viele, aber nicht alle Alternativen des politischen und wirtschaftlichen Neubeginns zum Ausdruck.

Auch Plenge und Scheler, zwei Hochschulprofessoren, bezogen Position. Max Webers Forderung nach Werturteilsfreiheit auf dem Katheder, gerade in diesen stürmischen Tagen so überzeugend dargelegt, hatte sich noch nicht durchgesetzt oder war – wie z. B. von Plenge in einem Brief an Max Weber[10] – ausdrücklich zurückgewiesen worden.

Im vorliegenden Briefwechsel, zumal aber in seinem Anlaß, nämlich Schelers Vorträgen und Plenges Antwortschrift, ist ein wichtiger Beitrag in der Auseinandersetzung um einzelne Sozialismen zu sehen. Beide, Scheler ebenso wie Plenge, können als Exponenten je einer Richtung des So-

---

6 M. Scheler, „Der Genius des Krieges und der deutsche Krieg", Leipzig 1915.
7 Hermann Bahr, „Max Scheler", in: Hochland, Jg. XIV, 2 Bd. (1917), S. 36.
8 M. Scheler, Krieg und Aufbau, Leipzig 1916; J. Plenge, Durch Umsturz zum Aufbau, Münster 1918.
9 Vgl. z. B. T. Brauer, Der moderne deutsche Sozialismus, Freiburg 1929: „Ich fand u. a., um nur die wichtigsten aufzuzählen, folgende ‚Sozialismen' in der einschlägigen Literatur verzeichnet bzw. ausführlich behandelt" ... dann folgt eine Aufzählung von 40 „Sozialismen", ohne die hier wichtigen Spielarten des christlichen und organisatorischen Sozialismus zu nennen.
10 Brief vom 30. August 1917.

zialismus gelten: Scheler des Christlichen (zusammen mit Heinrich Pesch, T. Steinbüchel, A. Stegerwald u. a.[11] und Plenge des organisatorischen[12]. Beide gehen jedoch vom Christlichen Sozialismus aus. Wo liegen die Gemeinsamkeiten, wo die Unterschiede?

IV.

Die Kopula von Christentum und Sozialismus war nicht neu und dem deutschen und englischen genossenschaftlichen Denken seit Beginn der Industrialisierung, den Franzosen seit St. Simon und Lamennais vertraut. In Deutschland ist der christliche Sozialismus des 19. und des beginnenden 20. Jahrhunderts mit den Namen F. Hitze, A. Stoecker, W. Hohoff, F. Naumann, A. Stegerwald und z. T. mit den sogenannten Kathedersozialisten verknüpft.

Unmittelbarer Anlaß der neuerlichen Auseinandersetzung mit dem theoretischen Problem und der praktischen Durchsetzbarkeit eines Christlichen Sozialismus war eine von dem Kölner Theologen, Sozialphilosophen und Nationalökonomen Heinrich Pesch 1918 herausgegebene Flugschrift mit dem Titel: *Nicht kommunistischer, sondern christlicher Sozialismus*. Der marxistischen Richtung wird bestritten, sich mit Fug und Recht Sozialismus zu nennen; für Scheler ist der Marxismus „nur eine Spielform des Sozialismus", es sei „eigentlich falsch, von Marxistischem Sozialismus zu reden"[13]. Schon 1916 hatte Plenge zu diesem Begriffsstreit ausgeführt: „Der Sinn, den ich dem Worte ‚Sozialismus' wieder gebe, ist ... keine unberechtigte Neuerung. Ich schiebe nur ein Gutteil unnützes Gerede beiseite und lege die eigentliche Sache wieder bloß."[14]

Politisch gesprochen drückt sich im Begriff „Christlicher Sozialismus" nach dem Ersten Weltkrieg der Versuch einer Synthese aus, wie nach 1945 zwischen Kapitalismus und Kommunismus eine dritte Position – für Deutschland – möglich und geboten schien, „die man mit dem Begriff

---

[11] Schelers Position ist jedoch von den mehr praxisbezogenen Einstellungen der oben Genannten sehr verschieden; vgl. w. u.

[12] Vgl. Art. „Organisatorischer Sozialismus", in Staatslexikon, 3. Bd., Freiburg 1929: „In den Kriegs- und ersten Nachkriegsjahren fand die Spielart des Organisatorischen Soz. fruchtbaren Boden, in Dtld. bes. vertreten durch J. Plenge..., in Rußland durch A. Bogdanov...".

[13] M. Scheler, „Prophetischer oder marxistischer Sozialismus", zitiert nach Hochland, a. a. O., S. 3/5.

[14] J. Plenge, „Individualismus und Sozialismus", in: Dt. Volkswirtschaftliche Correspondenz, 41. Jg. Nr. 74, 15. Sept. 1916; vgl. auch J. Plenge, Zur Vertiefung des Sozialismus, Leipzig 1919, S. 3ff., und in: Schmollers Jb., XLI. Bd., S. 13ff.

‚demokratischer Sozialismus' anzudeuten versuchte"[15].

Es war jedoch nicht so, daß sich 1919 Christentum und Sozialismus besser zueinander gefügt hätten als heute oder nach dem Zweiten Weltkrieg, auch wenn zwei Exponenten des Katholizismus, Scheler (1919 wird man ihn dazu rechnen können) und Pesch, sich dieser Wortverbindung bedienten. Plenge: „Die Frage (des Schelerschen Vortrages *Was ist christlicher Sozialismus?* – B. S.) hat dadurch ihre besondere Tageszuspitzung, daß die deutschen Bischöfe der katholischen Kirche während des Wahlkampfes für die Nationalversammlung die Parole ausgegeben haben, ‚Wer für den Sozialismus ist, ist gegen Jesus Christus' "[16].

Doch nicht nur das Christentum revoltierte gegen diese Bindung an den Sozialismus. Ebensowenig ließ es sich der theoretisch-doktrinäre Sozialismus gefallen, auf christlich-genossenschaftliche Ursprünge reduziert und gar – wie bei Plenge – mit dem Kapitalismus versöhnt zu werden.

V.

Das gemeinsame Problem ihrer, Schelers und Plenges, Auseinandersetzung um den Christlichen Sozialismus faßt Plenge in der Frage zusammen, „wie sich das Christentum gegenwärtig auswirken muß"[17].

Durch diese konzise Zusammenfassung und die Subsumierung ihrer Positionen unter den Christlichen Sozialismus werden die wichtigsten Unterschiede in der Einstellung von Scheler und Plenge zum Sozialismus eher verdeckt. Pointiert ausgedrückt: Plenge geht es nicht, jedenfalls nicht an erster Stelle, um das Christentum und Scheler nicht um den Sozialismus. Gemeinsam ist ihnen eigentlich nur das Bemühen, den marxistischen Sozialismus, besser: Kommunismus und Bolschewismus, abzuwehren; gemeinsam auch – mit Troeltsch, Sombart, Weber u. a. – die wissenschaftliche Beschäftigung mit dem Kapitalismus, wobei die Frage nach dessen Entstehung und Entwicklung mit der nach der Möglichkeit und Fortwirkung des kapitalistischen Prinzips in der Zukunft verknüpft wird.

Wichtiger als diese Gemeinsamkeiten sind die Unterschiede, die Plenge im Anschluß an Schelers Vorträge folgendermaßen deutet: „Sie finden bei beiden einen allseitigen Humanismus. In Schelers Schriften moralische Willensformen aus allen Kulturgebieten. Bei mir das Streben nach einem Blick über die ganze Weltgeschichte und alle Teile des gesellschaftlichen Ent-

---

[15] O. K. Flechtheim, „Die Anpassung der SPD", in: Kölner Zeitschrift für Soziologie und Sozialpsychologie, 17. Jg., 1965, H. 3, S. 590.
[16] J. Plenge, Über einen Vortrag von M. Scheler, a. a. O., S. 7.
[17] Ebd., S. 14.

wicklungsbaues ... bei Scheler die Richtung auf ‚ewige Werte'. Bei mir die Hinwendung auf die in der Geschichte schaffende Vernunft. Und es ist ein objektiver Humanismus, der zur Praxis drängt und die geistige Erneuerung einer in den reinen Naturalismus verlorenen Menschheit will ... Scheler ist Philosoph und Moralist, ich bin Nationalökonom und Soziologe ... Alle menschlichen Lebenszusammenhänge kann man nun aber entweder von Innen oder von Außen sehen. Vom Standpunkt der Geisteswissenschaft oder besser Willenswissenschaft und vom Standpunkt der Gesellschaftswissenschaft. Auf dem grundsätzlichen Unterschied dieser beiden Aufgaben beruht unsere Verschiedenheit."[18]

Viel schärfer deutet Peter Wust in einem Brief an Plenge[19] aus eben den Tagen, aus denen auch der vorliegende Briefwechsel stammt, die Unterschiede: „Sie, Herr Professor, sind eine fichtesche Natur. Sie wollen auf die rasende Maschine hinaufspringen, wie ein geschickter Führer noch im letzten Augenblick bremsen an der äußeren Institution ... Scheler aber (und ich stehe auf seiner Seite) ist mehr beschaulicher Natur. D. h. sein Blick ist mehr gerichtet auf das Schicksalhafte, dem kein sterbliches Wesen sich widersetzen kann."

VI.

Scheler hatte gezögert, in den Auseinandersetzungen um die verschiedenen „Sozialismen" seine Position als Christlichen Sozialismus zu bezeichnen. „Ich habe lange geschwankt, ob ich meine eigene Auffassung als ‚Christlichen Sozialismus' oder als ‚Solidarismus' bezeichnen soll, habe mich aber in gewissem Sinne zu der ersteren Bezeichnung entschlossen."[20] Dieser Entschluß muß überraschen. Scheler hatte Plenge schon 1917 entgegengehalten: „Er bemerkt nicht, daß Solidarität selbständiger, selbstverantwortlicher Individualpersonen ein eigenes, drittes Prinzip ist (verborgen in der Tiefe des christlichen Ethos), dessen Niedergang und Sinken in einer Gesellschaft erst die falsche Alternative und Wahlnotwendigkeit zwischen vorwiegendem Sozial- und Individualprinzip hervorruft."[21]

---

[18] J. Plenge, Über einen Vortrag von M. Scheler, a. a. O., S. 10–11; in einem Gespräch mit dem Verfasser, im Nov. 1962, hob Plenge den Unterschied zu Scheler folgendermaßen hervor: „Scheler ist Phänomenologe, ich bin Substantialist."

[19] Brief vom 9. Mai 1919; die Briefe P. Wusts an Plenge wurden von mir W. Vernekohl, dem Mitherausgeber der Werke Wusts und Betreuer des Wust-Archivs in Münster, übergeben.

[20] M. Scheler, „Prophetischer oder marxistischer Sozialismus", a. a. O., S. 3.

[21] M. Scheler, „1789 und 1914", a. a. O., S. 597f. (in dieser Besprechung, S. 592, Anm. 2, verweist Scheler darauf, daß sich eine genaue Formulierung des Solida-

Für Scheler war die Aufnahme des Begriffes „Christlicher Sozialismus" ein Zugeständnis an seine Zeit, „in der ein gewisses Maß von Sozialismus die Selbstverständlichkeit einer allgemeinen Weltüberzeugung anzunehmen beginnt"[22].

Scheler, stark von Nietzsche beeinflußt, auch in seiner Haltung zur eigenen Zeit, steht der tabula rasa des politischen Neubeginns skeptischer und reservierter gegenüber als Plenge. Er ist Prophet, nicht Gestalter der Gegenwart: „So ist der christliche prophetische Sozialist sozusagen ein Unglücksprophet, kein Glücksprophet wie Marx"[23].

Schelers Blick, auch auf den Sozialismus, ist rückwärts gerichtet und entspringt mehr einer kulturkritischen und kulturpessimistischen Zeitbetrachtung als dem Wollen, für die drängenden Gegenwartsfragen theoretisch fundierte Lösungen zu geben. Seine Ausführungen sind nur insofern praxisbezogen, als es ihm darum geht, das mittelalterliche Solidaritätsprinzip, das er in der christlichen Korporationslehre vollendet sieht und das nach seiner Auffassung allen Sozialismus überflüssig mache oder vielmehr: ihn einbegreife, „wieder zu einer leitenden Kraft zu machen"[24]. Scheler bedient sich des Begriffes „Sozialismus" nicht zuletzt deshalb, um dessen Gegensätze um so besser attackieren zu können: „Der Begriff des Sozialismus wird durch dessen Gegensätze am treffendsten erleuchtet. Es sind u. a. drei: Individualismus, Liberalismus und Kapitalismus."[25]

In dieser praxisfernen Position, die Scheler für kurze Zeit und unter vielen Vorbehalten dem Christlichen Sozialismus zurechnet, kann ihn Plenges Vorwurf: „Wir erfuhren eigentlich nicht, was Christlicher Sozialismus positiv ist"[26], nicht treffen. Schon 1917 hatte Scheler den allzu praxisfreudigen Sozialisten, mit Anspielung auf Plenge, entgegenzuhalten: „Nun viele, sehr viele unserer besten Deutschen sehen in diesen gesamten Vorgängen (Organisation der Kriegswirtschaft etc. – B. S.) schon so etwas wie die beginnende Verwirklichung des Sozialismus."[27]

---

ritätsprinzips in dem Buche „Der Formalismus in der Ethik und die materiale Wertethik" finde).

[22] Ders., „Prophetischer oder marxistischer Sozialismus", a. a. O., S. 5.
[23] Ebd., S. 23.
[24] M. Scheler, „1789 und 1914" (Besprechung), a. a. O., S. 506.
[25] Ders., „Prophetischer oder marxistischer Sozialismus", a. a. O., S. 9.
[26] J. Plenge, Über einen Vortrag von M. Scheler, a. a. O., S. 46.
[27] M. Scheler, Vom Ewigen im Menschen, 3. Aufl. Berlin 1933, S. 190 („Die christliche Liebesidee und die gegenwärtige Welt; ein Vortrag" 1917).

VII.

In der Tat hatte Plenge in der durch den Krieg ins Leben gerufenen Organisation der Rohstoffversorgung ein wichtiges Indiz, nicht notwendig einen Baustein, der zukünftigen Wirtschafts- und Gesellschaftsordnung gesehen. Der Weltkrieg hatte, ebenso wie der entwickelte Kapitalismus, zu vielen, nicht nur wirtschaftlichen Organisationen geführt. Durch den Weltkrieg, der „die Revolutionierung der Revolutionäre"[28] hätte bewirken sollen, sah Plenge beschleunigt eine Situation herbeigeführt, in der die verschiedenen Organisationsformen zu einer „organisierten Volksgenossenschaft"[29] zusammenzufassen waren. Trotz Plenges Mahnungen, praktisch zu werden, ist aus seinen Werken kein Sozialismus der Tat zu entnehmen. Organisation ist nach Plenge das Prinzip des auf seine Höhe gekommenen abendländisch-christlich-sozialistischen Geschichtsprozesses, inneres Baugesetz des 20. Jahrhunderts. Seine und des Sozialismus' Hauptaufgabe in der Gegenwart sah er in staatswissenschaftlicher Erneuerung: „Ich komme nun einmal nicht von der Überzeugung los, daß gerade diese staatswissenschaftliche Bildungsaufgabe gegenwärtig das Kernstück des Sozialismus ist"[30]. Die hochentwickelte und komplexe Wirtschaftsgesellschaft des 20. Jahrhunderts braucht spezialisierte Führungskräfte, keine proletarischen Massenführer[31].

Plenge, Ordinarius für wirtschaftliche Staatswissenschaften in Münster, glaubte selbst einen wesentlichen Beitrag zum Aufbau durch seine mannigfachen, zwischen 1919 und 1923 sehr erfolgreichen Bemühungen um die „staatswissenschaftliche Erneuerung" leisten zu können.[32]

Daß Plenge – anders als Scheler, der mehr auf Sinngehalte historischer

---

[28] J. Plenge, „Die Revolutionierung der Revolutionäre"; zuerst als Aufsatzfolge in der von Parvus herausgegebenen „Glocke", 1917; als Buch Leipzig 1918.

[29] J. Plenge, Zur Vertiefung des Sozialismus, a. a. O., S. VIII u. a. w. O.

[30] Plenge in einem Brief an H. Braun, den Herausgeber der „Annalen für soziale Politik und Gesetzgebung", am 19. 9. 1920.

[31] Plenges Grundauffassungen, den organisatorischen Sozialismus betreffend, hatten sich seit seinem „Marx und Hegel" (1911) nicht gewandelt. Marx' Verdienst sei gewesen, „den großen Gedanken an die Möglichkeit hoher gesellschaftlicher Organisationsformen in die Massen gebracht" zu haben (ebd., S. 180). Nach Plenge mußte der Weltkrieg „zu einer grundsätzlichen Erneuerung allen Sozialismus' führen und dabei ... durch die Erneuerung von Marx und seiner gesamten geistigen Voraussetzungen weit über Marx hinausweisen" (J. Plenge, „Neumarxismus?", in: Glocke, Nr. 10, 1918, S. 303).

[32] Vgl. dazu u. a. J. Plenge, Das Erste Staatswissenschaftliche Unterrichtsinstitut. Seine Einrichtungen und seine Aufgaben, Essen 1920; Denkschrift über den Ausbau einer Unterrichtsanstalt für die Ausbildung praktischer Volkswirte, Münster 1915 (Begleitwort dazu: „Aus dem Leben einer Idee"; Münster 1915).

Entwicklungskräfte abzielt – wirtschaftlich-praktisch orientiert ist, zeigt sich in der Diskussion mit Scheler über die Bedeutung des Individualprinzips. Scheler sieht im Kapitalismus dieses Individualprinzip zu einseitiger Herrschaft gesteigert und neigt deshalb dazu, den Kapitalismus zu verurteilen. Plenge verwirft wie Scheler den einseitigen Individualismus, betont aber, daß der Christliche Sozialismus „keineswegs eine kritiklose Verwerfung des äußeren kapitalistischen Systems"[33] einschließe; die „Anerkennung des Individuums und seiner persönlichen Kraft" soll „voll in den Sozialismus eingehen"[34].

Wenn Plenge auch zwischen der Außen- und Innenseite des Kapitalismus – hier kapitalistische Organisationsformen, dort kapitalistischer Geist – unterschieden wissen will, so ist diese Unterscheidung dennoch nicht hinreichend, der differenzierteren Kritik des Individualismus bei Scheler standzuhalten. Schon in der Rezension der *Ideen von 1914* kommt Schelers Fassung des Individualprinzips in der Auseinandersetzung mit Plenge deutlich zum Ausdruck. Scheler unterscheidet zwei Ausprägungen des Individualismus und macht Plenges „Hegelianismus" dafür verantwortlich, daß dieser die Probleme zu einseitig betrachte: „in seinem (nämlich Plenges – B. S.) einseitigen Sozialprinzip, das mit dem falschen ökonomischen Individualismus auch den europäisch-christlichen Individualismus des Geistes (ein europäisches Daseinsaxiom!) verwirft und besonders auch in seiner (echt Hegelschen) Unterschätzung der Ursprünglichkeit und des Nebeneinander der Weltanschauungs- und Weltwertungsformen der großen Kulturkreise und der besonderen Anlagen der europäischen Nationen. Nur so konnte auch seine Vorstellung von der universalen übernationalen Vorbildschaft der deutschen Organisation entstehen"[35].

VIII.

Zum Abschluß sei der wichtigste Unterschied zwischen Scheler und Plenge, der von Praxisferne und Praxisnähe noch einmal, und zwar im Vorgriff auf den folgenden Wortlaut des Briefwechsels, hervorgehoben. Dieser Unterschied kommt in den Bemerkungen über die Gironde (Vgl. Anm. 46) treffend zum Ausdruck. Der Briefwechsel macht deutlich, daß diese unterschiedliche Haltung gegenüber der eigenen Zeit und ihren Problemen einen kulturmorphologischen Kern hat und von der zeitlichen Verortung abhängt, die man der eigenen Gegenwart im Kreislauf der Geschichte gibt. Scheler

---

[33] Plenge, Über einen Vortrag von M. Scheler, S. 20.
[34] Ders., in: Dt. Volkswirtschaftliche Correspondenz, a. a. O.
[35] M. Scheler, „1789 und 1914" (Besprechung), S. 603.

sieht sich in der Endzeit des Abendlandes und dieser Endzeit eigne – wie jeder vorhergehenden – Pessimismus und Prophetentum. Dagegen sträubt sich Plenge: man dürfe nicht, durch Spengler beeinflußt, „an das unmittelbar bevorstehende Ende unserer Kultur glauben, weil die Zeit ihrer jugendlichen Schöpfergewalt vorbei ist. Ich hebe das hervor, weil auch Lensch und Scheler ... dieser Gefahr in etwas unterlegen sind"[36].

IX.

J. Plenge an M. Scheler, 28. 4. 1919[37]

Sehr verehrter Herr Kollege!

Ihr Besuch hier in Münster und unsere Unterhaltung hat eine denkwürdige Folge gehabt. Schon am Donnerstag früh[38] baten mich meine Hörer, über Ihren Vortrag im Seminar zu sprechen. Ich lehnte es zunächst ab.–

Am Freitag arbeiteten die zwischen uns erörterten Gedanken so stark in mir, daß ich mich doch entschloß, das letzte Pro-Seminar des Zwischensemesters Ihnen zu widmen. Ich habe die Vorlesung dann niedergeschrieben, und sie erscheint hier bei Theissing separat[39] und zugleich in der bereits in unserer Unterhaltung erwähnten Aufsatzsammlung „Zur Vertiefung des Sozialismus" im „Neuen Geist"[40].

Mir scheint, die große Synthese zwischen Sozialismus und Christentum kommt durch unsere Zusammenarbeit einen Schritt weiter. Und so ist tief berechtigt und notwendig, daß sich diese Entwicklung in der bewußten Ineinanderarbeit selbständiger Persönlichkeiten vollzieht. Nur so kann ein wahrhaftes „Reich des Geistes" entstehen, „Wir im Ich" und „Ich im Wir"[41].

---

36 J. Plenge, Zur Vertiefung des Sozialismus, S. XI.

37 Die hier abgedruckten Briefe Plenges sind maschinengeschrieben, DIN A4, als Abschriften von ihm gekennzeichnet, aber nur flüchtig korrigiert. Offenkundige Verschreibfehler wurden vom Herausgeber berichtigt.

38 Schelers Doppelvortrag hatte am Dienstag und Mittwoch derselben Woche stattgefunden.

39 J. Plenge, Christentum und Sozialismus (Über einen Vortrag von Max Scheler), Münster 1919.

40 Ders., Zur Vertiefung des Sozialismus; Der Neue Geist-Verlag, Leipzig 1919, S. 218ff.

41 Plenge: „Alles menschliche Leben ist Gemeinbetätigung. Das war mein Ausgangspunkt, und ich erläuterte, daß ich überall das Individuum als solches im sozialen Ganzen sehr wohl sehe und anerkenne und mir das ‚Ich im Wir', das stets eingeordnete Glied in einer Lebensorganisation deutlich zu machen suchte.

Die Sonderausgabe von „Christentum und Sozialismus" geht Ihnen in diesen Tagen zu. –
Es würde eine Freude sein, Sie bald einmal wieder in Münster begrüßen zu können. –
Mit den aufrichtigsten Empfehlungen
Ihr

M. Scheler an J. Plenge, 8. 5. 1919

Hochverehrter Herr Kollege![42]
Ihre liebenswürdigen Zeilen vom 28.4. kann ich erst heute beantworten, da ich erst eben von Berlin zurückgekehrt bin. Nehmen Sie auch zugleich freundlichsten Dank für die überraschende Sendung Ihrer kleinen Schrift über meine Vorträge, die gestern eintraf.

Es ist mir ein Bedürfnis, Ihnen auch für die Aufmerksamkeit, die Sie meinen Ausführungen geschenkt haben, und für den starken ehrlichen Verständigungswillen und Verständniswillen, der aus Ihrer kleinen Schrift spricht, sowohl der Sache wegen als meinetwegen meinen ergebensten Dank auszusprechen.

Die geistige Berührung mit Ihnen, die mir in Münster gelegentlich Ihrer freundlichen Einladung geschenkt war, hat mich nicht nur tief befriedigt und gefördert, sondern auch mein sachliches Interesse für Ihre Lebensarbeit erheblich gesteigert. Ich will demnächst noch einmal eine eingehende Lektüre Ihrer Arbeiten in zusammenhängender Folge vornehmen, und gedenke mit Berücksichtigung Ihrer eben mir übersandten Schrift in einem Anhang zu meinem Buche über „Der kapitalistische Geist und die moderne Welt. Ein Weg zum christlichen Sozialismus" zu Ihrem „organisatorischen Sozialismus" eingehend Stellung zu nehmen[43].

Daß wir uns in vielen Richtungen geistig befruchten und glücklich ergänzen können, ist auch meine *ehrliche Überzeugung.*

Ich möchte Ihnen noch nicht genauer sagen, wie ich zu den einzelnen

---

Da kam es rasch aus Schelers Mund: und ich suche das ‚Wir im Ich' "; Über einen Vortrag von M. Scheler, S. 13.

[42] Schelers Brief ist handschriftlich und umfaßt 8 sehr sorgfältig und gut lesbar beschriebene Seiten im Format 20,5 x 13,5 cm. Die orthographischen Besonderheiten wurden beibehalten; Unterstreichungen einzelner Wörter wurden übernommen und im Text entsprechend hervorgehoben.

[43] Ein Buch mit diesem Titel ist von Scheler nicht erschienen. Außer an den bereits erwähnten Stellen findet sich bei Scheler keine Auseinandersetzung mit Plenges „organisatorischem Sozialismus".

Teilen Ihres kleinen Buches Stellung nehme. Nur ganz kurz lassen Sie mich drei Punkte berühren.
 Ihre Ausführungen S. 37–40, die den Kernpunkt meiner Kapitalismusauffassung betreffen[44]*, haben mich noch nicht überzeugt. Es gibt neben dem kapitalistischen Handel einen ganz unkapitalistischen. Gerade der chinesische Kaufmann z. B. ermangelt des kapitalistischen Geistes völlig; in Indien hätte auch bei ausgebreitetstem Handel auf Grund von Kastenordnung und Ethos nie Kapitalismus entstehen können. Daß der Kapitalismus eine spezifisch abendländische Erscheinung ist, muß ich nach wie vor behaupten (also mit der „Berufspsychologie des Kaufmanns" nichts zu tun hat); auch Sombart hat diese These nebst dem Wesensunterschied von „Machtreichtum" und „Reichtumsmacht" von mir (nicht etwa ich von ihm) übernommen. Auch glaube ich nach wie vor, daß die religiösen Willenswendungen kausierend für alle neuaufstrebenden Wirtschaftsgesinnungen in der Geschichte sind. Doch bin ich keineswegs der Meinung, daß für den modernen Kapitalismus nur die Reformation in Frage käme*[45]*, da vielmehr schon eine Reihe vorreformatorischer religiöser Bewegungen (oder gleichzeitiger) (Savonarola in Florenz, internationaler Finanzkapitalismus der Kirche, Ablaßhandel, Jansenismus usw.), die neue Wirtschaftsgesinnung angebahnt haben. Daß ich überdies die neue „Triebstruktur" des kapitalistischen Menschen (im Unterschied der geistigen „Wirtschaftsgesinnung") überhaupt nicht auf geistige Ursachen, sondern auf biologische (Aussterben des normannischen Adels in England und Übernahme seiner Güter durch die englischen Tuchmacher etc., Aussterben des fränkischen Adels in Frankreich) und ähnliche Ursachen zurückleitete, haben Sie in Ihrer Schrift nicht bemerkt.*
 Am meisten hat mich überzeugt, was Sie gegen meine Worte über die „Gironde"[46] *ausführten, und ich möchte bemerken, daß ich den nationalen*

---

[44] Plenge: es sei falsch, „das Wesen des Kapitalismus nur in dem kapitalistischen Geist zu finden" (S. 36); Kapitalismus sei „die einseitig gewordene und überwuchernde Berufspsychologie des kaufmännischen Unternehmertums" (S. 37); erst dieser Kapitalismus werde dann „in seiner Einseitigkeit auch Lebens- und Kulturgesinnung und (wirke) auf die religiöse Haltung zurück" (S. 39).

[45] Vgl. Plenge: „Scheler ist über die Troeltsch und Max Weber, deren Spuren er mit seinen Ausführungen über den kapitalistischen Geist zunächst folgte, ein Stück hinausgekommen, wenn er diesen kapitalistischen Geist nicht nur wie jene aus der religiösen Entwicklung der Reformation ... entstehen läßt, sondern diesen kapitalistischen Geist selbst als eine über die Wirtschaft hinausgehende allgemeine Kultur- und Lebensgesinnung erkennt..." (S. 35f.).

[46] Plenge (S. 40–42): „Was nun Schelers Ausführungen über unsere Zukunft anbelangt, so schien mir aus einem gewissen Schwanken über das Grundziel der Zukunft eine stärkere Unsicherheit über die Aufgaben der unmittelbaren Gegenwart zu folgen... . Diese Unsicherheit ... schien mir ... darin zu liegen, daß sich Scheler mit immer neuem Spott gegen die Vermittlungsleute, die heute die Re-

Verzweiflungspolitikern, die ein Zusammengehen mit dem Bolschewismus predigen, durchaus *ferne stehe. Näher stehe ich Cohn-Reuss und Kaliski*[47]*, die ja nur den Gedanken jener Kontinentalpolitik vertreten, deren Wege ich zuerst in Deutschland mit meinem Buche: „Der Genius des Krieges" etc. gewiesen zu haben glaube* (Anmerkung Schelers als Fußnote: *Die Vossische Zeitung und Soziologische Monatshefte kommen viel später). Sehr richtig finde ich es, daß Sie eine gewisse Unklarheit darin erblickten, daß ich die Selbständigkeit der Weltrichtung des christlichen Sozialismus gegenüber der östlichen und westlichen (amerik. engl.) Grundrichtung viel zu wenig bestimmt aufgewiesen habe. Die Hauptschuld daran trug der Zeitmangel.*

Wenn Sie sagen, „wir erfuhren eigenlich nicht, was christlicher Sozialismus positiv ist" so kam dies ausschließlich daher, daß ich den ganzen ausgearbeiteten Teil des Vortrages über die innere Politik und die Kulturpolitik des christlichen Sozialismus, ferner einen großen Teil meines Manuscripts über Sozialisierungsmaßregeln aus Zeitmangel einfach unterdrücken mußte.

In dem Buche sind diese Dinge natürlich eingehend abgehandelt. Auch der große geschichtsphilosophische Abschnitt über die „Kausalordnung der historischen Kräfte" (gleichzeitig Auseinandersetzung mit Comte, Marx und Hegel) sowie meine Erkenntnistheorie der Soziologie und Geschichte dürfte Ihnen erst das volle Verständnis meiner auch die Gegenwart betreffenden Ansichten erschließen.

Ganz so „quietistisch", wie Sie denken und nach Ihren Eindrücken denken müssen, *besonders auch in unserer persönlichen Unterredung, bin ich nicht*[48]*. Aber ein Unterschied bleibt. Die kontemplative Lebensform steht mir (freilich nur für eine kleine Zahl, die aber in Decadencezeiten zusehends wachsen muß, höher wie die praktische. Und ich glaube allerdings, daß das kontinentale Abendland in seinem Spätherbste*[49] *sich befindet und daß wir diese Tatsache akzeptieren müssen. Aber – Dekadence ist für ein Kultursystem in letzter Linie Dekadence nur in biologischem Sinne. Geistig gesehen und religiös ist es sogar seine Blüte und sein höchster Sinn. Plotin stand dem Weltgrunde näher wie Platon*[50]*; die Farben,*

---

gierung haben, als gegen die ‚Gironde' wandte, die nach einer inneren Notwendigkeit des revolutionären Ablaufs von stärkeren Kräften baldigst bei Seite gefegt werden müßte ... Wir brauchen jetzt eine ‚vermittelnde Einheit'."

[47] Lesart wie oben angegeben; gemeint werden sein: Cohen-Reuß, Max (auch Cohen, Max) Sozialdemokrat, geb. 1876; Kaliski, Julius, Unabhängiger Sozialdemokrat.

[48] J. Plenge, Über einen Vortrag..., S. 45: „Die Stimmung der quietistischen Weltflucht klang überdies mehrfach im ganzen Vortrag durch."

[49] Vgl. Anm. 56.

[50] Gemeint ist, daß Plotin, 203–270, am Ende der Antike auch im Spätherbst einer

die Fülle und der Reichtum von seelischen Werten ist im Herbste am größten. Vielleicht bedeutet von Gott her gesehen eben das „Aufschwung und Sieg", was wir in unserem durch den hastenden Drang des Lebens so sehr bedingten Geiste „Decadence" zu nennen pflegen.

Selbst in Amerika – lesen Sie Wilsons Wahlreden, die jetzt gesammelt sind – ist der Unternehmungsgeist des Einzelnen zu Gunsten der großen wirtschaftlichen Körperschaften bereits bedeutend gebrochen. Als Hegel nahestehend sind Sie „Europäist", d.h. neigen nach meiner Meinung dazu, europäische Geistesgesetze mit denen des Menschen überhaupt zu verwechseln. Lesen Sie doch den stark von mir beeinflußten Spengler „Untergang des Abendlandes". Sehr vieles erscheint mir darin falsch, snobistisch, schematisch; seine relativistische Wertskepsis teile ich nicht; aber manches historische ist gut und richtig gesehen. –

Empfehlen sie mich ergebenst Ihrer werten Frau, an deren gütige Gastfreundschaft ich noch mit Vergnügen denke.

Mit aufrichtigem Dank
Ihr

Max Scheler

J. Plenge an M. Scheler, 15.5.1919

Sehr verehrter Herr Kollege!

Haben Sie aufrichtigen Dank für Ihren freundschaftlichen Brief, den ich mit Sicherheit erwartet hatte. Lustigerweise hatte der bekannte Weiskopf[51], der hier den christlichen Sozialismus bekämpft, die Gemüter mit der Behauptung beunruhigt, Sie würden mich in einer Gegenschrift vernichten. Auch eine Wunschpsychose des Ressentiment! – Der angekündigten ausführlichen Darstellung Ihrer Auffassung sehe ich mit Interesse entgegen. Die „Moralen"[52] stehen inzwischen auf dem Bücherbrett und warten auf einen freien Augenblick. Meinerseits erlaube ich mir, Ihnen einen Aufsatz zur allgemeinen Organisationslehre[53] zu schicken, der den geistigen Grundcharakter meiner Auffassung zweifellos klären wird. Außerdem meine „Zukunft in

---

Kultur und Kulturentwicklung stand; vgl. auch Anm. 57.

51 H. Weiskopf, Jurist, geb. 1889 (?).

52 Gemeint ist: M. Scheler, Vom Umsturz der Werte, 2. Aufl., Bd. I, 1919 (das Kapitel „Das Ressentiment im Aufbau der Moralen" nimmt fast das ganze Buch ein).

53 J. Plenge, Drei Vorlesungen über die allgemeine Organisationslehre, Essen 1919.

Amerika"[54], *da Sie auch auf amerikanische Verhältnisse und die Revolutionierung des amerikanischen Geistes anspielen, die man schon 1903/05 an Ort und Stelle betrachten konnte. Die kleine Schrift enthält auch viel Methodisches.*
   Aber geistige Entwicklungsgebilde sind geistige Entwicklungsgebilde. Als organisatorische Vernunftform steht das Zeitalter der bewußten Naturbeherrschung trotz seiner kapitalistischen Kehrseite nun einmal auf einer unvergleichlichen Höhe. –
   Handel ist der Tendenz nach Kapitalismus, soweit er nicht durch die Sittlichkeit eines nicht völlig kapitalistischen Zeitalters in Schranken gehalten wird. Im Zeitalter der Entdeckungen und im Zeitalter des Merkantilismus wird dem Handel ein in allen Kulturen unerhörter Spielraum gegeben, nur der Raub- und Lieferungshandel wäre zu vergleichen, der aber gegen den Hegemonialgeist innerlich nicht aufkommen konnte, und die Wirtschaftsfreiheit und der technische Fortschritt des XIX. Jahrhunderts setzten die neuen Möglichkeiten des Händlergeistes vollkommen frei. Ich leugne nicht, daß das, was Spengler den faustischen Zug unserer Kultur nennt, auch mit hineinspielt und daß dies auf eine religiös verursachte Willensanspannnung zurückgeht. Aber das Nächste und Wichtigste ist die eigentliche Freisetzung des einfachen Handelsgeistes durch die Eigenart unserer Geschichte.
   Den Spengler habe ich schon im Oktober gelesen und hätte über ihn geschrieben, wenn nicht die Revolution dazwischen gekommen wäre. Er ist ein Epigone von Chamberlain, Lamprecht und Nietzsche und geht zweifellos auch auf unseren Spuren.[55]
   Zu eitel und zu klein, um irgend einen zu nennen. Nur immer selbst der allererste. Aber ich unterschreibe Ihr Urteil auch hinsichtlich der zweifelhaft vorhandenen geschichtlichen Leistung. –
   Aber Spenglers Diagnose kann ich nicht teilen, und zwar deswegen, weil

---

54   Ders., „Die Zukunft in Amerika", Berlin 1912 (Sonderdruck aus: Annalen für soziale Politik und Gesetzgebung, 1. Bd., Heft 4 und 5); Plenge war 1903/05 in den USA.

55   Vgl. zu diesem Urteil Plenges u. a. Goetz Briefs, Untergang des Abendlandes, Christentum und Sozialismus; eine Auseinandersetzung mit O. Spengler, Freiburg 1920: „Spengler, der von seinen Voraussetzungen aus den Punkt des Zusammenhangs zwischen Christentum und Sozialismus gar nicht treffen konnte, deutet ihn (wohl in Anlehnung an Plenge) in der kargen Erwähnung aus Engländerei und jüdischem Instinkt Marxens"; „Plenges ‚Marx und Hegel' ... hat nach mancherlei Indizien – da Spengler keine Literatur angibt, ist man auf Indizienbeweise angewiesen – starke Partnerschaften an den Grundgedanken des ‚Preußischen Sozialismus' "; S. 11 bzw. S. 74 Anm. 1; dieses Urteil wird gestützt durch K. von Klemnerer, Konservative Bewegungen zwischen Kaiserreich und Nationalsozialismus, dt. Wien o. J., S. 194.

das Organisationsprinzip sich noch nicht ausgewirkt hat. Ende des Wachstumsalters ja. Aber noch nicht Spätherbst, sondern Zeit der Endreife[56]*. China und Ägypten beweisen, daß auf die Zeiten der jugendlichen Kulturentfaltung sehr viel längere Beharrungszeiten fogen können, wie in der Mittelmeerkultur. Die Mittelmeerkultur starb nicht an Altersschwäche, sondern an organischer Fehlkonstruktion. –*

Demnach glaube ich auch für uns: noch nicht kontemplatives Greisenalter, sondern sebstbeherrrschte Auswirkung. Wenn Plotin der Gottheit näher stand, so die Gottheit Plato. Mögen wir uns noch mit Plato vergleichen können.[57] *Unter meiner Hegelschicht liegt übrigens geschichtlich eine Schopenhauerschicht. Will sagen indisches Denken, aber auch chinesisches Denken steht mir nahe genug, daß Ihre Meinung vom einfachen Europäertum nicht zutrifft. Ich werde Ihnen mein „System der Verkehrswirtschaft"*[58] *wegen der Vorrede dazu schicken. Ihre wichtigen Bemerkungen über die biologischen Faktoren bei der Entstehung des Kapitalismus sind mir natürlich jetzt ohne Weiteres eingefallen. Ich werde Gelegenheit nehmen, darauf hinzuweisen. Es steckt darin ja auch ein Stück St. Simon, oder besser St. Simon hat auch darauf in einem seiner genialen Einfälle schon hingewiesen. Ich bedaure, Ihnen meinen „Crédit Mobilier"*[59] *nicht mehr schicken zu können, in dem ich von St. Simon spreche. Das Ding war Ihnen vielleicht auch deswegen interessant, weil ich mich darin grundsätzlich noch auf empiro-kritizistisch-positivistischer Grundlage zu behaupten suche, obwohl ich mit dem Inhalt meiner Gedanken schon darüber hinaus bin.*

Und nun haben Sie noch einmal besten Dank für Ihren Brief. Auch meiner Frau sind die angenehmen Stunden Ihres Besuches noch unvergessen, und sie hofft auf eine Wiederholung.

Mit aufrichtigem Gruße
Ihr

---

[56] Das kulturmorphologische Denken spielte damals überhaupt und auch bei Plenge eine große Rolle; u. a. sah Plenge z. B. den Sozialismus des 19. Jahrhunderts (und damit Marx) als den „Sozialismus der Vorbereitung" und den seiner eigenen Zeit bzw. seinen „organisatorischen Sozialismus" als „Sozialismus der Erfüllung" (vgl. Glocke, Nr. 10, 1918, S. 306). Noch im Titel seines letzten größeren Werkes zeigt sich das kulturmorphologische Denken bei Plenge: Die Altersreife des Abendlandes, Düsseldorf 1948.

[57] Diese Sätze sind so zu verstehen, daß Plenge sich – kulturmorphologisch betrachtet – in der Zeit Platos sieht oder doch sehen möchte.

[58] J. Plenge, Das System der Verkehrswirtschaft, Tübingen 1903; Plenges Habilitationsvortrag, in dem er über seine geistigen Quellen Auskunft und Rechenschaft gibt.

[59] J. Plenge, Gründung und Geschichte des Crédit Mobilier, Tübingen 1903 (mit einer wichtigen, leider zu sehr vernachlässigten Würdigung St. Simons).

Ein Rundschreiben Max Webers zur Sozialpolitik

I.

Das Rundschreiben Max Webers zu Fragen der Sozialpolitik fand sich im Nachlaß von Johann Plenge. Max Weber hatte es ihm mit Begleitbrief vom 6. 12. 1912 zugeschickt[1].
Daß es dieses Rundschreiben Max Webers gibt, ist bereits an anderer Stelle mitgeteilt worden.[2] Von seinem Inhalt, der insgesamt elf maschinengeschriebene Seiten im Format 21 x 33 cm umfaßt, hat Wolfgang Mommsen auszugsweise etwa eineinhalb Seiten mitgeteilt[3]. Auch der zeitgeschichtliche und biographische Hintergrund des Rundschreibens ist durch Mommsens Archiv- und Nachlaßstudien so weit bekannt, daß die folgenden einleitenden Ausführungen als Zusammenfassung und Ergänzung aufzufassen sind.

Max Webers Interesse an sozialpolitischen Fragen reicht so weit zurück wie sein Interesse für Politik überhaupt. In seinen frühen Arbeiten, so in der großen Untersuchung über *Die Verhältnisse der Landarbeiter im ostelbischen Deutschland*[4] und in vielen weiteren Artikeln, Rezensionen und Diskussionsreden greift er agrarpolitische und agrarrechtliche Fragen auf. Vor allem die von Adolf Stoecker initiierten Evangelisch-sozialen

---

1   Der Begleitbrief Max Webers, auf den sich Plenges Antwort vom 15. 12. 1912 (vgl. Anm. 15) bezieht, war im Nachlaß Plenges nicht auffindbar.
2   Vgl. neben dem in Fußnote 3 zitierten W. Mommsen, der meines Wissens zuerst auf das Rundschreiben hingewiesen hat: Max Weber, Werk und Person. Dokumente, ausgewählt und kommentiert von Eduard Baumgarten, Tübingen 1964, S. 705 (Zeittafel, 1912): „Weber und die linksstehende Gruppe des Vereins für Sozialpolitik planen eine sozialpolitische Demonstration unter dem Thema: ‚Fortschritte in der Sozialpolitik'. Eine vorbereitende Sitzung in Leipzig offenbart starke Gegensätze in der Gruppe. In einem Rundschreiben empfiehlt Weber daher Vorbereitung der Demonstration durch periodische Besprechungen."
3   Wolfgang Mommsen: Max Weber und die deutsche Politik 1890–1920, Tübingen 1959, S. 133ff.
4   Schriften des Vereins für Sozialpolitik, Bd. 55, 1892.

Kongresse und die Tagungen des Vereins für Sozialpolitik waren in der ersten bedeutenden Schaffensperiode Webers nach 1890 ein Forum, in dem er seine sozialpolitischen Ansichten vortragen konnte. Seit Weber 1893 mit Friedrich Naumann bekannt geworden war, wurde er zu dessen politischem Ratgeber und trug dazu bei, daß sich aus den sozialpolitischen Diskussionen das Programm des Nationalsozialen Vereins von 1896, der Partei Naumanns, entwickelte.[5]

Wenn gesagt wird, daß Max Webers frühes politisches Interesse zugleich, wo nicht primär, ein sozialpolitisches war – denn „Webers Nationalpolitik und Sozialpolitik waren aus einem Guß"[6] –, so darf Sozialpolitik nicht im heutigen Wortgebrauch als Teil der Wirtschafts- und Gesellschaftspolitik verstanden werden, die sich im verfassungsmäßig vorgegebenen Rahmen und in abgrenzbaren Bereichen um Änderungen und Verbesserungen sozialer Verhältnisse bemüht. Sozialpolitik betraf zu der Zeit, als Max Weber sein Rundschreiben verfaßte, dem allgemeinen Verständnis nach die „soziale Frage" insgesamt und zielte, ob bei den Sozialdemokraten oder den Linksliberalen, auf einen grundsätzlichen Wandel der gesamten Wirtschafts- und Gesellschaftsverfassung.

Max Webers Vorstellungen von einer fortschrittlichen Sozialpolitik sind zwischen diesen beiden Extremen anzusiedeln. Weder wollte er die bürgerlich-kapitalistische Gesellschaft seiner Zeit – bei grundsätzlicher Bejahung – in ihrer bestehenden Form konservieren, noch mit seinen Vorschlägen auf unrevolutionäre Weise die Ziele der Sozialdemokratie verwirklichen helfen. Sehr vereinfachend wird man sagen können, daß Sozialpolitik in seinem politischen Denken einen Ort hatte zwischen dem Naumannschen Versuch, durch Gründung einer neuen Partei den Boden für Reformen zu gewinnen, und den rhetorischen und akademischen Verlautbarungen der Kathedersozialisten im Verein für Sozialpolitik; zwischen den zum Teil radikalen Forderungen der Sozialdemokraten und der von ihm begrüßten Aktivität der Gewerkschaften.[7] Nicht um gesellschaftlichen Umbau war es ihm zu tun, sondern um den Einbau der Arbeiterschicht und der aufkommenden Angestelltenschicht – ihrer

---

[5] Max Weber, Werk und Person, a. a. O., S. 425: „Im Bund mit seinen Freunden im Verein für Sozialpolitik und im Evangelisch-sozialen Kongreß schien er förmlich hineinzudrängen zum politischen Betrieb – gar in den Betrieb einer zu gründenden Partei."

[6] Max Weber, Werk und Person, a. a. O., Zweites Kapitel: Das Fundament der Reichsgründung und die Landarbeiter-Enquête, 1. Das machtpolitische und sozialpolitische Interesse der Enquête, S. 320.

[7] Ebd., S. 129: „Weber war ... ein extremer Vertreter des auf den Gewerkschaftsgedanken gegründeten Liberalen Sozialreformismus, der vor allem von der überragenden Persönlichkeit Lujo Brentanos verfochten wurde."

berechtigten Forderungen und Interessen – in die bestehende Ordnung.[8] Damit war bei der Leipziger Veranstaltung zum Thema *Fortschritte in der Sozialpolitik*, deren Programm und Ergebnis das vorliegende Rundschreiben zusammenfaßt, von vornherein zu entscheiden, ob und inwieweit der Verein für Sozialpolitik oder die Sozialdemokratie an der Diskussion und Mitarbeit zu beteiligen waren.

Der 1872 gegründete Verein für Sozialpolitik verdankte seine Entstehung der Tatsache, daß „die Idee der Sozialpolitik oder Sozialreform als bewußte Einsicht in die Notwendigkeit, daß Staat und Gesellschaft zur Herbeiführung eines Ausgleichs zwischen den auseinanderstrebenden Interessen und Willensrichtungen der verschiedenen vom Staat umschlossenen sozialen Schichten des Volkes tätig werden müßten, ... bestimmten, zuerst noch eng begrenzten Personenkreisen in Deutschland zu Anfang der sechziger Jahre des 19. Jahrhunderts bereits geläufig" war[9]. Den vielfältigen Impulsen, die vom Verein und den in ihm führenden Kathedersozialisten (Adolph Wagner, G. von Schmoller) ausgegangen sind, kann kaum nachgegangen werden. Daß er von Max Weber und Lujo Brentano, den Führern der linken Gruppe des Vereins, nicht als Sprachrohr und Initiator fortschrittlicher sozialpolitischer Maßnahmen angesehen wurde, wird vor allem in der Größe des Vereins[10] und persönlichen Differenzen zwischen Max Weber und Gustav von Schmoller[11] begründet gewesen sein.

Diese Überzeugung, daß der Verein in seiner bestehenden Form und Leitung kein geeignetes Forum sei, dürfte sich nach den unversöhnlich verlaufenen Werturteilsdebatten noch verstärkt haben. Im Gegensatz zu Schmoller war Max Weber nicht gewillt, seine Stellungnahmen zu sozialpolitischen Fragen im Namen der Sozialwissenschaft abzugeben. Seit seinem programmatischen Aufsatz über *Die „Objektivität" sozialwissenschaft-*

---

[8] W. Mommsen, a. a. O., S. 116: „Eine moderne Sozialpolitik konnte für ihn nur den Sinn haben, die Arbeiterschaft in die ökonomische und gesellschaftliche Ausgangslage zu versetzen, in der sie den wirtschaftlichen Konkurrenzkampf mit dem Unternehmertum erfolgreich zu führen in der Lage sei, und ihr zugleich das Maß an positiver sozialer und politischer Verantwortung zu geben, welches sie zu einer Bejahung des bestehenden Staates führen müsse."

[9] Franz Boese: Geschichte des Vereins für Sozialpolitik 1872–1932, Schriften des Vereins für Sozialpolitik, Bd. 188, Berlin 1939.

[10] Ebda., S. 114: „Der Verein hatte nach Bericht des Schatzmeisters am 7. Oktober 1911 bereits 671 Mitglieder."

[11] Die Differenzen zwischen Schmoller und Weber sind mannigfach belegt, vgl. z. B. Lujo Brentano: Mein Leben im Kampf um die soziale Entwicklung Deutschlands, Jena 1931, S. 255; Franz Boese: Geschichte des Vereins für Sozialpolitik 1872–1932, a. a. O., die Kap. „Die Mannheimer Tagung von 1905", S. 103ff., „Die zweite Wiener Tagung von 1909", S. 129ff.; „Die Werturteilsdiskussion", S. 143ff.

licher und sozialpolitischer Erkenntnis bei der Übernahme des Archivs für Sozialwissenschaft und Sozialpolitik im Jahre 1904 durch ihn, Edgar Jaffé und Werner Sombart konnte kein Zweifel bestehen: Sozialpolitik ist für ihn keine Wissenschaft. Klar unterscheidet Max Weber in diesem Aufsatz zwischen dem „Seienden" und dem „Seinsollenden", der „denkenden Ordnung der empirischen Wirklichkeit" (Sozialwissenschaft) und der „Darlegung von Idealen" (Sozialpolitik), den Erkenntnissen der „Erfahrungswissenschaften" und den „Werturteilen", der „Wirklichkeitswissenschaft" und der „Politik".

Die Besprechung in Leipzig, die als „inaugurierende Arbeitsgemeinschaft" für eine größere Zusammenkunft in Frankfurt am Main geplant war, stand mit dem Verein noch insofern in einem Zusammenhang, als die Teilnehmer zu der von Max Weber und Lujo Brentano geführten linken Gruppe des Vereins gehörten und die Zusammenkunft im unmittelbaren Anschluß an eine Ausschußsitzung des Vereins am 12. Oktober in Berlin stattfand. Als ungleich problematischer stellte sich die Frage heraus, ob mit oder ohne Sozialdemokraten eine neue Phase[12] der sozialpolitischen Diskussion eingeleitet werden sollte. Wenn Max Weber im ersten Satz seines Rundschreibens sagt, daß „Herr Geheimrat Brentano ... durch Schreiben vom 22. Oktober von der in Leipzig inaugurierten Arbeitsgemeinschaft zurückgetreten (ist), weil er in ihr allzu heterogene Elemente vereinigt findet", so ist damit der eigentliche Streitpunkt nicht berührt. Die Divergenzen werden darin ihren Grund gehabt haben, daß Lujo Brentano „die sozialpolitische mit der Freihandelsfrage verquicken" und Max Weber „aus taktischen Gründen keine Sozialdemokraten einladen wollte"[13].

Plenge, der als Teilnehmer für die Frankfurter Tagung vorgesehen war[14] und wohl aus diesem Grunde das Rundschreiben von Max Weber zugeschickt bekommen hatte, äußerte sich in seinem Antwortschreiben[15] vom 15. 12. 1912 über die Beteiligung von Sozialdemokraten an sozialpolitischen Grundsatzerörterungen wie folgt: „Der rechte Flügel der demokratischen

---

[12] Eduard Baumgarten, Kommentar zu: Max Weber, Werk und Person, a. a. O., S. 339: „In der zweiten Hälfte der neunziger Jahre hörte Sozialpolitik auf, höheren Orts erwünscht zu sein."

Max Weber hatte in einem vorbereitenden Brief zur Leipziger Besprechung an Lujo Brentano geschrieben: Für Sozialpolitik ist „eine ideologische Luft nötig. Sie ist nicht mehr ‚Mode', das muß wieder anders werden" (mitgeteilt von W. Mommsen: Max Weber und die deutsche Politik, a. a. O., S. 133). Vgl. auch L. Brentano, a. a. O., Kap. „Sozialpolitische Reaktion", S. 205ff.

[13] W. Mommsen: Max Weber und die deutsche Politik, a. a. O., S. 134.

[14] Ebd., S. 136, führt unter den vorgesehenen Teilnehmern der Frankfurter Tagung auch Plenge an.

[15] Die Abschrift des Briefes findet sich im Nachlaß Plenge.

Sozialisten und der linke Flügel der bürgerlichen Sozialpolitiker haben im Grund dasselbe Bedürfnis, Grundfragen unserer kommenden Gesellschaftsordnung so zu besprechen, daß eine großzügige, innerlich gefestigte Reformarbeit dadurch belebt wird. Da es das Kernproblem alles organisatorischen Sozialismus[16] sein muß, dem Individuum die Einordnung in neue riesenhafte Organisationsformen erträglich zu machen, wollen beide Gruppen, so verschieden ihre Pläne zunächst auch aussehen, im Grund dasselbe: Demokratie im Sozialismus, oder, von innen gesehen, freie Persönlichkeiten in der Welt der gesellschaftlichen Zusammenfassung. Merkwürdig genug, daß Sozialpolitik zum Schlagwort wesentlich individualistischer Gruppen geworden ist, aber historisch und begrifflich durchaus verständlich. Zu Max Webers Absicht, Friedrich Naumann als Tagungsteilnehmer – wenn nicht als mehr – zu laden, äußerte Plenge im gleichen Brief mit ungewöhnlichem, aber für ihn bezeichnendem Freimut: „Auch Naumann gegenüber bitte ich zurückhaltend zu sein. Er hat sehr viel genützt, aber er ist politisch wohl zu abgebraucht, um bei diesen Dingen außerhalb seiner eigenen Kreise helfen zu können, im Gegenteil, er kann schaden, wenn er zu früh ihr publizistischer Träger wird. Ich kann mir weder eine sozialpolitische Fachabteilung noch einen Kongreß für organisatorischen Sozialismus als Naumannveranstaltung denken."

In einem Brief an Heinrich Braun, den Herausgeber der *Annalen für soziale Politik und Gesetzgebung*, schrieb Plenge[17] am 15. 1. 1913 zu den beabsichtigten Kongressen und Zusammenkünften der Gruppen um Max Weber und Gerhard Hildebrand, daß es sich bei der von Hildebrand geplanten Veranstaltung um einen Kongreß für „wissenschaftlichen Sozialismus" handele, wofür er (Plenge) seinen Begriff „organisatorischen Sozialismus"[18] vorgeschlagen und begründet habe. „Die um Weber planen eine nicht öffentliche formlose Konferenz bürgerlicher Sozialpolitiker, um Hauptfragen

---

[16] Im zitierten Brief Plenges ist die Absage enthalten, an der Frankfurter Zusammenkunft und vorbereitenden Besprechungen teilzunehmen. Gleichzeitig entwickelt Plenge gegenüber Max Weber seine Absicht, sich einer sozialdemokratischen Gruppe um Hildebrand und Maurenbecher anzuschließen, die einen Kongreß für organisatorischen Sozialismus planten und sich bemühten, Plenge als spiritus rector zu gewinnen. Als Fazit teilte Plenge Weber mit, „daß es zweckmäßig wäre, die beiden getrennt gebildeten Kreise Weber und Hildebrand vorläufig getrennt marschieren zu lassen, mit der Bereitschaft zu gemeinsamen Schlägen, wenn die Gelegenheit dazu" käme.

[17] J. Plenge, Brief an H. Braun, Abschrift im Nachlaß Plenge.

[18] Jüngst hierzu E. Schneider: Theorie und Praxis. Johann Plenges Programm eines organisatorischen Sozialismus, in: Soziologie und Sozialismus, Organisation und Propaganda. Abhandlungen zum Lebenswerk von Johann Plenge. Hrsg. von B. Schäfers, Stuttgart 1967, S. 17ff.

der Sozialpolitik zu diskutieren. Mir scheint es zweckmäßig, dies Projekt durch eine auf Sektionsbildung ausgehende Reform des Vereins für Sozialpolitik zu lösen und keinen Sonderbund zu schaffen."

Weiter läßt sich mit dem zur Verfügung stehenden Material die Absicht Max Webers, das Thema „Fortschritte in der Sozialpolitik" auf breiter, politischer Basis zu diskutieren, nicht verfolgen. Möglich, daß die Divergenzen des „inaugurierten Kreises" der Leipziger Besprechung von Anfang an zu groß waren und die Absage Lujo Brentanos sich lähmender auswirkte, als das Rundschreiben durchblicken läßt; möglich auch, daß Max Weber in dem für sein wissenschaftliches Arbeiten so fruchtbaren[19] Jahre 1913, als er endgültig die volle Schaffenskraft zurückerhalten hatte, sich nicht weiter auf Fragen und Aktionen einlassen wollte, deren Fortgang – durch den politischen Charakter der Probleme – nicht allein von seinem mächtigen Willen und seinem Engagement bestimmt werden konnte. Der Leipziger Besprechung vom Oktober 1912 folgten keine weiteren Zusammenkünfte.

Erst der etwa zwanzig Monate später ausbrechende Weltkrieg führte in der Aufeinanderfolge der Lebensabschnitte Max Webers eine neue Phase herauf, die an politischem Einsatz seiner ersten großen Schaffensperiode vergleichbar ist, der Zeit zwischen seiner Habilitation und seiner Antrittsrede in Freiburg 1895, als sein politisches und sozialpolitisches Engagement noch nicht die Ausgewogenheit und Bescheidung gegenüber rein wissenschaftlicher Arbeit zeigte wie zwanzig Jahre später.

„Max Webers Wünsche gingen nicht in Erfüllung. Seine Bemühungen, eine Art von theoretischer Aktionsgruppe für die Fortentwicklung liberaler Sozialpolitik zu schaffen, scheiterten, zumal Lujo Brentano sich trotz aller Versuche, ihn zurückzugewinnen, nicht mehr zu weiterer Mitarbeit bereit fand. Es ist dies symptomatisch für das Schicksal des Politikers Weber, der auch auf dem engen Gebiet sozialpolitischer Aktivität nicht den Anschluß an eine Gruppe Gleichgesinnter zu finden vermochte, die allein seinen Anschauungen größere Resonanz und damit praktische Wirksamkeit hätten geben können".[20]

---

[19] Eduard Baumgarten: „Einleitung" zu Max Weber: Soziologie – Weltgeschichtliche Analysen – Politik, Stuttgart 1956 (Kröner Bd. 229), S. XXI/XXII: „Das Jahr 1913 scheint der Höhepunkt der Produktivität Max Webers gewesen zu sein ... 1914 war Max Weber wieder unbeschränkt aktionsfähig."
[20] W. Mommsen: Max Weber und die deutsche Politik, a. a. O., S. 137.

II.

Heidelberg, den 15. November 1912

*An die Herren Teilnehmer der Leipziger Besprechung**

Herr Geheimrat Brentano ist durch Schreiben vom 22. Oktober von der in Leipzig inaugurierten Arbeitsgemeinschaft zurückgetreten, weil er in ihr allzu heterogene Elemente vereinigt findet. Es fragt sich: ob nun vorläufig ohne ihn weiter gegangen werden soll, in der Erwartung, daß er, nachdem er die Art unseres weiteren Vorgehens zu prüfen Gelegenheit gehabt haben wird, sich wieder zur Mitarbeit entschließt. Nach zweimaliger Rücksprache mit Herrn Dr. Naumann glaubt der Unterzeichnete, daß wenigstens der Versuch gemacht werden sollte, bittet aber die Herren Teilnehmer um gefl. Äußerung. Für den Bejahungsfall scheint es nützlich, über den möglichen *Sinn der, wenn überhaupt, wohl am zweckmäßigsten für die Zeit kurz vor oder nach Neujahr in Aussicht zu nehmenden Frankfurter Zusammenkunft sich klar zu werden.*

Es handelt sich sicherlich nicht um rein akademische Erörterungen auf dem Boden der „Voraussetzungslosigkeit". Schon die erste der zur Erörterung in Frankfurt gestellten Fragen: „Warum die bisherige Sozialpolitik ihr Ziel nicht erreicht habe?" schließt eine uns allen gemeinsame, an sich aber nichts weniger als selbstverständliche praktisch-politische Stellungnahme in sich.

1. Zweifellose Voraussetzung der beabsichtigten Erörterung über Bauernpolitik *ist für uns die Überzeugung: daß die Vermehrung der selbständigen seßhaften bäuerlichen, am Bodenbesitz beteiligten Landbevölkerung unbedingt erwünscht, also die für ihre ökonomische Entwicklung günstigsten Bedingungen zu schaffen, der heute zunehmenden Benutzung des Bodens als einer Grundlage sozialen Prestiges aber entgegenzutreten sei. Von da ergibt sich sehr einfach die Kritik der gegenwärtigen Verfälschung der inneren Kolonisation, der Pläne des äußerst intelligenten Direktors der ostpreußischen Landschaft und aller ähnlichen Experimente der preußischen Agrarpolitik.*

2. Auf dem Gebiet der Arbeiterfrage *ist ebenso zweifellose*

---

* Handschriftlicher Randvermerk Max Webers: „vom 14. Oktober, auf Brentanos Anreg. [? Hrsg.] zusammengetreten. Teilnehmer: Brentano, Bücher, Tönnies, von Zwiedineck, Keßler, Wilbrandt, Vogelstein, Jaffé, A. Weber, M. Weber. Entschuldigt: Naumann, v. Schulze-Gävernitz".

(Die Hervorhebungen im Textabdruck bezeichnen die von Max Weber unterstrichenen Wörter. Anm. d. Hrsg.)

Voraussetzung für uns: daß wir die Stellungnahme zu ihren Problemen vom Standpunkt des Herrenrechtes oder des Patriarchalismus und der Bindung durch Wohlfahrtseinrichtungen oder der die Arbeiter als Objekt behandelnden rein bürokratischen Reglementierung, oder der bloßen Schaffung von Rentnern nach Art unserer Versicherungsgesetzgebung teils prinzipiell, teils als unzulänglich ablehnen. Daß wir ferner die gleichberechtigte Teilnahme der Arbeiterschaft an der kollektiven Vereinbarung der Arbeitsbedingungen, und zu diesem Zweck die Stärkung ihrer Organisationen im geordneten Kampf um diese bejahen, die Kameradschaftlichkeit und das Klassenehrgefühl, welches auf diesem Boden entwickelt, für einen Kulturwert an sich halten, – einerlei, ob das Postulat der Solidarität gelegentlich in einem Druck der Verbände gegenüber dem Einzelnen sich äußert, wie dies in irgend einem Maße innerhalb jeder auf Ehre und Kameradschaft ruhenden sozialen Gemeinschaft der Fall ist. Daß wir daher die aus der zunehmenden Überlegenheit der Unternehmerorganisationen aller Art in Verbindung mit juristischen und polizeilichen Chikanen folgende zunehmende Aussichtslosigkeit geordneter Streiks und vollends die systematische Bildung subventionierter Unternehmerschutztruppen innerhalb der Arbeiterschaft vorbehaltlos als ein Übel ansehen, vollends aber Zustände der Kapitalherrschaft nach dem Muster von Pittsburg, dem Saargebiet, der schweren Industrie in Westfalen und Schlesien und die Mithilfe der Staatsgewalt dazu rücksichtslos bekämpfen, weil wir in einem Lande von Bürgern und nicht von Hörigen leben wollen. Wer, aus welchen Gründen immer, diese Stellungnahme nicht zu teilen vermag, – wie Herr Prof. Dr. F. Schmidt bei der Leipziger Besprechung, – dem können wir sie nicht aufnötigen, müssen ihn aber als Gegner behandeln.

3. Voraussetzung unserer Erörterung über Beamtenrecht *ist u. A.: daß mit der unaufhaltsam wachsenden Zahl von beamtenartigen Angestellten aller Art im öffentlichen und privaten Dienst eine jetzt schon nach Millionen zählende Klasse entstanden ist, welche durch ihre beruflichen Existenzbedingungen in ihrer Persönlichkeitsentfaltung teilweise noch schwerer bedroht ist als manche der oberen Schichten der Arbeiterschaft, insbesondere Gefahr läuft, unter Pflege nichtiger Surrogate dafür, eine im innerlichsten Sinn kulturlose, zu einer Mischung von Gedrücktheit mit unerfüllten Prätentionen herangezüchtete Schicht seelisch unselbständiger Menschen zu werden, – zumal ihnen teils aus inneren Gründen, teils gesetzlich die Wege, welche die Arbeiterschaft beschreiten kann, verschlossen sind. An diese, für uns, aber vielleicht nicht für andere, gültige „Bewertung" der Entwicklung knüpft sich die Frage: wie dem abzuhelfen sei. –*

Diese Voraussetzungen und Bewertungen teilen die einzelnen von uns gewiß in verschiedener Temperierung und Ausschließlichkeit, – wer ihnen

aber gänzlich ablehnend gegenübersteht, mit dem über Mittel, Wege und Ziele einer nur auf Grund ihrer sinnvollen Politik zu verhandeln, hätte sicherlich keinen Zweck. –
Es ist nicht zu leugnen, daß diese Voraussetzungen unserer sozialpolitischen Stellungnahme von vielen geteilt werden, welche handelspolitisch *sehr verschieden stehen und daß auch die handelspolitische Stellungnahme der in Leipzig versammelt Gewesenen keine einheitliche ist. „Freihandel" im alten Sinn durfte auch Geh. Rat Brentano nicht als Gegenwartsprogramm festhalten und z. B. zu den Viehzöllen, soweit sie den Bauern zugute kommen, anders stehen als zu den Getreidezöllen. Für die Industriezölle gibt es unter uns neben solchen, die ihre Tragweite relativ niedrig einschätzen, andere, welche von ihrer Beseitigung den Niederbruch der großen Syndikate erhoffen. Bezüglich der Agrarzölle dürfte für die Futtermittel vielleicht Einmütigkeit herrschen, für andere Objekte schwerlich. Rein taktisch wird die Annahme, die jetzige Teuerung sei als Hebel zur Sprengung des Zollsystems hinlänglich tragfähig, von manchen von uns bestritten. Manche Kreise, welche für einen Kampf gegen die Zölle zu gewinnen wären, wie z. B. der Bund der Festbesoldeten, wären sicherlich keine Kampfgenossen für eine kräftige Sozialpolitik. Der Unterzeichnete persönlich war der Ansicht, daß 1. der „Konsument" als solcher nach aller politischen Erfahrung nicht zu einer Stoßkraft zu organisieren sei, und ferner: daß das Gewicht der Meinung von ideologischen Nichtinteressenten (als welche wir doch auftreten wollen) in zollpolitischen Kämpfen erfahrungsgemäß sehr schwach ins Gewicht falle, während sie in den üblicherweise „sozialpolitisch" genannten Fragen im rechten Augenblick recht wohl zu starker Wirkung kommen könne. 2. glaubte er, daß es ein prinzipieller Fehler und außerdem taktisch nicht klug wäre, die Mitwirkung an der sozialpolitischen Arbeit von der Art des handelspolitischen Glaubensbekenntnisses abhängig zu machen. Wir alle hatten uns aber dem Wunsche namentlich Geh. Rat Brentanos ausdrücklich gefügt, daß auch für die handels- und teuerungspolitischen Probleme der Versuch, zu einer einheitlichen Stellungnahme zu gelangen, gemacht werden solle und dies wird von unserer Seite loyal innegehalten und keinerlei Schwierigkeiten gemacht werden, wenn die Frankfurter Versammlung jenem Standpunkt beitritt. Nur muß gestattet sein, auf die Konsequenzen einer solchen Belastung unserer Arbeitsgemeinschaft mit immer noch mehr „Voraussetzungen" hinzuweisen.*
Das gleiche gilt für die Zuziehung von Sozialdemokraten, welche ja, – wie der Unterzeichnete in Leipzig bei Begründung seines von der Mehrheit akzeptierten Standpunktes ausdrücklich bemerkt hatte, – in jedem Stadium der Verhandlung noch beschlossen werden kann. Der Unterzeichnete darf wohl beanspruchen, daß gerade ihm nicht eine Abneigung gegen das Zusammenwirken mit Sozialdemokraten imputiert wird. Die Gründe aber, welche eine sorgsame Erwägung in dem größeren Frankfurter Kreise

wünschenswert machen, dürften folgende sein:

1. Unsere für das Bedürfnis nach einer Aussprache in erster Linie maßgebende Unsicherheit über die grundlegenden Fragen der Richtung, welche die künftige Sozialpolitik auf dem Gebiet der Arbeiterfrage zu nehmen haben wird, – wie sie schon in der Formulierung des wichtigsten Verhandlungsthemas (Voluntarismus oder Staatssozialismus) zum Ausdruck kommt. Die Unbefangenheit der Aussprache wird (nicht für den Unterzeichneten, wohl aber vielleicht für andere wertvolle Teilnehmer) größer sein, wenn wir wenigstens das erste Mal sozusagen „unter uns" eine Besprechung haben, denn an Schwierigkeiten sachlicher und persönlicher Art fehlt es ohnedies nicht.

2. Es ist zu erwägen, wie es auf unsere künftigen Beziehungen zur Sozialdemokratie wirkt, wenn man gerade diese Partei „mit Auswahl" (nämlich des Typus: Frank, Kolb, David, Bernstein, Maurenbrecher, Eisner usw.) zuzieht – was doch unvermeidlich wäre. Da namentlich die Zuziehung der Vertreter der Presse zu unseren wichtigsten Programmpunkten gehört, so wäre eine Imparität in dieser Beziehung direkt gefährlich. Glaubt aber jemand, es habe irgend welchen Zweck und erleichtere die Verhandlung, wenn man den (mir persönlich gut bekannten und trotz allem von mir geschätzten) Herr Dr. Quarck als Vertreter der Frankfurter „Volksstimme" im jetzigen Augenblick mit einem Vertreter „bürgerlicher" Blätter an einen Tisch setzt? Wenn nicht, so wäre im Fall der Zuziehung von Sozialdemokraten bei Ausschluß ihrer Presse uns die Todfeindschaft der letzteren im Voraus sicher. Wozu jetzt dieses Risiko laufen? Ich glaube, daß ein freundnachbarliches Verhältnis zu der Partei sich sehr viel leichter herstellen läßt, wenn nicht der Verdacht entsteht, man wolle eine (sei es auch nur „ideelle") Spaltung und ein Herüberziehen der sog. „Revisionisten" zu einer neu zu gründenden Parteigruppe in Szene setzen.

3. Ganz das Gleiche gilt von der für uns sicherlich wichtigsten und nützlichsten Kategorie von Sozialdemokraten: den Gewerkschaftsführern. Außerdem aber gilt für sie ganz ebenso wie für die Führer anderer Gewerkschaften (speziell der Hirsch-Dunckerschen): daß es im Augenblick objektiv nicht einmal erwünscht sein kann, sie an ihrem für sie unentbehrlichen einfachen Katechismus irre zu machen, solange wir nicht in der Lage sind, ihnen eine andere Kost vorzusetzen. Auch hier ist eben die unleugbare Unsicherheit unserer eigenen Ansichten ein Grund, der wenigstens zunächst Zurückhaltung nahe legt. In dieser Ansicht begegnete sich der Unterzeichnete mit Herrn Dr. Naumann.

Welches Gewicht nun alle diese Bedenken haben, wird die Frankfurter Versammlung zu entscheiden haben, deren Stellungnahme wir alle uns loyal fügen werden. Was dort in dieser wie in anderen Beziehungen beschlossen wird, dürfte aber wesentlich davon abhängen, auf welches Ziel man denn, rein äußerlich betrachtet, hinarbeitet.

1. Für eine bloße einmalige öffentliche Demonstration welcher Form immer wäre der aufgebotene Apparat unnötig und erscheint der Augenblick nicht zwingend. Derartiges kann bei einer etwaigen Verschiebung der Mehrheitsverhältnisse oder der Stellungnahme der Parteien dringlich werden, ist aber jetzt jedenfalls nicht die Hauptaufgabe. Sicherlich stehen andere Teilnehmer ganz ebenso wie der Unterzeichnete für das Arrangement einer großen öffentlichen Versammlung zu Gebote, wo und wann immer Boden und Anlaß dazu geeignet sind. Aber das sind dann individuelle Äußerungen, während doch jedenfalls gerade die Schaffung einer Kollektivmeinung das Ziel sein sollte, wenn man dem bedrohlichen Abflauen und Ausdermodekommen der sozialpolitischen Stimmung in Deutschland entgegenwirken will.

2. Die Schaffung eines neuen Propagandavereins andererseits hat ebenfalls Bedenken. Sie würde es erschweren, Personen, welche den uns gemeinsamen Anschauungen nahe stehen, aber sich nicht auf alle Einzelpunkte eines dann doch unvermeidlichen „Programms" verpflichten wollen, zuzuziehen. Persönlichkeiten, wie z. B. Prof. Dietzel in Bonn, würden erklärtermaßen sich fernhalten, weil sie eine Schädigung des Vereins für Sozialpolitik fürchten, andere aus anderen Gründen. (Vollends die Zuziehung von Sozialdemokraten würde dann sehr erschwert). Ob diese Bedenken durchgreifen, darüber wird ebenfalls die Frankfurter oder eine künftige Versammlung zu befinden haben. Nach Rücksprache mit Dr. Naumann macht der Unterzeichnete keinen Hehl daraus, daß nach seinem vorläufigen Eindruck zunächst:

3. das bescheidenste Ziel: wiederkehrende, nichtöffentliche, freie und unverbindliche Besprechungen, ins Auge zu fassen wäre, daß also wenigstens diese erste (Frankfurter) Versammlung garnicht mit dem Hintergedanken der Gründung eines Propagandavereins inszeniert und insbesondere also auch den einzuladenden Herren ein solches Ziel nicht als Absicht der Zusammenkunft hingestellt werden sollte. Ergibt sich Neigung und hinlängliche Einigkeit, so kann der Entschluß dazu auch in Frankfurt noch gefaßt werden. Der entscheidende Grund dagegen, ihn schon vorher zu propagieren, liegt darin: daß zwar über die Ziele und Mittel der Bauernpolitik, wohl auch über die einfachsten Reformen des Arbeitsvertragsrechts, in gewissem Umfang vielleicht auch über einige Probleme des Beamtenrechts, gewisse Grundlinien als für alle Teilnehmer akzeptabel vorausgesetzt werden dürfen, daß aber über das, was ein entschieden antiautoritärer Sozialreformer heute über die **grundsätzlichen** *Richtlinien* der zukünftigen Arbeiterpolitik denken kann, notorisch die größte Unsicherheit besteht, und hier vielleicht, ebenso wie übrigens über manche Probleme des Beamtenrechts, eine völlige Neuorientierung nötig werden wird, die man wohl kaum zweckmäßigerweise mit der Bildung eines Propagandavereins beginnen könnte. Erst recht liegt es so, wenn handelspolitische Fragen mit hereingezogen werden.

Für die Sozialpolitik im üblichen Sinne speziell ist die (seit langem in Entwicklung begriffene) „neue" Situation bekanntlich im wesentlichen die: daß die Tendenzen der Verstaatlichung, Kommunalisierung, Syndizierung nebeneinander in unaufhaltsamen Vordringen sind, daß zunehmend Beamtenstellungen bei Syndikaten in die Karrierechancen der Staatsbeamten, einflußreiche Staatsstellungen in diejenige der Industriebeamten eingestellt werden, daß es für den sozialpolitischen Effekt aus diesem und anderen Gründen künftig zunehmend dasselbe sein wird, ob „Verstaatlichung" oder staatlich „kontrollierte" Syndizierung eintritt, oder welches sonst die formale Art der Beziehungen zwischen den Staats- und den Gemeindeapparaten einerseits und den großen Syndikaten andererseits sein wird. Diesen übermächtigen Herrschaftskörpern gegenüber versagt die überlieferte Gewerkschaftspolitik ebenso, wie diejenige aller Gebilde, die als Träger einer entschieden freiheitlichen Sozialpolitik in Betracht kommen. Es ist erinnerlich, daß gerade Geh. Rat Brentano schon auf der Mannheimer Tagung des Vereins für Sozialpolitik unter Revision seiner früheren Stellungnahme die Konsequenzen daraus zu ziehen versuchte und seine Andeutungen in Leipzig ließen vermuten, daß er die damals beschrittenen Gedankenwege seitdem ebenso weiter verfolgt hat, wie viele von uns andern. Darüber muß einmal rückhaltlos gesprochen werden und wenigstens der Unterzeichnete maßt sich nicht an vorauszuwissen, zu welchen Ergebnissen und Anschauungen wir uns, wenn die Gesamtbilanz dieser Entwicklung jetzt einmal aufgemacht wird, werden bekennen müssen. Zwanglose und unverbindliche Besprechungen ohne das Ziel, um jeden Preis alsbald einen Verein zu gründen und zu propagieren, dürften als das durch diese Situation Gegebene erscheinen und sich auch deshalb empfehlen, weil sie am leichtesten die Möglichkeit geben, mit den Vertretern der Presse jene feste Fühlung zu behalten, welche früheren sozialpolitischen Bestrebungen so oft zu ihrem Schaden gefehlt hat und welche durch eine bindende und verpflichtende Vereinsgründung wohl eher gefährdet als gefördert würde.

Daß als schließliches Ziel erstrebt werden muß: die Herausarbeitung fester Richtlinien für eine möglichst breite sozialpolitische „Linke" (die mit der „Linken" der jetzigen politischen Parteikonstellation nicht notwendig dauernd zusammenfallen müßte) steht natürlich fest. –

Sind die Herren Teilnehmer nach Lage der Dinge der Ansicht, daß die Frankfurter Versammlung *stattfinden solle, so wäre wohl mit tunlichster*

Beschleunigung – denn die Zeit drängt! – zweierlei zu veranlassen:

1. Die Wahl der Referenten *für die (kurzen) einleitenden rein tatsächlichen Darlegungen über die zur Diskussion stehenden Probleme. Für die „Konsumentenpolitik" darf hoffentlich auf Herrn Geh. Rat Bücher, der die Fassung des Themas vorschlug, und für die „Beamtenfrage" wohl sicher auf Herrn Prof. Alfred Weber gezählt werden, für das besonders einfach liegende Thema der „Bauernpolitik" wird die Gewinnung eines Referenten kaum schwer fallen und ebenso wohl nicht für das Arbeitsvertragsrecht. Die beiden letztgenannten Referate dürften sich vielleicht auf ganz kurze Themen beschränken lassen. Für das besonders wichtige Problem: „Voluntarismus oder Staatssozialismus" möchte der Unterzeichnete hiermit an Herrn Privatdozenten Dr. Th. Vogelstein die Frage richten: ob er seine schon früher grade hierfür in Aussicht gestellte, jetzt, nach dem vorläufigen Ausscheiden Geh. Rat Brentanos, dem er nahesteht, ganz besonders erwünschte Mitwirkung erneut zusagt, zugleich aber Vorschläge für die Gewinnung weiterer Referenten anheimstellt, da dies Thema (und daneben vielleicht die Beamtenfrage) die rein* sozialpolitisch *kompliziertesten Probleme aufweist. Ebenso wären Vorschläge für das wohl kaum zu besonderen Debatten Anlaß gebende retrospektiv-kritische Einleitungsreferat über die bisherige Sozialpolitik erwünscht. Für die* Reihenfolge *der Besprechung dürfte vielleicht eine Voranstellung jener eigentlich sozialpolitischen Themata (vielleicht mit gemeinsamer Debatte) und dann des Beamtenrechts sich empfehlen, worauf dann die Konsumentenpolitik und zuletzt die Bauernpolitik folgen könnten. Vielleicht würde das äußere Arrangement Herr Redakteur Dr. Drill zu erledigen bereit sein, sobald der Termin feststeht, für den ebenfalls präzise Vorschläge, ob z. B. 28./29. oder 29./30. Dezember oder 2./3. oder 3./4. Januar, oder wann sonst, sehr erwünscht wären. Die geringen erforderlichen Geldmittel werden in der Versammlung selbst mühelos aufgebracht werden. Von den zu wählenden Referenten wäre wohl durchweg die Verteilung von* Thesen *an die Teilnehmer und Einzuladenden, mindestens 8 Tage vor der Versammlung, zu erbitten. Um Äußerungen über diese Vorschläge wird eventuell gebeten. –*

2. Wäre die Benennung von einzuladenden Persönlichkeiten an einen der drei in Leipzig dafür vorgesehenen Herren: Geh. Rat Bücher, Redakteur Dr. Drill, Prof. Max Weber *nunmehr dringlich, und zwar unter genauer Angabe der Adresse. Herr Dr. Naumann hat eine ganze Anzahl von Namen genannt (darunter möglichst wenige eigentliche Parteipolitiker). Nach „rechts" zu wäre an sich die Benennung auch von sozialpolitisch hinlänglich zuverlässigen „Jungliberalen" angenehm, nur scheinen solche schwer zu finden. Für die zuzuziehenden Pressevertreter scheint es besonders schwer in Nordwestdeutschland geeignete und zugleich hinlänglich bedeutende Blätter zu finden.*

Ich schicke die von Herrn Dr. Naumann angegebenen Namen an Herrn Geh. Rat Bücher, Herrn Redakteur Dr. Drill und Herrn Dr. Vogelstein, welcher bisher die vorbereitenden Korrespondenzen führte. Würde dann Herr Dr. Vogelstein auf Grund der von den genannten drei Herren übermittelten Listen der bei ihnen eingegangenen Vorschläge, unter Berücksichtigung der darin von einem derselben etwa vorgenommenen Streichungen, die Einladungen (nach Eingang der endgültigen Nachricht über Zeit, Ort und Referenten) versenden lassen, so wäre dies wohl die einfachste Form der Erledigung. Da die Nichteinladung eines von einem Teilnehmer vorgeschlagenen Herrn infolge seiner Streichung leicht als Nichtachtung des Vorgeschlagenen empfunden werden könnte, so darf wohl um vertrauliche Behandlung der Vorschläge gebeten werden.

Der Unterzeichnete ist bereit, eventuell noch, auf Grund der schleunigst erbetenen prinzipiellen Äußerungen der Herren Teilnehmer, den Entwurf eines kurzen Einladungsschreibens herzustellen und zur Genehmigung oder Korrektur zu unterbreiten, muß dann aber seinerseits auf weiteres Korrespondieren in dieser Angelegenheit verzichten, da er mit ganz festen Terminarbeiten zu schwer belastet ist und die Verantwortung für deren abermalige Aufschiebung seinem Verleger gegenüber nicht mehr zu tragen vermöchte.[**]

[**] Die Textvorlage schließt ohne ausdrückliche Schlußformel und ohne Unterschrift Max Webers ab. (Anm. d. Hrsg.)

Quellennachweise

I. Wissenschaftstheorie und Funktionsbestimmung der Soziologie

Kant und die Entwicklung einer aufgeklärten Erkenntnistheorie und Sozialwissenschaft, in: G. Lührs et al. (Hrsg.), Theorie und Politik aus kritisch-rationaler Sicht, Bonn: Dietz 1978, S. 183–201.

Augustin Antoine Cournot und die Einheit sich spezialisierender Wissenschaften. Zum Gedenken an sein 100. Todesjahr, in: Archiv für Rechts- und Sozialphilosophie, Bd. LXIII/2/1977, S. 223–238.

Fortschritt der Gesellschaft und Fortschritt der Sozialwissenschaft, in: Bernhard Schäfers (Hrsg.), Thesen zur Kritik der Soziologie, Frankfurt: Suhrkamp 1969, S. 151–174.

Die gesellschaftliche Funktionsbestimmung der Soziologie nach Johann Plenge, in: Sven Papcke (Hrsg.), Ordnung und Theorie. Beiträge zur Geschichte der Soziologie in Deutschland, Darmstadt: Wissenschaftliche Buchgesellschaft 1986, S. 351–367.

II. Zur Theorie der Gesellschaft und der Gesellschaftsplanung

Voraussetzungen und Prinzipien der Gesellschaftsplanung bei Saint-Simon und Karl Mannheim, in: Zur Theorie der allgemeinen und regionalen Planung, Düsseldorf: Bertelsmann Universitätsverlag 1969, S. 25–40.

Ansatzpunkte einer gesamtgesellschaftlichen Planungsdiskussion in den Sozialwissenschaften, in: Jahrbuch für Sozialwissenschaft, Jg. 20/1969, S. 356–376.

Helmut Schelsyks Theorie der Institution – ein vergessenes Paradigma der soziologischen Theoriebildung?, Erstveröffentlichung. – Eine französische Fassung erschien unter dem Titel: La Theorie de L´Institution d´Helmut Schelsky. Un Paradigme oublié de la Genèse des Theories sociologiques? in:

Schweizerische Zeitschrift für Soziologie/Revue Suisse de Sociologie, 1985, S. 1–22.

III. Gesellschaftsentwicklung und Sozialstruktur der Bundesrepublik Deutschland

Die westdeutsche Gesellschaft: Strukturen und Formen, in: A. Schildt/ A. Sywottek (Hrsg.), Modernisierung im Wiederaufbau. Die westdeutsche Gesellschaft der 50er Jahre, Bonn: Dietz 1993, S. 307–316.

Der Vereinigungsprozeß in sozialwissenschaftlichen Deutungsversuchen, in: Gegenwartskunde, Jg. 40/1991, S. 273–284.

Ambivalenzen des Einigungsprozesses: Integration und Differenzierung, in: Gegenwartskunde, Jg. 45/1996, Heft 1.

Soziale Differenzierung oder soziale Ungleichheit? Probleme einer sozialwissenschaftlichen Erfassung von Unterschieden zwischen Menschen, in: Politische Bildung, Jg. 23/1990, Heft 2, S. 5–17.

Zum öffentlichen Stellenwert von Armut im sozialen Wandel der Bundesrepublik Deutschland, in: SH der KZfSS: Armut im modernen Wohlfahrtsstaat, hrsg. von Stephan Leibfried und Wolfgang Voges, 1992, S. 104–123.

IV. Stadtentwicklung und Stadtplanung

Phasen der Stadtentwicklung und Verstädterung. Ein sozialgeschichtlicher und sozialstatistischer Überblick unter besonderer Berücksichtigung Mitteleuropas, in: Zeitschrift für Stadtgeschichte, Stadtsoziologie und Denkmalpflege, Jg. 4/1977, S. 243–268.

Zur Genesis und zum Stellenwert von Partizipationsforderungen im Infrastrukturbereich, in: Raumforschung und Raumordnung, 32. Jg./1974, S. 1–6.

Leitbilder der Stadtentwicklung in der Bundesrepublik Deutschland (zs. mit Gabriele Köhler), in: Beilage zur Wochenzeitung "Das Parlament", B 46/47, 1986, S. 29–39.

Stadt und Kultur, in: Soziologische Stadtforschung, hrsg. von Jürgen Friedrichs, SH 29/1988 der KZfSS, S. 95–110.

V. Jugend. Entwicklung einer Sozialgruppe

Gruppenbildung als Reflex auf gesamtgesellschaftliche Entwicklungen am Beispiel der deutschen Jugendbewegung, in: SH 25/1983 der KZfSS, hrsg. von Friedhelm Neidhardt: Gruppensoziologie. Perspektiven und Materialien, S. 106–125.

Helmut Schelskys Jugendsoziologie: "Prinzip Erfahrung" contra Jugendbewegtheit., in: Horst Baier at al. (Hrsg.): Helmut Schelsky – ein Soziologe in der Bundesrepublik. Eine Gedächtnisschrift von Freunden, Kollegen und Schülern, Stuttgart 1986, S. 57–67.

VI. Editorische Arbeiten

Christentum und Sozialismus. Ein Briefwechsel zwischen Max Scheler und Johann Plenge. Eingeleitet und herausgegeben von Bernhard Schäfers, in: Soziale Welt, 17. Jg./1966, S. 66–78.

Ein Rundschreiben Max Webers zur Sozialpolitik. Eingeleitet und herausgegeben von Bernhard Schäfers, in: Soziale Welt, 18. Jg./1967, S. 261–271.

Biographische Notiz

1939 in Münster/Westfalen geboren; 1960–1965 Studium der Soziologie, Nationalökonomie, Rechts- und Staatswissenschaften, Wirtschafts- und Sozialgeschichte und der Philosophie in Münster und Wien. 1965 Dipl.-Soz.; 1967 Promotion zum Dr. sc. pol. und 1970 Habilitation in Soziologie.
1965–1970 Wissenschaftlicher Assistent in der Soziologischen Abteilung des Zentralinstituts für Raumplanung an der Universität Münster; 1970–1971 Abteilungsleiter.
1971–1977 a. o. Professur für Soziologie an der Erziehungswissenschaftlichen Hochschule Rheinland-Pfalz, Abteilung Landau; 1977–1983 Ordinarius für Soziologie im Fachbereich Erziehungswissenschaften der Universität Göttingen. Seit 1983 Ordinarius für Soziologie und Leiter des Instituts für Soziologie an der Universität Karlsruhe (TH).
Seit 1972 Mitglied der Deutschen Gesellschaft für Soziologie (DGS); Mitglied des Konzils der DGS seit 1976; im Vorstand 1983–1988 und 1991–1994. Vorsitzender der DGS 1991/92.
Mitglied der Deutschen Akademie für Städtebau und Landesplanung; Korrespondierendes Mitglied der Akademie für Raumforschung und Landesplanung.

Letzte Buchveröffentlichungen:

Soziologie des Jugendalters. Eine Einführung, 5. aktual. und überarb. Aufl., Opladen 1994 (UTB 1131)

Sociology in Germany. Development – Institutionalization – Theoretical Disputes. Edited on occasion of the XIIIth World Congress of Sociology on behalf of the Committee of Deutsche Gesellschaft für Soziologie by Bernhard Schäfers, Opladen 1994.

Einführung in die Gruppensoziologie. Geschichte – Theorien – Analysen (Hrsg.), 2. erw. und überarb. Aufl., Heidelberg/Wiesbaden 1995 (UTB 996).

Grundbegriffe der Soziologie, hrsg. von Bernhard Schäfers, unter Mitarbeit von Hermann L. Gukenbiehl, Rüdiger Peuckert, Gunter E. Zimmermann und weiteren Autoren, 4. verb. und erw. Aufl., Opladen 1995 (UTB 1416).

Gesellschaftlicher Wandel in Deutschland. Ein Studienbuch zur Sozialstruktur und Sozialgeschichte, 6. völlig neu bearb. Aufl. (mit einem Beitrag von Stefan Hradil), Stuttgart 1995.

Soziologie in Deutschland. Entwicklung, Institutionalisierung und Berufsfelder, theoretische Kontroversen (Hrsg.), Opladen 1995.

Einführungskurs Soziologie (Hrsg. zusammen mit Hermann Korte), vier Bände (Hauptbegriffe; Geschichte der Soziologie; Soziologische Theorien; Spezielle Soziologien), Opladen 1992ff. (inzw. in versch. Aufl.).

Mitherausgeber der Zeitschrift GEGENWARTSKUNDE.

Printed by Books on Demand, Germany